Le Routard

Auverg

Directeur de collection et auteur
Philippe GLOAGUEN

Cofondateurs
Philippe GLOAGUEN
et Michel DUVAL

Rédacteur en chef
Pierre JOSSE

Rédacteurs en chef adjoints
Amanda KERAVEL
et Benoît LUCCHINI

Directrice de la coordination
Florence CHARMETANT

Directrice administrative
Bénédicte GLOAGUEN

Direction éditoriale
Catherine JULHE

Rédaction
Isabelle AL SUBAIHI
Mathilde de BOISGROLLIER
Thierry BROUARD
Marie BURIN des ROZIERS
Véronique de CHARDON
Gavin's CLEMENTE-RUÏZ
Fiona DEBRABANDER
Anne-Caroline DUMAS
Géraldine LEMAUF-BEAUVOIS
Olivier PAGE
Alain PALLIER
Anne POINSOT
André PONCELET

Administration
Carole BORDES
Solenne DESCHAMPS

2013

hachette

Remarque importante aux hôteliers et restaurateurs

Les enquêteurs du *Routard* travaillent dans le plus strict anonymat. Aucune réduction, aucun avantage quelconque, aucune rétribution n'est jamais demandé en contrepartie. Face aux aigrefins, la loi autorise les hôteliers et restaurateurs à porter plainte.

Avis aux lecteurs

Le *Routard,* ce n'est pas comme le bon vin, il vieillit mal. On ne veut pas pousser à la consommation, mais évitez de partir avec une édition ancienne. Les modifications sont souvent importantes.

Les réductions accordées à nos lecteurs ne sont jamais demandées par nos rédacteurs afin de préserver leur anonymat. Les hôteliers et restaurateurs sont sollicités par une société de mailing, totalement indépendante de la rédaction, qui reste donc libre de ses choix. De même pour les autocollants et plaques émaillées.

routard.com, le voyage à portée de clics !

✓ Rejoignez la plus grande communauté francophone de voyageurs : plus de **2 millions** de visiteurs !

✓ Échangez avec les routarnautes : forums, photos, avis sur les hôtels...

✓ Retrouvez aussi toutes les informations actualisées pour choisir et préparer vos voyages : plus de 200 fiches pays, une centaine de dossiers pratiques et un magazine en ligne pour découvrir tous les secrets de votre destination.

✓ Enfin, comparez les offres pour organiser et réserver votre voyage au meilleur prix.

Pictogrammes du *Routard*

Établissements

- Hôtel, auberge, chambre d'hôtes
- Camping
- Restaurant
- Boulangerie, sandwicherie
- Glacier
- Café, salon de thé
- Café, bar
- Bar musical
- Club, boîte de nuit
- Salle de spectacles
- Office de tourisme
- Poste
- Boutique, magasin, marché
- Accès internet

Sites

- Plage
- Site de plongée
- Piste cyclable, parcours à vélo

Transports

- Aéroport
- Gare ferroviaire
- Gare routière, arrêt de bus
- Station de métro
- Station de tramway
- Parking
- Taxi
- Taxi collectif
- Bateau
- Bateau fluvial

Attraits et équipements

- Présente un intérêt touristique
- Recommandé pour les enfants
- Adapté aux personnes handicapées
- Ordinateur à disposition
- Connexion wifi
- Inscrit au Patrimoine mondial de l'Unesco

Mille excuses, on ne peut plus répondre individuellement aux centaines de CV reçus chaque année.

Le *Routard* est imprimé sur un papier issu de forêts gérées.

I.S.B.N. 978-2-01-245590-0

TABLE DES MATIÈRES

LES COMBRAILLES

LA CHAÎNE DES PUYS, LES MONTS DÔME

LES MONTS DORE

LE CÉZALLIER

BALADE DANS LE DAUPHINÉ D'AUVERGNE

AU NORD D'ISSOIRE

LE LIVRADOIS ET LES MONTS DU FOREZ

LA HAUTE-LOIRE

LE PUY-EN-VELAY ET LE PAYS AUX ALENTOURS

LE LIVRADOIS-FOREZ ET LE SUD DU FOREZ

BRIOUDE ET L'OUEST DE LA HAUTE-LOIRE

LA VALLÉE DE L'ALLIER, DE BRIOUDE À LANGEAC

LES GORGES DE L'ALLIER, DE LANGEAC À CHAPEAUROUX

LA HAUTE MARGERIDE

LES MONTS DU DEVÈS ET LE LAC DU BOUCHET

LA LOIRE SAUVAGE ET LE MASSIF DU MÉZENC

LE MASSIF DU MEYGAL

LE PLATEAU VIVARAIS-LIGNON OU LA MONTAGNE PROTESTANTE

LE HAUT PAYS DU VELAY

LES GORGES DE LA LOIRE, ENTRE LE PUY ET SAINT-ÉTIENNE

LE CANTAL

LA CHÂTAIGNERAIE

LA VALLÉE DU LOT

PAYS DE SALERS ET D'AURILLAC

LE PAYS DU CARLADÈS

LA VALLÉE DE BREZONS

L'ARTENSE CANTALIEN

LES MONTS DU CANTAL

LE CÉZALLIER

Le Cézallier de l'est

LA PLANÈZE DE SAINT-FLOUR

LA MARGERIDE

L'AUBRAC

L'ALLIER

LE BOCAGE BOURBONNAIS

LE VAL DE CHER ET LA FORÊT DE TRONÇAIS

LE VIGNOBLE DU SAINT-POURÇAIN ET LE VAL DE SIOULE

VICHY ET LA MONTAGNE BOURBONNAISE

LE VAL DE BESBRE

Recommandation à nos lecteurs qui souhaitent profiter des réductions et avantages proposés dans le *Routard* par les hôteliers et les restaurateurs : à l'hôtel, prenez la précaution de les demander **à l'arrivée,** et au restaurant, **au moment** de la commande (pour les apéritifs) et surtout **avant** l'établissement de l'addition. Poser votre *Routard* sur la table ne suffit pas : le personnel de salle n'est pas toujours au courant, et une fois le ticket de caisse imprimé, il est difficile pour votre hôte d'en modifier le contenu. En cas de doute, montrez la notice relative à l'établissement dans le guide de l'année en cours, et ne manquez pas de nous faire part de toute difficulté rencontrée.

112 : c'est le numéro d'urgence commun à la France et à tous les pays de l'UE, à composer en cas d'accident, agression ou détresse. Il permet de se faire localiser et aider en français, tout en améliorant les délais d'intervention des services de secours.

NOS NOUVEAUTÉS

NOS MEILLEURS SITES POUR OBSERVER LES OISEAUX EN FRANCE (octobre 2012)

Pour répondre à l'attente des amoureux de la nature et de ceux qui souhaitent mieux connaître les oiseaux, *Le Routard,* en partenariat avec la Ligue de Protection des Oiseaux, a sélectionné dans toute la France plus de 70 sites pour approcher et observer les voyageurs du ciel. À travers différents milieux (forêt, parc, étang, montagne...), c'est l'occasion de prendre conscience de la richesse et de la diversité du monde des oiseaux et de la nécessité de le protéger. Pour vous aider à les identifier, vous trouverez des planches en couleurs, des conseils et des informations surprenantes sur nos amis à plumes, sans oublier les hébergements et restos à proximité. Que vous soyez *bird watcher* occasionnel ou ornithologue averti, ce guide vous prend sous son aile.

DUBLIN (novembre 2012)

Dublin, une ville grise tout en couleurs. Autant dire une ville qui en surprend plus d'un avec ses contrastes inattendus. On passe, tout d'un coup, d'un Dublin aristocratique à un Dublin populaire. Quant à la gastronomie, bonne nouvelle, l'offre a progressé de manière spectaculaire ces dernières années et les Irlandais ont redécouvert les vertus de leurs produits naturels. Sans oublier, bien sûr, les pubs : il y en a... jusqu'à plus soif. Côté culture, la ville s'enorgueillit de posséder plusieurs musées nationaux qui, non seulement sont gratuits, mais renferment des collections somptueuses ; sans parler du prestigieux Trinity College, avec des pièces rares comme le fameux livre de Kells. Ville à l'empreinte littéraire également, labellisée Cité de la littérature par l'Unesco. À découvrir d'urgence.

Remerciements

Nous tenons à remercier tout particulièrement Loup-Maëlle Besançon, Thierry Bessou, Gérard Bouchu, François Chauvin, Grégory Dalex, Stéphanie Déro, Fabrice Doumergue, Cédric Fischer, Carole Fouque, Michelle Georget, David Giason, Claude Hervé-Bazin, Emmanuel Juste, Dimitri Lefèvre, Sacha Lenormand, Fabrice de Lestang, Romain Meynier, Éric Milet, Pierre Mitrano, Jean-Sébastien Petitdemange, Thomas Rivallain, Dominique Roland et Solange Vivier pour leur collaboration régulière.

Et pour cette nouvelle collection, nous remercions aussi :

Emmanuelle Bauquis
Jean-Jacques Bordier-Chêne
Michèle Boucher
Lisa Buchter
Stéphanie Condis
Agnès Debiage
Jérôme Denoix
Tovi et Ahmet Diler
Clélie Dudon
Sophie Duval
Clara Favini
Alain Fisch
Mathilde Fonteneau
Adrien et Clément Gloaguen
Xavier Haudiquet
Bernard Hilaire
Sébastien Jauffret
Anaïs Kerdraon
Jacques Lemoine
Béatrice Macé de Lepinay
Jacques Muller
Caroline Ollion
Nicolas et Benjamin Pallier
Martine Partrat
Odile Paugam et Didier Jehanno
Prakit Saiporn
Jean-Luc et Antigone Schilling
Camille Veillard

Direction : Nathalie Pujo
Contrôle de gestion : Héloïse Morel d'Arleux et Virginie Laurent-Arnaud
Secrétariat : Catherine Maîtrepierre
Direction éditoriale : Catherine Julhe
Édition : Matthieu Devaux, Géraldine Péron, Olga Krokhina, Gia-Quy Tran, Julie Dupré, Pauline Fiot, Julien Hunter, Camille Loiseau, Emmanuelle Michon, Marion Sergent et Clémence Toublanc
Préparation-lecture : Danielle Blondy
Cartographie : Frédéric Clémençon et Aurélie Huot
Fabrication : Nathalie Lautout et Audrey Detournay
Relations presse France : COM'PROD, Fred Papet. ☎ 01-70-69-04-69. • *info@comprod.fr* •
Illustrations : Anne-Sophie de Précourt
Direction marketing : Muriel Widmaier, Adrien de Bizemont, Lydie Firmin et Laure Illand
Contacts partenariats : André Magniez (EMD). • *andremagniez@gmail.com* •
Édition des partenariats : Élise Ernest
Informatique éditoriale : Lionel Barth
Couverture : Clément Gloaguen et Seenk
Maquette intérieure : le-bureau-des-affaires-graphiques.com, Thibault Reumaux et npeg.fr
Relations presse : Martine Levens (Belgique) et Maureen Browne (Suisse)
Régie publicitaire : Florence Brunel-Jars

Remerciements

– L'équipe du CRT de l'Auvergne.

Pour le Puy-de-Dôme

– Aurélia Peronnet et l'équipe de l'ADT du Puy-de-Dôme.
– L'équipe de la Maison du tourisme de Clermont-Ferrand.
– Les offices de tourisme de Riom, Châtel-Guyon, Le Mont-Dore, Besse, La Bourboule, Saint-Nectaire et Issoire.

Pour la Haute-Loire

– L'équipe de la Maison du tourisme de la Haute-Loire.
– Les offices de tourisme du Puy-enVelay, de la Chaise-Dieu, de Brioude, du pays du Haut-Allier, du pays du Mézenc, du pays de la Jeune Loire.

Pour le Cantal

– Nous remercions particulièrement Sylvie Favat, du CDT du Cantal, pour son efficacité et sa gentillesse, ainsi que tous les offices de tourisme sympathiques, compétents et disponibles.

Pour l'Allier

– Toute l'équipe du CDT de l'Allier.
– Les offices de tourisme de Moulins, Vichy, Saint-Pourçain, Charroux et tous ceux qui se battent pour nous faire vivre la « dolce vita » dans l'Allier.

NOUVEAU ET IMPORTANT : DERNIÈRE MINUTE

Sauf exception, le *Routard* bénéficie d'une parution annuelle à date fixe. Entre deux dates, des événements fortuits (formalités, taux de change, catastrophes naturelles, conditions d'accès aux sites, fermetures inopinées...) peuvent modifier vos projets de voyage. Pour éviter les déconvenues, nous vous recommandons de consulter la rubrique « Guide » par pays de notre site • *routard.com* • et plus particulièrement les dernières *Actus voyageurs.*

LES COUPS DE CŒUR DU ROUTARD

COMMENT Y ALLER ?

PAR LA ROUTE

➢ L'***A 71*** permet, au départ de Paris, de rejoindre sans problème Montluçon et Clermont-Ferrand. Elle continue au sud vers Saint-Flour par l'***A 75*** qui, ô bonheur, est gratuite ; ou vers l'est par l'***A 72*** pour rejoindre Saint-Étienne et Lyon.
Pour connaître les tarifs des principaux tronçons autoroutiers, consulter le site • *autoroutes.fr* •

➢ Sinon, la bonne vieille ***nationale 7,*** si chère à Trenet, qui passe à Moulins avant de foncer vers Lyon et le Sud est désormais une départementale (qui change de numéro à chaque changement de département).

➢ La ***N 145,*** partant de Genève pour rejoindre Bordeaux, passe par Moulins et Montluçon.

Le covoiturage

Le principe est économique, écologique et convivial. Les conducteurs sont invités à proposer leurs places libres afin de partager le trajet et les frais avec des passagers. L'inscription est gratuite. • *covoiturage.fr* • (disponible sur le Web et sur mobile).

EN TRAIN

Les trains au départ de Paris

Les trains partent de la ***gare de Lyon.***

➢ ***Paris - Clermont-Ferrand :*** 3h35 (meilleur temps de trajet).

➢ ***Paris-Aurillac :*** 6h (meilleur temps de trajet).

➢ ***Paris-Moulins :*** 2h35.

➢ ***Paris - Le Puy-en-Velay :*** env 4h15 (meilleur temps de trajet).

Pour préparer votre voyage

– ***Billet à domicile :*** commandez et payez votre billet par Internet ou par téléphone au ☎ 36-35 (0,34 €/mn, hors surcoût éventuel de votre opérateur), la SNCF vous l'envoie gratuitement à domicile sous 48h, en France.

– ***Service « Bagages à domicile » :*** la SNCF prend en charge vos bagages où vous le souhaitez, et vous les livre là où vous allez en France métropolitaine, du lundi au samedi 12h. Réservation au ☎ 36-35 (0,34 €/mn, hors surcoût éventuel de votre opérateur), sur Internet, dans les gares, boutiques SNCF et agences de voyages agréées.

Pour voyager au meilleur prix

La SNCF propose des tarifs adaptés à chacun de vos voyages.

➢ ***TGV Prem's, Intercités Prem's :*** des petits prix disponibles toute l'année. Tarifs non échangeables et non remboursables (offres soumises à conditions).

– ***Prem's :*** pour des prix mini si vous réservez jusqu'à 90 j. avant votre départ, à partir de 25 € l'aller en 2de classe avec TGV, 15 € en 2de classe avec Intercités

et 35 € en 2de classe en couchette avec Intercités de nuit (32 € sur Internet).
– ***Prem's Vente Flash :*** des promotions ponctuelles.
– ***TGV 100 % Prem's :*** à partir de 25 € en 2de classe pour des départs sur les derniers TGV du vendredi et du dimanche soir (une offre exclusive TGV) et pendant les périodes de vacances scolaires sur les trains décalés en journée.

➢ ***Les tarifs Loisir :*** une offre pour tous ceux qui programment leurs voyages mais souhaitent avoir la liberté de décider au dernier moment et de changer d'avis (offres soumises à conditions). Tarifs échangeables et remboursables. Pour bénéficier des meilleures réductions, pensez à réserver vos billets à l'avance (les réservations sont ouvertes jusqu'à 90 j. avant le départ) ou à voyager en période de faible affluence.

➢ Pour ceux qui voyagent régulièrement, profitez de réductions garanties tout le temps avec les cartes *Enfant +, 12-25, Escapades* ou *Senior* (valables 1 an).
– Vous voyagez avec un enfant de moins 12 ans : pour 71 €, la ***carte Enfant +*** permet aux accompagnateurs (jusqu'à 4 adultes ou enfants, sans obligation de lien de parenté) de bénéficier de réductions allant jusqu'à 50 %, et à l'enfant titulaire de la carte de payer la moitié du prix adulte après réduction (s'il a moins de 4 ans, l'enfant voyage gratuitement).
– Vous avez entre 12 et 25 ans : avec la ***carte 12-25,*** pour 50 €, vous bénéficiez jusqu'à 60 % de réduction et - 25 % garantis sur tous vos voyages, même au dernier moment.
– Vous avez entre 26 et 59 ans : avec la ***carte Escapades,*** pour 76 €, vous bénéficiez jusqu'à 40 % de réduction et - 25 % garantis sur tous vos voyages, même au dernier moment. Ces réductions sont valables pour tout aller-retour de plus de 200 km effectué sur la journée du samedi ou du dimanche, ou comprenant la nuit du samedi au dimanche sur place.
– Vous avez plus de 60 ans : avec la ***carte Senior,*** pour 57 €, vous bénéficiez jusqu'à 50 % de réduction et - 25 % garantis sur tous vos voyages, jusqu'à la dernière place.

Pour obtenir plus d'informations sur les conditions de réservation et d'achat de vos billets

– ***Internet :*** • *tgv.com* • *intercites.sncf.com* • *voyages-sncf.com* •
– ***Téléphone :*** ☎ *36-35 (0,34 €/mn, hors surcoût éventuel de votre opérateur).*
– Également dans les gares, les boutiques SNCF et les agences de voyages agréées SNCF.

Le TER

Avec le TER, SNCF et le conseil régional d'Auvergne vous proposent de découvrir les principaux sites touristiques de la région, desservis par trains ou par cars.
En complément des tarifs nationaux, le conseil régional d'Auvergne et SNCF proposent chaque année une gamme touristique TER :
– La ***Carte Loisirs*** permet de bénéficier de 25 % de réduction la semaine et 50 % le week-end, seul ou accompagné de 1 à 3 personnes. Valable sur tout le réseau TER Auvergne et à destination de Rhône-Alpes, cette carte annuelle est vendue 30 € dans toutes les gares d'Auvergne.
– Le ***Forfait Vacances*** permet de voyager toute une journée sur le réseau TER Auvergne pour 30 € seulement. Valable pour 1 à 5 personnes, il est utilisable pendant les vacances scolaires de l'académie de Clermont-Ferrand.
Pour découvrir d'autres offres ponctuelles et obtenir toutes les informations horaires utiles, rendez-vous dans les gares et boutiques d'Auvergne, sur le site • *ter-sncf.com/auvergne* • ou appeler Contact TER Auvergne au ☎ 0891-67-00-68.

Voyages-sncf.com

Voyages-sncf.com, acteur majeur du tourisme français qui recense 9 millions de visiteurs par mois, propose d'acheter en ligne des billets de train, d'avion, des chambres d'hôtel, des locations de voitures, de vacances et des séjours clés en main ou Alacarte®, ainsi que des spectacles, des excursions et des visites de musées. Un

large choix et des prix avantageux sont offerts toute l'année, pour tous types de voyages dans le monde entier : SNCF, 180 compagnies aériennes, 84 000 hôtels référencés et les principaux loueurs de voitures.
Le site • *voyages-sncf.com* • permet d'accéder tous les jours, 24h/24, à plusieurs services : envoi gratuit des billets à domicile, Alerte Résa pour être informé de l'ouverture des réservations et profiter du plus grand choix, calendrier des meilleurs prix (TTC), mais aussi des offres de dernière minute et des promotions...
Pratique : • *voyages-sncf.mobi* • le site mobile pour réserver, s'informer et profiter des bons plans n'importe où et à n'importe quel moment.
Et grâce à l'ÉcoComparateur, en exclusivité sur • *voyages-sncf.com* •, possibilité de comparer le prix, le temps de trajet et l'indice de pollution pour un même trajet en train, en avion ou en voiture.

EN AVION

▲ AIR FRANCE

Rens et résas au ☎ 36-54 (0,34 €/mn ; tlj 6h30-22h), sur • airfrance.fr •, dans les agences Air France et dans ttes les agences de voyages. Fermées dim.

➢ Air France assure des liaisons quotidiennes pour Clermont-Ferrand au départ de Roissy-Charles-de-Gaulle et d'Orly. D'autre part, il existe des vols pour Clermont-Ferrand au départ des principales villes de province.
Air France propose à tous des tarifs attractifs toute l'année. Vous avez la possibilité de consulter les meilleurs tarifs du moment sur Internet, directement sur la page d'acueil « nos meilleures offres ».
Le programme de fidélisation AIR France KLM permet d'accumuler des *miles* à son rythme et de profiter d'un large choix de primes. Avec votre carte *Flying Blue,* vous êtes immédiatement identifié comme client privilégié lorsque vous voyagez avec tous les partenaires.
AIR FRANCE propose également des réductions Jeunes. La carte *Flying Blue Jeune* est réservée aux jeunes âgés de 2 à 24 ans résidant en France métropolitaine, dans les départements d'Outre-Mer, au Maroc, en Tunisie ou en Algérie. Avec plus 900 destinations et plus de 100 partenaires, *Flying Blue Jeune* offre autant d'occasions d'accumuler des *miles* partout dans le monde.

AUVERGNE UTILE

Pour la carte générale de l'Auvergne, se reporter au cahier couleur.

ABC DE L'AUVERGNE

- *Superficie :* 26 013 km².
- *Préfecture régionale :* Clermont-Ferrand (Puy-de-Dôme).
- *Préfectures départementales :* Moulins (Allier), Aurillac (Cantal), Le Puy-en-Velay (Haute-Loire).
- *Point culminant :* le puy de Sancy (massif du Mont-Dore, 1 886 m).
- *Population :* 1 343 000 hab.
- *Densité :* 52 hab./km².
- *Taux de chômage :* environ 8,7 %.
- *Spécialités industrielles :* matières plastiques (usine Michelin), produits pharmaceutiques.
- *Agriculture :* bovins, produits laitiers et céréales.
- *PIB/hab. :* 24 680 €.

AVANT LE DÉPART

Adresses utiles

Comité régional de développement touristique d'Auvergne : *parc technologique Clermont-Ferrand La Pardieu, 7, allée Pierre-de-Fermat, CS 50502, 63178 Aubière Cedex. ☎ 04-73-29-49-49. ● auvergne-tourisme.info ●*

Comités départementaux du tourisme : se reporter aux départements correspondants.

Maison des gîtes de France et du tourisme vert : *pour commander des brochures, s'adresser au 56, rue Saint-Lazare, 75439 Paris Cedex 09. ☎ 01-49-70-75-75. ● gites-de-france.fr ● Lun-ven 10h-18h.* Les réservations se font auprès des relais départementaux des *Gîtes de France* (indiqués dans ce guide en introduction de chaque département).

Carte d'adhésion internationale aux auberges de jeunesse (Carte FUAJ)

Cette carte, valable dans plus de 90 pays, vous ouvre les portes des 4 000 auberges de jeunesse du réseau *Hostelling International*, réparties dans le monde entier. Les périodes d'ouverture varient selon les pays et les AJ. À noter, la carte est souvent obligatoire pour séjourner en auberge de jeunesse, donc nous vous conseillons de vous la procurer avant votre départ.

Adhérer en France vous reviendra moins cher qu'à l'étranger.

Vous pouvez adhérer

- En ligne, avec un paiement sécurisé, sur le site ● *fuaj.org* ●
- Dans toutes les auberges de jeunesse, points d'information et de réservation en France.
- Auprès de l'antenne nationale : *27, rue Pajol, 75018 Paris.* ☎ *01-44-89-87-27.* ● *fuaj.org* ● Ⓜ *Marx-Dormoy ou La Chapelle. Horaires d'ouverture disponibles sur le site internet rubrique « Nous contacter ».*
- Par correspondance : en envoyant une photocopie d'une pièce d'identité et un chèque à l'ordre de la FUAJ du montant correspondant à l'adhésion. Ajoutez 2 € de plus pour les frais d'envoi. Vous recevrez votre carte sous 15 jours.

Les tarifs de l'adhésion 2012

- Carte internationale FUAJ moins de 26 ans : 7 €.
Pour les mineurs, une autorisation parentale et la carte d'identité du parent tuteur sont nécessaires pour l'inscription.
- Carte internationale FUAJ plus de 26 ans : 11 €.
- Carte internationale FUAJ Famille : 20 €.
Seules les familles ayant un ou plusieurs enfants de moins de 16 ans peuvent bénéficier de la carte Famille sur présentation du livret de famille. Les enfants de plus de 16 ans devront acquérir une carte individuelle.
- La carte donne également droit à des réductions sur les transports, les musées et les attractions touristiques dans plus de 90 pays. Ces avantages varient d'un pays à l'autre, ce qui n'empêche pas de la présenter à chaque occasion. Liste de ces réductions disponible sur ● *hihostels.com* ● et celle des réductions en France sur ● *fuaj.org* ●

En Belgique

La carte d'adhésion est obligatoire. Son prix varie selon l'âge : entre 3 et 15 ans, 3 € ; entre 16 et 25 ans, 9 € ; après 25 ans, 15 €.

Renseignements et inscriptions :

■ ***À Bruxelles :*** *LAJ, rue de la Sablonnière, 28, 1000.* ☎ *02-219-56-76.* ● *info@laj.be* ● *laj.be* ●

■ ***À Anvers :*** *Vlaamse Jeugdherbergcentrale (VJH), Van Stralenstraat 40, B 2060 Antwerpen.* ☎ *03-232-72-18.* ● *vjh.be* ● *info@vjh.be* ●

- Votre carte de membre vous permet d'obtenir de 3 à 20 € de réduction sur votre première nuit dans les réseaux LAJ, VJH et CAJL (Luxembourg), ainsi que des réductions auprès de nombreux partenaires en Belgique.

En Suisse (SJH)

Le prix de la carte dépend de l'âge : 22 Fs pour les moins de 18 ans, 33 Fs pour les adultes et 44 Fs pour une famille avec des enfants de moins de 18 ans.

Renseignements et inscriptions :

■ ***Schweizer Jugendherbergen (SJH) service des membres :*** *Schaffhauserstr. 14, 8006 Zurich.* ☎ *41-44-360-14-14.* ● *booking@youthhostel.ch* ● *et* ● *contact@youthhostel.ch* ● *youthhostel.ch* ●

Au Canada

La carte coûte 35 $Ca pour une durée de 16 à 28 mois et 175 $Ca pour une validité à vie. Gratuit pour les enfants de moins de 18 ans qui accompagnent leurs parents.

■ ***Auberges de Jeunesse du Saint-Laurent / St Laurent Youth Hostels :***
– À Montréal : *3514, av. Lacombe, Montréal (Québec) H3T 1M1.* ☎ *(514) 731-10-15. Sans frais (au Canada) :* ☎ *1-800-663-5777.*

■ ***Canadian Hostelling Association :*** *205, Catherine Street, bureau 400, Ottawa, Ontario, Canada K2P 1C3.* ☎ *(613) 237-78-84.* ● *info@hihostels.ca* ● *hihostels.ca* ●

- Il n'y a pas de limite d'âge pour séjourner en AJ. Il faut simplement être adhérent.
- La FUAJ offre à ses adhérents la possibilité de réserver en ligne grâce à son système de réservation international ● *hihostels.com* ● jusqu'à 12 mois à

l'avance, dans plus de 1 600 auberges de jeunesse dans le monde. Et si vous prévoyez un séjour itinérant, vous pouvez réserver plusieurs auberges en une seule fois.
Ce système permet d'obtenir toutes informations utiles sur les auberges reliées au système, de vérifier les disponibilités, de réserver et de payer en ligne.

Cartes de paiement

Quelle que soit la carte que vous possédez, chaque banque gère elle-même le processus d'opposition et le numéro de téléphone correspondant ! Avant de partir, notez donc bien le numéro d'opposition propre à votre banque (il figure souvent au dos des tickets de retrait, sur votre contrat ou à côté des distributeurs de billets), ainsi que le numéro à 16 chiffres de votre carte. Bien entendu, conservez ces informations en lieu sûr, et séparément de votre carte. Par ailleurs, l'assistance médicale se limite aux 90 premiers jours du voyage et l'assistance véhicule aux cartes haut de gamme (renseignez-vous auprès de votre banque).

– ***Carte Bleue Visa Internationale :*** *assistance médicale et véhicule incluse ; n° d'urgence (Europ Assistance) : ☎ (00-33) 1-41-85-85-85. Pour faire opposition, contactez le n° communiqué par votre banque ; à défaut, si vous êtes en France, faites le ☎ 0892-705-705 (0,34 €/mn). • visa-europe.fr •*

– **Carte MasterCard :** *assistance médicale incluse ; n° d'urgence : ☎ (00-33) 1-45-16-65-65. En cas de perte ou de vol, composez le n° communiqué par votre banque pour faire opposition. • mastercardfrance.com •*

– ***Carte American Express :*** *téléphonez en cas de pépin au ☎ (00-33) 1-47-77-72-00 (n° accessible tlj, 24h/24). • americanexpress.fr •*

– Pour ttes les cartes émises par **La Banque postale,** *composez le ☎ 0825-809-803 (0,15 €/mn) depuis la France métropolitaine ou les DOM, et le ☎ (00-33) 5-55-42-51-96 depuis l'étranger.*

– Également un numéro d'appel pour faire opposition, valable ***quelle que soit votre carte de paiement :*** *☎ 0892-705-705 (serveur vocal à 0,34 €/mn). Ne fonctionne ni en PCV ni depuis l'étranger.*

Petite mesure de précaution

Si vous retirez de l'argent dans un distributeur, utilisez de préférence les distributeurs attenants à une agence bancaire. En cas de pépin avec votre carte (carte avalée, erreur de numéro...), vous aurez un interlocuteur dans l'agence, pendant les heures d'ouverture du moins.

Carte internationale d'étudiant (carte isic)

Elle prouve le statut d'étudiant dans le monde entier et permet de bénéficier de tous les avantages, services, réductions étudiants du monde dans les domaines du transport, de l'hébergement, de la culture, des loisirs, du shopping... C'est la clé de la mobilité étudiante !
La carte ISIC permet aussi d'accéder à des avantages exclusifs sur le voyage (billets d'avion spécial étudiants, hôtels et auberges de jeunesse, assurances, cartes SIM internationales, location de voiture...).
Pour plus d'informations sur la carte ISIC et pour la commander en ligne, rendez-vous sur le site *• isic.fr • statravel.fr •*

Renseignements supplémentaires : *☎ 01-40-49-01-01.*

Pour l'obtenir en France:

– Commandez-la en ligne
– Rendez-vous dans la boutique ISIC, *2, rue de Cicé, Paris 75006,* muni de votre certificat de scolarité, d'une photo d'identité et de 13 € (12 € + 1 € frais de traitement).
– Émission immédiate sur place ou envoi à domicile le jour même de la commande en ligne.

En Belgique

Elle coûte 12 € (+ 1 € frais d'envoi) et s'obtient sur présentation de la carte d'identité, de la carte d'étudiant et d'une photo auprès de :

■ ***Connections*** *: renseignements au ☎ 070-23-33-13 ou 479-807-129 • isic.be •*

En Suisse

Dans toutes les agences *S:T.A Travel (☎ 058-450-40-00 ou 49-49),* sur présentation de la carte d'étudiant, d'une photo et de 20 Fs. Commande de la carte en ligne : *• isic.ch • ou • statravel.ch •*

Au Canada

La carte coûte 20 $Ca (+ 1,50 $Ca de frais d'envoi). Disponible dans les agences *TravelCuts/Voyages Campus*, mais aussi dans les bureaux d'associations étudiants. Pour plus d'infos : *• voyagescampus.com •*

BUDGET

Nous vous indiquons ci-dessous l'échelle des tarifs auxquels nous nous référons pour l'ensemble de nos guides France.

Hébergement

D'une manière générale, nous indiquons des fourchettes de prix allant de la chambre double la moins chère en basse saison à celle la plus chère en haute saison. Ce qui implique parfois d'importantes fourchettes de prix, pas toujours en adéquation avec la rubrique dans laquelle l'établissement est cité. Le classement retenu est donc celui du prix de la majorité des chambres et de leur rapport qualité-prix. À noter que, lorsque les lieux d'hébergement sont équipés d'un accès Internet et/ou wifi, nous le mentionnons sans autre précision.

– Les tarifs des ***campings*** sont calculés sur la base d'un emplacement pour deux avec voiture et tente, en haute saison. Ils sont classés en tête de rubrique « Où dormir ? ».

– Les ***auberges de jeunesse*** et ***gîtes d'étape*** pratiquent en règle générale des tarifs « Bon marché » pour une nuitée en dortoir (avec ou sans les draps). Le tarif indiqué est celui du lit en dortoir et/ou parfois de la chambre double, quand il y en a.

– En ***chambres d'hôtes,*** les prix sont donnés sur la base d'une chambre double. Ils incluent le petit déjeuner. Les cartes de paiement sont rarement acceptées. Dans les cas contraires, nous indiquons « petit déj en sus » et « CB acceptées ».

– Concernant les ***hôtels,*** la base reste celle d'une nuit en chambre double (sans petit déjeuner), sauf exception, notamment pour les chambres familiales.

– ***Bon marché :*** jusqu'à 50 €.
– ***Prix moyens :*** de 50 à 70 €.
– ***Chic :*** de 70 à 100 €.
– ***Plus chic :*** de 100 à 150 €.
– ***Beaucoup plus chic :*** au-delà de 150 €.

Restos

Au restaurant, notre critère de classement est le prix du premier menu servi le soir (hors boissons). Les notions de « Prix moyens » ou « Plus chic » n'engagent donc que les prix. Autrement dit, certains restos chic proposant parfois d'intéressantes formules, notamment au déjeuner, pourront malgré tout être classés dans la rubrique « Plus chic ».

– ***Très bon marché :*** moins de 12 €.
– ***Bon marché :*** de 12 à 20 €.
– ***Prix moyens :*** de 20 à 30 €.
– ***Chic :*** de 30 à 40 €.
– ***Plus chic :*** au-delà de 40 €.

LIVRES DE ROUTE

– ***La Pomme bleue*** (2011), de Roger Béteille, éd. du Rouergue. Trois générations de paysans pris dans les déchirures engendrées par la révolution agricole des années 1960.
– ***Balades nature dans les volcans d'Auvergne*** (2009), éd. Dakota. Voyage au centre d'un écosystème. On découvre, au fil des itinéraires, tout ce que la nature auvergnate révèle à un regard curieux. Illustrations, photos, et surtout nombreux petits croquis précis d'animaux de la région.
– ***Histoire de l'Auvergne*** (2001), de J. Teyssot et Th. Wanegffelen, éd. Ouest France. Un livre pour se souvenir qu'en Auvergne se sont écrits des épisodes marquants de l'histoire de France : vestiges gallo-romains, forteresses, églises romanes et gothiques... autant d'évocations qui témoignent de la richesse de l'histoire et du patrimoine auvergnats.
– ***La Vallée d'Émeraude*** (2005), d'Antonin Malroux, éd. Le Livre de Poche. Au XIe s, l'histoire de paysans décimés par le terrible « feu Saint-Antoine » (appelé aussi « Mal des Ardents »), soignés par les moines... C'est cet épisode méconnu de l'histoire de l'Auvergne qu'Antonin Malroux a choisi de raconter.
– ***Majestés romanes*** (2002), de François Graveline, éd. Philéas Fogg. L'Auvergne abrite quantité d'églises romanes, et l'abondance de la statuaire mariale témoigne de l'importance du culte de la Vierge dans la région. L'auteur fait l'éloge d'un art simple et nous emmène à la découverte de ces madones hiératiques, dont la splendeur ne s'est pas émoussée avec le temps.
– ***Fleur d'estives*** (2002), d'Élianne Meallet, éd. Élianne Meallet. Un Espagnol fuit la dictature de Franco ; l'histoire du déracinement et de l'intégration d'un homme au cœur du Sancy, en passant par le Cantal et l'Aubrac. Ce roman évoque notamment le métier oublié d'arracheur de gentiane.
– ***Contes et saveurs d'Auvergne*** (1999), d'André Bouyssou, éd. Debaisieux. Au gré des recettes typiques – truffade, chou en menette, *pounti,* tarte aux myrtilles... –, l'ancien président de la Fédération de l'industrie hôtelière du Cantal nous dévoile l'Auvergne côté papilles. Bonne dégustation !

PERSONNES HANDICAPÉES

Le label Tourisme et Handicap

Ce label national, créé par le secrétariat d'État à la consommation et au tourisme en partenariat avec les professionnels du tourisme et les associations représentant les personnes handicapées, permet d'identifier les lieux de vacances (hôtels, campings, sites naturels, etc.), de loisirs (parcs d'attractions, etc.) ou de culture (musées, monuments, etc.) accessibles aux personnes handicapées. Il apporte aux touristes en situation de handicap une information fiable sur l'accessibilité des lieux. Cette accessibilité, visualisée par un pictogramme correspondant aux quatre types de handicaps (moteur, visuel, auditif et mental), garantit un accueil et une utilisation des services proposés avec un maximum d'autonomie dans un environnement sécurisant.
Pour connaître la liste des sites labellisés : • *franceguide.com* • (rubrique « Tourisme et handicap »).

Par ailleurs, dans notre guide, nous indiquons par le logo ♿ les établissements qui possèdent un accès ou des chambres pouvant accueillir des personnes handicapées. Certaines adresses sont parfaitement équipées selon les critères les plus modernes. D'autres, plus simples, plus anciennes aussi, sans répondre aux normes les plus récentes, favorisent l'accueil des personnes handicapées en facilitant l'accès à leur établissement, tant sur le plan matériel que sur le plan humain. Évidemment, les handicaps étant très divers, des lieux accessibles à certaines personnes ne le seront pas pour d'autres. Appelez donc auparavant pour savoir si l'équipement de l'hôtel ou du resto est compatible avec votre niveau de mobilité.

Malgré les combats menés par les nombreuses associations, l'intégration des personnes handicapées à la vie de tous les jours est encore balbutiante en France. Il tient à chacun de nous de faire changer les choses. Une prise de conscience est nécessaire, nous sommes tous concernés.

SITES INTERNET

- ***routard.com*** • Rejoignez la plus grande communauté francophone de voyageurs ! Échangez avec les routarnautes : forums, photos, avis sur les hôtels. Retrouvez aussi toutes les informations actualisées pour choisir et préparer vos voyages : plus de 200 fiches pays, une centaine de dossiers pratiques et un magazine en ligne pour découvrir tous les secrets de votre destination. Enfin, comparez les offres pour organiser et réserver votre voyage au meilleur prix. • *routard.com* •, le voyage à portée de clics !
- ***parc-volcans-auvergne.com*** • Le site officiel du parc naturel régional des Volcans d'Auvergne, pour ne rater aucune des richesses de ce superbe territoire. Très nombreuses infos pratiques, mais aussi plein de renseignements sur l'économie du parc, la faune, la flore, etc.
- ***fromages-aoc-auvergne.com*** • Très complet sur le sujet, le site de l'Association des fromages d'Auvergne développe l'essentiel sur les cinq AOC (AOP selon la terminologie européenne) auvergnates, en y ajoutant une pincée de recettes, les coordonnées des producteurs et des explications concernant le label AOC.
- ***auvergne-tourisme.info*** • Un site générique et agréable pour bien préparer son séjour, puisque c'est celui du comité régional du tourisme.
- ***auvergnat.biz*** • Le « Webzine », comme il se dénomme, des Auvergnats exilés à Paris ou ailleurs. Ce magazine en ligne donne toutes les infos sur les événements relatifs au « pays ».
- ***auvergne-centrefrance.com*** • Thermes, sports extrêmes, ski, randos, contes et légendes, littérature... L'Auvergne n'aura alors plus de secrets pour vous (surtout après la lecture du *Routard, of course !*).
- ***villesdeaux.com*** • Tout pour le bien-être ! Les villes d'eaux du Massif central, leur histoire, leurs bienfaits, en passant par l'architecture thermale. Un avant-goût culturel et instructif avant d'aller s'y faire chouchouter.
- ***salers.org*** • Laitière et à viande, la vache de Salers est une race de choix. Mais pourquoi est-elle si bonne (et belle), nous direz-vous ? Voici l'occasion de savoir ce qu'elle cache. Après ça, vous serez incollable...
- ***auvergne.chambagri.fr*** • La chambre régionale d'agriculture d'Auvergne dispense toutes ses connaissances. Pour être à la page sur tous les produits cultivés et leur histoire, les fermes agricoles, les chiffres, etc. En bref, un plan de voyage on ne peut plus instructif !
- ***auvergne-thermale.com*** • Pour tout connaître sur les thermes en Auvergne. Les infos, les adresses, les horaires...
- ***parc-livradois-forez.org*** • Pour préparer un séjour fort en émotions, découvrir de vastes paysages de landes, les savoir-faire coutelier et papetier ou télécharger le programme des balades accompagnées.

URGENCE

En cas de perte ou de vol de votre téléphone portable

Suspendre aussitôt sa ligne permet d'éviter de douloureuses surprises au retour du voyage ! Voici les numéros des quatre opérateurs français, accessibles depuis la France et l'étranger :

- **SFR :** *depuis la France, ☎ 10-23 ; depuis l'étranger, + 33-6-1000-1900.*
- **Bouygues Télécom :** *depuis la France comme depuis l'étranger, ☎ 0800-29-1000 (remplacer le « 0 » initial par « + 33 » depuis l'étranger).*
- **Orange :** *depuis la France comme depuis l'étranger, 06-07-62-64-64 (remplacer le « 0 » initial par « + 33 » depuis l'étranger).*
- **Free :** *depuis la France, ☎ 32-44 ; depuis l'étranger, ☎ + 33-1-78-56-95-60.*

Vous pouvez aussi demander la suspension depuis le site internet de votre opérateur.

HOMMES, CULTURE, ENVIRONNEMENT

« L'Auvergne produit des ministres, des fromages et des volcans. »

Alexandre Vialatte (1901-1971)

Depuis Vercingétorix, ce haut pays aux calvities couleur de plomb, lustré par les pluies et gorgé d'oxygène, se pose en donjon mystique de l'Hexagone. En 1940, les panzers se sont arrêtés au pied de ses montagnes que la modernité, à son tour, hésite à investir. Les plus fougueux des bougnats n'ont pas attendu pour chercher fortune ailleurs : Paris est aujourd'hui la première ville d'Auvergne ! Et les hauts plateaux, grelottant sous l'écir (le vent des montagnes), ne demandent qu'à retrouver une nouvelle jeunesse sous le signe de l'air pur, du silence et de la randonnée contemplative au cœur de paysages mélancoliques ou dramatiques, qui comptent parmi les plus singuliers et les mieux préservés d'Europe. L'Auvergne, c'est quand on l'a trouvée qu'on la cherche le plus...
« Le bois y est plus noir qu'ailleurs, l'herbe plus drue, l'avare plus avare », écrivait Alexandre Vialatte. Cette île du cœur de la France a des villes couleur de charbon, de hauts pâturages vastes comme ceux de Mongolie, des fumées infernales et des vallées paradisiaques, sans oublier, bien sûr, de sympathiques spécimens d'Auvergnats : méfiants de prime abord, plaisantins au second (Fernand Raynaud était de l'Allier), et généreux, ne vous en déplaise, quand la glace est rompue. Avec ce je-ne-sais-quoi d'enraciné, que Vialatte, auteur redécouvert par une nouvelle génération, résumait ainsi : « L'Auvergne est un meuble pauvre que la France a relégué longtemps dans sa mansarde. Elle s'y est imprégnée d'une odeur de grenier, de vieux temps, de rêve et de fumée. »
Aujourd'hui, l'Auvergne fait partie des destinations vertes privilégiées aux yeux de ceux qui recherchent le charme et l'authenticité. Même les villes thermales ne font plus sourire, ou alors juste un peu. Mais sourire, ici, ne fait de mal à personne ! Et puis, on ne vous l'a pas encore dit, quelles belles tables ce pays cache, des grandes, des petites, des connues, des marginales, des calmes, des volcaniques...

ARCHITECTURE

« L'âme du pays, écrivait Vialatte, se condense dans ses bourgs. Voici l'église, caveau glacé que le silence et la pauvreté travaillent d'une sorte de vertige ; les tabliers de serge verte des confessionnaux de bois blanc ; et saint Verni, le saint local, juché sur une vis de pressoir. Voici le château, noir, désert, haut perché, mille fois photographié et toujours désireux de mieux faire. Voici la maison anonyme : elle sent le feu de bois, le lait de chaux, l'étable et la tirelire. Elle est bâtie entre le Familistère vert sombre et l'Économat vermillon. » L'habitat auvergnat possède

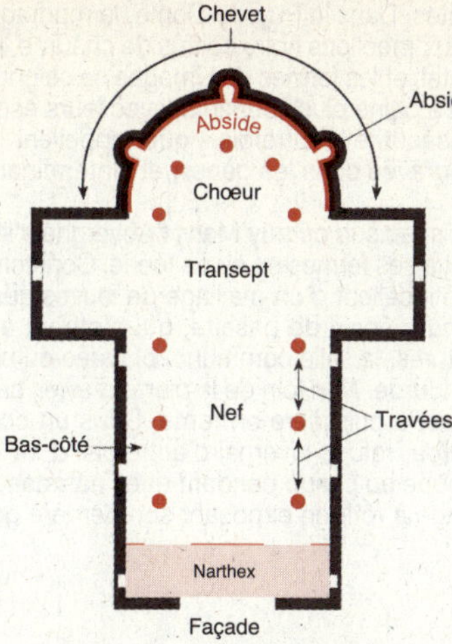

PLAN D'UNE ÉGLISE ROMANE

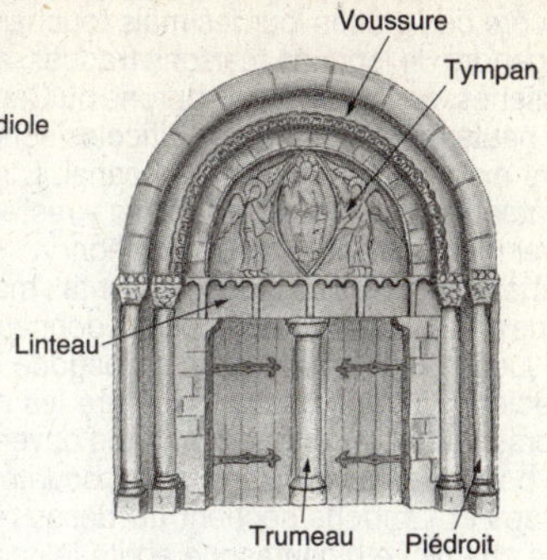

PORTAIL D'ÉGLISE ROMANE

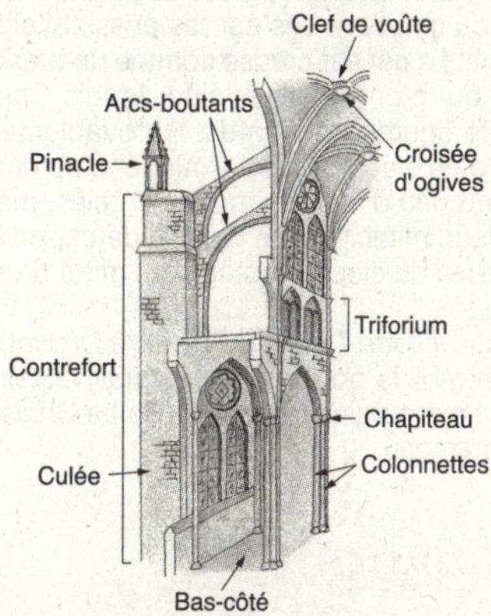

COUPE TRANSVERSALE
D'UNE ÉGLISE GOTHIQUE

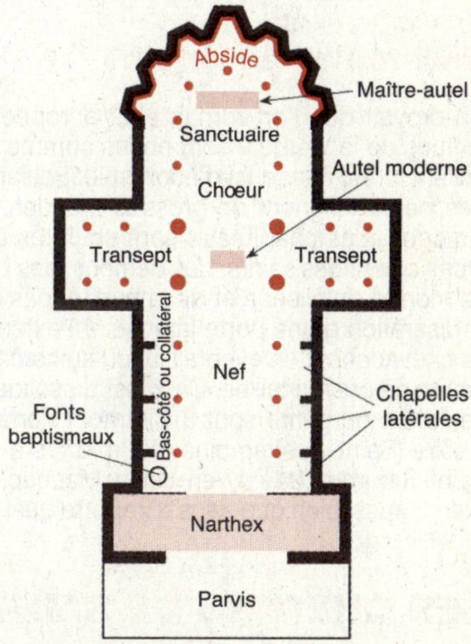

PLAN D'UNE ÉGLISE GOTHIQUE

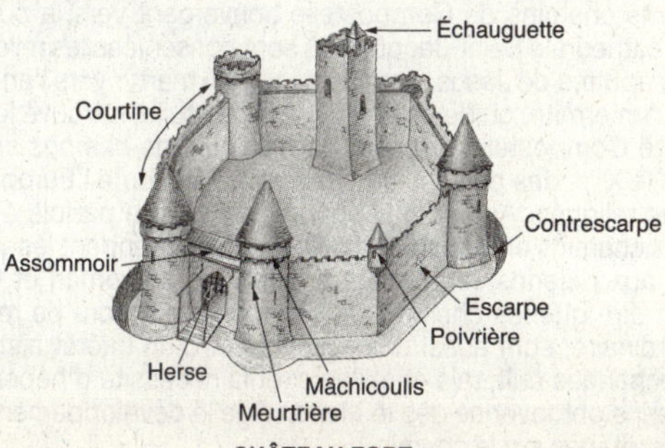

CHÂTEAU FORT

encore ces grâces lourdes mais touchantes. Dans le Puy-de-Dôme, la montagne engendre de longues maisons trapues, aux moellons noirs coiffés de chaume, les jasseries, équivalents des burons du Cantal, et les fermes de Limagne se ceignent de hauts murs. Les bourgs viticoles sont à peine plus souriants, avec leurs escaliers extérieurs et leurs tuiles canal. L'insécurité d'autrefois – que rappellent les châteaux et les églises fortifiées – reste gravée dans les gènes, et l'interminable hiver n'autorise aucune déperdition.
Cette règle vaut aussi pour le Cantal, mais, au sud du puy Mary, l'Auvergne s'illumine d'influences rouergates qui donnent à ses fermes un air de féerie. Constellés de lucarnes, les hauts toits en pagode étincellent d'un maillage de lauzes aussi précieux qu'un galuchat. Derrière les murs épais de basalte, qui n'offrent aux morsures de l'hiver que d'étroites ouvertures, la salle commune, plaquée ou non de boiseries, baigne dans une obscurité lourde. Non loin de la pierre d'évier, saucisses et jambons sèchent au-dessus de la cuisinière en fonte. Dans un coin, une cheminée gigantesque abrite le *cantou,* refuge hivernal d'autrefois, dont les chenets à présentoirs maintenaient la soupe au chaud pendant que l'assistance, répartie sur des bancs, donnait son visage à rôtir en exposant son derrière gelé aux courants d'air.

L'art roman auvergnat

On croyait que l'art roman était européen. En Auvergne, il est auvergnat. Les statues de la Vierge y sont noires comme du charbon. Les églises aussi. Si elles brillent, c'est par souci d'économie. Édifiant ! La nef est creuse comme un tunnel. Ses parois alignent de grosses arcades, qui n'ont guère évolué depuis Charlemagne. Les chapiteaux sont sculptés de figures terrifiantes, incroyablement archaïques : des saints, des démons, des bêtes d'apocalypse. Pour pénétrer dans ce monde du silence et de la nudité, pas ou peu d'entrées monumentales, mais la discrétion d'une porte latérale. À l'extérieur, miracle ! Une dizaine de coupoles se chevauchent en éventail jusqu'aux arcades du clocher octogonal, mitré d'une pointe de crayon taillée. Ça, c'est du solide !
Les stars du genre sont à Clermont-Ferrand (Notre-Dame-du-Port), à Orcival, à Issoire (Saint-Austremoine, où le XIXe s a rétabli la polychromie), Saint-Nectaire, Saint-Saturnin, Le Puy-en-Velay, Mauriac, l'extraordinaire abbaye de La Chaise-Dieu... aussi bien que dans n'importe quel hameau.

LES CHEMINS DE SAINT-JACQUES-DE-COMPOSTELLE

Les différents chemins de Compostelle convergent vers la côte galicienne espagnole et la cathédrale Saint-Jacques où sont conservées les reliques d'un des plus importants apôtres de Jésus, Jacques, mort en martyr vers l'an 35.
C'est en 800 qu'un ermite, guidé en songe par une étoile, retrouve le tombeau du saint. Le nom de Compostelle proviendrait d'ailleurs de *campus stellae* (champ d'étoiles)... Dès le Xe s, des pèlerins en provenance de toute l'Europe viennent se recueillir sur ses reliques. Aujourd'hui encore, on assiste parfois à une certaine affluence sur les chemins en période de pèlerinages et pendant les vacances...
Au fil des ans, aux pèlerins se joignent amateurs d'art roman et férus de randonnées. Il faut dire que les chemins de Compostelle, cadre de ressourcement spirituel extraordinaire, sont aussi d'une beauté et d'un intérêt historique valant le détour : les échanges culturels et religieux et la nécessité d'héberger un grand nombre de pèlerins ont favorisé dès le Moyen Âge le développement des villes et des monuments, étapes sur le chemin.

Balisés en 1970 par la Fédération de randonnée pédestre, les quatre sentiers français commencent respectivement à Vézelay, au Puy-en-Velay, à Arles et à Tours (aujourd'hui à Paris). Depuis 1998, le parcours est classé au Patrimoine mondial de l'humanité. Que vous partiez à pied, à cheval ou à VTT, que vous marchiez tout le long de la route ou sur les derniers kilomètres uniquement, ouvrez grand les yeux pour ne pas rater les beautés croisées sur le chemin : une auberge super accueillante, une église romane perdue dans la campagne, les champs à perte de vue et souvent de bien belles rencontres...
Pour plus de renseignements : • *chemins-compostelle.com* •
En Auvergne, les chemins de Compostelle passent en Haute-Loire (43) par Le Puy-en-Velay, Saint-Christophe-sur-Dolaizon, Montbonnet, Bains, Saint-Privat-d'Allier, Monistrol-d'Allier, Saugues, La Clauze et Chanaleilles.

CUISINE

L'Écosse a le haggis ; l'Irlande, la pomme de terre... Il ne faut pas demander de frivolités aux pays pauvres. La cuisine auvergnate est donc lourde comme le plomb (du Cantal). Cela pour suppléer aux chutes du mercure et à la gêne du crédit. Elle comble, revigore, aiguise l'esprit, rend courage, affriole... C'est une cuisine utile et agréable, alliée des eaux bienfaisantes. Côté portions, les restaurants pratiquent une générosité un brin tyrannique : « Ici, on n'est pas à Paris ! » Qui ne finit pas son pain déclenche l'affliction : « laisser perdre » est un gros mot. C'est hérissant mais sympathique, d'autant que la truffade, le jambon de montagne et les fabuleux fromages font des ripailles (un seul plat vous cale !) rigolotes, bienvenues même en été, et ce, pour trois sous. Que demandent les randonneurs ?

Des produits d'exception

La viande de salers

Des cornes en lyre, les yeux de Liz Taylor, l'envergure de Columbo, c'est tout ce qui distingue la salers de la limousine. Disons que la limousine est plus connue... et que la salers – tout comme sa cousine, l'aubrac – a ses fans : sa viande, sans graisse et très persillée, est d'une exceptionnelle tendreté. En Bourbonnais, c'est la charolaise qui la remplace : à peine si l'on perd au change !

Les fromages

L'Auvergne est un plateau de fromages : elle peut s'enorgueillir de compter cinq appellations d'origine protégée. Dès 800 m d'altitude, les monts d'Auvergne se couvrent de narcisses, de crocus, de giroflées... Près de la moitié de la flore française ! C'est ainsi qu'on fait du bon lait... Les Sherlock Holmes du fromage devinent au « bouquet » la pente où les vaches ont pâturé. Élémentaire, mon cher Fernand !
– ***Le cantal*** *(AOP)* **:** le cantal est le costaud des plateaux. Un Romain le mentionnait déjà. On affine ses grosses fourmes dans d'anciens tunnels reconvertis. Les Auvergnats de Paris l'idolâtrent après 6 mois d'affinage, bien fruité sous sa croûte brun orangé. Le meilleur cantal est fait l'été, *of course,* quand les vaches sont en montagne. Le *best* est le fermier.
– ***Le salers*** *(AOP)* **:** si sa forme et sa recette ressemblent au cantal, le salers est un fromage spécifique fabriqué uniquement à la ferme et au lait cru, du 15 avril au 15 novembre. Affiné 3 mois au minimum, il offre un goût singulier, épicé et fruité.
– ***Le saint-nectaire*** *(AOP)* **:** star occulte de l'Auvergne aimée du Roi-Soleil. Lorsqu'il s'apprête à couler (mais il se retient !), ce fromage mou des monts Dore exhale un délicat goût de noisette. Préférez-le fermier, évidemment !

– ***La fourme d'Ambert** (AOP) :* Turenne, qui s'y connaissait en odeurs de bivouac, disait : « Dieu est avec les gros bataillons, surtout quand ses soldats ont un morceau de fourme dans leur gibecière ! » Produite depuis le VIIe s dans les monts du Forez, cette pâte persillée diffère du roquefort par sa douceur fruitée, car elle est constituée de lait de vache alors que le roquefort est au lait de brebis, plus acidulé.
– ***Le bleu d'Auvergne** (AOP) :* Antoine Roussel, fils d'un paysan de Laqueuille, répandit sur son caillé la moisissure de son pain de seigle. Ce fromage d'altitude, puissant mais crémeux, développe une extraordinaire palette d'arômes.
– ***Le gaperon :*** puissant fromage de Limagne à l'ail et au poivre, confectionné avec du babeurre, et qui se présente sous la forme d'une boule.

La lentille du Puy

Cette petite graine bombée, d'un vert sombre marbré de bleu, est la seule à bénéficier d'une appellation d'origine contrôlée. On attribue son parfum subtil aux volcans.

La lentille blonde de Saint-Flour

Abandonnée depuis plusieurs décennies, la production de la belle blonde à la saveur douce et sucrée a été relancée dans les années 2000 grâce au regroupement d'une poignée de passionnés. Petit à petit, on la trouve à la carte de restaurants de plus en plus nombreux.

Les cochonnailles

Saigné pour la *mangoune,* le cochon joue les pères Noël du long hiver auvergnat. La rudesse paysanne sait y faire, puisque les meilleurs jambons de montagne montrent une onctueuse délicatesse. On en sert souvent de véritables steaks ! Saucisse sèche « de montagne » également fameuse, même s'il faut parfois la trancher à la scie à métaux.

GLANDER... TOUT UN ART !

Dès le Moyen Âge, cette activité consistait à mener les cochons dans les chênaies pour les nourrir de glands. C'était une façon bien reposante d'occuper sa journée. Depuis, la signification a évolué en « ne rien foutre ». Sans faire de cochonneries pour autant...

L'ail de Billom

Il passe pour le meilleur de France.

Des plats de caractère

– ***Le pounti :*** sorte de cake au lard, aux feuilles de blettes et aux pruneaux, qu'on découpe en tranches.
– ***L'aligot et la truffade*** célèbrent les noces du fromage – tomme fraîche – et de la pomme de terre, avec éventuellement de l'ail dans la truffade. Les deux s'associent à merveille avec la saucisse de pays ou un bon morceau de bœuf salers ou aubrac. Pour la truffade (et le *truffiat,* son cousin bourbonnais), les tubercules sont simplement tranchés, alors qu'ils sont brassés dans la purée de l'aligot (Aubrac cantalien). Ce dernier est un délicieux plat, dont on file la pâte (toute une affaire !) en tenant haut la cuillère. Gare aux ersatz en sachets, pâlichons. Peut-être rencontrerez-vous à la carte de certains restaurants la *patranque,* ancêtre de l'aligot et de la truffade, quand on ne connaissait pas encore la pomme de terre en France (elle est remplacée par du pain).
– ***La potée auvergnate :*** un délicieux mélange de saucisses à cuire, poitrine demi-sel, pied de cochon, choux, carottes et navets.

– ***Le chou farci :*** « tranche napolitaine » de feuilles de chou et de farce (un grand chef l'a remplacée par du foie gras !), mijotée en cocotte. Plutôt étouffe-chrétien !
– ***La soupe aux choux*** incarne, depuis Louis de Funès, le pain quotidien du paysan d'Auvergne.
– ***La truite au lard*** (*fario* de la Sioule ou de la Cère) **:** entourée ou farcie d'un morceau de poitrine fumée.
– ***Le tripou :*** tripes et farce en vessie. Pour les rugbymen d'Aurillac !
– ***La tarte de Vic :*** dite aussi « à l'encalat », c'est une délicieuse tarte au lait caillé.
– En prime : le ***coq au chanturgue*** (comme son nom l'indique), le ***gigot brayaude*** (très bon), le ***canard à la Duchambais,*** la ***pompe*** (fouace locale) et en particulier la ***pompe aux grattons,*** le ***pâté aux pommes de terre,*** le ***cornet de Murat*** (tuile à la chantilly), les ***rissoles*** (raviolis) de Saint-Flour et des tombereaux de framboises et de myrtilles, à glaner tout l'été sur la chaîne des Puys...

ÉCONOMIE

La région possède sa logique : elle est géographique. Sous la traditionnelle appellation de monts d'Auvergne, elle groupe la plupart des massifs volcaniques de France. Dôme, Dore, Cézallier, Cantal, Aubrac, Velay, Mézenc, tous dépassent les 1 500 m. Et bien qu'aucun n'atteigne les 2 000 m, cela suffit à produire des hivers « continentaux », vaguement sibériens. Ses routes en tire-bouchon et son éloignement des grandes métropoles – les autoroutes A 71 (Paris - Clermont-Ferrand et Saint-Flour), A 72 (Clermont - Saint-Étienne) et A 75, « La Méridienne », gratuite (Clermont-Montpellier), n'ont pas fini d'y remédier – destinaient l'Auvergne à l'élevage de haute qualité. La charolaise domine dans l'Allier, la salers dans le Cantal, la limousine en Haute-Loire, le Puy-de-Dôme panachant salers, charolaise et prim'Holstein : soit 280 000 vaches laitières et 470 000 bovins à viande.
Ceux que le succès de Bouygues a frappés ne s'étonneront pas de rencontrer l'industrie en Auvergne. Fort de 18 000 « Bibs », Michelin règne sur Clermont-Ferrand, qui, avec ses 141 000 habitants, joue à la métropole auvergnate (Montluçon, son challenger, en compte trois fois moins !). L'agroalimentaire s'épanouit avec Limagrain (premier semencier d'Europe), Socopa Villefranche (premier congélateur français de viandes)... Le commerce des eaux minérales (Volvic expédie chaque jour deux millions de bouteilles, Saint-Yorre ou encore Vichy-Célestins ont aussi une production significative) a également suscité en Auvergne l'industrie pharmaceutique : Aventis, Roussel Uclaf, mais aussi, plus bizarrement, le centre de recherche de l'Américain Merck Sharp & Dom. Autres chimies, celles du caoutchouc (Dunlop a suivi Michelin) et des matières plastiques qui se sont installées à Clermont-Ferrand, Montluçon, Le Puy, Thiers et Sainte-Sigolène, pôle français du polyéthylène. Dans leur ombre, une foule de PME se sont imposées avec des produits simples, d'excellente qualité (très auvergnat, cette modestie ambitieuse...) : Vial a réalisé les étriers du pont de Tancarville, Werck les freins de l'Airbus, Sacatec est leader en vessies hydrauliques, France-Lames est le numéro un mondial de l'arme blanche, Wichard excelle dans l'accastillage de plaisance marine, TLM conçoit des revêtements pour sols ultra-performants, etc. En 1999, le consortium américano-européen inaugurait la première liaison de téléphone par satellite ici même !
Il y a aussi la coutellerie à Thiers, qui réalise 70 % de la production française, et la fonderie de Sept-Fons du Groupe PSA. Le tertiaire connaît une croissance relative ; en effet, l'Auvergne a diversifié ses secteurs d'activité comme l'armement avec Sagem-Matra, l'électronique avec Sat Cables et CSEE, le bois et l'ameublement de tradition du fait que les forêts recouvrent le quart du territoire régional, et enfin l'imprimerie de la Banque de France à Chamalières, qui est le deuxième employeur régional. Le tourisme et surtout le thermalisme

offrent une ressource non négligeable à la région, avec une dizaine de centres guérissant les maux de chacun.

Michelin

Comme la machine à calculer, le pneu est une invention auvergnate. En 1886, les frères Michelin héritent d'une usine de caoutchouc fondée par la nièce du savant écossais Mackintosh. Neuf ans plus tard, ils équipent l'Éclair, première voiture à pneumatiques. Leur entreprise va créer, en 1913, la roue en acier démontable, d'où découlera la cinquième roue (de secours). Le pneu radial ? Une invention Michelin (1946). Tout comme le Green X, roue « écolo » qui économise assez de carburant pour rembourser son prix d'achat. À Clermont-Ferrand, le « long boyau de ciment armé qui a l'air d'un jouet de géant barbare et qui sert aux essais de pneus » avait enchanté Vialatte. « C'est le hochet du géant Bibendum, concluait-il, dieu de l'Olympe commercial moderne, où prennent place auprès de lui le Bébé Cadum et La Vache qui rit. Bibendum a transformé la contrée : des cités ouvrières neuves, des églises toutes jeunes, des sanatoriums dernier cri poussent partout dans le sillage du caoutchouc. Clermont ne peut se concevoir sans Bibendum, divinité volumineuse, élastique, tentaculaire, aux yeux de grenouille, au ventre de pacha, et qui fume son cigare comme un oncle placide. » C'est Marcel Michelin, philanthrope auvergnat et paternaliste qui, ayant observé un amoncellement de pneus lors de l'Exposition universelle de Lyon en 1894, en tira Bibendum, le Golem du « pneu qui boit l'obstacle ». Aujourd'hui, Bibendum roule sur trois roues de plus : les cartes, les guides touristiques et le gros *Guide rouge,* dont la sortie annuelle met en transe tous les cuisiniers de France. Ne pas manquer de visiter, à Clermont-Ferrand, *L'Aventure Michelin,* musée consacré à l'odyssée de la famille Michelin.

GÉOGRAPHIE

À Paris, on ne fait pas dans le détail. Le bistrotier aveyronnais, le ministre corrézien, le Lozérien sont « des Auvergnats ». Le journal *L'Auvergnat de Paris,* fondé en 1882 et « décédé » en 2009, s'était fait le promoteur d'une « grande Auvergne » soudée par la langue d'oc et par des destinées communes, et qui regrouperait presque tout le Massif central. Pour ces prosélytes, « est Auvergnat quiconque est marié avec une Auvergnate, ou a passé ses vacances en Auvergne ».
Restent les frontières administratives, douloureuses. La région Auvergne inclut le Bourbonnais et la Combraille (à demi berrichons), ainsi que le Velay (plus attiré par Saint-Étienne et Lyon), mais place la haute Corrèze en Limousin et dépèce l'Aubrac entre Lozère et Aveyron, deux départements noyés dans le Languedoc-Roussillon et l'immense Midi-Pyrénées. Des guerres ont éclaté pour moins que ça ! Avec le puy Mary, le Cantal possède en outre une frontière interne : au sud, l'Auvergnat roule un accent rocailleux, dort sous des tuiles canal et lorgne vers Toulouse.

L'Allier : le Bourbonnais et la Combraille

Trois grandes régions : autour de Moulins, les sablières des châtelains de la Sologne bourbonnaise ; à l'ombre de Montluçon, le bocage bourbonnais ; enfin, la Combraille, qui, au sud, annonce les molles ondulations du plateau creusois. Quelques pôles industriels (Montluçon, Commentry, Saint-Éloy-les-Mines...) démentent la vocation agricole de ces pays transitoires, encore berrichons mais qui, dès les gorges de la Sioule et la Limagne de Vichy, s'inscrivent déjà dans l'Auvergne. Tout au sud, les sommets de la montagne bourbonnaise amorcent la montée vers les hautes terres auvergnates.

Le Puy-de-Dôme : la basse Auvergne

Son nom pesant cache un ensemble heurté. La forteresse volcanique (chaîne des Puys, monts Dore et Cézallier) domine, de l'ouest, les coteaux féconds des Limagnes que bordent, à l'est, les vieilles tables granitiques du Forez et du Livradois. Phare régional à tous les niveaux – tourisme (la chaîne des Puys), agriculture (les blés de Limagne), industrie (Clermont, mais aussi Thiers, Ambert, Issoire...), recherche (la fac de Clermont), etc. –, le Puy-de-Dôme a enfanté l'essentiel du gotha auvergnat.

Le Cantal : la haute Auvergne

En France métropolitaine, c'est le seul département qui soit un volcan : ses vallées en étoile ne communiquent entre elles qu'au sommet – ruiné – du volcan. Il y a plus pratique ! Splendidement isolée, cette région d'élevage concentre tous les clichés du pittoresque auvergnat : alpages moelleux, paysages à couper le souffle, villages hors du temps... Le charme continue dans ses appendices : le Cézallier, l'Artense et l'Aubrac, hauts pâturages volcaniques d'une indicible mélancolie ; ou encore les plateaux perdus de la Châtaigneraie (sud-ouest) et de la Margeride (l'ancien Gévaudan, à cheval sur le Cantal, la Haute-Loire et la Lozère).

La Haute-Loire : le Velay

Un bouclier volcanique strié de rivières (l'Allier, la Loire...) s'encastre entre les vieux plateaux de la Margeride (ouest), du Forez et du Livradois (nord) et le mont Mézenc (sud-est). Ancienne terre à froment passée à l'élevage, le Velay a hérité de la proximité de Lyon un esprit à part, ouvert et entreprenant, qui s'épanouit dans des petits bassins d'activité : Brioude, Yssingeaux, Sainte-Sigolène... Ultra-catholique (Le Puy célèbre pieusement Marie), la Haute-Loire a aussi produit des rebelles, comme Jules Vallès, et des francs-maçons, comme Jules Romains. Notez que Le Chambon-sur-Lignon, fief d'un fameux maquis, est un îlot protestant.

HISTOIRE

L'odyssée auvergnate

Cloîtré par un cercueil de neige pendant 6 mois dans ses montagnes, à l'écart des grandes mutations françaises, l'Auvergnat s'est longtemps contenté de survivre. Sans perdre un seul épi, ni une touffe d'herbe, ni la moindre croûte de fromage. Les orties nourrissent les cochons, les ronces font des paniers, le moindre bout de fer ou de cuir est récupéré.

Si l'homme disparaît, la pauvreté réduit ses proches en esclavage : la mère, devenue servante, place ses enfants dans des fermes où ils s'échinent de l'aube à la nuit, couchant dans le foin, nourris de brouet et de cochons malades, sans même un verre de lait. À l'aube, on entend les petits pâtres en limousine guider les cloches des troupeaux sous la pluie glaciale, en rongeant leurs quignons de pain noir. Hiver comme été, on marche pieds nus : les sabots vont aux riches, les galoches aux « messieurs ». Difficile d'acheter

UN TEMPS À DÉCORNER LES BŒUFS

En effet, les paysans écornaient les bovins pour les empêcher de se blesser et pour faciliter l'accès à leur mangeoire. On a coutume d'écorner les bêtes quand le temps est venteux afin que les mouches ne volent pas et éviter qu'elles ne se posent sur les plaies formées par l'opération.

l'indispensable sans s'infliger un surcroît de travail : on tisse près de Chaudes-Aigues, on frappe le cuivre aux portes d'Aurillac, on étame dans la vallée de Cheylade, on fabrique des gants sur la Maronne, on ramone au Falgoux...
Dès le XVIIIe s, les aléas des récoltes étriquent les ressources. Tandis que les Cantaliens émigrent en Espagne, les marchands de charbon de Brassac partent à Paris vendre leur combustible, ainsi que leur bateau découpé en planches. Le siècle suivant accélère l'exode. À l'instar des Bretons, les cadets de haute Auvergne (les aînés ont hérité de la ferme) partent par milliers, avec cinq francs dans un mouchoir noué, pour annexer les basses besognes de la capitale : cochers, forts des Halles, saute-ruisseau, rémouleurs (natifs de Margeride), chiffonniers (d'Issoire), laitiers (du Cantal), marchands ambulants, frotteurs de parquets, livreurs de bain (ils montaient chez le client la baignoire remplie d'eau chaude !)... L'hiver, les Parisiens se lavaient peu, et les porteurs d'eau de l'Aubrac se recyclaient dans le charbon : les vins-charbons, les « charbouniats », étaient nés. On connaît la suite. La colonisation de la Bastille par les ferrailleurs cantaliens, qui font venir « les jeunes du pays ». L'acquisition progressive des petits hôtels de la capitale. La fondation des brasseries et des cafés qui vont compter : *Lipp* (Marcellin Cazes, Aubrac), *Le Flore, Les Deux Magots, La Coupole, Le Dôme, La Rotonde,* les différents établissements des frères Costes (originaires d'Aubrac), la plupart des bons débits de vins...
« L'Auvergnat, conclut Vialatte, est la mamelle personnelle de la France. Pratiquement, on ne boit plus à Paris, on ne mange plus que par ses mains ; on ne dort plus que dans ses draps ; nourrice complète, il vous abreuve, il vous alimente, il vous berce, il vous mène dans ses bras du berceau jusqu'à la tombe. » Aujourd'hui, grâce à Bouygues, il vous conditionne même à domicile et propulse – sur forfait – toutes vos conversations.

Le procès de Riom

Depuis la décapitation de Louis XVI, rien ne vaut un bon sacrifice humain pour asseoir la légitimité d'un nouveau régime. Vichy attendit cependant février 1942 pour traduire en jugement les « responsables » présumés de la défaite de 1940 : un général incapable (Gamelin), un président du Conseil mandaté par la veulerie nationale (Daladier) et le symbole honni du Front populaire, juif de surcroît, Léon Blum, ainsi que trois autres accusés. Tenu à Riom, la ville voisine, devant une soi-disant cour suprême, ce procès honteux ne fut une parodie qu'en partie, puisque les accusés surent se défendre et même contre-attaquer, mettant en cause les plus hautes personnalités de Vichy. Devant le tour gênant que prenaient les débats, l'interruption fut prononcée 2 mois plus tard. Pour autant, on ne libéra pas les accusés, qui furent déportés et internés en Allemagne. Libéré en 1945, Léon Blum reviendra présider un gouvernement éphémère, de décembre 1946 à janvier 1947.

Vichy dans les eaux troubles

Durant 4 ans, la France fut gouvernée depuis un hôtel de station thermale. Une histoire où le lamentable se mêle au tragique. C'est au tout début de la débâcle que Paul Reynaud rappelle le vieux maréchal de 1914-1918, l'octogénaire Philippe Pétain, afin de signer « sans complexes » l'armistice qui soustrait le tiers du pays à l'occupation nazie. Où installer l'État ? Aux grandes villes suspectes d'agitation, on préfère la quiète sécurité du « réduit auvergnat ». Pétain s'éprend de Vichy, conforté par Pierre Laval, qui possède un château dans les environs et une source minérale.
Réunis en juillet au Grand Théâtre et au Casino des curistes, députés et sénateurs sabordent la République par 569 voix contre 80, offrant les pleins pouvoirs à Pétain. Une constitution nouvelle promulgue la « révolution nationale »

sur des mots d'ordre passéistes (le « trafapa » : travail, famille, patrie) et racistes (lois antijuives), accommodés au goût (fasciste) du jour par un « État français » autoproclamé.

Si le régime n'est pas en soi germanophile, la poignée de main Hitler-Pétain, à Montoire le 24 octobre 1940, inaugure une collaboration où les vichystes, croyant jouer au plus fin, boiront leur honte. En dispensant Hitler d'occuper la « zone libre », l'existence de « Vichy » dégage l'armée allemande pour d'autres tâches. Enjeu principal, le million et demi de prisonniers français n'est libéré qu'au compte-gouttes, alors que d'autres partent en Allemagne effectuer le STO.

À Vichy, le gouvernement siège à l'*hôtel du Parc,* dans des chambres avec lit, tendues de toiles de Jouy – mais dépourvues de chauffage. La secrétaire, qui dort dans son bureau, tape son courrier sur la coiffeuse Louis XVI masquant son petit linge. Chambre 125, les visiteurs de Pétain sont filtrés par une camarilla rompue aux intrigues. Ayant rebaptisé sa rue Jean-Jaurès en rue Nationale, le Lilliput des curistes devient un trouble théâtre de rumeurs, où chacun trahit tout le monde (les voitures officielles ont un double fond relié à une table d'écoute), une souricière grise et policière où l'ordre moral règne durement.

La Résistance y installe ses réseaux au cœur de l'appareil d'État : en 1942, le chef (vichyssois) des travaux ruraux met la Gestapo sur écoute. Le commissariat aux prisonniers de guerre engage... un prisonnier évadé : François Mitterrand.

Enhardie par ces (piètres) pieds de nez à l'occupant, l'intelligentsia vient prendre le vent : Bernard Grasset, Roger Martin du Gard, Jean Giraudoux, Jean Paulhan, Charles Vanel, Jules Berry... Sacha Guitry joue pour le Maréchal, et Paul Claudel lui dédie un poème : « France, écoute ce vieil homme sur toi qui se penche et qui te parle comme un père... » Quand Pétain ne voyage pas, il reçoit, sous un lampadaire en forme de francisque, les « mères de France », les chantiers de jeunesse et les petits cadeaux offerts par tout un peuple. On parle peu en conseil des ministres, mais les Allemands savent tout.

PÉTAIN, PARRAIN DE PETITS FRANÇAIS

Bon nombre de familles sollicitaient le maréchal pour être parrain des nouveaux-nés. Pour favoriser sa politique nataliste, l'enfant devait avoir au moins 15 frères ou sœurs. On recevait alors une timbale en argent... et la photo du père de la nation. Avec la pénurie, les familles reçurent une boîte de conserve. À cette époque, beaucoup de garçons s'appelleront Philippe.

La fictive souveraineté vichyste s'écroule en novembre 1942, quand l'Allemagne envahit la zone libre pour y prévenir un débarquement américain. En 1943, Pétain, sentant le vent tourner, rédige une constitution « républicaine », que la Gestapo l'empêche de promulguer. « La prison, écrit-il, se resserre de plus en plus. » Doublant la molle administration vichyste, les collabos durs mettent en place un État milicien qui traque furieusement les juifs et les résistants. Pour Pétain, c'est la fin. Le 19 août 1944, la Gestapo enfonce les portes de l'*hôtel du Parc* et transfère le vieux maréchal à Sigmaringen, où il continuera, bon gré, mal gré, à jouer la comédie du pouvoir avec des collaborateurs fuyant l'épuration. Pétain fut jugé par la Haute Cour de justice française en 1945. Condamné à mort, sa peine fut commuée en détention à perpétuité.

Quelques dates...

... géologiques

– ***Il y a 20 millions d'années :*** éruptions en Limagne.

– ***De 12 à 5 millions d'années av. J.-C. :*** émergence des Alpes, volcanisme dans le Cantal.

– ***De 7,8 à 2,5 millions d'années av. J.-C. :*** volcan du Cézallier.
– ***De 3 millions d'années à 250 000 av. J.-C. :*** volcans des monts Dore.
– ***De 1 million d'années à 250 000 av. J.-C. :*** volcan du Sancy.
– ***De 700 000 à 7 000 ans av. J.-C. :*** éruptions sur la chaîne des Puys.

... historiques

– ***500 av. J.-C. :*** installation des Arvernes.
– ***52 av. J.-C. :*** chef de la Confédération arverne, Vercingétorix fédère la révolte gauloise, rosse César à Clermont-Ferrand (Gergovie), mais se plante en Bourgogne (Alésia). Étranglé à Rome.
– ***Ier-Ve s :*** pendant que les potiers gaulois inondent l'empire de leurs statuettes, les Romains introduisent le thermalisme. Clermont a pour évêque un écrivain, Sidoine Apollinaire.
– ***VIe-XIIe s :*** guère plus commodes que Vercingétorix, les comtes d'Auvergne fortifient leurs montagnes contre le roi de France.
– ***Xe s :*** un tas de seigneurs s'adonnent au brigandage ; la pauvreté n'est pas l'apanage des gueux.
– ***999 :*** Sylvestre II, pape auvergnat, gère les peurs de l'an 1000.
– ***1043 :*** fondation de l'abbaye de La Chaise-Dieu.
– ***1095 :*** la première croisade est prêchée à Clermont. 13 archevêques, 315 évêques et abbés pilotent une foule en fusion.
– ***1213 :*** Philippe Auguste met la main sur l'Auvergne.
– ***1276 :*** l'héritière du Bourbonnais épouse un fils de Saint Louis. Naissance d'une dynastie !
– ***XIIIe s :*** l'évêque de Clermont prend le pas sur le comte d'Auvergne.
– ***1360 :*** l'Auvergne devient berrichonne, puis échoit aux Bourbons.
– ***XIVe s :*** nombre de villes auvergnates gagnent une quasi-autonomie.
– ***1560 :*** le roi administre l'Auvergne lui-même.
– ***1629 :*** Richelieu se défie des châteaux auvergnats. Il les rase.
– ***1665 :*** le roi fait juger, à Clermont, les petits tyrans locaux. Les croquants applaudissent.
– ***XVIIIe s :*** émigration vers l'Espagne et Paris. Début de l'âge d'or du vignoble auvergnat.
– ***1793 :*** l'Auvergne participe tièdement à la Révolution. Le conventionnel auvergnat Couthon y porte remède en rasant les clochers. Les réfractaires se réfugient dans les montagnes.
– ***1882 :*** fondation du journal *L'Auvergnat de Paris.* À Commentry (Allier), un marchand de vin, Christophe Tivier, est élu maire de la ville, qui devient la première municipalité socialiste du monde.
– ***1940 :*** le régime de Vichy baigne dans l'eau thermale et devient, en juillet, le siège de l'État français.
– ***1944 :*** depuis ses fiefs des Cheires, du Chambon-sur-Lignon et du mont Mouchet, la Résistance auvergnate mène la vie dure aux nazis.
– ***1972 :*** création de la région Auvergne.
– ***1980-1992 :*** en plus d'une liaison aérienne Paris-Aurillac, le désenclavement s'accélère avec les nouvelles autoroutes Paris-Béziers (la première entièrement gratuite) et Clermont-Lyon.
– ***1998 :*** Bibendum, le « bonhomme Michelin », a 100 ans.
– ***2000 :*** ouverture d'une aérogare à Clermont-Auvergne, qui relie chaque jour 30 villes de France et d'Europe. L'« Incroyable Pique-nique » de la Méridienne verte passe par Treignat, jonction entre les pays d'Oc et d'Oil.
– ***2002 :*** Vulcania ouvre ses portes après 5 ans de travaux. Objectif : secouer la région. Succès immédiat.
– ***Mars 2004 :*** les élections régionales défont VGE, à la barre de la région depuis 1986, au profit du socialiste Pierre-Joël Bonté, ancien maire de Riom devenu président du conseil général du Puy-de-Dôme.

– ***2006 :*** Pierre-Joël Bonté décède en janvier, il est remplacé par René Souchon. Disparition d'Édouard Michelin lors d'une sortie en mer à bord d'un bateau de pêche. Mise en service du nouveau tramway sur pneus à Clermont-Ferrand.
– ***2008-2009 :*** ouverture à Clermont-Ferrand du musée L'Aventure Michelin, qui retrace 120 ans d'histoire et présente des perspectives, notamment avec la Nasa.
– ***2011 :*** réouverture de la Maison Mautin à Moulins (Allier), après qu'elle eut fermé ses persiennes 100 ans.
– ***Juin 2012 :*** inauguration du train à crémaillère pour accéder au sommet du puy de Dôme.

LANGUES RÉGIONALES

À la frontière entre pays d'Oc et pays d'Oil, l'Auvergne a construit ses patois, un peu de bric et de broc, à partir des langues latine et germanique. L'influence romane a fortement marqué cette région fertile en troubadours, si ce n'est en ressources agricoles.
Le français s'est introduit très tôt dans cette Auvergne coupée du Sud par les montagnes, par l'intermédiaire des classes élevées de la société. Longtemps, le peuple auvergnat a jalousement conservé son patois. Au fil du temps, les contacts quotidiens entre les classes sociales ont provoqué un métissage entre ces langues. Vous découvrirez, dans le jargon d'Auvergne, des mots romans ou patois francisés, du vieux français parfois déformé... Un drôle de mélange agrémenté de créations locales aux origines pas toujours identifiables.
Les patois de l'Auvergne, au contraire des parlers du nord de la France, forment une véritable langue, avec une grammaire et une littérature très particulières. Ils se rapprochent bien plus du latin que le français : alors que ce dernier s'est créé à partir d'idiomes eux-mêmes dérivés du latin, l'auvergnat, comme la plupart des dialectes du Midi, s'est directement inspiré du latin antique. Par exemple, « fontaine », mot français issu du latin *fons* par l'intermédiaire de son dérivé *fontana,* se dit *fouan* en auvergnat.
L'Auvergne a aussi subi l'influence de la langue anglaise : l'Aquitaine, toute proche, appartenait aux ducs d'Anjou (les célèbres Plantagenêts), également rois d'Angleterre. La prononciation auvergnate s'inspire de celle de nos amis d'outre-Manche. Le celtique et l'allemand ont également fourni divers vocables, tel *leide* (laid), qui provient de l'allemand *leid.* Multilinguisme déconcertant pour une région enclavée dans ses montagnes, à la réputation de conservatisme forcené.
L'Auvergne compte quantité de dialectes ou sous-dialectes. Vous qui espériez communiquer très vite avec les autochtones dans leur propre langue, ne soyez pas trop déçu : ces idiomes se ressemblent beaucoup et se classifient en trois grands types. Le brivadois se parle dans le haut Allier, le limanien dans le bas Allier. Le dorien est, comme son nom l'indique, le dialecte de la vallée de la Dore.
Enfin, voici quelques petits « trucs » : les Auvergnats changent les *ail* et *al* en *au.* Au début des mots, le *c* latin (comme celui de *carus*) devient *ts* (*carus* donne *tsar*). Les Auvergnats emploient beaucoup de diphtongues. Sou-

FAUX AMIS...

Ne prenez pas la caille auvergnate pour un petit oiseau, vous aurez des surprises... Il s'agit de la truie ! Si un commerçant vous propose de vous plier un disque, *ne vous inquiétez pas : il veut juste l'emballer.* Se ramasser *ne signifie pas faire une chute, mais tout simplement rentrer chez soi. Si la personne avec qui vous avez rendez-vous arrive en retard en s'excusant ainsi :* « Je me suis oublié », *ne croyez pas qu'elle est incontinente, elle a juste eu une panne d'oreiller. Si vous buvez trop de gentiane ou de saint-pourçain, vous risquez de vous* enfiouler *(s'enivrer ; on dit aussi :* se fioler*).*

vent, ils ne mettent pas de pronom personnel devant le verbe. Cette caractéristique propre au latin se retrouve dans plusieurs autres langues (pas toujours latines, comme le polonais ou l'arabe).
La syntaxe, marquée par une grande concision, reste très proche du français. Les règles grammaticales sont très rigoureuses, mais l'orthographe pas totalement codifiée : la langue auvergnate, orale à l'origine, est rarement écrite.
Mais la plus grande règle de l'auvergnat reste précisément qu'il n'y a pas de règle : les expressions sont adaptées au gré de l'interlocuteur, et l'on voit fréquemment surgir de nulle part des expressions nouvelles. Cela dit, ne vous inquiétez pas : les Auvergnats parlent aussi le français !

MERVEILLES DE L'AUVERGNE

– ***Le parapluie :*** les Arvernes craignaient que le ciel ne leur tombe sur la tête. C'est excusable, car ils affrontent une hygrométrie abondante : leurs montagnes sont les premières à barrer la route aux nuages atlantiques. D'où le parapluie d'Aurillac. Emmanché de houx ou d'alisier, déployant d'immenses baleines où l'on se blottissait à trois ou quatre, le parapluie – comme son cousin le chapeau – enlumina la légende de l'Auvergnat, en lui conférant une troisième jambe. « Quand il fait beau, disait le dicton, prends ton parapluie ; quand il pleut, prends-le si tu en as envie. » Après les années 1970, où Aurillac produisait plus d'un million de parapluies par an, on dut ferrailler contre une pluie de pépins *cheap* venue d'Extrême-Orient. Les trois entreprises rescapées se sont associées.
– ***Le buron :*** tout droit sortis de l'âge de pierre, ces refuges à demi enterrés, coiffés de mottes de gazon, ont été semés sur tous les alpages du Cantal. Du mois de mai jusqu'à mi-octobre, ils abritaient les « buronniers » (traduisez : garçons vachers) des intempéries de la haute montagne. Quelle époque ! Les vaches pâturaient tout le jour à portée de cloches, on les trayait matin et soir, lorsqu'elles quittaient ou regagnaient l'enclos. Nourri de « trempes » de pain dans du lait caillé, le buronnier s'occupait aussi du fromage, qu'il pressait et affinait dans sa propre cave. Faut-il vraiment regretter que les clôtures aient démodé cet univers de dur labeur ? À peine si, dans le Cantal, subsistent une poignée de burons actifs.
– ***Le « vert » :*** en Auvergne, la chlorophylle s'emballe. Le sol, généralement peu propice aux cultures nobles, fait des étincelles avec la végétation rustique : les arbres et l'herbe. Il faut voir les pâturages de l'Aubrac et du Cézallier s'étendre à perte de vue, comme un Altiplano vert plomb raclé par les nuages. Au printemps, les prés se couvrent de fleurs, qui se chargeront de transfigurer les fromages. Pas étonnant que les bois des Puys regorgent de framboises et que la brèche de Roland, dans le Cantal, abrite un éventail sidérant de fleurs rares.
– ***L'Économe :*** c'est le vrai nom du couteau-éplucheur. Et il est auvergnat... Il n'y a qu'à voir comment sa double lame rase au plus près la peau des légumes. Inventé en 1927 par un fabricant de sabres de Thiers, la ville du couteau (on y fabriqua longtemps les Laguiole), l'Économe a inspiré des records, tant de finesse (une épluchure de pomme de 5,27 m) que de vélocité (4h30 pour dénuder 500 kg de pommes de terre).
– ***La salers :*** lire plus haut, « la viande de salers » dans « Cuisine ».
– ***Le puy de Dôme :*** il culmine à 1 464 m. « Qu'on vînt de Brive ou de Vichy, on le prenait en pleine gueule : il signifiait que l'on était enfin chez nous », disait Fernand Raynaud. Ce haut chapeau melon coiffé d'une plume (l'antenne de TV) a donné son nom au département, et il en reste le symbole. Conquis au XVIIIe s, après mille frayeurs, par un abbé alpiniste, il le sera une nouvelle fois par la voie des airs en 1911, à l'occasion d'un prix Michelin de 100 000 francs-or. Les habitués s'en servent comme d'un baromètre : si le puy met son chapeau, le mauvais temps est à prévoir.

PERSONNAGES

Les consciences

– ***Sylvestre II*** *(938-1003)* **:** Gerbert d'Aurillac, un petit pâtre qui a réussi ! Promu pape, il favorisa l'accession d'Hugues Capet au trône et terrifiait les prélats par ses inventions biscornues (orgues hydrauliques à vapeur, horloges à sonnerie...). Sacré Gerbert !
– ***Pierre Teilhard de Chardin*** *(1881-1955)* **:** jésuite né à Orcines (Puy-de-Dôme). Mis à l'index pour sa théologie sulfureuse, il acquit la célébrité comme paléontologue, philosophe, globe-trotter.

Les sabreurs

– ***Jacques de Chabannes, comte de La Palice*** *(1470-1525)* **:** humoriste involontaire du Bourbonnais qui se battit « à mort » durant la bataille de Pavie. Ses compagnons chantèrent sa bravoure : « S'il n'était pas mort / Il ferait encore envie », formule qui se transforma en « s'il n'était pas mort, il serait encore en vie », et qu'on appelle un truisme ou une... lapalissade.
– ***Louis Desaix*** *(1768-1800)* **:** ce général riomois administra la Haute-Égypte durant l'équipée de Bonaparte. Il mourut au cours de la bataille de Marengo, que son armée remporta.

Les politiques

– ***Pierre-Joël Bonté*** *(1946-2006)* **:** ce socialiste, Auvergnat enragé, avait ravi la présidence de la région à VGE en mars 2004. Un de ses grands projets : l'aménagement de l'« espace Massif central », commun à six régions.
– ***Michel Charasse*** *(né en 1941)* **:** membre du conseil général et maire de Puy-Guillaume (Puy-de-Dôme), il est né à Chamalières, la ville de Giscard. En vrai mitterrandien, il relit périodiquement la biographie de Mazarin et adore les clairs-obscurs de Rembrandt. En bon Auvergnat, son estime va aux « gens qui sont parvenus au sommet de leur carrière en étant partis de rien ».
– ***Paul Doumer*** *(1857-1932)* **:** son assassinat par un Russe antibolchevique a surdimensionné le premier président de la République auvergnat (fils d'un cheminot d'Aurillac).
– ***Valéry Giscard d'Estaing*** *(né en 1926)* **:** le plus connu dans la fonction d'ex-président en vie, grand coureur... de fond et grand chasseur, ami de l'empereur Bokassa Ier, président du conseil régional d'Auvergne pendant 18 ans, réapparu en 2001 en tant que président de la Convention sur l'avenir de l'Europe. C'est à lui que l'Auvergne doit le fameux Vulcania.
– ***La Fayette*** *(1757-1834)* **:** tous les ans, le 4 juillet, l'ambassadeur des États-Unis en France se recueille sur le tombeau de La Fayette, au cimetière parisien de Picpus. Depuis sa participation à la guerre de l'Indépendance américaine, de 1777 à 1784, l'homme est devenu une star française en Amérique. Né en Haute-Loire, au château de Chavaniac, dans l'une des familles les plus riches de France, il s'embarqua très jeune dans l'aventure américaine. Sa carrière fut moins heureuse durant la Révolution, puisque ce libéral modéré – qui idolâtrait par ailleurs la Déclaration des droits de l'homme – connut alors la prison.
– ***Pierre Laval*** *(1883-1945)* **:** avant de devenir le collabo en chef, ce natif de Châteldon (Puy-de-Dôme) sut saisir toutes les opportunités de la troisième République : soit 14 ministères, 3 présidences du Conseil... En 1945, son procès fut celui de Vichy. Verdict : fusillé.
– ***Michel de L'Hospital*** *(1505-1573)* **:** le chancelier à grande barbe de Catherine de Médicis, qui tenta d'apaiser les guerres de Religion.

– ***Marguerite de Valois, devenue la reine Margot*** *(1553-1615)* **:** princesse d'Auvergne et de Boulogne, cette fille de Catherine de Médicis aura été au cœur de nombreux conflits politiques et religieux, notamment par son mariage forcé avec le protestant Henri de Navarre.
– ***Georges Monnet*** *(1898-1980)* **:** brillante figure du Front populaire, cet agronome d'Aurillac conclut sa carrière par un poste de ministre de l'Agriculture... en Côte-d'Ivoire.
– ***Régis de Mouton-Duvernet*** *(1769-1816)* **:** père méconnu d'une station de métro parisienne, ce fidèle général de Napoléon Ier, député de la Haute-Loire puis gouverneur de Lyon, fut fusillé à la Restauration.
– ***Georges Pompidou*** *(1911-1974)* **:** Pompidou de Montboudif (Cantal), difficile de faire mieux ! Les sourcils les plus caricaturés de France bourrelaient un conservateur bonhomme, formé par la banque Rothschild, féru d'art contemporain et de critique littéraire. Bel exemple de réussite auvergnate !
– ***Roger Quilliot*** *(1925-1998)* **:** l'ancien ministre socialiste du Logement et solide maire de Clermont-Ferrand s'est suicidé le 17 juillet 1998. Son épouse l'a depuis rejoint puisqu'elle s'est suicidée en août 2005. L'opinion publique s'est aperçue que la politique n'empêchait pas les grandes histoires d'amour.
– ***Vercingétorix*** *(72-46 av. J.-C.)* **:** on assure que l'éloquent « Roi des 100 tribus » (traduction supposée) aurait été l'ami de César avant de le combattre. Il mourut étranglé à Rome.

Les plumitifs

– ***Jean Anglade*** *(né en 1915)* **:** écrivain régionaliste à vocation nationale, né à Thiers. Vialatte est son maître en humour, Pourrat son professeur de poésie. Également auteur d'ouvrages « sérieux ».
– ***Georges Bataille*** *(1897-1962)* **:** né à Billom (Puy-de-Dôme), capitale de l'ail, il incarne l'Auvergne des volcans, ténébreuse et sulfureuse. Son *Histoire de l'œil* navigue entre Lautréamont, Pascal et Balthus.
– ***R. P. Bruckberger*** *(1907-1998)* **:** cet écrivain et cinéaste en soutane *(Le Dialogue des carmélites),* aumônier de la Résistance, fut l'un des Cantaliens les plus bouillants de son temps.
– ***Nicolas Chamfort*** *(1740-1794)* **:** sa tragédie *Mustapha et Zéangir* aurait fait pleurer Louis XVI ! Il reste aujourd'hui connu comme auteur de *Maximes* (très auvergnates), qui influencèrent fortement Nietzsche.
– ***Georges Conchon*** *(1925-1990)* **:** brillant scénariste *(La Banquière, Sept morts sur ordonnance...),* né à Saint-Avit (Puy-de-Dôme). Prix Goncourt 1964 pour *L'État sauvage.*
– ***Jeanne Cressanges*** *(née en 1929)* **:** critique littéraire et romancière, Jeanne Cressanges est née à Noyant-d'Allier et a publié de nombreux ouvrages parmi lesquels *La Feuille de Bétel* en 1962. Ce roman a été inspiré par la constitution d'une communauté vietnamienne en plein pays bourbonnais dans les années 1950.
– ***Jean Dutourd*** *(1920-2011)* **:** ce Cantalien d'Antignac a mené une carrière exemplaire de fumeur de pipe : éditorialiste au *Figaro,* « Grosse Tête » chez Bouvard, et même (ça devait finir comme ça) académicien. Incarne la droite du « Marais », satisfaite et bonhomme.
– ***Valery Larbaud*** *(1881-1957)* **:** excellent écrivain né à Vichy, auteur de livres raffinés *(Fermina Marquez, Barnabooth...)* que l'on commence à redécouvrir.
– ***Jacques Laurent*** *(1919-2000)* **:** ce Riomois vaut pour sa double vie. D'un côté, le succès populaire avec la série *Caroline chérie* (sous le pseudo de Cecil Saint-Laurent), de l'autre, une reconnaissance littéraire avec de bons romans (comme *Les Bêtises,* Goncourt 1971), qui lui ont ouvert les portes de l'Académie française.
– ***Albert Londres*** *(1884-1932)* **:** né à Vichy, le premier journaliste moderne courut tous les fronts (la Première Guerre mondiale, l'Irlande sous la loi martiale, les pogroms d'Europe de l'Est...), porté par une inspiration de justicier missionnaire.

– ***Paul Morand*** *(1888-1976)* **:** eh oui, l'auteur stylé d'*Ouvert la nuit* est originaire du Puy-de-Dôme ! Féru de mondanités, de luxe et de voyages, son art de la « belle image », brillante et propre comme un sou neuf, lui aurait valu de nos jours une belle carrière de publicitaire.
– ***Blaise Pascal*** *(1623-1662)* **:** avec Vercingétorix, l'inventeur de la brouette et de la machine à calculer est le deuxième phare de Clermont-Ferrand. Créateur du terrible « doute pascalien ». On a pu sous-titrer ses *Pensées* « la géométrie qui prend feu », car le Dieu de Pascal sort de l'algèbre. Avec les *Provinciales,* le piétiste s'est découvert polémiste brillant.
– ***Henri Pourrat*** *(1887-1959)* **:** à l'instar d'un Jean Giono, l'auteur de *Gaspard des Montagnes* (né à Ambert) vaut mieux qu'un écrivain régionaliste, même si tous ses livres parlent de l'Auvergne.
– ***Jules Romains*** *(1885-1972)* **:** le pseudo choisi par Louis Farigoule, né à Saint-Julien-Chapteuil (Haute-Loire) et mort académicien, résume assez bien l'univers rad'-soc' et normalien de l'auteur des *Hommes de bonne volonté* (dans le tome XXI, « Journées dans la montagne », il évoque la Haute-Loire des années 1920). Tantôt passionnante, tantôt ennuyeuse, cette somme naturaliste et balzacienne, qu'il considérait comme son chef-d'œuvre, lui valut moins de notoriété que des textes alertes et amusants comme *Knock* ou *Les Copains.*
– ***Robert Sabatier*** *(né en 1923)* **:** il est né rue Labat, à Paris (relisez *Les Allumettes suédoises*), mais ses parents étaient tous deux originaires de Saugues, en Haute-Loire. Orphelin de bonne heure, puis maquisard, Robert Sabatier fait carrière dans l'édition tout en publiant des romans à succès. Critique littéraire au *Figaro,* membre du jury du prix Goncourt, il n'a pas oublié, en 1972, de présider la Nuit arverne de Paris.
– ***Pierre Schoendoerffer*** *(1928-2012)* **:** qui eût cru que ce cinéaste-écrivain, chantre brillant de l'honneur militaire *(La 317e Section, Le Crabe-tambour...),* fût né à Chamalières ?
– ***Grégoire de Tours*** *(538-594)* **:** devenu évêque de Tours, cet Auvergnat de choc sermonnait les rois francs, dont il écrivit par ailleurs l'histoire.
– ***Jules Vallès*** *(1832-1885)* **:** « Ce que vous prenez pour mon talent n'est que la force de ma conviction », fit inscrire sur sa tombe ce révolutionnaire ardent. Né d'un pion et d'une paysanne, cet enfant (miséreux) du Puy fut un farouche opposant à Napoléon III, puis membre de la Commune. Condamné à mort en 1872, il a laissé, avec son roman *L'Insurgé,* un bréviaire du romantisme révolutionnaire.
– ***Arsène Vernemouze*** *(1850-1910)* **:** émule de Mistral, ce poète régionaliste continue de régner sur les cœurs.
– ***Alexandre Vialatte*** *(1901-1971)* **:** Auvergnat de Paris, ce surdoué méconnu revient à la mode avec la publication de ses chroniques pour le grand journal clermontois *La Montagne* : « Et c'est ainsi qu'Allah est grand », etc. Ses œuvres majeures (*Battling le Ténébreux* et surtout *Les Fruits du Congo*) ont les défauts de leurs qualités, à savoir un style richissime et baroque. Il a quand même traduit Kafka en français. Avec *L'Auvergne absolue,* il s'est imposé comme l'observateur le plus désopilant de sa province ; c'est presque un *Routard* avant l'heure... Ses *Chroniques* existent désormais en collection « Bouquins » (Robert Laffont).

Les bateleurs

– ***Arletty*** *(1898-1992)* **:** originaire de Saint-Éloy-les-Mines (Puy-de-Dôme) mais née à Courbevoie, Léonie Barthiat fut un peu la Coco Chanel du cinéma français. Même classe (Chanel était l'impératrice de la mode, elle fut l'impératrice des faubourgs), même verve sans vulgarité, même dynamisme, même modernité, mêmes imprudences sentimentales au cours de l'Occupation...
– ***Eddy Barclay*** *(1921-2005)* **:** qui l'aurait deviné ? Cet éternel mari n'était autre qu'un infatigable Auvergnat, originaire du Cantal. À la fois compositeur *(La Valse des lilas...)* et producteur de disques, le bel Eddy (Édouard Ruault dans le civil) était toujours élégant dans ses costumes blancs, la fleur à la boutonnière.

– ***Richard Bohringer*** *(né en 1942)* **:** né à Moulins, le puissant acteur de cinéma et excellent conteur en radio s'est lancé aussi dans la littérature avec succès. A donné vie à une fille délicieuse, Romane, superbe comédienne elle aussi.
– ***Sandrine Bonnaire*** *(née en 1967)* **:** découverte par Pialat dans *À nos amours,* la fillette de l'Allier, née à Gannat, continue d'inscrire sa carrière dans le meilleur cinéma français (Sautet, Varda, Chabrol...).
– ***Robert Bresson*** *(1907-1999)* **:** né à Bromont-Lamothe (Puy-de-Dôme), le cinéaste pascalien de *Pickpocket,* des *Dames du bois de Boulogne* (sur des dialogues de Jean Cocteau) et du *Journal d'un curé de campagne* commença sa carrière comme peintre, à l'instar de Maurice Pialat.
– ***Danièle Gilbert*** *(née en 1943)* **:** indéracinable « Sœur Sourire » de l'ORTF dans les années 1968-1981 (quelle santé !), l'ancienne animatrice est née à Clermont-Ferrand.
– ***Bulle Ogier*** *(née en 1939)* **:** la ravissante chipie de *Céline et Julie* a fait carrière dans les cimes durassiennes *(Barrage contre le Pacifique, Le Navire Night...),* preuve de son ascendance auvergnate.
– ***Maurice Pialat*** *(1925-2003)* **:** de *La Gueule ouverte* à *Van Gogh,* une détresse quasi pascalienne imprègne tous les films de ce natif de Cunlhat (Puy-de-Dôme), génie du cinéma français, trop tôt disparu.
– ***Fernand Raynaud*** *(1926-1973)* **:** de *Salut Berthe* à *La Bande à papa,* un beau spécimen d'humour auvergnat. Clermontois, l'auteur de *Bourreau d'enfants* et du *22 à Asnières* n'a pas oublié de se moquer de ses compatriotes (voir *L'Auvergnat et l'Autobus*). Un accident près de Riom l'emporta, et il repose en sa chère terre auvergnate, à Saint-Germain-des-Fossés dans l'Allier.
– ***Sheila*** *(née en 1946)* **:** les couettes de la plus célèbre yé-yé de France cachent une Cantalienne nommée Annie Chancel, originaire de Chaussenac.
– ***Audrey Tautou*** *(née en 1976)* **:** une vraie Auvergnate que cette actrice révélée au public par le rôle d'« Amélie ». Née à Beaumont dans le Puy-de-Dôme et élevée à Montluçon dans l'Allier, elle est « montée » à Paris pour faire carrière, et fait désormais le bonheur des plus grands réalisateurs français et même hollywoodiens...

Les industrieux

– ***Francis Bouygues*** *(1922-1994)* **:** parti de rien, cet Auvergnat acharné de travail a laissé derrière lui un empire : premier mondial du BTP, première chaîne de TV européenne en audience, producteur heureux de films palmés *(La Leçon de piano, Breaking the Waves...).* Le groupe est aussi devenu opérateur téléphonique avec Bouygues Telecom.
– ***Claude Carrère*** *(né en 1936)* **:** il fallait être auvergnat (du Puy-de-Dôme) pour produire – avec succès ! – les tubes de Stéphanie de Monaco. Carrère-Lafon, sa maison d'édition, a notamment bâti sa prospérité sur les ouvrages de Rika Zaraï et de Linda de Suza.
– ***François Michelin*** *(né en 1926)* **:** le très secret patron du leader mondial du pneumatique a régné pendant 43 ans sur l'entreprise clermontoise, fondant son succès sur le pneu radial. Son fils, Édouard, prend la relève en 1991 ; il disparaît dans un dramatique naufrage en mai 2006.

QUE D'EAU, QUE D'EAUX !

Au hasard de la vallée de Mandailles, c'est un filet d'eau âcre et tiède que le fermier, faute de débouchés, n'embouteille même plus. Ou un simple tuyau qui, dans les solitudes enchantées de Chaudefour, crache une eau gazeuse devant un carré de vaches. En marge des stations à mémés, l'aventure est quotidienne ! Apportez votre jerrican : l'Auvergne réunit plus du tiers des sources françaises. Souvent nées par condensation de vapeurs volcaniques, elles montent par des fissures,

se chargeant au passage de sels minéraux et de gaz carbonique, pour jaillir à haut degré : 82 °C à Chaudes-Aigues, 60 °C à La Bourboule...
Les Romains connaissaient : ils venaient d'un pays volcanique. Au Moyen Âge, on oublia. Puis la marquise de Sévigné vint à Vichy soigner ses rhumatismes. Et 1850 mit les thermes à la mode. C'est par esprit mondain qu'on venait « prendre les eaux », en même temps que le bon air. À chacun les siennes : pendant que Ranavalo, reine déposée de Madagascar, est assignée dans des eaux de second ordre (Vic-sur-Cère), Vichy gagne le challenge mondain de l'Europe : coloniaux, familles régnantes, ambassadeurs, bourgeoisie cosmopolite tendent leurs gobelets au parc des Sources en papotant chiffons (Coco Chanel tenta là une carrière de chanteuse). Le livre d'or thermal croule sous les noms : Maupassant, Flaubert, Zola, Fauré, Debussy, Manet...
Ces mondanités s'estompent après guerre, et les bobos s'immatriculent à la Sécu. C'est l'époque où Vialatte paraphrase les brochures : « Le mont Dore attire les gens soucieux de leurs bronches, les comédiens et les prophètes. Êtes-vous tousseur persistant, scrofuleux, trachéobronchique ? Vous grattez-vous ignoblement en société ? Pas d'échappatoire, pas d'excuse, La Bourboule vous attend et va vous délivrer. Prenez le pas de course avec des organes rénovés pour aller faire réviser vos reins déficients à Saint-Nectaire. Déposez-y hardiment le fardeau de vos gynécopathies et le ridicule de vos néphrites chroniques. Châtelguyon poursuit d'une hygiène immédiate la colite et ses acolytes. Elle a juré la mort de la sigmoïdite, elle rattrape au bord de l'abîme les ralentis de la nutrition, etc. » Bains de boue, boissons, gargarismes, piqûres... La Sécu a freiné ces cures, longues et somptuaires, mais elles continuent de soigner 100 000 patients par an dans les cinq principales stations, qui se sont presque toutes reconverties dans la remise en forme.
Les autres pourront vider un gobelet (une B.A. plus qu'une gourmandise : l'eau est tiède, gazeuse, médicamenteuse) en rêvant aux élégances de jadis dans le kitsch somptueux des vieux décors thermaux – rotondes néobyzantines, basiliques « vénitiennes » ou « Bas-Empire », casinos à rotondes, palaces en majolique...
Pour en savoir plus, une carte touristique, disponible dans les offices de tourisme, recense l'ensemble des stations thermales du Massif central.

SITES INSCRITS AU PATRIMOINE MONDIAL DE L'UNESCO

Organisation des Nations Unies pour l'éducation, la science et la culture

En coopération avec le centre du patrimoine mondial de l'UNESCO

Pour figurer sur la liste du Patrimoine mondial, les sites doivent avoir une valeur universelle exceptionnelle et satisfaire à au moins un des 10 critères de sélection. La protection, la gestion, l'authenticité et l'intégrité des biens sont également des considérations importantes.
Le patrimoine est l'héritage du passé dont nous profitons aujourd'hui et que nous transmettons aux générations à venir. Nos patrimoines culturel et naturel sont deux sources irremplaçables de vie et d'inspiration. Ces sites appartiennent à tous les peuples du monde, sans tenir compte du territoire sur lequel ils sont situés.
Pour plus d'informations : ● *whc.unesco.org* ●
Pour le guide Auvergne, cela concerne ***la basilique Notre-Dame-du-Port à Clermont-Ferrand*** (Puy-de-Dôme) et ***la cathédrale Notre-Dame-du-Puy au Puy-en-Velay*** (Haute-Loire), inscrites au Patrimoine mondial de l'Unesco en 1998, ainsi qu'un certain nombre de sites des chemins de Saint-Jacques de Compostelle. Pour la deuxième fois, en novembre 2012, la candidature de la chaîne des Puys et de la faille de Limagne furent proposées au Patrimoine mondial de l'Unesco.

VINS ET ALCOOLS

Les vins

Dans le Cantal, on boit du cahors ; en Velay, du beaujolais. Les Auvergnats, qui ont fourni bien des châtelains à Pomerol, des bistrotiers à Paris (ce sont eux qui ont assuré la vogue du beaujo)... et des vinaigriers à Orléans, sont trop avisés pour porter leurs rouges (issus de gamay, surtout, et de pinot noir) au pinacle. Néanmoins, la qualité s'améliore.

Les côtes-d'auvergne

Cette appellation, qui a décroché une AOC en 2010, s'en sort bien, avec des rouges charnus, issus essentiellement du cépage gamay – Vercingétorix en but le soir de Gergovie, et ce sont les Romains qui se retrouvèrent ivres ! Cinq dénominations locales.
– *Le chanturgue :* jadis cultivé par les Bibs sur les pentes de Clermont-Ferrand, c'est le pomerol auvergnat. Solide, bien structuré, velouté... De plus, il se garde !
– *Le châteaugay :* version light du précédent, inférieur à notre avis.
– *Le boudes :* un vin souple, léger, fruité, très agréable...
– *Le corent :* n'est vinifié qu'en rosé.
– *Le madargue :* rouges et rosés.

Le saint-pourçain

Vin de soif un peu rustique, c'est un blanc (à l'origine) ou un rouge vif du Bourbonnais, inégal (qui évolue de mieux en mieux), qu'on servait autrefois sur les tables royales, car c'est l'un des plus vieux vignobles de France. Récompensé lui aussi par une AOC, au bout de 27 ans de lutte, il passe à la table des grands, en gardant sa simplicité.

Les remontants

– ***La gentiane :*** chaque été, les paysans appellent les « gentianeurs » pour déraciner cette « mauvaise herbe » (en fait, une fleur haute et magnifique, aux racines incommensurablement longues) qui parasite leurs pâturages d'altitude. Après une interminable macération, la distillerie extrait des racines un alcool extrêmement amer, qu'on noie de sucre. Deux marques jumelles, l'Avèze et la Salers (distillée en Corrèze !), comblent indifféremment les piliers de bistrots cantaliens.
– ***La verveine du Velay-Pagès :*** digestif incontournable dans la région du Puy-en-Velay, à la recette secrète composée de 32 plantes, elle se déguste nature, en cocktail, et même en glace. Elle a pour particularité une couleur vert fluo, mais qui est tout ce qu'il y a de plus naturel.

Le petit-lait

À défaut de sources thermales, l'Aubrac a eu le petit-lait : il y a bien longtemps, les curistes y promenaient leur gobelet de buron en buron. Ils ne venaient sûrement pas soigner leurs intestins !

VOLCANS

Un volcan, c'est un sanguin : il crache, il pétarade. Dans le Puy-de-Dôme, c'est un chapeau mou. Des volcans à la retraite, il y en a d'autres en France (le cap d'Agde, la Bourgogne, le Vivarais...), en Allemagne (le Vogelsberg...). Mais ceux d'Auvergne ont un plus : ils se suivent à la queue leu leu, du nord au sud. Avec les vaches,

c'est la seule surpopulation recensée ici. En quel honneur ? Pour les tenants des failles, la poussée africaine qui déchire l'Europe envoie le magma suinter par ses gerçures – en l'occurrence, la plaine de Limagne, vaste fossé d'effondrement. D'autres en pincent pour le « point chaud » : depuis les profondeurs, un chalumeau envoie périodiquement des jets de magma sur un point de la croûte terrestre. Le tir est fixe, mais, comme les continents dérivent, le déplacement du point d'impact sème un chapelet régulier de cratères.
En Auvergne, deux hypothèses ne sont pas de trop : avec plus de 200 volcans, on ne sait plus où poser le pied. La grand-place de Clermont-Ferrand est un volcan. Tout comme la butte de Gergovie, où Vercingétorix culbuta César. C'est sur un volcan – le puy de Dôme – que Pascal testa la pesanteur de l'air. Le lac Pavin, tellement épouvantable (c'est le sens de *pavens*) que les Anciens y voyaient la porte des Enfers, est un simple cratère. Qui croirait que les paisibles Bourboule et mont Dore ont sué la lave pendant leur jeunesse ? Le Velay, le Devès, l'Aubrac, le Cézallier ? Volcans que tout cela. Quant au Cantal, plantureuse montagne à vaches traversée d'eaux vives, c'est le plus gros volcan éteint d'Europe : un diplodocus vaste comme un département.
Aujourd'hui, les Vésuve auvergnats s'efforcent d'être utiles et agréables. Ils produisent de l'eau minérale et de l'herbe à fromages. Ils donnent aussi des dalles bien octogonales (il suffit de tronçonner les orgues basaltiques !) capables de tisser des toits très hermétiques. Et des laves noires qui confèrent aux villes un ténébreux mystère. L'agrément, lui, tient à l'étrangeté des paysages : des cratères et des cônes, mais aussi des aiguilles (Le Puy-en-Velay, puy Griou...), des dômes, des boucliers géants, des crocs, et toute une végétation pétrifiée d'orgues noires...
En Auvergne, les Tazieff du dimanche ont du grain à moudre : il y en a pour tous les goûts. Des éruptions « péléennes », avec nuées ardentes ; des « stromboliennes » à chapelets de bombes ; des « hawaiiennes », avec fleuves de lave sur fond de ukulélé auvergnat. Pour le son et lumière, il suffit d'un peu d'imagination. En attendant un probable réveil en fanfare. Mais le succès des volcans a son revers. En 1999, l'Union des associations et groupements de propriétaires de la chaîne des Dômes a réclamé des dommages et intérêts à un hypermarché de Clermont-Ferrand ayant utilisé une photographie d'un des 80 volcans privés (eh oui !). Le litige ne les a pas réveillés pour autant. La dernière éruption s'est déroulée il y a 6 000 ans. Autant dire hier, puisque voilà 65 millions d'années que ça dure. Débutant en Limagne, le volcanisme auvergnat s'est propagé dans le Velay, et surtout dans le Cantal où s'édifie, en sept millions d'années, le plus puissant volcan du continent. À peine le monstre s'apaise-t-il qu'au nord le Cézallier s'allume, bientôt appuyé par le massif des monts Dore. Quelque 70 000 ans av. J.-C., le prurit a gagné l'extrême nord de la région : les coulées de lave de la chaîne des Puys chasseront le mammouth durant la préhistoire. La recette de l'aligot provient-elle de là ?

LE PUY-DE-DÔME

ABC DU PUY-DE-DÔME

- *Superficie :* 7 970 km².
- *Population :* 629 000 hab.
- *Densité :* 79 hab./km².
- *Points culminants :* puy de Sancy (1 886 m), puy de Dôme (1 465 m).
- *Préfecture :* Clermont-Ferrand (142 500 hab., environ 300 000 pour la grande agglomération).
- *Sous-préfectures :* Riom (17 800 hab.), Thiers (12 000 hab.), Issoire (14 000 hab.), Ambert (7 000 hab.).
- *Nombre de communes :* 470 pour 61 cantons.

Au centre des quatre départements auvergnats, le Puy-de-Dôme fut longtemps considéré comme une citadelle oubliée en plein cœur de la France, conservatoire de coutumes hors d'âge et d'un passé, ailleurs révolu. Il n'y a pas si longtemps, on venait encore ici par obligation, pour se soigner par les eaux. On pouvait également faire partie des amateurs de longues randonnées pour plonger dans l'inconnu. Un passé lointain, il va sans dire ! Mais il faut bien reconnaître que cette terre fut longtemps enclavée. Mme de Sévigné considérait que pour se rendre ici, c'était « une aventureuse et exécrable expédition ».

Depuis presque trois décennies et avec l'aide d'un ancien président de la République, le département a connu la construction d'un aéroport, d'une autoroute et le développement important des lignes de chemin de fer. Même si le TGV n'est pas encore pour demain (mais sans doute après-demain), l'heure est quand même au désenclavement. Pas facile pour une région qui se présente sous la forme d'un U montagneux, dont le centre correspond à la Limagne...

Déjà César avait goûté à cette géographie redoutable en se cassant les dents sur l'Arvernie. À Gergovie, Vercingétorix donna au vieux Jules une leçon de savoir-combattre en 52 av. J.-C. Victoire glorieuse mais sans suite, l'Arvernie ne devint pas cette petite contrée remplie d'irréductibles Gaulois bagarreurs. Elle fut annexée comme province romaine. Du coup, *Augustonemetum* (Clermont) devint la cité la plus importante du centre de la Gaule, essentiellement pour sa situation au milieu des sources thermales.

Il faut dire que cette région n'a pas été épargnée par les bouleversements volcaniques. Certes, ils sont antédiluviens, mais ils ont modelé des paysages rudes qui ne sont pas sans avoir déteint sur les hommes. Ils peuvent être, en effet, abrupts, austères, discrets, rigides, brusques, mais, à l'image du climat, ils sont aussi fondamentalement changeants, devenant accueillants, hospitaliers, cordiaux et, osons le mot, sympathiques. Comment pourrait-il en être autrement dans un département qui a vu naître Pascal, Pierre Teilhard de Chardin ou encore Fernand Raynaud ? Rappelons humblement qu'Alexandre Vialatte écrivit quasiment le premier *Routard* régional sous le nom de *L'Auvergne absolue* !
Géographiquement, le Puy-de-Dôme est à lui seul une Auvergne en réduction. L'Artense, le Cézallier et les volcans se retrouvent parfois dans un Cantal, peut-être, plus profond. Les monts du Livradois et ceux du Forez débordent largement sur une Haute-Loire moins connue. Quant à la Limagne, elle offre une douce transition vers l'Allier, plus au nord.
Toutes ces facettes méritent qu'on prenne le temps de les découvrir. Depuis le puy de Dôme, mythique chapeau pointu de clown blanc, jusqu'au culminant puy de Sancy, les randonnées ne manquent pas. Pas plus que les stations de ski et les églises romanes auvergnates. Mais le charme de ce coin de France vient peut-être essentiellement de ces espaces aux reliefs doux, presque déserts, où le camaïeu des verts se décline à l'infini au milieu des touches de bleu des lacs et des toits pentus couverts de lauzes grises. Le voyage est beau, plein d'émotions.

Adresses utiles

- ***Agence départementale de développement touristique du Puy-de-Dôme :*** *pl. de la Bourse, 63000* ***Clermont-Ferrand.*** *☎ 04-73-42-22-50. • planetepuydedome.com •*
- ***Comité régional du tourisme :*** *Parc technologique Clermont-Ferrand La Pardieu, 7, allée Pierre-de-Fermat, 63178* ***Aubière*** *Cedex. ☎ 04-73-29-49-49. • auvergne-tourisme.info •*
- ***Auvergne Tourisme*** *(central de réservation) : Aéroport de Clermont-Ferrand Auvergne, 63150* ***Aulnat.*** *☎ 04-73-90-00-15. • puydedometourisme.com •*
- ***Maison du parc naturel régional des volcans d'Auvergne :*** *château de Montlosier, 63970* ***Aydat.*** *☎ 04-73-65-64-26. • parc-volcans-auvergne.com • Ouv mai-oct tlj sf mar 9h-12h30, 13h30-17h (tlj jusqu'à 18h juin-août).*
- ***La Maison du tourisme du parc naturel régional du Livradois-Forez :*** *63880* ***Saint-Gervais-sous-Meymont.*** *☎ 04-73-95-57-57. • info@parc-livradois-forez.org • parc-livradois-forez.org • En saison, lun-ven 9h-12h30, 13h30-18h (17h30 lun-mar) ; w-e et j. fériés 14h-18h. Hors saison, lun-ven, mêmes horaires mais jusqu'à 17h30 (16h30 ven).*

Le Puy-de-Dôme à pied, sac au dos

Le Puy-de-Dôme est classé Grand Site de France (*• grandsitedefrance.com •*). Il regorge de randonnées à faire en quelques heures ou en quelques semaines. De nombreux topoguides ont été édités, notamment par la *FFRP.* Voici les musts, qui peuvent se décliner à loisir :

➢ ***Hauts plateaux et monts d'Auvergne :*** GR 4. Toute l'Auvergne se retrouve dans cet itinéraire qui traverse les Combrailles pour rejoindre la planèze de Saint-Flour. Une rando de 250 km qui permet en outre de traverser la chaîne des Puys, où elle croise le GR 441.

➢ ***Tour des lacs d'Auvergne :*** GR 30. Une boucle qui a pour point de départ et d'arrivée La Bourboule, et qui s'étend sur 183 km en passant par les lacs de Guéry, Chambon, Pavin, Chauvet, avant d'attaquer le puy de Sancy.

➢ ***Volcans et lacs d'Auvergne.***

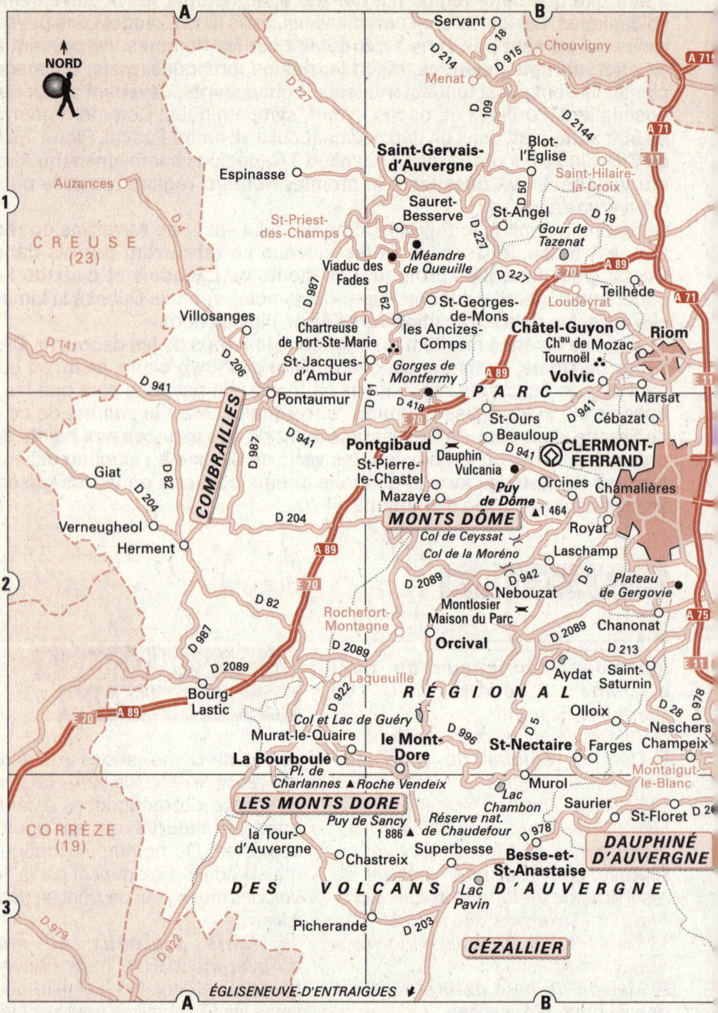

CLERMONT-FERRAND (63000) 142 500 hab. *Carte Puy-de-Dôme, B2*

◗ Pour le plan et le zoom de Clermont-Ferrand, se reporter au cahier couleur.

Et si on débarrassait enfin Clermont-Ferrand de son image poussiéreuse ? Certes, la maison Michelin (la seule société du CAC 40 ayant son siège

LE PUY-DE-DÔME

social hors de Paris) a longtemps imposé son modèle social, mélange de paternalisme et de catholicisme, tout en continuant de rayonner largement sur l'activité économique de la cité. Mais comme son siège en témoigne, avec son architecture tout en baies vitrées, un souffle nouveau flotte sur la ville depuis plusieurs années. Si Clermont reste une ville ouvrière, résistant largement aux sirènes du capitalisme débridé, elle a commencé à troquer son bleu de travail pour le col blanc. La ville compte six écoles d'ingénieurs, quatre écoles supérieures, l'un des meilleurs laboratoires de recherche vol-

canologique au monde, et un pôle s'est même développé aux portes de la ville, spécialisé dans les biotechnologies.
Certes, l'architecture de certains quartiers paraît parfois incohérente, voire assez tristounette, mais le centre conserve un très beau lacis médiéval, tout en ruelles et cours cachées... Sans oublier celui de Montferrand, la moitié de Clermont, où l'on prendrait presque l'accent du Sud en songeant à ses toits de tuiles et à son fameux club de rugby. Et puis de gros efforts ont été faits : la grande place de Jaude, où trône Vercingétorix, a fait peau neuve, tout le quartier de l'avenue de la République et du 1er-Mai est littéralement sorti de terre. Levez les yeux : où que l'on soit, on trouve toujours un point de vue sur le puy de Dôme, le baromètre des Clermontois, qui nous rappelle qu'on est jamais qu'à un quart d'heure en voiture d'une campagne authentique, véritable raison d'être des Auvergnats.
Quant à l'autre facette de la ville, on lui affublerait volontiers un *perfecto*. Oh, pas seulement à cause de cette mystérieuse cathédrale noire, en pierre de lave, qui fascine autant les amateurs d'architecture que les jeunes néogothiques. « Clermont la Noire, Clermont la Rockeuse, la mélangeuse de cultures », comme dirait Laure Adler, qui a passé une partie de sa jeunesse dans la région. Car Clermont est forcément le carrefour des 800 groupes musicaux auvergnats, dont plus de 300 spécialisés dans les musiques actuelles : record de France ! La ville a même été élue « capitale du rock » en 2009, c'est vous dire ! Sans oublier le plus grand festival de courts-métrages au monde, dont le succès ne se dément pas d'année en année. La vie culturelle et nocturne prend donc de l'ampleur, et le vivier des 35 000 étudiants y est pour quelque chose. Les cafés et les lieux culturels fleurissent jusque dans les recoins de la ville (parfois bien cachés), sans oublier les nouveaux mastodontes comme la formidable *Coopérative de Mai,* la Grande Halle d'Auvergne et le Zénith.
Enfin, n'oublions surtout pas le tramway (sur pneus, évidemment !) qui circule de nouveau à Clermont, première ville de l'Hexagone à s'être équipée d'un tramway électrique en... 1890. Filant dans les rues de la ville comme une coulée de lave, il redonne ainsi un coup de jeune et une petite touche écolo à une cité où, dans les mentalités, le mode de vie l'emporte toujours sur le niveau de vie.

UN PEU D'HISTOIRE

Nemossos, la cité des Arvernes, remonte au Ier s de notre ère. Très vite, la romanisation de la région fit d'*Augustonemetum* une capitale importante et attrayante de plus de 20 000 habitants. Il n'en reste rien, les Barbares ayant eu la mauvaise idée de prendre la ville régulièrement pour cible jusqu'au Xe s. Durant le Moyen Âge, la christianisation de la cité fut entreprise, installant un pouvoir religieux sous la houlette des évêques de Clermont, un nom apparu au VIIIe s, désignant la ville haute – donc claire (Clermont).
Les évêques étaient si puissants que le pape Urbain II vint ici pour lancer la première croisade en 1095. Concurrents des religieux pour le pouvoir temporel, les comtes, qui ne subissaient pratiquement pas le contrôle de leurs suzerains installés trop loin, entrèrent en conflit avec les évêques. Chassés de Clermont, ils s'établirent juste en face et fondèrent la ville de Montferrand.
Cette rivalité perdurera jusqu'au XVIe s, époque à laquelle Catherine de Médicis hérite du comté d'Auvergne et de la seigneurie de l'évêque. Alors, avec l'aide du pouvoir royal, Clermont devint sénéchaussée et se vit attribuer des tribunaux empiétant sur la juridiction de Riom. Les avocats, les magistrats affluèrent et firent construire de nombreux hôtels particuliers en pierre de lave. Montferrand fut totalement annexée en 1630 par un édit royal – Clermont-Ferrand sera née presque en même temps que Blaise Pascal. L'ancienne cité comtale devint une bourgade de paysans désertée par les bourgeois et les notables, qui émigrèrent en face.

C'est au XVIIIe s que la cité commence à prendre le visage qu'on lui connaît aujourd'hui. Les remparts furent abattus et remplacés par des boulevards circulaires. Et c'est pendant la Révolution que les bâtiments ecclésiastiques autour de la cathédrale furent détruits, permettant le dégagement du centre de la ville.

Adresses et infos utiles

Informations et services touristiques

Maison du tourisme (zoom couleur) : *pl. de la Victoire. ☎ 04-73-98-65-00. • tourisme@clermont-fd.com • clermont-fd.com • Ouv tte l'année, tlj sf Noël et Jour de l'an. Organise des visites guidées de la ville (tlj et en nocturne 1er juil-15 sept ; le w-e hors saison).* Toutes les informations et la documentation sur Clermont et le Puy-de-Dôme. Abrite aussi l'espace Art roman, pour vous faire présaliver sur les merveilles architecturales du Massif central (avec, notamment, un joli film numérisé). Enfin, elle a mis en place une formule « Tout feu, tout flamme » proposant un tarif spécial pour une nuit d'hôtel en chambre double et l'entrée à Vulcania.

■ @ **Espace Info Jeunes** (zoom couleur) : *5, rue Saint-Genès. ☎ 04-73-92-30-50. • info-jeunes.net • Lun-ven 10h-18h.* Documentation, annonces, covoiturage, résas UCPA, loisirs, sports...

Urgences

■ **C.H.U. Gabriel Montpied** (hors plan couleur par C4) : *58, rue Montalembert. ☎ 04-73-75-07-50. Ⓣ C.H.U.-Gabriel-Montpied.* Pour les urgences adultes (à partir de 16 ans).

■ **C.H.U. Estaing** (hors plan couleur par D1) : *1, pl. Lucie-Aubrac. ☎ 04-73-75-07-50. Ⓣ Stade-Marcel-Michelin.* Tout beau, tout neuf. Pour les urgences pédiatriques (jusqu'à 16 ans), maternité et gynécologiques.

Internet

@ **Espace Info Jeunes** (zoom couleur) : *voir plus haut « Informations et services touristiques ».*

@ **Cyberfrag** (zoom couleur) : *3, rue de la Boucherie.*

@ **S@x K@fé** : *11, av. Carnot. ☎ 04-73-14-99-74. Lun-ven 8h-19h.* Internet et cyberjeux.

Transports

✈ **Aéroport international Clermont-Ferrand Auvergne** (hors plan couleur par D2-3) : *à* **Aulnat** *(nord de Clermont-Ferrand). ☎ 04-73-62-71-00 (serveur vocal). • clermont-aeroport.com •*

■ **Air France** : *☎ 36-54. • airfrance.fr •* Liaisons avec Paris, Nantes, Lyon, Nice, Figari et Ajaccio, plus Madrid (Iberia) et Southampton (Flybe).

Gare routière (plan couleur B4) : *pl. Gambetta. ☎ 04-73-93-13-61. • gare-routiere-clermont-fd.com • Lun-ven 8h30-18h30 ; sam 8h30-11h, 12h30-18h30.*

■ **Covoiturage Auvergne** : *42, rue Auger. ☎ 04-73-90-47-93. • covoiturageauvergne@orange.fr • covoiturageauvergne.net • Lun-ven 9h-12h, 13h30-17h.* Le covoiturage, c'est dans l'air du temps !

– **Tramway** : le tramway, accessible aux personnes à mobilité réduite, parcourt l'agglomération clermontoise sur 14 km en contournant légèrement le centre historique. Une seule ligne reliant Champratel au nord à La Pardieu-Gare à l'est en passant par Montferrand au nord et le C.H.U. Gabriel-Montpied au sud. Seul inconvénient, il ne passe pas par la gare SNCF (stations les plus proches : Delille-Montlosier et Carmes). Prix du ticket : 1,40 €.

– **T2C** : *☎ 04-73-28-70-00. • t2c.fr •* Ce réseau de bus dessert l'ensemble de l'agglomération clermontoise. plans détaillés et horaires consultables sur le site.

■ **Location de vélos** : *boutique* **Moovicité,** *43, av. de l'Union-Soviétique. ☎ 0810-63-00-63 (prix d'un appel local depuis un fixe). Juste en face de la gare SNCF. Tlj sf dim 7h (8h sam)-19h.*

Également au 20, pl. H.-Renoux. Location de vélos classiques (VTC) ou avec assistance électrique (pour les côtes). La 1re heure est gratuite ; ensuite, les tarifs sont vraiment bon marché.

■ ***Taxis 24h/24 :*** ***Allo Taxis Radio,*** *59, av. de l'Union-Soviétique. ☎ 04-73-19-53-53.* ***Taxi 63,*** *40, rue Fontgiève. ☎ 04-73-31-53-15.*

Marchés

– ***Le marché Saint-Pierre*** *(zoom et plan couleur B2) : tlj sf dim 7h-19h ; très réduit lun.* Cette halle « moderne » n'est pas du meilleur effet, mais heureusement, la qualité des produits n'a pas changé. On y trouve toutes sortes de produits régionaux excellents, notamment des fromages auvergnats chez *Vazeilles*.

– ***Le marché Saint-Joseph*** *(plan couleur D2) : slt ven mat.* Sous la jolie halle métallique, un authentique marché bio de petits producteurs.

– ***Marchés aux puces*** *(plan couleur B4) : pl. Gambetta, aux Salins, dim 7h-13h.* Pour les amoureux de la chine, un vrai marché aux puces. *Également une brocante des professionnels le 1er sam de chaque mois, pl. du 1er-Mai (plan couleur D1).* Un peu plus haut de gamme mais de la broc aussi.

– ***Place aux Arts*** *(plan couleur B4) : pl. Gambetta, aux Salins, le 1er dim de chaque mois.* Marché d'art contemporain en plein air.

Où dormir ?

Camping

Amis campeurs, rendez-vous à la rubrique « Où dormir ? Où manger ? » à Royat et Chamalières (voir plus loin « Dans les environs de Clermont-Ferrand »).

Bon marché

■ ***Hôtel Cartier*** *(plan couleur D1, **7**) : 19, rue de l'Industrie. ☎ 04-73-92-02-14. • novembre15@live.net • Ⓣ 1er-Mai. À 10 mn à pied de la gare. Doubles 21 € (avec lavabo)-26 € ; petit déj 5 €. Réduc de 10 % sur le prix de la chambre sur présentation de ce guide.* Ce petit hôtel modeste et sans prétention, niché dans une rue paisible au cœur du quartier des bureaux, propose des tarifs ultra-compétitifs. Pas le grand luxe, certes (décor basique, 4 chambres seulement avec douche, w-c sur le palier), mais c'est bien entretenu. Le point fort : l'accueil chaleureux d'une patronne toujours présente et attentive aux besoins des clients. Pas mal d'étudiants pour les examens (certains reviennent même dire bonjour), d'infirmières en formation au nouvel hôpital d'Estaing voisin, ou encore de spectateurs de la (belle) *Coopérative de mai*, située à deux pas.

■ ***Hôtel des 2 Avenues*** *(plan couleur D2, **1**) : 4, av. de la République. ☎ 04-73-92-37-52. • hotel.2avenues@wanadoo.fr • Ⓣ Carmes. À 10 mn à pied de la gare. Doubles 23 € (w-c sur le palier)-36 € (avec douche, w-c et TV) ; quelques familiales 5-6 pers avec douche et TV 54 €.* Là aussi, un sympathique petit hôtel pour budgets serrés. Non contentes d'accueillir avec le sourire, les femmes de la maison ont personnalisé la déco des chambres sur le thème des fleurs, des peintres, des pays et des chanteurs populaires (Brassens, Brel, Piaf). Bref, c'est gai, léger, coloré, avec une petite touche de naïveté... Et quand vous y serez, jetez un œil aux récents couloirs sur le thème de la route de Saint-Tropez, la traversée de Paris et l'avenue du Puy-de-Dôme ! Atmosphère tranquille.

■ ***Corum Saint-Jean*** *(plan couleur B2, **3**) : 17, rue Gaultier-de-Biauzat. ☎ 04-73-31-57-00. • accueil@corumsaintjean.fr • corumsaintjean.fr • Ⓣ Hôtel-de-ville ou Gaillard. De la gare, mieux vaut y aller à pied (10 mn) ! Compter 24-32 €/pers selon confort, 48 € pour 2 et 60 € pour 3 ; tarifs dégressifs à partir de 4 nuits. Draps fournis. Repas env 8 €. Adhésion obligatoire 10 €/an, valable dans ts les F.J.T. du pays. Parking 5 €/nuit. Réduc de 10 % sur le prix de la chambre (15 juin-31 août) ou une nuit offerte pour 1 pers d'un groupe de 10 sur présentation de ce guide.* Ce foyer de jeunes travailleurs, doté de 450 lits, accueille les gens de passage. Un peu moins de dispo de septembre à janvier, nettement plus en été. Bien sûr, c'est basique. Les chambres sont souvent individuelles, mais il y en a une bonne vingtaine avec 2 lits. Certaines avec sanitaires communs, d'autres se partageant une salle de bains ou avec sanitaires privés, toutes au même tarif. Préférez tout de même les ailes Sainte-Marguerite, Saint-Eutrope et Saint-Louis, un peu plus récentes... Conviendra aux étudiants et aux routards solitaires qui voudraient profiter du tarif, mais aussi du jardin sous le chevet de l'église voisine, de la salle informatique, de la cafétéria pas chère, de la salle de sports ou encore de la séance de ciné, en principe le jeudi...

Prix moyens

Hôtel Saint-Joseph *(plan couleur D2,* ***8****) : 10, rue de Maringues. ☎ 04-73-92-69-71. • resa@hotelsaintjoseph.fr • hotelsaintjoseph.fr • Ⓣ Delille-Montlosier. À 5 mn à pied de la gare. Doubles 40-51 € selon confort ; familiale 74 €. Un petit déj/chambre offert sur présentation de ce guide.* Hôtel modeste mais plutôt bien tenu, avec un snack-bar au rez-de-chaussée. La douzaine de chambres possède douche ou bains et w-c, une bonne literie, TV, téléphone et double vitrage. Simple mais correct. Bon accueil.

Hôtel Ravel *(plan couleur D2,* ***2****) : 8, rue de Maringues. ☎ 04-73-91-51-33. • hotelravel63@wanadoo.fr • hotelravel-clermontferrand.com • Ⓣ Delille-Montlosier. À 5 mn à pied de la gare. Double 56 € avec douche ou bains et w-c. Emplacements vélos et motos gratuits.* Derrière sa jolie façade en mosaïque – de 1904 – se cache un petit hôtel à l'ancienne, dans un quartier tranquille, à mi-chemin de la gare et du centre-ville. La plupart des chambres ont été rénovées dans un style clair et agréable. Adorables salon et salle de petit déj, un peu comme chez grand-mère. Quartier très tranquille, néanmoins le joli marché couvert Saint-Joseph, juste en face, s'anime gentiment le vendredi matin (bons produits fermiers bio). Laveries à deux pas. La petite cour à l'arrière peut accueillir gratuitement 3 voitures, motos et vélos.

Hôtel Albert-Élisabeth *(plan couleur D2,* ***5****) : 37, av. Albert-Élisabeth. ☎ 04-73-92-47-41. • info@hotel-albertelisabeth.com • hotel-albertelisabeth.com • Ⓣ Delille-Montlosier ou Carmes. À 100 m de la gare, donc pratique. Grand néon rouge immanquable le soir ! Doubles 57-62 € ; 70 € pour 3-4 pers ; petit déj-buffet en sus. Garage clos payant.* Son nom, en hommage au séjour des souverains belges, ne désigne pas du tout un palace mais un petit hôtel correct de 38 petites chambres, dont 8 familiales. Certaines ont été rénovées au goût du jour et s'avèrent plus agréables que les autres, fort désuètes. Toutes avec clim, isolation phonique, téléphone et écran plat (Canal+ et Canal Sat). Petit jardin. Entretien et accueil aléatoires, cela dit.

Hôtel Beaulieu *(plan couleur C3,* ***9****) : 13, av. des Paulines. ☎ 04-73-92-46-99. • hotelbeaulieu@free.fr • hotel-beaulieu-clermont.com • Ⓣ Université. Doubles 49,90-59,90 € ; quelques studios équipés pour 2-4 pers 54,90-89,90 €. Réduc de 10 % sur le prix de la chambre (en sem) sur présentation de ce guide.* Assez proche du centre-ville et des musées, ce petit hôtel contemporain qui vient d'être repris propose des chambres de bon confort (TV satellite, sèche-cheveux, clim, bonne isolation phonique, téléphone).

De prix moyens à chic

Notez qu'à partir de cette catégorie les tarifs baissent souvent pendant la période estivale...

Hôtel de Bordeaux *(plan couleur A3,* ***4****) : 39, av. Franklin-Roosevelt. ☎ 04-73-37-32-32. • contact@hoteldebordeaux.com • hoteldebordeaux.com • Ⓣ Jaude. À 500 m de la pl. de Jaude, direction Chamalières. Fermé dim et j. fériés 12h-18h. Congés : 23 déc-4 janv. Chambres 60-90 € (moins cher en été). Promo pour les familles w-e et vac scol.* Hôtel confortable, entièrement rénové avec des couleurs chaudes. Un ascenseur mène aux chambres à la déco tout aussi moderne et chaleureuse. Bonne literie, écran plat (Canal+, Canal Sat et TNT), double vitrage partout, et même des volets électriques côté rue. Le hall, le petit salon et la salle de petit déj sont à l'avenant. En revanche, l'avenue manque un peu de charme, bien qu'elle soit à la fois proche de la grande place de Jaude et du boulevard de ceinture, pratique pour repartir de Clermont rapidement. Bon accueil.

Volcanhôtel *(zoom couleur,* ***11****) : 6, rue Sainte-Rose. ☎ 04-73-19-66-66. • info@volcanhotel.fr • volcanhotel.fr • Ⓣ Gaillard. Interphone ou réception automatique en dehors des heures de permanence (sem 7h-22h ; w-e 8h-12h, 18h-21h). Congés : 23 déc-2 janv. Doubles 63-83 € ; petit déj en sus. Réduc de 10 % sur le prix de la chambre sur présentation de ce guide.* À deux pas de la vieille ville, dans une rue tranquille. Là non plus, pas de charme particulier, mais du bon confort fonctionnel. Signalons tout de même que la literie est récente (avec des couettes douillettes).

Hôtel de Lyon *(zoom couleur,* ***6****) : 16, pl. de Jaude. ☎ 04-73-17-60-80. • hotel.de.lyon@wanadoo.fr • hotel-de-lyon.com • Ⓣ Jaude. Parking Vercingétorix à proximité. Doubles 78-101 € ; compter 60-65 € w-e et vac scol. Apéritif offert sur présentation de ce guide.* L'hôtel est sur la place de Jaude, donc en plein cœur de la ville, et c'est son principal intérêt. Alors demandez une chambre avec petit balcon et vue sur la place, car si l'hôtel est confortable et bien équipé (douche ou bains, double vitrage, écran plat, téléphone, clim), la décoration est un peu terne, et les couloirs un peu sombres. Petit déj-buffet servi au pub en dessous ou bien en chambre. Fait aussi brasserie.

Plus chic

Suite Novotel Clermont-Ferrand Polydôme *(plan couleur D1,* ***12****) : 52-54, av. de la République. ☎ 04-73-42-34-73. • H6306@accor.com • suitehotel.com • Ⓣ 1er-Mai. Suites simples ou doubles 119-139 € selon saison (moins cher en été) ; gratuit jusqu'à 12 ans. Nombreux forfaits : « week-end », petit déj inclus ; « 4 nuits » (4e nuit à 50 %) et « 7 nuits » (7e nuit offerte). Promos flash sur Internet. Parking privé payant. Remise de 10 % sur le prix de la chambre sur présentation de ce guide.* Voici un concept lancé par la chaîne *Accor* dans le monde entier : la suite à tous les étages. Situé dans le quartier Desaix, l'hôtel comprend 91 chambres de 30 m² avec chacune un mobilier aux couleurs modernes et pimpantes (grand lit, canapé-lit, douche et baignoire, coffre, TV satellite et le petit coin kitchenette pour justifier le concept). En fait, la vraie bonne idée, c'est l'espace et la déco au goût du jour. L'accès wifi, la salle de fitness et les massages *(slt jeu soir, sur résa)* sont inclus.

Où manger ?

Le dimanche soir, pas facile de bien se restaurer à Clermont. Signalons pour dépanner la *Taverne de Maître Kanter (zoom couleur)*, place de la Victoire, ou encore la crêperie *Le 1513*, rue des Chaussetiers (zoom couleur), ne serait-ce que pour son décor historique...

Bon marché

Café Bui *(zoom couleur,* ***20****) : 31, rue Saint-Herem. ☎ 04-73-37-08-55. • cafebui@orange.fr • Ⓣ Gaillard. Mar-sam 10h-15h, 18h-22h (minuit ven-sam, non stop en été). Formules 8,50 € (salade, plat et riz) et 10,50 € (entrée en plus).* Malgré son p'tit nom et celui de son épicerie asiatique un peu plus haut dans la rue (le *Bui-Bui*), le décor n'a rien d'un boui-boui perdu au fin fond d'une ruelle de Saigon. Bien au contraire, voici une petite salle contemporaine avec des murs mauves et un comptoir rempli d'habitués. Vraiment une adresse bon marché avec des plats bien copieux, soupes, nems, *bo bun*, etc. Bon assortiment de gourmandises pour terminer. Un bon plan (notamment le dimanche soir). Également une annexe place Delille.

Temps-thé *(zoom couleur,* ***40****) : 1, rue Verdier-Latour. ☎ 04-73-91-*

CLERMONT-FERRAND (ET ENVIRONS)

28-90. • temps.the@tempsthe.com • Ⓣ Hôtel-de-Ville. Lun-sam 8h30-19h. Formule déj 11 €. En plein centre, le nez sur la cathédrale, laissez-vous « temps-thé » par ce salon de thé de qualité. La déco est moderne et épurée, les fauteuils profonds et l'atmosphère chaleureuse. Au déjeuner, tartes, salades et galettes de sarrasin. Grand choix de thés, de cafés et de chocolats chauds (guanaja, Madagascar, Ghana, Venezuela...). Les gourmands oseront une tasse de chocolat accompagnée d'un gâteau... au chocolat, nappé de... chocolat, concocté le matin même par François. Très bons cakes aux fraises, pudding et tartes aux fruits de saison. Accueil adorable.

|●| *Impreza* *(zoom couleur, **21**) : 1, rue de l'Ancien-Poids-de-Ville. ☎ 04-73-37-47-51. • sakowska-anna@yahoo.fr • Ⓣ Jaude ou Hôtel-de-Ville. Tlj sf dim et j. fériés. Formule déj en sem 12 € ; menu à midi 14,50 € ; carte 20 €. Apéritif offert sur présentation de ce guide.* Au cœur du vieux Clermont, un petit resto-salon de thé qui ne paie pas de mine, tout imprégné de gentillesse et de culture(s), grâce à la charmante patronne, d'origine polonaise (*impreza* signifie « fête » en polonais), et à son mari iranien, qui officie en cuisine. Il faut dire qu'en bons routards sachant ce qu'est le voyage et l'émigration, notre couple d'hirondelles rapporte, chaque année après son voyage de septembre, de nouvelles idées pour ses brunchs. Originaux, excellents et, qui plus est, pas bien chers, ceux-ci puisent leur inspiration en Iran, bien sûr, mais aussi dans les Balkans, en Grèce, en Espagne, en Indonésie, ou encore en Afrique du Sud... En attendant le résultat du voyage de l'année en cours. À la carte, retenez la spécialité iranienne du chef : le *koufté tabrizi,* une énorme boulette de bœuf, riz, noix, pruneaux, raisins, herbes et cannelle, vraiment parfumée.

|●| *Le Café Ballainvilliers* *(zoom couleur, **32**) : 18, rue Ballainvilliers. ☎ 04-73-91-57-88. Ⓣ Lagarlaye ou Jaude. Face à l'ancienne école des Beaux-Arts. Restauration slt à midi, tlj sf lun. Repas env 15 €. Apéritif maison offert sur présentation de ce guide.* On ne dirait pas, mais ce sympathique bistrot avec mezzanine possède un âge vénérable (130 ans !). Aujourd'hui relooké (bois et couleurs), il possède le charme tranquille d'un bistrot de quartier légèrement branché, avec une belle terrasse qui attire beaucoup de monde aux beaux jours (et chauffée en hiver). Il faut dire que la gentille cuisine du marché (5 plats nouveaux chaque jour) y est servie par une petite équipe qui ne manque pas d'humour. Fait aussi bar à vins et à cocktails le soir (voir plus loin « Où boire un verre ? Où grignoter un morceau ? »).

|●| *Le Kalash* *(zoom couleur, **27**) : 8-10, rue du Port. ☎ 04-73-90-19-22. Ⓣ Hôtel-de-Ville. Tlj sf lun midi, sam midi et dim. Dernière commande à 23h30. Congés : 1er-20 août. Menus 11 € (déj en sem), 14 € (végétarien) et 17-23 €.* Ce petit resto indo-pakistanais ne désemplit pas certains soirs, car il offre un très bon rapport qualité-prix au cœur du centre piéton. Cadre agréable, avec parfois un film indien sous-titré projeté sur le mur de la salle principale. Sur la carte, un large choix de plats, avec tous les classiques comme le *murgh tandoori* (poulet), le *ghosh tikka* (agneau), le *biryani* (riz pilaf et viande émincée). Également quelques originalités (plus chères) comme les Saint-Jacques au curcuma ou la côte de bœuf tandoori pour 2. Pâtisseries orientales pour finir ou... mousse au chocolat pimentée ! Bon accueil.

Prix moyens

|●| *Le Si Si Si* *(zoom couleur, **34**) : 14, rue Massillon. ☎ 04-73-14-04-28. • gilbert.brat@wanadoo.fr • Ⓣ Jaude. Tlj sf sam midi, dim, lun et j. fériés. Résa conseillée. Menu déj 13 € ; carte 30-35 €.* Au cœur de la ville médiévale, un de nos restos-bistrots préférés, emblématique du renouveau clermontois et de son atmosphère rock. Mais si, c'est dans les vieux pots qu'on fait les meilleures soupes (surtout en Auvergne) ! La preuve, ce décor de vieux bistraque, avec ses murs gardés dans leur jus, une bonne patine dessus, des piliers, des tuyaux et quelques toiles contemporaines pour le zeste de branchitude.

Belle salle de resto au style dépouillé à l'arrière. Sinon, on mange aussi bien (mais avec l'ambiance et le bruit en plus) côté bar ou sur la petite terrasse aux beaux jours. Question papilles, la carte est bien équilibrée entre viandes et poissons, avec une petite touche créative enlevée, du style pièce de thon et foie gras poêlé ou rouelles de rognon de veau rôties au beurre d'escargot. Miam, miam, comme diraient en chœur les habitués ! Belle carte des vins. Parfait aussi pour boire un verre et faire des rencontres sympas (voir plus loin « Où boire un verre ? Où grignoter un morceau ? »).

|●| L'Alambic *(zoom couleur,* ***25****) : 6, rue Sainte-Claire. ☎ 04-73-36-17-45. • alambic.restaurant@gmail.com • Ⓣ Gaillard. À deux pas de la vieille ville. Fermé dim, lun midi et mer midi. Congés : 8 juil-5 août. Menus 26-36 € ; carte env 35 €.* Malgré son décor un peu désuet, on aime bien ce resto auvergnat traditionnel logé dans une ancienne distillerie. Le patron est un personnage. Diplômé « maître-dégustateur d'aligot », il va chercher lui-même ses produits chez les bons producteurs et vous servira sa délicieuse spécialité selon un rituel bien particulier ! Également de la truffade, du *pounti*, etc. Au moins une vingtaine de vins d'Auvergne à marier harmonieusement avec les mets.

|●| Que du Bonheur ! *(zoom couleur,* ***26****) : 8, rue de la Boucherie. ☎ 04-73-90-63-88. Ⓣ Gaillard. ♿ Tlj sf dim-lun, jusqu'à 22h-23h en sem selon affluence et minuit le w-e. À midi, plat du jour env 8,50 € ou plat + dessert 10,50 € ; le soir, brochettes géantes 2 pers 32-38 € ou carte 30-35 €.* Dans le bel arrondi de la rue de la Boucherie, qui porte si bien son nom (on y trouve l'excellent boucher *Gauthier*), on ne s'étonnera pas de tomber sur ce resto spécialisé dans la bonne barbaque. Petite salle sans prétention avec des tables couvertes de cartes de visite et traversées par un piquet de 1 m de haut. Rassurez-vous, ce n'est pas pour les clients récalcitrants, mais pour suspendre les brochettes géantes (salers, montbéliarde, aubrac, coquelet, andouillette, souris d'agneau) que vous serviront, le soir, avec force amabilités, les 2 patrons aux physiques de rugbymen. Également de la truffade servie avec bavette, onglet ou entrecôte. Et un super rapport qualité-prix le midi avec un plat du jour (de la viande, il va sans dire !), servi généreusement.

|●| Aux Petits Oignons *(zoom couleur,* ***26****) : 16, rue de la Boucherie. ☎ 04-73-90-39-53. • yannisauxpetitsoignons@gmail.com • Ⓣ Gaillard. Tlj sf dim-lun, mer soir et j. fériés. Formule déj 13,50 € ; menu 25 € ou carte env 35 €.* Encore une bonne petite adresse dans cette croquignolette rue de la Boucherie. Un décor tout simple, couleur crème, avec 3 petits cadres au mur et des nappes d'un blanc immaculé surmontées d'une jolie collection de verres à pied. À l'ardoise, une cuisine au goût du jour avec des plats du style filet d'omble chevalier, foie gras poêlé... Ajoutez à cela une bonne sélection de vins, parfois bio, et vous la tenez votre soirée aux petits oignons !

|●| Les Jardins d'Ispahan *(zoom couleur,* ***24****) : 11 ter, rue des Chaussetiers. ☎ 04-73-90-23-07. • jardindispahan@gmail.com • Ⓣ Jaude. ♿ Tlj sf dim-lun, slt le soir de 19h30 jusque tard (parfois 23h). Congés : 1 sem début mai, 2 sem début sept. Menus 17,50-25 €, dont un végétarien ; carte env 22 €. Thé à la menthe offert sur présentation de ce guide.* Embarquement pour l'Iran. La cuisine de la Perse est tout entière tournée vers les parfums subtils, les alliances fleuries, plus que vers les épices. On se concentre sur les plats comme le *kebab bargue* (brochettes de bœuf macérées dans le citron et grillées), le *mahipolo* (poisson au coulis de poivron) et le *koréchté alou* (veau mijoté avec des prunes vertes), et surtout le *koufté* (spécialité farcie de viande, riz, pruneaux, etc.), le tout accompagné d'un bon basmati qui devrait vous réconcilier avec le riz si vous étiez fâché avec lui...

|●| Le Pile Poêle *(zoom couleur,* ***28****) : 9, rue Saint-Dominique. ☎ 04-73-36-08-88. Ⓣ Gaillard. Tlj sf dim, jusqu'à 23h30. Formule déj 15 € (en sem) ; carte 25-35 €. Café offert sur présentation de ce guide.* Dans un décor de bistrot légèrement branché plus bourgeois que bohème, avec banquettes rouges, palissades et tranchettes de rondins plaquées aux murs. Dans l'assiette, grand choix de viandes bien rouges elles aussi. Bref, c'est pile-poil pour les carnivores et surtout pour les couche-tard. Également un bar à vins à côté (*Le Pile,* même maison), où vous pourrez boire un verre de rouge jusqu'à 1h.

Chic

Goûts et Couleurs *(plan couleur B2,* ***35****) : 6, pl. du Changil. ☎ 04-73-19-37-82. Ⓣ Gaillard. Tlj sf sam midi, dim, j. fériés et lun midi. Congés : 14-20 mai, 13 août-2 sept. Formule déj (en sem) 20 € ; menus 28-72 €.* Qui eût cru que l'on dénicherait sur une petite place parfois déserte une si belle adresse ? Le restaurant est à l'image de son chef, Vincent Dhumes, passé par les cuisines de plusieurs étoilés *Michelin* (*Les Saveurs* à Londres, *Duquesnoy* à Paris, *La Pyramide* à Vienne) avant de revenir sur son territoire tout en devenant le beau-frère de Jean-Claude Leclerc (le chef réputé du gastro situé dans la petite rue derrière !) : un modeste mais ne pouvant empêcher quelques éclats d'apparaître ici et là... Dans cette petite salle divisée par une arche avec un plafond et des fauteuils mauves, des abat-jour colorés telle une ribambelle de taches de couleurs, plus quelques toiles contemporaines, on se régale dès le 1er menu. Les plats sont à l'image du lieu, colorés sans faire galerie d'art, et parcourus par de vraies saveurs, travaillées avec justesse et créativité. Bref, si les couleurs sont là, les goûts n'ont pas été oubliés.

L'Amphitryon Capucine *(plan couleur B2,* ***29****) : 50, rue Fontgiève. ☎ 04-73-31-38-39. • amphitryon63@hotmail.fr • Ⓣ Gaillard. Tlj sf dim-lun (ouv Pâques et fête des Mères) ; service jusqu'à 13h30 et 21h15 slt ! Congés : 1er-15 août. Résa hautement conseillée. Menus 24 € (déj en sem), puis 28-80 €. Café offert sur présentation de ce guide.* Voilà une adresse qui, ne spéculant pas sur le passage (les voitures passent trop vite), mise, et à juste titre, sur la réputation de sa cuisine. En fait, sitôt passé la discrète façade, on se retrouve dans un cadre élégant, coloré et fleuri, avec un plafond à la française. Et là, quel ravissement pour les papilles que cette fine cuisine réalisée à partir de beaux légumes (le chef va les chercher dans les campagnes les plus reculées) ! On sent que le chef fait la cuisine qui lui plaît, une cuisine sincère, inspirée, sans esbroufe. Fort beaux desserts.

Le Caveau *(zoom couleur,* ***31****) : 9, rue Philippe-Marcombes. ☎ 04-73-14-07-03. Ⓣ Hôtel-de-Ville. À l'angle de la rue Tour-de-la-Monnaie. Tlj sf dim ; service jusqu'à 22h30. Congés : 6-30 juil. Plats 20-40 €.* 2 petites salles voûtées en cave où vous dégusterez une vraie cuisine de terroir. La 1re est la plus animée, mais vous subirez les inévitables effluves de cuisine. Clientèle d'habitués que le très disert patron tutoie. Atmosphère de bistrot un peu canaille donc, propice aux bobos argentés. Eh oui, pas vraiment bon marché, mais notre entrecôte de salers se révéla proche du sublime (et gargantuesque !). Également de l'aubrac aguicheuse, de la belle truffade, du pied de cochon, de l'aligot, du chou farci, etc. Jolie carte des vins, mais pas donnés. 3e salle au niveau de la rue *(Chez Francis),* mais moins d'ambiance.

Fleur de Sel *(zoom couleur,* ***33****) : 8, rue Abbé-Girard. ☎ 04-73-90-30-59. • fleurdesel63@wanadoo.fr • Ⓣ Jaude. Tlj sf dim-lun et j. fériés ; service jusqu'à 21h30. Congés : août et Noël. Menus 30 € (sf ven-sam soir)-75 €.* Niché dans une ruelle secrète du vieux Clermont, voici le meilleur resto de poisson de la ville, reconnu de tous. Patrice Eschalier est au piano, et la charmante Emma à l'accueil et au service. Une cuisine tout en créativité et raffinement, à déguster dans une salle toute blanche, en toute simplicité. La carte change à chaque saison : le Gulf Stream évolue, certains poissons échappent aux filets, d'autres s'y font prendre, mais on est quasiment sûr d'y retrouver le turbot et le homard.

Où prendre le thé ?

Temps-thé *(zoom couleur,* ***40****) : 1, rue Verdier-Latour. ☎ 04-73-91-28-*

90. • temps.the@tempsthe.com • Lun-sam 8h30-19h. Gâteaux env 5 €. Voir plus haut « Où manger ? ».

Les Goûters de Justine *(zoom couleur,* ***41****) : 11 bis, rue Blaise-Pascal. ☎ 04-73-92-26-53. Ⓣ Hôtel-de-Ville. ♿ Tlj sf dim-mar. Formule déj (tarte salée + salade) 5,70 €. Un café offert sur présentation de ce guide.* Une bonbonnière cachée dans l'une des plus belles rues de Clermont. On se sent bien dans ce petit décor chaleureux comme chez grand-mère, avec son bel éclectisme, mélange de mobilier ancien et moderne. Pour se rafraîchir et grignoter en même temps, thés en feuille, chocolat, jus de fruits et d'honorables pâtisseries maison. Accueil chaleureux et attentionné.

Où boire un verre ? Où grignoter un morceau ?

Les terrasses de la ville : aux beaux jours, rendez-vous sur l'immense place de Jaude avec ses jolis kiosques ouverts jusqu'à 19h, ou sur la terrasse de l'*Australian's Pub*. Également quelques terrasses sur la place de la Victoire face à la belle cathédrale ou rue des Gras en fin de journée quand le soleil est dans l'axe de la rue, ou encore boulevard Trudaine, près de l'école de commerce, QG des étudiants. On les retrouve également à la terrasse stratégique du *Bar des Beaux-Arts* (3, rue Ballainvilliers), à côté de l'ancienne école éponyme. Pour une pause verte ou une soirée tapas en été, rendez-vous sur la jolie terrasse du *Pavillon Lecoq*, un café-resto situé dans le jardin Lecoq, côté boulevard François-Mitterrand.

Un Singe en Hiver *(plan couleur B2,* ***36****) : 13, pl. Maréchal-Fayolle. ☎ 04-73-36-94-36. • unsinge-en hiver@orange.fr • Ⓣ Gaillard. Tlj sf dim-mar 18h-1h, voire un peu plus... Congés : sem du 15 août. Assiettes à partager env 7-20 €, servies jusqu'à 23h ; vins au verre 3,50-5 €, bouteilles 20-35 €.* Avec ce petit décor rouge comme le plaisir, on se croirait presque dans le bureau d'un producteur de disques ou de films (X ? non, on plaisante). En fait, c'est sans doute la chaleur de l'ambiance en fin de semaine qui déteint sur les murs. Car c'est le bar à vins qui bouge, rassemblant trentenaires et quadragénaires venus en bande partager une bonne boutanche de petit vigneron, une énorme tartine, une montagne de chiffonnade ou une assiette de fromage. Et puis, surtout, un moment de bonne humeur dont Boubou, le chaleureux patron, n'est pas avare du tout. Le lieu est vraiment vivant, mais pour en être sûr, il a supprimé les tabourets au bar. Rassurez-vous, on peut s'asseoir. Également une terrasse (chauffée l'hiver) pleine de tonneaux.

Le Si Si Si *(zoom couleur,* ***34****) : 14-16, rue Massillon. ☎ 04-73-14-04-28. Ⓣ Jaude. Tlj sf sam midi, dim, lun et j. fériés.* C'est le lieu idéal pour boire un verre en soirée dans une ambiance et un décor typiquement clermontois, pour se restaurer avec bonheur (voir « Où manger ? »), discuter avec son voisin de table ou de comptoir et faire quelques rencontres (si, si, puisqu'on vous le dit !). Clientèle du style trentenaires et quadras fringants, bobos mais pas trop. Assez sombre pour s'y oublier et assez animé pour s'y réveiller. En plus, le vin et la musique y sont de qualité.

Le Café Ballainvilliers *(zoom couleur,* ***32****) : 18, rue Ballainvilliers. ☎ 04-73-91-57-88. Ⓣ Lagarlaye ou Jaude. Face à l'ancienne école des Beaux-Arts. Tlj sf lun, jusqu'à minuit.* Le charme tranquille d'un bistrot de quartier légèrement branché, avec une belle terrasse aux beaux jours et une petite équipe pleine d'humour. On aime bien y siroter un verre et même s'y restaurer à midi (voir « Où manger ? »).

Les Berthom *(zoom couleur,* ***50****) : 6-8, pl. de l'Étoile. ☎ 04-73-31-01-65. • lesberthom.fr • ♿ Ⓣ Gaillard. Tlj 17h-2h (1h dim-mar). Happy hours 19h-21h (sf sam).* Ce pourrait être le nom d'une bande dessinée, mais non, c'est celui d'une chaîne de bars à bières (Berthom, de Herbert et Thomas, les 2 fondateurs). Beaucoup de monde chaque soir et à l'heure de l'apéro, que ce soit à l'intérieur ou en terrasse quand il fait beau. Comme dans la dizaine de succursales en France, spécialités de bières belges (une cinquantaine en bouteille ou à la pression). Clientèle assez jeune et éclectique. Concert 2 fois par mois.

Les bars à rugby : si vous êtes par là pendant un match de la terrible équipe de l'A.S.M. (Association sportive montferrandaise), ne manquez pas une soirée dans un bar où l'on retransmet la messe sportive. Citons par exemple *Le Relais Pascal* (pl. de la Victoire), *Le Captain's Cabin* (20, av. des États-Unis), *The Oval* (107, av. de la République, à côté du stade), malgré un service un peu sec, dommage, et enfin *L'Atelier* (1, pl. du 1er-Mai, près du stade) pour les troisièmes mi-temps en compagnie des joueurs...

Où sortir ? Où danser ?

Bars de nuit et boîtes en vogue : pour ceux qui voudraient faire une tournée, les modes tournent aussi, alors renseignez-vous une fois sur place, mais voici quelques références à partir du jeudi soir. Côté bars, *Les Tontons Bringueurs* et le *Bouddha Café,* tous 2 sur le boulevard Trudaine (très étudiant), *Le Captain's Cabin* (20, av. des États-Unis), pour son karaoké du mardi au samedi, et l'*Armel's Shaker* (40, rue Fontgiève), pour ses folles soirées, antillaises ou non. Côté boîtes et *lounges, L'Atelier* (1, pl. du 1er-Mai), *Le Velvet* (1, rue du Coche-pl. de Jaude), *Le First* (9, rue Sainte-Claire), *Les Coulisses* (5, rue du Champgil) ou encore l'*Other Side* (10, rue Saint-Adjutor).

L'Arrozoir *(zoom couleur,* ***51*****) :** *7, rue des Petits-Gras. ☎ 04-73-37-24-93. Ouv le soir en fin de sem.* Repérable à son... arrosoir, en guise d'enseigne. C'est p'têt' pour ça que ça déborde parfois jusque sur le trottoir de ce tout petit bar en longueur, avec un décor entre buron du Cantal et cabane de jardin. Presque toutes les générations aiment y boire un verre en fin de semaine pour refaire le monde avant d'aller se lâcher juste en face (comme ça, c'est pas loin) au *Frog,* une gentille boîte de nuit, histoire de continuer à s'arroser la grenouille.

Le B-Box *(hors plan couleur par D4,* ***55*****) :** *dans le quartier La Pardieu. ☎ 04-73-28-59-74. • bboxclub.com • Ouv jeu-sam 23h-5h, dim et veilles de j. fériés 23h-6h. Entrée : 5 € sans conso, 10 € avec 1 conso et 15 € avec 2 consos ; en principe, gratuit pour les filles sam jusqu'à 0h30. Soirées à thème très fluctuantes, souvent soirée étudiante jeu, DJ ven, généraliste sam et gay dim (se renseigner).* L'une des plus grandes boîtes d'Europe, où se pressent par vagues entières les étudiants et les (très) jeunes de la région en fin de semaine. Immense hangar tout rond (pouvant accueillir 3 600 personnes !) avec une mezzanine qui fait le tour, des bars partout et un carré VIP sponsorisé par une grande marque de champagne. Également une salle réservée aux plus de 30 ans... pour les inciter à venir ou pour les protéger des plus jeunes ? Sans doute les deux, mon capitaine (de soirée).

Lieux culturels à Clermont-Ferrand et dans les environs

Beaucoup de scènes et de salles de spectacle très différentes dans l'agglomération clermontoise, qui est devenue un vrai carrefour culturel en quelques années. Alors vous n'avez plus d'excuse pour ne pas sortir !

La Coopérative de mai *(plan couleur D1,* ***54*****) :** *rue Serge-Gainsbourg, à Clermont-Ferrand. ☎ 04-73-14-48-00 ou 08. • lacoope.org • ♿ Ⓣ 1er-Mai. Derrière le centre Polydôme. Fermé fin juil-fin août. Compter env 16 € la carte plein tarif qui permet d'obtenir une réduc de 4 € sur ts les concerts ; autres cartes.* Immanquable, avec son camion accroché à sa façade, *La Coopé* a l'allure d'un paquebot moderne. Pourquoi *La Coopérative de mai* ? Parce qu'elle occupe l'ancienne *Coopérative Michelin* où les « Bibs » venaient s'approvisionner. Avec plusieurs concerts par semaine et une infrastructure technique de haut niveau, c'est le lieu incontournable de Clermont en matière de musiques actuelles, de nouvelle scène française et même internationale. C'est Didier Veillault, l'ancien directeur du *Plan* à Ris-Orangis, qui dirige le lieu et gère la programmation avec brio. Depuis l'ouverture en 2000, plus de 3 000 artistes ont pris le camion en marche. Une affiche éclectique, des tarifs non prohibitifs, une bonne implantation locale et l'accompagnement des artistes régionaux font de cette *Coopé* une affaire qui roule. À côté de la grande salle (1 500 places), la *Petite Coopé* fait office de vrai club à l'anglaise, avec 450 places à deux pas de la scène. Et n'oubliez pas les très populaires *afterwork* le 1er jeudi du mois de 18h à minuit, où se croisent groupes et DJs locaux. Enfin, depuis quelques années, *La Coopé* accueille le festival Europavox, le meilleur de la musique actuelle européenne. Quand ? En mai, évidemment !

Le Petit Vélo *(zoom couleur,* ***56****)* **:** *10, rue Fontgiève, à Clermont-Ferrand. ☎ 04-73-36-36-36. • lepetitvelo.fr • Ⓣ Gaillard. Fermé de mi-juil à mi-août. En moyenne, 1 ou 2 spectacles par mois.* Tout près de la place Gaillard, un petit théâtre à la programmation souvent originale. Comme le dit la devise de la maison empruntée à Orson Welles : « En ces temps de supermarché, je reste votre sympathique petite épicerie. »

La Baie des Singes : *6, av. de la République, 63800* ***Cournon-d'Auvergne.*** *☎ 04-73-77-12-12. • baiedessinges.com • À env 12 km au sud-est de Clermont. Ouv slt le soir mer-sam. Fermé juil-sept. Petite restauration (assiettes de fromages et de charcuterie) et bar sur place à partir de 19h. Entrée : 8-26 € selon programmation ; réduc.* Tiens, un café-théâtre dans une cité-dortoir aux environs de Clermont... « Seul café-théâtre au monde situé à Cournon », « Maison peu fondée en 1997 » : il fallait bien un vieux singe comme Chraz, un ancien de la bande à Ruquier et des *Guignols de l'info,* pour faire grimper les Clermontois au rideau. Même s'il a pris un peu de recul aujourd'hui, le pari est réussi puisque, avec près de 2 000 spectacles, plus de 210 000 *Homo sapiens* ont déjà accosté sur cette *Baie.* Au programme, presque chaque soir, des comiques (Albert Meslay, Kroupit, Christophe Alévêque, Didier Bénureau et surtout la bande du Fou du Roi, sur France Inter...), de la musique (surtout de la chanson française), mais aussi du théâtre, des conférences et des spectacles pour enfants.

Le Sémaphore : *rue d'Aubiat, 63118* ***Cébazat.*** *☎ 04-73-87-43-43. • cebazat.fr • À env 10 km au nord de Clermont. Congés : juil-août et Noël-début janv.* Une salle de spectacle dont la reconnaissance arrive après une dizaine d'années de bons et loyaux services publics (c'est le cas de le dire, puisque la salle est subventionnée). Excellente programmation faisant la part belle à la découverte et à l'engagement : beaucoup de créations théâtrales, du cirque, de la danse, mais aussi de la musique et de la chanson. Cela va des confirmés (Têtes Raides, Dick Annegarn, Raul Paz, Fellag) à la nouvelle scène francophone (Anis, Émily Loizeau, Zoé, Emmanuelle Bercier), en passant par de bonnes formations de jazz et de musique classique.

La 2 Deuche : *rue Alexandre-Vialatte, 63370* ***Lempdes.*** *☎ 04-73-83-74-78. • ville-lempdes.fr • À env 10 km à l'est de Clermont.* Une salle de 300 places à la programmation éclectique : concerts, théâtre, danse, opérette, humour, la Scène du mercredi (un mercredi par mois hors vacances scolaires, à 18h ; entrée gratuite), etc. Également Drôles de chansons, fin mai, un festival de chanson française humoristique. Au fait, pourquoi ce nom ? Parce que Lempdes (prononcer « lande ») est le berceau de la célèbre 2 CV inventée par Pierre-Jules Boulanger.

Où acheter de bons fromages ? Où les déguster ?

Pour vous faire un sacré bon casse-croûte ou pour pique-niquer dans la chaîne des Puys, achetez donc votre pain au *Pain Paillasse (27, rue du*

Cheval-Blanc ; ☎ 04-73-37-38-20 ; tlj sf dim ap-m et lun).

Vazeilles (zoom couleur) : *dans le marché Saint-Pierre, case 30. ☎ 04-73-36-16-13. Mar-jeu 7h-13h, 15h-19h30 ; ven-sam 7h-19h30. Fermé dim-lun, j. fériés et 1er-15 août.* Un des meilleurs fromagers affineurs de la ville, spécialiste des fromages d'Auvergne, avec en *guest-star* un saint-nectaire à se damner (prêt à partir dans la boîte), mais aussi un salers craquelé à souhait, un vieux cantal divin, et on en passe ! Évidemment, le culte du saint-nectaire veut que l'on en goûte plusieurs avant de le choisir...

Nivesse (zoom couleur) : *23, pl. Saint-Pierre. ☎ 04-73-31-07-00. Mar-ven 9h-14h, 15h30-19h ; sam 8h-19h30. Assiette 10 fromages 12,85 €/pers.* L'autre fromagerie de Clermont, tenue par Olivier Nivesse, un passionné, adhérent du mouvement *slow food*. Grand choix de fromages auvergnats, notamment de la Limagne, au pied du Livradois-Forez, mais aussi de Puy-Guillaume (tomme du Lavort), de Maringues (le gaperon à l'ail et au poivre, spécial !), sans oublier les fourmes (d'Ambert, de Rochefort, de Valcivière) et tous les grands classiques (cantal, salers, bleu...). Possibilité de déguster une assiette de fromage avec un verre de vin, dedans ou dehors selon la météo.

À voir

Le centre historique autour de la cathédrale

La cathédrale Notre-Dame-de-l'Assomption (zoom et plan couleur C2) : *lun-sam 7h30-12h, 14h-18h ; dim et j. fériés 9h30-12h, 15h-19h30. Visite du trésor le jeu en juil-août (sous réserve) 15h-17h45. Bayette ouv tte l'année lun-sam 9h-11h15, 14h-17h15 ; dim 15h-17h30. Entrée : 1,50 €.*

Au XIIIe s, Clermont, ville plutôt méridionale aux couleurs vives, construit une cathédrale gothique à l'image de celles du nord de la France. L'architecte parisien Jean Deschamps est le premier à utiliser l'andésite, la pierre de lave de Volvic, pour édifier le vaste monument. Celle-ci présente l'avantage d'être légère et très résistante au gel et aux intempéries, ce qui permet d'élancer les ogives vers le haut d'une manière spectaculaire. À tel point que lorsqu'on est à l'intérieur, elle paraît beaucoup plus haute que ses 28 m. C'est en partie grâce à cette cathédrale que la pierre de Volvic devint à la mode et que Clermont acquit cette réputation de ville noire qui lui colle à la peau.

UNE CATHÉDRALE TRÈS FRÉQUENTÉE

Depuis le Moyen Âge, les Clermontois avaient pris l'habitude de traverser la cathédrale pour éviter de faire un détour entre l'avant et l'arrière de Clermont. Au XVIe s, l'évêché accorda des libéralités aux petits marchands pour qu'ils installent leurs échoppes sur les flancs du bâtiment.

Commencés en 1248, les travaux de construction de l'actuelle cathédrale progressent au fur et à mesure de la destruction de la cathédrale romane. Pierre de Cébazat, le maître d'œuvre de La Chaise-Dieu, reprend l'ouvrage au XIVe s. Mais la guerre de Cent Ans stoppe net le chantier. Du coup, on conserve la façade de l'ancienne cathédrale. Du provisoire qui va durer cinq siècles ! En effet, les deux dernières travées, l'avant-nef et les flèches furent achevées au XIXe s sous la direction de Viollet-le-Duc, qui, pour une fois, n'a pas totalement dénaturé l'esprit originel, même si la façade n'est pas une grande réussite quant à son ornementation. La cathédrale fut terminée au début du XXe s et, si l'on compte bien, il aura fallu plus de 650 ans pour la construire. Une autre échelle temporelle !

Certes, cette cathédrale noire a de quoi en dérouter plus d'un. Mais comme disait Matisse, le noir est couleur de lumière. La preuve, à l'intérieur, on est frappé par la luminosité tout à fait particulière qui baigne l'édifice. Pierre noire et vitraux se marient de manière étonnante. Notez les piliers de la nef à cannelures qui accentuent le sentiment d'élévation. Le transept est éclairé par deux rosaces du XIVe s, l'une plutôt rouge au sud et l'autre, bleue au nord. Dans la tribune, horloge à Jacquemart. Elle fut amenée d'Issoire pendant les guerres de Religion.
Dans le déambulatoire, chapelles rayonnantes fort intéressantes, avec, dans la *chapelle Saint-Georges,* des fresques du XIIIe s étonnantes de réalisme. Bandeau supérieur riche de détails : saint Georges écartelé entre deux arbres, puis ses membres sont jetés dans un puits, réapparition au banquet du roi Dacias, repersécution, etc. Juste après, la *chapelle Saint-Austremoine,* du nom de l'évangélisateur de la région et premier évêque de Clermont, propose la plus belle verrière de la cathédrale (XIIIe s). Remarquez les tours de Castille, qui seraient une allusion à un don de Saint Louis, à l'occasion du mariage de son fils Philippe le Hardi (1262). Couleurs éclatantes (les rouges et les bleus surtout). *Chapelle Sainte-Marie-Madeleine,* vitraux racontant sa vie et reliquats de fresques (Vierge à l'Enfant d'une grande finesse). Très belle statue romane en noyer de Notre-Dame-de-la-Bonne-Mort dans la chapelle axiale (celle du Saint-Sacrement). Depuis qu'elle a été peinte en noir au XIXe s, elle fait partie du groupe des Vierges noires. Dans la *chapelle Saint-Bonnet,* beaux vitraux à dominante rouge, et fresques des XIIIe-XVe s. Dans la *chapelle Sainte-Marguerite,* Adoration des Mages du XVIIe s. Dans celle de *Sainte-Agathe,* pietà polychrome de 1477 particulièrement émouvante. Fresque de la Crucifixion découverte en 1994 !
À droite du chœur, bel autel et retable avec colonnes torses ornées de pampres de vigne. Au fond de l'église, deux remarquables vitraux de l'Apocalypse contemporains (en bas, notez l'insolite évocation de Babylone par une prostituée toute de rose vêtue et au demeurant à l'air fort sympathique). Maître-autel dessiné par Viollet-le-Duc.
Quant au *trésor,* il abrite quelques très belles statues de Vierge en majesté, ainsi qu'une collection d'ornements sacerdotaux, dont certains du XIIe s.
Enfin, de la *tour de la Bayette,* beau point de vue sur la ville.

L'hôtel de ville *(zoom et plan couleur C2)* **:** on y accède par la rue Philippe-Marcombes, baptisée « rue des Notaires » entre le XVe et le XIXe s. En effet, en 1490, une vingtaine d'entre eux (sur 27) y avaient leur étude. Au siècle dernier, la rue a pris le nom d'un ancien maire de Clermont devenu ministre de l'Éducation nationale et... mort en plein Conseil des ministres. Le bâtiment est difficile à voir, car il y a peu de recul. Il s'élève sur l'emplacement de l'ancien palais de Boulogne du Moyen Âge, le château des comtes de Clermont, devenu au XVe s le lieu des assemblées des habitants de la ville. L'actuel édifice a été construit par Ledru, architecte officiel du Puy-de-Dôme au XIXe s, dont le fils, Agis Léon, sera maire de Clermont de 1871 à 1874. La luminosité de la cour intérieure contraste avec l'austérité et la noirceur de la façade. À l'entrée de la *salle Savaron* (service des passeports), une plaque rappelle que Pierre Mendès-France fut jugé ici par le gouvernement de Vichy. Notez également la plaque de 1935 : « *Pax Labor,* Clermont-Ferrand en hommage aux victimes du travail ». Quoi d'étonnant dans une ville de tradition ouvrière ?

On se retrouve ensuite place de la Poterne, sur laquelle, outre le joli panorama, on trouve la **_fontaine d'Amboise_** *(zoom et plan couleur C2).* Sans doute la fontaine la plus célèbre de Clermont, construite en 1515 à la demande de Jacques d'Amboise, alors évêque de la ville. De style Renaissance, elle est néanmoins de structure gothique avec ses deux bassins octogonaux superposés, sa colonne ouvragée, ses vasques, ses piliers et ses petits arcs-boutants. Sur la colonne sculptée, notez la figure de l'Homme sauvage et les armes de la maison d'Amboise. Sachez qu'une particularité de la ville est de posséder une cinquantaine de fontaines publiques en état de marche. Construite sur un ancien volcan, la ville manquait souvent d'eau, il fallait donc de nombreuses sources de ravitaillement.

Le quartier du Port *(zoom et plan couleur C2)* **:** plutôt étrange de trouver un tel nom dans cette ville entourée de montagnes. Où sont les bateaux ? L'origine latine du mot *portus* (« entrepôt ») pourrait nous indiquer que ce quartier fut d'abord investi par les marchands.
En tout cas, c'est dans la rue du Port que l'on va apprendre à pousser les portes pour découvrir les trésors cachés de la cité. Au n° 13, bel *escalier* du XVIIIe s sur vide avec sa rampe en fer forgé. Au n° 21, sur la rue, belle *bretèche* et jolie *cour* napolitaine si vous avez la chance de voir la porte ouverte. Plus bas, au n° 38, l'*hôtel de Montrosier* ou *de la Vilatelle* est un bel exemple d'architecture de l'époque Louis XV.

La basilique Notre-Dame-du-Port *(zoom et plan couleur C2)* **:** inscrite au Patrimoine mondial de l'Unesco, c'est l'une des cinq églises romanes majeures d'Auvergne avec celles d'Issoire, de Saint-Saturnin, d'Orcival et de Saint-Nectaire. Édifiée au cœur d'un quartier populaire, elle fut de tout temps cachée, et l'on pourrait passer sans la voir dans ce dédale de ruelles en bordure du centre médiéval de Clermont... Et pourtant, elle est absolument magnifique, superbement proportionnée et, par rapport à sa grande rivale toute noire et tout effilée, la cathédrale, elle, semble bien ronde et bien blonde, presque sudiste... Mais c'est bien l'âge d'or du roman auvergnat (le XIIe s) que l'on retrouve là. Construite en arkose, la pierre de Montpeyroux, elle est constellée (surtout sur le chevet) de motifs géométriques colorés d'une grande simplicité et d'une grande beauté. Quelle harmonie ! Et quel contraste avec la cathédrale !
L'intérieur de la basilique compte trois nefs de cinq travées et quatre chapelles rayonnantes. La récente restauration intérieure est sujette à polémique, comme beaucoup de restaurations. En tout cas, celle-ci s'est inspirée de la couleur du XIXe s, ce qui donne un jaune que certains trouvent lumineux et d'autres assez uniforme. Sachez qu'elle était polychrome au Moyen Âge... Magnifiques chapiteaux à détailler les uns derrière les autres (le paradis perdu avec Adam et Ève). Remise en lumière des décors d'Anatole d'Auvergne, l'artiste des chapiteaux d'Issoire, qui redonnent de la polychromie à l'église. Notez aussi les vitraux du XIXe s (arbre de Jessé), plus éclatants qu'avant. Chevet fait de fines mosaïques et largement gâché par un monstrueux clocher du XIXe s (merci à M. l'ingénieur Ratoin, des Ponts et Chaussées !). On peut admirer ce chevet depuis le belvédère aménagé au 1, rue Robertus *(accès par la rue Couronne ; entrée libre juin-sept tlj 9h-18h, le reste de l'année 14h-17h)*.

La rue Blaise-Pascal *(zoom et plan couleur C2)* **:** c'est à Clermont, en 1623, qu'est né le précoce et célèbre scientifique. L'ancienne rue des nobles au XVIIIe s est certainement la plus belle de la ville. Maisons des XVIe, XVIIe et XVIIIe s, et en point d'orgue l'*hôtel de Chazerat,* au n° 4, typique du néoclassique avec sa séduisante cour ovale et ses nombreux pilastres *(accès libre lun-ven 9h-12h15, 13h30-17h)*. En remontant, on arrive sur la *place du Terrail* avec sa *fontaine* du XVIIe s, sa *maison Savaron* surmontée de trois boules et

UN SURDOUÉ NOMMÉ PASCAL

À 16 ans, le petit Blaise rédige un Traité des sections coniques *qui épate Descartes. À 19 ans, il invente la pascaline, une machine à calculer (visible au muséum Henri-Lecoq). À 25 ans, il démontre la pesanteur de l'air grâce à une expérience au sommet du puy de Dôme. En passant, il met au point la chaise à porteurs à deux roues (la brouette, quoi !) et le carrosse à parcours fixe et départ programmé, soit l'ancêtre de l'omnibus. Puis il rencontre Dieu en 1654 et lui consacre la fin de sa vie jusqu'à sa mort en 1662.*

de l'inscription « *VNA ROSA* » (anagramme de Savaron signifiant « une rose ») et, au nº 12 de la place, une *cour avec galerie et loggia* du XVIIe s. Pour la première fois, on a affaire à un escalier droit qui se transforme ensuite en escalier à vis. En poursuivant par la rue du Terrail vers la cathédrale, on découvre au fond de la ruelle Fléchier une *maison* du XIXe s avec un calendrier solaire.

Un crochet par la place de la Victoire vous emmènera aux pieds de la *statue du pape Urbain II,* qui lança de Clermont la première croisade en 1095. En revenant au pied de la cathédrale, sur la place Lemaigre (angle rue Terrasse), une inscription au sol marque l'*emplacement de la maison natale de Blaise Pascal,* la fierté de la ville, philosophe, mathématicien et inventeur.

Le FRAC *(zoom et plan couleur C2)* **:** *6, rue du Terrail. ☎ 04-73-90-50-00.* • *fracauvergne.com* • *Tlj sf lun et j. fériés 14h (15h dim)-18h. Entrée libre.* Le Fonds régional d'art contemporain propose régulièrement des expositions temporaires de qualité, avec parfois de grandes signatures. Consultez leur site pour connaître la programmation.

Au nº 3 de la *rue des Chaussetiers,* l'***hôtel Savaron*** *(zoom et plan couleur B2)* mérite un coup d'œil. Construit en 1513 (comme l'indique le nom de la crêperie qui est installée là), il est particulièrement typique de cette époque. Derrière une façade plutôt austère, on trouve une maison à deux corps de bâtiments et un seul escalier, histoire de gagner de la place. Le lien entre les deux bâtiments est fait par une galerie à trois niveaux. Très belle tour d'escalier et important tympan aux Hommes sauvages. Clefs de voûte remarquables avec les armes de la famille. Plus loin, aux nos 15, 17 et 19, les plus anciens bâtiments de la ville, datant du XIIe s.

La rue des Gras *(zoom et plan couleur B2)* **:** elle tient son nom des escaliers qui montent vers la cathédrale (*gras :* de « gradins »). Rien à voir avec les restes que laissent les bouchers, même si la rue débouche sur la place Lemaigre... À l'angle de la rue des Gras et de la place du même nom, très beau linteau roman du XIIIe s provenant d'une église détruite et représentant le Lavement des pieds. En descendant, voir aussi le joli médaillon au nº 16.

L'hôtel Fontfreyde, centre photographique *(zoom et plan couleur B2)* **:** *34, rue des Gras (à l'angle de la Petite-Rue-Saint-Pierre). ☎ 04-73-37-38-63. Ouv tte l'année mais slt pdt les expos temporaires, tlj sf dim-lun 14h-19h. Entrée gratuite.* Saluons la restauration de ce très bel hôtel particulier du XVIe s, modifié au XVIIIe s, aujourd'hui dédié à des expositions photographiques d'excellente tenue. En pénétrant dans la cour intérieure (visible également de l'étroite ruelle qui débouche sur la place Saint-Pierre si vous passez en dehors des horaires), vous comprendrez mieux pourquoi il était surnommé « la maison des architectes ». Très bel escalier à vis avec des armoiries sculptées. Visitez l'expo en cours et ne manquez pas la salle nº 3, où se trouve une magnifique cheminée en bois sculpté...

La rue de la Boucherie *(zoom et plan couleur B2)* **:** on vous l'indique sans raison historique, juste pour le plaisir de déambuler dans son arrondi étroit au milieu des nombreux commerçants, souvent exotiques d'ailleurs, et pour sa charmante atmosphère de casbah en fin de journée. Cela dit, la rue ne porte pas son nom pour rien puisque l'on trouve, au nº 17, la boucherie *Gauthier,* qui fournit l'une des meilleures viandes de la région et adhère au remarquable mouvement *slow food.* Notons enfin que, pour notre équilibre alimentaire, la rue de la Boucherie débouche quasiment sur la place du Marché-aux-Poissons...

Quartier Jaude (au pied de la butte)

La place de Jaude *(zoom et plan couleur B3)* **:** le véritable épicentre de Clermont a été entièrement rénové et il est désormais traversé par le tramway au milieu des fontaines résurgentes et des terrasses de café. Notez l'emblématique *statue de Vercingétorix* signée Bartholdi (vous savez, celui de la *statue de la Liberté* à New York) et une autre représentant le *général Desaix* (le vainqueur de Marengo en 1800), toutes deux encadrées par l'opéra municipal et l'église Saint-Pierre-les-Minimes. Si vous avez le courage, poursuivez jusqu'au 30, rue Eugène-Gilbert, au sud de la place, pour voir la superbe *maison des Anciens Ateliers Bernardin,* anciens ferronniers d'art. Belle porte et balcons ouvragés avec vignes et grappes...

Le jardin Lecoq *(plan couleur C3-4)* **:** *tlj 6h45-18h (21h en été).* Le jardin des plantes de Clermont-Ferrand, fondé par Henri Lecoq, est le lieu de passage obligé des balades familiales et enfantines. Le jardin est orné de plusieurs groupes sculptés et de la porte du château de Bien-Assis, où résida Blaise Pascal. Roseraie visible de novembre à février. La terrasse du *Pavillon Lecoq* est idéale pour boire un verre aux beaux jours.

Le muséum Henri-Lecoq *(plan couleur C3)* **:** *15, rue Bardoux.* ☎ *04-73-42-32-00.* • *clermont-ferrand.fr/Museum-Henri-Lecoq* • *Tlj sf dim mat, lun et j. fériés 10h-12h, 14h-18h (17h oct-avr). Entrée : 5 € ; pass 3 musées (Lecoq, Bargoin et MARQ) 9 € ; famille 3 € ; réduc ; gratuit moins de 18 ans et étudiants, et pour ts le 1er dim de chaque mois.*
Pharmacien originaire du nord de la France, Henri Lecoq occupe la chaire de sciences naturelles de Clermont-Ferrand de 1826 à 1871. Il étudie la faune et la flore auvergnates, publie de nombreux ouvrages, réorganise le jardin qui porte désormais son nom et finalement lègue ses collections particulières à la Ville, qui s'empresse de racheter son hôtel particulier et d'y ouvrir le musée actuel. Le lieu, avec son parquet qui grince et ses vitrines un peu surannées, a un côté « cabinet de curiosités » très sympathique.
– *Rez-de-chaussée :* une belle défense de mammouth, puis quelques éléments de la collection géologique de Lavoisier (avec étiquettes d'époque), don de la filleule de Mme Lavoisier, alors épouse de Léon de Chazelles, ancien maire de Clermont-Ferrand. Également un ballon et une presse à houblon, souvenirs des expériences de Pasteur, qui travailla à Clermont pour fuir l'invasion allemande de 1871 et renouvela ici la preuve de la fermentation à partir des micro-organismes. Enfin, admirez la *pascaline,* cette fameuse machine arithmétique inventée par Blaise Pascal. Intéressantes expos temporaires, ainsi que des animations pour enfants, un parcours-jeu pour les visites en famille et des conférences pour adultes.
– *1er étage :* vénérables herbiers (notamment les 59 espèces d'orchidées auvergnates) et belle section entomologique avec le catalogue des papillons d'Auvergne. Animaux naturalisés exposés dans des dioramas. Riche section minéralogique, présentation des améthystes.
– *2e étage :* reconstitution du cabinet d'Henri Lecoq. On peut y voir ses classeurs de bois, ses collections de papillons, de coquillages, d'œufs et de minéraux, et trois nouvelles sections : l'arbre du vivant (salle unique en son genre qui présente la classification moderne des êtres vivants et leurs relations de parenté), la classification des minéraux et l'utilisation des minéraux dans la maison. Panneau lumineux pour repérer les gisements minéraux dans le monde. Également la reconstitution d'une petite boutique-atelier « Pierres fines d'Auvergne ».

Le musée Bargoin *(plan couleur C3)* **:** *45, rue Ballainvilliers.* ☎ *04-73-42-69-70.* • *clermont-ferrand.fr/Musée-Bargoin* • *Mar-sam 10h-12h, 13h-17h ; dim 14h-19h. Fermé lun, 1er janv, 1er mai, 1er nov et 25 déc. Entrée : env 5 € ; pass 3 musées (Bargoin, Lecoq, MARQ) 9 € ; réduc ; gratuit moins de 18 ans et étudiants, et pour ts le 1er dim de chaque mois.*
Encore une histoire de pharmaciens puisque M. Bargoin, ami et confrère du sieur Lecoq, fit don de sa fortune pour bâtir fin XIXe-début XXe s cet édifice néoclassique au style gentiment rococo éclectique.
Le département *Archéologie* (dont l'« Espace actualité de la recherche archéologique » est en accès libre) propose un parcours pédagogique (protohistoire,

périodes gauloise et gallo-romaine), exposant essentiellement le résultat des campagnes de fouilles locales, comme celles de la fin du XIXe s au sommet du puy de Dôme. Les archéologues ont en effet rapporté des morceaux des ruines du temple de Mercure (en fait, on pense que le temple romain a été érigé sur un site sacré gaulois), mais aussi des restes de festin et des objets sans doute perdus par les pèlerins. Vous verrez un panorama du paléolithique en Massif central, des sépultures préhistoriques, des *tintinnabulum* du trésor de Manson (âge du bronze), des fibules en or de l'oppidum de Corent, un ensemble unique en Europe d'*ex-voto* gallo-romains en bois, une tunique gallo-romaine (il est rare de retrouver des tissus en si bon état), une importante collection de monnaies (en particulier gauloises) avec notamment un statère marqué du nom de Vercingétorix, etc.
Quant au département *Tapis/Arts textiles,* il présente l'une des rares collections en France consacrées aux tapis et aux arts textiles extra-européens. Proche et Moyen-Orient, Asie centrale, Caucase, Extrême-Orient, Asie du Sud-Est, Afrique du Nord, Afrique subsaharienne sont représentés. Notez tout de même que ce département présente exclusivement des expositions temporaires.

Non loin du centre

Le parc de Montjuzet *(plan couleur A1) : au nord-ouest du centre-ville.*
Grand parc très agréable au sommet d'une butte. Beau point de vue sur la ville et sa cathédrale noire... Profitez de la sculpture contemporaine signée d'un artiste japonais pour avoir une vue très carte postale sur la ville. Jeux pour les enfants et table d'orientation. Aire de pique-nique. C'est aussi le lieu idéal pour faire de la luge en hiver !

L'Aventure Michelin *(hors plan couleur par D1,* ***60****) : 32, rue du Clos-Four. ☎ 04-73-98-60-60. • laventuremichelin.com • ♿ À noter que des parcours appropriés permettent aux personnes malvoyantes, malentendantes ou à mobilité réduite d'appréhender l'exposition. Ⓣ Stade-Marcel-Michelin. Contourner le stade par la gauche, l'Aventure Michelin est derrière. Parking gratuit. Tlj sf lun 10h-18h (19h juil-août). Entrée : 9 € ; réduc ; pack famille 4 pers 23 € ; audioguide 2 €. Durée de la visite : env 2h.*

En 1832, Édouard Daubrée (ancien militaire) et Aristide Barbier (notaire ruiné) investissent dans la machine agricole. L'oncle écossais de Mme Daubrée, un certain Mackintosh, découvre le principe de la solubilité du caoutchouc dans la benzine. Les balles amusent tellement les enfants que nos deux compères se lancent dans le caoutchouc : bretelles, tuyaux, courroies... Les petits-fils de Barbier, André et Édouard Michelin, développent l'entreprise et inventent le pneumatique démontable pour le vélo puis pour la voiture, avant de miser sur le radial. La Première Guerre mondiale permet un développement sans précédent. Clermont-Ferrand devient la capitale mondiale du pneu.

LES CHEMINS DÉTOURNÉS D'UN GUIDE DEVENU CÉLÈBRE

Créé en 1900, le guide Michelin était offert aux automobilistes et aux garagistes. Catastrophe en 1920 : André Michelin s'aperçut que des guides servaient à caler un établi. Ils devinrent payants. « L'homme ne respecte que ce qu'il paye », dira le patron, à juste titre.

Eh oui, il fallait bien que naisse un jour un musée sur la saga Michelin. Car c'est une aventure, une vraie... On retrouve d'ailleurs dans ce musée tout le professionnalisme qui caractérise la célèbre marque au Bibendum.

Au rez-de-chaussée
Jetez d'abord un coup d'œil au pneu le plus gros de la planète, puis pénétrez dans ce vaste bâtiment moderne situé à l'emplacement du site de Cataroux (tota-

lement détruit par les bombardements en 1944). Avant même d'avoir payé votre ticket, vous découvrirez deux pièces de collection : un avion Bréguet XIV suspendu au-dessus d'une adorable Micheline, toute blanche, avec des fauteuils en osier à l'intérieur. Sachez que celle-ci fut mise en service en 1952 à... Madagascar, mais on se doit d'en reparler plus loin. Saluez ensuite le « Bibendum cracheur » de 1922. On parcourt l'évolution technique de la roue au XIXe s avec l'introduction du caoutchouc sur les roues des fiacres parisiens, déjà sujette à concurrence. Une petite présentation des frères Michelin nous apprend qu'André, l'ingénieur de la fratrie, construisit par exemple la structure métallique de la cathédrale de Saigon, avant de faire appel à Édouard, l'artiste de la famille. Associés, les deux frères eurent très tôt le sens de la publicité. Pour promouvoir leurs « pneumatiques », ils organisèrent la course Paris-Brest et retour (qui donnera également naissance à un gâteau). Malgré de nombreuses péripéties, leur champion, Charles Terront, arrivera avec 10 jours d'avance sur le dernier... Jetez un œil au vélo sur lequel il fit la course, et vous comprendrez l'exploit ! Puis ce fut la course Paris-Clermont-Ferrand avec de sombres histoires de clous et l'intrusion hors compétition d'une firme concurrente... Admirez la première « voiture sur air », l'Éclair, construite par les frères Michelin eux-mêmes sur la base d'un châssis Peugeot, et qu'ils conduisirent sur les 1 200 km de la course Paris-Bordeaux-Paris en 1895... moyennant une centaine d'heures et autant de pannes. En 1896, les premières ventes de pneus sont un échec. Édouard affirme cependant : « Dans 10 ans, toutes les voitures seront équipées de pneus. » La suite lui donnera raison plus tôt que prévu. Comparez donc les premiers pneumatiques, puis intéressez-vous au truculent tricycle De Dion, la première « voiture » fabriquée en série sur pneus Michelin, à la « Jamais Contente », aux Croisières jaune et noire organisées en collaboration avec Citroën, à la Citroën Type A, à la croquignolette coupe Michelin et enfin à la section aérienne, civile puis militaire.

Une section que l'on aime particulièrement : la Micheline, ce grand wagon de train monté sur pneumatiques, star de l'Exposition universelle de New York en 1939. Elle eut tellement de succès que l'on garda son nom pour désigner les trains sur roues métalliques (c'est quand même gonflé, non ?). Bon, ne pas manquer l'émouvante vidéo sur les Micheline de Madagascar, restaurées dans les années 1980 et toujours en état de marche aujourd'hui dans la Grande Île...

On passe ensuite à la dimension sociale de l'entreprise. À Clermont-Ferrand, Michelin, ce fut longtemps papa et maman ! Quelques mannequins parlants diffusent des témoignages d'ouvriers. À l'époque, dans une famille de Bibs, on naissait, on travaillait et on mourait chez Michelin. Tout était prévu : les maternités, les crèches, les magasins, jusqu'au dispensaire et au sanatorium... Et pendant la prière, on remerciait parfois papa Michelin !

Au 1er étage

Comme pour illustrer notre propos, en grimpant par l'escalier ou par l'ascenseur, on sort du ventre d'un Bibendum géant. Cet étage expose le formidable talent publicitaire de la firme, dont la devise latine *Nunc est Bibendum* signifiant « c'est maintenant qu'il faut boire » déboucha sur le slogan « Le pneu boit l'obstacle », comme en témoignent de belles affiches d'époque. À côté, une moto-roue publicitaire... avec un pneu de 2,40 m de diamètre ! Également un grand manège en bois avec un fauteuil sur roues en métal et un autre sur pneus Michelin, histoire de démontrer lequel est le meilleur (non mais !). Dommage, on ne peut pas faire un tour... Sous une tente gonflée comme un pneu agricole, trois écrans diffusent un film d'animation de 14 mn sur la notoriété mondiale de la marque, rappelant que le Bib fut élu « logo du siècle » par le *Financial Times.* Ah, la pub en faveur des cochons ! Et d'où croyez-vous que ça vient, les cartes routières, hein ? Et les panneaux sur les routes ? Ne manquez pas la reconstitution du *Bureau d'itinéraires Michelin,* qui délivrait gratuitement des fiches d'itinéraires avec une description incroyable de l'état de la route ! L'ancêtre du site internet... On peut y voir la *carte Michelin n° 1,* une collection du fameux *Guide Rouge* et le *Guide du pneu Michelin*

de 1939, réédité spécialement pour aider l'armée américaine lors de la Seconde Guerre mondiale (« *for official use only* »). Derrière la 2 CV encastrée dans une carte (qui nous rappelle qu'elle fut conçue en collaboration avec Citroën pour y entrer avec son chapeau tout en jetant un sac de 50 kg de patates à l'arrière !), vous découvrirez une série de vieux outils assez émouvants (ouvrez donc les tiroirs).
La révolution radiale : et pourtant, elle tourne ! Embarquement à l'intérieur d'une structure évoquant un pneumatique, où l'on découvre l'avancée technologique extraordinaire à partir de 1946, et aussi un véhicule aussi surprenant que le « Mille-pattes », un avant de DS assemblé avec un arrière d'ID possédant 11 roues !
Dans une des alcôves de cette salle, vous apprendrez tout ou presque sur la récolte du latex provenant de l'hévéa (dans toute sa vie, un hévéa ne fournit que la matière nécessaire à quatre ou cinq pneus agricoles) au caoutchouc synthétique à base de pétrole, en passant par l'importance de la silice ou du noir de carbone. Jetez un coup d'œil au moule de cuisson des pneus. La salle suivante « Mobilité de demain » est dédiée à l'innovation et à la recherche. Face aux enjeux de la planète (1,6 milliard de véhicules d'ici 2013 !), Michelin imagine des solutions pour répondre à des problématiques aussi différentes que la raréfaction des matières premières, l'impact sur l'environnement et la sécurité routière. Animations interactives pour s'essayer à la fabrication des pneus, découvrir les différents métiers et revisiter la compétition comme banc d'essai extrême des pneus. Les plus jeunes pourront également se confronter aux meilleurs pilotes aux commandes de Xbox dans un espace jeux. Enfin, c'est la boutique !

À Montferrand

Se procurer la carte *Parcours dans la ville* à l'office de tourisme. Cité des comtes d'Auvergne qui y construisirent leur château au XIIe s, la ville devint rapidement un centre commercial important sur le plan d'une bastide. On lui a trouvé un petit côté sud aux beaux jours, d'ailleurs... En arrivant par la place de la Rodade, on peut s'enfoncer dans Montferrand par la rue du même nom. Certaines cours sont malheureusement susceptibles d'être fermées.

La rue de la Rodade : au nº 36, l'*hôtel Régin* du XVIe s présente une belle cour intérieure avec un escalier à vis agrémenté de sculptures. Face à l'*hôtel du Baillage,* au nº 20, voir la borne qui séparait autrefois les deux villes. Rappelons qu'en 1630 un édit de Troyes, confirmé en 1731, ordonnait l'union de Clermont et Montferrand, provoquant le déclin commercial de cette dernière. Au nº 6, sous la *maison des Capucins* (à colombages), une petite *cour* du XVIIe s malheureusement cachée par une porte vitrée. Si elle s'ouvrait par miracle, jetez un œil au seul escalier droit de Montferrand – qui ne compte que des escaliers à vis –, construit juste avant l'union. Pas mal de maisons à colombages dans le coin.

À l'angle de la rue des Cordeliers et de la rue de la Rodade, la ***maison de l'Apothicaire*** a gardé ses colombages et son humour. Il suffit de lever les yeux pour comprendre, en voyant le malade à quatre pattes et le médecin brandissant un énorme clystère, raison pour laquelle elle porte ce nom. C'est le lieu des fêtes médiévales qui se déroulent chaque année en juin. Café au rez-de-chaussée pour se rafraîchir.
On se trouve à ce point au carrefour des Taules, croisement entre les axes de la bastide aboutissant aux quatre portes.

La rue Jules-Guesde : au nº 11, l'*hôtel d'Albiat* avec, à l'intérieur, une cour ravissante et deux escaliers à vis dont un représentant des centaures combattant un ange. Au nº 13, l'*hôtel Fontenilhes,* avec sa cour de style Henri II et ses trois étages de galeries : ionique au 1er, dorique au 2e et corinthienne au 3e. De même, les statues prennent du volume avec l'altitude pour compenser le manque de recul et la hauteur. Au nº 28, l'*hôtel de Fontfreyde,* qu'on appelle aussi maison de

Lucrèce. Là encore, si vous avez la chance de pouvoir y pénétrer, vous y verrez un médaillon de Lucrèce prise entre son mari et son amant, en train de se transpercer le sein droit telle une Amazone. Heureusement, sur l'escalier, une Vierge nous ramène à des sentiments plus sereins.

Dans la rue Kléber, on passe devant la *maison de l'Ange* (cour intérieure), puis la *maison de l'Éléphant* (nommée ainsi à cause d'une peinture presque effacée représentant un pachyderme sur la façade), juste avant d'arriver à l'***église Notre-Dame-de-Prospérité.*** De style gothique languedocien, construite du XIVe au XVIe s en pierre de lave, elle ne comporte qu'une nef unique mais compte 15 chapelles, dont une belle chapelle Sainte-Catherine, et une jolie Vierge du XIIe s. Belle série de gargouilles dont un étonnant lévrier aux côtes saillantes au sommet du clocher.

Le musée d'Art Roger-Quilliot, MARQ : *pl. Louis-Deteix. ☎ 04-73-16-11-30. • clermont-ferrand.fr • Adossé aux remparts du quartier historique de Montferrand. Mar-ven 10h-18h ; w-e 10h-12h, 13h-18h. Fermé lun, 1er janv, 1er mai, 1er nov et 25 déc. Visite-conférence le 1er dim de chaque mois à 15h. Entrée : 5 € ; pass 3 musées (MARQ, Lecoq et Bargoin) 9 € ; famille 3 € ; gratuit moins de 18 ans et étudiants, et pour ts le 1er dim de chaque mois. Centre de documentation ouv mar-ven 10h-13h, 14h-17h ; sam 10h-12h (fermé en août).*
Installé dans une partie des bâtiments de l'ancien couvent des ursulines construit aux XVIIe-XVIIIe s. Après la Révolution, il devient grand séminaire, hôpital militaire, caserne et enfin musée en 1992. À l'intérieur, on est surpris par le contraste entre la pierre historique de Volvic et l'agencement moderne et lumineux de l'espace muséographique conçu par les architectes Adrien Fainsilber et Claude Gaillard. La cour intérieure (atrium), couverte par un palmier de verre, diffuse la lumière dans l'édifice. On chemine dans les collections de manière chronologique et thématique.
– *Dans les salles du rez-de-chaussée* consacrées au Moyen Âge, on trouve quelques beaux exemples représentatifs de l'art roman auvergnat, qui met en valeur la lumière. Belle statuaire et beaux linteaux, chapiteaux, têtes romanes et Vierges en majesté (Notre-Dame d'Usson)... Notez la représentation des évêques d'Ennezat peints sur bois au XIIIe s, une pièce très rare qui fait partie du patrimoine protégé par Prosper Mérimée en 1840. Repérez le superbe coffret en cuir gaufré de Savaron, d'inspiration gothique et finement gravé de scènes à la fois religieuse, profane et mythologique. Sur le couvercle, quelques scènes bourgeoises de danse et de jeux de (haute) société et, sur les pignons, on peut voir des *Dames au cuvier,* scène érotique sans aucune espèce d'ambiguïté...
Le XVIe s importe l'influence italienne en Auvergne. Observez en particulier les tableautins dignes de la cour des Valois et les éléments sculptés en pierre de lave de Volvic. La surprenante sculpture de Pallas Athénée, que l'on doit à Léonard Sarson, ornait le fronton de l'ancien hôtel de ville.
– *Au 1er étage :* une série de 12 grandes toiles illustrent le *cycle du Roland furieux* de façon vraiment grandiloquente. On pense aujourd'hui qu'il s'agit en fait de cartons peints pour la réalisation d'une grande tenture décorative d'apparat. Admirez plutôt l'*Autoportrait* de Hyacinthe Rigaud, l'angoissante *Ronde des farfadets* de David III Ryckaert, et l'amusant *Arracheur de dents,* par Théodore Rombouts.
Peu de choses concernant le XVIIIe s, si ce n'est les délicats portraits et paysages de l'école française, notamment *Les Lavandières* et le kitschissime *Orphée charmant les animaux* de Boucher. Pour le XIXe s, Degeorge est un peu le régional de l'étape.
– *Au 2e étage,* la grande galerie du XIXe s reflète bien le foisonnement intellectuel de cette époque. Vercingétorix fait presque figure d'obsession. Remarquez le plâtre original du *Vercingétorix victorieux* signé Bartholdi jusqu'à la monumentale peinture romantique (en un sens) de la *Défense des Gaules* de Théodore Chassériau. À côté, Jeanne d'Arc et Vercingétorix se donnent la main, si l'on en croit le sculpteur Chatrousse ! Et puis, près des fastes de la *Réception de Christophe*

Colomb par Ferdinand et Isabelle, signé Eugène Deveria, la grande toile d'Henri Cross-Delacroix, *La Lutte pour la vie,* est d'un terrible symbolisme (les femmes sont vraiment mal loties dans cette lutte implacable). Enfin, ne manquez pas *Les Saltimbanques* de Gustave Doré, une des pièces majeures du musée, ni le buste de Louise Claudel signé par sa sœur, la célèbre Camille. Une salle est consacrée aux peintres paysagistes en Auvergne.
– *Au 3e étage,* le fonds des arts graphiques du musée alimente cet espace par roulement...
– *Au sous-sol,* le XXe s est illustré par la superbe collection Simone et Maurice Combe (leurs portraits réalisés par leurs amis peintres ouvrent la visite). Ces marchands d'art clermontois ont su rassembler la génération figurative des années 1920 à 1970, notamment celle de l'après-guerre, profondément marquée par l'existentialisme. On sent bien dans cette collection le passage brutal des Années folles aux Trente Glorieuses et la marque indélébile de la guerre, en particulier dans l'austérité angoissante d'un Bernard Buffet avec ses figures au trait noir et aigu si caractéristique. Voir aussi Jean Fautrier et son lumineux travail sur le noir. Belle série de nus avec, là encore, de forts contrastes entre Gruber et son grand nu efflanqué quand Gromaire exhale au contraire la volupté. Paysages mélancoliques, chez Gruber et Minaux, abruptes chez Gromaire et arides chez Marchand. Belle série de portraits : *Le Mirliflore* (Rouault), *L'Homme à la pipe* (Gromaire), *L'Homme à la casquette* (Rebeyrolle), jusqu'à la délicatesse poétique des portraits de femmes de Marie Laurencin. Bref, que des merveilles !
– Par l'escalier hélicoïdal, on accède à la rotonde d'art contemporain dont les expositions tournent régulièrement.
En résumé, ce musée mérite vraiment une longue visite pour la qualité avec laquelle on présente l'histoire de l'art du Moyen Âge à nos jours. Il programme aussi des expositions temporaires d'art contemporain. Les passionnés pourront poursuivre cette recherche en s'attardant au centre de documentation. Le musée propose également des ateliers et des animations pour les jeunes, y compris pendant les vacances scolaires.

Manifestations

– ***Festival international du Court-métrage :*** *ts les ans, 1 sem fin janv-début fév. Rens à La Jetée, 6, pl. Michel-de-l'Hospital, 63058 Clermont-Ferrand Cedex 01. ☎ 04-73-91-65-73. • clermont-filmfest.com •* Il y avait Cannes et Deauville... Depuis 1979, il faut ajouter Clermont. Commencé comme un projet d'étudiants au travers de l'association *Sauve qui peut le court-métrage,* ce festival a su s'imposer comme le plus important... au monde ! Tous les ans, près de 7 000 films venus d'une centaine de pays sont présentés à 149 000 aficionados, et les meilleurs sont récompensés par des Vercingétorix au cours de trois compétitions (nationale, internationale et « labo », soit expérimentale). C'est un véritable rassemblement populaire qui anime la ville et la région – et les enfants ne sont pas oubliés, nombreuses projections pour eux –, qui reste le berceau de tous les grands réalisateurs. Passez à Clermont, sinon vous raterez le nouveau James Cameron ou le futur Jean-Pierre Jeunet !
– ***Festival EuropaVox :*** *3-4 j. fin mai. • europavox.com •* Un super festival avec des groupes venus de toute l'Europe. Beaucoup de rock, de folk, d'électro et de hip-hop. Se déroule en général à l'incontournable *Coopérative de Mai* et sous un chapiteau monté pour l'occasion sur la place du 1er-Mai.
– ***Les Contre-plongées de l'Été :*** *4 manifestations/sem en juil-août.* Projections de films en plein air, lectures dans le jardin du musée Lecoq (et non dans le jardin Lecoq), spectacles place de Jaude, théâtre dans les cours, concerts de musiques du monde sur les places et dans les salles, expos...
– ***Sable Show :*** *en juil-août.* Paris-Plage a fait des émules ici aussi. Le Clermont-Ferrand-Plage est installé sur la place du 1er-Mai. Nombreuses activités proposées.

– ***Jazz en Tête :*** *avt les vac de la Toussaint, pdt 5 j.* Depuis plus de 10 ans, Clermont-Ferrand vit à l'heure du jazz new-yorkais. Des musiciens confirmés comme Kenny Garrett, Aldo Romano et des jeunes talents prometteurs s'éclatent à la Maison des congrès au rythme de deux concerts par soirée, sans parler des bœufs de fin de soirée. La nuit en est toute remuée, et il n'y a pas qu'elle !
– ***Le Rendez-vous du Carnet de voyage :*** *en nov, pdt 3 j.* D'abord organisée tous les 2 ans, la « biennale » a en fait lieu chaque année devant le succès rencontré... C'est le rendez-vous national du carnet de voyage, créé en 2000 par l'association *Il faut aller voir.* De nombreux artistes sont invités à participer à des conférences, débats et rencontres. Des remises de prix sont organisées pour ces livres dont l'équilibre se joue entre récits et illustrations.

DANS LES ENVIRONS DE CLERMONT-FERRAND

ROYAT ET CHAMALIÈRES (63130)

Au pied du parc des Volcans d'Auvergne, ces deux communes accolées à Clermont font pratiquement partie de la capitale de l'Auvergne. D'ailleurs, la frontière entre les trois villes est si peu évidente qu'il ne faut pas rater les pancartes pour savoir où l'on se trouve. Royat est une ville thermale réputée depuis l'Antiquité, Chamalières est surtout connue depuis 1920 pour son imprimerie de billets de banque, l'une des plus productives au monde. Les deux communes font figure de banlieue chic avec leurs jolies villas, leurs grands hôtels un peu décatis rappelant les fastes passés. Toutefois, les Clermontois peuvent aller dépenser à loisir leurs billets de banque (imprimés pas loin d'ici) au casino de Royat, parmi les curistes venus soigner leur artérite.

Comment y aller ?

➢ **En bus :** de la pl. de Jaude à Clermont, ligne B direction Chamalières ; pour Royat, terminus pl. Allard (thermes et office de tourisme) ou reprendre le bus de la ligne 5 pour Royat-Bourg. Ticket : env 1,40 € le trajet, auprès du chauffeur ou dans les bureaux de tabac (carnet de 10 slt).

Adresses utiles

ℹ ***Office de tourisme de Royat-Chamalières :*** *1, av. Auguste-Rouzaud, à Royat. ☎ 04-73-29-74-70. • tourisme-royat-chamalieres.com • Ouv lun-sam (fermé sam nov-mars), plus dim mat mai-sept et non-stop juil-août.* Bonne documentation et brochure sur les meublés à louer. Organise des visites guidées d'avril à octobre, le lundi ou le mardi (4,50 €) ; également une visite théâtralisée mensuelle, « Les confidences d'Hortense », le vendredi à 17h (6,50 €).

■ ***Établissement thermal de Royat :*** *pl. Allard, BP 53, à Royat. ☎ 04-73-29-51-51. • thermes-de-royat.com • Station ouv avr-oct.*
■ ***Royatonic :*** *5, av. Auguste-Rouzaud, à Royat. Rens : ☎ 04-73-29-58-90. • royatonic.com •* Un centre thermo-ludique récent et tout beau.

Où dormir ?
Où manger ?

Camping

⛺ ***Camping Indigo Royat :*** *route de Gravenoire. ☎ 04-73-35-97-05. • royat@camping-indigo.com • camping-indigo.com • ♿ À la limite de Royat ; route de Charade par la D 5. Navette (payante) slt le mat Pâques-oct, puis réseau de bus à partir de la pl. Allard à Royat. Ouv fin mars-début nov. Tarifs : 15,10-23,80 € pour 2 pers selon confort et saison ; loc 242-868 €/sem. 💻 Réduc de 25 % sur un séjour en locatif de plus de 7 nuits, fin mars-*

fin juin et sept-nov, sur présentation de ce guide. Un beau camping très nature. 7 ha et 195 emplacements en terrasses, bien herbeux et ombragés, avec le cui-cui des oiseaux en prime. Bon équipement : coin bébé, lave-linge et sèche-linge, snack en été, salle TV, jeux enfants, pétanque, ping-pong, tennis et piscine. Également de beaux chalets en bois blanc, des mobile homes et des tentes équipées posées sur des planchers en bois (en été). Bon accueil.

De chic à beaucoup plus chic

Hôtel Le Radio : *43, av. Pierre-et-Marie-Curie, à Chamalières. ☎ 04-73-30-87-83. • hotel.radio@wanadoo.fr • hotel-radio.fr • Resto fermé lun midi, sam midi et dim (sf Pâques et fête des Mères) ; service jusqu'à 21h30. Congés : vac de la Toussaint. Doubles 97-115 € ; familiales 180-190 € ; petit déj en sus. Menus 40 € (déj en sem)-89 €.* Pendant de longues années, Michel Mioche dirigea avec bonheur ce vaisseau blanc construit dans les années 1930. Sa fille a pris la suite après avoir commencé... une carrière de journaliste dans la capitale. En conservant l'expérience de son père mais en s'entourant d'une équipe jeune, elle sait faire perdurer avec talent la réputation de l'établissement. Les produits sont de première qualité, les préparations savantes, originales, enjouées, voire un peu folles, mais le résultat est très intéressant. Carte qui change tous les mois. Pour dormir, de belles chambres pleines de cachet, avec un mobilier de style Art déco et une belle vue sur Clermont et les monts du Forez.

Chambres d'hôtes du château de Charade : *chez Marie-Christine Gaba. ☎ 04-73-35-91-67. • chateau-de-charade@orange.fr • chateau-de-charade.com • À 6 km de Royat par la D 5, direction Ceyrat puis Charade. Ouv fin mars-début nov. Doubles avec bains 76-84 € ; petit déj 6 €. Réduc de 5 % sur la chambre et le petit déj dès la 3e nuit, et apéritif maison offert sur présentation de ce guide.* Pas d'inquiétude pour le bruit, c'est un havre de paix. Marie-Christine vous accueille dans un château de conte de fées construit au XVIIe s. Dans cette maison de poupées plantée au milieu d'un parc plein de charme surplombant Clermont et voisinant un golf, on dort dans l'une des 5 chambres véritablement superbes : meubles de style, décoration soignée et salles de bains qui ont du cachet. Une chambre pour 3 personnes et une pour 4, cette dernière étant un véritable petit appartement avec 2 chambres, dressing... Salon à disposition des hôtes, avec TV et billard français. La vraie vie de château, avec des proprios aux petits soins !

À voir. À faire

Vulcania : voir, plus loin, notre texte dans « La chaîne des Puys, les monts Dôme. Le puy de Dôme. Circuit dans les monts Dôme ».

L'église Saint-Léger : *à Royat.* Édifice roman construit au XIIe s et fortifié au XIVe s. Une architecture totalement étonnante puisqu'elle ne s'apparente en rien aux églises romanes d'Auvergne. D'inspiration largement méridionale, l'église présente deux belles rosaces gothiques. Sur la place, une des plus remarquables croix de la région, datée de 1486.

Le parc thermal de Royat : s'y trouvent l'établissement thermal et le casino, ainsi que quelques vestiges de l'époque gallo-romaine, dont une piscine.

On peut faire une petite balade sympa dans les rues de Royat pour admirer le cachet désuet des ***villas et hôtels particuliers*** fin XIXe-début XXe, notamment le *pavillon Majestic* (1912) et ceux de l'*avenue de la Gare* (en surplomb de l'office de tourisme).

Les petits musées de Royat-Chamalières : à Royat, voir le ***pavillon Saint-Mart,*** au sein du parc thermal, qui présente une exposition autour du thermalisme

Belle Époque. Également un petit ***musée de la Ville*** *(8, pl. Cohendy ; ☎ 04-73-29-98-18 ; ouv de mai à mi-oct, mar-sam 15h-18h ; entrée : 4,50 € ; réduc).* À Chamalières, ***musée de la Résistance, de l'Internement et de la Déportation*** *(7, pl. Beaulieu ; ☎ 04-73-31-28-42 ; lun-sam 9h-12h, 14h-17h30 ; entrée : 2 € ; réduc).*

L'arboretum de Royat : *prendre la D 68 vers le puy de Dôme, passer le pont des Soupirs et tourner à gauche le long de la Tiretaine.* Après la confiscation des biens des abbés de Mozac pendant la Révolution, l'arboretum est intégré à la forêt communale et domaniale de Royat (160 ha au total). Il devient arboretum expérimental à partir de 1931 afin de tester l'introduction de nouvelles espèces de résineux en Auvergne. C'est le cas notamment des sapins de Douglas ou pins de l'Oregon, pouvant atteindre 40 m et s'adaptant très bien à la région. Suivez donc le sentier de balade afin de découvrir les autres essences comme les thuyas géants, les cyprès de Lawson, les pins sylvestres ou encore les sapins de Numidie et les épicéas de Serbie, deux espèces menacées de disparition dans leur pays. Tables et bancs pour le pique-nique.

GERGOVIE

Mais où est passée Gergovie, lieu quasi mythique de la bataille mémorable qui opposa Vercingétorix aux armées de César ? La plupart des historiens situent le lieu de ce haut fait historique à une dizaine de kilomètres au sud de Clermont. On y a donc installé la Maison de Gergovie. Signalons également les *Arverniales (le 3e w-e de juil),* une « archéofête » gauloise qui retrace en costume l'histoire, les combats et la vie quotidienne de l'époque.
Le lieu est aussi le site préféré des amateurs de cerfs-volants. Si vous êtes dans le coin en octobre, ne manquez pas *Cervolix,* la fête du cerf-volant, avec des modèles assez spectaculaires...
Enfin, pour venir jusqu'ici, on vous conseille de prendre la jolie petite route qui domine Clermont et ses environs en passant par Royat et Ceyrat. Mieux encore : on vous indique une rando sur les pas des légions de César (voir plus loin).

■ ***Maison de Gergovie :*** *sur le plateau. ☎ 04-73-79-42-98. • ot-gergovie.fr • ♿ Travaux prévus en 2013. Se renseigner.* Présentation de la géologie du plateau, des vestiges archéologiques découverts sur le site et projection d'un film retraçant la bataille. En été, possibilité de visites guidées (payantes) de l'oppidum.

Une polémique a très longtemps subsisté pour identifier précisément les lieux de la bataille de Gergovie. Les recherches se sont concentrées sur l'emplacement présumé des fortifications romaines, et les dernières observations confirment leur existence au pied du site du plateau de Merdogne (avec les traces d'un oppidum densément peuplé au Ier s av. J.-C.). On a ainsi collecté deux pièces d'armement typiquement romaines qui, sans apporter de preuves aussi indéniables que sur le site d'Alésia, attestent l'hypothèse déjà envisagée sous le règne de Napoléon III, avec les travaux de recherche du commandant Stoffel. L'empereur l'avait d'ailleurs déjà

PAR TOUTATIS, C'EST ICI GERGOVIE ?

On rappelle à ceux qui dormaient au fond de la classe que c'est Vercingétorix qui infligea à César sa seule défaite pendant la guerre des Gaules ! Mais on a longtemps opposé le site du plateau de Merdogne, au sud de Clermont-Ferrand, au site du plateau des côtes de Clermont, au nord de la ville actuelle. Les fouilles archéologiques de 1995 ont enfin déterminé précisément l'emplacement authentique de la célèbre bataille. On en est sûr maintenant, c'est bien ici !

très bien compris lorsqu'il vint lui-même rebaptiser en 1865 le village Merdogne-en-Gergovie. Bonne nouvelle pour les passionnés, grâce à ces nouveaux éléments, les fouilles ont repris...
Enfin, pour l'anecdote sur la portée symbolique du lieu, Pétain invita ici dans les années 1940 tous ses fidèles pour sceller l'union d'un semblant de nation dans le socle d'un monument contenant un peu de terre de chacune des provinces françaises.

Randonnée pédestre

➢ ***Sur les pas des légions de Jules César*** *(9 km, boucle de 3h)* **:** *départ de la Roche-Blanche, au pied du plateau de Gergovie. Balisage jaune. Dénivelé : + 295 m. Réf. : Guide pays côté chemin, Gergovie-Val d'Allier, éd. Chamina.*
À la Roche-Blanche, garez-vous sur le parking de la mairie. Grimpez la rue de la Mairie, puis la rue de Leyrat à gauche. Sur la place, jolie fontaine Napoléon III. Admirez les habitations troglodytiques creusées au Moyen Âge dans la falaise de calcaire qui surplombe le village. Continuez par la rue de la Tour en face, puis prenez à droite et à gauche.
Repérez le chemin étroit dans la verdure sur la gauche (ne pas prendre le sentier barré par le panneau « Danger », bien sûr !). 200 m plus loin, un chemin à gauche mène à la vieille tour qui surplombe la falaise, mais ATTENTION, il n'y a pas de barrière de sécurité en haut. Sinon, poursuivre tout droit, le long de l'emplacement du petit camp de César. Prenez ensuite le chemin herbeux qui part à droite, jusqu'à l'entrée du village de Gergovie. Grimpez la rue Barry (chemin du Villard) le long du cimetière et poursuivez tout droit. À l'intersection, à gauche puis à droite. À la patte-d'oie, à gauche puis à droite jusqu'à la route bitumée. Descendez-la vers la droite sur 50 m et tournez à gauche juste après le petit château d'eau. Juste avant d'arriver à la route du plateau, notez les vestiges du quartier artisanal de l'oppidum à gauche. Traversez la route et prenez le plateau par la gauche : vue sur la Limagne des Buttes, les monts Dore et la chaîne des Puys, puis, côté nord, sur Clermont-Ferrand. Arrivé au monument en hommage à Vercingétorix (resto-bar pour ceux qui ont faim et soif), vue sur Cournon et le Livradois-Forez. Pour le retour, descendez le chemin du puy Mardoux qui part au pied de la Maison de Gergovie. En débouchant sur le chemin agricole, prendre le sentier en face et le suivre jusqu'au village. Jolie vue sur le plateau de Corent (oppidum gaulois).
Une fois arrivé à Gergovie, prenez à gauche vers l'église fortifiée, contournez-la par la droite, prenez les rues Jean-Jaurès et des Fleurs, puis, à droite au stop, l'allée des Vignes, le chemin à gauche, à droite après le pont, la rue du Stade, la place du Marchadier, à droite rue de la Pavade, passez sous la chapelle et enfin rue de Leyrat et rue de la Mairie.

À voir dans les environs

Le château de La Bâtisse : *à* ***Chanonat*** *(63450). ☎ 04-73-79-41-04. • chateaudelabatisse.com • Avr-mai, visite animée de 1h30, lun-ven à 10h, 11h30, 13h30, 15h et 16h30, dim à 15h ; juil-août, mar-ven à 10h30, 13h30, 15h et 16h45, dim-lun à 15h30 et 16h45 ; de mi-sept à la Toussaint, dim et j. fériés à 15h et mar-jeu sur résa slt. Fermé 1 sem fin juin-début juil et 1 sem début sept. Tarif : 8,50 € ; réduc enfants.* Le château fut construit entre les XIIIe et XVIIIe s au pied du plateau de Gergovie. Il est dans la même famille depuis 1697. Dessinés par l'école de Le Nôtre, ses jardins à la française ont été restaurés, puis primés en 1999 par la Demeure historique et classés Jardin remarquable. Un labyrinthe et une allée mènent à quelques cascades sur l'Auzon. La visite, animée par Les Compagnons de Gabriel, l'ex-équipe du château de Murol, vous guidera de façon assez ludique à travers les jardins, le pont-levis, les salles du château (très beau plan des jardins du XVIIIe s de 8 m x 2 m en papier collé et aquarellé, visite des cuisines et des caves) avant d'assister à la démonstration équestre, celle du maniement des armes, puis à la cérémonie finale de l'adoubement, le tout dans un langage médiéval fleuri qui amusera petits et grands. Après ce moment de détente, on vous conseille de visiter les superbes villages de Chanonat et du Crest pour apprécier l'architecture locale et les beaux points de vue sur Clermont et ses environs...

SAINT-SATURNIN (63450)

Classé parmi les Plus Beaux Villages de France, Saint-Saturnin repose sur la coulée de lave des puys Lassolas et de la Vache. Son nom provient du premier évêque de Toulouse (qui a également donné son nom à la célèbre basilique Saint-Cernin dans la Ville Rose). Ancienne résidence des comtes d'Auvergne, le village possède une remarquable église romane du XIIe s, dotée d'un clocher octogonal superbement conservé et d'un chevet dont l'abside, pour une fois, est dépourvue de chapelles rayonnantes. Belles proportions entre la voûte en berceau de la nef, l'élévation du transept et les tribunes. Maître-autel en bois doré portant les chiffres de Henri IV et de la reine Margot, dame de Saint-Saturnin. Voir également le château des XIIIe-XVe s avec ses tours imposantes *(visite tlj 11h-18h juil-sept)*. À ses pieds, très belle fontaine Renaissance (mais de style gothique). Nombreuses maisons médiévales dans le village.

Chambres d'hôtes La Maison des Archers : *rue de la Boucherie. ☎ 04-73-39-31-42. • lamaisondesarchers@wanadoo.fr • lamaisondesarchers.com • Par l'A 75, sortie nº 5. Ouv tte l'année sur résa. Doubles 60-64 €.* Cette maison, qui fut sans doute la demeure de l'écuyer de la reine Margot, possède une façade XVe s classée, située dans une ruelle charmante. Entrée indépendante par l'ancienne salle des gardes qui a conservé les corbeaux de la cheminée et un grand foudre. 3 chambres avec sanitaires, dont 2 petites (« Aera » et « Terra ») et une plus spacieuse, « Aqua », à dominante bleue évidemment. Petit déj servi dans le séjour avec plafond à la française et vestiges de peintures du XVe s. À faire dans le coin, la visite de l'abbaye moderne de Notre-Dame-de-Randol (2 km par la D 28) et le PR sur la colline d'en face (beau panorama). Bon accueil de la proprio.

RIOM

(63200) 17 800 hab. *Carte Puy-de-Dôme, B1*

Pour le plan de Riom, se reporter au cahier couleur.

Riom est un peu à l'image des membres du barreau. Une ville à la robe noire qui a l'allure du magistrat en séance, un rien de raideur, d'élégance et de maintien ! À croire que le vieux métier des lois, traditionnel ici, a décidé de la couleur des rues.
Ancienne capitale de l'Auvergne, Riom fait un peu figure de ville-musée dans laquelle le touriste féru d'art et d'architecture trouvera tout pour faire son bonheur. D'ailleurs, elle a reçu le label Pays d'art et d'histoire. Ce n'est cependant pas un sanctuaire. La cité historique est perchée sur un éperon rocheux qui en faisait un site défensif de premier ordre entre la plaine de la Limagne et les Combrailles. Et tout autour s'est développée une agglomération moderne très active. D'autant que la rivalité séculaire entre Clermont, l'industrieuse, et Riom, l'administrative, tournerait à l'avantage de la seconde depuis que la mode du retour au terroir prend de l'importance. En effet, on est à peine

à 15 mn en voiture de l'actuelle capitale d'Auvergne. À propos de voiture, se garer gratuitement n'est pas chose évidente dans le centre. Cherchez donc du côté des boulevards périphériques...

UN PEU D'HISTOIRE

Son origine remonte aux Celtes, mais c'est à partir du XIIIe s, quand Philippe Auguste en fait le siège de son administration pour l'Auvergne, que Riom commence à prendre de l'essor. En 1360, elle est donnée en apanage à Alphonse de Poitiers, qui remodèle la ville sur le schéma des bastides du Sud-Ouest. Au XIVe s, Riom et le duché d'Auvergne reviennent à Jean de Berry, mais sa mort provoquera le rattachement du duché au Bourbonnais avant que celui-ci ne tombe dans l'escarcelle de la couronne de France. François Ier fera de Riom une capitale judiciaire importante, mais la rivalité avec Clermont ne cesse de s'amplifier jusqu'à ce que Catherine de Médicis s'en mêle. Elle choisit Clermont. Même si Riom conserve les tribunaux, Clermont ne fait qu'accroître sa puissance pour être choisie comme préfecture du Puy-de-Dôme par les députés révolutionnaires de 1790. Et même si les remparts sont remplacés par des boulevards, le déclin voulu est inéluctable.

GRANDEUR ET DÉCADENCE DE JEAN DE BERRY

Cultivé, amoureux des arts et des lettres, Jean de Berry entretient une cour d'artistes et se fait construire un fastueux château tout en poussant à la construction de riches demeures. Aimé par ses sujets, il crée pourtant le scandale en épousant, à 60 ans, une comtesse d'Auvergne qui en a 48 de moins ! Et il meurt à 75 ans sans descendance et ruiné...

Le procès de Riom

Sa cour d'appel, ses assises, sa prison... ce pourrait être un slogan. C'est la nature profonde de la ville depuis des lustres. L'affaire la plus fameuse que la ville ait jamais connue remonte sans doute à février 1942. Blum, Daladier, Gamelin et trois autres personnalités de la République comparaissaient devant la justice comme inculpés et tenus responsables de la défaite française en juin 1940. Quand on veut tuer son chien, on dit qu'il a la rage, donc... Le procès tourna court tant la défense était active et bien préparée. L'avocat Blum donna une magistrale leçon de démocratie à Pétain le collaborationniste. Un vrai jeu de massacre contre le régime de Vichy. Les débats tournèrent au vinaigre pour le gouvernement de Vichy. Si bien que les Allemands, très soucieux de leur image, demandèrent un supplément d'information avant de suspendre les séances. Elles ne reprirent jamais, mais les inculpés furent maintenus en détention au château de Bourassol, avant d'être déportés et internés en Allemagne jusqu'en 1945.

Comment y aller ?

➢ ***En train :*** depuis Clermont-Ferrand *(☎ 36-35 ; 0,34 €/mn).*

➢ ***En bus :*** des lignes régulières proposent le même trajet *(Cars Delaye : ☎ 04-73-38-64-67).* Attention, fréquence réduite dim.

Adresse utile

ℹ ***Office de tourisme Riom-Limagne*** *(plan couleur A1)* **:** *27, pl. de la Fédération. ☎ 04-73-38-59-45. • contact@tourisme-riomlimagne.fr • tourisme-riomlimagne.fr • À côté du marché couvert. Sept-juin, ouv lun-sam (sf lun* *mat et jeu mat) ; juil-août, tlj (sf ap-m dim et j. fériés).* Renseignements et excellente documentation sur Riom et toute la Limagne.

Où dormir ?

Bon marché

■ ***Hôtel La Caravelle*** *(plan couleur A1, **10**) : 21, bd de la République. ☎ 04-73-38-31-90. ● info@hotel-la-caravelle.fr ● hotel-la-caravelle.fr ● Doubles 41-47 €. Parking payant.* Cet hôtel sans prétention propose des chambres simples mais propres pour les petits budgets (douche et w-c communs pour 2 d'entre elles, sinon avec douche et sanibroyeur) et 4 autres plus agréables dans une jolie tour du XVIe s (rue Gomot, dans le quartier semi-piéton). Certaines d'entre elles ont été rénovées. Une quinzaine avec TV (Canal+), téléphone et prise Internet. Également une annexe pour les indécrottables fumeurs. Très bon accueil des patrons.

Où dormir dans les environs ?

Bon marché

■ ***Chambres d'hôtes Le Moulin du Chassaing :*** *chez M. et Mme de Remacle, 63200 **Mozac.** ☎ 04-73-38-04-68. 📱 06-79-25-53-94. ● sylvia.de-remacle@orange.fr ● De Riom, se rendre à la zone artisanale de Mozac ; au rond-point, prendre la rocade vers Clermont et tourner tt de suite à droite rue Jean-Zay ; c'est la 1re entrée à gauche (portail encadré de 2 platanes). Compter 65 € pour 2 pers et 95-110 € pour 4-5 pers. Animaux refusés.* Certes, on est à deux roues de la grand-route, mais on l'oublie rapidement tant le cadre est enchanteur. Sylvia vous accueille chaleureusement dans son magnifique moulin restauré, où domine encore le bruit de la chute d'eau... Beau salon voûté ouvert sur un grand jardin. Les 2 chambres à l'étage, accessibles par un escalier à vis, ne sont pas en reste. Chacune a une mezzanine et une salle de bains complète, mais on préfère celle qui accueille jusqu'à 5 personnes pour son pigeonnier en pierre de Volvic qui surplombe le lit conjugal (idéal pour roucouler, non ?). Petit déj copieux avec des produits régionaux et des confitures maison. Sylvia élève des chevaux et accueille bien volontiers les cavaliers.

■ ***Le Moulin des Poètes :*** *chez Joëlle et Daniel Chanier, 34, rue des Moulins-Blancs, St-Genes-l'Enfant, 63200 **Malauzat.** ☎ 04-73-38-32-90. 📱 06-70-94-25-26. ● daniel.chanier@wanadoo.fr ● lemoulindespoetes.fr ● De Riom, se rendre à la zone artisanale de Mozac ; au rond-point, prendre la rocade vers Clermont et tourner tt de suite à droite rue Jean-Zay, le moulin se trouve après* Le Moulin du Chassaing *(panneau). Double 75 € ; 20 €/pers supplémentaire. Apéritif offert sur présentation de ce guide.* Dans un ancien moulin du XVIe s restauré avec un parc d'un demi-hectare où coule une rivière. On voit encore la roue du bief où barbotent quelques truites sauvages, et les roues crantées dans la jolie salle du petit déj. Très bon accueil des proprios qui proposent 3 chambres avec accès indépendant, refaites dans un style contemporain contrastant joliment avec la bâtisse. Décoration dans les tons gris pour la « Baudelaire », marron-beige pour la « Rimbaud » (avec une mezzanine pouvant accueillir 2 enfants), et orangé pour la « Verlaine », une chambre communicante avec le salon commun dominé par le rouge (lit d'appoint possible). Toutes avec douche à l'italienne et une vasque élégante. Jeux pour les enfants à l'intérieur comme à l'extérieur. Grand jardin agréable avec terrain de pétanque. Excellent petit déj maison.

Où manger ?

De bon marché à prix moyens

|●| ***Restaurant L'Âne Gris*** *(plan couleur A1, **11**) : 13, rue Hippolyte-*

Gomot. ☎ 04-73-38-25-10. • beatrice.capelline@yahoo.fr • Tlj sf dim-lun ; service jusqu'à 23h. Congés : 3 dernières sem d'août. Compter 20-25 € à la carte. Apéritif maison offert sur présentation de ce guide. Une folie, une horreur, une adresse de rêve... On ne sait comment vous allez apprécier cet *Âne Gris* et son patron, surnommé Casimir, gentil allumé ô combien sympathique, même s'il passe son temps à enguirlander les clients. Voilà un Auvergnat, un vrai, chauvin, adorable, moustachu, râleur, taquin, mais qui sait avoir le cœur sur la main. En entrant, vous entendez une voix de stentor demander : « C'est pour quoi ? », sur un ton rafraîchissant. Jouez le jeu ! Essayez de trouver une réplique subtile, sinon... Casimir a un mot d'ordre : les gens s'ennuient tellement que venir se faire tancer ici, c'est mieux que le ciné. Certains jours, vous ferez le service parce qu'il n'en a pas envie ! À l'écouter, il paraît qu'on mange mal chez lui. Ne le croyez pas. La cuisine est centrée sur le terroir. Truffade, aligot, *pounti, patranque* (spécialité de Mauriac)... Il y a toujours de belles grillades et une fabuleuse carte des vins d'Auvergne. Il faut dire que Casimir les sélectionne avec un réel amour, et il se fera un plaisir de vous les faire découvrir. De plus, il a ouvert une *Boutique de l'Âne (plan couleur A1, **11**)*, à côté avec vente et dégustation de vins et de produits régionaux. Nous, on adore et on y retourne. Essayez !

|●| *Le Caveau des Tontons* *(plan couleur A2, **12**) : 28, rue Lafayette. ☎ 04-73-38-63-55. • les-tontons@orange.fr • Face à la poste. Tlj sf lun soir, sam midi, dim et soir des j. fériés. Formule déj 12,50 € ; carte env 22 €. Café offert sur présentation de ce guide.* Un sympathique bar à vins nouvelle génération tenu par un jeune patron qui y croit, ça change et ça fait plaisir à voir (et à boire). Il choisit lui-même ses vins chez les producteurs, avec un net penchant pour le Languedoc et le Roussillon. Côté fourneaux, de bonnes tartines pour grignoter en dégustant son p'tit vin et de solides plats pour rassasier les carnivores.

Chic

|●| *Le Magnolia* *(hors plan couleur par A1, **13**) : 11, av. du Commandant-Madeline. ☎ 04-73-38-08-25. • magnolia-gastronomie@wanadoo.fr • Fermé dim soir-lun (plus sam midi hors saison). Congés : 2 sem en mars et 3 sem fin juil-début août. Formule déj 16 € ; menus 23-40 €.* Dans un cadre contemporain, élégant et sobre tout à la fois, découvrez une cuisine pleine d'innovation (ou des plats plus classiques mais avec une touche très personnelle) qui suit les saisons.

|●| *Restaurant Le Flamboyant* *(plan couleur B1, **14**) : 21 bis, rue de l'Horloge. ☎ 04-73-63-07-97. Fermé dim soir, lun, mer et certains w-e fin mai-oct (si mariages) ; service jusqu'à 21h45. Formules 22-30 € (sf ven soir, sam soir et j. fériés) ; menus 41-80 € ; carte env 50 €.* L'adresse est connue dans toute la région. Rien de plus normal, la cuisine, ô combien gastronomique, vaut le déplacement, et la fraîcheur des préparations vaut bien le temps d'attente. Les plats d'Hervé Klein sont légers, bien pensés, et leur présentation est très originale ! Les menus, souvent baptisés de jolis noms, tiennent tous leurs promesses dans le registre de la cuisine de terroir progressive, et le plaisir des yeux et des papilles débute dès la mise en bouche. Pas de plats fétiches, mais une carte qui évolue régulièrement, au fil des saisons. Décoration de bon aloi couleur saumon, rehaussée de quelques tableaux contemporains. Également une petite terrasse. Service précis et aimable.

Où acheter de bons produits ?

– ***Le marché des producteurs*** *(plan couleur A1) : pl. de la Fédération, ts les sam mat aux halles ; très réduit mer.* Déballage de spécialités locales (fromages, produits régionaux...). Pour le plaisir des yeux et du palais !

La Boutique de l'Âne *(plan couleur A1, **11**) :* voir « Où manger ? ».

À voir

La ville ne manque pas d'intérêt. Il fait bon flâner dans ses ruelles étroites et se perdre en appréciant les images, les impressions, les reliefs changeant avec la lumière. Cette balade n'est pas exhaustive, elle laisse libre cours à l'originalité, mais permet de voir l'essentiel et de ressentir l'essence même de Riom.

➢ ***Visites guidées de la ville :*** *mar à 15h ; juil-août, mar, jeu et ven à 15h (plus à 10h mer). Compter 1h ou 1h30 de visite. Tarif : 4 € ; réduc ; gratuit moins de 18 ans. Autres visites particulières de sites ou monuments. Rens au service Animation du patrimoine (tour de l'Horloge) : ☎ 04-73-38-99-94. • patrimoine@riom-communaute.fr •* Pour vous accompagner au cours de votre visite, l'excellent ouvrage *Promenade dans Riom* réalisé par la Commission d'histoire de Riom. En vente à la tour de l'Horloge et dans les librairies riomoises au prix de 25 €.

Notre petit trek urbain démarre ***rue de l'Horloge*** *(plan couleur B1),* qui possède quelques-uns des plus beaux hôtels particuliers de la ville, à l'image de l'*hôtel Soubrany* (à l'angle de la rue de l'Hôtel-de-Ville), avec ses fenêtres à meneaux encadrées de pilastres et surmontées d'un fronton. Au n° 7, l'*hôtel Arnoux de Maison-Rouge* avec sa façade du XVIIIe s. Dans la ravissante cour intérieure (ouverte seulement lors des visites guidées), beaux oculi sculptés ornés d'amours, de masques et de fruits. Au n° 12, l'*hôtel Guymoneau,* construit au XVIe s. Il faut pousser (fort !) la porte pour admirer la cour avec son escalier à vis décoré d'une Annonciation et de quatre médaillons. À côté, deux *arcades* surmontées de quatre bas-reliefs symbolisant la Force, la Justice, la Prudence et la Tempérance. Au n° 15, remarquez la très belle porte ouvragée du XVIIIe s de l'*hôtel Chabre.*

La tour de l'Horloge (plan couleur B1) : ♿ *(sf fauteuils roulants). Sept-juin, tlj sf lun 10h-12h, 14h-17h ; juil-août, tlj sf lun 10h-12h, 14h-18h (20h mer). Entrée : 0,50 € ; gratuit moins de 18 ans ; lun sur rdv (☎ 04-73-38-99-94). Petite expo sur le patrimoine et l'histoire.* Édifiée à la fin du XIVe s pour accueillir le jacquemart (un automate qui frappait autrefois la cloche de l'horloge) donné à la ville par Jean de Berry. La tour octogonale du XVIe s s'élève sur une base gothique carrée de trois niveaux. Au sommet, dôme soutenu par huit colonnes. De là-haut, joli panorama sur les monts Dôme, la plaine de la Limagne et Riom... Surprise, certaines maisons possèdent des toits et des terrasses aménagés (de la rue, les façades n'en laissent rien deviner) ! On notera que si les révolutionnaires ont bûché toutes les fleurs de lys, ils ont épargné la salamandre, symbole de François Ier, juste au-dessus du cadran d'horloge. À côté de la porte, l'aune de Riom (1,88 m) est scellée dans le mur. À voir, le plan-relief du centre ancien et la maquette tactile de la tour de l'Horloge au rez-de-chaussée dans la salle des mécanismes de l'horloge. Ces outils de médiation sont adaptés au public aveugle et malvoyant. Des documents de visite adaptés en braille et en gros caractères sont à disposition.

La rue du Commerce *(plan couleur A-B1-2) :* plusieurs demeures élégantes bordent cette rue qui descend doucement vers l'une des portes de la ville.

L'église Notre-Dame-du-Marthuret *(plan couleur A-B2) :* construite au début du XIVe s, cette collégiale à nef unique est l'un des derniers exemples au nord du style gothique languedocien. Au-dessus du portail, copie de la *Vierge à l'oiseau.* L'original est à l'intérieur, dans la première chapelle à droite. Cette Vierge de tendresse, mère d'un enfant avant d'être la mère de Dieu, date du XIVe s. Elle fut sauvée des excès révolutionnaires par les bouchers de Riom. Selon une légende des Évangiles apocryphes, Jésus, lors du séjour en Égypte, s'amusait à pétrir des oiseaux avec de la glaise et leur insufflait la vie. Elle se trouve dans la chapelle Saint-Jacques avec ses clefs de voûte ornées de coquilles, et qui était ouverte sur la rue.

Prendre la *rue de la Harpe* pour se retrouver dans le ***quartier des Tanneurs*** *(plan couleur A2)* sur la place Félix-Pérol. Remarquez la *maison d'Antoine Pandu,* du nom d'un riche tanneur du XVIe s, avec sa statue de saint Antoine dans une niche.

Rejoindre la ***rue Hippolyte-Gomot*** *(plan couleur A1)* par la *rue Saint-Antoine.* Au no 27, très belle *enseigne de bottier* du XVIIIe s. Plus loin, à l'angle de la rue Sirmond, *fontaine d'Adam et Ève* datant du XVIIe s. Le sculpteur aurait donné à notre mère tous les traits de son épouse. Adam serait le portrait d'un magistrat, l'amant de cette charmante personne. Voilà peut-être pourquoi il a une moustache ! Rejoindre, par la rue de Fleurus, la rue Saint-Amable.

La basilique Saint-Amable *(plan couleur A1)* **:** Amable fut le premier curé de Riom et, du coup, fut propulsé saint patron. Chaque siècle a laissé des traces depuis la construction de l'église romane autour du XIIe s, dont il subsiste trois nefs. Quelques beaux chapiteaux naïfs dans le chœur. Chevet déambulatoire du XIIIe s. Autel biface en marbre du XVIIIe s. Dans la chapelle axiale, châsse de saint Amable datant du XIXe s, la précédente ayant été fondue à la Révolution. Maquette tactile de la basilique.

La place de la Fédération *(plan couleur A1)* **:** agencée dès 1793 pour mettre en valeur la halle aux blés, c'était le lieu des fêtes populaires par excellence. À l'origine sans aucun arbre, elle subit de nombreux travaux jusqu'à nos jours, et il est difficile d'imaginer le projet initial.

Rejoindre le carrefour dit du ***coin des Taules*** (à l'angle des rues de l'Hôtel-de-Ville et de l'Horloge ; *plan couleur B1*), cœur de la cité où les marchands avaient leurs étals. Prendre la rue de l'Hôtel-de-Ville.

La maison dite « des Consuls » *(plan couleur B1)* **:** construite au XVIe s. Jamais aucun consul n'a séjourné ici. Son nom, elle le doit aux médaillons en terre cuite représentant des visages d'inspiration romaine. La façade sur arcades est exemplaire, elle associe la verticalité du style gothique et l'horizontalité de la Renaissance. Élégante tourelle d'angle. Fenêtres à meneaux entourées de rinceaux superbement travaillés. Sur le fronton de gauche, on retrouve la salamandre de François Ier symbolisant le rattachement de l'Auvergne au royaume. Juste en face, la maison à pans de bois et torchis qui a résisté par miracle aux tremblements de terre et aux incendies. Rue Croisier, d'autres demeures intéressantes, aux nos 2, 4 et 3 (dans la cour, bel escalier à vis).

L'hôtel de ville *(plan couleur B1)* **:** derrière la façade du XVIIe s, une cour intérieure où l'influence italienne revue et corrigée par les pays de Loire explose de beauté. On y trouve une porte où se mêlent décors gothique et Renaissance, une dualité renforcée par les statues d'un côté, de l'Homme sauvage, de l'autre d'Hercule. Monument aux morts de 1914-1918 avec la *Gallia Victrix,* un bronze pour lequel Rodin a pris pour modèle Camille Claudel. La cour s'orne de deux galeries à arcades superposées. Au 1er étage, salle des mariages datant du début du XXe s. Dans la galerie, maquettes tactiles et documents de visite en braille et gros caractères.

Le musée Mandet *(plan couleur B1)* **:** *14, rue de l'Hôtel-de-Ville.* ☎ *04-73-38-18-53.* ♿ *(rdc du 1er bâtiment). Juil-août, tlj sf lun 10h-18h ; sept-juin, tlj sf lun 10h-12h, 14h-17h30. Entrée : 3 € ; réduc ; gratuit moins de 18 ans et mer pour ts.*

Ouvert depuis 1866 (mais oui !), ce musée est aménagé dans deux hôtels particuliers, dont un du XVIIIe s. Mais c'est surtout grâce à la donation du couple Richard, dans les années 1980, que le musée s'enrichit considérablement, notamment avec des pièces d'orfèvrerie et des faïences anciennes. Il abrite des collections d'art d'une richesse insoupçonnable, allant de l'Antiquité au XXIe s. D'abord, d'exceptionnels tableaux des écoles flamande, hollandaise et française

des XVIIe et XVIIIe s. Dans le registre religieux, admirez le *Saint Pierre parmi les saints* (école du Rhin, XVIe s), l'*Adoration des Mages* (fin XVe) et, dans un autre genre, *Le Serment des Horace* attribué à un atelier de David. Au dernier étage, quelques orientalistes du XIXe s. Mais ne manquez surtout pas le talentueux Alphonse Cornet, peintre né à Riom et décorateur au Louvre et à Fontainebleau (sans compter les plafonds du musée), qui a commis ce stupéfiant et pathétique *Défilé des gueux,* limite chef-d'œuvre avec son étonnante allégorie de la misère. Voir aussi la *Noce à Asnières* ou le très cocardier *Tribunal de Velleda,* très éloigné de ces gueux émouvants... Passez à *L'Enfant malade,* de Heyerdalh, qui présente un beau travail sur la lumière. Également une série de peintres auvergnats (beau portrait de femme de Devedeux), la galerie des Illustres d'Auvergne souhaitée par Francisque Mandet, le fondateur du musée, et deux Rodin (*La Jeune Mère* et le buste d'Étienne Clémentel réalisé avant la mort du sculpteur en 1917). Dans l'aile ouest du musée, présentation permanente d'objets d'art contemporain, collection originale d'orfèvrerie, de céramique et de verrerie de 1945 à nos jours, constituée à partir de 1990. Ce sont des œuvres, éditées en très petites séries, d'artistes et de designers contemporains.
Dans le second bâtiment, des XVIIe et XVIIIe s, on trouve à droite les salles d'antiquités. Remarquable muséographie : la pénombre, le jeu des lumières mettent fort bien en valeur les objets offerts par des collectionneurs riomois, M. et Mme Richard. Bustes, petits bronzes des périodes romaine et hellénistique, belle Aphrodite, terres cuites gallo-romaines, délicates statuettes d'argile d'Asie Mineure, cruches et calices étrusques, vases et assiettes grecques peintes, mercure d'Auvergne... Pour finir, beaux bijoux romains venant d'Égypte et un portrait féminin funéraire du Fayoum (Égypte) des II-IIIe s. Une des rares œuvres peintes de l'Antiquité à être parvenue jusqu'à nous. Au sous-sol, collection lapidaire avec chapiteaux sculptés, bénitiers, etc. Dans l'aile gauche, magnifiques salles médiévales. Nombreuses statues en bois sculpté, dont une sainte Véronique du XIVe s à la facture primitive, et une sévère Vierge en majesté du XIIe s en chêne de la région de Clermont. Beaux meubles ciselés, émaux champlevés (technique qui consiste à creuser) provenant de Limoges au XIIIe s, dont de jolies crosses d'évêques, intéressants *Baiser de Judas* et *Mise au tombeau* sculptés. Au 2e étage, les salles Renaissance. Tableaux, tapisseries, meubles ciselés et une superbe *Sainte Famille* attribuée à J. Gossaert (dit Mabuse). Si elle n'est pas de lui, quel talent ! Dernière salle, mobilier et tapisseries d'Aubusson du XVIIe s, et râpes à tabac en ivoire ciselé avec une jolie scène galante. Redescendre au 1er étage pour les reconstitutions d'intérieurs bourgeois et aristocratiques, l'argenterie et le beau mobilier du XVIIIe s. On termine par les riches salles des porcelaines et autres éclatantes majoliques des XVe-XVIIIe s, et celle des armes anciennes avec une petite pensée émue pour le « tromblon de Mandrin ».

Le musée régional d'Auvergne *(plan couleur B1) : 10 bis, rue Delille. ☎ 04-73-38-17-31. 20 mai-10 nov, tlj visites guidées slt à 14h et 16h. Fermé lun et j. fériés. Entrée : 3 € ; réduc.*
Il présente l'ethnographie régionale de la haute et de la basse Auvergne. Sur trois étages, outils et objets retracent la vie rurale et agricole, le quotidien, l'artisanat, les fêtes populaires, les costumes des habitants de ce territoire au XIXe s.
On commence par l'ancienne chapelle (ornée de l'œuvre de Jean-Paul Marcheschi, *Le Gour,* qui évoque les gours, lacs installés dans des cratères d'origine volcanique). Insolite cabane ambulante de berger sur roues, vieilles charrettes paysannes, jougs, instruments agraires, etc. Intérieur auvergnat avec les célèbres lits clos, le *cantou* et du mobilier bien rustique. Impressionnant pressoir offert par l'ancien maire de Châteauguay. Au 1er étage, la vie domestique : belles armoires et tables paysannes, métiers à tisser, rouets... Sur la mezzanine de la chapelle, les vieux métiers devenus bien rares (forgeron, potier, tanneur, charron, tonnelier) et des jeux anciens, dont un amusant jeu de quilles. Au 2e étage : les coiffes traditionnelles et de nombreux habits paysans et de fête, une des plus importantes col-

lections de la région. Enfin, l'un des clous du musée, l'exposition baptisée « Une vie de saint », une très belle collection de sculptures religieuses rassemblée par l'abbé Douissard à partir des années 1960 et ayant fait récemment l'objet d'une restauration. Superbe série de Vierges auvergnates, entre autres. D'autres vitrines ont été refaites, comme celles consacrées l'une au fromage, l'autre aux coiffes. Un coup de jeune pour le musée !

Le palais de justice *(plan couleur B1)* **:** édifié à l'emplacement de l'ancien palais de Jean de Berry, dont il ne reste que la chapelle. Façade néoclassique de 63 m de long, construite sur le modèle du palais Farnèse. Il fallait faire riche, c'est réussi ! Les bâtiments s'agencent autour d'une cour carrée bordée d'arcades. Majestueux escalier pour monter à la chapelle, jouant en permanence sur les perspectives.

La Sainte-Chapelle (plan couleur B1) **:** *entrée par le palais de justice, bd Michel-de-l'Hospital. Visite libre : juin et sept, mer-ven 15h30-17h ; juil-août, mar-ven 10h-12h, 15h-17h. Visite guidée : tte l'année, mar 16h30 ; juil-août, mar, jeu et ven 16h30. Entrée : 0,50 € pour une visite libre ; 2,60 € pour une visite guidée ; gratuit moins de 18 ans.* Attention au choc, c'est du gothique on ne peut plus flamboyant. Elle n'est pas sans rappeler celle de Paris, d'ailleurs. Les verrières prennent toute la place, les murs n'existent plus, la lumière règne ! Vitraux du milieu du XVe s qui illustrent l'Ancien et le Nouveau Testament avec des prophètes et des apôtres. Toutefois, l'ensemble n'est pas simple à déchiffrer, car les restaurateurs du XIXe s ont un peu mélangé les morceaux. Il vaut mieux se contenter de la majesté du lieu. Sur le mur du fond, tapisserie d'Aubusson avec des plis en trompe l'œil. Une exposition permanente présente le lieu en dix panneaux. Un ensemble de maquettes tactiles adapté au public aveugle et malvoyant permet de découvrir le lieu.

DANS LES ENVIRONS DE RIOM

L'abbatiale de Mozac (63200) **:** *mai-oct, tlj (sf 1er mai) 9h-18h45 ; nov-avr, tlj 9h-17h. Entrée libre. Pour les visites guidées (juil-août, jeu 15h), rens au ☎ 04-73-38-99-94.*
Le monastère, fondé au VIIe s, fut rattaché au XIe s à Cluny. Du coup, on édifia une grandiose abbatiale dans le plus pur style roman auvergnat. Elle n'est malheureusement pas parvenue jusqu'à nous : au XVe s, à la suite de tremblements de terre, le chevet s'est effondré. La nef, épargnée, conserve un ensemble remarquable de chapiteaux parmi les plus beaux de toute l'Auvergne. Et posés au sol, trois chapiteaux de l'ancien chœur roman : au fond de l'église, les Atlantes, la Résurrection et, dans le chœur gothique, les Quatre Anges et les Quatre Vents de l'Apocalypse (ce dernier fut découvert en 1983 par le curé de la paroisse !). On peut citer aussi les Centaures, les Vendangeurs, l'histoire de Jonas, Tobie et Samson. Sachez qu'un autre chapiteau se trouve au Musée lapidaire (voir en fin de texte) et un autre encore au Victoria and Albert Museum à Londres... Certes, ce n'est pas vraiment la porte à côté.
Dans cette église se trouve aussi la fameuse *châsse de saint Calmin,* le fondateur. Actionnez donc le socle pivotant pour admirer en détail la plus grande châsse limousine connue (XIIe s). Réalisée en émaux champlevés, elle est parée de couleurs vives, parfois agressives. Sur la face principale, un Christ en croix avec la Vierge et saint Jean, au-dessus, les symboles des quatre évangélistes (on vous laisse chercher un peu) entourent un christ en majesté dans une mandorle. Un véritable bijou ! Enfin, notez également le joli linteau du XIIe s dans la cour de l'ancien cloître.
Musée lapidaire *attenant à l'abbatiale et à la crypte (☎ 04-73-38-99-94 ; visite en juil-août slt, jeu à 15h ; tarif : 4 € ; réduc).*

CHÂTEL-GUYON

(63140) 6 100 hab. *Carte Puy-de-Dôme, B1*

Perdu dans un écrin de verdure formé par les collines environnantes, Châtel-Guyon est avant tout une station thermale, dont les eaux riches en magnésium sont reconnues depuis bien longtemps pour les soins de l'appareil digestif. Des princes originaires du fin fond des Indes, des évêques, des ministres, la reine de Serbie et Guy de Maupassant sont venus y soigner leurs petits problèmes de digestion. Mais, aujourd'hui, pas d'inquiétude, on arrive tout de même à trouver autre chose à manger que des carottes Vichy !

Comment y aller ?

➢ ***En bus :*** liaisons régulières entre Châtel-Guyon et Clermont via Riom. Attention, pas de bus le dim. *Rens : ☎ 04-73-38-64-67.*

Adresses utiles

ℹ ***Office de tourisme :*** *1, av. de l'Europe. ☎ 04-73-86-01-17. • ot-chatel-guyon.com • Lun-sam 9h-12h, 14h-18h ; dim 10h-12h (fermé dim et j. fériés hors saison).* Liste des hébergements. Très bon accueil.

■ ***Établissement thermal :*** *pl. Brosson, BP 51. ☎ 04-73-86-00-08. • thermesdechatel.fr •*

■ ***Piscine municipale :*** *sq. Étienne-Clémentel. ☎ 04-73-86-03-23. À côté de l'office de tourisme. Ouv l'été, tlj.* 2 bassins extérieurs agréables et une pataugeoire.

■ ***Casino :*** *pl. Brosson. ☎ 04-73-86-00-39. Tlj 10h-2h (3h le w-e).*

Où dormir ? Où manger ?

Camping

Camping de la Croze : *route de Mozac. En surplomb de la ville (suivre les panneaux). ☎ 04-73-86-08-27. • campinglacroze@wanadoo.fr • campingcroze.com • Ouv de mi-avr à fin oct (loc tte l'année). Forfait 2 pers env 10,80 € ; loc de chalets et mobile homes 295-490 €/sem selon confort.* Un beau camping au calme et à taille humaine, avec une jolie vue sur les environs de Châtel-Guyon. Confort d'un 2-étoiles de qualité avec des emplacements en terrasses très agréables. Plutôt verdoyant et assez ombragé. Coin bébé. Lave-linge et sèche-linge (payants). Piscine. Aire de jeux. Resto l'été. Accueil sympathique.

De bon marché à prix moyens

Hôtel de Paris : *1, rue du Dr-Levadoux, BP 44. ☎ 04-73-86-00-12. • hotel.de.paris@orange.fr • hoteldeparis-chatelguyon.com • Congés : nov. Doubles 56-72 € selon confort.* Soyons clairs, à Châtel-Guyon, le désuet est un peu la règle d'or. Si nous vous indiquons cet hôtel, au demeurant charmant et serviable en ce qui concerne l'accueil, c'est surtout pour ses petites chambres bon marché avec cabinet de toilette et w-c. Elles se répartissent entre 2 bâtiments, la curiosité étant celui du fond, à l'origine une ancienne chapelle. Cela dit, c'est le bâtiment côté rue qui dispose du meilleur équipement (wifi et TV satellite). À vous de voir. Aujourd'hui, la moquette des années 1970 semble l'unique religion en matière de décoration, mais le tout est propre et bien tenu. Fait aussi resto.

De prix moyens à chic

Hôtel Bellevue – Restaurant Le Cèdre Bleu : *4, rue Alfred-Punett.*

☎ 04-73-86-07-62. • bellevue63@wanadoo.fr • bellevue63.fr • Ouv avr-oct. Resto fermé dim. Doubles 68-105 €. Formule déj (en sem) 15 € ; menus 22-39 € ; carte env 40 €. Imposant hôtel bien planté sur sa colline, avec la vue et le cèdre bleu, comme promis (du moins côté ville : sur l'arrière, on est adossé à la colline). Entièrement rénové, il propose des chambres classiques et de bon confort avec douche et w-c ou bains, parquet flottant ou moquette, double vitrage, TV (Canal Sat), téléphone. Au resto, tout pimpant lui aussi, cuisine traditionnelle. Belle terrasse et salon commun cosy. Accueil souriant et chaleureux.

La Papillote : *11, route de Volvic, Saint-Hippolyte. ☎ 04-73-67-00-64. Ouv jeu-sam et j. fériés (plus mar hors saison) ; service jusqu'à 21h. Formule déj (en sem) 12 € ; menus 22-36 €.* La bonne surprise de Châtel-Guyon. Dans un décor tout de bois vêtu, façon chalet à l'ancienne mode, voici une cuisine de qualité qui flirte avec le gastronomique. Des plats classiques, certes, mais exécutés de façon pro, avec une touche personnelle et des produits en accord avec les saisons. Viandes tendres à souhait, en particulier. La valeur sûre du coin.

Où dormir ? Où manger dans les environs ?

Chambres d'hôtes La Grange : *Les Plaines, route de Manzat, 63460* ***Teilhède.*** *☎ 04-73-63-39-00. • guy.edieu@wanadoo.fr • bonnenuitalagrange.com • À 4 km au nord par la D 411 puis la D 17. C'est peu après la sortie du village, au niveau du carrefour entre la D 17 et la D 412. Double 52 €.* Une ancienne grange, certes, mais rénovée de fond en comble et largement modernisée, elle profite désormais d'un très bon niveau de confort : double vitrage, chauffage au sol, salles de bains nickel... Impeccable donc. Toutefois, ce qui en fait vraiment une excellente adresse, c'est l'accueil charmant des propriétaires et la vue géniale sur les monts du Forez depuis toutes les chambres et la salle du petit déj. Très reposant.

Camping du Colombier et Auberge de la Taverne Auvergnate : *Le Colombier, 63410* ***Loubeyrat.*** *☎ 04-73-86-66-94. • campingducolombier.com • À 7 km à l'ouest par la D 227. Ouv de mi-avr à mi-oct. Resto fermé mar sf j. fériés. Forfait 2 pers env 7,50 € ; également loc de bungalows, mobile homes, chalets et studios 130-400 €/sem. Menu unique 15,30 € en saison.* Dans un charmant village où les jolies maisons en pierre ne manquent pas, voici un petit camping familial tout simple, proposant une cinquantaine d'emplacements sur un terrain plat, herbeux, mais peu ombragé. Piscine, aire de jeux pour les enfants et ping-pong. Plein de sentiers balisés pour les randonneurs et les vététistes dans le coin. L'originalité du lieu : à deux pas, installée dans un bâtiment ancien, une jolie petite auberge au cadre rustique, avec son menu composé de charcuterie auvergnate, omelette aux fines herbes, salade, fromages d'Auvergne et dessert. Très agréable. Bon accueil.

Auberge de la Croix-de-Fer : *La Croix-de-Fer, 63200* ***Riom.*** *☎ 04-73-86-09-96. • lacroixdefer.restau@free.fr • Sur la D 985 entre Châtel-Guyon et Riom, petite route sur la gauche. Ouv mer soir-dim et j. fériés. Congés : 2 sem en fév et 15 j. à la Toussaint. Formule déj (sf w-e) 16 € ; menus 22-47 €.* Perché sur sa butte, cet ancien repaire des pèlerins de Saint-Jacques, devenu ensuite relais de chasse et aujourd'hui restaurant, offre une vue imprenable sur Riom et sa plaine. Le lieu est d'ailleurs un point de rendez-vous très festif : les familles profitent à fond du grand jardin (quelques jeux pour les enfants), tandis que les bandes de copains rappliquent pour les dîners dansants et les nombreuses animations (piano-bar, soirées à thème). Très fraternel ! Côté cuisine, c'est bon et bien présenté. On vient plus pour l'ambiance que pour la gastronomie. Accueil et service chaleureux.

À voir

Le calvaire : commencez donc par gravir la colline verte qui surplombe la cité et l'église Sainte-Anne, à 475 m d'altitude, autour de laquelle la ville s'est bâtie (eh oui, les sources ne furent mises en valeur que plus tard). Là-haut, on trouve un christ en croix doré et une table d'orientation afin de savourer le beau point de vue, par temps clair, sur la chaîne des Puys.
Dans l'*église Sainte-Anne,* au pied du calvaire, l'étonnant ce n'est pas l'église mais les fresques contemporaines d'inspiration byzantine réalisées en 1956 par le peintre d'origine estonienne Nicolas Greschny. Voir notamment le Christ pantocrator dans le chœur, vraiment original, et les nombreuses scènes de l'Ancien et du Nouveau Testament sur les côtés. Détail amusant : le peintre en a profité pour croquer le visage de certains habitants de Châtel-Guyon...

Descendre ensuite la jolie ***rue Guy-de-Maupassant*** (un ancien curiste célèbre) pour ses maisons à l'architecture typiquement locale, ses anciens hôtels habités par des particuliers et ses agréables jardins. Notez la maison à l'angle des rues Lacroix et Levadoux-Braga (n° 22) pour son curieux animal perché sur le toit et qui semble prêt à bondir. Descendre la rue jusqu'aux aimables façades du casino et des thermes.

Le parc thermal et les Grands Thermes : hélas, les thermes sont fermés, et on ne peut plus visiter ce bel exemple d'architecture thermale, dont le superbe hall est pourtant classé Monument historique. Construit au début du XXe s, le bâtiment comporte quatre parties agencées autour d'un jardin. Lorsqu'on entre dans la première, on a vraiment l'impression de pénétrer dans une église. Hautes colonnes, arcades, tympans sur près de 200 m de long et 9 m de haut. Le tout dans un style architectural se rapprochant du roman auvergnat, avec une décoration très Belle Époque. De quoi impressionner les nobles curistes...

En partant, jetez donc un œil à l'***ancienne gare ferroviaire*** de 1911, élégant édifice abritant l'actuel *centre culturel de la Mouniaude.*

VOLVIC

(63530) 4 400 hab. *Carte Puy-de-Dôme, B1*

Volvic a deux amours : l'eau et la pierre. Or blanc et or noir, tous deux issus des volcans qui ont apporté à la ville richesse et renommée bien au-delà des frontières de l'Auvergne.
C'est en effet à Volvic qu'est exploitée la trachyandésite, cette pierre grise, légère et inaltérable qui a servi à construire Clermont, Riom... À partir du XIIIe s, les carrières commencent à fournir des tonnes et des tonnes de pierres nécessaires à la construction de la cathédrale de Clermont. Et depuis, cette activité a donné du travail à des milliers de personnes qui ont su préserver leur monopole, allant jusqu'à faire échouer l'ouverture d'une carrière d'andésite sur la commune de Clermont.
Pour ce qui est de l'eau, la vallée de Volvic constitue un filtre naturel tout à fait unique, formé d'épaisses couches de cendres volcaniques, de basalte et de trachyandésite. L'eau qui émerge après un long trajet est d'une pureté exceptionnelle, peu minéralisée et très équilibrée.

Adresse utile

Office de tourisme : *pl. de l'Église. ☎ 04-73-33-58-73. • volvic-tourisme.com • Juil-août, lun-sam 10h-12h, 14h-19h, plus dim mat ; le reste de l'année, tlj sf dim-lun. Fermé 1er janv, 1er mai, 1er et 11 nov, et 25 déc.* Propose des balades en ville (toute l'année sur résa). Expos temporaires.

Où dormir ?

Camping municipal Pierre et Sources : *rue de Chancelas. ☎ 04-73-33-50-16. • camping@ville-volvic.fr • ville-volvic.fr • ♿ (chalets et sanitaires). Ouv mai-sept (chalets tte l'année). Forfait 2 pers 15 € ; chalets 4-8 pers 220-550 €/sem selon saison. Aire de services camping-car. Réduc de 10 % sur les loc sur présentation de ce guide.* Dans un vaste espace légèrement en retrait du centre-ville, avec vue sur le château de Tournoël (mais aussi sur la petite zone d'activités au pied de celui-ci et sur les voitures qui ne passent pas très loin). Emplacements assez vastes et herbeux mais sans ombre. Chalets en bois tout équipés. Bâtiment en dur... un peu dur dans le paysage, mais avec salle d'animation, jeux pour les enfants et ping-pong. Bons équipements (coin bébé, lave-linge, épicerie de dépannage, aire de jeux, volley). Constitue une bonne base pour randonner dans le secteur (nombreux GR, PR et sentiers VTT). Bon accueil.

Achats

Pro-Lave Expo : *au Pigeonnier, pl. de la Grande-Fontaine. De mi-juin à mi-sept, mer-dim 14h-19h ; sinon slt sam 14h-18h. Infos à l'office de tourisme.* Cette association regroupe les principaux sculpteurs, graveurs, mais aussi émailleurs de Volvic utilisant la fameuse pierre de lave, l'une des seules avec celle du Mont-Dore à pouvoir être émaillées. Le pigeonnier abrite une expo-vente regroupant leurs dernières œuvres. Résultat, plein d'idées de cadeaux colorés et autres créations originales, comme ces numéros de portes largement utilisés dans la région.

À voir

L'église clunisienne Saint-Priest : *au cœur du village. Tlj 9h-12h, 14h-18h.* Bâtie au XIIe s ; sa façade et sa nef furent reconstruites en pierre de Volvic au XIXe s. Le chœur du XIIe s est en arkose de Montpeyroux, paradoxal au pays de la pierre noire. Au XIXe s la façade et la nef furent reconstruites en pierre de Volvic. Trois chapiteaux : le donateur Guillaume de Bezac, les vertus de saint Priest et les Évangélistes. La chapelle absidiale renferme la châsse de saint Priest, martyrisé en 764.

Le musée municipal Marcel-Sahut : *2, rue des Écoles. ☎ 04-73-33-57-33. • musee@ville-volvic.fr • Fermé pour rénovation, mais ouvre l'été lors d'expos temporaires.* Une très belle demeure seigneuriale d'inspiration italienne du XVIIIe s avec des jardins à la française (fontaines et sculptures).

La grotte de la Maison de la pierre : *2, route du Pont-Jany. ☎ 04-73-33-56-92. • maisondelapierre-volvic.com • ♿ Ouv vac de fév-vac de la Toussaint, tlj sf sam (tlj avr-août). Dernier départ 1h avt la fermeture. Entrée : 6,80 € ; réduc. Pass commun avec le volcan de Lemptégy (voir plus loin « Le puy de Dôme. Circuit dans les monts Dôme. Le puy de Lemptégy ») : 14,60-17,10 € (selon type de visite à Lemptégy : à pied ou en train) ; réduc. Prévoir un vêtement chaud (grotte à moins de 10 °C).* Totalement réaménagée, cette ancienne carrière souterraine creusée dans la coulée de lave du volcan de la Nugère présente l'origine et les utilisations de la célèbre pierre de Volvic. Exploitée dès le XIIIe s, elle a été utilisée pour la construction de nombreux édifices auvergnats, comme la cathédrale de Clermont. Ses qualités, notamment sa résistance au gel, aux acides et aux hautes températures, ont permis de développer les métiers de carriers, sculpteurs et émailleurs de lave dans la région. D'une part, la visite permet de découvrir le site, magnifique, et, d'autre part, elle nous donne à revivre l'aventure humaine des carriers du début du XXe s. Bruitages, jeux de lumière et photographies créent un agréable spectacle vivant tout au long du parcours (environ 1h). Atelier d'émaillage (sur résa à partir de 12 personnes) et boutique.

L'Espace d'information de la société des eaux de Volvic : *☎ 04-73-64-51-24. • volvic.fr • ♿ À la sortie du bourg, direction Pontgibaud, puis suivre la direction « Source de Volvic ». Avr-sept, lun-ven 9h-12h, 14h-18h (en continu 10h-18h30 en juil-août) ; w-e et j. fériés (2 mai-30 sept) 14h30-18h ; oct, slt l'ap-m en sem. Fermé 1er mai. Entrée libre.* Entre musée publicitaire et musée géologique, ce petit espace bien conçu présente l'histoire de l'eau minérale naturelle de Volvic au travers d'une exposition pédagogique, d'un diaporama et de deux films (sur la source et l'embouteillage, la flore, la faune et le patrimoine en Auvergne). Notez les premières pubs de Volvic, qui paraissent aujourd'hui kitschissimes ! De plus, on vous offrira de l'eau à déguster. Autour, sentiers de découverte, parcours d'orientation, randonnées.

L'usine d'embouteillage de Volvic : *usine du Chancet, route de Riom (D 986). ☎ 04-73-64-51-24. Visites guidées gratuites mar en juin, lun-ven juil-août. Inscription à l'avance obligatoire auprès de l'Espace d'information Volvic (voir ci-dessus). Enfants de moins de 7 ans non admis, sécurité oblige. Prévoir 2h30.* Les richesses hydrologiques de Volvic ne sont découvertes qu'au XXe s. De 1922 à 1929, le maire de la ville poursuit les travaux de Legay-Chevalier sur la source du Goulot. En 1963, on découvre et on classe la source Clairvic comme eau minérale naturelle. Elle est captée à 90 m sous terre. Volvic a fondé toute sa communication sur deux atouts : sa pureté et sa faible minéralité. La visite guidée détaille tous ces aspects, avant de s'intéresser à l'activité de l'usine, de la fabrication de la bouteille au conditionnement. Intéressant.

Manifestation

– **Festi'Lav :** *les années impaires, le dernier w-e de juin.* C'est la fête de la pierre de Volvic. Artisans et professionnels (sculpteurs, graveurs et émailleurs) montrent leur talent appliqué à la fameuse pierre de lave.

DANS LES ENVIRONS DE VOLVIC

Le château de Tournoël : *à* ***Tournoël.*** *☎ 04-73-33-53-06. • tournoel.com • À 1,5 km de Volvic. Juil-août, tlj 10h30-12h30, 13h30-18h. Entrée : 6 € ; réduc.* Le château, largement abîmé par les guerres de Religion puis en partie démantelé lorsqu'il fut transformé en carrière de pierres, a heureusement connu plusieurs campagnes de restauration et garde du haut de son piton rocheux l'allure altière d'une des plus importantes forteresses de la basse Auvergne. De loin, l'effet est magnifique lorsque sa silhouette se découpe sur l'horizon. Construit au XIIe s, il fut embelli et agrandi au XVe s dans un style gothique flamboyant et Renaissance. Il subsiste les deux donjons, les cuisines, la chapelle, et quelques salles notables comme la chambre de la châtelaine. Belle vue sur la Limagne, avec table d'orientation.

SADO-MASO ?

Au XVIIe s, le seigneur du château de Tournoël, Charles de Montvallet (qui portait vraisemblablement bien son nom), avait la fâcheuse habitude de traiter tous ses enfants (illégitimes) en serviteurs personnels, pour ne pas dire en esclaves. Un monstre ! Heureusement, sa femme lui mettait régulièrement des trempes !

L'église de Marsat (63200) **:** *par la D 83.* L'église abrite une merveilleuse Vierge à l'Enfant du XIIe s, qui fait partie des joyaux de la statuaire médiévale auvergnate. Elle fut transformée en Vierge noire en 1830 et continue de faire l'objet d'une grande vénération.

LES COMBRAILLES

LES COMBRAILLES

Cette étrange région d'arbres, d'eaux et de pierres s'étend sur trois départements. Les Combrailles étalent leurs paysages parfois monotones et toujours bucoliques sur l'Allier et sur la Creuse. Dans le Puy-de-Dôme, la Combraille auvergnate se situe au nord-ouest de Clermont-Ferrand, de Menat à Bourg-Lastic plus au sud. Ici, l'histoire ne s'est arrêtée que peu ou prou, laissant les hommes et leurs terres à un destin discret, comme les quelques bourgades cachées derrière des haies et des murets. Pas de ville phare, pas d'attraits particuliers hormis les gorges de la Sioule. On se sent proche de l'Auvergne mais pas dedans, à proximité du Limousin mais loin de Limoges. La terre y est sauvage, brute, voire brutale. On y trouve encore la maison de granit aux pierres liées à la terre, aux petites fenêtres avec un toit de paille à pente raide où la mousse et les fleurs sauvages trouvent parfois refuge.
C'est aussi le pays des fées – ***fades,*** **en auvergnat dans le texte –, qui ont laissé leurs noms un peu partout, et notamment à un viaduc. On dit que les soirs propices aux légendes, elles continuent de promener leurs graciles silhouettes à travers ce pays de landes presque mythique.**

SAINT-GERVAIS-D'AUVERGNE

(63390) 1 470 hab. *Carte Puy-de-Dôme, B1*

Petit village pittoresque, sis sur le plateau entre la Sioule et son affluent, le Chalamont. On y trouve une église gothique du XIVe s, possédant une étrange gargouille. Sur la terrasse voisine, quelques tilleuls séculaires et une vue étonnante sur la Combraille et, au loin, la chaîne des Puys.

Adresse utile

*🛈 **Office de tourisme intercommunal / Association Animation cœur de Combrailles :** rue du Général-Desaix. ☎ 04-73-85-80-94. • combrailles-auvergne.com • Ouv tlj sf dim ap-m en saison ; fermé le w-e hors saison.*

Où dormir ? Où manger ?

*⌂ 🍽 **Hôtel-restaurant Castel Hôtel 1904 :** rue du Castel. ☎ 04-73-85-70-42. • castel.hotel.1904@wanadoo.fr • castel-hotel-1904.com • ♿ Congés : janv. Doubles 75-79 €. Menus 16,90-55 €. Wi-Fi Réduc de 10 % sur le prix de la chambre sur présentation de ce guide.*

De mère en fils depuis 1904, telle est la devise de cette ancienne demeure de Mme de Maintenon, puis des religieux de Cluny, qui possède encore un vrai supplément d'âme. À la réception trônent les portraits des ancêtres, dont certaines moustaches ont suggéré le nom du fameux *Comptoir à Moustaches,* le bistrot de l'hôtel, au cadre authentique et nostalgique, où l'on célèbre les produits du terroir. Mais que ce soit au *Comptoir* ou au restaurant gastronomique, plus original, Jean-Luc Mouty, une « toque d'Auvergne » qui a fait ses classes chez Robuchon, donne sa pleine mesure. Pas étonnant donc qu'on retrouve des saveurs un peu oubliées dans des préparations fines et délicieuses... Quant à l'hôtel, il est spacieux, calme et tout aussi attachant. Les chambres, bien équipées, ont un côté rustique de charme, un tantinet nostalgique (elles portent toutes le prénom d'un membre de la famille).

Le Relais d'Auvergne : *rue Fontaine-de-la-Ville. ☎ 04-73-85-70-10. • relais.auvergne.hotel@wanadoo.fr • relais-auvergne.com • Congés : 11 nov-8 mars. Resto fermé lun midi. Doubles 60-64 € ; ½ pens 58-60 €/pers. Formule déj (en sem) 14 € ; menus 22-35 €. Café offert sur présentation de ce guide.* Au cœur du village, voilà une petite adresse chaleureuse, tenue par 2 jeunes passionnés. Chambres colorées et cosy, avec édredons en plume, certaines avec du beau mobilier ancien et une délicieuse atmosphère « vieille province ». On s'attable dans une salle à manger plutôt cossue, qui fait également brocante, avec une immense cheminée qui dispense une douce chaleur les soirs de frimas. Cuisine régionale traditionnelle de qualité et sans chichis. Un excellent rapport qualité-prix pour tous les menus, et un service sympa.

Les Cabanes des Combrailles : *Chalagnat. 06-73-45-23-43. • contact@cabanesdescombrailles.fr • cabanesdescombrailles.fr • Dans les bois, à la sortie de Saint-Gervais par la route du Bouchet. Congés : 2 janv-début fév. Double 100 €. Gîtes 6 pers 350-600 €/sem. Apéritif offert sur présentation de ce guide.* Bienvenue en Gaule ! C'est le concept. Car, ici, on oublie toutes ses habitudes d'homme moderne : on commence par abandonner sa voiture au parking, puis on pénètre dans l'enceinte de ce village d'irréductibles, où tout fonctionne peu ou prou à la manière du fief d'Astérix. On loge dans les fustes (des chalets rustiques en tronc d'arbre brut), à moins de se réfugier dans le super bateau pirate (top pour les familles), ou de préférer l'option haute en couleur des cabanes ! Perchées entre 3 et 9 m de hauteur (quand même !), elles sont accessibles par tout un système délirant de ponts suspendus et d'échelles. Une fois sur place, le confort est à l'image du site : toilettes sèches, poêle à bois et lampes à huile. Bon, pour les ablutions, il y a la taverne où l'on a aménagé un bloc sanitaire. Mais c'est l'une des rares concessions accordées par ce village écolo et franchement rigolo !

Où dormir ? Où manger dans les environs ?

Prix moyens

Chambres d'hôtes de Fontvieille : *chez Mauranne et Michel Murat, lieu-dit La Siouve, 63390* ***Sauret-Besserve.*** *☎ 04-73-85-83-95. • gite.fermefontvieille@orange.fr • fermefontvieille.com • De Saint-Gervais, par la D 523 vers Sauret-Besserve ; c'est à 1,5 km après Sauret vers le viaduc des Fades. Double 52 €. Également un gîte 4 pers 280-350 €/sem. Réduc de 10 % (sf vac scol) sur présentation de ce guide.* C'était une ferme familiale, c'est devenu une maison de poupées ou une vraie bonbonnière... À gauche, un magnifique salon ; à droite, la salle à manger ; dans la cuisine, la gazinière à l'ancienne ; tout est bien meublé, très fleuri, confortable et douillet. Sous les combles, une grande chambre familiale, très agréable (avec une chambre d'appoint et tout le confort). À l'étage, 2 autres chambres, très coquettes, dont une donnant sur le jardin. Délicieux gâteaux maison au petit déj. Michel est membre d'une association de randos pédestres et équestres et il n'est pas avare en bons conseils. Et pour le bonheur des enfants, promenades à dos d'âne dans le pré. Accueil chaleureux.

Chambres d'hôtes Les Terres d'Héphaïstos : *chez Marion Gauvin, Le Masmont, 63390* ***Saint-Gervais-d'Auvergne.*** *☎ 04-73-85-80-09. • lemasmont@wanadoo.fr • auvergne-masmont.com • Du village, D 227 vers Pionsat et 2e route sur la droite ; c'est la dernière maison en pierre. Congés : 15 nov-mars. Double 50 €. À partir de 2 nuitées, apéritif offert et visite de l'atelier sur présentation de ce guide.* Dans une belle ferme rénovée, Marion a aménagé des chambres comme chez grand-mère, avec lits anciens en fer et dentelle blanche, et sanitaires. Agréable salle de séjour dans l'ancienne étable, où les mangeoires servent aujourd'hui de placards (bonne idée !). Cuisine à disposition. Hôtesse tout à fait charmante et souriante, qui propose également des cours de filage de laine. D'ailleurs, vous verrez sans doute des alpagas se balader dans le joli jardin paysager. Un petit coin de paradis pour les amoureux du calme et de la nature.

Hôtel-restaurant Le Beau Site : *La Sioule, 63560* ***Servant.*** *☎ 04-73-85-50-65. • le.beau.site@wanadoo.fr • le-beau-site.com • (resto slt). À env 20 km au nord de Saint-Gervais par la D 987 et la D 92. Tlj sf mer soir et jeu hors saison. Congés : 15 nov-1er mars. Double 49 €. Menus 14,90 € (en sem), puis 23-34 €. Apéritif maison « La Piolette » offert sur présentation de ce guide.* *Le Beau Site* mérite bien son nom ! La route des gorges de Chouvigny est superbe les beaux jours. Tenu par un couple accueillant, ce petit hôtel propose une poignée de chambres vraiment agréables et confortables. Côté cuisine, on n'utilise que les bons produits locaux, à déguster dans une belle salle à manger au rustique chaleureux, ou en terrasse au bord de la Sioule en été. Ça, c'est super, et ce n'est pas Éric Rohmer qui nous démentirait, lui qui y a tourné quelques scènes de son film *Les Amours d'Astrée et de Céladon* en 2006 ! Bref, de quoi passer un moment sympathique dans un cadre vraiment enchanteur.

Chic

Chambres d'hôtes Auvergogne : *Grelet, 63390* ***Espinasse.*** *☎ 04-73-85-73-91. • contact@auvergogne.com • auvergogne.com • De Saint-Gervais, D 532 jusqu'à Espinasse ; c'est à 1 km après le village par la D 13 vers Pionsat. Double 72 € ; familiales 89-150 €. Table d'hôtes 27-40 €. Apéritif offert sur présentation de ce guide.* C'est une vieille longère classique, proprement retapée. À l'intérieur, des chambres nickel, joliment décorées de façon thématique, et tout confort. Agréable donc. Mais ce qui fait la différence ici, c'est la belle piscine intérieure (toute l'année à 30 °C, même quand il neige !) et les dîners préparés sous les yeux des convives. Car Franck est cuisinier de métier, et s'efforce d'inculquer quelques secrets pendant le show ! Plutôt sympa.

Chambres d'hôtes Les Eydieux : *Les Eydieux, 63410* ***Saint-Angel*** *(au nord de Manzat). ☎ 04-73-86-91-95. • leseydieux@wanadoo.fr • leseydieux.com • De Blot-l'Église, par la D 50 ; peu après Villemorie, à gauche sur la D 418, puis à gauche de nouveau (c'est fléché). De Saint-Angel (au sud), à droite sur la D 16. Double 120 €. Café ou boisson d'accueil offert sur présentation de ce guide.* Au bout du bout du monde, dans la Combraille la plus sauvage qui soit, Marie-Claire et Cyr ont restauré cette ferme avec talent, en mêlant le moderne à l'ancien tout en lui conservant son âme. Dans les dépendances, 2 chambres arrangées de façon exquise : large utilisation du bois local, d'éléments d'origine de la ferme, de tissus authentiques, mais aussi de béton brut, mon tout fusionnant en un maelström d'espaces lumineux, en des camaïeux de beige, ocre, grège... Charme et sobre élégance sont les maîtres mots. Et un confort extrême (hammam, baignoire balnéo). Petit déj d'anthologie (produits frais, succulentes confitures maison). De plus, Marie-Claire propose bien d'autres activités, à commencer par la visite aux ânes de la maison. *Les Eydieux,* la sérénité retrouvée à l'état originel !

Achats dans les environs

Huilerie artisanale de Blot : *le Bourg, 63440* ***Blot-l'Église.*** *☎ 04-73-97-49-22. Ouv l'ap-m mar-sam et mar mat.* Les gourmets seront avisés de faire un petit détour par Blot, car ce village peut s'enorgueillir d'abriter l'une des dernières huileries artisanales de la région. Pour preuve, la meule à l'ancienne installée au fond de la boutique, qui tourne à plein régime en saison. Sur les rayonnages, des huiles vierges de noix, de noisettes, d'amandes, de pistaches...

À voir

Le musée de la Résistance : _pl. Raymon-Gauvin. Lun-ven 9h-11h30, 14h-17h (16h30 ven). Entrée gratuite._ Petit musée qui relate les mouvements de Résistance dans les Combrailles lors de la Seconde Guerre mondiale : armes, uniformes, vieilles affiches... L'été, la visite est commentée par un ancien résistant.

DANS LES ENVIRONS DE SAINT-GERVAIS-D'AUVERGNE

Le viaduc des Fades : _au sud de Saint-Gervais._ On vous rappelle au passage que _fades_ signifie « fées » dans les Combrailles. Le viaduc des Fades est le plus haut viaduc ferroviaire d'Europe (132,50 m). Construit entre 1901 et 1908, il est long de 470,25 m, est formé de poutres droites et de treillis métalliques qui ont nécessité plus d'un million de rivets, le tout soutenu par des piles de maçonnerie dont les plus hautes atteignent 93 m.
Passé le viaduc des Fades, continuer sur la D 62 jusqu'aux **_Ancizes-Comps,_** célèbre pour ses aciéries _Aubert-Duval_ encore en fonctionnement (et qui embauchent encore, saluons la prouesse !).

Le méandre de Queuille : _par la D 19 et la D 90, via Les Ancizes et Saint-Georges-de-Mons._ La Sioule forme une superbe boucle que l'on peut contempler, ainsi que toute la vallée, depuis un belvédère près de l'église de Queuille.

La chartreuse de Port-Sainte-Marie : _à 4 km au sud._ Perdu au fond d'un vallon boisé dans une solitude propice au recueillement, ce couvent fut fondé au XIIe s et supprimé en 1792 par la Révolution – qui a même réussi à arriver jusqu'ici. Il faut bien reconnaître que les riches chartreux étaient carrément détestés par les paysans du coin. L'endroit est en ruine, mais il mérite une visite pour son cadre merveilleusement bucolique.

PONTGIBAUD

(63230) 900 hab. _Carte Puy-de-Dôme, B2_

Ancien bourg industriel réputé pour ses mines de plomb argentifère, qui se situe à la « frontière » du parc des Volcans d'Auvergne.

Adresse et infos utiles

Bureau de tourisme de Pontgibaud : _rue du Commerce. ☎ 04-73-88-90-99. • tourisme-combrailles.fr • Juil-août, ouv tlj sf dim ap-m ; mi-saison, tlj sf sam ap-m et dim ; hors saison, en sem sf ven ap-m._ Excellent accueil, efficace et tout sourire. Plein de bonnes infos sur les randos du secteur.
– **_Foire rurale :_** _le 3e jeu du mois._ Jolis étalages de fruits, de légumes et quelques sympathiques camelots.
– **_Marché :_** _ts les jeu._ Des marchés du terroir sont organisés l'été.

Où dormir ? Où manger ?

Hôtel-restaurant de la Poste : _pl. de la République. ☎ 04-73-88-70-02. • info@hoteldelaposte-pontgibaud.com • hoteldelaposte-pontgibaud.com • Hors saison, resto fermé_ *dim soir, soir des j. fériés, lun et mar. Congés : 18 fév-10 mars et 8-16 oct. Doubles 43-59 € selon saison. Menus 22-45 €. Garage fermé payant. Apéritif maison offert sur présentation de ce guide.* L'hôtel-resto traditionnel campant sur la place principale du bourg, avec des chambres classiques, bien tenues et confortables (salle de bains, double vitrage, TV). La salle à manger, coquette, est un bon point de chute pour goûter à une cuisine traditionnelle de bon aloi. Également une grande terrasse sur la place aux beaux jours.

Où dormir ? Où manger dans les environs ?

Auberge de Mazayes : *hameau de* ***Mazayes-Basse*** *(63230). ☎ 04-73-88-93-30. • auberge.de.mazayes@orange.fr • auberge-mazayes.com • À 12 km au sud de Pontgibaud par la D 578, la D 62 puis la D 52. Resto fermé mar midi, plus lun oct-mars. Congés : 15 déc-15 janv. Doubles 67,50-79,50 €. Formule déj 16 € (sf w-e et j. fériés) ; menus 24-31 €. Café offert sur présentation de ce guide.* Au bout d'une petite route en colimaçon, une ancienne étable magnifiquement métamorphosée en auberge bourgeoise, dans un hameau au calme olympien. Cadre champêtre agréable (murs de pierre, énormes bouquets de fleurs fraîches et belle cheminée) à l'image d'une très bonne cuisine rustique régionale. Et pour dormir, une quinzaine de chambres classiques.

Chambres d'hôtes Les Genêts Fleuris : *lieu-dit Bonnabaud, 63230* ***Saint-Pierre-le-Chastel.*** *☎ 04-73-88-75-81. • martine.cubizolle@akeonet.com • chambres-hotes-puy-de-dome.com • À 4,5 km au sud de Pontgibaud. Ouv tte l'année. Double 51 €. ½ pens (exigée pdt les vac scol) 93 € pour 2. Apéritif maison offert sur présentation de ce guide.* Perdue dans un coin de campagne, en lisière du parc des Volcans et des Combrailles, cette ancienne ferme aménagée offre un point de vue fort sympathique sur la chaîne des Puys. 5 chambres toutes simples en bois clair, bien tenues, avec salle de bains. Martine, qui tient cette chambre d'hôtes à l'écart des gros circuits touristiques, est une mine d'informations sur les randonnées. L'endroit est idéal pour son calme et sa situation. Repas composé de plats traditionnels.

Chambres d'hôtes Le Tilleul : *lieu-dit Genestouze, 63780* ***Saint-Georges-de-Mons.*** *☎ 04-73-86-77-23. • eliane.chaumont@orange.fr • À 3 km au nord de Saint-Georges (panneaux). Congés : 22 déc-7 janv. Double 50 € ; ½ pens 67 €/pers. Table d'hôtes sur résa 17 €. Réduc de 5 % sur 2 j. en ½ pens pour un couple sur présentation de ce guide.* C'est la vraie chambre d'hôtes, dans le sens où l'accueil n'est pas un vain mot : Éliane dorlote ses hôtes et leur mitonne de bons petits plats s'ils restent à dîner, tandis que Marc n'hésite pas à proposer des balades à pied ou à moto. On se sent bien donc, d'autant que la grange réservée aux hôtes est fort agréable. Rénovée et modernisée, elle comprend des chambres nickel, différents coins salon, la salle à manger et une terrasse pour profiter de la vue dégagée sur les environs. Impeccable pour se ressourcer.

À voir

Le château Dauphin : *☎ 04-73-88-73-39. • chateaudauphin.com • Visite guidée : juil-août, tlj sf lun 14h-19h ; Pâques-juin et sept-Toussaint, slt dim et j. fériés 14h-18h. Entrée : 5,50 € ; réduc. L'été, visite nocturne mer à 21h30 (entrée : 8 €).* Ce château, mentionné dès le VIe s, fut reconstruit en pierre de lave à la fin du XIIe s par Robert Ier, Dauphin d'Auvergne. Chargé de défendre le village et le pont de la Sioule, il a été pris par Philippe Auguste en 1213, puis remanié vers 1450 par le maréchal de La Fayette. Bel exemple d'architecture militaire, le château forme un rectangle massif couronné de mâchicoulis et de créneaux, éclairé au XVe s de fenêtres à croix de pierre. Il est surmonté d'un énorme donjon cylindrique de 33 m.

De l'enceinte qui entourait le château, il reste six tours rondes. On peut y voir une collection de souvenirs historiques et familiaux (tableaux, faïences, miniatures...) des différents occupants de la bâtisse, et le musée des Mines de plomb argentifère de la région de Pontgibaud. Jardin potager du XVIe s.

DE PONTGIBAUD À BOURG-LASTIC

Quitter Pontgibaud par la D 418 vers Les Ancizes-Comps et pénétrer dans les ***gorges de Montfermy,*** premières gorges de la Sioule. Après le village et sa jolie petite église, vous trouverez une cascade sympa.

À 18 km à l'ouest par la D 941, on rejoint ***Pontaumur.*** Au cœur de la haute Combraille, Pontaumur est au milieu des bois, des étangs et des pâturages où paissent vaches et moutons.

Auberge de la Hulotte : *La Pêche, 63230* ***Saint-Jacques-d'Ambur.*** *☎ 04-73-87-72-71. • info@aubergedelahulotte.com • aubergedelahulotte.com • À 15 km de Pontgibaud par la D 941, puis à droite à La Goutelle par la D 61. Resto fermé le midi en sem (plus soir lun-mar hors saison). Congés : de mi-déc à mi-mars. Doubles 51-61 € ; familiales 94-102 €. Menus 16-24 €. Parking.* Ancienne grange-étable très bien restaurée et perdue dans la campagne. Les chambres sont accueillantes (meubles anciens, beaux tissus, salles de bains très confortables), de même que le resto à l'ambiance rustique. Menus au diapason (truffade, tripoux...). Bref, tout est beau et bien léché.

Chambres d'hôtes La Ferme de l'Étang : *chez Christiane et Philippe Queyriaux, La Verrerie, 63380* ***Villosanges.*** *☎ 04-73-79-71-61. De Pontaumur, D 206 vers Auzances. Congés : fév. Double 50 €. Table d'hôtes 17 €. Apéritif et café offerts sur présentation de ce guide.* Au cœur des Combrailles, grosse ferme de famille du XVIIIe s. Chambres confortables et classiques. Les mansardées sont les plus sympas. À la table d'hôtes, on retrouve les bonnes spécialités auvergnates. Les amateurs de pêche seront servis : un étang privé sur place et un autre à l'Étang Neuf loué spécialement pour les clients ! Location de VTT et table de ping-pong. Vente de produits régionaux. Bref, l'adresse est comme l'accueil, nature.

Suivre la D 987 pendant 19 km vers ***Herment.*** On y voit une grande église romane du XIIe s, austère et sombre, aux murs épais avec voûtes et arcades en arc brisé, coupole sur pendentifs à la croisée et chevet polygonal.

Chambres d'hôtes chez Christiane et Bernard Thomas : *Le Glufareix, 63470* ***Verneugheol.*** *☎ 04-73-22-11-40. • christiane.thomas11@wanadoo.fr • À 20 km au nord de Bourg-Lastic, sur la D 204 ; prendre la D 564 vers Saint-Merd sur 1 km et tourner à gauche vers Le Glufareix. Congés : à Noël. Double 48 €. Table d'hôtes 17 €.* La ferme, très vivante, conserve quelques éléments de la demeure du XVIIIe s malgré la rénovation moderne. Chambres confortables, certaines mansardées. Bonne cuisine traditionnelle concoctée par Christiane. Salle à manger à l'atmosphère campagnarde, avec une superbe cheminée monumentale et un beau plafond à la française. Accueil chaleureux et sans-façon. Une bonne adresse.

La Ferme de Rozéry : *chez Joëlle Briquet-Desbaux, à Rozéry, 63620* ***Giat.*** *☎ 04-73-21-60-08. De Giat, par la D 204, direction Crocq, puis la D 98 vers Basville ; c'est à 500 m, aux confins du département, juste avt d'entrer dans la Creuse. Double 52 €. Réduc de 10 % sur le prix de la chambre (sf mai-août) sur présentation de ce guide.* Une magnifique demeure tout en pierre de la fin du XIXe s. L'ambiance est authentique, les vieux meubles sentent bon la cire, et le paysage devant la ferme est idyllique. À l'étage, que dessert un très bel escalier en pierre, des chambres confortables et personnalisées, avec de beaux meubles anciens, un superbe plancher et de jolies salles de bains. Jetez un coup d'œil à l'ancienne écurie attenante et à l'étable, avec ses voûtes en croisées d'ogives qui datent de 1909. Dans le grand jardin cohabitent joyeusement de nombreux matous, le chien et la basse-cour, sans oublier la mare avec grenouilles et canards. Accueil très chaleureux et excellent rapport qualité-prix.

Encore 16 km au sud à travers un paysage presque monotone fait de lourdes collines qui s'élèvent vers la chaîne des Puys, pour arriver aux confins du département, à ***Bourg-Lastic.*** Dans le village, encore une église du XIIe s construite par les moines bénédictins de Port-Dieu en Corrèze, dont on sent les apports limousins, dans le portail notamment.

La Pomme d'Or : *22, route de Clermont (D 2089), 63760* ***Bourg-Lastic.*** *☎ 04-73-21-80-18. Fax : 04-73-21-84-15. ♿ (resto slt). Par l'A 89 : venant de Bordeaux, sortie Ussel n° 24 ; dans l'autre sens, sortie Saint-Julien-Sancy n° 25. Resto tlj sf mer. Fermé nov-mai. Doubles env 38-65 €. Menus env 16-26 €. Café offert sur présentation de ce guide.* Cette maison de bourg avec son toit de lauzes traditionnel abrite un resto très familial, avec poutres apparentes, grande cheminée et un petit coin salon avec fauteuils en osier. Accueil sympathique, à l'image du lieu, et cuisine agréable. Pour les enfants, un jardin intérieur avec quelques jeux. Côté hôtel, des chambres joliment rénovées, avec parquet et anciennes coiffeuses. Les autres, plus vieillottes mais moins chères, devraient y passer à leur tour... Une bonne petite adresse.

Chambres d'hôtes chez Chantal et Denis Dugat-Bony : *Artiges, 63760* ***Bourg-Lastic.*** *☎ 04-73-21-87-39. • chantaldugatbony@orange.fr • artiges-chambresdhotes.com • Dans Bourg-Lastic, suivre le fléchage « Artiges » ; la maison est à 2 km. Congés : oct-mars. Double 49 €.* Au bout d'un petit chemin de campagne, belle ferme du XIXe s restaurée. Chambres confortables, et belle salle à manger avec poutres apparentes et grande cheminée. Également un joli jardin tranquille à l'arrière, parsemé de sculptures (œuvres de l'oncle des proprios), avec une grange à la belle charpente. Calme absolu et environnement très agréable en pleine nature. Ping-pong. Barbecue. Pas de table d'hôtes, mais coin cuisine à disposition et plusieurs petits restos dans les environs. Accueil agréable.

LE PARC NATUREL RÉGIONAL DES VOLCANS D'AUVERGNE

Le comte de Montlosier, pionnier de l'agronomie et initiateur du boisement intensif des puys, serait étonné de voir que son château de Randanne est devenu la plaque tournante de la défense de la nature des pays d'Auvergne. Le parc naturel régional des Volcans d'Auvergne est officiellement né en 1977. Très vite il est devenu un instrument de protection géré par un syndicat mixte de communes des départements du Puy-de-Dôme et du Cantal. Il a pour mission de sauvegarder le patrimoine culturel, les paysages et les milieux naturels, en tenant compte des contraintes occasionnées par le développement touristique.

Confrontée à des problèmes économiques et sociaux dus notamment à la dépopulation des zones rurales, l'Auvergne a besoin d'être défendue contre les tentations qu'elle peut susciter. Le parc réunit donc une fédération de volontés engagées dans la défense de la nature et veut exercer une influence non négligeable plutôt que d'édicter des interdits sur les 395 000 ha qui

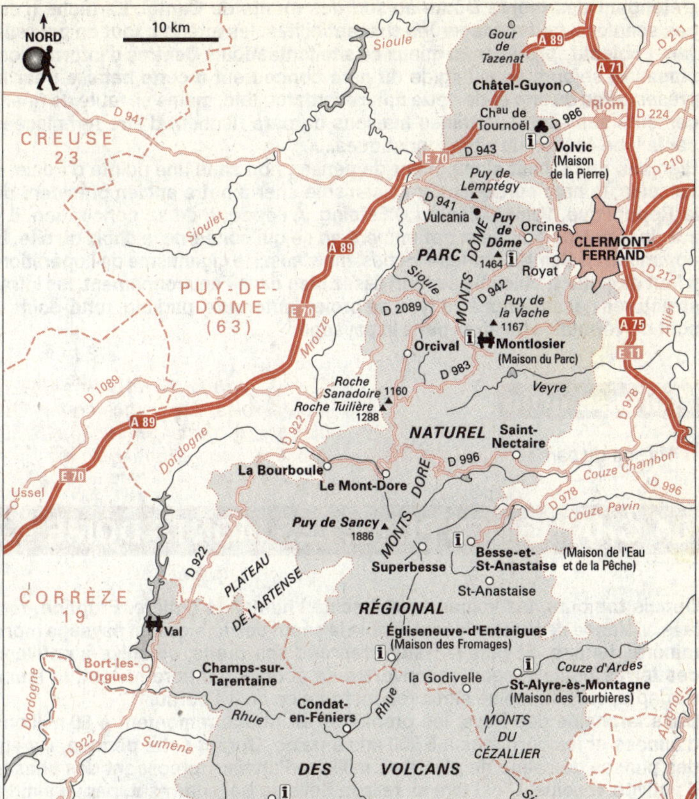

LE PARC NATUREL RÉGIONAL DES VOLCANS D'AUVERGNE

s'étendent des monts Dôme au sud des monts du Cantal. La tâche n'est pas simple ; il faut ménager les susceptibilités, les intérêts, tout en poursuivant l'objectif : protéger au mieux ce site fantastique. Centres d'information, stages et séjours sous l'égide du parc concourent à cette bataille pour la préservation du site et de cette nature remarquable, même si, faute de financements suffisants, certaines maisons du parc risquent d'être remplacées par la labellisation de sites touristiques...
Bien sûr, on ne peut s'empêcher de penser, non sans une pointe d'ironie, à Vulcania, le parc européen du Volcanisme cher à notre ancien président de la République, Valéry Giscard d'Estaing. À l'époque de sa conception, il y eut de fortes polémiques, notamment en ce qui concerne le choix du site, la commune de Saint-Ours-les-Roches, mais aussi le gigantisme de l'opération. Il faut dire que si Vulcania se fond assez bien dans l'environnement, les infrastructures nécessaires à ce type de projet (autoroute, parking, rond-point...) sont de véritables balafres dans le paysage.

Adresse utile

i ***Maison du parc :*** *château Montlosier, 63970* ***Aydat.*** *☎ 04-73-65-64-26. • parc-volcans-auvergne.com • Ouv mai-oct, tlj sf mar 9h-12h30, 13h30-17h30 (tlj jusqu'à 18h juin-août).*

LA CHAÎNE DES PUYS, LES MONTS DÔME

Depuis toujours, les volcans ont fasciné l'humanité entière. Éruption, feu, lave, violence de la terre incontrôlable laissant derrière eux un paysage mort, minéral, lunaire. Et puis la nature reprend ses droits, colonise à nouveau ces terres bouleversées, recouvertes de scories. La flore revient, la faune s'adapte, et l'homme se met à reconstruire ce qu'il a perdu.
Dans la chaîne des Puys, les premières éruptions remontent à 60 millions d'années et les dernières à 5 000 ans à peine. Durant cette période, il y eut des phases de calme de plusieurs milliers d'années, précédant des phases d'activité absolue. C'est dire si, telle la Belle au bois dormant, par un simple baiser, le feu peut renaître, un jour, sur toute cette région. Ce qui est sûr, c'est que la lave ne sortira pas, sauf coïncidence, des cratères actuels car les volcans d'Auvergne sont des « volcans-allumettes » : ils ne vivent qu'une seule fois.
La chaîne des Puys apparaît comme un véritable conservatoire des formes volcaniques tant elles sont nombreuses ici. Cônes, dômes, maars, véritable paysage de furonculose aiguë, sont alignés sur un axe nord-sud à l'ouest de Clermont-Ferrand, et sur une quarantaine de kilomètres, on peut compter plus de 70 bouches éruptives formant un gigantesque collier où les verts se déclinent à l'infini. Un paysage qui s'embrasse, qui se goûte, qui se respire, qui se vit sans modération. Un paysage qui mérite non seulement le détour, mais aussi le voyage, car c'est l'un des endroits les plus magiques, grandioses, fantastiques, inoubliables... On pourrait multiplier les superlatifs à l'infini en évoquant cette région qui parle à l'imagination en faisant sentir toute la puissance de la terre. Il suffit de venir et d'écouter le silence, qui a l'arrière-goût un rien angoissant des grandes catastrophes.
Et au milieu de tout cela s'élève le puy de Dôme ! Ce n'est pas un volcan ordinaire, c'est le boss. À l'image de la Grande Pyramide, depuis son sommet, on plonge dans ce passé de cataclysme, dans un paysage époustouflant et lunaire. Signalons au passage le renouvellement de la candidature au Patrimoine mondial de l'Unesco de la chaîne des Puys et de la faille de Limagne en novembre 2012.

– Pour ceux qui voudraient contempler plus longuement le paysage, une petite pub aux *gîtes Panda* établis dans le parc, sélectionnés entre autres pour leur situation et leur engagement en faveur de l'environnement (documentation et matériel de découverte à la disposition des hôtes, pratique de la culture bio...). *Rens au parc : ☎ 04-73-65-64-00 ou 26.*

LE PUY DE DÔME

Carte Puy-de-Dôme, B2

Parmi tous les puys, les dômes péléens ne sont que huit. Avec ses 1 465 m, le puy de Dôme est le plus haut, toisant les autres de plus de 200 m, le plus spectaculaire et le plus célèbre. Certes, comparé au gigantesque volcan cantalien (le plus grand volcan non actif d'Europe), le bourgeonnement des dômes paraît peu de choses. C'est pourtant le plus parlant. Du haut du puy de Dôme, on peut apercevoir, vision toujours stupéfiante, une soixantaine de bouches ou de cônes et plusieurs des coulées qui se sont déchaînées dans des temps séculaires. Un petit nombre de volcans, dont le puy de Dôme, n'ont pas de cratère. Ils ont émis une lave claire, la domite, qui s'est accumulée sur place pour former un dôme d'extrusion visqueuse.
Telle la grenouille de nos ancêtres, le puy de Dôme sert de baromètre aux habitants de la région. S'il se coiffe d'un chapeau, le temps va immanquablement devenir mauvais. Mais c'est au sommet que l'on peut observer les phénomènes les plus étonnants. En automne, par exemple, il est fréquent de contempler une mer de nuages d'où pointent les autres puys comme des petites îles perdues dans une mer de coton. L'autre spectacle qui vous ravira, si vous tombez dessus, c'est le vol des parapentistes qui zèbrent le ciel ; leur départ est assez spectaculaire !

UN PEU D'HISTOIRE

La construction de l'observatoire, en 1872, a permis de découvrir une inscription dans les décombres d'un temple indiquant que c'était l'un des grands centres de culte du polythéisme gallo-romain. Le temple, qui en était l'élément essentiel, a été bâti vers l'an 50 apr. J.-C. avec des pierres provenant du site du Grand Sarcoui. Les vestiges que l'on peut observer à son sommet ne donnent qu'une petite idée de sa splendeur passée. Mais suite aux fouilles de ces dernières années, un projet d'exposition permanente devrait en donner une idée plus précise dès l'été 2012. Car on suppose que se dressait ici la statue colossale du Mercure arverne sculptée sous Néron par Zénodore et qui, d'après Pline l'Ancien, égalait en grandeur le colosse de Rhodes. Il ne reste pratiquement rien de toutes ces merveilles, les invasions barbares étant passées par là. Il fallut attendre le XIIe s pour qu'une petite église dédiée à saint Barnabé soit construite. Elle attira un important pèlerinage jusqu'au XVIIe s.
Au XIXe s, Émile Alluard, professeur de physique à la faculté de Clermont-Ferrand, envisage la construction d'un observatoire de l'atmosphère relié à son propre labo par télégraphe pour faire des observations à 1 100 m d'écart.
En 1956, la tour d'observation est détruite pour être remplacée par un émetteur de TV, ainsi que de nombreuses installations qui ne sont pas du meilleur effet sur la silhouette du puy. On dit même que ce relais hertzien renseigne le ministère de l'Intérieur...

ACCÈS AU SOMMET

Chaque période de l'année possède ses atouts et propose une découverte sans cesse renouvelée. Printemps et automne permettent d'apprécier la mer de nuages. En été, c'est un festival de couleurs : celle des verts pâturages, bien sûr, mais aussi celles plus bigarrées des parapentistes qui s'élancent du vieux dôme. Enfin, en hiver, quand le ciel est bleu et sec, on peut même admirer le mont Blanc !

La montée au sommet du puy de Dôme est une vieille tradition. Dès l'époque celtique, un temple fut établi dans ce lieu privilégié alors que l'on croyait que la montagne était creuse et abritait un monstre terrifiant. Plus tard, les Gaulois fréquentèrent ce sommet pour y vénérer Toutatis. Les Romains, loin de s'opposer à ces pratiques ancestrales, se contentèrent de substituer au dieu gaulois un des leurs : Mercure Dumiate, dieu des Voyageurs et des Marchands. Une moitié de routard !

LE FOND DE L'AIR EST... LOURD !

En 1648, à la demande de Pascal, qui était à Rouen, Florin Périer, son beau-frère, fit des expériences sur la pesanteur de l'atmosphère – qui confirmèrent l'hypothèse de Torricelli – en mesurant dans la même journée une hauteur de mercure à Clermont et au sommet du puy de Dôme. La différence de 8,4 cm permettait de montrer de manière incontestable la pesanteur de l'air. Pour remercier ce cher Blaise, on baptisa la mesure l'hectopascal...

Jusqu'en 2012, il fallait encore s'armer de courage pour profiter de ce spectacle saisissant. Depuis, l'ancienne route d'accès a été remplacée par un train à crémaillère silencieux et écologique. Les marcheurs peuvent toujours partir du col de Ceyssat, où commence le sentier des muletiers qui conduit au sommet en 45 mn en suivant le GR 441. Les jours de forte affluence, un parking de délestage est prévu, où un service de navettes permet de rallier le point de départ de la randonnée.

En 1905, il fallut 4h à un courageux pour affronter le sentier des muletiers et ses épingles avec son automobile. Il y eut aussi des aventuriers qui se posèrent en avion sur le puy. Le premier à réaliser l'exploit fut Eugène Renaux, qui posa son aéroplane venant de Paris au sommet en 1911, ce qui lui rapporta la bagatelle de 100 000 anciens francs, offerts par les frères Michelin.

Tour d'horizon

On fait le tour du sommet par un chemin de ronde (en béton, dommage !) en 30 à 40 mn. Plusieurs tables d'orientation.

Au nord, on remarque au premier plan le cône strombolien du petit puy de Dôme avec son cratère nommé le « Nid de la Poule », le Pariou avec son profond cratère éteint vers 6500 av. J.-C. et, plus loin, le puy Chopine dont la pointe se distingue par sa forme aiguë. Juste à gauche du Pariou s'élève le puy de Côme dont on peut voir les deux cratères emboîtés, et duquel une immense coulée de lave a glissé jusqu'à Pontgibaud.

À l'est, Clermont paraît bâtie au pied de la montagne, et juste derrière s'étend la Limagne avec ses plaines fertiles et ses monticules couronnés de châteaux.

Au nord-est, on distingue Riom et parfois Moulins par beau temps et avec une bonne vue. Sincèrement, on ne l'a pas vu, mais il paraît que c'est possible. Au-delà de la Limagne, on voit, de droite à gauche, les montagnes du Livradois, du Forez et de la Madeleine, et on peut distinguer au milieu les montagnes du Beaujolais. En hiver, par temps sec et dégagé, possibilité d'apercevoir le mont Blanc (côté est, juste avant le Livradois-Forez...) !

Au sud-est, la coulée basaltique de la Serre se déploie dans toute son étendue et la montagne de Gravenoire, aux scories rouges et noires, domine la vallée de Royat et de Fontanas.

Au sud, les cônes se succèdent sans interruption sur une longueur de 10 km. Ils ne sont pas simples à identifier, sauf si on les a gravis. Un plateau mamelonné

LES MONTS DÔME

où brille le lac d'Aydat les sépare du massif des monts Dore, dont l'édification remonte à 12 millions d'années et qui culminent au puy de Sancy. Au fond de l'horizon, on distingue les monts du Cantal, et, au sud-est, ceux du Velay.

Pas grand-chose à dire sur l'ouest, à part la vue sur les Combrailles et le viaduc qui relie l'A 89.

CIRCUIT DANS LES MONTS DÔME

ORCINES *(63870)*

Où dormir ?
Où manger ?

De bon marché à plus chic

Le Relais des Puys : *59, route de la Baraque. ☎ 04-73-62-10-51. • info@relaisdespuys.com • relaisdespuys.com • Resto fermé lun midi (plus dim soir hors saison). Congés : 14 déc-4 fév. Doubles 69-84 €. Formule 16 € ; menus 18,50-49,80 €. Réduc de 10 % sur le prix des chambres sf juil-août (à demander à la résa) et digestif maison offert sur présentation de ce guide.* Située au pied du puy de Dôme, cette « bonne maison », comme on dit, est tenue depuis 7 générations par la sympathique famille Esbelin. Malgré la rénovation des lieux, il y flotte toujours une ambiance assez vieille France. Cuisine bien faite dans un style très classique. Chambres contemporaines, fonctionnelles et de bon confort.

Auberge des Muletiers : *col de Ceyssat. ☎ 04-73-62-25-95. • muletiers@orange.fr • Sur la D 68, entre Ceyssat et Orcines. Tlj 9h-19h juil-août, fermé mer-jeu hors saison. Congés : 31 oct-1er avr. Plats 10-16 € ; menus 20-25 €. Apéritif offert sur présentation de ce guide.* C'est l'aubaine du randonneur. D'abord, parce que cette petite auberge occupe un site stratégique, pile-poil sur le col, ensuite, parce qu'on y sert une cuisine très simple mais correcte et roborative (du genre tourtes bien épaisses, grosses salades, assiettes de charcuterie...). Et comme l'accueil est souriant, on y revient avec plaisir.

Chic

Auberge de la Baraque : *2, route de Bordeaux. ☎ 04-73-62-26-24. • geraldine@laubrieres.com • Fermé lun-mer. Menus 27-54 €.* Après avoir affiné sa technique auprès de mentors qu'on ne présente plus (comme Bernard Loiseau ou Gordon Ramsay, excusez du peu !), Géraldine Laubrières est rentrée au pays pour reprendre l'auberge familiale. Mais à sa manière. Dans la salle élégante, on apprécie le salon cosy positionné face à la belle cheminée, tandis que sa cuisine dans l'air du temps ne manque pas de personnalité. Qu'il s'agisse de la mise en bouche légère, des viandes et poissons cuits avec justesse, ou des desserts soignés, chaque plat illustre le savoir-faire et le naturel de Géraldine. D'ailleurs, elle n'hésite pas venir dans la salle s'enquérir du bien-être de ses convives. Sympa !

LE PUY DE PARIOU

Un des plus beaux cônes de scories de toute la chaîne, avec ses deux volcans enchâssés. Et c'est le plus profond de tous. Ce volcan présente un cratère de 317 m de diamètre et de 90 m de profondeur, qui ressemble à un entonnoir trop évasé et dans lequel on peut même descendre. Il est enfermé dans un autre cratère beaucoup plus vaste, qui a livré passage à une coulée de lave descendue jusqu'à Chamalières.
Du sommet, vue magnifique, notamment sur le puy du Clerziou, dont l'ascension est également possible. Les escaliers se trouvent à l'arrière du puy, côté sud : on peut donc grimper par le sentier nord à l'aller et descendre par les escaliers au retour ou contourner le puy pour prendre les escaliers à l'aller et au retour (version

plus facile et plus familiale, donc plus de monde...). Les carrières du sommet ont sans doute été creusées pour la construction du temple de Mercure. Imaginez un peu le travail de titan à l'époque !
Se rendre au col des Goules entre Orcines et Pontgibaud par la D 941B. Parking aménagé sur place. Possibilité de faire une boucle de rando en 2h30 (balisage jaune, escaliers aménagés en montant).

LE PUY DE CÔME

Volcan de type strombolien composé de deux cratères emboîtés, comme le Pariou, et doté d'un très beau cône basaltique. De plus, il est plus haut (1 253 m) que ses voisins. Malheureusement, un décret municipal de la commune de Ceyssat en interdit l'accès depuis de nombreuses années.

LE PUY DES GOUTTES

Au rond-point de Vulcania, prendre la petite route vers Chanat-de-Mouteyre et se garer au premier parking sur la gauche. De là, chemin forestier d'environ 1 km, puis ascension à travers les hêtres. Là-haut, à 1 134 m, la récompense : superbe point de vue orienté sud-ouest, du puy de Lemptégy aux puys de Côme, de Dôme ou encore du Pariou.

LE PUY CHOPINE

Le puy Chopine est imbriqué dans le puy des Gouttes. Sa particularité au cours de sa formation, bien visible aujourd'hui, c'est la remontée spectaculaire d'une impressionnante dalle de granit formant son sommet. Avec ses 1 185 m, il présente des pentes escarpées qui rendent son ascension assez pénible, mais on a absolument voulu savoir s'il y avait une petite collation offerte au sommet. Avec un nom comme ça, on pouvait rêver ! En fait, mieux vaut grimper son voisin, le puy des Gouttes, car, manque de chance, non seulement il n'y a rien à boire mais il n'y a rien à voir au sommet du Chopine : totalement boisé, ce dernier est quasiment inaccessible.

LE PUY DE LEMPTÉGY

Celui-ci a été reconverti en Musée volcanologique naturel à ciel ouvert... Juste en face, l'ensemble, presque pharaonique, de Vulcania.

Le volcan de Lemptégy : *☎ 04-73-62-23-25. • auvergne-volcan.com • ♿ (sf Mine explosive). Sur la D 941B, à* ***Saint-Ours-les-Roches,*** *entre Orcines et Pontgibaud. Avr-sept, tlj 10h30-18h30 (9h30-19h30 juil-août) ; hors saison (fév-mars et d'oct à mi-nov), horaires restreints. Les horaires peuvent changer en fonction de la météo. Dernier départ 2h avt la fermeture. Entrée : 13 € en petit train ; 9 € en visite guidée à pied ; réduc. Pass commun avec la grotte de la Maison de la pierre : 14,60-17,10 € (selon type de visite à Lemptégy : à pied ou en train) ; réduc. Également un son et lumière de mi-juin à sept, mettant en scène le réveil du volcan de Lemptégy durant 1h.*

LE SAVIEZ-VOUS ?

Le volcan de Lemptégy, de type strombolien (volcan à magma fluide), est né il y a 30 000 ans. Les couleurs différentes que l'on observe dans son cratère sont dues aux projections d'autres volcans voisins. Quant au puy Chopine, il fut tellement éruptif il y a 9 500 ans qu'on a retrouvé certaines de ses cendres dans des lacs suisses !

La visite se fait en plusieurs étapes. D'abord, la projection d'un film qui présente l'exploitation de la pouzzolane, ce résidu volcanique très écolo qui sert à sabler les routes et à fabriquer des parpaings (on lui doit une bonne partie de la reconstruction de la Normandie d'après-guerre). Lemptégy, à l'origine, était exploité à cette fin, mais le site a cessé cette activité en décembre 2006 pour se consacrer entièrement au tourisme. La seconde partie du film présente les volcans d'Auvergne. Puis on aborde la visite guidée. Celle en train (en 1h30) est plus ludique et permet de faire le tour complet du cratère (beaux points de vue, et deux ou trois arrêts pour ramasser des échantillons), mais à pied (1,8 km) on peut toucher plus facilement les roches, à vous de voir... Dans tous les cas, on apprend la différence entre les cônes et les dômes, entre les bombes et les scories, puis on découvre en détail le cratère, creusé à 150 m pour recueillir la pouzzolane. Notez le bouchon de lave au centre du cratère, aux roches si dures que les carriers ont dû se contenter de forer autour. Leurs impressionnantes machines sont d'ailleurs toujours sur le site et témoignent du passé industriel de Lemptégy. Et puis les enfants aimeront sans doute la gentille Mine explosive, un ascenseur dynamique qui vous emmène en 8 mn dans une mine virtuelle animée en 4D avec éboulement à la clé. Enfin, une petite expo.

VULCANIA

Comment y aller ?

➢ En juil-août, possibilité de ***navettes*** effectuant tlj l'aller-retour depuis Clermont-Ferrand (gare SNCF, rue Blatin-place de Jaude, rue Ballainvilliers, Chamalières et Royat). ☎ *04-73-44-68-68.*

Infos pratiques

– ***Infos :*** *Vulcania, route de Mazayes, 63230* ***Saint-Ours-les-Roches.*** *☎ 0820-827-828 (0,12 €/mn). • vulcania.com • ♿ L'accueil des personnes handicapées a fait l'objet de différentes attentions : accès facilité, ascenseurs, rampes à faible inclinaison, documents en écriture agrandie ou en braille, audioguides, vidéoguides, animations spécifiques et plan de visite adapté.*

– ***Accès :*** *Vulcania se trouve à 15 km à l'ouest de Clermont-Ferrand, sur la commune de Saint-Ours-les-Roches et en bordure de la chaîne des Puys. De Clermont, prendre la D 941B, entre Orcines et Pontgibaud, direction Limoges.*

– ***Périodes et horaires d'ouverture :*** *ouv de mi-mars à mi-nov, tlj (sf lun-mar en mars et sept-oct). Horaires de visite : 10h-18h ; jusqu'à 19h en juil et 19h30 en août, avec une nocturne mer jusqu'à 23h de mi-juil à mi-août, pdt laquelle on tire un feu d'artifice. Compter une journée pour la visite.*

– ***Tarifs :*** *selon période, adulte 21-24 € ; 6-16 ans 15-17 € ; 3-6 ans 4,50-6 € ; gratuit moins de 3 ans. Également un* Pass'Saison *(billet normal + 10 € adulte, 5 € enfant), qui permet de revenir autant de fois qu'on le souhaite pdt tte la saison. Possibilité d'acheter les billets auprès des offices de tourisme de la région Auvergne et sur • vulcania.com •*

Vulcania, l'Aventure de la Terre

À l'origine, les époux Krafft souhaitaient installer un ascenseur dans le puy de Dôme pour le transformer en parc sur le volcanisme... Un projet refusé par la Région mais qui est ressorti en 1992, après la mort du couple érudit, par la voix... de son président, notre fameux VGE. Après 5 ans de travaux, Vulcania a ouvert ses portes le 20 février 2002 (date symbolique, c'est le seul palindrome pour tout le millénaire). Mais après un démarrage en trombe, sa fréquentation a littéralement chuté en raison d'un contenu jugé souvent trop difficile à appréhender.

C'est pourquoi Vulcania a entièrement revu sa copie. Si la démarche est toujours la même, à savoir offrir au grand public un lieu de découverte et de connaissance du volcanisme, il s'agit également d'apprendre en s'amusant, d'étonner le visiteur et de le faire rêver : c'est le complément ludique qui faisait défaut à la première mouture, apporté désormais par les nouvelles attractions axées sur le visuel et les effets spéciaux.

La visite

Le site est vaste (plus de 15 000 m^2, tout de même !). On ne s'en rend pas compte tout de suite, puisque, à l'exception de l'énorme cône stylisé symbolisant le volcanisme et de quelques animations extérieures, l'essentiel se passe en sous-sol. Le mieux est donc de se munir d'un plan à l'accueil, de consulter les horaires des séances, et d'alterner les attractions avec les sections plus pédagogiques.
Avant d'attaquer la visite, faites tout de même le tour du « grand cratère », un gouffre de 35 m creusé dans la coulée du volcan de Lemptégy voisin, histoire d'amuser la galerie. Petite mise en scène sympa avec fumées, fausses coulées de lave, vraies flammes et grondements (brrr !). Puis, dans le hall principal, petit rappel bienvenu avec un planisphère indiquant les 530 volcans encore actifs dans le monde, et différentes maquettes de la chaîne des Puys et de l'ensemble des volcans d'Auvergne. Ensuite, allez-y au gré de l'inspiration.
– *La Cité des Enfants :* réalisée en partenariat avec la Cité des Sciences et de l'Industrie, elle est consacrée aux enfants de 3 à 7 ans et vous y trouverez de multiples ateliers interactifs et ludiques sur l'éveil des sens, l'expérimentation et la découverte active. Les explorateurs en herbe vont pouvoir manipuler des engrenages, moulins à eau et autres pistons dans quatre espaces de jeux.
– *Le Tunnel des Nuées Ardentes :* fidèle à l'engagement des Krafft de faire connaître la dangerosité des volcans gris, cet espace permet de vivre ce souffle volcanique destructeur. Décor animé, pour assister au spectacle incroyable que produit une nuée ardente dans sa course, provoquant chutes d'arbres et entraînant débris et cendres pour laisser place à un paysage lunaire et de désolation. Images d'archives de l'éruption du mont Saint Helens aux États-Unis.
– *L'espace d'exposition temporaire avec « Les Diables des Volcans ».* Une série d'objets remarquables de la collection Katia et Maurice Krafft, deux volcanologues français.
– *La Machine Terre :* une vaste section au fort contenu scientifique sur la formation du système solaire et de la Terre, rendue attrayante en raison de son parcours interactif très ludique (tables tactiles, hologrammes, planchers interactifs...). Vraiment bien conçu.
– *La Planète dévoilée :* pour ceux que la science passionne plus que les effets spéciaux, il s'agit d'une visioconférence avec des images satellites et un débat interactif autour d'explications volcanologiques données par un spécialiste. Instructif.
– *La serre :* sous verrière, composée de végétation de l'hémisphère sud. Les fougères arborescentes ont été rapportées de Nouvelle-Zélande. La particularité de ces vénérables plantes est de se régénérer deux fois par an.
– *Sur la piste des volcans :* le décor reconstitue un paysage postvolcanique avec, dans le désordre, des solfatares (marmites de boue), un geyser, une cascade minérale et des orgues basaltiques dus au refroidissement des laves. Jetez un œil dans la *Mare magique.* Un écran circulaire diffuse un survol en images de synthèse de la genèse des volcans d'Auvergne, de Grèce, d'Italie... Intéressant.
– *Les attractions audiovisuelles :* la partie la plus spectaculaire et la plus ludique. Plusieurs films sont proposés dans les salles de cinéma : sur écran géant (*L'Odyssée magique,* 20 mn : l'histoire d'un enfant qui parcourt le monde en compagnie d'une séduisante créature magique, avec les voix de Claire Keim et Macha Béranger, ainsi que *Regards sur les volcans*, 20 mn : à la rencontre des volcans actifs du monde entier), en 2D (*Mission Toba,* nouvelle attraction qui simule le survol

d'un volcan, à visualiser sur un écran à 180°), et même en 4D pour *Le Réveil des géants d'Auvergne* et *Dragon Ride* (belles images, nouveaux sièges dynamiques doubles et quelques surprises amusantes... ; sans doute l'attraction la plus courue). Plus ludique que scientifique, *Magma Explorer* vous emmène en 3 mn dans les entrailles d'un volcan en éruption en compagnie du capitaine Caldéra. Quant à *La Terre en colère,* il s'agit d'une simulation en 6 mn 30 de trois des principaux déchaînements naturels des éléments (avec une interactivité très « démocratie participative », c'est dans l'air du temps). Le public adore !

– *Animations spécifiques pour les enfants :* la *Cité des Enfants* nouvellement ouverte pour les 3-7 ans (voir plus haut), en complément du *Coin des expériences (slt les w-e et vac scol),* de la *Galerie Pitoufeu* (pour se défouler dans un espace 100 % sécurisé), du parcours *Pitoufeu* (véritable jeu de piste interactif), ainsi que divers ateliers pédagogiques (se renseigner).

– *Animations extérieures :* visite du parc à bord d'un véhicule électrique de 26 places, le *Volcan Bul* ; le *Grand Geyser,* un totem d'eau géant jaillissant à plus de 20 m et comprenant une aire de jeux.

– Et avant de partir, allez donc voir, sous le cône artificiel, une vraie météorite de 600 kg, alliage de fer et de nickel (sans doute comme le noyau de la Terre), trouvée en 1864 à Tamentit, dans le Sahara.

IOI Si vous avez un petit creux, il est possible de ***pique-niquer*** à l'extérieur, non loin du sentier botanique et du parcours nature dans le parc de 57 ha. Sinon, sur place dans un des ***snacks*** ou à la ***Brasserie des Volcans.***

➢ En rattrapant la D 559 puis la D 52, on rejoint le ***col de la Moréno*** et ***Laschamps.***

Où dormir ? Où manger dans les environs ?

De bon marché à prix moyens

🏠 IOI ***Auberge de la Moréno :*** *col de la Moréno, 63122* ***Saint-Genès-Champanelle.*** *☎ 04-73-87-16-46. • aubergemoreno@free.fr • aubergemoreno.com • ♿ Entre le puy de Dôme et le puy de Laschamps. Resto fermé mar soir et mer, plus lun soir et mar midi hors saison. Congés : 24 déc-20 janv, 1 sem en fév et 27 août-3 sept. Doubles 65-68 €. Gîte 2-6 pers 95 € la nuit, 540-590 €/sem. Formule déj (en sem) 16 € ; menus 23-30 €. 📶 Réduc de 10 % (oct-mars) et café offert sur présentation de ce guide.* C'est une auberge mythique, située sur les terres du terrifiant Mornac, le légendaire (et bien réel) bandit de grand chemin d'Auvergne, dont on sait si peu puisqu'on dit que qui le rencontre trépasse... Pas d'inquiétude cependant, l'accueil sympa comme tout semble être ici une vertu naturelle. Le lieu a conservé son charme d'antan : grande cheminée et poêle qui rugissent dès que la température fraîchit, comptoir solide et pierres apparentes patinées par les années... Côté cuisine, des spécialités traditionnelles soignées à accompagner d'un vin de la région. Les chambres, simples et fonctionnelles, se trouvent dans les anciennes écuries et l'étable, mais rassurez-vous, elles sont rénovées avec double vitrage (car on est en bord de route).

🏠 IOI ***Chambres d'hôtes Les Granges :*** *chez Jocelyne Gauthier, à Récoleine, 63210* ***Nebouzat.*** *☎ 04-73-87-10-34. 📱 06-89-93-99-54. • gauthier.jocelyne@free.fr • lesgranges2.free.fr • Congés : de mi-nov à mi-mars. Doubles 50-54 €. Table d'hôtes 20 €, boissons comprises.* 📶 Ancienne grange restaurée de façon moderne dans un hameau paisible. Un peu plus haut, on aperçoit le puy de Sancy et la chaîne des monts Dôme. Au rez-de-chaussée, grande pièce à vivre et une chambre familiale (2 pièces séparées). À l'étage, 2 autres chambres. Le tout est fonctionnel et très bien tenu. Terrasse donnant sur un jardin à l'arrière. Côté rando, le GR 30 passe juste en face de la maison. Bonne adresse pour les amateurs de marche et de VTT. Accueil très gentil.

|●| ***Auberge La Fourniale :*** *à Récoleine, 63210* ***Nebouzat.*** *☎ 04-73-87-16-63. ♿ Tlj sf lun en juil-août ; ven soir, w-e et j. fériés hors saison. Résa conseillée. Menus 12 € (sf w-e et j. fériés)-18 € ; formule 14,50 €. CB refusées. Digestif offert sur présentation de ce guide.* La famille Gauthier a délaissé sa charcuterie pour rénover cette ancienne bergerie. Le cuisinier adore chiner, d'où une déco étonnante et un peu fourre-tout faite de cloches, de paniers... En cuisine, on travaille des produits frais pour de copieux plats traditionnels réussis : pied de cochon désossé farci, truffade, *pounti*... Formule casse-croûte avec une assiette de jambon d'Auvergne et de saucisson. Impressionnant plateau de fromages et, en dessert, tarte Tatin à la crème fouettée ou crème caramel à l'ancienne, un régal. Accueil chaleureux.

De prix moyens à chic

|●| ***L'Ours des Roches :*** *La Courteix, 63230* ***Saint-Ours-les-Roches.*** *☎ 04-73-88-92-80. • oursdesroches@wanadoo.fr • ♿ Tlj sf dim soir et lun (plus mar sept-juin). Menus 21 € (déj en sem, vin et café inclus), puis 28-69 € ; carte.* Au pied des volcans et à proximité de Vulcania, voici un restaurant de qualité aménagé dans une ancienne bergerie rénovée avec soin. Surtout la salle à manger, dont les piliers massifs soutenant les voûtes caractéristiques ne manquent pas de cachet. Un cadre à la fois rustique et élégant, qui convient à merveille à une séduisante cuisine de terroir revisitée, et élaborée à base de bons produits régionaux. Gardez une place pour le beau plateau de fromages (auvergnats, cela va sans dire) et la symphonie de desserts. Un régal. Accueil fort sympathique de toute l'équipe.

À voir dans les environs

La Ruche des Puys : *à Beauloup, 63230* ***Saint-Ours-les-Roches.*** *☎ 04-73-88-94-31. • laruchedespuys.com • Visite guidée tlj, ttes les heures 14h-18h en juil-août, slt à 14h30 et 16h en avr et sept ; mai-juin et d'oct à mi-nov, horaires restreints. Entrée : 7 € ; réduc. En été, atelier fabrication de bougie, le jeu à 15h30 et 17h30 (3,70 €) et atelier fabrication de nichoir à insectes le mar à 15h30 et 17h30 (5 €).* C'est l'histoire d'un apiculteur qui eut l'envie irrésistible de faire partager sa passion. Avec le temps, le discours s'est affiné, la muséographie aussi, et c'est désormais toute une équipe souriante qui accueille les visiteurs dans cette miellerie hors norme. Car le site est riche et plein de surprises ! Pour patienter, il y a le petit musée dans l'ancienne étable (collections de matériel) et le jardin aux insectes, puis la visite démarre avec le B.A.-BA sur l'abeille et son écosystème (le tout abordé avec beaucoup d'humour), se poursuit avec le théâtre de la nature (des travaux pratiques... mais avec d'adorables marionnettes !), et se prolonge avec la présentation de vraies ruches vitrées. Ne reste plus qu'à découvrir la miellerie (et ses techniques de récolte), avant, enfin, de déguster !

LE PUY DE LA VACHE ET LE PUY DE LASSOLAS

Se garer au parking à l'angle de la D 5 et du GR 30. L'escalier qui mène au puy de la Vache se présente en premier, mais on vous conseille de continuer le GR 30 et, au deuxième poteau marqué d'un papillon jaune, de grimper d'abord le puy de Lassolas (sinon, retour par un chemin assez glissant). Le puy de Lassolas, un cratère égueulé (donc ouvert), est le plus lunaire des

ET E.T. DÉBARQUA...

En 1973, Raël, profession gourou, affirma avoir vu une soucoupe volante se poser au puy de Lassolas. Il prétend avoir vu un extra-terrestre qui parlait français (ouf !) en sortir. Cette soi-disant apparition lui permettra de créer une secte. Une activité bien plus rentable que chroniqueur automobile ou chanteur de rue, ce qu'il était auparavant.

deux. Descendre ensuite le chemin à l'arrière du puy et grimper le puy de la Vache. Du haut de ses 1 167 m d'altitude, ce cratère, lui aussi égueulé, offre la plus belle vue des deux sur la région. Table d'orientation.

LE LAC D'AYDAT

Un lac aux rives en partie sauvages et escarpées, niché dans un écrin de verdure... Certes, ça construit beaucoup (trop) du côté de Sauteyras, rive sur laquelle ont poussé campings et commerces, et il y a du monde en été. Mais en quittant cette rive ou, mieux, en venant hors saison, le lac est le prétexte à de belles randonnées, et la plage permet de se reposer face aux eaux sombres. Il fait également le bonheur des pêcheurs, étant l'un des plus poissonneux de la région. Pour l'histoire, sachez que le sinistre et monstrueux Pierre Laval fut propriétaire du lac avant d'en faire don à la Milice lors de son départ pour l'Allemagne. À la Libération, le lac fut donné aux œuvres sociales de la police.

Où dormir dans le coin ?

Camping

Camping La Clairière : *Rouillas-Bas, 63970* ***Aydat.*** *☎ 04-73-79-31-15. • DANEL.Ludovic@orange.fr • campinglaclairiere.com • À la sortie de Rouillas-Bas, tourner à gauche route du Lac. Ouv de mi-avr à fin sept. Forfait 2 pers 12-15 € ; loc de caravanes et mobile homes 190-420 €/sem selon saison. Réduc de 20 % sur la 2e sem de loc. de mobile home en basse saison, sur présentation de ce guide.* Un petit camping familial 2 étoiles tout simple, mais à taille humaine et à l'écart de l'agitation. Une cinquantaine d'emplacements délimités, plats ou en terrasses, herbeux et relativement bien ombragés. Sanitaires bien entretenus. Petite restauration en été. Lave-linge. Jeux pour les enfants. Ping-pong. Accueil fort sympathique.

Prix moyens

Chambres d'hôtes La Grange de Phialeix : *à Phialeix, 63970* ***Aydat.*** *☎ 04-73-78-33-10. 📱 06-64-25-99-48. • daniel.francione@orange.fr • grangedephialeix.monsite.orange.fr • Après Sauteyras, à gauche par la D 788. Congés : oct-mai. Double 57 €. Apéritif offert sur présentation de ce guide.* Judicieusement situé à l'écart de l'agitation estivale, dans un charmant hameau sur le parcours du GR 30. Ancienne grange joliment restaurée, avec un beau jardin où les fleurs semblent jaillir des vieilles pierres. Ici, tout respire l'authenticité d'autrefois (beaux meubles, poutres, colombages et « fenestrous »). Quant aux chambres, aménagées dans les combles, elles se révèlent agréables et de bon confort. Confitures et gâteau maison au petit déj. Bon accueil.

LES MONTS DORE

Les Auvergnats aiment beaucoup médire sur leurs sommets. Il faut bien reconnaître que sans eux tout serait plus simple : plus de neige, plus de routes interminables, plus de montées, plus de lacets, plus de brouillard. Mais on n'y peut rien, la montagne est là, et c'est tant mieux. Les monts Dore, un massif qu'il faut traverser et qui n'a pas la transparence des monts Dôme. Une montagne qu'il faut gravir, qu'il faut franchir virage après virage en faisant chauffer les boîtes de vitesses ou en tétanisant les mollets. Et même s'ils s'en plaignent un peu, les Auvergnats éprouvent une tendresse indéfectible pour leurs monts, et ce, depuis longtemps. Sinon, pourquoi avoir construit l'une des plus belles églises de toute la région à

LES MONTS DORE

Orcival ? Ici, les choses ne se font pas toutes seules, il faut travailler pour faire vivre cette maîtresse qu'est la nature, parfois sorcière ingrate qui se cache dans les ténèbres des sapinières ou dans les eaux profondes des lacs, parfois douce fée lorsque les verts des immensités d'herbe revivent au printemps.
C'est bien sûr dans les profondeurs de cette montagne à vaches, dont la tradition pastorale date du XVe s, que se cristallisent les précieuses eaux thermales ayant fait naître le tourisme de cure dès le XIXe s à La Bourboule et au Mont-Dore. La vie y était rythmée par la montée des bêtes sur les pâturages et par l'arrivée des curistes pour la saison au printemps.

Aujourd'hui, on y fabrique toujours, à l'ombre d'une église majestueuse, le saint-nectaire, un des merveilleux fromages du plateau qu'est l'Auvergne. On y skie l'hiver. On y randonne un peu partout.

LE MONT-DORE

(63240) 1 790 hab. *Carte Puy-de-Dôme, B1-2*

La grande affaire du Mont-Dore, c'est bien sûr le thermalisme et son image de carte postale séculaire. Au pied du puy de Sancy, ce géant du Massif central, les 10 000 asthmatiques, fumeurs repentis et autres victimes de la pollution s'engouffrent sans se poser de questions dans ce palais de cinéma façon Méliès, accueillis par force colonnes et mosaïques, pour recevoir des brouillards, des humages, des douches pharyngées, des insufflations tubo-tympaniques et autres pulvérisations syntaxiquement exotiques. Mais Le Mont-Dore, c'est aussi, signe de sa bonne santé (ou de l'efficacité de ses eaux ?), une station de ski et une station verte pleine de vitalité. Après s'être retapé, chacun part poursuivre l'œuvre dans la montagne, sur les chemins, pour contempler cascades, horizons presque infinis, gravir sommets passionnants, ou simplement prendre une sacrée bouffée d'air pur.

UN PEU D'HISTOIRE

Les Gaulois auraient été les premiers à utiliser les eaux du Mont-Dore ; à moins que ce ne soient les légionnaires de César ? En tout cas, ceux-ci édifièrent des établissements thermaux d'une envergure supérieure à ce qu'ils sont aujourd'hui. Mais tout l'édifice fut détruit – seulement, on ne sait pas bien par qui. D'aucuns prétendent que ce sont les Vandales au Ve s, d'autres que Pépin le Bref y serait pour quelque chose au IXe s, et enfin certains pensent que c'est à cause de l'éboulement du puy de l'Angle. Peut-être un peu des trois !

UNE SANTÉ DE FER… À CHEVAL

Selon la légende, la découverte des bienfaits curatifs des sources du Mont-Dore remonteraient à la conquête de la Gaulle. Les chevaux des légionnaires de César, épuisés, s'y seraient abreuvés et auraient aussitôt retrouvé force et vitalité. Depuis, les vertus de l'eau thermale font la renommée du village.

Les eaux recommencent à être fréquentées au début du XVIIIe s. Mais c'est au XIXe s que Michel Bertrand, « médecin inspecteur des eaux », précise les techniques de traitement pour la plupart des maladies des voies respiratoires (notamment l'aspiration, nouveau traitement à la vapeur), devenant ainsi le père de l'hydrologie moderne et une figure locale respectée.

Le Mont-Dore devient à la mode. Bourgeois, aristocrates et artistes aiment venir prendre les eaux, à l'image de George Sand. Hôtels, restaurants, casino sortent de terre, et la ville devient à la fin du XIXe s un centre mondain très animé pendant la saison thermale. Les chaises à porteurs transportent les curistes de l'hôtel à l'établissement thermal et de l'établissement thermal à l'hôtel, matin et soir. Et puis Costes et Bellontes construisent un téléphérique et deux téléskis en 1936, faisant ainsi du Mont-Dore la troisième station française de sports d'hiver. En 1948, la princesse de Roumanie effectue le dernier trajet en chaise à porteurs. Fin d'une époque !

Adresses utiles

Office de tourisme : *av. de la Libération. ☎ 04-73-65-20-21. • sancy.com • Face à l'hôtel Richelieu. Ouv tlj en saison. (gratuit).* Accueil efficace et disponible.

Établissement thermal : *pl. du Panthéon. ☎ 04-73-65-05-10. Ouv de mi-avr à fin oct et pdt les vac scol d'hiver (possibilité de visites pdt les vac sur résa).*

Station de ski du Mont-Dore : *au pied du Sancy. ☎ 04-73-65-02-23 (téléphérique) ou 0820-820-948 (enneigement).* Lire aussi le paragraphe « Ski » dans la rubrique « À faire ».

@ **Sancyber :** *4, rue Georges-Lagaye. ☎ 04-73-65-28-84. Derrière le casino et à côté de la patinoire. En sem 14h-19h.*

Où dormir ?
Où manger ?

Campings

Camping Domaine de la Grande Cascade : *route de Besse. ☎ 04-73-65-06-23 ou 04-73-65-90-55 (hors saison). • colon.daniel@orange.fr • camping-grandecascade.com • À 3 km du Mont-Dore par la D 36, au col de la Croix-Saint-Robert. Ouv fin mai-fin sept. Forfait 2 pers 10,80-12 € ; chalets 330-590 €/sem. CB refusées. Réduc de 5 % juin et sept sur présentation de ce guide.* À 1 250 m d'altitude, en face du puy de Sancy, un grand camping sur 3 ha qui fait le bonheur des amoureux de la nature. Les environs et la vue sur la montagne sont vraiment superbes, le tout à proximité d'une cascade de 30 m de haut. Emplacements plats, délimités et herbeux. Quelques chalets en bois. Machine à laver et sèche-linge, petite épicerie (petit déj, pain et viennoiseries sur commande) et aire de jeux. Vraiment super, d'autant que l'accueil est sympathique. Et quel calme !

Camping municipal L'Esquiladou : *Le Queureuilh, route des Cascades. ☎ 04-73-65-23-74. • camping.esqualidou@orange.fr • mairie-mont-dore.fr • Sur la D 996, à 1,5 km à la sortie du Mont-Dore vers La Bourboule. Ouv fin avr-fin oct. Forfait 2 pers 11-12 € ; loc de mobile homes 265-525 €/sem.* Environ 70 emplacements en gravillons et séparés par des haies pour un 3-étoiles agréable, situé au calme à l'entrée de la ville. Piscine et spa.

Bon marché

Auberge de jeunesse Le Grand Volcan : *route du Sancy. ☎ 04-73-65-03-53. • auberge-mont-dore@hotmail.fr • mont-dore.fuaj.org • À la station de ski. Congés : 12 nov-21 déc. Nuitée 19 €, avec petit déj ; en hiver, ½ pens demandée 30 €/pers. Formule déj 11,50 €. Carte des AJ obligatoire (en vente sur place). Possibilité de camper : env 10 €, avec petit déj. Café offert sur présentation de ce guide.* Fort bien située, dans un coin arboré et à l'écart de la route (et en hiver, au sein des pistes, à côté d'un téléski). Une centaine de places en dortoirs classiques (6 lits), en petites chambres doubles ou en familiales (avec une mezzanine), le tout simple, propre et doté de douches et w-c privés (parfois 2 doubles se partagent les commodités). Très bonnes prestations : terrasses, cuisine à disposition (seulement en saison), resto à la déco montagnarde, bar très sympa (avec billard et TV à écran géant), ping-pong, baby-foot, jeux, et même un terrain de basket. Location de skis en hiver.

Hôtel Les Mouflons : *56, av. Georges-Clemenceau, route du Sancy. ☎ 04-73-65-02-90. • info@hotel-les-mouflons.com • hotel-les-mouflons.com • À la sortie de la ville. Doubles 29-39 €. Parking. Apéritif offert sur présentation de ce guide.* Un petit hôtel tout simple mais bien tenu, avec des chambres côté gave. Les moins chères, toutes petites et sous les toits, ont quand même douche et w-c (les autres avec TV en plus et parfois un balcon). Intéressera nos lecteurs à petit budget pour l'excellent rapport qualité-prix de ses chambres rénovées dans un style fonctionnel. Accueil gentil. Billard pour tuer le temps.

Pension Les Genévriers : *25, rue Louis-Dabert. ☎ 04-73-65-01-81. • lesgenevriers@yahoo.com • Congés : avr et de mi-oct à Noël. Doubles 30-50 € ; dîner 18 €. CB refusées.* Une toute petite adresse pour les routards désargentés. Jolie façade désuète style années 1950. Une dizaine de chambres avec douche commune (3 avec douche et w-c privés). Confort très simple, mais le tout est correctement tenu par la gentille propriétaire anglaise, qui prépare à la demande des pique-niques pour les randonneurs.

De prix moyens à chic

Hôtel Les Charmettes : *30, av. Georges-Clemenceau. ☎ 04-73-65-05-49. • charmettes-lemontdore@wanadoo.fr • hotellescharmettes.com • ♿ Congés : 26 mars-15 avr et 8 nov-21 déc. Doubles 50-68 €. Parking privé et garage (motos et vélos).* C'est la vraie bonne adresse. D'abord, parce qu'on y est accueilli avec le sourire, ensuite, parce que les chambres ont été rénovées de façon très coquette (notez les belles salles de bains colorées), enfin, parce que toutes sortes de petits détails garantissent un séjour confortable : les bouquins et les jeux à dispo dans le salon commun, les différents petit déj (classique ou énergétique ?), les bons conseils des proprios... Bref, on s'y sent bien.

Hôtel Le Castelet : *av. Michel-Bertrand. ☎ 04-73-65-05-29. • hotel-le-castelet@orange.fr • lecastelet-montdore.com • Congés : 24 mars-8 mai et de mi-oct aux vac de Noël. Doubles 63-92 €. Menus 18 € (déj en sem)-27 €. Parking privé gratuit. Apéritif maison offert sur présentation de ce guide.* Un établissement classique et bien tenu, dans un cadre fleuri. Piscine, beau jardin, terrasse, salon avec bar et billard. Une trentaine de chambres, pas toujours très grandes mais modernes et bien équipées. Demandez celles avec la vue côté Sancy, plus agréables. Cuisine banale. Bon accueil.

Le Grand Hôtel : *2, rue Meynadier. ☎ 04-73-65-02-64. • mperrotm@orange.fr • hotel-mont-dore.com • Congés : 13 nov-15 déc. Doubles 59-69 € selon saison. Parking clos. Réduc de 10 % sur le prix de la chambre hors saison, sur présentation de ce guide.* Dans une très belle demeure du XIXᵉ s avec tourelles d'angle, colonnes, cour intérieure et jardin à l'arrière. Jolies chambres contemporaines, plus ou moins grandes, mais toutes de bon confort. Également un grand salon plutôt chic, avec de larges canapés en cuir rouge et un écran plat. Petit déj-buffet. Spa à prix modique. Bon rapport qualité-prix. Accueil sympathique (à l'image des B.D. à disposition !).

Hôtel de Russie : *3, rue Favart. ☎ 04-73-65-05-97. • hotelderussie@orange.fr • lerussie.com • Resto fermé de nov à mi-déc. Doubles 64-77 € selon saison ; familiales 84,90-96 €. Menu 20 € ; plats 15-20 €. Apéritif maison offert sur présentation de ce guide.* L'hôtel nouvelle génération du Mont-Dore tenu par un couple dynamique et accueillant. Ils ont transformé les vieilles piaules en chambres légèrement branchées avec sisal, lits blancs immaculés, écrans plats et quelques touches de rouge çà et là pour égayer le tout. Dans le salon cosy à souhait, on propose des thés et cafés gourmands à ceux qui bouquinent ou disputent une partie d'échecs. Quant au resto, à la déco soignée de bistrot vintage, on y sert une bonne cuisine régionale et traditionnelle. Beaucoup de charme.

Hôtel-restaurant Le Puy Ferrand : *au pied du Sancy. ☎ 04-73-65-18-99. • info@hotel-puy-ferrand.com • hotel-puy-ferrand.com • ♿ Congés : de fin sept à mi-déc. Doubles 69-89 € ; ½ pens 62-85 €/pers (demandée en fév). Formule déj en sem 14 € ; menus 18-46 €.* Ce grand chalet de montagne est installé à deux coups de bâton de ski du téléphérique qui monte au Sancy. Chambres classiques de station, propres et fonctionnelles, avec lambris, dessus-de-lit rouges, et parfois un balcon. Salle de muscu, sauna et hammam, piscine couverte et chauffée. Salle de massage. Bar, salon de thé et location de skis au rez-de-chaussée. Au restaurant, cuisine régionale bien faite. Accueil efficace.

Chambres d'hôtes La Closerie de Manou : *chez Françoise Larcher, Le Genestoux. ☎ 04-73-65-26-81.*

• lacloseriedemanou@orange.fr • lacloseriedemanou.com • Entre Murat-le-Quaire et Le Mont-Dore (D 996) ; passer par l'av. des Belges. Congés : oct-mars. Doubles 85-90 €. Apéritif offert sur présentation de ce guide. Isolée dans un hameau paisible, une belle maison du XVIIIe s avec son typique toit de lauzes. L'intérieur est moins rustique mais tout aussi charmant : 5 chambres soignées avec sanitaires privés et TV, dont 2 avec la clim (et même des coffres-forts !). Jolie salle à manger avec cheminée, douillet salon et ravissant poêle autrichien. Copieux petit déj. Bon accueil.

Où dormir ? Où manger dans les environs ?

Auberge La Golmotte : *Le Barbier, route de Clermont-Ferrand. ☎ 04-73-65-05-77. • info@aubergelagolmotte.com • aubergelagolmotte.com • À 2,5 km du Mont-Dore par la D 996, direction col de Guéry. Tlj sf dim soir, lun et mar hors saison. Congés : 11 nov-15 déc. Résa conseillée. Double 55 €, avec petit déj ; triple 83 €. Menus 16 € (déj en sem)-37 € ; ½ pens 45 €/pers. Apéritif maison offert sur présentation de ce guide.* Dans une ancienne ferme du XVIIIe s remarquablement restaurée, quelques chambres de bon confort avec douche et w-c. On est en bord de route, mais peu de passage par ici. La salle de resto se trouve dans l'ancienne étable, dont les « crèches » pour les bêtes ont été judicieusement conservées. Et comme le très sympathique proprio est aussi le cuistot, on y mange une généreuse cuisine de terroir (copieuse truffade !), préparée avec soin et de bons produits, en prenant tout son temps... Le meilleur rapport qualité-prix-plaisir du coin.

Auberge de la Ferme de l'Angle : *chez M. et Mme Ondet, route de Besse, 63240 Le Mont-Dore. ☎ 04-73-65-02-11. À 3 km du Mont-Dore, en direction de la vallée de Chaudefour. Ouv midi et soir jusqu'à 20h ; fermé ven tte l'année et le soir sf juil-août. Congés : 23 avr-4 mai et 5 nov-23 déc. Résa conseillée. Casse-croûte auvergnat 12,50 € ; repas env 20 €.* À 1 300 m d'altitude, une halte idéale pour les randonneurs ou pour continuer sa route vers le col de la Croix-Saint-Robert. Le bâtiment ne paie pas de mine, mais la salle rustique est à l'image de la cuisine : sans chichis et délicieuse ! Il y a bien sûr le casse-croûte auvergnat (à toute heure), et selon les jours, potée auvergnate (seulement le midi, mardi et jeudi), pommes de terre truffadées (seulement le midi, mercredi et dimanche) et puis truite, soupe, charcuterie, pâtisseries maison... Parfait pour un repas solide et de qualité. Accueil familial sympa.

À voir

L'établissement thermal : *pl. du Panthéon. ☎ 04-73-65-05-10. De mi-fév à fin oct, visite lun-ven à 14h ; sinon sur résa. Entrée : env 3,50 € ; réduc.* Édifié en 1817, agrandi vers 1895 dans un style néobyzantin, l'établissement conserve quelques vestiges gallo-romains et abrite une luxueuse décoration intérieure derrière une austère façade grise en andésite. Jetez un œil à la jolie rosace sur le côté droit.

Jetez aussi un œil à la superbe et monumentale *porte en fer forgé* de l'immeuble du 29, rue Meynadier. Mignonne *façade du marché couvert* sur la place de la République.

À faire

C'est également le pays des promenades et des randonnées.

➢ ***Le Capucin :*** *env 1h30 A/R une fois là-haut.* Prendre le funiculaire du Capucin, chemin de fer à câbles construit en 1898, qui vous emmène à 1 245 m dans le salon du Capucin, clairière entourée de sapins et de hêtres. Dans la clairière, le *Mont Dore Aventures* offre un étonnant parcours aventure dans les arbres *(rens : ☎ 04-73-65-00-00).* Le salon du Capucin est également le point de départ de nombreuses randonnées.

➢ ***La promenade des Artistes :*** une randonnée en sous-bois qui permet de rejoindre le Capucin par le chemin des Mille Gouttes (bonne dénivelée), puis par celui des Médecins. La montée dure entre 2 et 3h et offre une belle vue sur la ville. Descente possible par le funiculaire.

➢ ***La Grande Cascade :*** *env 1h30 A/R.* Depuis les thermes, des escaliers rejoignent le chemin de Melki-Rose. Emprunter ce chemin à droite ; il débouche sur la route de Besse, la traverser : en face, un bon chemin montagnard vous conduira au pied de la grande cascade (30 m de haut dans un cirque sauvage) en 45 mn environ. Retour par le même chemin (le sentier peut être glissant, bonnes chaussures conseillées).

➢ ***Randonnées pédestres :*** nombreux parcours dans les environs. L'office de tourisme propose des circuits et des randonnées accompagnées.

➢ ***Parapente :*** la vallée du Sancy possède de nombreuses pistes de décollage et d'atterrissage. Pour tout savoir sur les clubs du coin et leurs aires préférées, contacter l'office de tourisme.

Ski : en hiver, c'est le règne de l'or blanc. Le coût élevé des grandes stations alpestres n'est pas sans avoir joué un rôle important sur le développement de cette station. Le domaine skiable se situe entre 1 350 et 1 850 m. On y trouve 45 km de pistes de descente sur le Sancy, relié à Superbesse côté sud (soit 90 km de pistes en tout). Pour les amateurs de fond, Le Mont-Dore possède environ 30 km de pistes tracées et, avec la zone nordique de Sancy, à l'ouest, on peut suivre un tracé sur 250 km. Avec aussi la possibilité d'effectuer des circuits et des randonnées accompagnées à raquettes.

Fête et manifestations

– ***Salon de l'art fantastique européen (SAFE) :*** *pdt les vac scol de fév.* Exposition d'œuvres d'artistes contemporains du monde entier et du fac-similé du *Livre de L'Apocalypse,* le livre le plus lourd du monde (200 kg !), illustré par Dalí, Buffet, avec des textes de Cocteau et Cioran, entre autres. Entrée libre.
– ***Sancy Snow Jazz :*** *fin fév-début mars.* Une semaine de jazz Nouvelle-Orléans dans les bars du Mont-Dore et des communes alentour.
– ***Horizons Rencontres Arts-Nature :*** *de mi-juin à mi-sept.* Chaque année, 11 communes accueillent dans un lieu différent une œuvre d'art éphémère créée par un artiste contemporain.
– ***Rétro Rockin' Festival :*** *4 j. fin juil.*
– ***Fête de la Saint-Sixte :*** *1 j. début août.* Une randonnée géante, avec des départs de tous les villages du massif du Sancy ; les randonneurs se rejoignent au sommet du puy de Sancy (le nom de Sancy viendrait de saint Sixte). Et puis on fait la fête !
– ***Mont-Dore Volcanic Blues :*** *4 j. en sept.* La musique investit la ville : concerts gratuits dans plusieurs bars, et une tête d'affiche (payant) pour clôturer le festival.

DANS LES ENVIRONS DU MONT-DORE

LE PUY DE SANCY

À 4 km au sud de la ville par la D 983. À l'origine, les pics de l'Aiguillier, de la Banne d'Ordanche et du Sancy étaient les trois centres éruptifs principaux d'un immense

cratère. Son point culminant aujourd'hui est le puy de Sancy avec ses 1 886 m. Autrefois, il s'élevait à près de 3 000 m ! C'est aussi le point culminant du Massif central et donc du centre de la France. Ce sont finalement les glaciers qui ont raviné, raboté, entaillé, abaissé le massif, qui s'apparentait alors aux Alpes, en creusant des cirques et des vallées pour notre plus grand plaisir de randonneurs. Du sommet du Sancy, le panorama s'étend sur la quasi-totalité du Massif central. Au nord, on a vue sur la vallée du Mont-Dore, dessinée par une coulée glaciaire et encadrée à gauche par la Banne d'Ordanche et à droite par le puy de l'Aiguillier. Entre ces deux sommets, les pointes des roches Tuilière et Sanadoire sont visibles au-dessus du lac de Guéry. Vers l'ouest, le roc Courlande et le puy de Champ-Bourguet, un de ces volcans surajoutés. Vers le sud-est, par temps clair, on peut distinguer les monts du Vivarais et apercevoir le mont Blanc, les Alpes de Maurienne et le Briançonnais.
On accède au sommet par le téléphérique en 5 mn (l'arrivée est encore plus impressionnante en passant au-dessus des gorges d'Enfer via le téléphérique n° 1, installé en 1936), puis à pied par une sorte d'autoroute pour piétons (quasiment 900 marches) en 20 mn environ. Autant dire que l'endroit, magnifique au demeurant, est un peu gâché par la foule qui se presse ici en été.

LA RÉSERVE NATURELLE DE LA VALLÉE DE CHAUDEFOUR

Depuis Le Mont-Dore, prendre la D 36 en direction de la vallée de Chaudefour et de Besse par le col de la Croix-Saint-Robert. S'arrêter à la Maison de la réserve. La vallée de Chaudefour est un véritable réservoir écologique, et elle est protégée à ce titre. Résultant de l'emboîtement de deux cirques d'origine volcanique (bassins d'effondrement ou caldeiras), il y a 2,5 millions d'années, la vallée fut ensuite creusée par des glaciers. À une période plus récente, elle s'enrichit de sources, comme celle de Sainte-Anne, ainsi que d'une flore et d'une faune d'une grande diversité et, parfois même, assez rares. Reconnaîtrez-vous la *jasione* humble, une plante endémique de la vallée ? Possibilité de voir aussi des mouflons de Corse, des hermines, des rapaces, des marmottes et des chamois ! Pour la petite histoire, sachez qu'un couple de ces derniers, introduit initialement dans le Cantal, a finalement préféré migrer vers le Sancy. La Maison de la réserve organise des randonnées (voir ci-dessous) ; sinon, sentiers balisés pour aller au fond de la vallée ou à la cascade La Biche (3h aller-retour chacune) ou encore dans la vallée par les crêtes (5 à 6h). À savoir : les chiens, même tenus en laisse, sont interdits, tout comme les véhicules à moteur, les VTT, les bivouacs, le camping et la cueillette des fleurs, protection de la nature oblige !

■ ***Maison de la réserve :*** *☎ 04-73-88-68-80. • reserve.chaudefour@wanadoo.fr • Ouv en général mai-août, lun-ven 10h-12h, 14h-18h (plus le w-e juil-août et les grands w-e). Entrée libre.* Nombreuses expos sur la faune, la flore et la géologie, salle vidéo. Programme de randonnées accompagnées pour les individuels en été (payantes). Le guide a des lunettes d'approche, mais n'oubliez pas d'emporter vos jumelles !

|●| ***Aux 500 Diables :*** *Chambon-des-Neiges, 63790* ***Chambon-sur-Lac.*** *☎ 04-73-88-81-71. • 500diables@gmail.com • 500diables.com • Sur la D 36 entre Le Mont-Dore et Besse, au niveau de Monneaux. En saison, ouv tlj ; mai-juin et sept-oct, jeu-dim. Congés : 1 sem fin juin et 5 nov-21 déc. Formule déj 21 € ; menus du jour env 29-34 € ; carte 30 €. Apéritif maison offert sur présentation de ce guide.* Stratégique ! Car cette belle auberge est idéalement située au point de départ de magnifiques randos, dont celle qui conduit à la vallée de Chaudefour. Au retour, sa terrasse ensoleillée est une bénédiction ! D'autant que la vue est sublime. Et s'il fait froid, direction la salle, rustique à souhait avec ses vieux outils et sa cheminée centrale. Quant à la cuisine, de terroir, elle se révèle excellente, pré-

parée avec de bons produits, et recèle parfois des surprises plus élaborées que les spécialités classiques. Et pour ceux qui seraient trop fatigués pour repartir, l'ouverture d'un gîte de séjour est prévue.

LE LAC ET LE COL DE GUÉRY

Depuis Le Mont-Dore, prendre la D 983 jusqu'au col de Guéry.

Un petit arrêt au ***lac de Guéry,*** nappe ovale de 26 ha dans un cadre de pâturages et de bois sombres, qui doit son origine à un surcreusement glaciaire et à une coulée de lave. Pas vraiment étonnant dans la région. Alimenté par un torrent descendu du puy Gros, dans lequel il tombe en cascade, il est d'une profondeur moyenne de 6 m, avec des maximums à plus de 17 m. Un paradis pour les pêcheurs de truites et de brochets. C'est sur ce lac, situé à 1 244 m d'altitude, que certains expérimentés ou amateurs s'adonnent, de mars à novembre, à la pêche blanche, plus communément appelée « pêche au trou » (acheter une carte à la journée). Seule condition pour cette pratique inuit, la glace doit avoir au minimum 15 cm d'épaisseur.

LE LAC DE SERVIÈRE

Au nord du col de Guéry, tourner à droite par la D 983. C'est un très beau lac de cratère de 15 ha, beaucoup plus sauvage et plus calme que le lac d'Aydat. Sauf en été, évidemment... Mais il est interdit aux activités nautiques (et même à la baignade, en principe !), et il n'y a pas d'infrastructures autour. Très beau également en hiver.

Gîte d'étape-Café du Lac : *Servières, 63210* ***Orcival.*** *☎ 04-73-65-93-63. • contact@gitedulacservieres.com • gitedulacservieres.com • Ouv tte l'année selon météo ; fermé mer en basse saison. Nuitée 15 €/pers en gîte (loc de sacs à viande possible) ; ½ pens 31 €. À tte heure, formule 10 € ; omelettes et galettes env 3-5 €. CB refusées.* Tenu par la sympathique Nathalie, agréable gîte d'étape avec une sacrée belle vue à l'arrière. Dortoirs (de 5 lits) et sanitaires impeccables aux tons gais et colorés. Cuisine à dispo. Infos sur les randos (le mari de Nathalie est accompagnateur pour Chamina). Au resto-café, petite cuisine agréable et bon marché à prendre dans la salle rustique, sous la véranda ou en terrasse. Bien aussi pour boire un verre.

ORCIVAL

(63210) 250 hab. *Carte Puy-de-Dôme, B2*

Certes, le village est agréable, champêtre, campagnard, profond comme quelques milliers d'autres villages en France. Pas de quoi fouetter un routard ! Mais Orcival a une botte secrète, pas si dissimulée que cela puisqu'elle s'élève au milieu du village : Orcival doit tout à sa basilique romane, la « perle des monts Dôme ». Une des plus belles de l'Auvergne, et sans doute la plus touchante.

PENSE-BÊTE

En arpentant le village d'Orcival, on rencontre devant certaines maisons d'étonnants mâts surmontés d'un sapin plus ou moins défraîchi portant la mention « À notre élu ». Sachez qu'il s'agit là d'une coutume locale encore très suivie dans la région du Sancy, qui permet à chacun des élus du conseil municipal de signaler de la sorte son engagement dans la vie du village. Qu'on se le dise !

Adresse utile

🛈 ***Office de tourisme intercommunal :*** *sur la place principale.* ☎ *04-73-65-89-77.* • *terresdomes-sancy.com* • *Juin-sept, lun-sam 10h-12h, 14h-18h (19h en juil-août et le dim 10h12h, 14h-17h en juil-août) ; hors saison, horaires restreints.* Propose un intéressant programme de visites guidées. Expos temporaires.

Où dormir ? Où manger ?

Hôtel-restaurant Notre-Dame : *dans le bourg, face à la basilique.* ☎ *04-73-65-82-02.* • *hotelnotredame63@orange.fr* • *Congés : 5 nov-vac fév. Doubles 42-49 €. Formule 12 € ; menus 13-26 €.* *Apéritif maison offert sur présentation de ce guide.* Au bord du Sioulot, cet établissement connu de longue date est la valeur sûre d'Orcival. Chambres confortables, rénovées de façon sobre, claire et agréable (TV à écran plat...). Certaines ont vue sur la basilique (en face !), et la n° 26 possède même une terrasse. Cuisine familiale traditionnelle, copieuse et bien bonne. Avis aux cyclomoteurs, cette adresse se plie en quatre pour vous accueillir. Accueil sympathique.

Où dormir ? Où manger dans les environs ?

Camping

Camping de la Haute Sioule : *63210* ***Saint-Bonnet-près-Orcival.*** ☎ *04-73-65-83-32.* • *hautesioule@wanadoo.fr* • *camping-auvergne.info* • *Ouv tte l'année. Forfait 2 pers 16 € ; chalets 4-5 pers 425-652 €/sem selon saison.* *Réduc de 5 % offerte sur présentation de ce guide et un apéritif local pour 2 pers le jour de l'arrivée.* Vue exceptionnelle sur la chaîne des Puys dans un site calme et verdoyant, avec de jolis arbres en fleurs aux beaux jours. Situé au bord de la Sioule, ce beau camping 2 étoiles s'étend sur une colline ombragée et fraîche. En tout, 70 emplacements herbeux, en terrasses ou en légère pente, plus ou moins ombragés. Dans la dernière parcelle, la plus belle vue qui soit sur le puy de Dôme. Chalets tout équipés et caravanes. Épicerie de dépannage et petits commerces à proximité, lave-linge et sèche-linge, jeux et activités pour petits et grands (jeu de quilles, ping-pong, minigolf, pêche, salle avec TV à écran géant). Très bon accueil au croquignolet bar-tabac qui fait office de réception à l'entrée. On se sent vite à l'aise, comme la très élégante volaille qui se balade en liberté dans le camping !

De bon marché à prix moyens

Auberge de Campagne-Le Rendez-Vous des Skieurs : *à Douharesse-Orcival, 63210* ***Orcival.*** ☎ *04-73-65-85-70.* *À 4 km au sud d'Orcival, par la D 27 en direction du Mont-Dore. Ouv tte l'année le midi. Menus 11,50-14,50 € (15-17 € dim). Café offert sur présentation de ce guide.* Mieux vaut avoir une faim de loup. Car ici, tout est servi en format XL, notamment la célèbre truffade. Et si vous faites mine de finir trop vite... on vous en apporte une 2e fournée ! Mais gardez de la place pour les terrines, omelettes ou desserts du jour, car tout est maison et vraiment bon. Quant au cadre, simplissime (une salle aménagée dans la ferme et quelques tables – avec toile cirée – sous la véranda), il est largement compensé par la vue superbe sur la montagne et l'accueil chaleureux. Vraiment pittoresque.

Auberge Lassalas : *à Vernines, 63210* ***Rochefort-Montagne.*** ☎ *04-73-65-67-89.* • *info@auberge-lassalas.com* • *auberge-lassalas.com* • *À 7 km au sud d'Orcival, par la D 27 puis la D 74 à gauche. Ouv avr-oct. Double 58 € ; familiale 76 €. Menu unique sur résa à l'auberge ven, et midi sam-dim 23 € ; table d'hôtes 20 €. CB refusées.* Une toute petite auberge de campagne, plantée sur la place d'un village paisible. La salle de resto, avec son caboulot, est rustique, et le menu du jour est à l'image des lieux, simple et sans chichis. Menu plus élaboré le soir (truffade, potée, pintade au chou, grenouilles en persillade...). Également 4 chambres coquettes avec sanitaires, dont une familiale avec un lit à étage.

À voir

La basilique : *tlj 8h-12h30, 14h-17h (18h oct-janv, 19h30 avr-sept). Visites guidées : contacter l'office de tourisme.*
Les circonstances de sa construction sont assez mal connues. Il existait déjà dans la région un pèlerinage à la Vierge Marie, et c'est à la fin du Ve s, devant l'affluence des pèlerins, que l'évêque de Clermont et Guillaume VII d'Auvergne décidèrent de construire cette église, aux dimensions importantes, aidés par les moines bâtisseurs de La Chaise-Dieu. À la Révolution, la flèche a été détruite. La particularité de cette église est qu'elle n'a subi aucun ajout au cours des siècles. À l'extérieur, ne pas manquer d'admirer le chevet, véritable chef-d'œuvre de style très pur, et beaucoup d'harmonie dans les lignes.
À l'intérieur, l'édifice comprend un narthex surmonté de tribunes et voûté d'arêtes, une nef de quatre travées en berceau continu, avec des collatéraux voûtés d'arêtes sur des arcs à doubleau surmontés de baies géminées. Bonne distribution de la lumière, car même la nef aveugle reçoit l'éclairage par les tribunes, et le transept compte 16 fenêtres. La crypte est le plus spacieux des monuments auvergnats du genre. Elle reproduit exactement le plan du chœur supérieur, avec le déambulatoire et les quatre chapelles rayonnantes. Les pèlerins n'avaient pas le droit d'y entrer. Ils observaient donc les reliques depuis les fenêtres ou l'escalier.
Derrière le maître-autel en granit trône la superbe statue assise de *Notre-Dame d'Orcival,* datant du XIIe s. Elle fait encore l'objet d'un pèlerinage le jeudi de l'Ascension. Observez les commissures des lèvres sur le visage de la statue : à droite, le sourire (la mère) ; à gauche, la sévérité (la reine). Dans la vitrine à gauche de l'autel, quelques chapes du XVIIIe s et des ex-voto. Parmi ceux-ci, des boulets et des chaînes de bagnards !
La plupart des 244 chapiteaux sont à feuillage et entrelacs, parfois mêlés d'oiseaux. Quelques-uns seulement sont historiés, comme celui de la scène des *Riches aux Enfers* sur le premier pilier à droite dans la nef. Il est le reflet de l'homme qui a tout misé sur l'argent et de cette parole de Jésus : « On ne peut servir deux maîtres, Dieu et l'argent. » Toutefois, le sculpteur a fait preuve d'audace au regard du prix qu'a dû coûter l'édifice et des trafics de dignités qui étaient monnaie courante à l'époque.

DANS LES ENVIRONS D'ORCIVAL

➢ On peut rejoindre La Bourboule en passant par ***Rochefort-Montagne,*** village surplombé par le puy d'Ébert à 1 052 m. Suivre la D 2089, puis la D 922. On passe à ***Laqueuille.*** Un village qui serait resté inconnu si l'erreur d'Antoine Roussel n'avait donné naissance au bleu d'Auvergne en 1850.

Auberge de Fondain : *lieu-dit Fondain, 63820* ***Laqueuille.*** *☎ 04-73-22-01-35. • auberge.de.fondain@wanadoo.fr • auberge-fondain.com • Sur la D 922, 1 km avt Laqueuille en venant de Rochefort-Montagne. Congés : nov. Repas slt pour les résidents et sur résa. Double 80 € ; tarif dégressif à partir de 3 nuits.* Dans une belle bâtisse de la fin du XIXe s isolée dans un vaste parc, 6 chambres dont 5 familiales délicieusement décorées avec bois et tissus fleuris. Ping-pong, salle de sports, sauna, hammam, jacuzzi (payant) et VTT à louer. Plein d'infos sur la région et ses possibilités de balades et de randos. Au resto, à la déco chaleureuse (jolies couleurs et mobilier à l'ancienne), cuisine traditionnelle. Bon accueil de la sympathique proprio. Très intimiste et idéal pour se ressourcer.

LA BOURBOULE

(63150) 2 100 hab. *Carte Puy-de-Dôme, A2*

La Bourboule est depuis bien longtemps la station hydrominérale des asthmatiques. Pas de doute, l'ambiance est à la cure, mais la station se remplit de bandes piaillantes où surnage la voix qui mue des adolescents. La Bourboule étant la première station pédiatrique de France, la ville est plutôt gaie au milieu du bleu-vert de la nature, des balustrades, des quais et des ponts coloriés au bord des eaux roulantes de la Dordogne.

UN PEU D'HISTOIRE

La Bourboule a la même origine que Bourbon-l'Archambault dans l'Allier. Toutes deux doivent leur nom à la divinité gauloise Borvo, le dieu des Sources. Simple petit hameau pendant longtemps, La Bourboule n'a commencé à prendre de l'importance qu'au milieu du XIXe s. Au début, chacun exploite son eau un peu n'importe comment. Ce n'est qu'en 1879 qu'on crée une société de gestion des eaux. L'arrivée du chemin de fer en 1889 stimule la ville nouvelle, qui reçoit plus de 10 000 curistes vers 1900 (environ 8 000 aujourd'hui).

Adresses utiles

Office de tourisme : *hôtel de ville, pl. de la République. ☎ 04-73-65-57-71. • sancy.com • Ouv tte l'année, tlj sf dim en nov.* Propose en saison (sur résa) des visites guidées payantes sur l'architecture, les légendes locales...

Gare SNCF : *av. des États-Unis. ☎ 36-35 (0,34 €/mn).* Train pour Clermont.

Grands thermes de La Bourboule : *76, bd Georges-Clemenceau. ☎ 04-73-81-21-00. • grandsthermes-bourboule.com •*

Casino : *☎ 04-73-65-54-45. Ouv tlj.* Machines à sous, roulette.

Où dormir ? Où manger à la Bourboule et dans les environs ?

Campings

Camping Le Panoramique : *Le Pessy, 63150* ***Murat-le-Quaire.*** *☎ 04-73-81-18-79. • info@campingpanoramique.fr • campingpanoramique.fr • Direction Murat-le-Quaire par la route de la Banne d'Ordanche et à droite à La Gâcherie. Ouv de mi-mai à fin sept (tte l'année sf nov-déc pour les loc). Forfait 2 pers env 16 € ; mobile homes et chalets 330-730 €/sem. CB refusées. Réduc de 10 % sur l'emplacement de camping au forfait 2 pers (sf juil-août) sur présentation de ce guide.* Comme son nom l'indique, ce camping 3 étoiles est très bien situé en surplomb de La Bourboule. Au calme, avec 110 emplacements en terrasses délimités par des haies, et le son des p'tits oiseaux en prime. Également des locations de chalets en bois avec terrasse. Piscine chauffée, pataugeoire, aire de jeux pour les enfants... Bien équipé en somme. Plan d'eau de Murat à 25 mn à pied. Très bon accueil.

Camping Les Couderts : *route de la Banne d'Ordanche, 63150* ***Murat-le-Quaire.*** *☎ 04-73-65-54-81 ou 04-73-81-01-59. 06-31-59-25-81. • campinglescouderts@orange.fr • camping-couderts.emonsite.com • Indiqué dans le centre de Murat-le-Quaire. Ouv d'avr à mi-oct (loc tte l'année). Forfait 2 pers env 9 € ; minichalets 4 pers 138-295 €/sem et chalets 5 pers 260-515 €/sem.* Un camping 2 étoiles très agréable, disposant de 58 emplacements herbeux, en terrasses et délimités par des haies. Belle vue sur les environs. Également des minichalets et surtout de beaux chalets en bois tout confort, avec terrasse. Machine à laver et sèche-linge. Aire de jeux. Accueil très sympathique.

Bon marché

Hôtel-restaurant de Florence : *70, av. du Général-Mangin. ☎ 04-73-81-05-00. • hotelresto.florence@wanadoo.fr • Doubles 32 € (w-c sur la palier)-42 €. Possibilité de ½ pens 40 € (cuisine régionale). Café offert sur présentation de ce guide.* Une toute petite pension de famille avec un jardin. Chambres très simples, avec douche et w-c. C'est propre et correct, mais, à ce tarif, bien sûr, ne pas demander la lune. Et l'accueil est au feeling. Pour routards à petit budget.

De prix moyens à chic

La Cabanne : *route de la Banne d'Ordanche, 63150* ***Murat-le-Quaire.*** *☎ 04-73-81-19-25. • info@la-cabanne.com • la-cabanne.com • Resto ouv tlj pdt vac scol ; sinon slt sam-dim. Congés : 20-29 mars, 20-28 juin et 11 nov-21 déc. Selon saison, doubles 40-59 € ; familiales (4 pers) 60-105 €. Formule 13,50 € ; menus 13,50-15,60 €. Kir offert à partir du menu à 15,60 € sur présentation de ce guide.* L'environnement au pied de la Banne d'Ordanche est sympa. Et calme évidemment. Quant à la structure, il s'agit d'une bâtisse moderne et fonctionnelle précédée par un jardin (jeux pour les enfants), qui renferme des chambres simples, agréables et nickel (tout le monde se déchausse à l'entrée, comme à la maison !). Salle de jeux au sous-sol (ping-pong, billard, baby-foot). Salle de séchage pour l'hiver. Et le lac de Murat n'est pas loin (pêche et baignade). Bonne petite étape pour les randonneurs, qui peuvent commander des pique-niques et le repas du soir. Pratique.

Hôtel Le Parc des Fées : *107, quai Maréchal-Fayolle. ☎ 04-73-81-01-77. • info@parcdesfees.com • parcdesfees.com • Doubles 72-78 €. Menus 18-33 €. « Cocktail des fées » offert sur présentation de ce guide.* Grand hôtel bâti au XIXe s face à la rivière, qui a conservé un petit cachet Belle Époque dans les parties communes. Chambres à l'inverse au décor contemporain. Bon confort (téléphone direct, TV, etc.). Salle de jeux pour les enfants. Cuisine traditionnelle auvergnate. Le charmant parc se trouve juste derrière, mais les fées sont sans doute parties depuis la fermeture de l'antique *Casino des Enfants...* Accueil très aimable.

L'Amuse Bouche : *15, rue des Frères-Rozier. ☎ 04-73-21-68-85. Fermé mar-mer sf vac scol. Congés : de mi-nov à mi-déc. Menus 25-44 €.* C'est la bonne table qui manquait à La Bourboule. Le cadre est élégant, le service efficace, et dans l'assiette, une cuisine semi-gastronomique travaillée avec soin et présentée avec la manière. On se régale par exemple d'un beau poisson du jour cuit à la perfection, on se détend au son de la musique classique, et au final on se dit qu'on a rudement bien fait de pousser la porte. Vraiment agréable, comme la visite du jeune chef qui fait gentiment le tour des tables à la fin du service.

Auberge de Vergne Noir : *au lieu-dit Le Vergne-Noir. ☎ 04-73-81-18-80. De La Bourboule, direction Murat-le-Quaire (longer « La Bourboule » écrit avec des fleurs sur le bas-côté) ; passer sous le pont de chemin de fer, tourner à gauche 100 m plus loin pour continuer à longer la voie ferrée, traverser 3 passages à niveau et suivre les panneaux. Tlj sf mar. Congés : de mi-déc à mi-janv. Menu unique 26 €. CB refusées.* À elle seule, la route est tout un poème jusqu'à cette charmante maison en pierre, littéralement perdue au bout du monde... mais à 5 mn à peine de La Bourboule. Ici, ni chichis ni accueil ronflant. On dîne dans une ambiance conviviale et chaleureuse, au milieu d'un décor chargé de meubles anciens, sous de grosses poutres et devant une belle cheminée. Au menu, des préparations faites avec amour, comme la terrine maison, un plat de viande et puis truffade, salade, fromage et dessert. Une adresse originale, à l'écart des sentiers battus.

Le Pitsounet : *Le Genestoux, ancienne route du Mont-Dore (D 996). ☎ 04-73-65-00-67. • aubergelepitsounet@wanadoo.fr • À 3 km de La Bourboule. Fermé dim soir et lun sf juil-août. Menus 17 € (sf dim)-34 € ; carte. Café offert sur présentation de ce guide.* Une bonne table locale pas loin de la ville. Cadre rustique d'auberge, et une terrasse. Casse-croûte auvergnat, raclette, pierrade, plusieurs fondues et une spécialité différente chaque jour. Cuisine de bonne facture préparée avec de bons produits. Bon accueil.

À voir. À faire

Le parc Fenestre : créé en 1874, ce magnifique espace de 12 ha abrite de superbes pelouses et des séquoias pouvant atteindre 45 m de hauteur. Il offre également de nombreuses attractions : aires de jeux, manèges, parcours équilibre, jardin de plantes rustiques, et, de Pâques à septembre, minigolf, petit train... L'entrée du parc est gratuite, mais certaines attractions sont payantes... De là, par la télécabine, accès au plateau de Charlannes en 6 mn (lire plus loin).

Petite balade en ville : juste à côté de l'office de tourisme, voir la *façade de l'hôtel de ville,* un ancien casino Belle Époque avec une frise en mosaïque, des cariatides et un bel escalier intérieur. Un peu plus bas, jetez un œil au *casino* actuel pour ses mosaïques, et à l'arrière des grands thermes, nettement plus élégants qu'en façade. Passez les thermes et admirez à nouveau des mosaïques : celles, superbes, de l'ancienne pâtisserie *Maison Rozier* (223-225, bd Clemenceau). Quant à l'*église* de La Bourboule, ne vous y trompez pas, c'est une copie du style des églises romanes d'Auvergne. Elle date seulement de la fin du XIXe s !

➢ ***La Roche des Fées :*** *en 30 mn.* Depuis la place Guillaume-Lacoste, prendre l'escalier à droite de la résidence. Au croisement, suivre le chemin sur la gauche qui grimpe jusqu'au sommet de la Roche. De là, joli panorama sur la ville.

Manifestation

– ***Festival Plein la bobine :*** *mi-juin. ☎ 04-73-65-51-46. • pleinlabobine.com •* Sélection de films pour les enfants (à partir de 3 ans) et pour tous les âges, des thématiques, conférences, ateliers, rencontres vidéo-scolaires, expos, etc.

DANS LES ENVIRONS DE LA BOURBOULE

Le plateau de Charlannes : situé entre 1 050 et 1 250 m. Le plateau offre de nombreux sentiers de randonnée et, en hiver, permet de s'adonner aux joies de la randonnée à raquettes ou du ski de fond. Belle vue sur la vallée de la Dordogne. On peut y accéder en télécabine *(tlj en saison)* depuis l'avenue Agis-Ledru, en bordure du parc Fenestre, ou bien par la route (6 km).

La roche Vendeix : *à 3 km au sud de La Bourboule.* Rocher basaltique portant quelques vestiges d'un château fort dont s'empara Aymerigot Marchès, l'un des brigands les plus dévastateurs que l'Auvergne ait connus au cours du XIVe s. Brigand à la solde des Anglais, il ne renonça pas à ses méfaits malgré le traité de Rodez marquant la fin de la guerre de Cent Ans. Après s'être emparé du château, il fut livré par l'un de ses proches à l'autorité. Transporté à Paris, il fut décapité sur la place des Halles.

Le Scénomusée La Toinette et Julien : *à* ***Murat-le-Quaire.*** *☎ 04-73-81-12-28. • toinette.com • Tlj 10h-12h, 14h-19h (18h sept-Pâques). Fermé de mi-nov à mi-déc. Entrée : 6,40 € (Toinette) et 4,80 € (Julien) ; forfait pour les 2 sites : 8,80 € ; réduc (notamment sur présentation de ce guide).*

Dans la tradition des écomusées chère à l'Auvergne, celui-ci, aménagé dans de beaux bâtiments typiques, est l'un des précurseurs en matière de scénographie. En 45 mn, le scénomusée *La Toinette* passe en revue la vie et la mort d'une paysanne du XIXe s en quatre tableaux, de la pièce à vivre au testament chez M. le notaire ; le tout sur un texte écrit par Robert Poudérou et dit par une voix off aux accents rappelant un peu notre chère Suzanne Flon (« celui qui doit n'a rien à soi », « un nigaud cacherait le beurre sous la braise »...). C'est bien fait, nostalgique mais pas pleurnichard.
Plus bas dans le bourg, *La Grange de Julien* présente (en 30 mn) la vision contemporaine d'un jeune paysan d'aujourd'hui, lointain descendant de Toinette, et traite d'un sujet grave, celui de l'avenir des campagnes. Belle scénographie sur la mentalité auvergnate, à la fois roman et témoignage, avec des changements de décor assez ingénieux.
En complément de la visite, des expos temporaires, un *fenier* avec une collection de vieux outils et un diaporama de photos anciennes, et un jeu de piste dont les indices et les réponses sont disséminés dans le village. Une manière ludique de mettre le doigt sur quelques éléments architecturaux notables, ou d'évoquer quelques personnages historiques. Et depuis peu, des virées théâtralisées sur tout le massif du Sancy.

La chèvrerie des monts Dore : *Les Vergnes, 63150* ***Murat-le-Quaire.*** *☎ 04-73-81-18-02. 06-81-52-60-16. Panneaux dans Murat. Visite à 16h en sem pdt vac scol et 18h en été. Entrée : 4,50 € ; réduc.* C'est une petite chèvrerie pédagogique fort sympathique, où l'on invite les visiteurs à participer activement aux activités : distribuer le foin et les grains, donner le biberon aux adorables chevreaux, et même appendre à traire ! Ce qui se révèle bien plus difficile qu'il ne paraît ! Le tout est évidemment émaillé d'explications détaillées, et s'achève par une dégustation de fromages.

DE LA BOURBOULE À BESSE

La Tour-d'Auvergne *(63680) :* La Tour fait figure de capitale en réduction au sud des monts Dore. Historiquement, il faut dire que l'endroit fut le terrain de repli de l'importante maison féodale de La Tour, prépondérante pendant toute la période médiévale. Le château fut détruit en 1625, après que les domaines pastoraux tombèrent aux mains de la maison de Bouillon.

Chastreix *(63680) :* voir son église de style gothique du XIIIe s, à nef unique, avec un porche du XIVe s. Elle renferme une statue de la Vierge du IXe s d'un style très primitif. Le village possède également la station de ski alpin ***Chastreix-Sancy.***

Entre Chastreix et Picherande, le village de La Morangie est le point de départ d'une belle balade dans la ***vallée de la Fontaine-Salée,*** façonnée par les phénomènes glaciaires (estives, tourbières, sources).

PICHERANDE (63113)

À 1 100 m d'altitude, c'est un village agréable pour pratiquer le ski de fond hors des sentiers battus et des pistes ultra-fréquentées.

Où dormir ?
Où manger ?

Central Hôtel : *au bourg. ☎ 04-73-22-30-79. Fax : 04-73-22-37-02. Au centre du village, sur une petite place. Le soir, resto slt en pens complète et ½ pens. Congés : oct-nov. Double 40 € ; ½ pens 39 €. Menu 18 €.* C'est une maison tranquille qui sent bon la France profonde. Au bar, quelques vieux habitués autour d'un rouge limé. Dans les couloirs, des odeurs agréables aux heures des repas. Chambres propres et simples, avec douche et w-c communs. Salle de resto à l'ancienne, pour une véritable cuisine familiale de première communion. Accueil sans façons et serviable.

BESSE-ET-SAINT-ANASTAISE

(63610) 1 700 hab. *Carte Puy-de-Dôme, B3*

Tout le monde l'appelle encore Besse-en-Chandesse, son ancien nom... Ou tout simplement Besse. Cette bourgade dans les hauts pâturages, petite oasis sur une colline, évoque irrésistiblement les villes de marchés et de foires aux bestiaux. La croissance dans l'histoire de ce petit bourg s'explique par les marchands qui y ont amassé leur fortune.
L'existence d'une vie autonome, communale et bourgeoise est connue à Besse depuis 1270. À cette date, en effet, les comtes de La Tour-d'Auvergne durent concéder aux habitants, bouchers, éleveurs, tanneurs, une charte leur reconnaissant le droit de coalition et l'autorité sur la commune par des consuls élus, face à la puissance seigneuriale. Une aisance citadine confirmée par l'élégance des maisons qui subsistent, des XVe et XVIe s, avec leurs tourelles d'escalier, leurs portes sculptées et blasons.
Besse reste un grand centre d'élevage laitier et de fabrication de fromages. C'est le cœur de la zone d'appellation du saint-nectaire. On y fabrique également la fourme cantalienne. Avec la station de Superbesse, le village forme un ensemble touristique plutôt prospère et fréquenté tant en été qu'en hiver.

Adresses utiles

Office de tourisme : *pl. du Dr-Pipet. ☎ 04-73-79-52-84. • sancy.com • Ouv tlj (sf dim oct-nov).*

Bureau de tourisme de Superbesse : *rond-point des Pistes. ☎ 04-73-79-60-29. Ouv de fin déc à mi-sept.*

Location de raquettes : *Jean-Michel Falgoux, à Superbesse. ☎ 04-73-79-60-23 (appeler le soir).* Location et accompagnement pédestre.

Où dormir ?
Où manger ?

Camping

Camping du Bois de Gravière : *4, route de Murol. ☎ 04-73-79-52-05. • info@camping-besse.com • camping-besse.com • À l'entrée de Besse. Ouv des vac de Noël à mi-sept. Forfaits 2 pers 11,50-15 € ; mobile homes et chalets 4-8 pers 251-502 €/sem selon saison. Apéritif maison offert sur présentation de ce guide.* Au bord de la Couze Pavin et du GR 30, dans un coin charmant et arboré, ce camping 2 étoiles sans chichis propose une poignée d'emplacements sur terrain plat et en terrasses, avec une partie herbeuse et une partie stabilisée (le reste est réservé aux résidents). Également des mobile homes, de jolis petits chalets en bois, un grand chalet et un grand gîte pour 19 personnes. Machine à laver et sèche-linge. Aire de jeux, pétanque, ping-pong, baby-foot. Bar sympa pour fraterniser. Fait aussi caravaneige (local ski et 2 navettes par jour en hiver pour Superbesse). Accueil jeune et gentil.

De prix moyens à chic

Hôtel Le Sancy : *3, pl. Alfred-Pipet. ☎ 04-73-79-50-13. • hotel-sancy-besse.com • Face à l'office de tourisme. Resto fermé mar soir et mer hors* *saison. Congés : 3 sem au printemps et 2 sem en automne. Double 50 € ; familiale 66 €. Apéritif maison offert sur présentation de ce guide.* Dans une maison ancienne pittoresque idéalement située au cœur du village historique, une dizaine de jolies chambres avec douche et w-c, téléphone et TV. Chambres communicantes pour les familles. Petit déj à prendre au bar-tabac du rez-de-chaussée. Fait aussi resto (spécialités régionales sur commande). Ambiance familiale. Bon accueil. Un très bon rapport qualité-prix.

Chambres d'hôtes Aaisa : *2, rue du Marché. ☎ 04-73-79-59-50. • info@aaisa.eu • aaisa.eu • Double 75 €, tarif dégressif dès la 2e nuit.* C'est l'adresse de charme de Besse. La maison ne manque pas de cachet (700 ans, ce n'est pas rien !), mais c'est la déco qui fait la différence : soignée et chaleureuse pour les chambres, plus contemporaine pour les parties communes. Surtout la salle de petit déj, en noir, blanc et gris perle, et meublée de fauteuils en plastique moulé transparent. Très réussi dans son genre. Quant à l'accueil, il est adorable. Super !

La Souillarde : *pl. de la Gayme. ☎ 04-73-79-53-14. Fermé mar-mer. Menus 15 € (midi en sem)-25 €.* Une horloge ancienne, une cheminée, un beau comptoir, quelques vieilles réclames... et le tour est joué ! Vous obtenez un séduisant bistrot vintage, où l'on déguste (sur les nappes à carreaux de rigueur !) une très bonne cuisine régionale servie avec largesse et préparée dans les règles. Truffade, sandre, volaille aux choux, rien ne manque à l'appel. Vraiment sympa, comme l'accueil.

Hostellerie du Beffroy : *26, rue de l'Abbé-Blot. ☎ 04-73-79-50-08. • lebeffroy@orange.fr • Fermé lun-mar en basse saison (slt lun midi en hte saison). Congés : 12 nov-22 déc. Formule en sem 22 € ; menus 25-70 €. Apéritif offert sur présentation de ce guide.* Cette maison de caractère, qui date du XIVe s (ancien édifice des gardes), abrite une grande table. Thierry Legros élabore une cuisine inventive, où le terroir est toujours réinterprété à sa façon en fonction de l'humeur et des saisons. Beaucoup de panache, comme dans les présentations. Dommage que l'accueil soit inégal.

Où dormir ? Où manger dans les environs ?

De bon marché à prix moyens

L'Auberge du Bougnat : *63790* ***Saint-Victor-la-Rivière.*** *☎ 04-73-88-67-84. • info@aubergedubougnat.com • aubergedubougnat.com • (au resto). Sur la D 5, entre Murol et Besse. Resto ouv tlj pdt les vac scol ; slt ven-dim midi et j. fériés hors saison. Congés : 10 j. en mars et 10 j. en oct. Double 69 €, petit déj inclus. Menus 13,50 € (déj en sem)-37 €.* En surplomb de la route, une imposante maison récente proposant 4 chambres modernes et confortables, dont 2 avec terrasse. Au resto, sérieuse cuisine de terroir et généreuses portions servies dans une salle à manger rustique et chaleureuse. Terrasse aux beaux jours. Une valeur sûre.

Restaurant La Bergerie : *route de Vassivière, à* ***Superbesse.*** *☎ 04-73-79-61-06. Accès par la D 149. De mi-déc à mi-avr et de juil à mi-sept, ouv tlj ; hors saison, slt pdt vac scol, w-e et j. fériés. Menus 12,80-33,50 €.* Cette maison est connue de longue date pour sa truffade, l'une des meilleures de la région, servie en copieuses portions directement dans la poêle et accompagnée de son jambon du coin. Les 20 mn d'attente sont largement compensées par le plaisir de savourer ce plat ultra-traditionnel et pour le moins reconstituant. Salle toute simple ou terrasse face aux pistes, avec vue au loin sur le lac.

Datcha Anastasia : *Saint-Anastaise, 63610* ***Besse-Saint-Anastaise.*** *☎ 04-73-71-21-84. • datcha.anastasia@yahoo.com • datcha-anastasia.com • Au sud de Besse par la D 36 puis la D 127. Congés : nov. Doubles 60 € (w-c sur le palier)-70 €. Table d'hôtes 22 €. Apéritif offert sur présentation de ce guide.* Besoin

LES MONTS DORE

de calme ? Vous ne serez pas déçu : Saint-Anastaise se résume à quelques maisons perdues au bout d'une route aussi étroite que belle. Quant à la datcha, qui n'a de russe que le nom, c'est une charmante maison de pays recroquevillée au pied d'une église pittoresque. L'intérieur est nettement plus sophistiqué : espaces chaleureux organisés autour de différentes mezzanines, mobilier choisi, et des chambres thématiques soignées. La japonaise est carrément insolite, car isolée dans une sorte de cabane !

À voir

L'église Saint-André : ancienne collégiale qui possède une nef romane du XIIe s et des bas-côtés sur lesquels s'ouvrent des chapelles ajoutées au XVIIe s. La croisée du transept est couverte d'une coupole et surmontée d'un clocher octogonal refait au XIXe s. Quelques chapiteaux historiés relatant l'histoire de Tobie et la mort du mauvais riche, ou le martyre de saint André.

Juste à côté de l'église se trouve la ***halle*** surmontée de la mairie et, juste derrière, l'***ancien château*** qui conserve encore quelques mâchicoulis et une belle fenêtre percée au XVIe s.

La rue de la Boucherie : bordée des éventaires en pierre d'anciennes boucheries. Il est rare en France de trouver une telle continuité commerçante historique. D'autres vénérables demeures, dont la plus ancienne est celle dite *de la Reine Margot,* à l'angle de la rue Mercière. Elle fut dame de Besse avant d'être une héroïne de Dumas. Bel escalier à vis.

Le musée du Ski : *dans la maison dite de la Reine Margot. ☎ 04-73-79-57-30. Slt pdt vac scol, ouv tlj. Entrée : 4,50 € ; réduc.* Collection bien documentée sur l'histoire du ski, plus particulièrement en Auvergne. Visite commentée par le créateur du musée.

Le beffroi : tour carrée surmontée d'un étage octogonal et d'une toiture conique à lanternon. Symbole de la vie communale, elle est percée d'une porte précédée à l'extérieur d'une barbacane, un élément de défense que soutenaient les anciens remparts du XVe s.

Manifestations

- ***La Saint-Cochon :*** *le 3e sam de janv.* Reconstitution de la mise à mort du cochon, vente, dégustation et repas géant.
- ***La Transhumance de la Vierge noire :*** *2 juil et la dernière sem de sept.* La légende raconte qu'un marchand huguenot devint aveugle après être passé à Besse, pour avoir omis de se recueillir devant la Vierge de Vassivière, comme le voulait la règle. Repenti, il recouvra la vue. Un miracle qui décida les Bessards à descendre la statue au village. Mais celle-ci, têtue, remonta sur sa colline. Depuis, les processions suivent le même périple, et c'est l'occasion de festoyer à nouveau (feux d'artifice, foire aux bestiaux, etc.).
- ***La Bavajade :*** *ts les 2 ans, les années paires, début oct sur un w-e.* C'est le coup de balai final des travaux d'été. La tradition dit que « si on n'a pas renversé le foin, on mange le coq ». Alors on organise un grand repas avec du coq au menu (sur résa à l'office de tourisme). Animations avec *bandas,* costumes et décoration à thème.

DANS LES ENVIRONS DE BESSE-ET-SAINT-ANASTAISE

La ferme Boinchoux : *63610* ***Olpilière.*** *☎ 04-73-79-53-12. • ferme-boinchoux.fr • ♿ À la sortie de Besse, direction Chandèze-Olpilière. Juil-août, tlj 10h-*

19h ; avr, tlj sf sam 11h-18h ; mai-juin et sept, tlj sf mer 13h30 (11h dim et w-e fériés)-18h ; le reste de l'année, dim et tlj pdt vac scol 13h30h-17h30. Congés : de mi-nov à mi-fév (ouvert quelques j. pdt les vac de Noël). Entrée : 8 € ; réduc ; pass 3 sites (château de Murol et site troglodyte de Jonas) 24 € ; réduc. Scénovision de 1h sur la vie quotidienne d'un couple de paysans au début du XIXe s. Reconstitution d'une vieille ferme avec son étable, sa salle commune, son grenier plein de souvenirs, le tout avec commentaires audio, jeux de lumière et projection de documents d'époque. Au menu, traditions, fabrication du saint-nectaire et histoires chantées en patois.

SUPERBESSE

Créée en 1960, la station est parvenue à se forger une belle réputation chez les amateurs de ski alpin, même si l'architecture n'est pas forcément une réussite exemplaire. Le domaine comprend 45 km de pistes. On peut également rejoindre celles du Mont-Dore de l'autre côté du Sancy.

LE LAC PAVIN

Le plus jeune volcan de France métropolitaine (un maar de 6 500 ans) est le plus typique des lacs de cratère d'Auvergne, avec ses versants raides boisés de pins, d'épicéas et de hêtres. Presque parfaitement circulaire (850 m x 750 m environ), son nom viendrait du latin *pavens,* qui signifie « effrayant ». Il faut dire que les légendes ne manquent pas autour du Pavin. Portes de l'Enfer, ancien site de Besse qui aurait été englouti par les eaux comme une punition... Il paraît que lorsqu'on y jette un caillou, cela déclenche des orages dantesques !
Les pêcheurs y trouveront leur bonheur, le lac étant particulièrement fréquenté par les truites et l'omble chevalier introduit par un certain M. Rico en 1859. Les flancs du volcan s'élèvent à environ 40 m au-dessus de l'eau. Le lac est alimenté par d'importantes sources, et ses eaux ont une couleur verte assombrie par la profondeur qui est de 90 m presque partout, même sur les bords. Belle randonnée à faire autour, qui permet de découvrir les différents paysages volcaniques : cratère, cône strombolien du puy de Montchal et coulée de lave basaltique.

Où dormir ?
Où manger ?

Le Lac Pavin : *sur la D 978, entre Besse et Superbesse. ☎ 04-73-79-62-79. • info@lac-pavin.com • lac-pavin.com • ♿ Hôtel ouv fév-sept. Brasserie ouv fév-oct, tlj ; resto ouv Pâques-fin sept, tlj sf dim soir et lun. Double 60 €. À la brasserie, menus 13,20-25,50 € ; au resto, 30-43 €.* Construction moderne superbement située en bord de lac. Les chambres, accessibles par un ascenseur vitré, sont de bon confort mais sans fioritures (ni TV ni téléphone... mais la vue géniale compense !). 2 restos : le traditionnel à l'étage, où l'on sert une cuisine bien faite (et notamment de l'omble chevalier pêché dans le lac), et la brasserie au rez-de-chaussée. Sa formule du midi, proposée en terrasse au bord du lac, se révèle un des meilleurs rapports qualité-prix du coin.

LA CHAPELLE NOTRE-DAME-DE-VASSIVIÈRE

La chapelle s'élève à 7 km à l'ouest de Besse par la D 978. Reconstruite en 1555 sur l'emplacement d'un oratoire beaucoup plus ancien, elle renferme une Vierge noire célèbre et objet d'un pèlerinage très fréquenté dans la région. Suivant la tradition qui remonte à la fin du XVIIe s, la statue passe l'hiver à Besse. Elle est transportée en procession à Vassivière le 2 juillet lors de la fête de la « Montade ». La statue est redescendue à Besse le soir du dimanche qui suit le 21 septembre (la Saint-Matthieu) : c'est la « Dévalade ». Elle est finalement accueillie par un feu d'artifice et des coups de fusil.

DE BESSE À MUROL

Le lac Chambon : formé par l'éruption du Tartaret (le reste d'un cratère égueulé), ce volcan domine le lac de sa masse boisée. La nappe d'eau peu profonde s'étale sur 60 ha, longue de 1 200 m d'est en ouest et large d'environ 700 m. Bordé de prairies et de bois de pins, le lac offre un paysage charmant dominé au nord par la dent du Marais, énorme muraille taillée à pic due à un effondrement lors de l'éruption du Tartaret.

Le château de Murol : *☎ 04-73-26-02-00. • chateaudemurol.fr • Juil-août, visite animée tlj 10h-18h (sf mer et sam, visite libre ; dim, visite guidée) ; le reste de l'année, visite thématique (horaires variables, se renseigner), visite libre ou visite animée sur résa slt : avr-juin et sept, tlj 10h-18h, et oct-mars, slt w-e, j. fériés et vac scol 10h-17h. Tarifs : 9,80 € pour les visites animées, 8,50 € pour les visites thématiques, 7,80 € pour les visites guidées, 6,30 € en visite libre ; réduc (notamment pour 2 pers sur présentation de ce guide) ; pass 3 sites (ferme Boinchoux et site troglodyte de Jonas) 24 € ; réduc.*
Sa silhouette austère et puissante est l'une des plus célèbres de la région. Magnifique ! Construit sur un ancien volcan, ce château qui a adopté la forme d'un polygone irrégulier s'intègre parfaitement au site dont il emprunte le matériau et la couleur. La partie ouest, antérieure au XIVe s, serait l'œuvre de Guillaume de Sam, un descendant des premiers seigneurs de Murol. Les trois autres côtés datent de la reconstruction entreprise au début du XVe s par Guillaume II, son petit-fils, un maniaque de l'art défensif, vivant dans la hantise des guerres de la fin du XIVe s. Enfin, pendant la seconde moitié du XVIe s, les d'Estaing ajoutèrent une enceinte flanquée de bastions et de casemates pour accueillir armes à feu et artillerie. Murol n'a donc rien d'un château d'apparat.
En se baladant entre les remparts épais, en détaillant les nombreuses tours et en découvrant la vue formidable depuis le donjon et le chemin de ronde, on comprend mieux le rôle de cette forteresse destinée à commander les routes de Besse et de Chambon. On y vivait toutefois pas si mal, comme en témoignent les intérieurs reconstitués (chambre, cuisine, forge...). L'été, quelques animations assurées par des comédiens permettent de se faire une idée plus précise du quotidien des habitants. De mi-juillet à fin août, les mardi et jeudi, un spectacle nocturne évoque l'histoire du château à travers l'imaginaire médiéval (résa fortement conseillée).

Le musée des Peintres de l'école de Murol : *parc du Prélong, 63790* ***Murol.*** *☎ 04-73-88-60-06. • musee-murol.net • Juin-oct, tlj 10h-12h, 14h30-18h30 ; hors saison, les w-e et vac scol (sf mar) 14h-18h. Fermé nov-janv (sf vac scol). Entrée : 3,50 € ; réduc.* Dans la première moitié du XXe s, une cinquantaine de peintres partagèrent la même passion pour la belle lumière locale, surtout en hiver. Successeurs des impressionnistes et des fauves, les plus connus sont l'abbé Léon Boudal (curé de Murol), Jules Zingg, Wladimir de Terlikowski, Victor Charreton, Maurice Busset... Un film retrace leur histoire, tandis que plusieurs salles renferment leurs principales œuvres, ainsi qu'une sélection d'objets personnels. À côté, autre petit musée abritant une collection d'objets gallo-romains trouvés à Murol (se renseigner pour les périodes d'ouverture).

Où dormir dans les environs de Murol ?

Camping Le Repos du Baladin : *à Groire, 63790* ***Murol.*** *☎ 04-73-88-61-93. • reposbaladin@free.fr • camping-auvergne-france.com • En sortant de Murol par la D 146. Ouv 30 avr-10 sept. Forfait 2 pers 18,70 € ; loc de caravanes et mobile homes 2-5 pers 225-628 €/sem. Réduc de 10 % sur les emplacements (sf juil-août) sur présentation de ce guide.* Un petit camping 3 étoiles avec à peine 70 emplacements gazonnés et ombragés. Calme, confortable, et en prime une belle vue sur le château de Murol. Snack-bar, salle TV, piscine chauffée, grande aire de jeux. Très bon accueil familial.

Camping La Ribeyre : *à Jassat, 63790* ***Murol.*** *☎ 04-73-88-64-29. • info@laribeyre.com • laribeyre.com • À la sortie de Murol. Ouv de mai à mi-sept. Forfaits 2 pers 19,50-27,90 € ; mobile homes et chalets 273-1 372 €/sem selon saison et taille.* Pour changer un peu, voici un très grand camping 4 étoiles (10 ha) comprenant 400 emplacements plats, herbeux et ombragés. Bien équipé : lave-linge et sèche-linge, pizzeria-grill, salle de jeux, salle TV, et surtout un parc aquatique comprenant 2 piscines, couverte et découverte, et plusieurs toboggans. Plan d'eau au bout du camping, terrains de foot et de volley, court de tennis, terrain de pétanque, location de canoës et animations. Hyper complet !

Camping Les Bombes : *chemin de Pétary, 63790* ***Chambon-sur-Lac.*** *☎ 04-73-88-64-03. • les-bombes.camping@orange.fr • camping-les-bombes.com • À 3 km de Murol par la D 996. Ouv de mai à mi-sept. Forfait 2 pers 18,60 € ; chalets, roulottes et tentes 180-655 €/sem selon saison et taille. Réduc de 10 % sur présentation de ce guide.* Tout pour plaire : environnement très agréable (le long d'une rivière, environné de montagnes et à deux pas d'un lac), emplacements de choix (vastes et bien entretenus), équipements très complets (piscine, aire de jeux, laverie, snack-bar, épicerie...), et toutes sortes de petits plus qui font la différence, comme les animations ou les roulottes pour les campeurs à l'esprit bohème !

Manifestation à Murol

– **Fête du Saint-Nectaire :** *début juil. Infos à l'office de tourisme de Murol : ☎ 04-73-88-62-62.* Une journée pour célébrer le fromage saint-nectaire et les produits régionaux. Concours national du saint-nectaire et en soirée on fait la fête.

SAINT-NECTAIRE

(63710) 720 hab. *Carte Puy-de-Dôme, B2*

Son nom évoque l'un des meilleurs fromages d'Auvergne et provoque toujours un frémissement des papilles. Mais c'est avant tout le siège d'une des plus fabuleuses églises de la région qui, elle, est un joyau de l'art roman. Et puis Saint-Nectaire fut également connu en tant que station thermale depuis les Romains. La station devait être de bonne réputation puisque le prêtre Nectaire, disciple de saint Austremoine, s'y retira et y mourut. Aujourd'hui, les thermes ont laissé la place à un centre balnéoludique, nouveau caprice de la société de loisirs. Et comme on fait bien les choses ici, on a séparé les genres symboliquement : l'église dans la ville haute, les plaisirs terrestres dans la ville basse.

Adresse utile

Office de tourisme : *Les Grands Thermes. ☎ 04-73-88-50-86. • sancy.com • Ouv tlj sf dim hors juil-août.* Liste des hébergements, des excursions (cascades, menhirs, dolmens...), et vente de parcours d'orientation. Animations en juillet-août.

Où dormir ?
Où manger ?

Campings

Camping La Vallée Verte : *route des Granges, à Saint-Nectaire-le-Bas. ☎ 04-73-88-52-68. • lavalleeverte@neuf.fr • valleeverte.com • Sortie est du village, à 400 m de la D 996. Ouv de mi-avr à mi-sept (chalets tte l'année). Forfaits 2 pers 12,50-18,80 € ; loc de bungalows et de chalets 4-5 pers 225-715 €/sem.* Au bord des Couzes Frédet et Pavin, ce camping 3 étoiles propose un beau terrain ombragé de 2,5 ha avec 90 emplacements, plats, délimités et herbeux. Évitez les emplacements et les bungalows trop près de la route départementale. Équipement convenable. Piscine couverte et chauffée. Snack et petite restauration en été. Aire de jeux.

Camping Le Viginet : *☎ 04-73-88-53-80. • info@camping-viginet.com • camping-viginet.com • À l'entrée est, grimper à droite (panneaux). Ouv avr-sept. Forfait 2 pers 19,40 € ; loc de chalets 4-7 pers 270-660 €/sem.* Très belle situation pour ce camping 3 étoiles en surplomb du village (à 800 m) avec 3,5 ha de terrain en pleine nature et 60 emplacements plats et disposés en escargot. Beaucoup d'herbe, plein d'arbres et des petits oiseaux. Une dizaine de chalets avec terrasse. Également une vingtaine de huttes. Côté équipements : lave-linge, barbecue, petite épicerie, piscine, pétanque, volley, ping-pong, animations estivales. Possibilité de faire de la rando et du canoë dans le coin. Accueil jeune et sympathique.

Prix moyens

Hôtel Le Bel Air : *à Saint-Nectaire-le-Haut. ☎ 04-73-88-50-42. • delpeux0489@orange.fr • hotellebelair.fr • Après l'église. Congés : 22 mars-7 avr, 4 nov-20 fév. Doubles 46-55 € selon saison. Menus 16,50-30 €. Café offert sur présentation de ce guide.* Petit hôtel de campagne caché dans une minuscule ruelle (se garer sur le petit parking de la route principale). Sympa et décontracté, le « cuisinier-propriétaire » propose des chambres à l'ancienne, très simples mais bien tenues. Au resto, cuisine de terroir classique. Une adresse plus personnalisée que les hôtels de Saint-Nectaire-le-Bas, avec un accueil gentil en prime.

Chambres d'hôtes Villa du Pont Romain : *chez David et Audrey Cellier. ☎ 04-73-88-41-62. • cellier.david@free.fr • lavilladupontromain.free.fr • À l'entrée est du village. Double 50 €. Réduc de 10 % sur présentation de ce guide oct-mars.* Les chambres d'hôtes, c'est une passion pour Audrey. C'est pourquoi elle ne fait rien à moitié et vous accueillera avec bonne humeur et énergie dans sa charmante maison, une villa de 1922 dotée d'un vaste jardin. Elle propose 3 chambres spacieuses (dont une familiale), confortables (w-c et salle de bains séparés) et décorées avec beaucoup de goût (beaux tissus, belles couleurs). Salon, avec jeux, B.D. et billard à disposition, et barbecue dans le jardin. Petit déj très copieux avec gâteaux et confitures maison. Excellent accueil.

Chambres d'hôtes Villa Saint-Hubert : *dans la montée vers le village. ☎ 04-73-88-41-30. • info@villasthubert.com • villasthubert.com • Doubles 50-75 € selon confort et saison. Également un gîte 4-5 pers 325-530 €/sem. Table d'hôtes 22 €. Apéritif maison offert sur présentation de ce guide.* En surplomb de la route qui monte au village, à flanc de colline, voici une jolie maison du XVIIIe s remaniée au XIXe et construite en pierre de lave de Farges. Eh non ! celle-ci n'est pas noire... mais beige et poreuse, et vraiment belle. La maison est tenue par un couple de Hollandais très sympas. Ils ont rénové les lieux avec un mélange d'ancien et de contemporain plutôt réussi. Chambres de bon confort, dont une plus spacieuse avec un balcon et une grande salle de bains. Agréable jardin en terrasses.

Chic

Hôtel Mercure Les Bains Romains : *rue principale, à Saint-Nectaire-le-Bas. ☎ 04-73-88-57-00. • H1814@accor.com • hotel-bains-romains.com • Doubles 120-140 €. Menus 25-29 € ; carte 38 €. Apéritif maison offert sur présentation de ce guide.* L'hôtel chic de Saint-Nectaire. Ancien grand hôtel entièrement rénové, offrant des chambres contemporaines de bon goût et de grand confort. Parc avec arboretum, piscine extérieure, espace forme (jacuzzi, sauna, salle de massage), billard... Superbe salle de restaurant, digne d'une salle de bal (8 m sous plafond !), avec parquet à chevron, colonnes ioniennes, corniches en stuc, moult moulures. À la carte, bonne cuisine de terroir revisitée. Bon accueil, souriant et compétent.

Où dormir ? Où manger dans les environs ?

Campings

Camping municipal Le Pré : *1, pl. Amouroux, 63320* ***Montaigut-le-Blanc.*** *☎ 04-73-96-75-07. • montaigut-le-blanc@wanadoo.fr • ville-montaigut-le-blanc.fr • Ouv de mi-mai à fin sept (chalets tte l'année). Forfait 2 pers env 11 € ; chalets 220-500 €/sem selon saison.* Camping 3 étoiles convenable blotti au pied du village, à l'écart du passage. Une centaine d'emplacements délimités, plats et herbeux au bord de la Couze Chambon, le tout relativement bien ombragé. Lave-linge. Ping-pong et baby-foot. Piscine.

Camping L'Ombrage : *route de la Borie, 63610* ***Saint-Pierre-Colamine.*** *☎ 04-73-96-77-87. • campombrage@orange.fr • campombrage.com • Ouv tte l'année. Forfait 2 pers env 14,55 € ; chalets 290-595 €/sem selon confort et saison. CB refusées. Réduc de 5 % sur le camping sur présentation de ce guide.* Petit camping 2 étoiles sans prétention à 200 m de la Couze Pavin et à proximité de Lomprat. Propose 80 emplacements herbeux, plats ou en terrasses. Familial, calme et fleuri. Lave-linge. Piscine, aire de jeux, badminton, ping-pong. Un bon point de chute, d'autant que l'accueil est gentil comme tout.

De bon marché à prix moyens

Chambres d'hôtes de M. et Mme Guilhot : *à* ***Sailles.*** *☎ 04-73-88-50-69. 06-83-42-02-69. • guilhot.elisabeth@wanadoo.fr • Au-dessus de Saint-Nectaire-le-Haut. Congés : déc. Double 49 €.* Dans un joli hameau bénéficiant d'une vue époustouflante sur Saint-Nectaire et la vallée. Bon accueil des propriétaires, qui s'occupent aussi de leurs veaux et vaches. Chambres simples, de plain-pied, situées dans les dépendances derrière la maison, avec terrasse pour profiter de la vue (et barbecue à disposition, ainsi qu'un frigo et un micro-ondes). Petit déj avec de bonnes confitures maison. Une bonne halte chez l'habitant.

La Maison de la Monne : *Le Pré-de-Barre, 63450* ***Olloix.*** *☎ 04-73-39-05-54. • contact@maisondelamonne.com • maisondelamonne.com • À env 8 km au nord de Saint-Nectaire par la D 150. Ouv avr-oct. Nuitée 22 € avec petit déj et 36 € en ½ pens. Menu ouvrier le midi 12,50 € ; autres menus 19,50-26 €. Apéritif offert sur présentation de ce guide.* Dans les hauteurs du village, cette vaste maison précédée par un jardin clos est le havre du voyageur. Qu'on soit cavalier, randonneur ou touriste classique, chacun y trouvera son bonheur : des chambres et dortoirs sobres et fonctionnels de 2 à 6 lits (avec w-c et douches privées), un resto de spécialités régionales, un herbage pour les chevaux et des paniers pique-nique en prévision des prochaines balades. Un bon camp de base, simple et efficace.

Chambres d'hôtes Le Prieuré : *37, rue de l'Église, 63320* ***Montaigut-le-Blanc.*** *☎ 04-73-96-29-31. • thezeiss@hotmail.com • gite-prieure.fr • Accès au sommet du village par des ruelles étroites ; parking à côté de l'église. Doubles 49-51 €. Gîte 5 pers 230-485 €. Boisson de bienvenue offerte sur présentation de ce guide.* Une chambre d'hôtes idéalement située au cœur de ce beau village. Adorable maison en pierre avec glycine, volets bleus et un séduisant jardin de curé avec vue sur le château. Également un solarium et un terrain en espaliers descendant jusqu'à un ruisseau. Charmant. Les chambres, avec sanitaires, sont petites mais jolies et confortables. Bon accueil de la proprio, peintre à ses heures.

La Grange d'Alphonse : *à* ***Farges,*** *dans les hauts de Saint-Nectaire. 06-32-69-95-59. • bellonte-farges@orange.fr • De l'église de Saint-Nectaire, prendre la D 150 vers Olloix, puis suivre les panneaux. Ouv tlj l'été ; fermé lun-mar le reste de l'année. Menus 15-28 €. Apéritif offert sur présentation de ce guide.* C'est le restaurant de la célèbre ferme Bellonte (lire plus bas « Dans les environs de Saint-Nectaire »). Autant dire que tout tourne autour du fameux saint-nectaire fermier : en feuilleté, en croustillant ou sous forme de phonsounette (une création du propriétaire : patates, thym et saint-nectaire fondu), c'est un incontournable. Avec une bonne pompe aux pommes pour terminer, on est assuré de passer un moment agréable dans cette belle grange au toit de chaume. Accueil sympa.

Très chic

Chambres d'hôtes Le Chastel Montaigu : *Le Château, 63320* ***Montaigut-le-Blanc.*** *☎ 04-73-96-28-49. • infos@lechastelmontaigu.com • lechastelmontaigu.com • Attention, accès au sommet du village par des ruelles étroites. Congés : nov-mars. Doubles 140-150 € (résa 2 nuits min).* Ce château du XIIe s est stratégiquement situé au sommet du village, sur un piton volcanique, à 600 m d'altitude. Une vraie tour de guet ! Un superbe escalier à vis conduit d'abord à la salle à manger voûtée agrémentée d'une cheminée monumentale, de tentures et de meubles anciens. Pour les hôtes, des chambres avec plafond à la française, toutes différentes, décorées avec goût et dotées de belles salles de bains. La « Chambre de la Reine » et la « Chambre du Ravin » plairont à ceux qui aiment les sensations fortes (par les archères, vous pourrez admirer les gorges de l'Allier, 100 m plus bas). Et pour se détendre, un parc tout aussi charmant. Une belle adresse.

À voir

L'église : *avr-oct, tlj 9h-19h ; nov-mars, tlj 10h-17h. Visites guidées gratuites en juil-août tlj (contacter l'office de tourisme, voir plus haut « Adresse utile »).*
Construite au milieu du XIIe s, l'église est considérée comme l'un des exemples les plus accomplis de l'art roman auvergnat. Bâtie en l'honneur de saint Nectaire par les moines de La Chaise-Dieu, comme à Orcival, avec les fonds de Guillaume VII – qui avait décidément beaucoup de fautes à se faire pardonner et beaucoup d'argent à dépenser. Façade d'une grande simplicité, surmontée de deux tours carrées, refaites en 1875 par l'architecte Bruyère, qui reconstruisit aussi la tour octogonale sur la croisée. Les flancs sont rythmés par quatre grands arcs correspondant aux quatre travées de la nef. L'intérieur, d'un équilibre parfait, n'a jamais été remanié.
L'église compte 103 chapiteaux – certains sont historiés et de toute beauté. Dans le bas-côté gauche près de la croisée, Moïse sauvé des eaux ; à droite, la Tentation du Christ. Les six chapiteaux des colonnes du chœur représentent la Passion, la Transfiguration et la Multiplication des pains, la vie de saint Nectaire, l'Apocalypse, le Jugement dernier et la Descente du Christ aux limbes.

Ne manquez pas le *trésor.* On peut y voir le buste de saint Baudime, compagnon de saint Nectaire. Une œuvre somptueuse du XIIe s, dont la tête et les mains en cuivre sont absolument fabuleuses. Notez que toutes les pierres précieuses ont été volées au fil des siècles. Autre remarque : le visage du saint ressemble trait pour trait à celui du saint Nectaire sur le chapiteau du chœur. L'artiste ne s'est pas fatigué et a dû tout bêtement le recopier. Également un bras reliquaire du XVe s en argent, renfermant les reliques de saint Nectaire. À côté, superbe Vierge en majesté aux mains démesurées pour mieux protéger son fils.

Les Fontaines pétrifiantes : *rue principale, à Saint-Nectaire-le-Bas. ☎ 04-73-88-50-80. Tlj 9h-12h, 14h-18h30 (hors saison jusqu'à 17h et fermé lun hors vac scol). Congés : de mi-nov à mi-déc. Entrée : 5,50 € ; réduc.* Bienvenue dans un atelier pas comme les autres. Dans la première moitié du XIXe s, Jean Serre et Michel Papon réussirent à capter des sources d'eau chaude naturellement riches en calcaire, afin de procéder à la pétrification de végétaux ou de toutes sortes d'objets. Avec le temps, leurs descendants ont affiné les techniques. La visite présente les caractéristiques géologiques du site, les sources, les artisans au travail, et les échelles de pétrification qui permettent aux eaux, débarrassées de l'oxyde de fer, de s'écouler sur les moulages en déposant peu à peu les particules de calcaire. Il faut un an pour obtenir un résultat satisfaisant.

La Maison du fromage : *route de Murol. ☎ 04-73-88-57-96. Tlj 9h-12h, 14h-19h (en continu l'été ; 10h-12h, 14h-18h hors saison). Fermé janv, de mi-nov à mi-déc et 25 déc. Entrée : env 5,50 € ; réduc.* Visite de 30 mn qui comprend un film sur le saint-nectaire (son histoire, sa fabrication...) et la présentation d'une cave témoin. Dégustation à la fin.

DANS LES ENVIRONS DE SAINT-NECTAIRE

La ferme Bellonte : *à* ***Farges,*** *dans les hauts de Saint-Nectaire. ☎ 04-73-88-52-25. • bellonte-farges@orange.fr • st-nectaire.com • De l'église de Saint-Nectaire, prendre la D 150 vers Olloix, puis suivre les panneaux. Visite de la ferme tte l'année, libre et gratuite.* Toute la chaîne de fabrication du véritable saint-nectaire fermier, depuis la traite des vaches à 7h et à 16h jusqu'au processus d'élaboration du fameux fromage (la fabrication commence à peu près 30 mn après la fin de la traite pour permettre au lait de cailler). De début novembre à fin mars, venir 1h plus tôt, car les vaches ne se mettent pas à l'heure d'hiver. Vente de fromage sur place ; possibilité de dégustation.
Un peu plus haut, ***Les Mystères de Farges :*** *juil-août, tlj 10h-18h ; de mi-fév à mi-mars, mai-juin, sept et vac scol, 10h-12h, 14h-17h ; hors saison, sur résa. Entrée : env 6,10 € ; 4,10 € enfant ; réduc sur présentation de ce guide.* Prévoir des vêtements chauds. Il s'agit d'une visite guidée doublée d'une scénovision bien conçue dans d'anciennes habitations troglodytiques du Moyen Âge, aujourd'hui en partie reconverties en caves d'affinage pour la ferme Bellonte. La visite commence en toute logique par ces dernières (avec un topo complet et intelligent sur le saint-nectaire aujourd'hui), puis, dans chacune des autres grottes du circuit, des animations en son et lumière retracent l'histoire du site et de la famille Bellonte. Le discours est vivant, porté par de belles images d'archives qui n'ont rien de passéiste (car en 3D !).

Le site troglodyte de Jonas : *à* ***Saint-Pierre-Colamine.*** *☎ 04-73-96-31-69. • grottedejonas.fr • À 5 km de Besse. Avr, tlj sf sam 11h-18h ; mai-juin et sept, tlj 13h30 (10h30 dim)-18h ; juil-août, tlj 10h-19h ; le reste de l'année, w-e et tlj pdt vac scol 11h-17h. Congés : 12 nov-22 déc et janv. Entrée : 6,30 € en visite libre, 8,30 € en visite guidée animée (juil-août) ; réduc ; pass 3 sites (château de Murol et ferme Boinchoux) 24 € ; réduc.* C'est sans doute vers 400 av. J.-C. que les premières cavités ont été creusées. Au Moyen Âge, on en dénombre près

LES MONTS DORE

de 70, reliées par un astucieux réseau d'escaliers et de couloirs. Car ce qui de loin ressemble à un gruyère se révèle être un véritable village troglodyte ! La balade permet de découvrir la boulangerie, la chapelle (étonnants vestiges de fresques du XIIe s), et même un logis seigneurial doté de tout le confort moderne (cellier, caves, latrines !) et d'un système défensif caractéristique. Très intéressant.

LE CÉZALLIER

Entre les monts Dore et les monts du Cantal, le Cézallier est un vaste ensemble de plateaux basaltiques qui, pour certains, évoquent le Kilimandjaro, même si la neige n'y est pas éternelle, pour d'autres l'Anatolie, pour d'autres encore quelque paysage de la pampa. Mais c'est bien le Cézallier, avec ses rares villages émiettés sur une terre austère et qui fait rêver.
On entre presque dans un domaine de fantasme, dans une terre de légendes, dans l'un de ces endroits de plus en plus rares où la seule richesse, la vraie, c'est l'herbe grasse qui donne un goût particulier au lait des vaches. L'herbe de la fauche et du regain, celle que l'on regarde engraisser en la goûtant de temps en temps pour connaître son rendement pendant que les troupeaux divaguent sur les terres d'estive.
Mais la richesse n'est pas forcément la fortune et, à l'époque d'Internet, le Cézallier fait figure de dinosaure tranquille dans un monde de gens pressés. C'est peut-être à cause de cela que la terre se vide, que les marchés aux bestiaux, grandioses il y a encore quelques années, deviennent de gentilles réunions presque ethnologiques où il faut venir pour entendre parler patois, pour écouter la mémoire de ce lieu si magique, si envoûtant, où la gentiane, meilleure qu'aucune autre, permet de fabriquer des liqueurs et des apéritifs.
Le Cézallier est une terre dure, rigide, ascétique, presque janséniste, mais elle ne laisse pas indifférent. Cette terre près du ciel demande un long travail d'approche pour toucher l'herbe nue, le vent frais et les panoramas où Dame Nature s'épanouit en toute liberté. On aime ou on déteste en bloc. Ne supportant pas la demi-mesure, elle ne se satisfait que de sentiments tranchés et entiers. C'est une montagne sans concession, se partageant entre le Puy-de-Dôme et le Cantal, mais aussi une terre qui se meurt et qui risque de devenir un véritable désert à très court terme, car elle se vide de sa substance principale : les hommes – qui ne veulent plus de cette vie recluse et difficile, préférant la sécurité des villes.

ÉGLISENEUVE-D'ENTRAIGUES

(63850) 480 hab. *Hors carte Puy-de-Dôme par B3*

Porte de passage entre Cantal et Puy-de-Dôme, Égliseneuve n'était autrefois peuplée que l'été, les habitants émigrant pendant les périodes hivernales pour devenir colporteurs. Dans l'église romane rustique et bariolée, on trouve quelques beaux chapiteaux et un retable en bois sculpté du XVIIIe s.

Où dormir ?

Hôtel de la Providence : 13, route de Besse. ☎ 04-73-71-90-03. • info@hotel-providence.com • hotel-providence.com • Resto le soir slt. Doubles 47,50 € (w-c sur le palier)-69 €. Formule 17,50 € ; menus 15-22,50 €. Apéritif offert sur présentation de ce guide. C'est l'ancien relais de poste, aux chambres rénovées avec goût ; salle de bains commune ou privée selon le prix. Déco oscillant entre l'ancien conservé et le contemporain par petites touches. Jardin à l'arrière.

À voir

La Maison des fromages d'Auvergne : *pl. du Foirail. ☎ 04-73-71-92-65. Juil-août, ouv tlj. Entrée gratuite.* Cantal, salers, saint-nectaire, bleu d'Auvergne et fourme présentent leurs histoires, leurs fabrications, leurs secrets et leurs goûts (on déguste à la fin !) dans cette maison haute en couleur et sympathique.

D'ÉGLISENEUVE À LA GODIVELLE

➢ Par la D 128, on passe par ***Espinchal*** et son château ruiné pour prendre la D 26 et rejoindre Compains.

***Compains** (63610) :* s'y arrêter pour voir l'*église* avec sa nef romane et son élégant chœur gothique. La partie gothique a des colonnes tronquées reposant sur des culs-de-lampe curieusement décorés. Les ferrures de la porte sud remontent au Moyen Âge.

***Brion** (63610) :* minuscule hameau au milieu d'un paysage typiquement cézallien. Ancienne motte féodale dominant un paysage ouvert, s'étendant à perte de vue. Quel contraste avec la route étroite et accidentée de Besse à Compains ! On retrouvera de nombreuses fois ce type de contrastes en Cézallier.

LA GODIVELLE (63850)

Hameau blotti entre deux lacs, celui d'en haut, installé dans un cratère aux formes régulières, et celui d'en bas, qui n'est qu'une sorte de marécage formant une petite zone humide à la faune et à la flore véritablement étonnantes. Le parc des Volcans gère le site depuis 1975. Ces 24 ha constituent l'une des plus intéressantes tourbières de la région. L'endroit voit passer chaque année de nombreux oiseaux migrateurs et possède une flore passionnante qui compte plusieurs espèces protégées. À cause de la protection de la tourbière extrêmement fragile, on vous demandera d'observer tout cela de loin pour ne pas détruire ce qui a mis des milliers d'années à se former.

UN JURASSIC PARK AUVERGNAT

Les alentours de La Godivelle regorgent de droséras, une plante carnivore fantasmatique qui digère les insectes ayant eu la malencontreuse idée d'aller butiner dans ses bras. Et les droséras attirent des insectes et des protozoaires jamais observés dans le monde.

Où dormir ? Où manger dans le coin ?

Gîte-auberge des Sagnes : *63850 **La Godivelle.** ☎ 04-73-71-92-60. • gds63@wanadoo.fr • gitedessagnes.com • Fermé mar hors saison. Double 61 €, avec petit déj ; nuitée 38 € en dortoir, petit déj inclus ; ½ pens demandée 43-48 €/pers. Menus 14-25 €. Apéritif offert sur présentation de ce guide.* Dans le joli village de La Godivelle, grosse maison en pierre pouvant accueillir les randonneurs et les touristes de passage. À l'étage, 3 chambres simples et fonctionnelles avec salle de bains, et sous les combles, 2 dortoirs. Petite salle de resto rustique avec le cantou allumé en hiver. Spécialités montagnardes. Grange pour les VTT et pré pour les chevaux (petite participation aux frais).

I●I ***Auberge La Cabane :*** *La Cabane, 63420* ***Saint-Alyre-ès-Montagne.*** *☎ 04-73-71-77-53. À 9,5 km au nord-est de La Godivelle, par la D 32. Fermé sam Toussaint-Pâques. Résa conseillée. Menus 13 € (le midi)-22 €.* Au milieu de nulle part, une espèce de « Bagdad Café des herbages », ultime balise avant le « désert » du Cézallier (ça tombe bien, l'auberge vend aussi de l'essence). Patron hyper accueillant et chaleureuse salle à manger où, sous le regard affectueux de plantureuses salers, les nombreux habitués dégustent une bonne et authentique cuisine régionale. Casse-croûte pas cher le soir, menu ouvrier à midi, repas « amélioré » le dimanche... Au moins 3 viandes, truffade, jambon de montagne, charcutaille de pays, cuisses de grenouilles, etc. Les grands classiques, quoi !

➢ La D 36 serpente dans la *vallée de Rentières,* au milieu des arbres, dans un cadre de rêve pour rejoindre Ardes-sur-Couze, puis Issoire par la D 214.

LE SUD DU CÉZALLIER

Vers ***Mazoires*** et ***Saint-Alyre-ès-Montagne,*** les routes replongent dans d'étroites vallées bordées de hameaux silencieux. En 200 m à peine, on peut à nouveau passer des plaines ondoyantes aux plus étroites vallées. Parfois à travers d'épaisses forêts qui bouchent toute perspective.
La vallée de Rentières mène à ***Ardes,*** poste frontière du Cézallier. Ancienne capitale de l'important duché de Mercœur, on y redécouvre les ocres du Midi, et les toits de tuiles rouges pointent le nez. Une curiosité : les pittoresques « tunnels », passages étroits qui reliaient les abords de la ville directement au centre (tunnels du Collège, du Mercœur, du Boulevard, etc.). Voir l'église du XVe s, proposant un beau maître-autel en bois sculpté (intéressantes scènes de la Passion). Petit *musée de Métiers anciens* également.

ISSOIRE

(63500) 14 000 hab. *Carte Puy-de-Dôme, C3*

La vieille ville aux ruelles étroites a gardé son plan ancien. Des boulevards circulaires ont remplacé aujourd'hui l'enceinte primitive. Issoire a déjà quelque chose du Sud avec ses vieux logis disséminés sur la grand-place, ses deux fontaines et une église romane majeure dédiée à saint Austremoine. Côté activité industrielle, la ville a longtemps fabriqué la célèbre moto française, la Voxan, mais elle s'est reconvertie aujourd'hui dans les trains d'atterrissage et l'aluminium des voilures pour le compte d'Airbus.

UN PEU D'HISTOIRE

Modeste îlot urbain peuplé d'artisans dans un pays fondamentalement rural, Issoire semble avoir fourni le terrain initialement favorable au développement de la Réforme en Auvergne. Dès 1540, les consuls accueillent à bras ouverts un moine jacobin venu d'Allemagne, qui leur prêche le carême avec la foi des conquérants. Au cours des années suivantes, le radicalisme ne cesse de gagner les esprits parmi la population. En 1559, un Genevois, Annet Desauches, rassemble suffisamment d'adeptes pour inquiéter les catholiques. Il est donc condamné à mort. On ne s'embarrasse pas de détails. Mais, dès 1561, Issoire se donne au protestantisme. Les théologiens font place aux guerriers, et les guerres de Religion seront particulièrement meurtrières.

Adresse et infos utiles

Office de tourisme : *9, pl. Saint-Paul. ☎ 04-73-89-15-90. • sejours-issoire.com • Juil-août, tlj ; le reste de l'année, tlj sf dim et j. fériés.* Importante documentation sur la ville et les environs, et excellent accueil. Également un point info au centre commercial *Carrefour* *(tte l'année mais horaires variables).*

Transport routier : lignes locales, notamment pour Sauxillanges, Champeix, Besse, Vic-le-Comte et Saint-Germain-l'Herm. *Rens : ☎ 04-73-93-13-61.* Pour Clermont et les villes principales, préférer le train.

Où dormir ? Où manger ?

Camping

Camping municipal du Mas : *av. du Docteur-Bienfait. ☎ 04-73-89-03-59. • camping-mas@wanadoo.fr • camping-issoire.com • ♿ À 2 km du centre-ville, après une zone commerciale. Ouv avr-oct. Forfait 2 pers 16,50 € ; loc de tentes meublées, de chalets et de mobile homes 213-496 €/sem.* Près d'un plan d'eau et à proximité de l'Allier, un camping 3 étoiles convenable de 133 emplacements plats et herbeux, répartis sur 5 ha arborés. Épicerie de dépannage. Aire de jeux, animations en été, pêche sur le plan d'eau. Tennis municipal, location de canoës et de VTT, et grandes surfaces à proximité.

De bon marché à prix moyens

Hôtel-restaurant Le Relais : *1, av. de la Gare. ☎ 04-73-89-16-61. • lerelais-issoire@laposte.net • hotel-relais-issoire.com • Entre la gare et l'église, face au jardin public. Resto fermé dim soir (basse saison slt) et lun. Congés : 15-28 fév, 25 juin-5 juil et 25 oct-5 nov. Doubles 48-65 € selon confort. Menus 12,50 € (en sem)-43 €. Café offert sur présentation de ce guide.* Cuisine traditionnelle servie dans une jolie salle aux couleurs automnales. Chambres simples et bien tenues, avec vue, pour certaines, sur le parc ou sur les collines (double vitrage partout). Très bon accueil, gentil et pas compliqué.

Hôtel L'Ostalou : *9, av. Kennedy. ☎ 04-73-89-64-83. • l-ostalou@wanadoo.fr • hotel-ostalou.com • ♿ (1 chambre). À deux pas de l'abbatiale. Resto fermé dim soir et lun midi hors saison. Congés : 22 avr-5 mai, 24 sept-10 oct et 15 déc-10 janv. Double 45 €.* Un p'tit bar-hôtel proposant, à 50 m de là, une gentille annexe très récente. Nichée au fond d'une impasse, calme assuré. Une dizaine de chambres pimpantes et de bon confort, pleines de couleurs, avec plancher en bois, salle de bains et TV. La n° 3 a une terrasse privée. Courette pour le petit déj aux beaux jours. Accueil vraiment sympa. Un très bon rapport qualité-prix.

Où dormir ? Où manger dans les environs ?

Campings

Camping Les Loges : *63340* ***Nonette.*** *☎ 04-73-71-65-82. • les.loges.nonette@wanadoo.fr • lesloges.com • ♿ D'Issoire, A 75 sortie n° 17 ; au pied de la butte et à gauche sous le pont. Ouv avr-sept. Forfait 2 pers 17,10 € ; caravanes et mobile homes 145-560 €/sem selon confort et saison.* Au pied du joli village perché de

Nonette, dans un coin tranquille, un beau camping 3 étoiles de 126 emplacements au bord de l'Allier. Bon ombrage. Snack-bar, piscine, toboggan aquatique, spa, sauna, location de canoës, ping-pong, aire de jeux. Épicerie et animations en été. Bon accueil du jeune patron.

Camping du Château de Grange-Fort : *63500* ***Les Pradeaux.*** *☎ 04-73-71-02-43. • château@lagrangefort.eu • lagrangefort.eu • D'Issoire, prendre la D 996 vers Parentignat, au rond-point Saint-Germain-l'Herm puis à droite Pradeaux par la D 34 ; suivre les panneaux. Ouv de Pâques à mi-sept. Forfait 2 pers 26,75 € ; mobile homes, bungalows et chalets 4-6 pers 195-550 €/sem selon confort et saison ; également des chambres d'hôtes 85-135 € et des apparts 215-775 €/sem. Réduc hors juil-août sur présentation de ce guide : forfait 2 pers 16 € (+ emplacement tente avec électricité + un chien).* C'est un château fort comme on les imagine dans les contes de fées, avec des tours crénelées et des douves, qui ferait presque carton-pâte si l'on ignorait qu'il fut en partie reconstruit grâce à Viollet-le-Duc ! La propriété s'étend sur 15 ha au bord de l'Allier et abrite un étonnant camping 3 étoiles, très bien aménagé, avec 100 emplacements dotés d'un revêtement adapté ou sur terrain herbeux. Nombreuses locations également, 2 piscines (une couverte, une découverte, dont une adaptée aux enfants), un sauna, et puis tennis, aire de jeux, ping-pong, restaurant et salon de thé à l'intérieur de la cour. L'endroit laisse rêveur. Chambres d'hôtes bien dans le style château, avec lit à baldaquin et salle de bains attenante. Accueil charmant.

Prix moyens

Auberge Les Liards : *63490* ***Égliseneuve-des-Liards.*** *☎ 04-73-96-89-44. • info@lesliards.com • lesliards.com • Depuis Sauxillanges, accès par la D 705. Ouv mai-oct. Résa conseillée. Doubles 40-71 € ; petit déj 7 €. Apéritif maison offert sur présentation de ce guide.* Une petite route mène à cette belle demeure de pierre, ancienne grange d'une grande ferme (quasiment un petit hameau). On se retrouve au bout du bout, dans un merveilleux environnement de douces collines, avec un coucher de soleil qu'on a envie d'applaudir. Accueil chaleureux en prime. Chambres plaisantes, retapées avec des matériaux écologiques, dont une avec terrasse face à la chaîne des volcans. Chauffage et eau chaude à l'énergie solaire. Salle commune à l'immense volume, bar avec un excellent choix de bières. Coin pour les enfants et toute cette paisible nature autour, à l'image des animaux qui se baladent en liberté. Idéal pour les familles.

Auberge du Moulin de Civadoux : *lieu-dit Civadoux, 63490* ***Saint-Quentin-sur-Sauxillanges.*** *☎ 04-73-96-81-94. • civadoux@civadoux.com • civadoux.com • De Sauxillanges, direction Condat, puis à droite Saint-Génès-la-Tourette et Saint-Germain-l'Herm par la D 49 (bien fléché). Resto ouv tlj en saison ; fermé dim soir-lun à la demi-saison ; hors saison, se renseigner. Congés : janv et 10 j. en sept. Double 31 € ; chalet 49 € ; familiale (6 pers) 53 €. Menus 12-29 €.* Charmante auberge à l'atmosphère bohème perdue dans un environnement assez sauvage. Plaira aux amateurs de solitude et de rando (PR de la vallée de Civadoux). Logement en chambres toutes simples au-dessus du resto (avec salle de bains commune... et fond sonore garanti les soirs festifs !) ou dans de petits chalets au bord du ruisseau. Ces derniers sont équipés de douches et de w-c privés, et surtout plus tranquilles. Question cuisine (traditionnelle), on travaille remarquablement bien la truite, le cochon et le bœuf (achetés chez les fournisseurs locaux et essentiellement bio). Tout est frais. Même les pains, gâteaux et autres tourtes sont cuits dans le four à pain ! Terrasse aux beaux jours. Très bon accueil des 2 patronnes.

Auberge du Tilleul : *1, pl. des Passementières, 63570* ***Saint-Martin-des-Plains.*** *☎ 04-73-71-09-25. • jean-pascal.godart@wanadoo.fr • Fermé mar soir et mer (plus lun, jeu et dim soir* *hors saison) ; service sur résa le soir. Congés : Toussaint. Truffade 12 € (le midi en sem) ; formule 13,50 € ; menus 21,50-45 €. Apéritif maison offert sur présentation de ce guide.* Sympathique resto de village offrant, le midi en semaine, un menu ouvrier bon et copieux plébiscité par les habitués. Également une grosse carte de spécialités régionales, et même des raclettes savoyarde et nordique... Salle classique, ou agréable terrasse sur la place.

Chic

Chambres d'hôtes du Château de la Vernède : *chez M. et Mme Chauve, 63500* ***Saint-Rémy-de-Chargnat.*** *☎ 04-73-71-07-03. • chateauvernede@orange.fr • chateauvernedeauvergne.com • De l'A 75, sortie n° 13, puis aller à Parentignat par la D 996 ; c'est à 3 km après (bien indiqué à droite). Doubles 70-100 €.* Dans un parc soigné de 8 ha, un superbe petit château, romantique en diable. Cadre intérieur digne d'un musée : beaux meubles et objets anciens chinés amoureusement, vieilles cheminées, vitraux... Quant aux chambres, elles sont spacieuses et pleines de charme. En outre, Claude, Dominique et Laurence accueillent chaleureusement leurs hôtes et leur réservent un petit déj d'anthologie. Difficile d'en repartir.

Chambres d'hôtes du Château de Pasredon : *Pasredon, 63500* ***Saint-Rémy-de-Chargnat.*** *☎ 04-73-71-00-67. • chateau.de.pasredon@orange.fr • À 8 km d'Issoire par la D 996 puis la D 999 vers Saint-Germain-l'Herm ; après Saint-Rémy-de-Chargnat, c'est à 1,5 km sur la droite. Ouv de mi-avr à mi-oct. Doubles 85-105 €.* Grand château dont les origines remontent au XVIIe s, avec salon et salle à manger du XIXe. Chambres de caractère, donnant sur le parc de 7 ha. Déco d'époque soignée, jolis tissus, très beaux volumes des pièces et agréable salle de séjour avec plafond de bois travaillé et cheminée bois et céramique. Les salles de bains sont spacieuses. Court de tennis. Accueil courtois.

Restaurant de la Mairie : *17, pl. Saint-Martin, 63490* ***Sauxillanges.*** *☎ 04-73-96-80-32. • contact@fontbonne.fr • Fermé dim soir et lun ; plus mar soir et mer soir Toussaint-Pâques. Congés : 20 j. début janv, 10 j. fin juin et 10 j. fin sept. Résa quasi obligatoire dim. Formule déj en sem 15 € ; menus 19 € (sf w-e et j. fériés), puis 29-68 €.* En face de l'hôtel de ville, on imagine sans peine les notables se presser dans cette auberge fleurant bon la France profonde pour goûter à une belle cuisine gastronomique et à des recettes traditionnelles suivant scrupuleusement les saisons. Tout cela est proposé dans une kyrielle de menus. Décor vieille France et service au diapason, c'est l'institution du coin où l'on vient endimanché, même en semaine !

La Bergerie de Sarpoil : *Sarpoil, 63490* ***Saint-Jean-Val.*** *☎ 04-73-71-02-54. • cyrille.zen@wanadoo.fr • ♿ D'Issoire, prendre la D 996, puis la D 999 vers Saint-Germain-l'Herm ; c'est à 9 km. Fermé dim soir, mar et mer. Congés : 1 sem mi-juin et 1 sem mi-sept. Menus 20 € (déj en sem), puis 30-75 € ; carte env 60 €.* C'est l'une des très bonnes tables gastronomiques de la région. Le jeune chef Cyrille Zen, finaliste de *Top Chef* en 2012, choisit avec soin ses produits, puis élabore une cuisine inspirée, à la fois moderne et proche du terroir, et présentée avec art. Service souriant et pas guindé malgré le standing du lieu, ce qu'on a apprécié. Vaut le détour.

LE CÉZALLIER (PUY-DE-DÔME)

À voir. À faire

➢ **Balades dans la ville :** flânez dans le vieil Issoire, qui offre un joli patrimoine : hôtels particuliers, maisons de commerce...

L'abbatiale Saint-Austremoine : *visite guidée en juil-août (payante) ; contacter l'office de tourisme.*

Dédiée à Stremonius, premier évêque d'Auvergne, martyrisé au IIIe s, elle fut construite par des moines bénédictins au XIIe s en arkose blonde de Montpeyroux. Par ses dimensions (65 m de long et 19 m de haut), l'église n'a pas d'équivalence en Auvergne, si ce n'est celle de Brioude. Son ampleur générale et la qualité de beaucoup de détails en font un exemple achevé de l'art qui fleurit dans la province au XIIe s. C'est l'époque où chaque monastère désire montrer sa vitalité, sa puissance et son dynamisme par des projets grandioses financés par des fidèles en quête de repentir. Il faut bien avouer que le mythe de l'argent rédempteur a la vie dure.
Le chevet, dégagé des anciennes dépendances de l'abbaye, offre un grandiose ordonnancement à trois étages. En bas, les cinq chapelles rayonnantes et le déambulatoire ; au-dessus, le grand hémicycle de l'abside appuyé au pignon du chœur ; plus haut, le grand massif barlong du transept. La beauté de la pierre qui accroche la lumière rehausse la majesté de l'architecture. Enfin, la décoration de l'ensemble est d'une grande richesse : au-dessus des fenêtres des chapelles sont sculptés les 12 signes du zodiaque, tandis que la partie supérieure de ces chapelles et de l'abside offre un décor de mosaïques particulier à l'Auvergne. Au pignon du croisillon nord, on remarque sous les fenêtres deux bas-reliefs rectangulaires représentant deux scènes de la vie d'Abraham, dont le sacrifice d'Isaac.
En entrant, on est saisi par les murs colorés, peints en 1859. La nef de sept travées est couverte d'un immense berceau coupé par un seul doubleau. Le transept offre la structure auvergnate classique, avec sa croisée encadrée de trois arcs-diaphragmes ajourés de triples baies et couverte d'une coupole octogonale. Les chapiteaux furent largement mutilés par les calvinistes en 1575, et plusieurs figures proviennent de restaurations plutôt sulpiciennes.
À droite de l'entrée, dans l'ancienne chapelle des catéchismes, ne pas manquer la *fresque du Jugement dernier* (du XVe s), d'un réalisme charmant. En bas, à gauche, la Résurrection ; à droite, un enfer pavé de très mauvaises inventions : parmi les damnés, notez l'usurière tenant sa balance et emportée dans la brouette... avec un curé ou un moine en soutane noire. Puis la « roue-rôtissoire », puis le diable tentant de s'emparer d'une âme mais repoussé par l'archange saint Michel, etc. Mon tout précipité dans la gueule d'un monstre. Ça fourmille ainsi de détails pittoresques et amusants.
Sous le chœur, crypte somptueuse qui en reproduit exactement le plan – ce qui provoque une impression d'autant plus saisissante qu'elle a échappé au barbouillage. Au centre, quatre colonnes disposées en carré soutiennent le dallage du sanctuaire. Près de l'escalier, les signatures des tailleurs de pierre de l'époque. Belle châsse en émail de Limoges, du XIIIe s, dont la face principale représente la visite des saintes femmes au tombeau et, sur le « toit », l'apparition du Christ à Marie-Madeleine.

ARRÊTEZ DE TIRER LA CHÂSSE !

La châsse située dans la crypte de l'abbatiale Saint-Austremoine a une histoire récente étonnante. En 1962, on l'installe dans ladite crypte. Elle est volée dans la nuit du 3 au 4 août 1983. On suit sa trace aux Pays-Bas, à Los Angeles, en Alaska, en Nouvelle-Zélande et à Hawaii, où elle est récupérée en 1990 avant de revenir finalement à Issoire en 1992. Tous les chemins ne mènent pas forcément à Rome !

La tour de l'Horloge : *☎ 04-73-89-07-70. Fév-avr et nov-déc, mar-dim 14h-18h ; mai-juin et sept-oct, mar-dim 10h-12h, 14h-18h ; juil-août, tlj 10h-18h30. Fermé en janv. Entrée : 6 € parcours spectacle + belvédère ; 5 € parcours spectacle ; 3 € accès au belvédère ; réduc. Expo temporaire gratuite.* Dans l'ancien beffroi communal érigé au XVe s, films et scénovision consacrés à l'époque de la Renaissance. Du belvédère, panorama sur la ville et les montagnes.

Manifestations

– ***Festival international du Folklore d'Issoire :*** *3e sem de juil. Rens auprès de la Maison du festival : ☎ 04-73-89-92-85.* Issoire reçoit plusieurs communautés internationales. Nombreuses animations organisées : concert, danse, présentation des pays.
– ***La Saison romane :*** *fin juil-début août. Rens au centre d'art roman : ☎ 04-73-89-56-04.* Issoire se transforme en véritable centre de culture romane avec concerts, expositions, initiation à la calligraphie, démonstration de techniques artisanales de l'époque, visites guidées thématiques, conférences...
– ***Colloque international d'art roman :*** *fin oct.* Rencontres et débats ouverts au grand public.

DANS LES ENVIRONS D'ISSOIRE

Le château de Parentignat : *☎ 04-73-89-51-10. • parentignat.com • (rdc). À 4 km au sud d'Issoire. De juin à mi-sept, tlj 14h30-18h30 (10h-12h30, 14h30-18h30 en juil-août) ; mai et 2de quinzaine de sept, slt w-e 14h30-18h30. Visite guidée de 45 mn. Entrée : 9 € (6 € pour le parc seul) ; réduc.*
En incorporant une gentilhommière existante, les bâtisseurs de la famille de Lastic édifièrent au XVIIIe s un château classique s'ouvrant sur une esplanade, surnommé le « petit Versailles auvergnat » par l'écrivain Henri Pourrat. Le château, qui appartient toujours à la même famille, fut luxueusement décoré, et la visite permet de « toucher » des yeux ses merveilles. Dans les différentes salles, on trouve des Largillierre, des Rigaud, des Van Loo et des Vigée-Lebrun, mais également du beau mobilier Régence et Louis XV. La bibliothèque contient près de 10 000 volumes qui couvrent toutes les périodes, du Moyen Âge au XVIIIe s.
Pour vous détendre les pattounes, parc à l'anglaise surplombé d'une terrasse avec rosiers anciens et orangers centenaires, ou bien cour d'honneur avec six parterres de gazon et allées de tilleuls plantés dans la perspective du château.

USSON *(63490)*

C'est dans le château d'Usson qui fut démoli en 1634 sur ordre de Richelieu que fut internée Marguerite de Valois, alias la reine Margot, femme d'Henri IV, chassée de la cour pour son inconduite. Étonnant chez les Valois, qui étaient une bande de joyeux soudards. Elle vécut exilée de 1585 à 1605 sous la garde du marquis de Canillac, qu'elle parvint rapidement à séduire... Néanmoins, en 1634, la citadelle fut démantelée par Louis XIII, et Richelieu vint assister en personne à la démolition.
Dans le village, classé parmi les Plus Beaux Villages de France, quelques maisons du XVe s et Renaissance, ainsi qu'une jolie église du XIIe s. Sur le sommet de la ville, statue centenaire de la Vierge et beau panorama sur la région.

Où dormir ?
Où manger ?
Où boire un verre ?

Auberge de Margot : *au bourg. ☎ 04-73-71-97-92. • auberge-de-margot@wanadoo.fr • auberge-margot.com • Resto fermé lun en été ; lun midi, ven soir et dim soir hors saison. Doubles 48-52 € ; familiales 62-85 €. Formules et menus 10,50 € (déj en sem), puis 17-29 €. Café offert sur présentation de ce guide.* Charmante auberge de village offrant quelques chambres très coquettes et confortables, dont 2 avec une belle vue sur la vallée et une familiale. Cuisine traditionnelle préparée avec soin et fort goûteuse, à découvrir si possible en terrasse, car la vue est superbe : il faut dire que le village est joliment perché ! Bien aussi pour boire un verre. Excellent accueil du jeune couple aux commandes de cette belle adresse.

Où manger dans les environs ?

Auberge du Drac : *Coupe-Gorge, 63580* ***La Chapelle-sur-Usson.*** *☎ 04-73-96-07-56. Fermé lun-mar (sf j. fériés) ; service le soir sur résa. Congés : 3 sem début janv, 1 sem en juin et 10 j. début sept. Menus 12 € (déj en sem), puis 29-44 €. Café offert sur présentation de ce guide.* Question gastronomie, c'est tout le contraire d'un coupe-gorge... On y sert toujours l'incontournable casse-croûte auvergnat, solide et goûteux, et de bonnes spécialités joliment travaillées et fleurant bon le terroir, mais la curiosité est ailleurs. Découvrez une belle cuisine avec d'authentiques élans créateurs à base d'huiles essentielles et d'hydrolats (principes végétaux volatiles !). Plats au gré des saisons : le bonbon de foie gras et son pain à l'hydrolat de foin (non, ce n'était pas une blague), la glace au géranium, au mélèze, etc. Et comme la maison est isolée à flanc de colline, la vue depuis la terrasse est formidable.

BRASSAC-LES-MINES (63570)

Bourgade à 25 km au sud d'Issoire (sortie 18 par l'A 75). Cette petite ville sans grand charme revendique tout de même avec fierté deux paternités : celle d'un passé minier, noir comme le charbon, et celle des célèbres amoureux de Peynet, blancs comme des anges... Joli contraste !

À voir à Brassac et dans les environs

Le musée Peynet : *au syndicat d'initiative, cours Jean-Moulin, à Brassac. ☎ 04-73-54-30-88 ou 55-18-31. (rdc). Avr-sept, tlj sf lun 10h-12h, 14h-19h. Entrée : 6 € ; réduc. Billet couplé avec le musée de la Mine : 8 €.* Jolie collection de lithographies originales, affiches publicitaires et cinématographiques réalisées par Peynet, mais également une foule d'objets artisanaux (poupées, cartes à jouer...) et une lettre d'Edwige Feuillère, grande admiratrice de l'artiste. Petit espace scénographique.

Le musée de la Mine : *à* ***Bayard.*** *☎ 04-73-54-30-88 (mairie) ou 35-82. À mi-chemin de Brassac et de l'A 75 par la D 76. Avr-sept, tlj sf lun 10h-12h, 14h-19h. Entrée : 6 € ; réduc. Billet couplé avec le musée Peynet : 8 €. Visite guidée passionnante et espace interactif et scénographique.* Le musée est installé dans l'ancien bâtiment des machines de la mine de Bayard. On aperçoit l'ancienne tour d'extraction depuis la route. Exposition d'outils et de matériaux, et une mine en sous-sol dans des conditions quasi réelles. Impressionnant. La mine fut exploitée sans discontinuer de 1430 jusqu'au dernier coup de pelle en 1978. Son anthracite, de qualité

LES SAPINIÈRES

Les embarcations, appelées « sapinières », qui transportaient le charbon (et le vin) jusqu'à Paris (par l'Allier, la Loire, le canal de Briare et la Seine) étaient fabriquées à Jumeaux, juste à côté de Brassac, et présentaient la particularité d'être montées sans clous (seulement des chevilles de chêne). Elles ne servaient qu'une fois et étaient démontées à l'arrivée à Paris pour être vendues comme bois de chauffage. Deux fonctions en une, pratique !

très supérieure, produisait seulement 3 % de cendres à la combustion. Mais ces mines, comme celles de Bayard, n'étaient ni sans peur ni sans reproche, loin de là... En témoignent ces coupures de presse sur la rupture d'une poche de gaz carbonique à Frugères-les-Mines, en 1952, qui fit 12 morts. Dans l'entre-deux-guerres, jusqu'à 1 200 hommes y descendirent.

BALADE DANS LE DAUPHINÉ D'AUVERGNE

C'est au XIIIe s, à l'occasion d'une querelle de famille comme il y en avait beaucoup à l'époque, que naît le Dauphiné d'Auvergne. D'un côté les chanceux, qui se voient attribuer la Limagne jusqu'à Vic-le-Comte, et de l'autre les... moins chanceux, qui se retrouvent avec ces terres plus pauvres, accidentées et pas vraiment cultivables. Aujourd'hui, on y trouve des villages pittoresques, quelques châteaux et, bien sûr, des églises romanes.

PERRIER *(63500)*

À la frontière du Dauphiné mais n'en faisant pas partie, le village est célèbre pour ses grottes. Plusieurs étages ont été percés par l'homme dans des déjections volcaniques, et certaines grottes furent occupées jusqu'au XIXe s. Par suite des érosions et des éboulements, la vieille tour féodale de Maurifolet, à laquelle on accède par un escalier taillé dans le roc, témoigne de la présence d'un château fort.

Où dormir ? Où manger ?

La Cour Carrée : *dans le village. ☎ 04-73-55-15-55. • contact@cour-carree.com • cour-carree.com • Fermé le midi sf dim et j. fériés. Congés : 30 oct-10 nov. Doubles 80-95 €. Menus 28 € (midi en sem)-45 €. Café offert sur présentation de ce guide.* Magnifique maison de vignerons (XVIIIe-XIXe s) entourant une belle cour carrée, et abritant une poignée de chambres rénovées avec goût entre design et tradition : pierre apparente, poutres, sisal, grandes salles de bains... Côté resto, le sympathique patron vous concoctera une bonne cuisine du marché. Une adresse intimiste, plus proche de la chambre d'hôtes que de l'hôtel classique.

CHAMPEIX *(63320)*

L'Auvergne tient là l'une de ses plus aimables bourgades, à l'atmosphère méridionale et vinicole. Les dauphins d'Auvergne s'approprièrent le sol et le château avant les Bourbons. Au XVIIIe s, Champeix devint le chef-lieu du marquisat de Tourzel. Mme de Tourzel fut gouvernante des enfants de Louis XVI, ce dont Louis XVIII se souvint, érigeant Tourzel en duché en 1816. Le quartier haut, le *Marchidial*, mérite un détour pour l'imbrication de tourelles d'anciens remparts et de baraquements de vignerons, et pour ses jardins à thème (voir notamment celui des bonnes sœurs, charmant). On peut également visiter les ruines du château, détruit sur ordre de Richelieu. *Rens : ☎ 04-73-96-73-39 (mairie).*

Où dormir dans les environs ?

Chambres d'hôtes La Vigie : *3, rue de la Muscadière, 63320* ***Chadeleuf.*** *☎ 04-73-96-90-87. • lavigie-chadeleuf@gmail.com • lavigie-chadeleuf.com • De Champeix, par la D 229. Doubles 80-90 €. Table d'hôtes 20 €. Apéritif et café offerts sur présentation de ce guide.* Une belle maison de maître du XIXe s protégée des regards par de hauts murs. La chambre « Ivoire » (la plus grande, avec balcon) et la « Bleue » sont aussi accueillantes que dans une maison de famille. Décoration agréable et chaleureuse. Dans la pièce à vivre, une belle cheminée, une bibliothèque et de la musique. Très cosy. Jardin avec piscine qui achève de nous séduire, sans parler de l'hospitalité de nos hôtes. Petit déj avec confitures, gâteaux et pain bio. À la table, cuisine bio elle aussi et spécialités auvergnates.

Chambres d'hôtes chez Christian Achard et Patrick Meallet : *17, rue des Murettes, 63320* ***Neschers.*** *☎ 04-73-96-28-83. • achard.c13@orange.fr • À 3 km de Champeix par la D 229. Double 70 €. Réduc de 10 % sur présentation de ce guide.* Cachée au cœur d'un village pittoresque, cette très belle demeure est une curiosité. Car il s'agit en réalité de plusieurs éléments imbriqués, dont les constructions s'échelonnent du XVe au XVIIe s : avec ses voûtes, escaliers et courettes, l'effet visuel est garanti ! Quant aux chambres, confortables, elles sont aménagées avec goût et dotées de mobilier ancien. Très soigné. Accueil prévenant et disponible.

Où manger ?

Restaurant La Promenade : *3, rue de la Halle. ☎ 04-73-96-70-24. • promenade.champeix@orange.fr • Service jusqu'à 20h30. Fermé mar soir, mer et jeu soir hors saison ; slt mer midi en été. Congés : oct. Menus 15,50-34 €. Café offert sur présentation de ce guide.* Au cœur du bourg, voici un bon petit resto familial où la cuisine traditionnelle est encore élaborée sur un poêle à charbon. Cuisine copieuse et à prix raisonnables, avec même quelques options pour les végétariens. Accueil décontracté.

SAINT-FLORET (63320)

Au départ, il y a une église romane dédiée à saint Flour et construite sur un promontoire au-dessus de la Couze Pavin. On peut y voir une fresque du XVe s représentant une Vierge à l'oiseau. Plus tard, le village s'est développé dans la vallée sur les bords de la rivière. Il reste le donjon du château construit au XIIIe s. Dans une salle voûtée, des fresques ont été peintes au XIVe s. À l'origine, il y en avait une quarantaine. Il en reste 13. Elles représentent des tournois entre Tristan et des adversaires envoyés par la fée Morgane, et des scènes de combats chevaleresques.

SAURIER (63320)

Important relais de diligence au XIXe s, ce village est implanté sur les rives de la Couze Pavin. Dans le bourg, pont médiéval du XIIe s avec trois arcs inégaux et un petit oratoire au milieu dédié à la Vierge. Au hasard des rues, on peut trouver un bas-relief apposé sur la maison du Louvetier. On y voit un loup, un lièvre, un cheval et une fleur de lys, emblèmes de la fonction royale de louvetier. Qu'on se rassure, le dernier loup du département a été tué en 1924 ! Ne pas manquer la belle église Sainte-Radegonde, construite contre les fortifications. Nef et coupole du XIe s, chœur du XVe s. À la clef de voûte, tête de loup prise dans un piège.

Balade par les petites routes

De Saurier à Boudes, des petites routes de campagne comme on les aime, avec des champs de colza et des hameaux adorables, estampillés Villes d'art et d'histoire.

➢ De Saurier, prendre la D 28. À ***Brionnet,*** ne pas oublier de voir la petite église tout en haut d'un éperon rocheux. Vue magnifique sur le Sancy, le puy de Dôme et toute la région. Continuer vers ***Le Malnon,*** où se trouve l'*abbaye de Megemont,* du XIIe s. D 23 en direction de Ronzières. Avant ***Tourzel*** et ses maisons de vignerons, prendre la D 124 à droite, toujours vers ***Ronzières.*** Église perchée sur un plateau datant du XIIe s. Portail du XVe s et Vierge en majesté romane en bois polychrome. Continuer la D 124 jusqu'au joli village de ***Vodable,*** puis à gauche sur la D 32 vers ***Solignat.*** Du ***puy d'Ysson*** (à 855 m), très beau point de vue sur les monts Dore et toute la région. Revenir ensuite à Vodable. Sortir du village, puis reprendre la D 124 pour rejoindre ***Colamine-sous-Vodable.*** Petite église où fut retrouvée, encastrée dans les murs (pour la protéger des vols), une série de statues en bois polychrome, dont une superbe Vierge en majesté du XIIe s. Ensuite, reprendre la D 124 pour ***Antoingt*** et la D 717 pour ***Mareugheol.*** Village fortifié du Moyen Âge, vieilles maisons en pierre et fontaine. Enfin, prendre la D 125 pour Villeneuve-Lembron, où l'on pourra visiter le château, avant de rejoindre Boudes et ses bons petits vins !

VILLENEUVE-LEMBRON (63340)

Le château de Villeneuve : *☎ 04-73-96-41-64. • villeneuve-lembron.monuments-nationaux.fr • ♿ (rdc slt). De mi-mai à mi-sept, tlj 10h-12h, 14h-18h30 ; de mi-sept à mi-mai, tlj sf lun et j. fériés jusqu'à 17h30. Entrée : 5,50 € ; réduc ; gratuit moins de 26 ans.*

L'un des plus beaux châteaux du département, d'autant qu'il fut construit à la Renaissance. On le doit à Rigaud d'Aureille, bailli des montagnes d'Auvergne et maître d'hôtel de Louis XI, Charles VIII, Louis XII et François Ier. Lorsque Rigaud d'Aureille revint sur ses terres, la maison de ses ancêtres lui parut un peu petite ; il décida donc d'agrandir la bâtisse.

L'impression est extraordinaire lorsqu'on pénètre à l'intérieur. Les peintures (Icare, Cupidon...) et les boiseries sont omniprésentes. Toutes les peintures du château sont de la même veine un peu misanthropique, traduisant la désillusion d'un homme au soir de sa vie, alors qu'il n'était pas remis d'un lourd chagrin d'amour, sa première femme l'ayant trompé. C'est peut-être pour cela qu'il a exposé dans la galerie une telle collection de cornes. « Un cocu, mais un cocu avec ostentation », écrivit Henri Pourrat à son endroit.

À l'étage, très beau décor peint représentant des îles et un paysage portuaire, souvenir de diplomatie. Ne pas manquer la chapelle dans la tour sud-est, avec à nouveau des décors peints. Tout le château fait montre d'un raffinement et d'un goût dans l'agencement des pièces qui n'avaient pas vraiment cours en Auvergne à cette époque.

Où acheter de bons biscuits dans les environs ?

Biscuiterie Landon : *23, route du Breuil, 63340* ***Saint-Germain-Lembron.*** *☎ 04-73-96-41-53. Tlj sf lun 10h-12h, 15h-19h.* Depuis 7 générations (mais à Saint-Germain depuis 1952), la famille régale les connaisseurs de sacristains, croquets, macarons et autres tuiles aux amandes. Délicieux !

BOUDES (63340)

Un village qui sent bon le terroir et le vin depuis que les côtes se sont couvertes de vignes à l'approche de Boudes. Plan circulaire, tuile rouge, climat chaud et sec, et pierre blanche confèrent à l'endroit un côté méditerranéen marqué, mais sûr que vous n'êtes pas dans le Luberon. Église romane contenant quelques belles statues.

Boudes est surtout célèbre pour son vin, qui compte parmi les cinq crus d'Auvergne avec le châteaugay, le chanturgue, le corent et le madargue. Les boudes, comme les autres côtes-d'auvergne, sont des vins de soif agréables, fruités, un peu acides et peu tanniques. Ils peuvent être, pour certains, de très beaux vins de garde.

Où dormir ? Où manger ?

Le Boudes La Vigne : *pl. de la Mairie. ☎ 04-73-96-55-66. Fax : 04-73-96-55-55. (au resto slt). Fermé lun (plus dim soir et mar hors saison). Doubles 48-56 €. Menus 23-50 €. Réduc de 10 % sur la chambre (sf juin-août) et une coupe pour accompagner le dessert offerte sur présentation de ce guide.* Au centre de ce petit village vigneron, cette auberge paisible est notre coup de cœur dans le coin. On tient là l'un des rares restos proposant une vraie cuisine créative, avec une recherche constante de nouveaux goûts, de nouvelles associations en fonction des saisons. On est au cœur d'un des meilleurs vignobles auvergnats et, comme il se doit, la carte des vins le célèbre. Terrasse aux beaux jours et quelques petites chambres fonctionnelles pour qui souhaite prolonger le séjour. Accueil sympa.

Où acheter un bon boudes ?

SARL Claude et Annie Sauvat : *☎ 04-73-96-41-42. • sauvat@terre-net.fr • sauvat-vins.com • Tlj 9h-12h, 14h-19h. Bouteilles 5,10-12 €.* Annie, Michel, le mari, et Claude, le père, s'occupent avec brio de l'exploitation familiale depuis 1987 (plusieurs générations se sont déjà succédé !). Michel vinifie des cépages bruts à partir de gamay, pinot noir et chardonnay, donnant ainsi naissance à des vins très bien faits avec, dans chaque cépage, un vin de soif et un vin de garde foulé au pied ou élevé en barrique. Le pinot noir élevé en barrique a la couleur rubis caractéristique et sait attendre quelques années avant d'être bu. Une valeur sûre. Quant à la curiosité du domaine, c'est ce vin de paille qui n'en porte pas le nom, un délicieux vin confit aussi rare que séduisant. Un nectar. Accueil sympa et paisible.

AU NORD D'ISSOIRE

Ce serait dommage de rater ce bout de Limagne qui s'étend au sud de Clermont ou au nord d'Issoire. Ce terroir de céréales, de vignobles et de fruits est exploité depuis longtemps. Les Gallo-Romains y avaient leurs grands domaines. De cette époque datent les vieux sites urbanisés, agglomérés à flanc de pente et couverts de tuiles méditerranéennes.

MONTPEYROUX *(63114)*

Le fief de Montpeyroux fut rattaché en 1212 au comté d'Auvergne par un don de Philippe Auguste, avant de passer aux mains de Catherine de Médicis. Le bourg fut lancé par ses carrières de pierres dont on tirait l'arkose blanche. La dernière ferma en 1928 et ne sert aujourd'hui que pour la restauration des édifices romans construits avec cette pierre.
Richesse de la pierre, richesse de la terre également, puisque la vigne tenait une place importante dans la vie du village au XIXe s. Le vignoble fut entièrement détruit par le phylloxéra en 1895, alors qu'il avait connu un essor important, pro-

fitant de la ruine des vignes du Midi. Le département était même devenu le cinquième département français pour la production de vin, et Montpeyroux réussit à profiter largement de cette brève période de prospérité.
Dans le village, on trouve encore un donjon construit à la fin du XIIIe s, complété au XIVe s par une plate-forme crénelée surmontée d'un poste de guet qui assurait la protection du village.
Montpeyroux est un pittoresque petit village médiéval de vignerons et de carrières, classé parmi les Plus Beaux Villages de France.

Où dormir ?

Chambres d'hôtes Joëlle et Jules Boissière : *rue de la Poterne.* ☎ *04-73-96-69-42.* • *jules.boissiere@wanadoo.fr* • *chambres-boissiere.com* • *Au centre du village ; accès par une rampe étroite, mais ça passe ! Doubles 65-69 €.* Dans une bâtisse typique au cœur du village. Chambres agréables et toutes différentes : classiques, Louis XV, cosy... Terrasse privée pour deux d'entre elles. Jolie salle voûtée en pierre (avec une superbe armoire de Haute-Loire) pour prendre le petit déj (confitures et cake maison). Bon accueil de Joëlle.

Chambres d'hôtes Les Pradets : *dans le bourg.* ☎ *04-73-96-63-40.* • *edith.grenot@orange.fr* • *auvergne.maison-hotes.com* • *Double env 80 €.* Belle maison nichée au cœur de Montpeyroux. Chambres très classiques et agréables : 2 dans la maison (préférez la rose, avec vue sur le jardin intérieur) et une dans un pavillon indépendant. Petit déj servi soit dans une gentille salle à manger voûtée, soit dans le jardin (en profitant de la vue sur les monts Dore et le Sancy). Accueil très gentil.

Manifestation

– **Les Fleurs Folies :** *les années paires, le w-e de l'Ascension.* Présentations florales intégrées dans le cadre du village, qui se transforme en un grand champ de fleurs grâce aux talents des différentes villes de France ou d'Europe qui viennent concourir.

VIC-LE-COMTE (63270)

Le village est l'ancienne capitale du comté d'Auvergne. De ce passé il reste une « région » : le comté caractérisé par un lot de fortifications ruinées pour la plupart, enclavées sur le bord de l'Allier.
L'église gothique a pour chœur la Sainte-Chapelle, bâtie vers 1510 par Jean Stuart, comte d'Auvergne, pour abriter une vraie épine de la vraie Sainte Couronne du vrai Christ. La chapelle est un bel exemple du style de transition entre le gothique et la Renaissance. À l'extérieur, on remarque de belles sculptures en corniche et un élégant clocheton en plomb. À l'intérieur, balcon en encorbellement qui fait le tour de l'édifice. Verrières du XVIe s représentant des épisodes de l'Ancien et du Nouveau Testament. Retable en pierre de style florentin décoré de statues figurant les vertus théologales en haut et cardinales en bas.

LE LIVRADOIS ET LES MONTS DU FOREZ

Une contrée trop souvent ignorée et qui reste à découvrir... La région y a créé le parc naturel régional du Livradois-Forez en 1986. Celui-ci s'étend sur plus de 300 000 ha, dans la partie est du Puy-de-Dôme, tel l'hémisphère

droit du département, et termine sa course en Haute-Loire dans la région de La Chaise-Dieu. Ce parc est un peu le pendant oriental du parc naturel régional des Volcans d'Auvergne. La concurrence est parfois rude, mais le Livradois-Forez offre des choses très différentes par rapport à son voisin au crâne somptueusement dégarni. La variété de ses paysages, son pastoralisme, le souvenir vivace de ses vieux métiers et, pour tout dire, l'avantage d'être préservé du tourisme de masse, tout cela en fait une terre authentique où les hommes s'étonnent encore de la curiosité du visiteur de passage... Une terre authentique qui se serait assoupie sur des siècles de traditions et commencerait à peine à s'éveiller à la lueur de la modernité. D'ailleurs, ne l'appelle-t-on pas « l'Auvergne du soleil levant » ? Alors, à vous d'aller déposer un baiser chaste sur son front afin de révéler la beauté de ses réveils contemporains. Avant cela, un petit cours de géo pour mieux la connaître !

UN PEU DE GÉOGRAPHIE

Le pays de *Gaspard des Montagnes,* cher à Henri Pourrat, commence au nord, dans la région de Thiers. Pays des Bois Noirs, de la Durolle et de ses fiers couteliers, il domine littéralement Billom, ses coteaux et sa Comté, joliment surnommée la « Toscane auvergnate ». Au centre, la vallée de la Dore qui, dans le style petite Méandre (fleuve sinueux d'Asie Mineure), donne du fil à tordre et à retordre à la D 906 avant de pénétrer littéralement la région d'Ambert.
Voici donc le pays de la fourme – et non de la fourberie –, le pays des jasseries et des superbes hautes chaumes, ses paysages d'estive, ses étendues infinies de landes et ses tourbières, que l'on atteint bien vite par le super col des Supeyres après avoir passé le très beau cirque de Valcivières. En embuscade, de part et d'autre d'Ambert, les monts du Forez, donc, et ceux du Livradois, avec ses pays coupés et ses beaux panoramas. Au loin, en Haute-Loire, La Chaise-Dieu vous tend déjà les bras... Mais d'ici à ce que vous posiez un genou si bas, vous serez arrêté mille fois par des rencontres à la ferme, autour d'un musée ou d'une ancienne activité. Par mille et un petits détours, auberges, châteaux, églises romanes restaurées, cours d'eau. Et par mille et un reliefs, avec des noms qui n'appartiennent qu'à la région, ou presque : fossé (d'Ambert), pays coupé à la cisaille, entaille profonde, plateau d'aplomb, buttes et coteaux... Un vocable, ou un vocabulaire, comme on les aime, qui révèle une nature et des hommes qui ne se laissent pas faire. Ce qui n'est pas pour nous déplaire.

Adresse utile

i ***Maison du parc naturel régional Livradois-Forez :*** *BP 17, 63880* ***Saint-Gervais-sous-Meymont.*** ☎ *04-73-95-57-57.* • *parc-livradois-forez.org* • *En principe, de mi-juin à mi-sept, lun-ven 9h-12h30, 13h30-18h (17h30 lun-mar) ; w-e et j. fériés 14h-18h. Hors saison, lun-ven jusqu'à 17h30 (16h30 ven).* Excellente documentation. Tout sur les randos, visites, expositions, projections, artisans, producteurs... Également un atelier encyclopédique à visiter sur place.

BILLOM

(63250) 4 640 hab. *Carte Puy-de-Dôme, C2*

À la frontière de la Limagne et des monts du Livradois, Billom est une cité médiévale pleine d'attraits et de charme, qui vit essentiellement de l'agriculture. On y cultive de manière traditionnelle un ail réputé dans le monde des cuisiniers régionaux.

Mais il faut savoir qu'autrefois Billom était une ville importante. Dans le haut Moyen Âge, elle était le siège d'écoles actives fondées par le chapitre Saint-Cerneuf. La ville devint au XIIIe s une florissante université qui compta plus de 2 000 étudiants. Pour compléter la faculté des arts déjà existante, le pape Eugène IV y adjoignit en 1445 des facultés de droit civil et de droit canon. Mais on n'y étudia jamais la théologie. Cependant, après la fin de la scolastique médiévale et le projet avorté d'établir une université à Issoire, Billom trouva un second souffle, en 1556, avec l'implantation du premier collège de jésuites de France. De ce fait, Billom se trouvera étroitement mêlé aux querelles religieuses.
En 1589, c'est dans la chapelle de son collège que les députés de la Ligue tiennent les états provinciaux. Après leur expulsion, en 1594, les jésuites sont autorisés à reprendre leur collège en 1604. Sous Louis XV, alors que la querelle échauffe à nouveau les esprits, le Parlement prend prétexte, après l'attentat de Damiens, de la découverte dans la chapelle du collège d'un tableau jugé subversif pour réclamer la dissolution de l'ordre.

Adresse utile

Office de tourisme : *13, rue Carnot. ☎ 04-73-68-39-85. • stdb-auvergne.com • Juil-août, ouv tlj ; hors saison, fermé dim et j. fériés.*

Où dormir ? Où manger dans les environs ?

Chambres d'hôtes Le Clos de Goëlle : *Goëlle, 63190* ***Moissat.*** *☎ 04-73-62-98-84. • clos.goelle@orange.fr • clos-goelle.com • Entre Moissat et Lezoux par la D 229, sur la droite (petit panneau). Double 49 €. Table d'hôtes 18 €. Pot d'accueil offert sur présentation de ce guide.* Au bout d'un long chemin caillouteux, on arrive à cette surprenante propriété perdue au beau milieu de la campagne, avec le château de Ravel en ligne de mire. De l'ancienne métairie de Ravel, il reste cet élégant corps de ferme du XVIe s tout en pierre avec sa vieille tour, l'ancienne blanchisserie, un puits et la vue sur le fameux château. Chambres soignées avec sanitaires privés (w-c communs). Belle pièce à vivre, véranda pour l'apéro et un grand jardin. Bon accueil de la petite famille.

Le Chante Bise : *Courcourt, 63190* ***Seychalles.*** *☎ 04-73-62-91-41. • restaurant.chantebise@wanadoo.fr • Sur la D 2089, entre Pont-du-Château et Lezoux. Fermé le soir dim, lun, mer et j. fériés (plus mar et jeu hors saison). Congés : 15 fév-7 mars et 16 août-8 sept. Menus 11,50 € (déj en sem), puis 21-37,50 €.* Située en bord de route, cette maison moderne est une halte bien connue des gens du coin pour son accueil souriant, et surtout pour ses menus intéressants. Qu'il s'agisse des formules toutes simples du midi ou des plats plus élaborés de la carte, le rapport qualité-prix est convaincant. Même le pain est maison ! Une bonne étape.

À voir

La rue des Boucheries : pavée et bordée d'anciennes échoppes. Au carrefour de la rue Saint-Jacques, maison avec cave voûtée gothique. Plus loin, à gauche, la maison de la corporation des bouchers du XVe s avec ses colombages, soutenue par un pilier en pierre et deux en bois.

La collégiale Saint-Cerneuf : *ouv en été.*
Elle possède l'un des plus anciens chœurs romans d'Auvergne. À la fin du XIIIe s, il a été surélevé d'un étage de grandes fenêtres et voûté d'ogives. Chœur élevé sur une belle crypte de la fin du XIe s, dont le plan reproduit exactement celui du

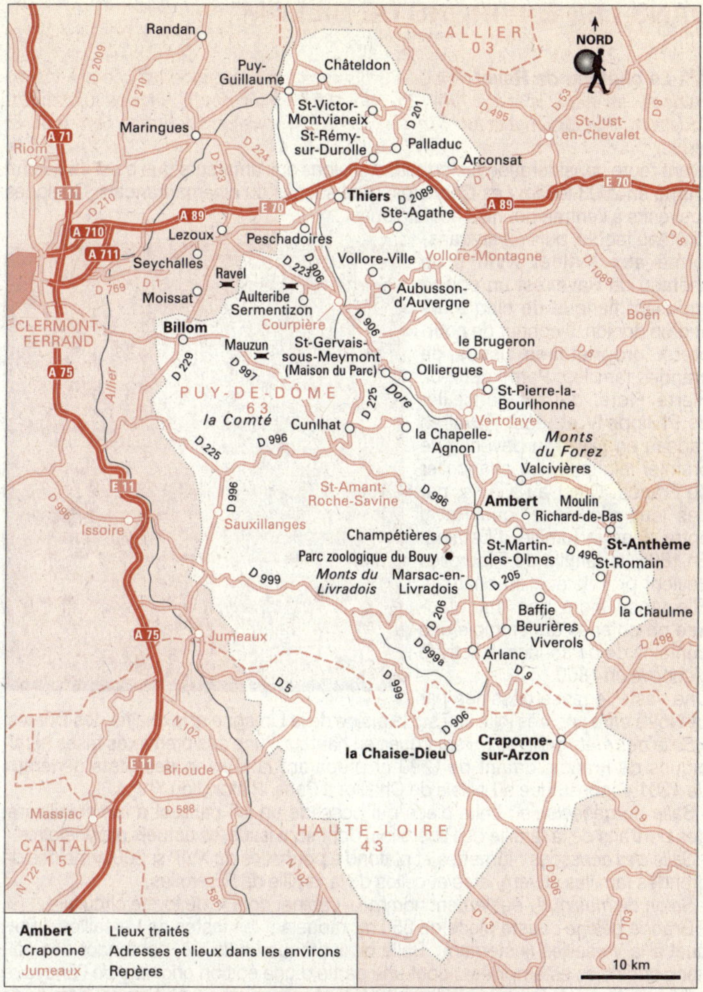

LE PARC NATUREL RÉGIONAL DU LIVRADOIS-FOREZ

chevet primitif. Nef élégante et élancée. Dans la chapelle du Rosaire, on trouve des fresques du XIVe s couvrant les murs et les voûtes : anges musiciens au milieu des évangélistes. Dans la chapelle absidiale, dite du Précieux Sang, boiseries Louis XIV avec deux panneaux plus anciens figurant la Flagellation et le Couronnement d'épines.

Juste à côté, ancienne salle capitulaire et maison du chapitre du XVe s. Elle constitue le seul vestige de l'université médiévale. Il faut continuer à se perdre dans les ruelles de Billom pour découvrir toute la richesse de cette cité (collège de jésuites du XVIe s, fontaines, pigeonniers...).

DANS LES ENVIRONS DE BILLOM

Le château de Ravel : ☎ *04-73-68-44-63.* • *chateauderavel.com* • *Visites guidées : juil-sept, tlj sf lun 10h-12h, 14h-18h (19h juil-août) ; Pâques-juin et oct-Toussaint, tlj sf dim mat et lun 14h-18h. Durée de la visite : 1h. Entrée : env 6,50 € ; réduc.*

Avant toute considération historique, signalons aux amateurs que c'est ici que fut tourné en 2003 le film *Les Choristes,* gros succès du cinéma français. Quelques souvenirs à l'entrée pour les nostalgiques...

Château féodal, puis royal, transformé aux XVIIe et XVIIIe s, le château de Ravel est un édifice imposant flanqué de cinq tours et d'un donjon. Il connut de nombreux propriétaires, issus de grandes familles. Parmi ceux-ci, Pierre Flote, qui fut conseiller de Philippe IV et reçut Ravel en cadeau en 1292, en devenant le premier laïc intronisé chancelier de France. C'est au XVIIe s, par des jeux d'alliance, que Ravel entre dans la famille d'Estaing. En 1806, la famille de Riberolles devient propriétaire du château. Elle lance alors une manufacture de poteries qui emploie une trentaine de personnes. L'activité s'achève en 1860.

UN SACRÉ D'ESTAING

Grand militaire, Charles-Henri Théodat d'Estaing, prisonnier des Anglais à Madras (Inde) en 1758, s'embarqua ensuite pour l'île Maurice, le golfe Persique, Sumatra... En 1777, il est nommé vice-amiral des mers d'Asie et d'Amérique. Bien sûr, il s'engage aux côtés de La Fayette, autre Auvergnat célèbre dans la guerre de l'Indépendance des États-Unis, et voisin de palier ou presque puisqu'il avait son château en Haute-Loire... La Révolution arrive, et l'amiral est guillotiné en 1794. Comble de malchance, son fils fait une chute mortelle depuis le salon de musique. Sans descendance, le nom d'Estaing sera repris par la suite.

Une vaste terrasse dessinée par Le Nôtre offre une très jolie vue sur la plaine de la Limagne et la chaîne des Dômes.

– *Salle des états généraux :* remarquer, en hauteur, l'une des premières frises héraldiques de France, datant de 1290 et préparant la réunion des états généraux de 1301, reconstituée au palais de Chaillot à Paris. Plafond du XIVe s.

– *Salle de généalogie :* belle pièce qui possède un joli parquet à la Versailles et des portraits de la famille de Riberolles, dont sont issus les actuels propriétaires.

– *Salle des écussons :* tomettes et plafond à poutrelles du XVIIe s. 300 armoiries de grandes familles auvergnates et celles de la famille de Riberolles.

– *Salon de musique :* également nommé « cabinet doré », de forme circulaire.

– *Grande galerie :* vaste pièce de 250 m² rappelant les fastes de Versailles... Parquet à la Versailles (justement). Belle bibliothèque Louis XVI, contenant des éditions originales estampillées, dont une partie d'une édition originale de l'*Encyclopédie* de Diderot. Beaux lustres en cristal et reproduction du *Condé,* bateau de l'amiral d'Estaing. Jolies marines du peintre Lebas.

– *Salle à manger d'hiver :* boiseries Louis XV et mobilier Louis XIII. Tableau de Nattier représentant la duchesse de Châteauroux, maîtresse de Louis XV, avec une petite touche d'érotisme et une étoile signifiant la préférence du roi.

– *Chambre du Roy :* la pièce la plus riche en mobilier et décoration, c'est celle où naquit l'amiral en 1729. Superbe plafond peint à poutrelles Louis XIII et boiseries du XVIIIe s admirablement conservées. À noter, les bergères Louis XV, le lit à baldaquin, les tapisseries d'Aubusson, un fauteuil d'infirme en forme de conque marine (étonnant !) et l'ancêtre de la chaise longue !

– Également une exposition des poteries fabriquées au château au XIXe s.

Le château de Mauzun : *06-70-10-22-29.* • *chateaudemauzun.fr* • *À env 10 km au sud-est de Billom, vers Saint-Dier-d'Auvergne (D 997). En été, tlj sf lun*

14h30-19h. Visite libre des 1res enceintes et guidée (du donjon) d'env 1h30. Entrée : 8 €. Perchée sur un pic volcanique avec un point de vue à 360°, c'est la plus vaste forteresse d'Auvergne, avec une triple enceinte et une vingtaine de tours. Construite au XIIIe s par les évêques de Clermont, elle fut occupée jusqu'au XVIIIe s où elle servait encore de prison ecclésiastique. Pillée après la Révolution et en partie démantelée, elle possède cependant de beaux restes et une impressionnante présence dans le paysage. Fête médiévale sur 2 jours à la fin de la première semaine d'août.

Le musée départemental de la Céramique : *39, rue de la République, 63190* ***Lezoux.*** *☎ 04-73-73-42-42. • puydedome.fr • À 11 km au nord de Billom par la D 229. Mai-oct, tlj sf mar 10h-18h ; nov-avr, tlj sf mar 10h-17h. Fermé janv, 1er mai, 1er nov et 25 déc. Entrée : 5 € (audioguide inclus) ; réduc ; gratuit 1er dim de chaque mois.* Pourquoi un tel musée ici ? Parce que Lezoux fut le plus grand centre de production de céramique sous l'Empire romain ! En toute logique, il occupe les bâtiments joliment rénovés d'une ancienne manufacture et détaille l'histoire de la céramique à travers une muséographie très moderne et de qualité. Les collections portent principalement sur la période comprise entre le Ier et le IVe s, avec notamment de très beaux vestiges de fours à sigillée (céramique rouge) et un topo sur les principaux potiers de l'époque. Mais on verra également les anciens fours de la manufacture, les créations produites jusqu'à sa fermeture en 1953, ou encore une section présentée sous la forme d'un cabinet de curiosités. Parcours spécial pour les enfants. Notez que le musée a mis en place une signalétique en braille et un parcours pour les non-voyants à l'aide d'un audioguidage à infrarouge.

Terre Sigillée de Lezoux : *pl. J.-B.-Moulin, 63190* ***Lezoux.*** *☎ 04-73-68-27-75. • sigillee-lezoux.com • Ouv lun-sam.* Après avoir visité le musée de Lezoux, quoi de plus naturel que de rendre visite à Gérard Morla, qui s'est spécialisé dans la reproduction à l'identique de céramiques antiques ? Au total, il propose une vingtaine de poteries sigillées, créées entre le IIe et le IIIe s. Très beau travail. Demandez par ailleurs à voir les authentiques sarcophages antiques conservés dans les dépendances.

THIERS (63300) 12 000 hab. *Carte Puy-de-Dôme, C1-2*

Rythme du martèlement des pilons et des presses, odeur de bonne quincaillerie flottant au-dessus des tuiles rouges : Thiers est la ville de la forge et du couteau. Dans les gorges de la Durolle, du Creux Salien au Creux de l'Enfer et en remontant dans la rue de l'Industrie, les usines s'entassent encore pêle-mêle : façades noircies et toitures abîmées des manufactures d'antan, entreprises fraîchement rajeunies. Dans cette ville aux vieilles rues torturées et quasiment en 3D (« D'où qu'on arrive, on ne voit qu'un tiers de Thiers » selon un dicton local...), aux escaliers longs et pénibles pour qui n'est pas de Thiers, mais qui ont façonné les mollets des femmes depuis des générations (il paraît que ce sont les plus beaux de France !), chaque maison est comme accrochée au vide.

Travail, industrie, mais charme aussi. Thiers prend des accents méditerranéens grâce à ses dédales qui pourraient même rappeler certaines médinas. François Truffaut tourna *L'Argent de poche* dans le vieux Thiers. Les enfants servent d'ailleurs de guides à travers Le Pirou et ses maisons bourgeoises, mêlées aux vieux ateliers, maisons aux volets de bois fermés désormais. Il y a beaucoup à découvrir à Thiers, l'imprévu des dédales, des passages, les *peddes*, le sentier des murailles, où l'on suivra le parcours des chiffonniers qui

venaient autrefois apporter la matière aux papetiers travaillant sur la Durolle. Sentiers encore appelés les *pattières,* d'où les perspectives sur la ville se renouvellent à chaque pas, dans le murmure interminable de la Durolle.

LE COUTEAU DE THIERS

Pourtant loin de toute mine de fer et de carrière de pierres à meuler, Thiers s'impose dès le XVe s comme ville coutelière grâce à trois éléments : l'énergie apportée par un torrent de montagne, la Durolle, le charbon de bois produit à partir des forêts environnantes et, facteur non négligeable, l'opiniâtreté des Thiernois, qui sont avant tout des Auvergnats.
Véritable jeu de patience, la fabrication d'un couteau requiert plus de 60 opérations différentes et pas loin de 110 lorsqu'il s'agit d'un couteau fermant. Façonnage de la lame par des hommes qui travaillaient dans des conditions pénibles et dangereuses, et polissage avec du cuir et du feutre. La lame une fois fabriquée, il fallait façonner le manche en corne, en ivoire ou en bois précieux, et assembler les deux parties.
C'est au début du XIXe s qu'apparaissent les premiers bâtiments en bord de Durolle. En 1855, un habitant sur deux travaillait « dans le couteau ». Aujourd'hui, l'heure est à la robotisation et aux chaînes de montage, mais le couteau reste une activité primordiale du bassin. Une soixantaine d'entreprises industrielles fabriquent des couteaux de cette manière, mais l'artisanat n'est pourtant pas tombé dans l'oubli puisqu'il reste une centaine d'artisans qui, ensemble, fournissent près de 70 % de la production nationale. Thiers reste ainsi la capitale incontestée du couteau.

Adresse et infos utiles

Office de tourisme (plan A2) : *hôtel du Pirou.* ☎ *04-73-80-65-65.* ● *thiers-tourisme.fr* ● *Ouv tte l'année : juil-août, tlj ; le reste du temps, lun-sam, horaires restreints.* Excellent accueil, efficace et souriant. Visites guidées de la ville, de la vallée des usines et balade sur les pas de George Sand *(en saison et sur résa ; payant).* Visites également en utilisant un e-guide *(loc tte l'année),* guide de poche multimédia équipé d'un GPS, qui délivre tout du long de la balade des textes écrits, des commentaires audio, des photos, et même des extraits de films.

– ***Marchés :*** *jeu et sam mat, pl. Antonin-Chastel (ville haute) ; mer mat, pl. de l'Europe (ville basse).*

Où dormir ? Où manger ?

De bon marché à prix moyens

Hostellerie de la Gare (hors plan par A1, **1**) : *30, av. de la Gare.* ☎ *04-73-80-01-41.* ● *madanitfk@gmail.com* ● *Congés : 1 sem début sept. Doubles 35-45 €.* *Apéritif ou café ou digestif offert et 10 % de réduc sur le prix de la chambre à partir de la 3e nuit sur présentation de ce guide.* Sans conteste l'hôtel le moins cher et le plus sympa de la ville. L'hôtel est tout en haut, pas loin de la gare (logique !), caché derrière une tonnelle de glycine. Les chambres, simplissimes mais propres, avec douche et w-c sur le palier ou salle de bains complète, surplombent une partie de la ville. Accueil très sympa, décontracté et attentionné du matin au soir ! Le patron connaît tout le monde ou presque, et vice versa. Normal, c'est un ancien restaurateur. Salon TV pour les résidents, et petit bar assez cool, avec billard, baby-foot et flipper, mais un peu bruyant car envahi d'habitués.

Hôtel L'Aigle d'Or (hors plan par B1, **3**) : *8, rue de Lyon.* ☎ *04-73-80-00-50.* ● *aigle.dor@wanadoo.fr* ● *aigle-dor.com* ● *Dans la ville haute. Resto fermé le midi sam-lun (slt lun midi en saison). Doubles 59-69 €. Menus 12,50 € (déj en sem), puis 19-28 €.* *Apéritif offert sur présentation de ce guide.* C'est la bonne

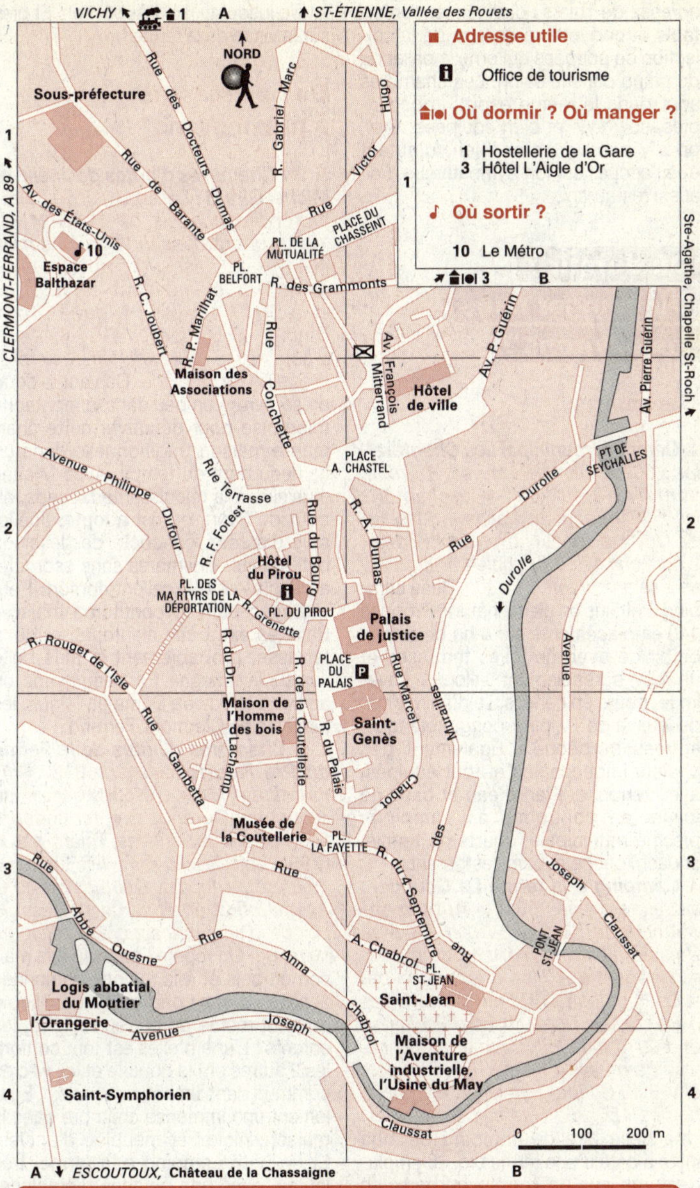
VICHY
1
A
ST-ÉTIENNE, Vallée des Rouets
NORD
■ Adresse utile
Office de tourisme
Où dormir ? Où manger ?
1 Hostellerie de la Gare
3 Hôtel L'Aigle d'Or
Où sortir ?
10 Le Métro
3
B
CLERMONT-FERRAND, A 89
Ste-Agathe, Chapelle St-Roch
Sous-préfecture
Rue des Docteurs Dumas
R. Gabriel Marc
Rue Victor Hugo
Rue de Barante
Av. des États-Unis
10
Espace Balthazar
PL. DE LA MUTUALITÉ
PLACE DU CHASSEINT
PL. BELFORT
R. des Grammonts
R. C. Joubert
R. P. Marilhat
Rue Conchette
Av. François Mitterrand
Av. P. Guérin
Av. Pierre Guérin
Maison des Associations
Hôtel de ville
PLACE A. CHASTEL
PT DE SEYCHALLES
Rue Durolle
Durolle
Avenue Philippe Dufour
Rue Terrasse
R. F. Forest
Rue du Bourg
R. A. Dumas
Hôtel du Pirou
PL. DES MARTYRS DE LA DÉPORTATION
PL. DU PIROU
R. Grenette
Palais de justice
R. Rouget de l'Isle
R. du Dr. Lachamp
R. de la Coutellerie
PLACE DU PALAIS
Rue Marcel Chabot
Rue des Murailles
Avenue Joseph Claussat
Maison de l'Homme des bois
Saint-Genès
R. du Palais
Rue Gambetta
Musée de la Coutellerie
PL. LA FAYETTE
R. du 4 Septembre
Rue
Rue Abbé Quesne
Rue Anna
A. Chabrol
PL. ST-JEAN
Saint-Jean
PONT ST-JEAN
Logis abbatial du Moutier
l'Orangerie
Avenue Joseph
Chabrol
Maison de l'Aventure industrielle, l'Usine du May
Claussat
Saint-Symphorien
0 100 200 m
A
ESCOUTOUX, Château de la Chassaigne
B
1
2
3
4

THIERS

adresse de Thiers : bien tenue, confortable et coquette, à l'image de la collection de poupées qui orne le palier ou du piano dans le salon. Les chambres sont dans le même esprit, impeccables, soignées et bien équipées. Bref, on s'y sent vraiment bien, d'autant que l'accueil est fort sympathique. Fait aussi restaurant.

Où dormir ? Où manger dans les environs ?

Campings

⛺ ***Camping municipal Les Chanterelles :*** *63550* ***Saint-Rémy-sur-Durolle.*** *☎ 04-73-93-60-00. • leschanterelles0549@orange.fr • camping-lac.fr • ♿ Ouv de mi-avr à mi-sept. Forfait 2 pers env 17,50 € ; chalets 168-467 €/sem selon confort et saison.* Beau camping 3 étoiles en pleine nature. Propose 140 emplacements sur 4 ha de terrain ombragé avec de jolies terrasses et un relief agréablement vallonné. Lave-linge, petite épicerie, salle d'animation, de jeux et de TV, ping-pong, pétanque, soirées barbecue... Également des chalets impeccables et tout équipés, avec terrasse. Plan d'eau et base de loisirs en contrebas du camping : piscine municipale, courts de tennis, squash, pêche et bars-restaurants.

⛺ ***Camping à la ferme Le Goutilier :*** *à Sainte-Marie, 63120* ***Aubusson-d'Auvergne.*** *☎ 04-73-51-21-76. • dufraisse.m@wanadoo.fr • camping-aubusson.fr • À 2 km d'Aubusson par la D 41 puis la D 311 direction Courpière ; passer Notre-Dame-d'Espinasse et, 500 m plus loin, tourner à gauche. Ouv de mi-avr à mi-oct. Forfait 2 pers env 8,40 € ; loc caravanes et mobile homes 150-350 €/sem. CB refusées.* Une belle aire de camping de 1 ha juste à côté d'une ferme bio. 25 emplacements sur un terrain herbeux en légère pente avec quelques terrasses. Très nature. Bloc sanitaire correct. Barbecue à côté du terrain de pétanque. Quelques jeux pour les enfants. Location de VTT. Balade possible à pied et à vélo jusqu'au lac d'Aubusson. Et bien sûr la visite de la ferme !

De bon marché à prix moyens

🏠 🍽 ***Chambres d'hôtes de Joëlle et Michel Girard :*** *Dassaud, 63550* ***Saint-Victor-Montvianeix.*** *☎ 04-73-94-38-10. • gitegirdassaud@gmail.com • gite-girard-dassaud.com • Accès par la D 64 et la D 43 ou par la D 201 et la D 113. Congés : 15 nov-1er mars. Double 47 € ; familiale 61 €. Table d'hôtes 18 €. 📶 Apéritif offert sur présentation de ce guide.* Ça vaut le coup de se perdre un peu dans la montagne thiernoise pour découvrir cette charmante maison traditionnelle dans un hameau hors du temps. Avec Michel, musicien à la réjouissante faconde, au bout de 5 mn, on est adopté. Joëlle, plus discrète, concocte de délicieux petits plats. Chambres sans esbroufe, agréables et d'excellent confort. Petit déj avec pain et confitures maison. Balades extra aux alentours, et de la terrasse, probablement la plus belle vue sur la Limagne. Par beau temps, on aperçoit le puy de Dôme et, la nuit, les lumières de Clermont-Ferrand.

⛺ 🏠 ***Chambres d'hôtes de la Ferme du Pré Fleuri :*** *Lavenal, 63120* ***Sermentizon.*** *☎ 04-73-53-00-98. • laurent.strach@orange.fr • fermedupre fleuri.com • Au sud de Thiers par la D 906 puis la D 44. Forfait camping 10 €/j. pour 2 pers. Doubles 50-60 €. Apéritif offert et réduc de 10 % sur le prix de la chambre sur présentation de ce guide.* On repère l'adresse à la maison en bois et à la roulotte stationnée à côté. C'est l'originalité des lieux, on peut même dormir en roulotte, les enfants ! L'une d'elles est tout confort, les 2 autres ont la douche et les w-c en commun dans un bâtiment voisin. Également une immense chambre dans la maison, nickel et meublée d'ancien. Et un petit camping à la ferme, très intime, avec une poignée d'emplacements et toutes les commodités dans une dépendance (salle à manger avec micro-ondes et frigo, salon confortable...). Les sympathiques proprios proposent aussi des balades en calèche.

Chambres d'hôtes du Moulin de la Planche-Ferrand : *route de Saint-Victor-Montvianeix, 63290* ***Puy-Guillaume.*** *☎ 04-73-94-79-25. • rosijalaran@wanadoo.fr • De Puy-Guillaume, D 85 sur 4 km, puis D 114 à gauche vers Saint-Victor-Montvianeix, puis env 4 km jusqu'au lieu-dit Planche-Ferrand. Congés : nov-mars. Double 78 €. Table d'hôtes 28 €.* Noyé dans la verdure, le moulin a toujours sa roue qui fonctionne et son bief alimenté par la Credogne où les truites se plaisent bien. Petit parc avec piscine chauffée, jacuzzi, hammam et sauna. Les chambres, agréables et bien décorées, occupent une maison indépendante. Possibilité de louer le tout en gîte. Bonne petite adresse pour se mettre au vert.

Auberge Les Roux : *Les Roux, 63290* ***Paslières.*** *☎ 04-73-80-23-71. • auberge-des-roux@wanadoo.fr • De Thiers, D 906 vers Vichy, tourner à droite par la D 85 puis la D 64. L'été, ouv tlj sf lun-mar ; hors saison, ouv ven-sam et dim midi. Congés : de Noël à mi-janv. Menus 14,50-26 €.* La bonne auberge de campagne typique. Grande salle banale, mais vue panoramique sur la chaîne des Puys et une ambiance de village sympa comme tout, comme l'accueil. Ici, pas de chichis mais des plats archi-copieux servis avec le sourire : la soupière sur la table, le rapoutet (jarret de porc) en quantité, parfois même des testicules de mouton (!), et de bons gros desserts pour finir. Bref, les affamés seront aux anges.

Auberge Le Refuge : *au col Saint-Thomas, 63250* ***Arconsat.*** *☎ 04-73-94-21-14. • jmdayne@orange.fr • ♿ À 4 km d'Arconsat par la D 324. En saison, tlj le midi sf en cas d'enneigement ; fermé le soir plus mar hors saison. Menus 16-20 €.* « Ici finit la France, ici commence l'Auvergne ! », peut-on lire sur le panneau à l'extérieur de cette toute petite auberge de montagne, perchée en haut du col Saint-Thomas. Effectivement, à 3 m de là, c'est la Loire, et donc la région Rhône-Alpes ! Ah, les repas aux frontières ont toujours un je-ne-sais-quoi de plus excitant que les autres, non ? Au menu de cette auberge très simple, dans la même famille depuis plus de 50 ans : terrine, charcuterie, omelette, fromage, tartelette aux myrtilles, etc. Et un petit coup de rouge comme il se doit. Mais, attention, pas de faux col en redescendant...

Auberge du Montoncel : *Les Cros-d'Arconsat, 63250* ***Arconsat.*** *☎ 04-73-94-20-96. • montoncel@gmail.com • montoncel.com • Accès par la D 2089 puis la D 86, c'est à 17 km à l'est. Resto fermé dim soir et lun, plus mar-jeu hors saison. Double 38 € ; ½ pens 42 €. Menus 15-35 €. Apéritif maison offert sur présentation de ce guide.* Une bâtisse ancienne au milieu des Bois Noirs, avec l'hôtel juste à côté, dans une annexe récente (chambres simples, certaines côté jardin, avec douche, w-c et TV). Petite salle de resto agréable avec un menu du jour hyper copieux ou de bonnes spécialités comme la saucisse de chou d'Arconsat (ne pas oublier qu'Arconsat est la capitale mondiale de la saucisse de chou !).

De prix moyens à chic

L'Auberge des Quatre Chemins : *route de Clermont, Pont-de-Dore, 63920* ***Peschadoires.*** *☎ 04-73-80-25-68. • info@aubergedesquatrechemins.com • À 5 km de Thiers, par la D 2089. Fermé lun-mar. Menus 14,75 € (en sem)-18,50 € (sf ven soir et w-e), puis 23,50-51 €.* La maison est effectivement plantée sur un carrefour passant. Mais passé la porte, c'est le cadre contemporain et élégant qui l'emporte, à son tour supplanté par la cuisine soignée et bien maîtrisée du chef. La bonne table du secteur.

Chambres d'hôtes et gîte du château de Vaulx : *Vaulx, 63120* ***Sainte-Agathe.*** *☎ 04-73-51-50-55. • ph.vast@orange.fr • chateaudevaulx.fr • À 12 km de Thiers, par la D 102 jusqu'à Sainte-Agathe, puis la D 7 vers Celles, sur 3 km. Doubles 80-100 €. Table d'hôtes 25 € (apéritif, café, digestif compris).* Cette demeure fortifiée du XIIe s, pleine d'atmosphère, est tout ce qu'il y a de plus familial (depuis 800 ans !). Le vestibule et la salle à manger sont chargés de meubles et d'objets accumulés par les proprios. Pour dormir, 3 chambres de charme, confortables et stylées, avec douche et w-c indépendants. La salle de bains de la chambre « Athénaïs » est même dans une tour. Au fait, demandez à voir la chapelle et le pub ! Une bonne adresse à l'écart des sentiers battus.

■ |●| ***Domaine de Montvianeix :*** *à Montvianeix, 63550* ***Saint-Victor-Montvianeix.*** *☎ 04-73-94-02-95. ● jp.force@nordnet.fr ● montvianeix.com ● De Thiers, faire 6 km vers Vichy (D 906) et prendre la D 85 à droite, puis la D 64 sur 7 km ; route forestière à gauche. Doubles 88 € ; gîte 5-6 pers 460-590 €/sem. Table d'hôtes 31 € tt compris.* *Pot d'accueil offert sur présentation de ce guide.* Si vous cherchez un havre de paix, vous le trouverez au bout du chemin forestier. Les sympathiques propriétaires ont acheté une immense propriété de 4 ha, une ancienne ferme isolée au cœur de la forêt, avec vue sur le parc et sa chapelle des XIIe-XIIIe s, où même les chevreuils se sentent chez eux lorsqu'ils prennent l'apéritif sur la pelouse en soirée... Côté confort, des chambres de charme entièrement rénovées et toutes différentes avec parquet, plusieurs essences de bois, grandes salles de bains et mobilier étudié, mélange réussi de traditionnel et de contemporain. Pour le petit déj, l'apéro ou le repas, immense pièce à vivre avec terre cuite de Lachamps au sol et plafond à la française. Table d'hôtes de haute tenue avec 2 entrées. Nombreuses possibilités de randos à pied et à VTT dans le massif des Bois Noirs. Très bon accueil.

Où sortir ?

♩ ***Le Métro*** *(plan A1,* ***10****) : rue Saint-Exupéry. ☎ 04-73-80-63-03. ● espace@ville-thiers.fr ● myspace.com/lemetro63 ● Fermé juil-août. Concerts payants.* C'est la scène thiernoise des musiques actuelles. Programmation originale et éclectique.

À voir

Petit conseil amical : laissez votre véhicule quelque part, affûtez vos mollets, et ensuite seulement visitez Thiers. La circulation est assez compliquée dans la ville, et le stationnement (payant) fait figure de casse-tête. Notez tout de même que le ***train touristique de Thiers*** propose un parcours pratique entre la ville basse et la ville haute, à travers les ruelles historiques, et ce, de manière instructive (audioguidage). Départ du parc de l'Orangerie dans la ville basse *(plan A3)* ou place Chastel dans la ville haute *(plan A-B2). Rens : ☎ 04-73-51-08-13. ● rajat.net ● Juil-août, ouv tlj l'ap-m ; sept, mer et dim. Tarif : 6 € ; réduc.*

★★★ ***L'hôtel du Pirou*** *(plan A2)* **:** remarquable demeure du XVe s sur deux colonnes à base de pierre, avec double encorbellement, pignons et pans de bois. Une des plus typiques de la ville. Au n° 8, rue Grenette, maison du XVIIe s, dite du duc de Lauzun, qui appartenait à l'origine à une importante famille de papetiers. À deux pas, rue du Bourg, le *pedde du Coin des Hasards,* typique des passages couverts de la ville reliant deux maisons. Ici, c'est le plus important, avec quatre étages d'appartements ! Côté rue Alexandre-Dumas, la poutre porteuse (ou « sablière ») est sculptée de scènes de chasse. Au n° 10, rue du Bourg, porte en gothique fleuri avec écusson et décor végétal. À côté, *pedde du Penail*. Rue Alexandre-Dumas, d'anciennes tours ont été transformées en habitation, comme au n° 19 (tour Pignat). Dans la rue du Pirou, au n° 11, *maison des Sept Péchés capitaux* dont les bouts de poutres sont ornés de sculptures représentant les... péchés capitaux.

★ ***La donation Calamy*** *(plan A2)* **:** *dans l'hôtel du Pirou, à l'étage de l'office de tourisme. Sur rdv. Entrée : 1,50 € ; gratuit moins de 16 ans.* Maître Calamy, un ancien avocat du barreau de Thiers, a eu la bonne idée de léguer à la Ville sa collection éclectique rassemblée au cours de ses voyages. D'abord, parce que la visite permet de découvrir quelques salles du très bel hôtel du Pirou, ensuite, parce que de nombreuses pièces méritent le coup d'œil (mobilier du XVIIe s, albâtres, céramiques antiques, et même quelques beaux objets rituels égyptiens !).

Le jacquemart (plan A-B2) **:** *pl. Chastel.* Si par un hasard extraordinaire vous oubliez que Thiers est la capitale de la coutellerie, le jacquemart saura vous rappeler à l'ordre ! Chaque heure, il jaillit comme un diable de son horloge et égrène les heures en martelant son enclume. Son ouvrage achevé, il dresse le bras et le présente à la foule. Sympa.

La maison de l'Homme des bois (plan A3) **:** *au nº 21 de la rue des Couteliers.* Belle maison à hourdis dissimulés sous des panneaux de bois sculptés. On peut y voir le fameux homme des bois, tout poilu. Au nº 45, c'est toute l'armature en bois de la boutique qui est d'origine.

Le musée de la Coutellerie et ses ateliers de fabrication (plan A3) **:** *23 et 58, rue de la Coutellerie. ☎ 04-73-80-58-86. • musee-coutellerie-thiers.com • Juil-août, tlj 10h-12h30, 13h30-19h ; hors saison, mar-dim (tlj juin et sept) 10h-12h, 14h-18h ; dernière entrée 45 mn avt la fermeture. Fermé janv, 1er mai et 25 déc. Entrée : env 5,50 € hors saison et 6,80 € en saison (visite couplée avec la vallée des Rouets) ; réduc ; tarif groupe accordé sur présentation de ce guide.* La visite se scinde en deux. Le premier site, au nº 23 de la rue, est un musée classique où l'on retrace l'histoire du couteau, et présente de nombreux témoignages et souvenirs de la vie ouvrière (affiches émouvantes, peintures réalistes, photos montrant les dures conditions de travail). Intéressant, d'autant qu'il permet de mieux comprendre l'univers de la coutellerie avant de découvrir les ateliers, dans le second site (au nº 58). Il s'agit en effet d'un atelier de fabrication caractéristique, où les artisans produisent à l'ancienne mode de beaux objets vendus ensuite à la boutique. On peut même admirer le travail impressionnant d'un émouleur couché (position qui permettait d'avoir plus de force dans les bras afin de plaquer la lame contre la meule pour obtenir le tranchant). À noter toutefois que les couteliers ne travaillent pas le dimanche hors saison. Au sous-sol, son et lumière sur les forges industrielles. Enfin, dans les étages, belle collection de 800 modèles fabriqués du XVIIe s à nos jours. Il y en a de toutes les sortes : « mouton » du XVIIIe s, couteaux à mécanismes complexes (pompes, baïonnettes, coffre-fort), belles pièces au manche en ivoire sculpté des XVIe et XVIIe s, couteaux à secrets, de voyage, d'émigrés royalistes... Boutique.

Le Creux de l'Enfer et son centre d'Art contemporain (plan B4) **:** *85, av. Joseph-Claussat. Rens au ☎ 04-73-80-26-56. • creuxdelenfer.net • ♿ Tlj sf mar 13h-18h. Fermé 1er janv, 1er mai et 25 déc. Entrée gratuite.*
Une autre splendeur de Thiers, aménagée dans d'anciens bâtiments d'usines surplombant une Durolle exaltée, emportée, agitée... Bref, un enfer, selon les anciens. D'où le nom.
Au-dessus de cette chute d'eau assez impressionnante, un ***centre d'Art contemporain*** a eu l'idée (assez géniale, il faut le dire) d'élire domicile. L'ensemble est superbe et, de plus, on aime assez l'idée que l'art doit rester en ébullition ! Avec le torrent furieux à ses pieds et ce lien entre histoire et modernité, le pari semble réussi. Ce centre explore des domaines aussi différents que la peinture, bien sûr, mais également la sculpture, la photo, la vidéo et l'installation. Cycle d'exposition annuel « Les Enfants du sabbat » sur la jeune création régionale, ateliers de pratiques artistiques et, autre bonne idée, visites commentées sur rendez-vous pour tout public. Également une librairie et une terrasse panoramique.

La Maison de l'aventure industrielle, l'usine du May (plan B4) **:** *83, av. Joseph-Claussat. ☎ 04-73-80-44-59. Juil-sept, tlj 10h-12h30, 14h-18h30 ; avr-juin et oct-nov, mer-dim 14h-18h. Fermé déc-mars. Entrée : 3,10 € ; réduc. Expo temporaire : 5,10 € ; réduc.* Encore une ancienne usine, typique de l'architecture du XIXe s... Mais celle-ci a été réhabilitée pour accueillir la Maison de l'aventure industrielle ; deux étages vastes et lumineux pour évoquer de façon interactive la vallée des usines, mais aussi la production industrielle à Thiers aujourd'hui (coutellerie, papier, plastique...). Intéressant. Notez, à l'accueil, l'énorme turbine hydraulique qui alimentait l'usine.

L'église Saint-Genès (plan A-B2-3) : *pl. du Palais.* Ancienne collégiale qui a succédé à la première église mérovingienne. Elle remonte au XIe s. Nef absolument impressionnante, voûtée d'ogives au XIIIe s. L'église possède la plus grande coupole d'Auvergne. Belles fresques médiévales sur celle-ci, avec notamment un Christ pantocrator du XIIe s. Dans la première chapelle du bas-côté droit, on peut apercevoir quelques fragments de mosaïques provenant de l'église primitive.

Le logis abbatial du Moutier (plan A3) : *rue du Moutier. ☎ 04-73-80-27-31. Visite guidée des apparts du XVIIIe s en juil-août, tlj sf lun-mar 14h30-18h30. Entrée : 5,50 € ; réduc.* Autre vestige de l'abbaye bénédictine fortifiée. Tours du XVe s. Jardins au bord de l'eau.

L'église Saint-Symphorien (plan A4) : *juste en face du logis abbatial.* De style roman, en partie remaniée au XIXe s, elle mérite une visite pour ses beaux chapiteaux médiévaux ornés de feuillages et de toutes sortes de figures fantastiques.

L'Orangerie (plan A3) : *13, rue du Moutier. ☎ 04-73-80-53-53. Visite libre, janv-juin et sept-déc mer slt 10h-12h, 14h-17h ; juil lun-ven 10-12h, 14h-18h. Fermé en août et de mi-sept à mi-oct. Entrée (gratuite) par le parc du Moutier.* Grande serre aux plantes tropicales, bassins de plantes aquatiques, agrumes, bambous, etc. Salle paysagée en milieu luxuriant avec papyrus, kumquat, pamplemoussier, tillandsia (une plante sans racine), etc.

Le château de la Chassaigne (hors plan par A3) : *av. de la Première-Armée. ☎ 04-73-80-59-08. De juin à mi-sept, tlj sf mar 14h30-18h. Entrée : 5 € (3,50 € sur présentation de ce guide) ; réduc.* Vieux manoir, sa chapelle et sa galerie gothiques. Expositions estivales à thème. Petits jardins anglais, pergola, bassins, jardin en creux. Collection de roses anciennes. Fête des Jardiniers et des Couteaux anciens l'avant-dernier week-end de mai.

Manifestations

– **Coutellia, le festival du Couteau d'art** : *sur un w-e de mai. Infos à la chambre de commerce et d'industrie : ☎ 04-73-43-43-87. Entrée : 10 €.* Rassemblement de créateurs issus d'une tradition vieille de 500 ans. C'est splendide mais souvent très cher. On y a vu de belles pièces pouvant atteindre 7 600 € ! Il y en a quand même pour tous les goûts et pour (presque) toutes les bourses. Expo-vente, concours et forges-ateliers à visiter.
– **La Pamparina** : *le 1er ou le 2e w-e de juil. Infos à la mairie : ☎ 04-73-80-88-80. • ville-thiers.fr •* Plus de 100 concerts gratuits. Festival de musiques de rue consacré chaque année à une famille d'instruments différente.
– **Foire au pré** : *en sept (le sam le plus proche du 14). Infos à la mairie : ☎ 04-73-80-88-80.* C'est la « fête nationale » de Thiers, issue d'une ancienne foire commerciale créée au XIIe s par les moines de l'abbaye du Moutier. Une grande fête foraine anime la ville.
– **Marche nocturne** : *le 1er w-e de déc. ☎ 04-73-80-65-65.* Roanne-Thiers, 70 km. On part à minuit et on arrive à 7h ou à 13h, suivant la forme !

DANS LES ENVIRONS DE THIERS

La vallée des Rouets (hors plan par B1) : *à* **Château-Gaillard.** *Infos et résas au musée de la Coutellerie à Thiers : ☎ 04-73-80-58-86. À 3 km en amont de Thiers par la D 2089. Visite couplée avec le musée de la Coutellerie. Accès par navette gratuite en été ; départ à proximité du musée. Site ouv tlj en été 12h-19h ; juin et sept, 12h-18h ; fermé le reste de l'année. Visite guidée du Rouet Lyonnet, mais possibilité de balade libre pour le circuit des Rouets Fourniot (1 km de marche) et celui de la colline des Boules (2,5 km).* Sentiers balisés. Seule consigne de prudence : faire attention en cas de montée des eaux ! Cette balade est un complément indispensable à la visite du musée de la Coutellerie, mais c'est surtout un véritable enchantement. Le long de la Durolle, on découvre les vestiges des anciens ateliers d'émouleurs de Thiers, au milieu d'une nature encore sauvage et quasiment intacte. Superbe. Ces artisans se servaient de la force de la rivière pour travailler, tout en finesse, la lame de leurs célèbres couteaux. Un rapport spectaculaire entre la nature et le savoir-faire humain. Imaginez ces hommes couchés sur une planche, au milieu d'un système d'engrenages entraînés par la Durolle (le rouet, ou moulin à aiguiser), tenant à bout de bras une pièce de métal pas plus grande qu'un doigt (ou deux doigts !). Après cette visite, vous ne regarderez plus votre couteau comme avant.

Le château d'Aulteribe : *63120* ***Sermentizon.*** *☎ 04-73-53-14-55. ● aulteribe.monuments-nationaux.fr ● De mi-mai à mi-sept, tlj 10h-12h, 14h-18h30 ; hors saison, tlj sf lun 10h-12h, 14h-17h30. Fermé 1er janv, 1er mai, 1er et 11 nov, et 25 déc. Entrée : 7,50 € ; réduc ; gratuit moins de 26 ans. Visite guidée slt.* Château du XIVe s à la silhouette romantique, Aulteribe est surtout connu pour être le château « le mieux meublé de France ». Pour les passionnés, les collections méritent un coup d'œil : meubles gothiques et pièces des XVIIe et XVIIIe s, mobilier signé Topino, Blanchard ou Fromageot, porcelaines de Chine et de Sèvres, nombreuses tapisseries d'après Teniers, bronzes Louis XVI et tableaux de Bruegel, Nattier et Fragonard. – Petite *chapelle* du XIXe s et *sentier du Bénitier du Diable* sur 3,5 km autour du château.

Aubusson-d'Auvergne *(63120)* **:** l'église du XVe s est certes modeste, mais elle contient deux Vierges en majesté en bois polychrome du XIIe s et une châsse en cuivre doré et émaillé du XIIIe s qui valent le coup d'œil. Beau lac entouré d'une forêt.

AU NORD DE THIERS

Prenez le temps de vous perdre dans la montagne thiernoise, au-dessus de Thiers. C'est le berceau historique des fameux colporteurs qui allaient souvent très loin pour vendre les couteaux (certains ancêtres de couteliers sont morts à Cuba).
Par la D 64 ou la D 325, rejoindre, à travers forêt, ***Saint-Victor-Montvianeix,*** par un lacis de routes étroites et désertes, bordées de hameaux aux belles architectures de pierre. À VTT, c'est le mollet d'acier ! La route livre parfois des échappées époustouflantes sur la plaine de Limagne.
Redescendre par la D 114 et la D 201 sur ***Palladuc,*** puis vers ***Arconsat,*** capitale mondiale de la saucisse de chou (église avec fresques et Vierge noire du XIVe s, demander la clé). À ***Saint-Rémy-sur-Durolle,*** église du XVe s (fresques murales, statues sculptées du XVIIe s, etc.).

CHÂTELDON *(63290)*

Par la D 906 jusqu'à Puy-Guillaume, puis la D 63 pour rejoindre Châteldon. Le village possède un joli château construit au XIIIe s qui émerge d'un écrin de verdure, mais il ne se visite pas. Sachant qu'il a appartenu à un certain Pierre Laval, on le regrette à peine. Pas trop salée, d'une finesse exceptionnelle tant au goût que par la qualité de ses bulles, l'eau de Châteldon présente la particularité d'être fortement radioactive avec un taux

UNE EAU TRÈS SNOB

Châteldon est surtout célèbre pour son eau, considérée comme la Rolls des eaux minérales et déjà servie à la table de Louis XIV. Qu'est-ce qui peut rendre une eau B.C.B.G., voire snob, sinon son histoire ? Le propriétaire du château, Laval, chef du gouvernement de Vichy, fut aussi propriétaire de la source. Son gendre, René de Chambrun, président de Baccarat, propriété de Taittinger à l'époque, fit porter l'eau sur les tables du groupe hôtelier, propriétaire, entre autres, du Crillon et du Grand Véfour à Paris, ainsi que du Martinez à Cannes.

de presque trois becquerels par litre, ce qui lui confère des qualités thérapeutiques non négligeables sur la circulation sanguine et sur la régulation de la digestion.

À L'OUEST DE CHÂTELDON

Randan (63310)

Petite ville sans grand intérêt si ce n'est pour son château du XVIe s, en partie reconstruit au XIXe s.

Où manger dans les environs ?

Le Cinq Mars : *16, rue Cinq-Mars, 63260* ***Effiat.*** *☎ 04-73-63-64-16. À 9,5 km de Randan, en direction de Villeneuve-les-Cerfs puis Bas-et-Lezat. Ouv slt le midi lun-ven (w-e groupe sur résa). Congés : vac scol de fév et 3 dernières sem d'août. Menus 12,50-18 €. Café offert sur présentation de ce guide.* Le chef, qui officiait autrefois chez les plus grands, est venu s'installer dans le pays de sa femme et reprendre le resto de belle-maman. Cela dit, attention, dans la salle de droite, c'est le menu ouvrier, sympa mais plus classique. Et dans la salle derrière le bar, c'est le menu régional, plus inventif et à peine plus cher ! Excellente cuisine, copieuse et mijotée ou plus fine selon les plats et les saisons. Bonnes charcuteries servies sur des ardoises et vins d'Auvergne à petits prix. Et puis si vous passez par là le 1er mai, à la Saint-Jacques, ne manquez pas la journée tripes, veau et pieds de cochon ! Accueil adorable.

À voir

Le domaine royal de Randan : *pl. Adélaïde-d'Orléans. Rens : ☎ 04-70-41-57-86. Tlj sf mar : juin et sept, 14h-19h ; juil-août, 10h-19h ; fermé le reste de l'année. Entrée : 5 € ; réduc.* Édifice du XVIe s, restructuré et agrandi au XIXe s. Après avoir appartenu à Adélaïde d'Orléans, sœur de Louis-Philippe, puis à la comtesse de Paris, le château est ravagé par un incendie et tombe dans l'oubli. La visite permet d'une part de déambuler dans le parc de 40 ha, d'autre part de découvrir les nombreux bâtiments qui composaient ce vaste château. Expos temporaires et intéressante collection d'animaux naturalisés.

Maringues (63350)

Redescendre par la D 1093 pour passer dans cette cité de tanneurs dans laquelle Claude Berri a tourné *Uranus*.

Où manger ?

Le Carrousel : *14, rue du Pont-de-Morge. ☎ 04-73-68-70-24. Fermé dim soir, lun soir (sf sur résa), mar et mer. Congés : 15 j. en janv et 15 j. fin juil. Menus 24-58 €. Digestif maison offert sur présentation de ce guide.* Dans un cadre intérieur chaleureux ou sur l'élégante terrasse, on déguste une authentique cuisine pleine de créativité. Le chef manie royalement les sauces et a une passion pour le poisson, les bons produits, les saveurs harmonieuses tendance provençales...

AU SUD DE THIERS

VOLLORE-VILLE (63120)

Vieux bourg bâti dans un site plutôt charmant, à l'emplacement d'un castrum antique ravagé au VIe s. Situé sur une ancienne voie romaine (il fallait le faire pour passer là-haut !), il reste une colonne milliaire datant de 1945. Dans le village, on peut visiter une église du XIIe s et un château appartenant à la famille La Fayette *(☎ 04-73-53-71-06 ; visite payante tlj en été 14h-19h).* Très beau point de vue sur la région.

Où dormir ? Où manger ?

Chambres d'hôtes La Bergerie du Troullier : *Le Troullier, 63120* ***Vollore-Ville.*** *☎ 04-73-53-71-98. • bernard.moignoux@wanadoo.fr • labergeriedutroulier.com • De Vollore-Ville, direction Vollore-Montagne sur 5 km et à droite au panneau. Doubles 43-46 €. Table d'hôtes 15 €. Pot d'accueil offert sur présentation de ce guide.* Dans la ferme familiale, Arlette et Bernard ont aménagé des chambres d'hôtes mignonnes et confortables. Aux beaux jours, on prend le petit déj dans le jardin fleuri en contemplant les monts Dore et le plomb du Cantal... Superbe potager où se mêlent légumes, arbres et fleurs, n'utilisant qu'un seul engrais naturel : celui apporté par l'élevage de moutons. C'est le moment de réserver la table d'hôtes et de goûter les bonnes spécialités auvergnates d'Arlette. Elle a aussi un don pour la peinture, et nombre de ses aquarelles sont exposées dans la maison. Accueil chaleureux. Une bonne adresse.

OLLIERGUES (63880)

Un des plus anciens villages d'Auvergne, dans une boucle de la Dore. Très jolie perspective depuis le haut de la rue du Pavé, très escarpée (on l'appelle d'ailleurs le « toboggan » !). Maisons des XVe et XVIe s, avec étages en encorbellement. Le soir, beau point de vue en hauteur sur le village depuis la D 259 vers Tours-sous-Meymont. Mais le pays d'Olliergues est aussi une région de vieux métiers, comme les papetiers de Giroux. Petit musée intéressant dans le château, qui fut, à une époque, la propriété d'un certain Henri de La Tour-d'Auvergne, vrai nom du maréchal de Turenne.

Où dormir ? Où manger dans le coin ?

Camping

Camping Les Chelles : *Les Chelles, 63880* ***Olliergues.*** *☎ 04-73-95-54-34. • info@camping-les-chelles.com • camping-les-chelles.com • À 4 km d'Olliergues par la D 87, direction Augerolles, puis fléchage. Ouv avr-oct (loc tte l'année). Forfait 2 pers env 14 € ; caravanes, mobile homes et chalets (tte l'année) 182-580 €/sem.* Isolé dans un hameau perdu dans la montagne, un petit camping 3 étoiles de 60 emplacements en terrasses. Très familial. Un poil vieillot mais sympa et bien équipé. Lave-linge et sèche-linge. Coin bébés. Snack, billard, ping-pong, piscine, tennis, jeux pour les enfants. Tenu par des Hollandais accueillants.

De bon marché à prix moyens

Auberge du Bon Vieux Temps : *au bourg, 63590* ***La Chapelle-Agnon.*** *☎ 04-73-72-36-51. • la-chapelle-agnon@wanadoo.fr • auberge-aubon* *vieuxtemps.com • À moins de 10 km au sud d'Olliergues. Fermé sam midi et dim soir. Congés : vac Noël. Double 48 €. Menus 17 € (déj en sem), puis 22-30 €. Digestif offert sur présentation de ce guide.* Pour les amateurs de tranquillité, cette gentille auberge de pays plantée face à l'église du village offre quelques chambres agréables et une bonne table. Cuisine traditionnelle à déguster dans une salle lumineuse.

Achats à Olliergues et dans les environs

Olliergues et sa région ont une solide réputation en matière d'artisanat et de vieux métiers. Quelques artisans uniques en leur genre :

L'Île aux Crayons : *chez Patrick Tourre, 29, av. Rhin-et-Danube, à Olliergues. ☎ 04-73-72-92-49.* Patrick fabrique des crayons avec des branches d'arbres, bouleau, tilleul, noisetier, saule, érable, etc. Original et coloré. Démonstrations à 14h30 et 16h30.

Atelier de la Boule Dore : *28, rue du Pavé, à Olliergues. ☎ 04-73-72-92-40.* Dans une maison du XVIe s, céramiques contemporaines cuites selon la technique japonaise du raku. Démonstrations.

Savonnerie de la Goutte-Noire : *63880* ***Le Brugeron.*** *☎ 04-73-72-60-92.* Une vraie savonnerie artisanale, avec des savons pour tous les goûts : coco, chocolat, citron, lait de chèvre, verveine, etc.

À voir à Olliergues et dans les environs

Le musée des Métiers et Traditions du pays d'Olliergues : *au château. ☎ 04-73-95-56-49. Juil-août, tlj 11h-13h, 14h-18h ; juin et sept, mar-sam 14h-18h ; hors saison, contacter l'office de tourisme. Entrée : 4,50 € en visite guidée ; réduc.* Découverte des métiers d'autrefois, comme le sabotier, le charron-forgeron (pour les roues de char !), le tisserand, le tresseur et la scie battante. Sympa et intéressant.

L'observatoire du col du Béal : *63480* ***Saint-Pierre-la-Bourlhonne.*** *☎ 04-73-95-56-49. Ouv tlj juil-août 11h-13h, 14h-18h. Visites guidées sur résa.* Petit observatoire avec une belle scénographie de la faune et de la flore, ludique et pédagogique, pour petits et grands.

AMBERT (63600) 7 000 hab. *Carte Puy-de-Dôme, D3*

Entre les monts du Livradois et ceux du Forez, Ambert est la petite capitale d'un pays agricole qui fut longtemps le point de passage des muletiers, colporteurs et autres éleveurs descendus de leur montagne pour faire des affaires. Intimement associé au papier à partir du XVe s (comme Thiers à ses couteaux), le bourg fournit les imprimeurs lyonnais avant d'être écrasé par les taxes de l'Ancien Régime. La cité se tourne alors vers le textile et l'industrie de la tresse. Aujourd'hui, son beau papier ne se trouve plus qu'au joli musée Richard-de-Bas, mais la tresse, elle, se décline en technologie de pointe dans la fabrication des gaines et des câbles spéciaux pour le TGV et Airbus !

Surtout, ne quittez pas la ville de la famille Arthaud, l'éditeur, et des *Copains,* l'œuvre de Jules Romains, sans avoir visité sa jolie mairie ronde, la seule de ce style en France, et même en Europe. Et si possible, allez-y un jeudi matin, quand ses arcades abritent un vrai marché bio de petits producteurs où l'on trouve à coup sûr la fameuse fourme qui porte le nom d'Ambert. Faites enfin un petit tour dans son centre médiéval et puis sortez les chaussures de rando

du coffre, gravissez les monts du Forez, parcourez les merveilleuses estives encore fréquentées par quelques bergers et de solides montagnards, découvrez les jasseries et les hameaux isolés dans des pâturages sans limites. Dans le silence de ces montagnes, c'est une Auvergne profonde et authentique qui s'ouvre aux pas du routard.

L'HISTOIRE DU PAPIER

La technique du papier était connue des Chinois dès le Ier s. Elle fut reprise par les Arabes après la victoire de Samarkand en 751. Le papier se répand alors avec l'islam en Afrique du Nord, en Espagne, en Italie, puis... en France au XIIe s seulement.

Il semble que la sphère auvergnate ait été l'une des toutes premières à fabriquer du papier en France. Dès le XIVe s, le filigrane ambertois est très répandu et bientôt recherché par les premières imprimeries lyonnaises. L'activité papetière devient dès lors typiquement ambertoise et échappe à une trop rude concurrence grâce à la rareté et à la spécificité du produit. Au XVe s, c'est une industrie carrément florissante.

L'apogée de la papeterie ambertoise se situe à la fin du XVIe s. Ambert comptera plus de 300 moulins à papier. C'est peut-être là que le calvinisme prit un certain élan au XVIe s. C'est sur des feuilles faites « à la main » à Ambert que l'on imprima presque entièrement, au XVIIIe s, l'*Encyclopédie.* Plus tard, la révolution industrielle donnera un coup de grâce fatal à la production du papier. Aujourd'hui, le papier du moulin Richard-de-Bas, surtout avec ses fleurs incrustées, est un papier de toute beauté.

Adresses et infos utiles

Office de tourisme : *4, pl. de l'Hôtel-de-Ville. ☎ 04-73-82-61-90. • ambert-tourisme.fr • De mi-juin à mi-sept, ouv lun-sam, plus dim mat juil-août ; vac scol, lun ap-m-sam ; hors saison, horaires restreints.* Visites guidées de la ville en saison.

@ **Bureau Infos Jeunes :** *pl. du Châtelet. ☎ 04-73-82-97-43. • point infojeunes-ambert.fr • Ouv ts les ap-m et jeu mat. Fermé dim et mer.* Billetterie...

Plusieurs lignes de ***bus*** desservent Ambert, notamment depuis Clermont (n° 7), Vichy et Thiers (n° 13).

– ***Marché local :*** *le jeu mat, sous les arcades de la mairie pour les producteurs bio et dans les rues du centre historique.*

Où dormir ? Où manger ?

Hôtel-restaurant Les Copains : *42, bd Henri-IV. ☎ 04-73-82-01-02. • info@hotelrestaurantlescopains.com • hotelrestaurantlescopains.com • (au resto). Fermé sam, dim soir et soir des j. fériés. Congés : 1 sem pdt vac d'hiver et vac de Pâques, et 7 sept-7 oct. Doubles 52-54 €. Menus 14 € (déj en sem), puis 27-56 €.* Cet hôtel-resto doit son nom au film *Les Copains* d'Yves Robert, qui fut tourné ici. On y vient moins pour les chambres (correctes) que pour la cuisine. Une affaire de famille puisque Thierry Chelle est la 4e génération aux fourneaux. Avec son frère Sylvain, le sommelier, et les clients en salle, mon tout forme une véritable bande de copains amoureux de cette belle cuisine de terroir revisitée, toujours au goût du jour... car le chef a gardé de son passage dans les cuisines de Robuchon quelques trucs qui font le petit plus. Les menus suivent scrupuleusement les saisons. Service rapide et décontracté.

Où dormir ? Où manger dans les environs ?

Très bon marché

Auberge de jeunesse : *63600 Saint-Martin-des-Olmes. ☎ 04-73-*

82-01-38. • aj.stmartin@free.fr • auberge-stmartin.com • À 6 km d'Ambert, en contrebas de la D 996. Ouv d'avr à mi-nov. Nuitée 14,90 € (avec les draps) ; ½ pens 30,40 €. Menu 11 €. CB refusées. Café ou tisane offert sur présentation de ce guide. Aménagée dans un ancien couvent à flanc de montagne, l'auberge a un côté vieille école plutôt sympathique. Bien tenue, avec une douzaine de chambres classiques pour 2 à 4 personnes. Cuisine équipée à disposition et grande salle à manger avec cheminée. Salon avec jeux et cartes de la région, dont une du Forez en relief. Terrain de jeux. Beau point de vue. En plus, on vient vous chercher à la gare. L'auberge est située à 50 m du musée-école 1900 et au départ d'un chemin balisé permettant d'aller au moulin Richard-de-Bas. Bon accueil.

***Gîte d'étape des Pradeaux :** col des Pradeaux, 63600 **Grandrif.** ☎ 04-73-95-47-69. • gitepradeaux@hotmail.fr • grandsgites.com • À 14 km à l'est d'Ambert par la D 996. Nuitée 12 €/pers en dortoir ; 14 € en chambre 2-4 lits ; familiale 4 pers 39 € ; réduc enfants. CB refusées. Réduc de 10 % sur la nuitée sur présentation de ce guide.* Annick vous accueillera avec bonne humeur dans cette ancienne école située pile-poil sur le col (1 196 m). Idéal pour les randonneurs (lac des Pradeaux à proximité), les cavaliers ou encore les amoureux du ski de fond et du skating en hiver (90 km de pistes, location de skis et raquettes sur place). Le gîte comprend un dortoir classique de 16 places et 4 chambres simples de 2 à 4 lits, avec douches et w-c séparés. Également une cuisine équipée et une salle à manger (un réfectoire, devrait-on dire !). Plein d'infos sur les sites et randos à ne pas manquer. Excellent accueil.

***Gîte d'étape et de séjour de Chomy :** 63600 **Saint-Martin-des-Olmes.** ☎ 04-73-82-23-65. • contact@chomylegite.com • chomylegite.com • À 11 km d'Ambert, vers Saint-Anthème (par la D 996), peu après Saint-Martin-des-Olmes (panneau à gauche) ; ensuite, 4 km de piste. Nuitée 18-20 €/pers. Repas 10-20 €. Capacité de 19 pers, possibilité de louer pour le w-e ou à la sem. CB refusées. Jus de fruits et confiture maison offerts sur présentation de ce guide.* Rémy et Anne ont relevé quelques demeures d'un village de montagne abandonné et les ont transformées en un lieu de séjour génial pour randonneurs, amoureux de la nature et autres Robinson. Panorama idyllique sur la vallée. Rémy travaille avec toutes les bonnes associations (Ligue de défense des oiseaux, gîtes *Panda,* etc.) et saura vous conseiller pour les plus belles balades et, suivant les saisons, les meilleurs spots pour la cueillette (champignons, framboises sauvages, myrtilles et autres). Acheminement des sacs ou des pique-niques des randonneurs. Chambres rustiques agréables, et une salle de billard. Bonne cuisine familiale avec légumes du jardin. Salon au 1er étage avec bibliothèque. Un lieu vraiment hors du temps, chaleureux et convivial.

De bon marché à prix moyens

***Chambres d'hôtes Amis en France – Les Sapins :** Le Monteix, 63600 **Ambert.** ☎ 04-73-82-62-89. • info@francehols.com • francehols.com • À 6 km d'Ambert ; suivre la direction Clermont et tourner 2 fois à droite direction Le Monteix (suivre les panneaux). Double 65 €. Parking. Café offert sur présentation de ce guide.* Une jolie route et un petit bout du monde à 10 mn d'Ambert. Dans cette ferme auvergnate rénovée, Ian et Helen proposent des chambres gaies et accueillantes, avec douche et w-c. Superbe vue sur la vallée de la Dore et très bel environnement, loin de tout.

***Auberge de Valcivières :** le bourg, 63600 **Valcivières.** ☎ 04-73-82-94-59. • aubergevalcivieres.fr • Au nord d'Ambert par la D 906, puis à droite la D 66. Resto tlj sf mer. Congés : vac de Pâques. Double 45 € ; 15 €/pers supplémentaire (12 € enfant). Formule déj 12,50 €. Digestif offert sur présentation de ce guide.* Une sympathique petite auberge de campagne, située dans un joli village des contreforts du Forez. Coin idéal pour la randonnée et le parapente. À l'étage, quelques chambres nickel et agréables, avec jolie vue sur les environs. Au resto, une cuisine de montagne sans prétention. Très bon accueil.

À voir

L'église Saint-Jean : au lendemain de la guerre de Cent Ans, les Ambertois retrouvent plutôt rapidement paix et prospérité. Ils décident donc de construire une nouvelle église pour remplacer l'église romane. Du coup, ils se mettent à construire (et à financer) la plus belle église de toute la région. Construite en granit dans une région où le seul matériau de construction était l'argile, elle revêt néanmoins un aspect monumental et un peu austère.
Le portail sud fut longtemps le principal. Gâble à crochet, rose à 12 lobes, sa décoration était donc plus soignée que celle du portail ouest, mais il donnait sur un cimetière d'enfants – supprimé en 1770. Il est donc simplement surmonté d'une fenêtre flamboyante sous une profonde arcature. Il est flanqué d'une tour carrée dont l'étage supérieur est de la plus élégante Renaissance. La tour de gauche ne put jamais être élevée, les crédits qui devaient lui être affectés ayant servi à couvrir la rançon de François Ier.
À l'intérieur, on est frappé par la majesté de l'ensemble. Mais l'impression de hauteur et de longueur n'est qu'une grande illusion. En fait, l'église ne mesure que 18 m de haut, mais les colonnes montent sans chapiteaux pour les couper. De même, elle ne mesure que 45 m de long, mais l'architecte, par un jeu de perspective, a donné un écartement entre les piliers de plus en plus réduit en se rapprochant du chœur. Voûtes dites en palmier. L'édifice comprend une abside à sept pans et un chœur entouré d'un déambulatoire, une nef flanquée de bas-côtés et un transept non saillant. Bel autel contemporain en plomb doré de Philippe Kaeppelin et, au-dessus du porche d'entrée, intéressant vitrail moderne. Dans la première chapelle du chœur, pietà de Notre-Dame-de-Layre, qu'on appelle aussi la Miraculeuse. Disparue, emmurée, volée, vendue aux enchères, elle a tout subi mais a toujours survécu aux affres du temps.
Pour l'anecdote, si vous êtes là à Pâques, venez donc écouter le *cornaire,* une espèce d'appel à la prière qui fait penser un peu à la prière musulmane...

La place des Minimes : moines d'un prieuré voisin, ces minimes possédaient un hangar à côté de la place pour entreposer les récoltes perçues au titre de l'impôt. À cet endroit, on trouvait également le four banal où tout un chacun pouvait venir faire cuire son pain.

La tour Mandrin : célèbre contrebandier qui s'arrêta plusieurs fois à Ambert dans le milieu du XVIIIe s, Mandrin avait une petite amie dans cette tour. Il y cacha quelques-uns de ses larcins. Quelque temps après sa mort, on découvrit la cache du trésor, qui fit le bonheur des héritiers de la dame.

La rue du Château : rue principale parce que commerçante, on y observe encore quelques belles maisons à colombages et encorbellement des XVe et XVIe s.

L'hôtel de ville : il est rond, charmant et c'est une particularité unique en Europe. Ancienne halle aux grains. D'ailleurs, Jules Romains en a fait un gag. Dans son livre *Les Copains,* les protagonistes se donnent rendez-vous à la mairie d'Ambert à minuit au milieu de la façade. Pas simple !

La Maison de la fourme d'Ambert et des fromages d'Auvergne : *pl. du Châtelet. ☎ 04-73-82-49-23. Avr-Toussaint, tlj sf dim-lun (tlj en juil-août) 10h-12h30, 14h30-18h30. Visite guidée de 45 mn : 5 € ; compter 3 € de plus pour la dégustation ; réduc.* Installée dans une jolie maison du XIVe s, la maison La Fayette. Vous y apprendrez, par exemple, la réponse à cette question que l'on s'est longtemps posée : pourquoi y a-t-il du bleu dans certains fromages ? On commence la visite par un petit film vidéo. Puis une expo de vieux instruments de fabrication : bidons en bois, bâts de mulets pour le transport du XVIIIe au XXe s, pots et bouteilles de lait, barattes et centrifugeuses à main. Dans la deuxième salle, toutes les étapes de la fabrication de la fourme : traite, écrémage, caillage, égouttage, salage, formage, piquage et séchage. Visite de la cave d'affinage (toujours à 10-12 °C et 90 % d'humidité), et traite de la vache Myrtille, réalisée par un artisan.

Le musée de la Machine AGRIcole et à VAPeur, Agrivap : *rue de l'Industrie. ☎ 04-73-82-60-42. En été, tlj sf lun 10h-12h30, 14h-18h30 ; d'avr à juin et de sept à mi-oct, tlj sf lun et sam 14h-18h ; hors saison, horaires restreints. Entrée : 7 € (visite partielle 5 €) ; réduc.* Dans une scierie qui abrite une microcentrale électrique à vapeur, collection rare de machines à vapeur (dont la tonitruante locomobile ! à entendre...) et de tracteurs, qui témoigne des avancées de l'industrie aux XIXe et XXe s (avec des machines en fonctionnement), et présentation de deux savoir-faire locaux : la tresse (sous toutes ses coutures) et le chapelet. En saison, forfait Agrivap : balade en train à vapeur ou en train panoramique et visite du musée. Bourse de modèles réduits agricoles, sylvicoles, ferroviaires et automobiles le dernier dimanche de septembre.

À faire

➢ ***Le train panoramique du Livradois-Forez :*** *infos à la gare, c/o Agrivap. ☎ 04-73-82-43-88. • agrivap.fr •* Après la théorie, la pratique. Agrivap propose l'été de jolis circuits pour découvrir le parc naturel régional du Livradois-Forez. Plusieurs trajets possibles (tarifs et horaires en fonction : voir le site).

➢ ***Randonnées cyclosportives « Les Copains » :*** *le 1er w-e de juil. Rens : ☎ 04-73-82-60-44. • cyclolescopains.fr • Se renseigner sur les tarifs de participation.* Un rendez-vous convivial à travers les monts du Livradois et du Forez. Le samedi, une petite rando est proposée (environ 53 km). Au départ d'Ambert avec plusieurs visites de musées, entre autres le moulin Richard-de-Bas (voir plus loin), et pour vous récompenser un apéro avec dégustation de fourme vous est offert. Le soir, on peut se requinquer autour d'une *pasta party* suivie d'un spectacle. Mais les épreuves de référence ont lieu le dimanche, avec quatre parcours (157 km, 111 km, 83 km ou 55 km).

Manifestations

– ***La Ronde des copains du monde :*** *pdt 1 sem en juil.* Folklore et défilés sur un thème différent chaque année (par exemple l'Afrique, Cuba ou la Tchétchénie). Prolongement très sympa de l'idée du livre de Jules Romains *Les Copains.*
– ***Rencontre internationale d'Art Singulier, « Aux Arts Citoyens » :*** *début juil à* ***Marsac-en-Livradois.*** *• art-singulier.org •* Exposition d'artistes vraiment originaux, conférences, débats et animations.
– ***Foires à la brocante :*** *les 14 juil et 15 août.*
– ***Les Fourmofolies :*** *le 1er w-e d'août des années impaires, en alternance avec la Foire du pays d'Ambert.* Festival de la fourme d'Ambert avec expos, concerts et artisans.
– ***Foire de la Saint-André :*** *le 1er jeu de déc.*

DANS LES ENVIRONS D'AMBERT

Le moulin Richard-de-Bas (musée historique du Papier) : *☎ 04-73-82-03-11. • richarddebas.fr • (musée et moulin). À 4 km à l'est par la D 996 et la D 57, direction Saint-Martin-des-Olmes. Tlj 9h30-12h30, 14h-18h ; en été, 9h30-*

19h ; dernière visite 1h avt la fermeture. Fermé 1er janv et 25 déc. Visite guidée : 6,90 € (6,50 € sur présentation de ce guide) ; réduc.
Incontournable. Le moulin, inscrit aux Monuments historiques, fonctionne depuis 1326. Avec la même mécanique de bois et les mêmes gestes ancestraux, il perpétue la tradition en utilisant les chiffons blancs usagés de lin et de coton (et non de cellulose). Une poignée d'artisans fabriquent encore 400 à 500 feuilles par jour. Le moulin abrite le musée du Papier, créé en 1943 par la famille toujours propriétaire du site, et rassemble tous les souvenirs de l'industrie papetière. Innombrables documents historiques, du matériel, des reconstitutions d'un appartement-témoin et des objets retraçant toute cette histoire qui a fait la richesse et la renommée de la région pendant des années. Vous saurez tout sur les techniques de fabrication, vous assisterez à la naissance d'une feuille de papier fabriquée à la main et séchée selon les techniques des maîtres papetiers du Moyen Âge. En été : inclusions florales dans la pâte à papier. Ce moulin permet de plonger dans l'univers passionnant des papetiers, de manière vivante. Et on trouve plein de beaux souvenirs à la boutique. Promenade dans le parc de la Combe-Basse : sentier des papetiers, atelier chinois... Initiation à la fabrication de papier à la main !

***Le musée de l'École 1900 :** à **Saint-Martin-des-Olmes.** ☎ 04-73-82-66-80. ♿ Avr-sept, tlj 9h-12h, 14h-19h (9h-19h de mi-juin à fin août) ; hors saison, tlj 14h-18h (10h-12h, 14h-18h w-e et vac scol). Entrée : 5 € ; réduc enfants (bien sûr !).*
Attention, musée ! Mais un vrai de vrai. D'ailleurs, le réalisateur du film *Joyeux Noël*, avec Gérard Jugnot, s'en est inspiré. Au total, ce sont plus de 8 000 objets qu'on découvre au gré de la visite guidée, disséminés dans cette authentique école fermée en 1989. Dans le hall, collection de jouets anciens (une petite partie d'osselets ?). À côté, une petite salle de classe du début du XXe s où l'on risque une punition à l'issue d'une séance d'écriture à la plume... Au 1er étage, grande salle de classe avec son poêle et de superbes cartes de France anciennes classées par thème. Dans la deuxième pièce, tout à trac, encriers, plumes d'écoliers, illustrations et, avant d'y entrer, émouvante exposition de vieux cartables au mur. Ça rappelle des souvenirs ! Salle de réfectoire joliment reconstituée. Au 2e étage, le logement de fonction d'une institutrice des années 1930, qui servait parfois de refuge aux enfants par mauvais temps. Au fond, derrière le volet coulissant, dernière surprise du musée... Ne partez pas sans jeter un œil au préau et au poulailler. Visite très ludique. Également un parcours balisé de 2 km autour du musée, le *chemin des écoliers*.

***Le parc zoologique du Bouy :** à **Champétières.** ☎ 04-73-82-13-29. • zoodubouy.fr • D'Ambert, prendre la D 906 vers Arlanc et bifurquer vers Saint-Ferréol par la D 56, puis suivre les panneaux. Vac scol de fév, tlj 13h-17h ; mars, tlj 10h-18h ; avr-août, tlj 10h-19h30 (avr 19h) ; sept-nov, mer et w-e 10h-17h. Fermeture des caisses 2h avt la fermeture du parc. Fermé déc-janv. Entrée : env 11 € ; réduc.*
Ce parc boisé de 40 ha présente une grande variété d'animaux traités avec les égards qui leur sont dus et suivis par de vrais spécialistes. Près de 400 animaux, dont une panthère noire, des zèbres, autruches, kangourous, bisons, singes, jaguars, lycaons et un large éventail d'espèces de loups... En été, également une miniferme et un spectacle de fauves (inclus dans le ticket d'entrée le plus cher), une aire de pique-nique, des jeux et un snack.

***La chapelle des Pénitents-Blancs :** à **Marsac-en-Livradois** (D 906). Infos et résas pour la visite : ☎ 04-73-95-60-08 (mairie). À env 7 km au sud d'Ambert. Pdt vac scol d'été, tlj 15h-19h ; le reste de l'année, sur rdv (10 pers min). Entrée : 2,50 € ; réduc groupes ; gratuit jusqu'à 12 ans.* Situé entre Arlanc et Ambert, le village de Marsac-en-Livradois abrite un surprenant musée. Plongez au cœur d'une époque révolue, celle des confréries de pénitents qui apparaissent au début du XVIIe s dans le Livradois et sont alors rattachées à l'archiconfrérie Notre-Dame du Gonfalon de Rome. Ces confréries ont pour mission d'assurer une assistance spirituelle et matérielle à leurs membres et aux habitants de la paroisse. Afin de maintenir égalité et anonymat dans leur pratique de la charité, les confrères revêtaient un costume de cérémonie qui les dissimulait entièrement. La chapelle offre une reconstitution de ces silhouettes fantomatiques qui frappent l'imaginaire. Notez aussi le chevet roman du XIe s, la généreuse collection de statues de christ, les falots (lanternes), les mystères en bois peint sculpté... Enfin, une reconstitution sonorisée d'une procession de pénitents vous fait revivre un jeudi saint dans les rues de Marsac du XVIIIe s. Avant de partir, n'oubliez pas de jeter un œil à l'église Saint-Jean-Baptiste du XVe s, située juste en face de la chapelle.

L'écomusée en Livradois : *rue du 8-Mai, à* ***Cunlhat.*** *☎ 04-73-72-20-87. • brigitte.laroye@wanadoo.fr • larochepointue.com • Entrée libre.* Brigitte Laroye, qui fait aussi chambre d'hôtes, a créé ce petit écomusée auvergnat il y a quelques années. À l'étage, le musée de la Brabannette, consacré aux outils de la terre.

Manifestation

– ***Fête de la Myrtille :*** *au col du Béal, le 15 août.* Authentique fête traditionnelle.

D'AMBERT À SAINT-ANTHÈME

Pour rejoindre Saint-Anthème, on a deux solutions : on peut prendre la D 996, très belle route directe pleine de beaux paysages, ou emprunter le chemin des écoliers par Valcivières et le col des Supeyres en suivant la D 67 puis la D 106. Pour l'anecdote, sachez que le hameau de Montgolfier, au sud de Valcivières, est le berceau de la famille éponyme qui inventa la montgolfière.

La jasserie du Coq Noir : *au lieu-dit* ***Le Grand-Genévrier,*** *col des Supeyres. ☎ 04-73-95-31-33 (office de tourisme de Viverols). Juil-août, tlj 12h-19h ; mai-juin et sept, slt le w-e. Entrée libre ; visite audioguidée : 4 € ; 7 € pour les spectacles (en été) ; repas env 14 € ; réduc enfants.*
Musée de l'Estive et de la Vie rurale, situé dans les Hautes Chaumes du Forez. Les Hautes Chaumes, c'est le pays des jasseries, l'équivalent des burons du Cantal, ces « fermes d'en haut » où la famille allait passer l'été. On y fabriquait surtout la fourme d'Ambert. De temps à autre, un colporteur montrait son nez, tentant de fourguer un bric-à-brac d'objets en tout genre, tissus, livres, images saintes et potions un peu magiques... Il apportait aussi avec lui des paroles bienvenues, réconfortantes, et parfois, malheureusement, de bien mauvaises nouvelles venues « d'en bas ».
La fourme, fromage de lait de vache à pâte persillée et veinée de bleu, était donc autrefois préparée en montagne dans les jasseries et moulée dans de hauts cylindres en métal, chaque cylindre étant emboîté dans deux moules en céramique, ou en bois pour les plus anciens. La meilleure fourme est naturellement fermière. Elle se présente sous une croûte tachetée de moisissures, et on la consomme de la fin de l'automne à mai.
Découverte gastronomique chaque midi d'ouverture (sur résa les jours non ouvrés), casse-croûte à toute heure, charcuterie, fourme fermière... Et en été, dîner-spectacle tous les vendredis soir.

SAINT-ANTHÈME (63660) 850 hab. *Carte Puy-de-Dôme, D3*

À l'extrême sud-est du département, cette petite station de sports d'hiver fait figure de rendez-vous pour les skieurs stéphanois et lyonnais. Quelques téléskis et près de 200 km de pistes de ski de fond balisées.

➢ ***Pour y aller :*** depuis Ambert, ligne de bus n° 14 ; depuis Monbrison, ligne n° 17. *Rens : ☎ 04-73-82-18-04.*

Adresse et infos utiles

ℹ ***Office de tourisme :*** *sur la place principale. ☎ 04-73-95-47-06. • valleee-de-lance.com • Juil-5 sept, ouv tlj ; hors saison et vac scol, mar-sam.*
– ***Marché :*** *les 2e et 4e mar du mois.*
– ***Festival Volcan du Montpeloux :*** *5 juil-25 août. • festival-volcan-montpeloux.over-blog.com •* Une scène installée dans un volcan ! Théâtre, musique, arts du cirque...
– ***Vide-grenier traditionnel :*** *le 15 août.*
– ***Foire de la Croix :*** *le 2e sam de sept.*

Où dormir ? Où manger dans les environs ?

De bon marché à prix moyens

🏠 🍽 ***Hôtel-restaurant Au Pont de Raffiny :*** *63660* ***Saint-Romain.*** *☎ 04-73-95-49-10. • hotel.pont.raffiny@wanadoo.fr • hotel-pont-raffiny.com • ♿ À 4 km, en direction de Saint-Romain. Resto fermé dim soir et lun hors saison. Congés : de janv à mi-mars. Doubles 50-58 € ; 2 chalets 4-6 pers 335-530 €/sem. Formule déj en sem 13,50 € ; menus 19-37 €. 📶 💻 Réduc de 10 % sur le prix de la chambre (sf juil-août) sur présentation de ce guide.* De la bonne hôtellerie traditionnelle : chambres classiques confortables, accueil sympathique et compétent, et cuisine régionale bien faite. En prime, le jardin avec piscine et la salle de remise en forme (sauna, jacuzzi). Une étape agréable.

🏠 🍽 ***Auberge du Creux de l'Oulette :*** *63660* ***La Chaulme.*** *☎ 04-73-95-41-16. • auberge.oulette@wanadoo.fr • auberge-creux-oulette.fr • ♿ Resto fermé mar soir et mer hors saison. Congés : de mi-nov à fin mars. Double 48 €. Menus 12 € (déj en sem), puis 16-34 €. 💻 Réduc de 10 % sur le prix de la chambre sur présentation de ce guide.* Hôtel de construction récente dans un petit village idéal pour quelques randonnées dans le coin. Le patron est d'ailleurs intarissable sur les possibilités de visite, et propose même si besoin des paniers pique-nique. C'est également un passionné de cuisine, et sa table lui vaut une bonne réputation. Chambres simples et classiques, et piscine pour se détendre entre 2 balades. Bon rapport qualité-prix-accueil.

🏠 🍽 ***Chambres d'hôtes chez Michèle et Yvan Col :*** *à* ***Saint-Yvoie.*** *☎ 04-73-95-44-63. • yvan.col@orange.fr • chez-michele-et-yvan.com • De Saint-Anthème par la D 996 en direction de Montbrison sur 4 km, puis tourner à gauche au fléchage « Fromages de chèvre ». Double 44 €. Table d'hôtes 15 €. 📶 Apéritif offert sur présentation de ce guide.* Dans l'ancienne grange de la ferme familiale, Michèle et Yvan ont aménagé 2 jolies chambres montagnardes adaptées aux familles. Bonne table d'hôtes le soir avec les produits de la ferme : charcuterie, légumes du jardin et... il faut aimer le fromage de chèvre ! Bien sûr, vous êtes cordialement invité à assister à la traite des chèvres. Salle de détente immense avec billard, baby-foot et coin lecture. Une adresse authentique qui fleure bon le terroir (et le foin dans les chambres !). D'ailleurs, elle fait partie du circuit de la route des Métiers.

🏠 🍽 ***Le Relais du Vermont :*** *col de Chemintrand, 63600* ***Baffie.*** *☎ 04-73-95-34-75. • auberge-vermont@wanadoo.fr • relaisduvermont.com • ♿ resto slt. Sur la D 205 entre Viverols et Baffie. Resto fermé lun (plus le soir mar-mer et dim hors saison). Congés : 20 déc-31 janv. Nuitée 38 €. ½ pens 53 €. Menus 13 € (déj en sem), puis 20-30 €. Chien non admis. 📶 💻 Café offert sur présentation de ce guide.* À 1 030 m d'altitude, en pleine nature, un peu en retrait de la route, un ancien relais de poste du XIXe s joliment arrangé en hôtel-restaurant par un jeune couple souriant et dynamique. Chambres plaisantes et lumineuses (idéales pour les randonneurs ou les familles avec ses lits simples et ses mezzanines), et agréable salle à manger de style rustique. Cuisine traditionnelle préparée avec des produits frais et bien mitonnée, avec truffade, omelette à la fourme et de beaux desserts. Très chaleureux, à l'image du salon cosy face à la cheminée.

DANS LES ENVIRONS DE SAINT-ANTHÈME

Par la D 261, gagner ***Viverols,*** qui possède quelques belles ruines d'un château du XIIIe s et de jolies maisons des Archers, de l'Intendant et du Bailly. Prendre ensuite la D 205, qui permet de rejoindre la D 38 pour se retrouver au sud du département, à Beurières.

BEURIÈRES (63220)

Église romane du XIIe s, agrandie aux XVe et XVIIe s de quatre chapelles latérales de style gothique avec des voûtes en arc brisé et des croisées d'ogives qui se rejoignent au fond de l'église. Fresques du XIXe s, telle la *Trinité,* face à l'entrée. Autres peintures découvertes lors de la restauration : le *Christ en gloire,* peinture du XIVe s, et le *Baptême du Christ,* qui date du XVIIe s. Beau plafond peint.

ARLANC (63220)

La petite bourgade du sud du département est un important carrefour routier.

Où dormir dans le coin ?

Chambres d'hôtes et camping du Moulin de Pacros : *Chadernolles, 63940* ***Marsac-en-Livradois.*** *☎ 04-73-95-65-53. • info@pacros.com • pacros.com • À 10 km au nord d'Arlanc par la D 38, via Beurières ; dans Chadernolles, tourner à gauche au niveau du petit pont. Congés : oct. Double 60 €. Gîte 5 pers 295-420 €/sem. Forfait 2 pers en camping env 16 €.* Agréable moulin restauré qui possède toujours son cours d'eau et sa roue. À l'arrière, petite aire de camping avec 2 douches. Dans la maison, très vaste, des chambres bien rénovées par le couple de proprios hollandais, dans un style moderne de bon goût. Belle pièce à vivre avec bar, cheminée et baby-foot. Piscine, pétanque, location de VTT, ping-pong. Bon accueil.

À voir

Belle ***église Saint-Pierre*** de style roman auvergnat remaniée au XVe s. Marché tous les lundis matin et Foire d'automne le 1er dimanche d'octobre.

Le jardin pour la Terre : *☎ 04-73-95-00-71. • arlanc.fr • 14 juil-24 août, tlj 14h-19h (avec visites guidées) ; 2 juin-13 juil et et 25 août-16 sept, tlj sf mer 14h-18h (visites guidées dim et j. fériés) ; hors saison, w-e et j. fériés 14h-18h. Animations enfants mar et jeu (été slt). Entrée : 6,50 € ; réduc. CB refusées.* Comme aurait dit Trenet, « c'est un jardin extraordinaire »... Planisphère géant de 6,5 ha exclusivement composé de 700 espèces et 2 000 variétés végétales, dont certaines sont très exotiques, tel le *kniphofia* d'Afrique du Sud, l'arbre aux mille écus, ou encore l'érable à sucre... Également un parc mycologique de mai à octobre avec 86 variétés (en plâtre !) et des panneaux explicatifs. Des espaces ludiques prolongent la visite, comme le jardin des expériences ou la salle des cartes. Visites animées par des personnages emblématiques (Marco Polo...). Du belvédère, vue d'ensemble.

Tout mignon petit ***musée de la Dentelle à la main :*** *☎ 04-73-95-00-03 (mairie). Juil-août, tlj 10h-12h30, 15h-18h ; mai-juin et sept, slt le w-e 15h-18h. Fermé 25 sept-30 avr. Entrée : 3 € ; réduc.* On y découvre des collections de dentelles anciennes, en lin, soie ou laine, du napperon aux parures de lingerie... Normal, Arlanc a longtemps été une ville phare pour la dentelle. Au XVIIe s, Louis XIII interdit la dentelle pour lutter contre le luxe de sa cour. Drame à Arlanc, où les dentellières supplient alors un père jésuite de faire annuler cette décision. En 1737, saint François Régis devenait leur saint patron pour avoir mené à bien cette délicate opération. La mécanisation a porté un coup à cette activité. Aujourd'hui, dans le musée, une dentellière travaille et maintient la tradition de cet artisanat local.

LA HAUTE-LOIRE

ABC
DE LA HAUTE-LOIRE

- *Superficie :* 4 977 km².
- *Population :* 223 100 hab.
- *Densité :* 45 hab./km².
- *Altitude moyenne :* 730 m.
- *Point culminant :* mont Mézenc, 1 753 m.
- *Préfecture :* Le Puy-en-Velay (18 800 hab.).
- *Sous-préfectures :* Brioude (6 700 hab.), Yssingeaux (6 900 hab.).

Pourquoi ce nom de « Haute-Loire » ? La Loire, fraîche, et dernier fleuve sauvage d'Europe, se trouve ici dans sa partie haute, très près de son lieu de naissance. Souvenez-vous de vos leçons de géographie ! Après avoir pris sa source au mont Gerbier-de-Jonc à 1 551 m en Ardèche (à 10 km près, elle naissait en Auvergne !), la jeune Loire parcourt une centaine de kilomètres dans ce département, sur les 1 012 km de son cours total. Ce n'est pour l'instant qu'une rivière fougueuse et incontrôlable, taillant la plus belle partie de sa route dans d'abruptes gorges rocheuses, véritable royaume pour les amateurs de sports d'eaux vives.

La Haute-Loire, comme il était écrit dans les livres de géographie, ou le « Midi de l'Auvergne », comme un homme de communication local eut l'idée de l'appeler un jour... Une idée lumineuse dans tous les sens du terme, qui lui a donné à ce jour une identité plus souriante. D'un coup, la couleur semble avoir pris du terrain sur la grisaille d'hier, ne serait-ce qu'à Brioude ou au Puy-en-Velay, la préfecture de ce département en quête d'image.

Un département à découvrir dans sa complexité, dès les premiers beaux jours, car le vert, mieux que le noir et le blanc, lui va si bien. Le Velay volcanique en sera certes toujours le noyau dur. Un peu de Margeride (Gévaudan) au sud, un beau morceau de Vivarais au sud-est (massif du Mézenc), un bout de Livradois-Forez du côté de La Chaise-Dieu, une bonne tranche d'Auvergne autour de Brioude. Ce mariage d'influences entre l'Auvergne et le Languedoc lui a finalement bien réussi, depuis sa création en tant que département, mais c'était, pour l'époque, un curieux métissage culturel. Aujourd'hui encore, un habitant de Brioude regarde vers Clermont-Ferrand, à qui une autoroute le relie désormais, alors qu'à Saugues on incline pour Montpellier, et à Yssingeaux ou à Saint-Bonnet-le-Froid pour Saint-Étienne ou Lyon.

Sachez qu'au pays des Alti-Ligériens (habitants de la Haute-Loire) la campagne se découvre surtout à pied grâce à son vaste réseau de randonnées, dont le célèbre GR 65 qui rejoint Saint-Jacques-de-Compostelle, ou, pour les plus fainéants, via les surprenantes et bucoliques lignes de trains touristiques qui longent les gorges de l'Allier, Pradelles ou le pays du Forez.
Mais la Haute-Loire, c'est bel et bien l'Auvergne, et plus précisément son « Midi » avec sa nature verdoyante, son ensoleillement, son relief, ses lumières. Curieusement, il y a de l'Italie dans l'air. Au Puy-en-Velay, certains jours d'été, on se croirait dans une petite Rome orientale, perchée sur de hauts plateaux basaltiques, sous un ciel bleu méditerranéen. Pas de doute : voici bien le côté ensoleillé du Massif central, aligné sur le même parallèle géographique que Valence et Bordeaux. C'est la touche latine de la Haute-Loire. Jules Romains, natif de Saint-Julien-Chapteuil, s'extasiait naguère devant des sites à la grâce « virgilienne ». Dans le Velay, les volcans, arrondis et apaisés, ne ressemblent pas au Stromboli ni au Vésuve, mais ils ont bien labouré le paysage. Partout ce ne sont que des pitons isolés, des cônes de scories, des « gardes » ou des « sucs ».
Dans un ancien cratère volcanique se niche un miroir liquide, tout rond, entouré de forêts sombres : le lac du Bouchet, au cœur des monts du Devès. Allons un peu plus vers le sud-est et montons. Voici le massif du Mézenc, toit du département et dernier rempart auvergnat avant la longue redescente vers les Cévennes, le Rhône et le Midi. Avec ses paysages de steppe rase ponctuée de pierrailles, les grands espaces du Mézenc évoquent l'Irlande. Au sud-ouest, voici la Margeride, sorte de Larzac bis, qui faisait partie du Gévaudan. Dans ces hautes terres granitiques, landes à genêts et forêts sombres ennoblissent le paysage, faisant la joie des randonneurs et des derniers bisons d'Europe. Plus au nord, au cœur du parc régional du Livradois-Forez, un vaisseau de pierre émerge des forêts de résineux : l'abbaye de La Chaise-Dieu, qui renvoie au monde entier les échos de ses prestigieux concerts d'été et la présence d'un riche patrimoine religieux dans cette région.

À TRAVERS LA HAUTE-LOIRE

Par son histoire volcanique, la Haute-Loire offre un contraste et une variété géologiques qui se retrouvent dans tout le département : reste d'une coulée de lave à Saint-Julien-d'Ance, ravin de Corbœuf à Rosières, aux allures de sierra Nevada, rocher de Prades ou orgues géologiques de Chilhac. On parle bien souvent ici de « sucs » (minivolcans), « necks » (pitons rocheux) ou autres « maars » (cratères circulaires dus à une éruption).
Plusieurs routes thématiques traversent le département et permettent de découvrir la région sous ses différents aspects : la route des Châteaux d'Auvergne, la voie de pèlerinage Via Podiensis vers Saint-Jacques-de-Compostelle (GR 65), les chemins de Stevenson, qui amorça son aventure à dos d'âne au départ du Monastier-sur-Gazeille. Pour plus de détails, voir plus bas « La Haute-Loire à pied, sac au dos ». Une route des Curiosités a par ailleurs été imaginée pour sortir des sentiers battus et découvrir les plus beaux villages, musées, artisans du département, et autres édifices religieux ou panoramas. Cartes disponibles dans les offices de tourisme.
Le département possède par ailleurs cinq versions de trains touristiques originaux qui vous mèneront aux beaux jours vers des lieux inaccessibles autrement : à flanc de gorge le long de l'Allier ; entre Ambert (Puy-de-Dôme) et La Chaise-Dieu par le parc du Livradois-Forez ; entre Estivareilles (dans la Loire) et Sembadel en passant par Craponne-sur-Arzon, dans le Haut-Forez ; par la ligne Velay-Lignon de Dunières à Saint-Agrève (Ardèche) ; et à Pradelles avec le curieux vélorail (train à bascule) à découvrir en famille.

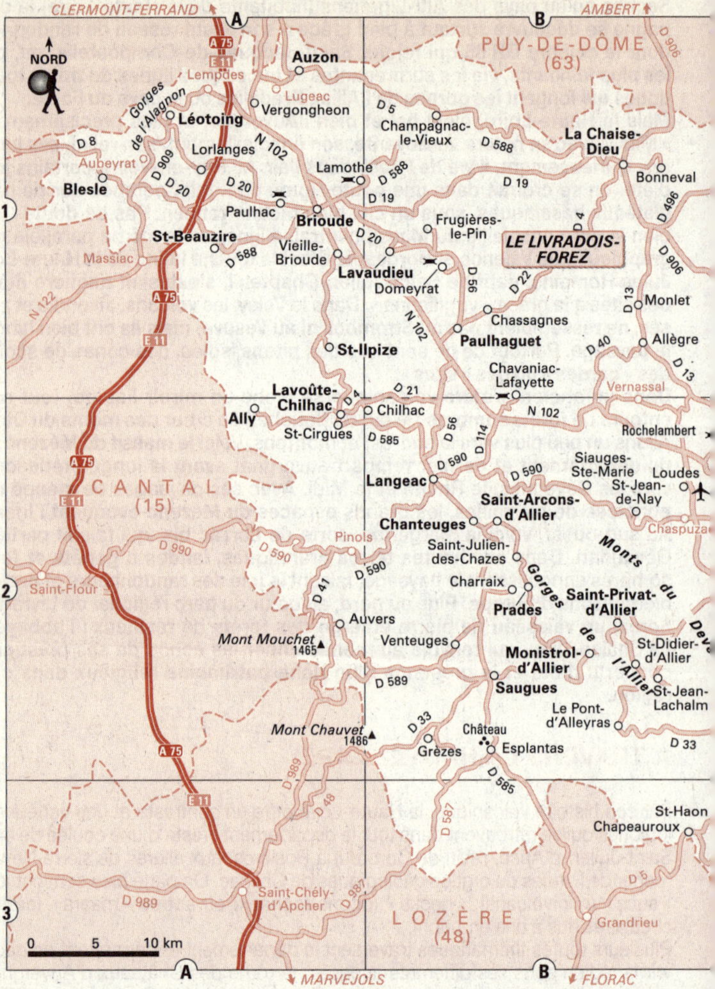

PATRIMOINE GOURMAND

Outre la lentille verte du Puy, connue de tous, qui possède l'enviée AOC, la Haute-Loire produit le fin gras du Mézenc (viande de bœuf parfumée très tendre, AOC également), de nombreux fromages (chèvre, brebis, vache aux artisons – nom de ces acariens qui sculptent la croûte des fromages), la verveine du Velay de chez *Pagès* (liqueur à la recette tenue secrète), du pain de seigle à l'ancienne « Lou Seiglou », issu des champs de Haute-Loire, du miel, des fruits rouges en saison, ou encore la Vellavia, la bière blonde du Velay. L'ensemble de ces produits est d'ailleurs mis en avant dans la quinzaine de tables répondant au label Auberge

LA HAUTE-LOIRE

de pays d'Auvergne, que l'on peut rencontrer à travers toute la région. ● *auberge-pays-auvergne.com* ●

Adresses utiles

ℹ ***Mission départementale du développement touristique de la Haute-Loire :*** *hôtel du département, 1, pl. Monseigneur-de-Galard, BP 332, 43012* ***Le Puy-en-Velay*** *Cedex.* ☎ *04-71-07-41-54.* ● *respirando.fr* ● Accueil téléphonique charmant et généreuses brochures – à retirer sur place ou à recevoir sur demande – sur les hébergements, les loisirs (randonnées, eaux vives, VTT, équitation, curiosités...) et la culture (musées, sites historiques, festivals, marchés, fêtes...) en Haute-Loire.

■ ***Service Loisirs-Accueil :*** *☎ 04-71-07-41-65.* • *contact@auvergnevacances.com* • *auvergnevacances.com* • Informations et réservations pour toutes les formes d'hébergement. Également proposés, des week-ends et séjours culturels ou actifs (randonnées, eaux vives...).

■ ***Maison de la randonnée « La Croisée des Chemins » :*** *21, rue du Collège, 43000* ***Le Puy-en-Velay.*** *☎ 04-71-04-15-95.* • *lacroiseedeschemins.com* • *Avr-sept, lun-sam 9h-12h, 14h-19h ; oct-mars, lun-sam 9h-12h, 13h-18h.* Infos très complètes sur la randonnée en Haute-Loire sous toutes ses formes : à pied (FFRP), à cheval, à vélo (VTT et cyclo), et même à dos d'âne ! Liste des gîtes d'étape, topoguides et conseils malins à disposition.

Festivals en Haute-Loire

Plus d'une quinzaine de grands festivals se tiennent chaque année en Haute-Loire. Brochure gratuite disponible auprès de la Mission départementale du développement touristique de la Haute-Loire (voir « Adresses utiles » ci-dessus) ou auprès des offices de tourisme.

– ***En juillet :*** les Musicales et Interfolk au Puy-en-Velay, les Théâtrales du Velay à Arlempdes, et le festival de Musique country à Craponne-sur-Arzon.

– ***En août :*** le festival de Musique des cuivres au Monastier-sur-Gazeille, les Rencontres contemporaines de Saint-Privat-d'Allier (autour de l'art contemporain, de la peinture à la musique), et le fameux festival de La Chaise-Dieu (musique classique).

– ***En septembre :*** le festival du Rire à Yssingeaux, et les fêtes Renaissance du Roi de l'Oiseau au Puy-en-Velay.

La Haute-Loire à pied, sac au dos

Ce département de randonnées présente près de 500 circuits pédestres tous niveaux et 10 circuits de grande randonnée pour tous, sur de bons chemins, avec vue imprenable sur la nature préservée et des paysages étonnants. Renseignements auprès de la Maison de la randonnée « La Croisée des Chemins » au Puy-en-Velay (voir « Adresses utiles » plus haut). Topoguides payants, complets et bien détaillés, sur ces circuits auprès des offices de tourisme et de La Croisée de Chemins.

➢ ***Le chemin de Stevenson (GR 70) :*** du Puy-en-Velay à Saint-Jean-du-Gard par le mont Lozère. Itinéraire de 252 km, sur les pas du célèbre écrivain voyageur, auteur de *L'Île au trésor* et du savoureux *Voyage avec un âne dans les Cévennes.* Stevenson partit du Monastier-sur-Gazeille (pour plus de détails, voir « Le Monastier-sur-Gazeille ») avec son ânesse Modestine... C'était en 1878...

➢ ***Le chemin de Saint-Jacques-de-Compostelle (GR 65) :*** itinéraire « historique » et de référence pour ses paysages et monuments, empruntant les vieux chemins (la « Via Podiensis ») fréquentés par d'innombrables pèlerins depuis le XIIe s. Au départ du Puy-en-Velay, il passe par le plateau du Devès, les gorges de l'Allier, le pays de Gévaudan pour poursuivre vers la Lozère et rejoindre Conques (Aveyron). Plusieurs topoguides.

➢ ***Gorges de la Loire sauvage – Chemins de TER (GR 3) :*** plus de 200 km de chemins balisés dans les gorges de la Loire entre Aurec-sur-Loire et Le Puy-en-Velay, passant par les gares situées dans les gorges. Ainsi, le randonneur aura à sa disposition un grand choix de randonnées de durées variables, une balade d'une journée avec retour en train ou bien une boucle de 4 jours ou encore un séjour de 9 jours pour parcourir l'ensemble du trajet.

➢ ***Le chemin de Régordane (GR 700) :*** du Puy-en-Velay à Saint-Gilles-du-Gard, des retrouvailles attendues avec un chemin qui a vu passer les paladins de Charlemagne, de Saint Louis, les convois de muletiers, les dragons de Villars... Le chemin de Saint-Gilles fut un des plus importants pèlerinages de la chrétienté au Moyen Âge.

➢ ***Le tour du Velay (GR 40) :*** boucle de 160 km à travers les volcans et sucs du Midi de l'Auvergne (entre 600 et 1 600 m d'altitude). Paysages remarquables et découverte de vieux villages pittoresques et paisibles.

➢ ***Le chemin de Saint-Régis (GR 430) :*** de fontaines miraculeuses en croix ou vitraux, statues et bas-reliefs, vous suivrez les traces du saint patron des dentellières sur cette boucle de 193 km entre Le Puy-en-Velay et La Louvesc en Ardèche (9 jours).

➢ ***Le sentier de la Loire (GR 3) :*** traversée du département tout en longeant le fleuve sauvage et une nature omniprésente. On croisera les premiers châteaux de la Loire pour rejoindre sa source, en Ardèche, au mont Gerbier-de-Jonc. Compter 6 jours.

➢ ***Le circuit Robe de bure et Cotte de mailles :*** sur les pas des moines de La Chaise-Dieu, en passant par l'abbaye de Lavaudieu, les châteaux des grands seigneurs du Moyen Âge ou de La Fayette, une boucle de 163 km (9 jours) au départ de Langeac. Sites célèbres se dévoilant tour à tour dans une nature enchanteresse.

➢ ***Le tour du massif du Mézenc-Gerbier (GR de pays) :*** une boucle principale de 110 km et une diagonale intérieure de 34 km. Illustration parfaite de ce qu'est le volcanisme du Massif central, et un grand livre ouvert sur les habitats et paysages exceptionnels de ces hauts plateaux. Compter 2 à 5 jours.

➢ ***La vallée et les gorges de l'Allier :*** au départ de Brioude, un itinéraire splendide remontant l'Allier jusqu'à sa source (200 km en 11 jours). Villages perchés, abbayes antiques et points de vue fabuleux sur cette rivière sauvage où le saumon refait son apparition...

➢ ***Du Pilat aux Cévennes (GR 7) :*** 300 km depuis la Loire jusqu'au Gard tout en longeant la partie est de la Haute-Loire : Saint-Bonnet-le-Froid, petite ville de grande gastronomie ; Fay-sur-Lignon, pays protestant ; le Mézenc et la Lozère, avec le parc national des Cévennes.

Sports en Haute-Loire

La Haute-Loire se découvre en extérieur. À ce sujet, le département présente de nombreuses activités sportives en plein air.

– Pour les ***cyclistes,*** du VTT au cyclotourisme, plus de 2 000 km d'itinéraires balisés sont proposés (avec topoguides) en Brivadois, entre Loire et Allier, sur le plateau de La Chaise-Dieu, autour de Chomelix, en Velay, près du barrage de Lavalette... De nombreuses courses sont aussi organisées.

– Les ***cavaliers*** trouveront leur bonheur auprès de la trentaine de centres équestres du département. Fiches et cartes disponibles auprès du *Comité départemental de tourisme équestre* (☎ 04-71-08-08-81. ● annuaire-equestre.com ●).

– En rivière, barrage ou lac, les ***pêcheurs*** seront à bonne école avec plusieurs centaines de kilomètres de cours d'eau pour pêcher la carpe, la truite fario, le brochet ou le sandre. Et pour les plus aventureux et ***amateurs d'eaux vives,*** c'est dans les gorges de l'Allier ou sur les courants de la jeune Loire que vous trouverez des parcours adaptés à tous les niveaux : raft, canoë, kayak, voile.

– Avec une altitude dépassant les 1 000 m, la station des Estables contentera les ***skieurs*** alpins comme les fondistes, qui trouveront aussi d'autres installations dans le Meygal, près de Saint-Julien-Chapteuil.

LE PUY-EN-VELAY ET LE PAYS AUX ALENTOURS

LE PUY-EN-VELAY (43000) 18 800 hab. *Carte Haute-Loire, C2*

◗ Pour le plan du Puy-en-Velay, se reporter au cahier couleur.

Au commencement, les volcans auvergnats crachèrent leur magma incandescent sur le Velay. Une fois ce haut plateau de basalte refroidi, les hommes coiffèrent les pitons naturels de monuments religieux : ici une chapelle, là une cathédrale, plus loin une grande statue de la Vierge. L'image du Puy-en-Velay, ville sainte, fut ainsi campée pour des siècles. Ces monts volcaniques ont été « sacralisés » à force de prières et de pèlerinages millénaires, et ils donnent encore aujourd'hui une lumière particulière à cette ville.

Perchée à 630 m d'altitude (attention, ça grimpe un peu !), cette préfecture à visage humain est un point de chute idéal pour qui veut rayonner en Haute-Loire ou dans la région. Le charme et le secret de cette cité résident avant tout dans son naturel : pas d'esbroufe, un patrimoine certain, une ville dynamique et un accueil amical aux airs du Midi, avec ses quelques platanes et fontaines rafraîchissantes dans le centre, et des terrasses pour se prélasser dès le printemps. Les ruelles sont nombreuses, leurs maisons rapprochées, les volets et les murs colorés, la vie nocturne et les nuits souvent chaudes en été, particulièrement au moment des fêtes du Roi de l'Oiseau. On a du mal à l'imaginer, mais Le Puy-en-Velay est la première ville de France pour les randonneurs de Saint-Jacques : quelque 30 000 personnes partent de la cathédrale, avec une pointe en avril, mai et septembre.

Malgré l'altitude, l'hiver n'est pas violent ici. Seuls le vent et des températures de saison rappellent parfois que les montagnes ne sont pas loin. Pour la petite histoire, son nom ne vient pas du mot « puits », mais de *podio* qui, en latin, signifie « élévation ».

L'ÉVEIL TOUS LES SOIRS !

Savez-vous que les Ponots (les habitants du Puy-en-Velay) sont de gros... lecteurs de journaux ? Ils le prouvent avec un nombre important de points de presse. Effectivement, cas unique en France pour une ville de cette taille, un journal quotidien est rédigé et entièrement fabriqué ici : L'Éveil. Il sort le soir, et pour rien au monde les Ponots, respectant la tradition, n'en manqueraient la lecture.

UN PEU D'HISTOIRE

À l'origine était le mont Anis, noyau primitif de la ville. Ce suc volcanique est l'un de ces hauts pitons de lave qui hérissent l'ensemble du plateau du Velay et qui font le charme de la vieille cité. Au sommet se dresse la cathédrale, emblème du Puy-en-Velay. Là, il y aurait eu un premier culte païen, dont la pierre des Fièvres serait un reste de dolmen celtique. Au Ve s, l'évêché, installé jusque-là à Saint-Paulien, se fixe au Puy-en-Velay. Ainsi débute l'aventure religieuse de la ville.

Le chemin de Saint-Jacques-de-Compostelle

Au Moyen Âge, Le Puy découvre des horizons inconnus et un nouveau type d'homme : le pèlerin. Reconnaissable à son chapeau ou à son bâton, il aime y accrocher des coquilles Saint-Jacques ! Routard à faible budget, il voyage toujours sac au dos, dort et mange n'importe où mais ne vagabonde pas, car il a un but précis à atteindre : la ville de Saint-Jacques-de-Compostelle, en Espagne, qu'il rejoindra par la Via Podiensis au terme d'un long voyage.
Avant l'an 1000, l'évêque Gothescalk se lance dans l'aventure et inaugure lui-même cet itinéraire spirituel. En récompense, les pèlerins se voient remis d'une partie de leurs péchés, le principe des indulgences en somme (d'ailleurs, Luther demandera l'arrêt de tous les pèlerinages). La première liaison pédestre Le Puy-Santiago établie, l'évêque marcheur rentre au bercail où il fait construire la chapelle Saint-Michel, au sommet d'un piton volcanique en forme d'aiguille, en 962.
Mais l'an 1000 approche, et les Ponots, comme des millions d'Européens, craignent le pire des cataclysmes. Or au Moyen Âge, on voit des signes et des mauvais présages partout. Une foule de pèlerins agglutinés dans la cathédrale prie avec ardeur en attendant les trompettes de l'Apocalypse... mais celle-ci n'arrivera jamais ! Devant ce miracle, l'Église décide d'instaurer un jubilé les années où le vendredi saint tombe le jour de l'Annonciation, soit deux ou trois fois par siècle. Le dernier jubilé a eu lieu en 2005, et le prochain sera en 2016, dernière date du XXIe s où cette coïncidence se produira.
Dès la fin du XIe s, la renommée du Puy-en-Velay s'étend presque partout en Occident chrétien. La ville rassemble alors des foules de pèlerins de France et du reste de l'Europe, dont les dénommés « jacquaires » qui, on l'avait compris, empruntaient les chemins menant à Saint-Jacques-de-Compostelle. Au passage, ces « marcheurs de Dieu » ne manquent pas d'aller implorer la Vierge noire, une statue étrangement populaire, détruite en 1794 et remplacée, mais dont l'origine reste encore un mystère. Elle aurait été offerte, si l'on en croit la petite histoire, par Saint Louis en personne à la ville du Puy-en-Velay.

Souvenirs d'un voyage en Orient

Reliée à l'ouest avec l'Espagne mauresque dont on peut lire l'influence islamique dans l'architecture de la cathédrale, la ville va maintenant s'ouvrir à l'Est et à l'Orient. En novembre 1095, le pape Urbain II lance depuis Clermont-Ferrand la première croisade. L'évêque du Puy, Adhemar de Monteil, en est le chef spirituel. Du coup, près de 600 chevaliers de la noblesse du Velay suivent ce prélat emblématique.
Leur voyage se terminera à Jérusalem dans l'enfer d'un abominable bain de sang. Beaucoup mourront dans les combats, ou victimes de maladies, quelques-uns resteront en Terre sainte, et une trentaine d'entre eux seulement reviendront vivants au pays.

Chouchoutée des papes et des rois de France

De 1095 à 1165, six papes viennent au Puy-en-Velay. L'évêque de la ville, chose unique en France, dépend directement du pape. Les têtes couronnées aussi chouchoutent la cité vellave, désignée comme « l'une des 40 bonnes villes du roi de France ». De Charlemagne en 772 à François Ier en 1533, 14 rois font le voyage jusqu'au Puy-en-Velay.

LA TRÊVE DE DIEU

En 989, au concile de Charroux (Poitou), les évêques interdirent la guerre, du mercredi soir au lundi matin et pendant les jours de fêtes (environ 80 !). Ce mouvement oublié sera, pendant trois siècles, bien plus efficace que l'ONU. Le bellicisme des seigneurs était, au Moyen Âge, catastrophique dans les campagnes.

Ville ultra-catholique, elle sert de base aux expéditions contre les cathares, résiste aux protestants, affiche son conservatisme de pensée en interdisant au roi Henri IV d'y entrer, jusqu'en 1595. C'est l'une des dernières villes du royaume à reconnaître son accession au trône.
Arrivent la Renaissance et l'âge d'or du Puy. Les 60 plus belles maisons de la vieille ville datent d'ailleurs de cette époque. Beaucoup sont des hôtels particuliers, parfois dignes du Marais parisien. Ces petits palais serrés autour de la cathédrale servaient de résidence aux évêques, mais aussi à la noblesse locale. Habituellement installés dans des châteaux du Velay, les nobles locaux résidaient dans la haute ville quand ils assistaient à une assemblée politique, manifestation ou fête religieuse importante.

LA LENTILLE VERTE DU PUY ET LE PAVÉ DE PANNESSAC

De renommée mondiale, la ***lentille verte du Puy*** possède la particularité d'être très petite... mais grande par ses qualités nutritives. Craquante, fondante et bien présente dans les menus des tables de la région, la lentille est recommandée par les diététiciens pour sa richesse en acides aminés, glucides, minéraux, fibres, magnésium, fer, vitamine B. Tout ce qu'il faut pour la forme et pour la ligne !
Connue et consommée dans le monde méditerranéen depuis l'aube des temps, la lentille est citée jusque dans la Bible (Esaü céda son droit d'aînesse à son frère Jacob contre un plat de lentilles). Après avoir traversé les mers et conquis les terres volcaniques, puis longtemps été boudée, elle fut considérée comme un produit de seconde zone, réservé au bas de l'échelle sociale. Dans le Velay, avant la Révolution, elle portait le joli nom d'*Anicia.* Elle fut si populaire qu'elle servait même de redevance en nature pour les métayers et de monnaie d'échange.

DES VERTES ET DES PAS MÛRES

Dame Lentille grandit dans les champs, où ses plants donnent des fleurs d'un blanc bleuâtre et des feuilles vrillées et enlacées. Sa gousse est fine, délicate, avec une couleur bleu sombre virant au vert avec le temps. Légume caméléon, elle prend les teintes de sa terre d'élection, plutôt mauve en sol volcanique, son sol préféré, virant au blanc en sol granitique ou calcaire. Capricieuse, elle ne pousse vraiment bien que sur des terres issues du magma des volcans, sur des scories, et donc en Velay !

Après une longue période d'oubli pendant laquelle elle faillit disparaître du Velay, la lentille renaît, grâce à l'obstination de ses défenseurs et à l'obtention, en 1996, d'une appellation d'origine contrôlée (AOC), au même titre que la noix de Grenoble ou les olives de Nyons. Voilà donc le seul légume sec AOC de France. La zone d'appellation est limitée à une centaine de communes autour du Puy-en-Velay. Elle garantit à un grand nombre d'agriculteurs un nouveau débouché.
Autre spécialité à déguster en ville, le ***pavé de Pannessac,*** en hommage aux pavés de la rue piétonne du même nom dont deux pâtissiers ont élaboré la recette : meringue avec ganache au chocolat, le tout enrobé d'une couverture au chocolat au lait, ou bien ganache et couverture à la verveine.

LES FÊTES DU ROI DE L'OISEAU

Chaque année, mi-septembre, Le Puy-en-Velay retourne à l'époque de la Renaissance. Des milliers de personnes costumées se fondent dans la fête la plus populaire de l'année.
On assiste alors à un prodigieux voyage dans le temps, au cœur d'une ville transformée en une sorte d'immense décor de cinéma. Les boutiques, tavernes, places

sont décorées comme autrefois, et nombreuses sont les animations. Des musiciens agitent leurs crécelles, frappent leurs tambours, d'élégantes jouvencelles en chapeau aiguille sourient à leurs damoiseaux pendant que de rudes chevaliers déambulent dans leur cotte de mailles. En clôture, un concours d'archerie est organisé pour sacrer, le temps d'une année, le Roi de l'Oiseau. Instauré par Charles V pour détourner la jeunesse du jeu et de la boisson, le tir de l'oiseau (dit le « Papagaï ») était une coutume très répandue. Le vainqueur recevait les clés de la ville, était exempté d'impôts, avait le droit de porter l'épée, mais, en échange, il devait abreuver et donner collation au public. Abandonnée à la Révolution, cette fête n'a été relancée qu'en 1986. Tout y est fidèlement reconstitué, sauf l'oiseau qui sert de cible aux archers : il est en paille ! Renseignements sur ● *roideloiseau.com* ●

Adresses et infos utiles

@ *Office de tourisme* *(plan couleur B2)* **:** *2, pl. du Clauzel. ☎ 04-71-09-38-41. ● info@ot-lepuyenvelay.fr ● ot-lepuyenvelay.fr ● Pâques-fin sept, tlj 8h30-12h, 13h30-18h15 (8h30-19h juil-août) ; le reste de l'année, lun-sam et le mat des dim et j. fériés.* Plan et guide pratique de la ville gratuits. Toutes les infos sur l'hébergement, les monuments, les musées, les festivals (billetterie).

■ ***Maison de la randonnée « La Croisée des Chemins »*** *(plan couleur B2,* ***2****)* **:** *voir « Adresses utiles » au début du chapitre « La Haute-Loire ».*

■ ***Service des pèlerinages*** *(plan couleur B1,* ***3****)* **:** *2, rue de la Manécanterie. ☎ 04-71-09-79-77.* Ville sanctuaire de France (avec Chartres, Lourdes, Le Mont-Saint-Michel...), Le Puy-en-Velay possède un organisme spécifique pour l'accueil des pèlerinages.

@ ***Internet*** **:** plusieurs accès Internet disséminés dans toute la ville. Se renseigner auprès de l'office de tourisme, qui propose d'ailleurs un point d'accès gratuit.

■ ***Compagnie Hex'Air*** **:** *à l'aéroport du Puy-en-Velay-Loudes (à 12 km du centre-ville). ☎ 04-71-08-62-28. ● hexair.com ● Ouv lun-ven (sf août).* 2 allers-retours/j. entre Paris-Orly Sud et Le Puy-en-Velay.

■ ***Les taxis du Puy-en-Velay*** **:** *pl. du Breuil. ☎ 04-71-05-42-43.* Organise aussi des parcours de découverte de la ville et de ses environs (45 mn).

– ***Marché*** *(plan couleur A2)* **:** *pl. du Plot, et dans les rues alentour, le sam mat.* Impressionnant marché qui suit les saisons, où toute la ville se retrouve autour des produits de la ferme et de la cueillette.

Où dormir ?

En ville

Très bon marché

Auberge de jeunesse *(plan couleur B1,* ***10****)* **:** *centre Pierre-Cardinal, 9, rue Jules-Vallès. ☎ 04-71-05-52-40. ● auberge.jeunesse@mairie-le-puy-en-velay.fr ● Avr-sept, accueil lun-sam 14h-23h30, dim et j. fériés 18h-21h ; le reste de l'année, fermé dim, j. fériés et vac de Noël. Résa conseillée en juil. Nuitée 15,50 €/pers (draps inclus) ; petit déj 4 €. Sf si l'on est titulaire d'une carte de randonneur, la carte de la FUAJ est obligatoire.* Auberge installée sur les hauteurs de la vieille ville, dans un ancien couvent rénové et très calme. Cadre spartiate mais propre, avec 72 lits en dortoirs de 20 places ou chambres de 4 lits, avec sanitaires sur le palier. Petite cuisine à disposition.

Bon marché

Hôtel Le Régional *(plan couleur B2,* ***11****)* **:** *36, bd du Maréchal-Fayolle. ☎ 04-71-09-37-74. 06-85-27-73-77. Double 30 € avec douche et w-c ; également 1 chambre 4 pers 37 €. Apéritif offert sur présentation de ce guide.* Petit hôtel du centre-ville. La déco reste modeste, mais les chambres sont propres et équipées d'une télé. Une adresse économique pour randonneurs ou routards à petit budget.

Prix moyens

Chambres d'hôtes Agapi – La Voie du Thé (plan couleur A2, **13**) : *chez Mme Taillebot, 1, rue Saint-Gilles. ☎ 04-71-05-74-85. • contact@maisonagapi.com • maisonagapi.com • Congés : 1re sem de janv. Double 65 € (réduc pour plusieurs nuits).* À la croisée des chemins des pèlerins autant que des gourmands, cette jolie petite maison d'angle fera le bonheur de ceux qui aiment les lieux cocooning. Les jours de marché, malgré l'isolation, vous risquez de vous lever tôt. Veinards ! Bons petits déj et goûters au salon de thé, juste en dessous des chambres.

Hôtel Saint-Jacques (plan couleur B2, **14**) : *7, pl. Cadelade. ☎ 04-71-07-20-40. • hotel-saint-jacques@wanadoo.fr • hotel-saint-jacques.com • (1 chambre). Réception 24h/24, sf dim et j. fériés hors saison. Congés : janv-15 fév. Selon confort et saison, doubles 59-70 € ; familiales 85-130 €. Garage payant.* Sur une placette calme dans le centre-ville, petit hôtel familial entièrement refait à neuf proposant d'agréables chambres à la déco au goût du jour (tons chocolat ou ocre, ciel de lit, salle de bains moderne...). Les familiales, très recherchées, sont particulièrement réussies. En prime, un accueil méditerranéen des plus chaleureux.

Dyke Hôtel (plan couleur B2, **15**) : *37, bd du Maréchal-Fayolle. ☎ 04-71-09-05-30. • dyke.hotel@wanadoo.fr • dykehotel.fr • Fermé 20 déc-6 janv. Doubles 48-59 € selon saison et confort. Garage payant.* En plein cœur de la ville, le *Dyke* présente les mêmes avantages qu'un hôtel de chaîne, sans les inconvénients. Les chambres refaites, insonorisées, se ressemblent, même si les tailles varient, et toutes sont décorées avec soin, équipées d'une salle de bains lumineuse. Accueil agréable. Au rez-de-chaussée, il y a un bar où l'on prend aussi le petit déj. Pourquoi *Dyke* ? C'est le surnom donné au XIXe s à l'un des fameux « pains de sucre » minéraux qui donnent tout son charme et son caractère au Puy-en-Velay.

Hôtel Le Bristol (hors plan couleur par B2, **16**) : *7, av. Foch. ☎ 04-71-09-13-38. • info@hotelbristol-lepuy.com • hotelbristol-lepuy.com • Resto fermé sam midi (et dim en basse saison). Doubles tt confort 79-88 € ; ½ pens 58 € (à partir de 3 nuits). Formules et menus 9,80-14,80 € (déj en sem), puis 18,20-31 €. Parking payant (5 €).* Un hôtel de 37 chambres. Choisissez celles côté jardin, très calmes, plutôt que celles donnant sur l'avenue. Bar cosy, décoré dans le style années 1930. Les chambres sont fonctionnelles (téléphone, TV), la plupart avec balcon. Spa, sauna. Possibilité de dîner dans la partie restaurant *(L'Orangerie)* et en terrasse dans le jardin fleuri aux beaux jours.

Chic

Hôtel Le Régina (plan couleur B2, **17**) : *34, bd du Maréchal-Fayolle. ☎ 04-71-09-14-71. • contact@hotelregina.com • hotelrestregina.com • Doubles et suites 65-123 € selon confort. Formule 18,80 € (en sem) ; menus 24,90 € (en sem), puis 29,90-37,90 €. Parking payant. Apéritif offert sur présentation de ce guide.* Au pied de la vieille ville, une belle bâtisse ancienne et chaleureuse, une des institutions du Puy. Un 3-étoiles aux prix raisonnables, pour un niveau de confort et une qualité de service impeccables. Accueil souriant. Les chambres donnent sur la rue ou sur l'arrière (plus calme). Au rez-de-chaussée, le restaurant régale ses habitués de recettes régionales relevées d'une pointe d'originalité.

Hôtel du Parc (plan couleur A3, **18**) : *4, av. Clément-Charbonnier. ☎ 04-71-02-40-40. • contact@francoisgagnaire.com • hotel-du-parc-le-puy.com • Doubles 77-114 € ; suites 140-209 €.* Face au jardin Henri-Vinay, proche du quartier historique et de la place du Breuil, un hôtel moderne et discret, joliment rénové dans des tons mode qui vous remonteront le moral. Les chambres sont confortables, suffisamment spacieuses et à des prix raisonnables pour la qualité des prestations. Un lieu cocooning pour découvrir l'autre visage du Puy-en-Velay à travers une cuisine raffinée de renom, au *Res-*

taurant François Gagnaire (voir plus loin « Où manger ? De chic à très chic »).

À la sortie de la ville

Camping

⛺ ***Camping de Bouthezard*** *(hors plan couleur par A1,* ***19****) : chemin de Bouthezard, à* ***Aiguilhe.*** ☎ *04-71-09-55-09.* • *camping-bouthezard-43.com* • ♿ *Au pied du rocher Saint-Michel-d'Aiguilhe, sur les bords de la Borne. Ouv de mi-mars à fin oct. Forfait 2 pers env 11,40 €. CB refusées. Réduc de 10 % sur le prix de la nuitée sur présentation de ce guide.* Très bien situé. Environ 85 emplacements ombragés, calmes et spacieux. Belle vue sur la ville et le rocher Saint-Michel. Terrains de sport à proximité.

De prix moyens à chic

🏠 ***Hôtel L'Ermitage*** *(hors plan couleur par A1,* ***20****) : 73, av. de l'Ermitage, 43000* ***Espaly-Saint-Marcel.*** ☎ *04-71-07-05-05.* • *contact@hotelermitage.com* • *hotelermitage.com* • ♿ *À 3 km du centre-ville, en montant par la route de Clermont-Ferrand. Congés : janv-fév. Chambres avec douche et w-c ou bains 60-80 €. Parking privé gratuit.* Situé en bord de route, cet hôtel offre, depuis sa terrasse, une vue panoramique imprenable sur la vallée (mais la ville du Puy est cachée par un rocher). Une vingtaine de chambres confortables et bien équipées, spacieuses et parfaitement tenues, toutes avec balcon. Celles du rez-de-chaussée sont relookées dans un style moderne, mais notre préférence va à l'une des 6 chambres à l'étage, avec un plus grand balcon offrant une belle vue. Une agréable étape, un brin excentrée. Resto chic juste à côté, indépendant de l'hôtel.

🏠 ***Chambres d'hôtes La Maison des Chartreux*** *(hors plan couleur par B2,* ***21****) : chez Mme Villetelle, 6, rue Saint-Vosy, 43700* ***Brives-Charensac.*** ☎ *04-71-02-18-11.* • *maisondeschartreux@free.fr* • *maisondeschartreux.fr* • *À 3 km du centre du Puy-en-Velay, dans une zone commerciale pas très reluisante ; par la N 88, puis la 1re à gauche après le rond-point de la chartreuse. Doubles 49-55 € selon la saison.* Ancienne résidence de moines chartreux au XVIIe s, classée Monument historique. On peut encore voir dans cette maison les niches dont se servaient les moines de cet ordre très strict pour se passer les plats et les bougies. Les 4 chambres, confortables et bien équipées, ont l'avantage de ne pas être très chères pour la qualité du cadre. Grand parc ombragé. Belle piscine en plein air, billard et ping-pong.

Où manger ?

De bon marché à prix moyens

|●| ***Le Chamarlenc*** *(plan couleur A1-2,* ***30****) : 19, rue Raphaël.* ☎ *04-71-02-17-72.* • *lechamarlenc@gmail.com* • ♿ *Dans la vieille ville, non loin de la cathédrale. Ouv tlj sf dim, plus le soir lun-mer en basse saison. Formules 14-28 € ; carte env 18 €.* Un petit resto très sympathique, installé dans une vieille maison du XVIIe s, mais qui ne paie pas de mine, abrité derrière ses petits carreaux. Poussez la porte. Bois clair, lumières douces et tables suffisamment espacées. Cuisine maligne, fraîche et naturelle. Un seul plat chaud, une « mijotée », 2 entrées et des desserts frais, au choix, le midi. Bon choix de vins de pays comme le badoulin, à prix doux. Fait également goûter. Terrasse en été.

|●| ***Brasserie Les Archers*** *(plan couleur A2,* ***31****) : 4, rue Julien (pl. du Marché-Couvert).* ☎ *04-71-02-45-62.* ♿ *À côté des Halles, une institution. Fermé sam soir, dim, lun soir et j. fériés en hte saison, plus mar soir en basse saison. Congés : vac de fév et de Toussaint. Menus 13,50 € (midi en sem)-22 €.* Une vraie brasserie, où les anciens lèvent encore le coude le matin, les jours de marché notamment, et qui rajeunit au fil des heures. Elle est envahie par les habitués à l'heure du repas de midi, qui se régalent de lyonnaiseries sympathiques et de plats du terroir comme la caillette aux lentilles

du Puy. Idéal pour goûter l'atmosphère de la ville. Petite terrasse aux beaux jours.

Marco Polo *(plan couleur A1,* ***32****) : 46, rue Raphaël. ☎ 04-71-02-83-11. • marcopolo.43@orange.fr • Fermé dim-lun (lun slt en été). Congés : 1 sem fin août et 1 sem à Noël. Menus 16 € (déj en sem)-22 €.* Le chef qui a repris cet ancien resto italien propose lasagnes et osso-buco, et des plats régionaux fort bien réussis comme la cocotte ponote. Décorée de tableaux modernes de peintres locaux, la salle de resto n'est autre qu'une ancienne ruelle avec sa cuisine installée dans une petite maison fleurie au fond de l'impasse. Une adresse très courue pour son excellent rapport qualité-prix et son accueil des plus chaleureux.

La Parenthèse *(plan couleur A1,* ***33****) : 8, av. de la Cathédrale. ☎ 04-71-02-83-00. • laparenthese.43@laposte.net • Ouv tlj sf w-e. Congés : 1 sem en juin, 1 sem en sept et vac de Noël. Résa conseillée. Formule déj en sem 15,50 € ; menus 19-27 €. Café offert sur présentation de ce guide.* Dans une rue calme et pavée au pied de la somptueuse cathédrale, une chaleureuse adresse au cadre « rustique » installée dans une brocante où l'on se régale parmi une collection de cafetières en faïence, de vieux outils et des cahiers d'écolier. Cuisine régionale, simple et relevée, passant par la truite et le veau de Haute-Loire, les lentilles vertes du Puy ou l'aligot, le tout accompagné d'un verre de boudes (vin d'Auvergne). Accueil authentique, lui aussi.

Le 14 *(plan couleur A2,* ***34****) : 16, rue Chênebouterie. ☎ 04-71-09-16-82. Ouv tlj sf dim-lun. Congés : 19 déc-31 janv. Formule 13 €.* Tout récent, c'est le bistrot du *Restaurant Tournayre* (voir plus bas), où l'on apprécie une cuisine copieuse, goûteuse, à petit prix. Déco moderne et épurée, cuisine traditionnelle au dressage un brin élaboré. L'ambiance est, hélas, un peu froide.

Le Parisien *(plan couleur B3,* ***35****) : 32, av. Maréchal-Foch. ☎ 04-71-01-58-43. • leparisiencafe@orange.fr • Fermé dim soir. Résa conseillée. Menus 13,90 € (déj en sem), puis 22,90-31,90 €. Café offert sur présentation de ce guide.* À l'angle d'une rue très passante, un petit nid douillet, à la déco très moderne, bien connu pour son menu du jour à midi au rapport qualité-prix excellent. Quelques originalités à la carte comme le pavé de bison ou d'autruche, mais aussi des cuisses de grenouilles et une truite saumonée. Amusante salle en mezzanine avec boules à facettes. Bar à thème le soir.

Entrez les Artistes ! ! ! *(plan couleur A2,* ***36****) : 29, rue Pannessac. ☎ 04-71-09-71-78. Ouv midi mar-sam, plus soir jeu-sam. Congés : 1 sem à l'Ascension, 2 sem fin sept, 1 sem à la Toussaint et 1 sem à Noël. Résa conseillée. Plat env 10 € ; menus 14,50-25 €. Apéritif maison offert sur présentation de ce guide.* Avec sa petite salle à la déco réduite au minimum, cette table mise sur la convivialité... et à juste titre. Une adresse « au féminin » par son équipe à l'humour garanti.

De prix moyens à chic

Restaurant Comme à la Maison *(plan couleur B1,* ***37****) : 7, rue Séguret. ☎ 04-71-02-94-73. • contact@restaurant-43.com • Ouv tlj sf mer midi, sam midi et dim (plus sam soir juin-sept). Congés : 1re quinzaine de janv et 1 sem en sept après les fêtes du Roi de l'Oiseau. Formule déj en sem 19 € ; menus 25-56 €.* Une nouvelle vie pour ce lieu caché, au pied de la cathédrale. Durant des années, on mangeait ici comme à la maison. Mais Guillaume Fourcade, maître restaurateur, ancien second du *Restaurant Tournayre*, est arrivé, pour donner à ce lieu, assez magique aux beaux jours avec sa terrasse, une cuisine gastronomique et moderne, de saison, fraîche et inspirée. Il fut maintes fois récompensé, son ascension est fulgurante, et la ville a gagné une nouvelle bonne table.

De chic à très chic

Restaurant Tournayre *(plan couleur A2,* ***34****) : 12, rue Chênebouterie. ☎ 04-71-09-58-94. • info@restaurant-tournayre.com • Fermé dim soir et lun, plus mer en basse saison. Congés : 19 déc-31 janv. Résa conseillée. For-*

mule déj bistrot en sem 25 € ; menus 36-70 € ; carte env 50 €. Une adresse chic et pleine de charme dans la vieille ville, dans un cadre qui échappe à la banalité avec sa salle voûtée du XVIe s. Éric Tournayre – toque réputée de la région – concocte avec passion une cuisine de haute volée, enracinée et créative, à des prix qui sonnent juste. Dans l'ancienne boutique mitoyenne, brasserie *Le 14,* pour un repas économique (voir plus haut).

Restaurant François Gagnaire *(plan couleur A3,* ***18****) : 4, av. Clément-Charbonnier.* ☎ *04-71-02-75-55.* • *contact@francoisgagnaire.com* • *Près de la pl. du Breuil. Ouv tlj sf dim soir, lun et mar midi hors saison ; le midi dim-mar en saison. Résa conseillée. En sem, formules 28 € le midi, 35 € le soir ; menus 58-97 € (145 € avec le vin).* Ce n'est pas encore gagné, Le Puy, pour François Gagnaire, un des jeunes chefs les plus fous, les plus inventifs du pays, trop peut-être aux yeux des locaux. Aujourd'hui, on vient de toute l'Europe découvrir sa cuisine « ré-créative », intelligente sans être trop intellectuelle, originale tout en restant fidèle justement aux origines de cet enfant du pays. Mais les locaux ont encore du mal, hors événement exceptionnel, à se familiariser avec cette belle adresse si atypique. Ce sont les visiteurs qui se régalent. Côté salle, accueil exemplaire. Également de belles suggestions de vins et un plateau de fromages impressionnant. Voir aussi l'*Hôtel du Parc* dans « Où dormir ? ».

Où boire un verre ?

Tam Tam Café *(plan couleur B2,* ***40****) : 8, rue Meymard.* ☎ *04-71-02-93-40. À côté de l'office de tourisme. Ouv tlj sf dim et j. fériés hors saison.* L'une des terrasses les plus agréables de la ville en journée. Ensoleillée, sur une placette en surplomb de l'hôtel de ville, elle offre un bon point de vue sur ce passage stratégique. Le lieu de rendez-vous idéal !

Brasserie Le Majestic *(plan couleur B2,* ***41****) : 8, bd du Maréchal-Fayolle ; autre entrée pl. Michelet.* ☎ *04-71-09-06-30. Tlj 7h-1h (1h30 sam).* Brasserie fréquentée par la jeunesse ponote, avec une déco branchée et aérée. Tables en terrasse (très prisée le midi) où l'on sert salades, tartes...

Le Médicis *(plan couleur A2,* ***42****) : pl. du Marché-Couvert.* ☎ *04-71-02-50-35.* • *le.medicis@hotmail.fr* • *Fermé lun soir, dim et j. fériés hors saison. Congés : vac de fév.* On aime beaucoup ce salon de thé pour sa déco hétéroclite de mobilier chiné, où les canapés Louis-Philippe et de style moderne se mélangent dans un drôle de salon d'antiquaire. Agréable terrasse également avec fauteuils moelleux. Mais on aime surtout l'accueil de Marie, qui concocte aussi une « cuisine de placard » suivant son inspiration. Un lieu qui détonne, bien à toute heure.

La Distillerie *(plan couleur B2,* ***43****) : 11, rue Porte-Aiguière ; autre entrée pl. du Breuil.* ☎ *04-71-04-91-12. Congés : 27 août-2 sept. Tlj sf dim 9h-1h (2h sam).* Un lieu accueillant dans un pub à l'ancienne où l'on ne vient pas pour boire du jus de pomme, vous l'avez compris. On peut aussi grignoter sur place, en cas de petite faim. Grande terrasse aux beaux jours.

Buddy Mulligan *(plan couleur B2,* ***44****) : 13, av. Georges-Clemenceau.* ☎ *04-71-02-52-17. Tlj sf dim, jusqu'à 1h (1h30 sam).* Pub irlandais où la jeunesse assoiffée et fêtarde se retrouve en soirée. Beaucoup d'habitués, donc, et un patron jovial et accueillant comme il se doit. Ambiance particulièrement survoltée lors de match de rugby ou de foot retransmis sur grand écran. Concert live quelquefois.

À voir

Petite balade jusqu'au pied de la cathédrale

➢ **Visites guidées :** *le patrimoine architectural et religieux de la vieille ville du Puy-en-Velay est si riche qu'il est recommandé d'en faire une visite guidée (3 pers* *min). Calendrier et horaires auprès de l'office de tourisme. Juil-début sept, tlj à 15h30 (1re quinzaine d'août à 9h30 et 15h30) ; le reste de l'année, slt sam à 14h30. Compter 5 €. Également des visites à thème (les fontaines, la cathédrale, la Via Podiensis, la Renaissance...) et « Les insolites du Velay » (le soir à 18h30) : théâtre, chant, vidéo et marionnettes.*

➢ ***Totems sans tabous :*** les totems mis en place par l'office de tourisme permettent de mieux se situer dans le temps et dans l'espace. La ville soigne son secteur sauvegardé, ses façades naguère si grises retrouvent leurs couleurs d'antan (ou supposées telles) et, un rayon de soleil aidant, c'est un vrai bonheur de grimper jusqu'à la cathédrale par une des vieilles rues commerçantes du centre ancien.

La place du Breuil *(plan couleur A-B2)* **:** elle est l'épicentre du Puy, bordée par l'hôtel de la préfecture et avec un grand parking en sous-sol – qu'on vous recommande vraiment d'utiliser, car la circulation est devenue quasi impossible dans la vieille ville. Au centre de la place, la fontaine Crozatier, don de Charles Crozatier à la ville, symbolise Le Puy et quatre rivières locales : la Loire, l'Allier, la Borne et le Dolaizon. Balade sympa à faire dans le bucolique ***jardin Henri-Vinay*** *(ouv tlj 7h15-19h ; 21h en été).* Jeux d'enfants, plan d'eau où nagent de nombreux cygnes, vieux arbres, beaucoup de fleurs... un lieu très prisé des familles et des amoureux.

Le musée Crozatier *(plan couleur A3)* **:** *jardin Henri-Vinay. ☎ 04-71-06-62-40. Fermé pour travaux jusqu'au printemps 2014 ; une présentation partielle des collections est transférée à l'hôtel-Dieu (voir plus bas).*

La place du Martouret *(plan couleur B2)* **:** jolie place semi-piétonne près de l'hôtel de ville, en contrebas de l'office de tourisme. Les représentants de la Convention y brûlèrent « l'authentique statue miraculeuse » de la Vierge noire du Puy en 1794. Son nom vient de *martoretum* (« cimetière »), qui donna son sens à « martyrs », car c'est ici que se faisaient les exécutions publiques. D'ailleurs, pendant la Révolution française, la guillotine y était installée en permanence.

L'espace Pagès – Maison de la verveine du Velay *(plan couleur A-B2)* **:** *29, pl. du Breuil. ☎ 04-71-02-46-80. Mar-sam (et dim de ponts) 10h-12h30, 14h30-19h (tlj 10h-19h juil-août). Entrée libre.* Face au succès du parcours de découverte de sa distillerie à Saint-Germain-Laprade (voir plus loin « Dans les environs du Puy-en-Velay »), la célèbre entreprise locale de la verveine du Velay a ouvert une vitrine de ses activités dans un ancien cinéma du centre-ville. Espace muséographique (documents, affiches, objets anciens dont un magnifique alambic de cuivre, salle de projection à l'étage retraçant dans un film de 6 mn ses 150 ans d'histoire) où sont expliqués sommairement les principes de distillation et le processus d'élaboration de la verveine depuis la culture de la plante jusqu'à l'embouteillage. Également espace de dégustation et boutique. Pour approfondir la visite, on ne manquera pas d'aller visiter la distillerie.

L'hôtel de ville *(plan couleur A2)* **:** beau bâtiment de style Louis XV, construit en 1766. Le Ponot Émile Reynaud, inventeur du praxinoscope (ancêtre du dessin animé), fit ses premières projections dans la salle du Dôme de ce bâtiment.

La place du Plot *(plan couleur A2)* **:** place principale à côté de l'hôtel de ville et de la bibliothèque municipale, l'un des endroits les plus sympathiques de la vieille ville. Curieusement, son nom est un pléonasme : il vient du latin *planum* (« place ») qui, en languedocien, a été transformé en « plo ». Ne pas manquer le ***marché du samedi matin*** : étalages fermiers, marchands de bonnes choses se déploient en mille et une saveurs, senteurs et couleurs uniques. On y découvre charcuterie, lentilles, champignons, myrtilles, fromages, dont le curieux « fromage aux artisons » qui fermente à l'aide de bestioles microscopiques lui donnant ce goût si particulier. La place du Plot retrouve alors sa vocation de carrefour, comme elle l'a toujours été, lors des pèlerinages entre autres. De la rue Saint-Jacques part la célèbre Via Podiensis, l'une des quatre voies qu'empruntent les pèlerins pour rejoindre Saint-Jacques-de-Compostelle. Mais aussi la voie Regordane vers Saint-Gilles, dans la rue du même nom. Et si vous levez les yeux, vous observerez de belles bâtisses aux façades colorées.

La rue Pannessac *(plan couleur A2)* **:** autrefois réservée au commerce des grains, elle est bordée de nombreuses vieilles maisons des XVe et XVIIIe s, dont trois maisons collées aux n°s 42 (XVIe s), 44 et 46 (logis de 1620). À son extrémité, une belle tour ronde, ancienne porte royale de la ville où François Ier aurait séjourné en 1533. La rue a aussi donné son nom à un gâteau, le « pavé » (rien à voir avec Mai 68 !), que l'on ne peut trouver que chez les pâtissiers de cette active rue piétonne : Stéphane Lafaurie et Cyril Cubisol.

DU FOIN POUR LA FAYETTE !

Près de la tour de Pannessac, la statue en l'honneur du célèbre général fut sauvée pendant la Seconde Guerre mondiale par le réseau de Résistance La Fayette, qui tira ce nom de cette anecdote. Dans la nuit du 22 au 23 décembre 1943, apprenant que la statue devait être vouée à la fonte par les nazis, elle fut enlevée et cachée dans le foin d'une ferme près de Solignac par les résistants, avant d'être replacée à la Libération. L'exploit fut tel qu'il a même été signalé par la radio de Londres.

La rue Chamarlenc *(plan couleur A1-2)* **:** au n° 18, deux mascarons (petits masques) sur la façade rappellent que cette maison était le siège de la confrérie des Cornards au XVIIe s, de joyeux farceurs, tous des hommes qui, les soirs de liesse, buvaient sec en chantant des chansons paillardes. La confrérie s'éteignit au XIXe s. Au Puy, on regrette les mariolles de la cité mariale...

La rue Chênebouterie *(plan couleur A2)* **:** une des rues principales de la vieille ville, conduisant vers la rue des Tables et la cathédrale. Nombreuses maisons de la Renaissance comme aux n°s 6, 10, 12, 14 et 17. Au n° 9, la maison natale du maréchal Fayolle.

La vieille ville autour de la cathédrale

La rue des Tables (plan couleur A-B1) **:** cette rue mène à la cathédrale. Autrefois, des orfèvres et autres commerçants d'objets pieux vendaient leurs marchandises aux pèlerins sur des tables en bois disposées sur les côtés, d'où le nom de cette rue. On note qu'aujourd'hui la ville du Puy-en-Velay soigne son look et n'abuse pas d'échoppes garnies de bondieuseries comme on peut en trouver à Lourdes ou à Saint-Jacques-de-Compostelle.

Le Centre d'enseignement de la Dentelle aux fuseaux *(plan couleur A1)* **:** *38-44, rue Raphaël. ☎ 04-71-02-01-68. • ladentelledupuy.com • ♿ Lun-ven 8h30-11h30, 13h30-17h ; sam 9h30-16h30. Entrée : 4,50 € ; gratuit moins de 10 ans ; tarif de groupe accordé sur présentation de ce guide.* Un lieu unique pour découvrir dentelles d'hier et d'aujourd'hui. Visite des salles où sont exposées des collections de pièces fines et anciennes pour certaines, ainsi que du matériel de dentelle venant de différents pays. Vidéo, librairie et possibilité de suivre des stages d'initiation et de perfectionnement (et cours par correspondance) aux techniques de dentelle aux fuseaux et de broderie. Objectif : maintenir la tradition et sauvegarder le patrimoine dentellier. Boutique spécialisée sur place.

La cathédrale Notre-Dame-du-Puy *(plan couleur B1)* **:** *visite libre tlj 7h-19h30. ♿ (par le porche Saint-Jean).*
Comme l'a écrit Émile Mâle, l'un des grands historiens de l'art médiéval, voilà l'« un des plus beaux monuments du monde chrétien, qui agit par son mystère, par l'étrangeté de son décor quelque peu arabe et par ses coupoles orientales, et qui semble avoir été apporté d'un pays lointain dans ces montagnes ». C'est très bien vu.

Après avoir monté la rue des Tables, comme le font les pèlerins depuis des siècles, on se retrouve au pied de l'escalier (134 marches) qui monte jusqu'à cet édifice vraiment curieux, qui n'a rien à voir avec les autres cathédrales « classiques ». Inscrite au Patrimoine mondial de l'Unesco, sa particularité est son style roman auvergnat, mâtiné des influences de l'Orient et de l'Espagne mauresque.

Histoire d'un monument unique

Ses origines remontent à l'aube du christianisme en France. Bien avant sa construction, sur ce site haut perché du mont Anis, il y avait déjà un dolmen et un temple gallo-romain, auquel succéda un lieu de culte chrétien dédié à la Mère de Dieu. Marie serait morte en exil à Éphèse, une des sept églises primitives d'Asie situées sur la côte méditerranéenne de l'actuelle Turquie. C'est d'ailleurs au concile d'Éphèse, en 431, que le culte public de la Vierge Marie fut rendu officiel. Au début du Ve s, la Vierge Marie apparut à une femme d'Espaly qu'elle guérit de la fièvre. Elle chargea celle-ci d'une mission : la construction d'une église à l'endroit même de son apparition. Grégoire de Tours vint au Puy se recueillir vers 590 devant la statue de la Vierge. D'autres dévots marchèrent sur ses pas. Il y eut des guérisons miraculeuses, des apparitions : la légende de la Vierge noire du Puy était née. Quand la cathédrale fut construite au XIe s, les bâtisseurs commencèrent leurs travaux à partir du noyau initial du site du culte de la Vierge, un endroit nommé la « chambre angélique », parce que construit, disait-on, par les mains des anges... Entre les années 1100 et 1120, les pèlerins affluèrent. Il fallut agrandir l'édifice, non sans difficultés. Faute d'espace suffisant en raison du terrain accidenté, la cathédrale s'étendit pour deux tiers au-dessus du « vide », sur de robustes piliers, l'autre tiers restant sur la roche escarpée du mont Anis. Cette anomalie explique l'immense porche avec ses trois hautes arcades. Puis ce fut le grand engouement populaire du Moyen Âge pour Saint-Jacques-de-Compostelle. Le Puy devint l'un des quatre grands points de départ de l'itinéraire, avec Paris, Vézelay et Saint-Gilles-du-Gard.
Avec Chartres, voici le plus ancien sanctuaire marial de la Gaule chrétienne.

L'extérieur de la cathédrale

– *Influences orientales et arabes :* les pèlerins de Compostelle et les croisés auvergnats rapportèrent des influences architecturales orientales dans leurs besaces. Ainsi, dans le grand porche d'entrée, sur la droite, peut-on voir un décor peint d'inspiration byzantine, rarissime pour l'époque. Toujours dans le porche, sur le côté gauche, les portes dites de cèdre (XIIe s, protégées par une grille) sont décorées dans un style oriental et portent dans le bas des caractères coufiques (style d'écriture arabe), ainsi que l'usure du passage des pèlerins. Murée au XVIIIe s, cette entrée monumentale a été rouverte après de minutieux travaux permettant aujourd'hui – comme aux origines – de pénétrer (en été seulement) dans la cathédrale par son « nombril ».
– *Le clocher :* indépendant de la cathédrale, un exemple rare. Ce n'est pas la partie de l'édifice qui frappe le plus.
– *Le baptistère du Xe s :* lui aussi indépendant. Tous les enfants du Puy y étaient baptisés avant la Révolution.
– *La chapelle des Pénitents :* abrite un petit musée présentant de belles peintures et des sculptures, ainsi qu'un beau plafond Renaissance.

L'intérieur de la cathédrale

Une nef de six travées, avec six coupoles lourdes et nues en forme de calottes où se lit clairement l'influence de l'Orient.
– *La Vierge noire :* d'après certains historiens, l'originale devait être en bois de cèdre et aurait pu être façonnée par les premiers chrétiens du mont Liban sur le modèle d'une statue égyptienne ou d'une Vierge copte, puis rapportée au Puy par des croisés du Velay. Autre hypothèse moins héroïque, la Vierge n'était pas noire à l'origine, mais aurait été noircie tout simplement, au fil des siècles, par la fumée des cierges. La célèbre madone se trouve sur le maître-autel. Il ne s'agit pas de

la statue d'origine, brûlée à la Révolution, mais d'une statue du XVIIe s, provenant de l'actuelle chapelle de la Visitation. Chaque année, le 15 août, elle fait l'objet d'une procession à travers la ville. Cette Vierge noire du Puy n'a pas encore livré son secret. Elle aurait été offerte, dit-on, par Louis IX (Saint Louis) au retour de la septième croisade. Mais la cathédrale du Puy possédait déjà une statue de la Vierge bien avant son règne, et elle aurait servi de modèle aux premières Vierges en majesté du pays.

– *La fresque des arts libéraux :* dans la chapelle des Reliques, où se tient une grande armoire-reliquaire entièrement dorée. En entrant, sur le mur de droite figure une fresque découverte en 1850 sous un épais badigeon par Prosper Mérimée, l'écrivain-archéologue-inspecteur des Monuments historiques. Ce chef-d'œuvre de la fin du XVe s, influencé par l'art flamand, présente quatre des sept arts dits libéraux : *la grammaire, la logique* (avec Aristote), *la rhétorique* (avec Cicéron) et *la musique.* Manquent l'arithmétique, la géométrie et l'astronomie.

– *Le trésor :* à la sacristie. Théodulfe (750-821), évêque d'Orléans, aurait offert sa bible à la cathédrale du Puy lors d'un pèlerinage qu'il fit vers l'an 800. Cette bible compte parmi les pièces les plus remarquables du trésor, mais, pour des raisons de conservation, c'est une reproduction qui est exposée.

– *La pierre des Fièvres :* ou pierre des Apparitions. Ancienne table en pierre volcanique ayant fait partie d'un dolmen primitif remontant au culte païen du mont Anis. C'est près de cette pierre que la Vierge serait apparue au cours des premiers siècles à des dévots. Elle serait ainsi à l'origine de guérisons miraculeuses. Aujourd'hui comme hier, les pèlerins continuent de s'allonger sur la pierre, supposée pouvoir guérir des fièvres et des paralysies.

– *Le porche du For :* permet de sortir de la cathédrale par le sud. Il daterait de la fin du XIIe s. Arcs ajourés, chapiteaux et deux portes, dont la plus petite est dite papale.

Le cloître de la cathédrale : *☎ 04-71-05-45-52. Tlj 9h-12h, 14h-17h (18h30 fin mai-début sept) ; journée continue juil-août ; la billetterie ferme 30 mn avt. Entrée : 7,50 € ; réduc ; gratuit jusqu'à 25 ans pour les citoyens européens.* Construit au XIe s, en même temps que la cathédrale, il est considéré comme « l'un des plus beaux de l'Europe chrétienne », au point d'être comparé à celui de Cordoue. Remarquables chapiteaux et surprenante polychromie des arcades. À vous de trouver les chapiteaux aux « lions vellaves » et celui où un homme et une femme se cherchent « les crosses », symbole du pouvoir spirituel. Depuis octobre 2011, dans la salle des États du Velay, exceptionnelle collection de broderies et ornements liturgiques (col. Cougard-Fruman).

L'hôtel-Dieu *(plan couleur B1) : escalier de la cathédrale. ☎ 04-71-07-00-00. • contact@hoteldieu.info • Tlj juil-sept 10h-18h30 ; sinon horaires variables (voir le site • hoteldieu.info •). Prix : 6-8 € selon les expos.* Fondé au XIIe s par les chanoines de la cathédrale pour accueillir les malades les plus démunis, cet impressionnant bâtiment, remanié au XIXe s, fut désaffecté à la fin du XXe s. Il vient tout juste d'être réhabilité et restauré par l'architecte Jean-Michel Wilmotte (à qui l'on doit également l'Hôtel du département juste derrière). Il accueille le *musée interactif de l'architecture et du patrimoine du Pays d'art et d'histoire du Puy-en-Velay.* Sur cinq étages, expositions permanentes et temporaires présentent la richesse architecturale et le patrimoine naturel de la région avec une scénographie moderne mise en valeur par un éclairage savamment pensé (maquettes, écrans tactiles multimédia, ateliers pédagogiques, olfactifs, espaces d'informations et de documentation, espaces de rencontres, salle de conférence...). Le lieu à lui seul, avec sa superbe rotonde, sa pharmacie du XVIIIe s, sa chapelle du XIXe s et ses peintures rupestres restaurées, mérite qu'on s'y arrête. Également un centre de congrès et un café-restaurant.

Le rocher Corneille *(plan couleur B1) : ☎ 04-71-04-11-33. De mi-mars à fin avr, tlj 9h-18h ; mai-juin et sept, tlj 9h-19h ; juil-août, tlj 9h-19h30 ; d'oct à mi-mars, tlj 10h-17h (de mi-nov à fin janv, ouv slt dim ap-m et pdt vac scol 14h-17h). Entrée :*

4 € ; réduc. Encore un autre suc volcanique, culminant à 757 m, qui domine la ville et offre un très beau panorama sur la région. Au sommet se dresse l'imposante statue de la Vierge – Notre-Dame-de-France – faite de 835 t de pierre et de métal, et haute de 22,70 m. Elle fut réalisée avec de la fonte de fer récupérée sur les 213 canons ayant servi au siège de Sébastopol en 1855, pendant la guerre de Crimée, et offerts par Napoléon III. Elle fut inaugurée en 1860 devant 120 000 pèlerins. Revers de la médaille, on a cru, pendant la Seconde Guerre mondiale, qu'elle allait être fondue et transformée en armes par les Allemands. Mais, finalement, le métal s'est avéré inutilisable, et la Vierge est restée en place.

À l'extérieur de la vieille ville

L'église Saint-Laurent *(hors plan couleur par A1) : av. d'Aiguilhe, à l'ouest de la vieille ville.* C'est la plus vaste église gothique du Velay. Massive, trapue, sans clocher élancé, il s'agit d'un ancien couvent de dominicains, qui a vu le passage de saint Dominique la dernière année de sa vie. Hôpital au Moyen Âge, église au XIVe s, l'endroit comptait 1 800 frères en 1447 ! On appréciera les vitraux du XIXe s, le pavage au symbolisme original et le gisant du connétable Bertrand Du Guesclin, en tenue de chevalier, dans le chœur à droite. « Bertrad Claikin » y fut embaumé en 1380, après avoir combattu les troupes anglaises à Châteauneuf-de-Randon (Lozère). Ce Breton peu commun fut la « star militaire » de la guerre de Cent Ans. On dit qu'il décéda d'hydrocution après avoir bu dans une fontaine une eau trop froide. Le plus étrange dans l'histoire de Bertrand, c'est qu'une fois embaumée sa dépouille fut dispersée. Ses entrailles furent enterrées quelque part au Puy, ses chairs envoyées à Montferrand, ses os placés dans un gisant de la basilique de Saint-Denis parce que le roi Charles V voulait qu'il soit près de lui dans l'éternité. Enfin, son cœur fut expédié à sa ville natale, Dinan, où il fut placé dans un reliquaire de la basilique Saint-Sauveur.

Le carré magique *(hors plan couleur par A1) : sur la commune d'****Aiguilhe*** (curieusement non classée par l'Unesco, mais les démarches sont en cours), en bordure du Puy, juste derrière l'abside de la chapelle Saint-Clair (du XIIe s et de forme octogonale) et le chemin menant au rocher d'Aiguilhe, sur une placette. Au temps des persécutions, le carré magique était un signe secret d'appartenance au christianisme. Ce message crypté et ésotérique était une astuce de génie destinée aux premiers chrétiens désireux de s'identifier sans être reconnus par leurs persécuteurs. Le carré magique du Puy est une fidèle reconstitution. Il s'agit d'un carré de 5 x 5 m, formé par un dallage régulier de galets de granit et de pavés, portant des lettres en ciment.

DÉCRYPTAGE DU CARRÉ MAGIQUE

Construit sur cinq lignes avec, sur chacune, un mot de cinq lettres. De haut en bas :

S A T O R
A R E P O
T E N E T
O P E R A
R O T A S

Sator arepo tenet signifie : « Le semeur tient la charrue », tandis que la lecture de bas en haut, Rotas opera tenet, signifie : « Il tient les roues et les travaux. » Chaque mot du carré magique peut se lire quatre fois. Le verbe tenet forme une croix parfaite. Les 25 lettres doivent permettre de former deux fois les deux premiers mots du Pater Noster (le « Notre Père » en latin), et il reste deux fois A et O, qui sont l'alpha et l'oméga, les première et dernière lettres de l'alphabet grec, présentées dans l'Apocalypse comme un symbole du Christ, principe et fin de toute chose.

Le rocher et la chapelle Saint-Michel d'Aiguilhe *(hors plan couleur par A1) :* ☎ 04-71-

09-50-03. • rochersaintmichel.fr • Mai-sept, tlj 9h-18h30 (19h juil-août) ; de mi-mars à fin avr et d'oct à mi-nov, tlj 9h30-12h, 14h-17h30 ; de fév à mi-mars et pdt vac de Noël, tlj 14h-17h. Entrée : env 3 € ; réduc.
Un petit bijou d'architecture qui pourrait être l'emblème du Puy... mais qui se trouve sur la commune d'Aiguilhe : une minichapelle romane perchée au sommet d'un énorme piton rocheux d'origine volcanique, dominant toute la partie nord de la ville. On accède au sommet par un escalier de 268 marches, taillé dans le roc. Une balade à faire absolument.
L'origine de cette chapelle remonte à la fin du Ier millénaire de l'ère chrétienne. En 920-951, l'évêque du Puy, un dénommé Gothescalk, partit à Saint-Jacques-de-Compostelle à la tête du premier pèlerinage français. À son retour, il fit construire cette chapelle sur le lieu d'un ancien sanctuaire romain dédié au dieu Mercure. Inaugurée en l'an 962, elle porterait les marques de l'influence mozarabe, comme cette porte d'entrée au tympan trilobé et sa façade polychrome avec une alternance de pierres claires et de pierres sombres. La base de la façade date du XIXe s, mais le haut du XIIe s avec, de gauche à droite, sculptés dans la pierre : saint Jean, la Vierge Marie, le Christ, l'archange saint Michel et saint Pierre.
En entrant dans la chapelle, juste avant de monter les marches, si vous levez les yeux, vous apercevrez la main du Christ peinte au-dessus, comme pour donner la bénédiction aux visiteurs et pèlerins. L'intérieur est admirablement voûté et intime. Les dalles basaltiques ont été usées par le passage des pèlerins, les belles fresques restaurées en 2004 témoignent du soin particulier dont a bénéficié la chapelle ; jetez un œil au passage sur les vitraux posés dans les années 1950. À droite de l'autel, niche vitrée protégée par une grille, qui abrite un très beau Christ reliquaire carolingien du Xe s, un coffret en ivoire du XIIIe s et un autre reliquaire du XIIe s, découverts pendant des travaux de réfection en 1955.
Chemin de ronde autour de la chapelle et, au pied, l'oratoire Saint-Gabriel avec son jardinet. Au cours de la visite, projection d'un film de 18 mn.

DANS LES ENVIRONS DU PUY-EN-VELAY

Au sud de la ville

La cascade de la Beaume : *à **Solignac-sur-Loire,** à 12 km au sud du Puy (entre Solignac et Le Brignon, par la D 54).* Une haute et jolie cascade à découvrir au pied d'un village, en pleine nature, à 900 m d'altitude. Les eaux de la rivière entaillent le plateau basaltique et jaillissent pour retomber 27 m plus bas et donner naissance à La Beaume, futur affluent de la Loire. Beau parcours de découverte en pleine forêt. Vous entrez ici en fait dans le haut pays de la Loire (voir plus loin « La Loire sauvage et le massif du Mézenc »).
Pour vous mettre au vert et au frais, en plein été, continuez en direction du lac du Bouchet (voir plus loin « Les monts du Devès et le lac du Bouchet »).

Chambres d'hôtes Les Cabarets : *chez Yvonne et Roger Bernard, Les Cabarets, 43700 **Coubon.** ☎ 04-71-08-81-17. • roger.bernard43@orange.fr • Du Puy (à 10 km), prendre la D 40 ; au village de Coubon, suivre le petit chemin direction « Les Cabarets » sur 3 km env, jusqu'à la ferme en contrebas. Ouv Pâques-Toussaint. Résa vivement conseillée. Double 40 € avec douche et w-c. Repas 12 €.* Isolée dans une vallée splendide qu'elle domine à 770 m d'altitude, cette bâtisse pittoresque, joliment restaurée, abrite des chambres mignonnes (notre préférence va à celles du rez-de-chaussée). Les propriétaires reçoivent avec beaucoup de naturel et de jovialité depuis plus de 35 ans. Dans la grande salle à manger, une immense table sert aux repas conviviaux. Les hôtes découvrent avec délice les produits de la ferme, comme la charcuterie maison. En continuant le chemin qui traverse la ferme, on arrive jusqu'à la Loire. Le sentier GR 3, qui mène au mont Gerbier-de-Jonc, passe tout près de là. Une adresse pour poser son sac et respirer.

➢ ***La Voie verte :*** promenade agréable à faire à pied ou à VTT sur l'ancien tracé de la ligne de chemin de fer reliant Brives-Charensac (4 km à l'est du Puy) à Solignac-sur-Loire. Environ 30 km aller-retour à faible dénivelée passant par cinq tunnels éclairés (le plus long fait 1,3 km) et un viaduc de 184 m à travées métalliques. Vues splendides sur la vallée du Mézenc et du Meygal. Et pour le retour, ça descend !

À l'est de la ville

La distillerie de la verveine du Velay-Pagès : *☎ 04-71-03-04-11. • verveine.com • ♿ Située dans la Z.I. de Blavozy, à **Saint-Germain-Laprade** (à 5 mn du centre par la N 88, direction Saint-Étienne) ; 2e sortie « Z.I. de Blavozy » ; au rond-point, 2e route et tt de suite à gauche. Visites guidées tlj sf dim en juil-août 10h30, 14h30, 15h30 et 16h30 ; juin et sept, mar-sam sur résa slt ; le reste de l'année, pour les groupes sur résa. Boutique : 10h-12h30, 14h-18h30. Compter env 45 mn pour la visite guidée. Entrée : 5,50 € ; réduc.*
Un parcours de découverte est proposé pour suivre le processus de distillation, de vieillissement dans les chais et pour tout savoir sur la fameuse liqueur du pays (sauf la recette originale, à base de plus de 32 plantes, tenue secrète). Vous serez incollable ensuite sur les trois verveines du Velay (la verte, l'extra et la jaune) aux vertus digestives, fébrifuges ou antiseptiques. Belle salle d'alambics anciens en cuivre, toujours utilisés. Au terme de la visite, une exposition d'objets anciens retraçant l'histoire de la verveine du Velay depuis sa découverte... en 1859, par l'apothicaire Joseph Rumillet-Charretier, vous est présentée, ainsi qu'une exposition permanente consacrée à la lentille verte du Puy.
Possibilité de dégustation, suggestions de recettes et d'achats de produits sur place. Agréable visite, s'y rendre les sens en éveil ! Un nouvel espace a également ouvert dans le centre-ville (voir plus haut).

LE PUY-EN-VELAY ET LE PAYS AUX ALENTOURS

Au nord-ouest de la ville

Les ruines de la forteresse de Polignac : *☎ 04-71-04-06-04. • fondationspolignac.com • Billetterie dans le village, au pied du château. De juil à mi-sept, tlj 10h-12h30, 13h30-18h30 ; hors saison, sur résa slt. Entrée : 5 € ; réduc ; gratuit moins de 6 ans.* À 5 km au nord-ouest du Puy, les ruines de l'impressionnant château de Polignac se dressent au sommet d'un piton rocheux (700 m), dominant fièrement un petit bassin d'altitude, très vert au printemps. Point de vue imprenable et magnifique sur la région, du Puy aux monts du Velay. Édifiée au Xe s par la famille de Polignac (à qui elle appartient toujours), sur le lieu d'un culte païen, la forteresse fut dévastée à la Révolution. À l'intérieur de l'enceinte, un vieux donjon rectangulaire haut de 32 m, construit au XVe s et restauré au XIXe s, qui abrite des expositions. François Ier séjourna au château en 1533. Des fouilles archéologiques ont toujours lieu sur ce site romanesque à souhait, avec le vieux village en contrebas. Images d'Épinal d'un village de France profonde, issu du Moyen Âge.

➢ Pour les amateurs, faire le ***vol en montgolfière*** au-dessus de **Polignac.** *Départ au pied du village. Baptêmes de l'air en tte saison (pour env 1h de vol, 225 €/pers). ☎ 04-71-02-43-02. • montgolfiere-en-velay.com •* Survol enchanteur des sucs volcaniques et de la haute vallée de la Loire.

La brasserie de la Vellavia : *située dans l'agropole des Estreys, à **Polignac** (prendre direction Loudes, puis tourner à droite sur la D 113A). ☎ 04-71-02-81-83. • la.vellavia@gmail.com • ♿ Visites tlj 10h-18h, sur résa slt. Entrée : 3 € ; réduc.*

Une visite gourmande qui profite de l'engouement actuel pour les bières de terroir. Ils se sont mis à neuf personnes pour cultiver l'orge spéciale destinée à cette bière au goût étrange venu d'ici. Visite de la microbrasserie, et détour par le magasin pour faire le plein de produits locaux.

La Maison de Julia : *à* ***Blanzac*** *(43350), face à l'église. ☎ 04-71-09-57-88. • lamaisondejulia@orange.fr • lamaisondejulia.com • À env 10 km du Puy sur la route de Saint-Paulien, prendre à droite au village de Nolhac (fléché). Resto fermé dim soir et lun (plus le soir mar-jeu et j. fériés hors saison). Double 50 €, petit déj 6 € ; studio avec cuisine 75 €. Formule déj en sem 12,50 € ; menus 19-25 €. Apéritif offert sur présentation de ce guide.* Superbe auberge de pays du XVIIIe s en pierres grises, magnifiquement restaurée en gardant les objets de la vie courante de Julia, paysanne et figure du village au siècle dernier. Belles chambres de charme aménagées dans le pigeonnier avec des matériaux naturels et des éléments de récupération. Quelques familiales très confortables et un studio avec cuisine équipée agréablement meublé. Resto dans la grange proposant une bonne cuisine de terroir à base de produits locaux. Beaucoup d'authenticité et une adresse coup de cœur à l'accueil chaleureux.

Chambres d'hôtes de Bilhac : *chez Julien et Huguette Audet, hameau de Bilhac, 43000* ***Polignac.*** *☎ 04-71-09-72-41. • reservation@gite.bilhac.com • gite-bilhac.com • De Polignac, suivre Bilhac, sur les hauteurs, en allant vers Saint-Paulien ; indiqué à l'entrée du village, en contrebas sur la droite. Double avec petit déj 42 €. Dîner 15 €. Gîte 9 pers 370-420 €/sem. Café offert sur présentation de ce guide.* Une vieille ferme restaurée, tout équipée, dominant la vallée et le village de Polignac. Le lieu est calme et soigné, idéal pour amorcer de belles promenades dans la région. Certaines chambres avec mezzanine, une grande terrasse et un parking. Une adresse reposante. Fait également gîte.

Le château de la Rochelambert : *à 3 km de Saint-Paulien. ☎ 04-71-00-48-99. Avr-sept, visite guidée obligatoire (40 mn) tlj sf jeu 10h30-12h, 14h30-18h ; hors saison, sur rdv. Entrée : 6 € (5,50 € pour 1 pers sur présentation de ce guide) ; réduc.* « Ce n'est pas la Suisse, c'est moins terrible ; ce n'est pas l'Italie, c'est plus beau », voilà ce que disait George Sand de la région et du château de la Rochelambert où elle séjourna en juin 1859 et dont elle parle dans le roman *Jean de la Roche*. Une partie du château est consacrée à l'écrivain : effets personnels, dessins de la main de l'écrivain, portraits... Dominant la rive droite de la Borne, dans un bien beau site exposé plein sud et entouré de résineux, le château fut construit aux XVe et XVIe s, à la fois dans la roche et en utilisant une belle pierre sombre, issue des entrailles du Velay volcanique. Entre autres collections, des Vierges romanes des XIe et XIIe s, des armures, une statue du Christ sur un âne datant du Moyen Âge, une ceinture de chasteté et d'étranges chaussures pour ramasser les châtaignes accrochées au mur en montant l'escalier à vis.

Camping de la Rochelambert : *au pied du château de la Rochelambert. ☎ 04-71-00-54-02. • infos@camping-rochelambert.com • camping-rochelambert.com • À 15 km du Puy par la N 102 direction Brioude, puis la D 25 à droite (fléché). Ouv avr-sept. Forfait 2 pers 18,20 € ; minichalets pour 2 pers avec sanitaires collectifs 230-589 €/sem. Réduc de 5 % sur la 2e sem de loc sur présentation de ce guide.* Encaissé dans une cuvette calme au pied du mystérieux château, agréable camping en bord de rivière avec tennis, piscine chauffée avec toboggans et accrobranche. Pêche, aire de jeux pour enfants, animations diverses et snack sur place en été. Un camping tranquille où l'on ne s'ennuiera pas.

Le château de Saint-Vidal : *au village de* ***Saint-Vidal,*** *entre Le Puy et Saint-Paulien. Accès par une petite route superbe qui descend sur la vallée et le village.* Impressionnante bâtisse féodale aux tours rondes et à l'immense façade. Fief de la famille de La Tour de Saint-Vidal, cette maison forte du XIIIe s s'est agrandie du

LE PUY-EN-VELAY ET LE PAYS AUX ALENTOURS

XIVe au XVIe s et fut assiégée par les troupes d'Henri IV. Détour qui vaut le coup d'œil, d'une rive comme de l'autre de la Borne, même si le château ne se visite plus.

Le marais de Limagne : *sur la commune de* ***Siaugues-Sainte-Marie.*** *On peut directement rejoindre Beyssac par la D 590, d'où l'on suit les panneaux « Marais de Limagne ».* À une vingtaine de kilomètres à l'ouest du Puy-en-Velay, on découvre une étrange et vaste zone de tourbière, dans un cadre sauvage, issue d'un maar, ces cratères volcaniques formés par la rencontre entre la lave et l'eau et vieux de plusieurs millions d'années. Il abrite six espèces de plantes rares, dont le droséra (plante carnivore de l'ère glaciaire), que l'on découvre au fil d'un chemin de randonnée balisé.

➢ En saison, le ***Centre permanent d'initiatives pour l'environnement*** *(CPIE ; rens : ☎ 04-71-03-01-17 ; ● cpie.velay@wanadoo.fr ●)* propose de sympathiques balades autour de la faune, de la flore, de la géologie, des sites naturels de la région (tourbière du mont Bar, les gorges de l'Arzon, les narces de Chaudeyrolles, le ravin de Corbœuf...). Brochures et fiches par communes « À la découverte de nos volcans » disponibles dans les offices de tourisme.

LE LIVRADOIS-FOREZ ET LE SUD DU FOREZ

De La Chaise-Dieu à Brioude en passant par Lavaudieu, c'est tout le très beau nord-ouest du département que vous allez découvrir, sur les pas, 1 000 ans après, d'un des personnages les plus importants du XIe s, saint Robert !

LA CHAISE-DIEU (43160) 750 hab. *Carte Haute-Loire, B1*

On ne le dirait pas, mais on est ici à 1 082 m d'altitude, sur un haut plateau, formé par les monts du Livradois-Forez. Pays de cèpes et de girolles, mais aussi de randonnées, où les forêts sombres d'épicéas alternent avec des prairies bien vertes au printemps et des espaces sans fin balayés par les vents. C'est d'ailleurs dans ces décors naturels qu'ont été tournées certaines scènes du film *Lucie Aubrac.* Rude en hiver, doux en été, de ce paysage auvergnat émerge la silhouette massive et défensive de l'abbaye de La Chaise-Dieu qui trône en centre-ville.
En été, ce gros village se transforme en une sorte de mini-Avignon avec son fameux festival de musique sacrée, ses visiteurs et artistes venus du monde entier. « La maison de Dieu » (étymologiquement *casa dei,* qui devint Chaise-Dieu), repliée sur elle-même en hiver, connaît alors une vraie métamorphose, pour le plus grand bonheur des visiteurs.

UN PEU D'HISTOIRE

L'histoire de La Chaise-Dieu est étroitement liée à son abbaye. Vers l'an 1000, Robert de Turlande, un chanoine comte de Brioude, décide de se retirer du monde pour mener une vie ascétique loin du tapage et de la corruption des hommes de son temps. Il s'isole dans les monts sauvages du Forez, où il fonde l'abbaye en 1043. Au plus fort de son extension, elle contrôle 13 autres abbayes et 320 prieurés (dont certains en Espagne, Italie, Belgique et Suisse).
Au XIVe s, Pierre Roger, ex-moine de l'abbaye, réussit à faire carrière dans l'Église, monte les échelons de la hiérarchie du Vatican et devient pape sous le nom de Clément VI. Fidèle à son Auvergne, il entreprend à ses frais la restauration de l'abbaye

où il a fait ses débuts. Mieux encore, de son vivant, il ordonne la construction de son tombeau, celui que l'on voit aujourd'hui dans le chœur des moines.
L'église est ravagée en 1562, lors des guerres de Religion, avec l'invasion des huguenots. Puis un incendie détruit la plupart des bâtiments en 1695, et la Révolution porte un coup fatal à la vie de l'abbaye. En 1790, le premier maire de la commune fut un moine ! C'est le début du déclin et de l'oubli. Restaurée après 1945, l'abbaye commence à revivre avec la création par le pianiste Cziffra en 1966 du festival de Musique sacrée. De nos jours, quelques moines de la communauté Saint-Jean logent dans une partie des bâtiments monastiques, tentant de renouer avec la vie spirituelle des origines.
Un programme de développement des liens entre les sites casadéens est en place pour sauvegarder ce riche patrimoine historique, mettant en avant les routes et chemins reliés aux différents prieurés des alentours qui ravitaillaient La Chaise-Dieu.

UN ÉCLAIRAGE PUBLIC INGÉNIEUX

Au pied de l'abbatiale, une façade de la rue Sainte-Marie cache un des derniers témoignages du premier éclairage public datant de l'époque médiévale. Cette lanterne doit sa survie à la présence d'une Vierge à l'Enfant toute proche. On descendait la lanterne pour l'allumer ou l'éteindre grâce à une poulie de bois équipée d'une chaînette. Une lanterne protégée par Dieu !

Adresse utile

Office de tourisme : *pl. de la Mairie. ☎ 04-71-00-01-16. • la-chaise-dieu.info • Mai-juin et sept, ouv tlj sf lun ; juil-août, tlj ; hors saison, mar-sam sf mer ap-m hors vac scol.* Liste des hôtels, restos, chambres et tables d'hôtes, guide de visite gratuit. Visites guidées régulières de la ville, du chemin de ronde et de l'abbaye. Possibilité de visites en langue des signes sur réservation. Pour les bons marcheurs, 18 circuits pédestres et 195 km de sentiers avec topoguides, et carte de la route des Métiers sur l'artisanat régional, pour ceux qui ne l'auraient pas déjà utilisée en visitant le nord du parc. Billetterie et programme du festival et du nouvel auditorium installé dans les anciennes écuries restaurées.

Où dormir ? Où manger ?

Camping

Camping municipal Les Prades : *☎ 04-71-00-07-88 ou 01-57 (hors saison). • otcasadei@wanadoo.fr • la-chaise-dieu.info • ♿ À 2 km au nord de la ville, sur la droite, en allant vers Ambert et Vichy. Ouv juin-sept. Résa à l'office de tourisme. Forfait 2 pers 9,30 € ; chalets 102-321 €/sem selon saison. CB refusées. 11e nuit offerte sur le camping sur présentation de ce guide.* Un agréable camping de 100 emplacements et 10 chalets, dans un cadre propre, ombragé, planté de pins, près d'un plan d'eau et des départs de randonnées. Snack-bar de l'autre côté du plan d'eau.

Prix moyens

La Casadeï : *pl. de l'Abbaye. ☎ 04-71-00-00-58. • lacasadei@orange.fr • hotel-la-casadei.com • Sur la place, au pied des escaliers de l'abbaye. Ouv début mai-sept. Resto-brasserie ouv tlj 18-30 août ; le reste du temps, le midi slt. Doubles 52-69 €. Menus 18-28 €. Café offert sur présentation de ce guide.* On entre dans cet hôtel en passant par une terrasse et une galerie d'art. Les plus belles chambres font face à l'abbaye. Une grande terrasse à l'avant et une petite à l'arrière pour grignoter aux beaux jours.

Chambres d'hôtes La Jacquerolle : *chez Carole Chailly, rue Marchédial. ☎ 04-43-07-60-54. • lajacquerolle@hotmail.com • lajacquerolle.com • En redescendant du village, derrière la* *pl. de l'Abbaye. Doubles avec douche et w-c 70-75 €. Dîner sur résa 25 €, boisson comprise. Apéritif et café offerts, réduc de 10 % sur le prix de la chambre à partir de 2 nuits consécutives (sf juil-août) sur présentation de ce guide.* Maison de caractère abritant des chambres charmantes, aux meubles rustiques et à la déco fleurie. Boiseries patinées, tapis moelleux, tissus aux murs et vue superbe sur la nature verdoyante du Forez. Accueil discret et chaleureux. Table d'hôtes au coin du feu.

Hôtel de l'Écho – Restaurant de l'Abbaye : *pl. de l'Écho. ☎ 04-71-00-00-45. • hoteldelecho@orange.fr • Ouv début avr-11 nov. Resto fermé mer (sf juil-août). Congés : 11 nov-Rameaux. Doubles 49-68 € selon taille et confort (78 € pdt le festival). Menus 19-52 € ; carte env 35 €. Réduc de 10 % sur le prix de la chambre sur présentation de ce guide.* Un hôtel de bon goût qui affiche complet pendant le festival et qui a vu passer nombre de têtes célèbres à cette occasion. Dans les anciennes cuisines du monastère, sur un air de musique classique, vous dînerez dans une belle salle à manger Louis XIII. Meubles anciens bien mis en valeur. Chambres de qualité, dont certaines refaites, offrant une superbe vue sur l'abbaye (comme la n° 7 ou la n° 15, à réserver absolument !). Le resto propose quelques spécialités savoureuses et un chariot de desserts maison à volonté (un régal !). Grande terrasse aux beaux jours. Attenantes à l'hôtel, dans *La Maison de l'Abbé,* 2 chambres d'hôtes luxueuses avec cuisine commune. Déco thématique « Lafayette » et « Cziffra » ; la seconde, en duplex, jouit d'un spa.

Où dormir ? Où manger à Craponne et dans les environs ?

Auberge de la Dorette et chambres d'hôtes des Quatre Saisons : *le bourg, 43160* ***Bonneval.*** *☎ 04-71-00-01-38. À 5 km à l'est de La Chaise-Dieu par la D 20. Resto ouv tlj en juil-août ; fermé dim soir et lun le reste de l'année. Congés : janv. Double 65 €. Formule 18 € en sem ; menus 24-34 €. Apéritif offert sur présentation de ce guide.* Une bonne auberge, comme on aimerait en rencontrer souvent sur sa route. Ses gérants font partie de ces restaurateurs à l'ancienne qui jouent sur la qualité des produits. Belle terrasse avec vue aux beaux jours, et feu dans la cheminée le reste du temps, c'est-à-dire une grande partie de l'année. Également 4 chambres d'hôtes agréables installées dans une vieille auberge restaurée en contrebas.

Chambres d'hôtes L'Estive : *chez Christian et Geneviève Prevot, 43160* ***Bonneval.*** *☎ 04-71-00-91-12. • chambresdhoteslestive@orange.fr • chambresdhoteslestive.fr • (2 chambres). À env 3 km de La Chaise-Dieu sur la D 906 en direction du Puy, prendre 2 fois à gauche et continuer le chemin sur 1,5 km. Ouv tte l'année. Camping env 10 € ; double 59 €. Repas sur résa 20 €. Animaux non admis.* On aime beaucoup cette longère du début du siècle dernier, superbement restaurée par un couple revenu au pays. Vaste salon commun avec cheminée et TV accessible par une entrée indépendante. Belles chambres tout confort, mansardées pour la plupart avec velux d'angle pour une plus grande luminosité. Toutes ont du charme et sont particulièrement soignées. Possibilité de camper dans le vaste terrain ombragé et d'utiliser les sanitaires réservés. Bonne table où l'on apprécie les légumes du jardin et les produits locaux. Excellent accueil pour parfaire l'ensemble.

Chambres d'hôtes La Maison du Lac : *chez Joëlle Le Jean, lac de Malaguet, 43270* ***Monlet.*** *☎ 04-71-00-21-48. • lacdemalaguet@wanadoo.fr • lac-de-malaguet.com • À env 7 km de La Chaise-Dieu sur la D 13 en direction d'Allègre. Fermé déc-mars. Doubles 60-70 € selon confort. Repas sur résa 25 €. Réduc de 10 % sur le prix de la chambre sur présentation de ce guide.* Joëlle Le Jean s'est installée avec son mari Christian Rollet, musicien, au bord du lac de Malaguet pour remettre en état la propriété familiale et aménager une grande maison d'hôtes dans une ancienne fabrique de rubans datant de la fin du XIXᵉ s, située sur la digue. 5 chambres confortables, 2 grandes à l'étage dont une avec vue sur le lac, et 3 plus petites de plain-pied côté jardin. Un jardin bordé par la forêt, dans lequel les hôtes peuvent trouver tranquillité et détente, à moins qu'ils ne préfèrent se réfugier au salon près de la cheminée. Table d'hôtes à partir de produits majoritairement bio ou sélectionnés auprès des producteurs locaux. Joëlle concocte des repas savoureux comportant des spécialités d'Auvergne : soufflé à la fourme d'Ambert, soupe de lentilles aux moules, poulet à la verveine, ainsi que les grands classiques ! Le petit déjeuner est généreux et propose des confitures et pâtisseries maison. Possibilité de panier pique-nique à midi.

Chambres d'hôtes Le Moulin Picard : *chez Sylvie et Philippe Dimitrieff, hameau de Salettes, 43270* ***Allègre.*** *☎ 09-75-70-50-80. 06-81-33-66-90. • lemoulinpicard@orange.fr • lemoulinpicard.fr • À 17 km au sud de La Chaise-Dieu par la D 906 puis la D 13 ; au bourg d'Allègre, prendre à gauche après le casino et suivre le fléchage sur 2,5 km. Congés : nov-1er avr. Doubles 80-85 €. Repas, sf mer, sur résa 25 €. Animaux non admis dans la salle à manger. Réduc de 10 % sur la chambre sur présentation de ce guide.* Dans un vieux moulin au mécanisme encore en état de fonctionnement, 5 petites chambres sobres aménagées dans l'étable avec accès direct à une piscine extérieure couverte et chauffée. Le grand plus de cette luxueuse adresse est l'équipement de loisir inclus dans le prix pour rendre le séjour des plus agréable : salle de détente et de fitness (spa, sauna, hammam, tapis de course, plaque vibrante, vélo elliptique...), salle de jeux (billard, baby-foot...), table de ping-pong, balançoire, terrain de pétanque, minigolf et VTT à disposition. Également immense salle commune avec cheminée pour les fraîches soirées.

Où boire un verre ? Où grignoter un morceau ?

Le Croc et Broc : *rue Saint-Martin. ☎ 04-71-00-11-74. • crocetbroc.fr • Juil-août, tlj 10h-22h30 (20h30 en basse saison et fermé mar ap-m et ven). Congés : nov-déc. Carte 15-20 €. Café offert sur présentation de ce guide.* Brocante-salon de thé-restaurant pas triste. Des petits trains, de la vaisselle ancienne, des objets religieux dans les vitrines. On pousse la porte de ce salon de thé inhabituel, tout de bric et de broc, pour croquer un morceau, tout en avalant un verre de badoulin rouge, pour trouver plus belle la vie. Belles assiettes « d'ici ou d'ailleurs ». Terrasse cachée. Salon de thé l'après-midi.

Librairie-tisanerie L'Oie Bleue : *rue Saint-Martin. ☎ 04-71-00-08-01. • loiebleue.fr • Tlj sf lun-mar 9h30-12h30, 14h30-19h (18h dim et j. fériés) ; ouv mar en été ; fin du service 30 mn avt la fermeture de la librairie ; horaires élargis en été et pdt le festival de Musique sacrée.* Peut-on parler de salon de thé-bibliothèque pour cette délicieuse petite librairie spécialisée notamment dans les livres régionaux, les polars et les ouvrages pour les enfants ? 3 tables seulement, autour du vieux poêle, et une déco qui joue sur la nostalgie sans exagération. Plein de plantes du Velay à tester, selon l'humeur.

Où acheter de bons produits ?

L'Auvergne Gourmande : *pl. de la Mairie. ☎ 04-71-00-10-12. En saison, ouv tlj.* Produits régionaux, conserves de champignons, confitures, etc. Bons jus de fruits de la ferme de Baffour.

À voir

L'abbaye Saint-Robert : *pl. de l'Abbaye. ☎ 04-71-00-06-06. • abbaye-chaise-dieu.com • Tlj sf dim mat (messe) et lun (oct-avr hors vac scol) 10h (9h* *en été)-12h, 14h-17h (18h mai-juin et sept) ; de début juil à mi-août, en continu 9h-19h, limité pdt la durée du festival de Musique sacrée. Fermé en janv sf w-e. Entrée : env 4 € avec la salle du trésor ; réduc. Possibilité de visites guidées.*

Après la cathédrale de Clermont-Ferrand, c'est le plus important édifice gothique d'Auvergne.

– *La triple nef :* à l'intérieur, le dépouillement est frappant. On se retrouve dans un immense vaisseau de pierre, austère et nu. Pas de transept, pas de déambulatoire ni de chapiteaux au sommet des colonnes. Seulement la pureté des croisées d'ogives.

– *Le jubé :* cette curieuse barrière (XVe s) à trois arcades sépare le chœur des moines du reste de l'église. Symbolique, le jubé marquait autrefois la séparation entre le monde des pécheurs (le commun des mortels) et celui des moines.

– *Le chœur des moines :* c'est la partie la plus intéressante de l'abbaye en raison du tombeau de Clément VI, de la fresque de *La Danse macabre* et des tapisseries.

– *Le tombeau de Clément VI :* de son vrai nom Pierre Roger de Beaufort. Sa dépouille fut mise dans ce tombeau en 1353. Il avait décidé, avant même de passer à trépas, que sa dépouille reposerait ici, immortalisée dans du marbre blanc posé sur une table de marbre noir apporté spécialement en Auvergne.

– *Les tapisseries :* tendues au-dessus des stalles du chœur, elles forment une longue tenture de 65 m de long sur 2 m de haut. Réalisées dans les Flandres au XVIe s avec de la laine, des fils de soie, du lin, du métal, de l'or et de l'argent, elles sont d'une valeur inestimable et furent cachées sous des bottes de paille pendant la Révolution, puis restaurées par deux fois en 1973 et 1996. Dix pièces uniques, racontant différents épisodes de la Bible (pour les passionnés, un petit guide complémentaire est en vente à l'accueil).

À l'origine, ces tapisseries étaient destinées à servir de catéchisme à ceux qui ne savaient pas lire. Il fallait donc raconter avec des images édifiantes les principaux épisodes de la vie du Christ (de l'Annonciation à Marie jusqu'à la Résurrection), en prouvant à chaque fois le lien entre le Nouveau et l'Ancien Testament. Exemple : dans la scène 18, on voit le Christ mort étendu dans son sépulcre. Sur la droite, un homme torse nu qui lui ressemble se penche du haut d'un navire vers un animal marin. Il s'agit de Jonas, personnage bien connu de l'Ancien Testament. En haut à droite, un quatrain écrit en latin explique le lien entre le Christ et Jonas : « Jonas, le prophète de Dieu, étant jeté à la mer, est abrité, sans dommages, trois jours dans le ventre d'un gros poisson. De même, le corps du Christ, déposé dans le sépulcre, est préservé de la corruption durant trois jours. » Pour chaque tapisserie on retrouve la même mise en scène.

– *La Danse macabre :* cette fresque inachevée (cette esquisse, dirons-nous plutôt !) colorée, faite de chaux, reste un fascinant mystère... Réalisée au XVe s par un moine inconnu, sur le mur arrière du chœur, elle se divise en trois panneaux peints (26 m de long). On y voit 23 personnages se donnant la main pour une danse médiévale. Un pape ouvre la danse et un moine « ensevelisseur » la ferme. Entre ces deux personnages défile une farandole de danseurs représentant les différentes classes de la société. On y voit aussi des figures comme le roi de France, un chevalier, une dame de cour et même un petit enfant en filigrane. Le message de la fresque est simple : riche ou pauvre, puissant ou manant, nous sommes tous égaux devant la mort.

– *La pierre pour laver les cadavres :* sous le deuxième panneau de la fresque de *La Danse macabre* se trouve une pierre de taille humaine, en granit, qui servait autrefois à étendre les cadavres des moines, à les laver avant de les ensevelir.

– *L'orgue :* imposant buffet d'orgue en cœur de pin qui occupe toute la largeur de la nef. Beau travail de sculpture, avec notamment des caryatides et des têtes de lion.

Le cloître : *au sud de l'église.* Il reste deux belles galeries de ce cloître gothique flamboyant construit à la fin du XIVe s.

La salle de l'Écho : *pl. de l'Écho. Oct-Pâques, tlj sf dim 10h-18h (17h en basse saison). Entrée gratuite avec libre participation.* Décoration Renaissance d'origine, chargée de lierre peint au plafond. Un des endroits les plus visités de l'abbaye, en raison d'un étrange phénomène acoustique.

LES MURS ONT DES OREILLES...

Si deux personnes se placent aux angles diamétralement opposés de la salle de l'Écho, la première peut chuchoter ; et la seconde l'entendra très distinctement, sans que cela soit perçu des autres visiteurs. La légende dit que cette pièce carrée servait autrefois à confesser les lépreux. Ainsi le malade pouvait se confesser et le confesseur garder ses distances, sans prendre le risque d'être contaminé.

Manifestations

– **Festival de Musique sacrée :** *pdt 15 j. fin août. Infos et billetterie auprès de l'office de tourisme. Programme détaillé à consulter sur • chaise-dieu.com •*
– **Foire forestière :** *8 sept.* Concours d'abattage et de porteurs. Démonstration de matériels. Animations autour du bois.
– **Foire aux champignons :** *le dernier jeu d'oct.* Grand marché aux champignons où chacun vient vendre sa cueillette. Animations et omelette géante.

DANS LES ENVIRONS DE LA CHAISE-DIEU

➢ **Le train touristique et panoramique Agrivap :** *gare d'Ambert (dans le Puy-de-Dôme). ☎ 04-73-82-43-88. • agrivap.com • Le train part de la gare de La Chaise-Dieu et rallie Ambert puis Courpière certains jours. Circule juil-août (voir trajets et horaires à l'office de tourisme). Trajet A/R : 3h pour Ambert. Prix : env 14,50-19,50 € selon trajet ; réduc ; gratuit jusqu'à 5 ans ; tarif couplé avec la visite du musée de la Machine agricole et à vapeur (voir à Ambert dans « Le Puy-de-Dôme ») : env 17 €.* Pour les amateurs de train antistress, une sympathique balade à travers les monts du Forez et les insolites paysages du Livradois-Forez jusqu'à Ambert.

➢ **Le circuit pédestre du château de Folgoux** *(13 km, 3h15, en boucle, sans les arrêts) : au départ de La Chaise-Dieu. 17 autres parcours en boucle proposés, dont « Serpent d'or » (3,7 km, 1h15) et « La croix de Bancillon » (11 km, 2h45), l'un de nos préférés. Topoguides disponibles à l'office de tourisme de La Chaise-Dieu (9 €).* Au bas des grands escaliers, prendre la route en direction de Brioude. Le balisage jaune, tel un fil d'Ariane, conduit les randonneurs dans un chapelet de parcelles boisées où, dans le silence, il n'est pas rare de croiser un chevreuil. À plusieurs reprises, on marche à découvert, ce qui permet d'admirer, entre autres, le petit château de Folgoux et le plan d'eau de la Tour. Difficile de résister alors à une petite traversée en embarcation à pédales !

➢ **La route de la vallée de la Senouire :** pour ceux qui auraient envie de rejoindre directement Chavaniac-Lafayette (40 km, environ 1h ; voir plus loin « Dans les environs de Langeac »). Il suffit de suivre les indications à la sortie de La Chaise-Dieu (prendre la petite route de campagne dans la ville, près de la place de l'Abbaye). Bucolique à souhait, calme, étroite, aux paysages dignes des plus belles boîtes de puzzles géants, une vallée verdoyante et sauvage à la route un peu sinueuse, qui a le mérite d'être un accès original pour qui veut rejoindre le village du général (La Fayette, bien sûr) !

➢ **La route de campagne entre La Chaise-Dieu et Craponne-sur-Arzon :** si vous continuez de nous suivre dans le nord du département, en pleine campagne, voilà une route 100 % nature parsemée de quelques villages, dont ***Bonneval,*** tout mignon et bien restauré avec son église, sa petite mairie et son auberge (voir plus haut « Où dormir ? Où manger dans les environs ? » à La Chaise-Dieu).

CRAPONNE-SUR-ARZON

(43500) 2 150 hab. *Carte Haute-Loire, C1*

La plus importante ville du nord du département, cité dentellière. Si ses ruelles historiques ne vous retiennent pas longtemps prisonnier, en dehors d'un festival aujourd'hui célèbre dans toute l'Europe, profitez de votre passage ici pour découvrir les communes de son canton, petits villages paisibles en plein parc du Livradois-Forez : Jullianges et son hippodrome le plus haut d'Europe, Beaune-sur-Arzon, son vieux canon allemand et ses forêts de résineux, Chomelix et son centre de remise en forme...

Adresse utile

Office de tourisme : *pl. du For. ☎ 04-71-03-23-14. ● otcraponne.com ● Oct-mai, ouv l'ap-m mar-jeu et mat jeu-sam ; juin-sept, mar-sam (plus dim mat et lun en juil-août).* Nombreux documents sur la région et le canton. Propose des balades contées dans le pays de Craponne en été.

Où dormir ? Où manger à Craponne et dans les environs ?

L'Instant Gourmand : *2, rue du Petit-Quina, Z.A. Rechimas, à la sortie de Craponne en direction de Saint-Bonnet-le-Château. ☎ 04-71-03-65-98. Fermé le soir lun-mar, plus mer-jeu et dim hors saison. Formule déj en sem 12,50 € ; menus 25-55 €. Café offert sur présentation de ce guide.* L'adresse gastronomique de la ville où le jeune et talentueux Philippe Girard surprend ses hôtes avec des plats savoureux et des mélanges audacieux mis en valeur par un dressage joliment fait, comme son filet de rouget à la vanille, ses farcis aux langoustines et ses cannellonis de Saint-Jacques. Cadre moderne et déco feutrée dans une vieille bâtisse avec une belle cheminée, et petite salle toute simple pour une formule économique le midi. Aux beaux jours, on file en terrasse...

Chambres d'hôtes La Crapounette : *chez Marie-Claude Rouyer, Doulioux, 43500* ***Craponne-sur-Arzon.*** *☎ 04-71-03-20-32. ● marieclaude.rouyer@wanadoo.fr ● crapounette.com ● À 2,5 km du centre de Craponne, par la rue de l'hôpital, toujours tt droit jusqu'à Doulioux ; c'est à la sortie du village sur la droite. Congés : 20 déc-6 janv. Doubles 55-65 €. Réduc de 10 % à partir de la 4e nuit et apéritif maison offert sur présentation de ce guide.* Cette jolie ferme au toit de tuiles et aux murs en pierre claire abrite 3 chambres impeccables, dont une familiale en duplex, à la déco soignée alliant bois et couleurs douces. Pas de table d'hôtes, mais un copieux petit déj avec confitures maison. Une grande salle au 1er étage de l'ancienne grange propose un espace de jeux pour les enfants, des livres sur la région, et même un coin de remise en forme. Dans les champs et les forêts alentour, plus de 200 km de parcours balisés pour d'agréables balades à pied ou à VTT. Idéal pour un séjour au vert et au calme.

Chambres d'hôtes Le Clos Saint-François : *chez Karine Chouvet, 43500* ***Beaune-sur-Arzon.*** *☎ 04-71-01-23-95. ● karine.chouvet@orange.fr ● leclosstfrancois.com ● Au sud de Craponne, par la D 1. La maison est en face de l'église. Fermé de mi-nov à mi-mars. Doubles 60-70 €. Table d'hôtes 20 €.* Grand et ancien couvent du XVIIIe s, que Karine et sa mère, passionnées de déco, ont restauré dans le plus grand respect des lieux, tout en lui apportant vie et couleurs. 4 chambres, dont une familiale, où il fait bon séjourner. Ici, tout est harmonie, sérénité et plaisir de vivre. Le plancher grince un peu, la pendule marque les heures, on se sent en sécurité. Très belles et grandes salles de bains. Excellent petit déj. Grande cour ombragée de tilleuls, joli jardin, et possibilité de garage sur place.

Auberge de l'Arzon : *pl. de la Fontaine, 43500* ***Chomelix.*** *☎ 04-71-03-62-35. • aubergedelarzon@wanadoo.fr • auberge-de-larzon.com • ♿ À 8 km au sud de Craponne, dans le village de Chomelix, à gauche. Ouv mai-sept. Resto fermé dim soir-mar (lun-mar midi slt en juil-août). Résa conseillée en été. Doubles bien équipées et confortables 60-65 € ; ½ pens 58 €/pers. Formule 20 € en sem ; menus 33-50 €.* Une bonne auberge villageoise devenue l'une des tables les plus courues de la région. Les chambres, impeccables, sont situées dans une annexe moderne et calme, avec vue sur un joli jardinet. Côté resto, bonne cuisine de terroir à base de produits frais (foie gras maison). On vous suggère une petite promenade digestive dans le village et jusqu'aux gorges de l'Arzon en contrebas.

Manifestation

– **Festival de Musique country :** *le dernier w-e de juil. ☎ 04-71-03-25-52. • festivaldecraponne.com • Entrée : env 37 € par journée ; forfait 3 j. 67 € ; réduc.* Un festival qui prend chaque année plus d'ampleur, dans les grands espaces du Midi de l'Auvergne.

DANS LES ENVIRONS DE CRAPONNE-SUR-ARZON

➢ ***Balade autour des vestiges du château d'Arzon :*** à 10 km au sud de Craponne, à la sortie de Chomelix, une petite route très escarpée (être bien chaussé) part vers la gauche direction « château d'Arzon ». Au bout, un chemin de terre, et une balade d'environ 30 mn aller-retour pour découvrir les vestiges du château, mais surtout une superbe vue sur les monts de la région. Pour les amateurs de vieilles pierres (enfin, ce qu'il en reste !) et de balades en plein air.

➢ ***Les éboulis de Bourianne :*** *sur la commune de* ***Saint-Julien-d'Ance,*** *à 10 km à l'est de Craponne-sur-Arzon.* Il y a 6,5 millions d'années, une coulée de lave a parcouru plus de 5 km dans cette vallée peu profonde. Un chemin permet de monter jusqu'au sommet, où se trouve une table d'orientation. Compter 1h de marche. Superbe point de vue.

– ***Le domaine des Marches d'Auvergne :*** *sur la D 1, 43500* ***Chomelix.*** *☎ 04-71-01-21-06. ♿ Sur la droite dans le village. Ouv tlj. Nocturne jeu.* Si vous avez envie d'un peu de détente, espace de remise en forme : jacuzzi, sauna, hammam, soins divers. Propose aussi du tir à l'arc, des courses d'orientation, etc.

PAULHAGUET ET LE VAL DE SENOUIRE

(43230) 1 000 hab. *Carte Haute-Loire, B1*

Chef-lieu de canton, à 16 km au sud-est de Brioude. Situé sur une colline (à 525 m d'altitude), un peu à l'écart de la route nationale, le village a un côté presque méridional les jours de soleil et de marché.

Adresse utile

Bureau d'accueil : *pl. Lafayette. ☎ 04-71-76-62-67. Au centre de Paulhaguet. Juil-août, ouv tlj.*

Où dormir dans les environs ?

Chambres d'hôtes La Ptite Maison : *chez Hélène et Thierry Driot, hameau de Faveyrolles, 43230* **Chassagnes.** *☎ 04-71-76-66-61. 06-77-13-97-32. • hth.driot@wanadoo.fr • la-ptite-maison.com • À 4 km au nord-est de Paulhaguet, par la D 22. À Chassagnes, à la hauteur de l'église, prendre à gauche une petite route de campagne qui mène vers Faveyrolles, terminus du chemin. Congés : 23 déc-3 janv. Doubles avec douche et w-c 52-56 € selon saison. Dîner 14 € sur résa.* Au cœur d'un charmant hameau paysan, au bout du monde, cette maison d'hôtes en pierre, voisine de celle des propriétaires, donne sur un petit vallon, champêtre et boisé, où il fait bon poser son sac en fin de journée. Il y a une chambre avec une mezzanine (2 à 6 personnes), un coin cuisine et une cheminée pour les soirées trop fraîches. Une adresse rustique, calme et accueillante. On ne regrette pas le détour !

Domaine Saint-Roch : *au hameau de* **Salzuit.** *☎ 04-71-74-04-23. • contact@hotel-auvergne-saintroch.com • hotel-auvergne-saintroch.com • Face à Paulhaguet, de l'autre côté de la N 102. Ouv tte l'année. Doubles 90-115 € selon confort et saison.* Ancienne demeure seigneuriale du XIIe s transformée récemment en hôtel de charme doublé d'un spa proposant des soins à l'argile. Chambres modernes et confortables, toutes de taille et de styles différents, allant de spacieuses et hautes de plafond à plus petites mais tout aussi soignées dans les anciennes chambres de bonne du château. Petite chapelle attenante et belle terrasse face aux jardins à la française offrant une vue dégagée sur Paulhaguet et sa campagne vallonnée. Tenue par un jeune couple dévoué, une étape un brin onéreuse ; mais pour se refaire une santé...

À voir dans le val de Senouire

Le château de Domeyrat (43230) **:** *à 6 km au nord de Paulhaguet, sur la D 20 vers Lavaudieu. ☎ 04-71-76-68-42. • chateaudedomeyrat.com • Visites interactives en juil-août, tlj sf sam 14h-17h. Entrée : 6,60 € ; réduc.* Fondé au XIIIe s et perché tel un nid d'aigle au sommet d'un éperon rocheux dominant le village, le château de Domeyrat, avec ses restes de tours dressées dans le ciel, devait avoir fière allure au temps où il était habité. L'été, la légende revit avec son spectacle historique ; évadez-vous en imagination et en bonne compagnie : « Et tant d'Arts » (tout un programme !), compagnie implantée au bourg, vous entraîne sur les pas des chevaliers d'antan...

Le musée de la Résistance Joseph-Lhomenède : *à la gare de* **Frugières-le-Pin.** *☎ 04-71-76-42-15. À 7 km au nord de Paulhaguet, sur la route de Lavaudieu. Juin-oct, tlj 10h-12h, 14h-19h ; le reste de l'année, slt w-e et j. fériés 14h-18h. Entrée : 4 € ; réduc ; gratuit moins de 7 ans.* Le musée est dédié à Joseph Lhomenède, maire de la commune en 1939 et conseiller général de Paulhaguet. Devenu, dès 1941, le chef de la Résistance dans le secteur, il fut arrêté par la Gestapo en février 1944, puis déporté à Buchenwald, où il mourut en août de la même année. Maurice Capelani, grand passionné, enfant de résistant et gendre de Joseph Lhomenède, est incollable sur le sujet et ne manquera pas de vous raconter quelques anecdotes ou vous montrera sa photo en compagnie de Jacques Lanzmann, ouvrier de ferme devenu jeune résistant dans la région. Le livre de Lanzmann, *Le Têtard,* se déroule d'ailleurs dans les environs. À l'intérieur : nombreux souvenirs intéressants de la Résistance dans la Haute-Loire. Matériel de presse, affiches, mannequins en uniforme, armes, véhicules d'époque (sur demande). Musée un peu chargé, mais passionnant lieu de mémoire qui mériterait un peu plus de soutien.

LAVAUDIEU (43100) 230 hab. *Carte Haute-Loire, B1*

Construit autour d'une abbaye romane, ce village resté authentique, à 12 km au sud-est de Brioude, est classé parmi les Plus Beaux Villages de France. C'est au fondateur de l'abbaye de La Chaise-Dieu que les moniales durent la création, vers le milieu du XIe s, de ce prieuré conventuel isolé sur un froid plateau du Livradois. Pour avoir une vue d'ensemble du site et admirer le village d'en haut, l'idéal consiste à arriver par une petite route de campagne, qui se prend exactement à 8 km au sud de Brioude, sur la N 102, en direction du Puy. La route traverse des bois et descend la colline jusqu'au village (à 550 m d'altitude). La balade dans les ruelles doit se faire de préférence tôt le matin ou en fin d'après-midi, pour la lumière. Une découverte délicieuse...

Adresse utile

Point information : *pl. de l'Abbaye. ☎ 04-71-76-46-00 ou 08-90. Pâques-oct, tlj sf mar ; juil-août, tlj.* Petit bureau accueillant.

Où dormir ? Où manger ?

Chambres d'hôtes La Maison d'à Côté : *chez Marie et Pascal Robert. ☎ 04-71-76-45-04. Le long de la rivière, à l'angle près du vieux pont. Double avec sdb 58 €.* Dominant le cours paisible de la Senouire et le pont aux arcades joliment cambrées qui l'enjambe, cette maison ancienne de charme, aux volets verts, présente des chambres impeccables et coquettes. Depuis les balcons fleuris, la vue est vraiment superbe et reposante. Également un mignon petit potager, entretenu par les propriétaires, installés dans la maison mitoyenne.

Chambres d'hôtes La Buissonnière : *chez Andrée et Michel Isabel. ☎ 04-71-76-49-02. • andree.isabel@wanadoo.fr • 43labuissonniere.monsite.orange.fr • Au bout du village, sur la gauche. Ouv avr-oct. Double 55 €. Réduc de 10 % sur le prix de la chambre à partir de 3 nuits sur présentation de ce guide.* Charmant couple de retraités, Andrée et Michel ont restauré cette ancienne maison vigneronne et aménagé 3 chambres biscornues et coquettes, toutes différentes, en duplex ouvrant sur la rivière. Pas de table d'hôtes mais copieux petit déj servi sur la terrasse du jardin fleuri. Un lieu reposant.

Restaurant Court la Vigne : *au bourg, sur la pl. centrale du village. ☎ 04-71-76-45-79. Fermé mar-mer. Congés : déc-janv. Résa vivement conseillée le w-e et en saison. Au café, assiette du pèlerin en été env 10 € ; côté resto, formule déj 16 €, menus 24-30 €.* Dans une bergerie rénovée dans un style moderne et original, où la déco pleine de charme invite au voyage, un couple sympathique et accueillant privilégie une cuisine mélangeant habilement tradition et modernité. Le chef change régulièrement sa carte et n'utilise que des produits frais. La spacieuse salle à l'étage est plus guindée, alors qu'en bas c'est simple et convivial et l'on vous y servira « l'assiette du pèlerin ».

À voir

Pour bien découvrir les lieux sans être gêné par la circulation, *il est obligatoire de se garer sur le parking situé au pied de la ville,* d'où l'on observera une jolie vue d'ensemble sur la cité.

LE LIVRADOIS-FOREZ ET LE SUD DU FOREZ

UN CHRIST DÉCAPITÉ !

Ce qui surprend peut-être le plus les visiteurs, à l'intérieur de l'église abbatiale, c'est la découverte d'une copie de la tête du Christ de Lavaudieu, conservée au musée du Louvre et exhibée ici, sans son corps... vendu au Cloisters Museum de New York !

✱✱ *L'abbatiale Saint-André :* les parties les plus anciennes datent des XIe et XIIe s. À l'extérieur, observez le clocher : il fut décapité à la Révolution, puis recouvert et surmonté non plus d'un traditionnel coq, mais d'un bonnet phrygien. À l'intérieur, au centre de la nef, beau Christ en majesté. Superbes peintures murales de l'école italienne (XIVe s), avec une curieuse allégorie de la peste qui ravagea le pays vers 1350 : la *Mort noire.*

✱✱ *Le cloître roman :* *☎ 04-71-76-46-00. ● abbayedelavaudieu.fr ● Pâques-Toussaint, tlj sf mar visites guidées obligatoires à 10h, 11h, 14h, 15h30 et 17h (plus 18h juil-août). Billet d'entrée, jumelé avec la maison des Arts et Traditions populaires : 5 € ; réduc.* Le cloître de Lavaudieu est impressionnant, et c'est l'unique cloître de style roman conservé intact en Auvergne. Remarquez l'élégance des arcades et la galerie supérieure en auvent, sorte de véranda en bois de chêne. Au sud, une vaste salle que l'on continue d'appeler, faute de renseignements précis, le *réfectoire,* abrite une fresque d'influence byzantine (XIIe s).

✱ *La maison des Arts et Traditions populaires :* *sur la pl. de l'église, près de la fontaine. ☎ 04-71-76-08-90. Mêmes dates et horaires d'ouverture que le cloître, avec billet d'entrée jumelé.* À l'intérieur, une maison de paysan a été soigneusement reconstituée dans l'ancienne boulangerie, conservée à l'identique : au rez-de-chaussée, une collection de coiffes, la cuisine, le four à pain et la souillarde (la réserve de nourriture). Les pièces, à l'étage, donnent un autre aperçu de la vie dans la région vers la fin du XIXe s : une chambre de dentellière, la chambre des enfants avec des berceaux, dont un à balancier qu'on pouvait actionner du rez-de-chaussée et celle des parents.

✱ *La maison de l'Abeille :* *rue Louis-Dejax. ☎ 09-64-19-38-43. Avr-sept, jeu-dim (tlj juil-août) 10h-12h30, 14h30-19h.* Exposition permanente sur l'apiculture, l'abeille et son environnement. Ruche vivante. Vente de produits et visites guidées.

BRIOUDE ET L'OUEST DE LA HAUTE-LOIRE

BRIOUDE (43100) 6 700 hab. *Carte Haute-Loire, A1*

Dans la plaine de l'Allier, au pied des monts finissants de la Margeride et du Velay (à 434 m d'altitude), Brioude s'avère être un bon point de chute pour sillonner la région, car tout est à moins de 1h : à mi-chemin de Clermont-Ferrand et du Puy-en-Velay, la ville est aux portes des parcs naturels d'Auvergne et non loin du parc Vulcania. C'est en outre une étape du chemin de Compostelle entre Clermont-Ferrand et Cahors. Au sud, la vallée de l'Allier, la haute Margeride, et au nord, le pays de Limagne (Puy-de-Dôme). Accès rapide par l'autoroute A 75 à 10 km (sortie 20 ou 22). Les gares de Brioude et Arvant sont sur le trajet du Paris-Nîmes « Le Cévenol ».
En ville, dans le centre ancien, vieux de plus de 1 000 ans, un chef-d'œuvre à ne pas manquer : la basilique Saint-Julien, une des plus belles églises romanes d'Auvergne.

Les saumons frayaient par milliers au XIXe s dans l'Allier, attirant les pêcheurs des quatre coins de France et de l'étranger. Aujourd'hui très rares, ils n'ont pourtant jamais été autant à l'honneur à Brioude, au musée, au restaurant, dans les conversations, partout. Curieux phénomène ! Quant aux abeilles, c'est simple : elles figurent sur le blason de la ville depuis la Révolution. Pourquoi ? La devise de Brioude est *Concordia et labore*, soit « entente et travail »... comme les abeilles.
Pays de pêche et de randonnées, il est aussi celui de la dentelle, toujours à l'honneur dans l'hôtel qui lui est dédié.
Autre signe de l'avancée des idées de cette petite cité : l'existence dès le XVIIIe s d'une loge de francs-maçons (la première de province), qui fut l'une des plus actives de toute l'Auvergne.
Plusieurs galeries d'art et d'artisanat d'art proposent toute l'année en centre-ville les expositions de peintres et d'artistes contemporains, contribuant à donner une nouvelle image, plus jeune, plus colorée, à une cité devenue pour beaucoup, avec l'autoroute, la porte d'entrée du « Midi de l'Auvergne ».

Adresses utiles

Office de tourisme : *pl. Lafayette. ☎ 04-71-74-97-49. • ot-brioude.fr • Juil-août, tlj ; sept-juin, tlj sf dim.* Accueil charmant et compétent. Liste des hébergements, plan gratuit de la ville avec circuit pédestre et visites guidées de la basilique. Côté loisirs : guides de randonnées *Vallée et gorges de l'Allier, Chemin de Saint-Jacques-de-Compostelle Clermont-Ferrand/Cahors, De Brioude à Vichy, Topoguide de Brioude* (marche, VTT...), *Brioude, porte des gorges de l'Allier,* ou le guide spécial VTT (400 km de circuits balisés).

Club de canoë-kayak de Brioude : *base du Pont-de-Lamothe. ☎ 04-71-50-43-82. Ouv juin-août pour les loc et tte l'année pour le club.* Équipe sérieuse et professionnelle. Location sur l'Allier ou sur plan d'eau ; nombreuses activités (rando, canoë, kayak). Point Accueil Jeunes géré par le club *(ouv en juil-août, et tte l'année sur résa).*

Où dormir ?
Où manger ?

Camping

Camping La Bageasse : *☎ 04-71-50-07-70. • labageasse@orange.fr • aquadis-loisirs.com • ♿ À 2 km du centre de Brioude, direction Le Puy (indiqué). Ouv d'avr à mi-oct. Snack ouv mai-sept. Forfait 2 pers 13,80 € ; chalets 4-6 pers 198-574 €/sem.* Camping au bord de l'Allier, 3 étoiles, ombragé et calme, avec piscine et chalets ou bungalows à louer. Départ de balade le long de l'Allier jusqu'à Vieille-Brioude.

Prix moyens

Hôtel de la Poste et Champanne : *1, bd du Docteur-Devins. ☎ 04-71-50-14-62. • hpbrioude@wanadoo.fr • hotel-de-la-poste-brioude.com • Resto fermé dim soir et lun midi. Congés : fév. Double 55 €. Formule déj en sem 12 € ; menus 16-48 €. Au resto, café offert sur présentation de ce guide.* Bel hôtel de province appartenant à la même famille depuis des générations, mais qui a été remis sans cesse au goût du jour. Au rez-de-chaussée, le bar est toujours là. Les chambres situées dans une annexe très années 1970, donnant sur une petite rue à l'arrière, sont vraiment paisibles. C'est aussi une des bonnes tables de la ville, réputée pour sa franche cuisine qui vous surprendra agréablement, jouant la carte traditionnelle tout en s'évadant vers des horizons lointains. Accueil souriant.

La Cave Gourmande : *27, rue du 4-Septembre. ☎ 04-71-74-82-76. • contact@lacave-gourmande.fr • ♿ Près de l'hôtel de la Dentelle. Ouv ts les midis sf mer et dim (plus le soir et j. fériés en basse saison). Magasin ouv* *tlj sf mer et dim 10h-19h. Congés : fin juin. Plats du jour ou planches de charcuterie 12-15 € ; formule déj 18 €. Café offert sur présentation de ce guide.* Une adresse gourmande avec un fond de jazz qui vous accompagne durant la visite des rayons, côté magasin, et vous entraîne ensuite vers le coin resto ou en terrasse, selon l'humeur du temps. Une vingtaine de références de vins au verre, pour accompagner un plat du jour, qui invite lui-même au voyage, ou un plateau de charcuterie et de fromage plus local. Forcément sympa.

Restaurant Marquet « Chapitre V » : *16, rue Savaron. ☎ 04-71-50-07-38. • nicocook.marquet@laposte.net • Près de la basilique et de la pl. Saint-Julien. Tlj sf lun soir et mar ; hors saison, fermé le soir dim-mer et soir des j. fériés. Congés : 1re quinzaine de janv, 1 sem en juin et 1re quinzaine de sept. Formule déj en sem 14,50 € ; menus 11,50 € (midi)-29 €. Café offert sur présentation de ce guide.* Voilà un restaurateur qui connaît ses produits, et en fait profiter ses clients à des prix abordables. Cuisine traditionnelle et de terroir : magret de canard au miel de pays, viande de salers, tarte aux myrtilles... Déco moderne refaite récemment et terrasse aux beaux jours.

Chic

Hôtel La Sapinière : *av. Paul-Chambriard. ☎ 04-71-50-87-30. • hotel.la.sapiniere@wanadoo.fr • hotel-sapiniere-brioude.com • Resto ouv ts les soirs sf dim-lun. Congés : fév. Doubles 102-116 €. Formule le soir en sem 23 € ; menus 28-48 € ; carte. Parking gratuit.* Coup de cœur pour cet hôtel installé dans une séduisante structure lumineuse (bois, brique et verre), construite entre 2 anciens bâtiments de ferme, bien mis en valeur. Donnant directement sur le parc, les chambres spacieuses sont décorées avec autant d'humour que de raffinement. La chambre « Vulcania », avec sa tête de lit en lave, est très réussie, tout comme la « Baldaquin » avec vue depuis le balcon sur la basilique, et la plus grande, « Art déco », qui mérite bien son nom. Belle piscine intérieure, jacuzzi. Côté resto, cuisine qui s'amuse à surprendre agréablement les clients avec les produits du terroir mis au goût du jour. Terrasse au calme. Bon accueil.

Où dormir ? Où manger dans les environs ?

Chambres d'hôtes La Vigne Vierge : *chez Jean-Claude Boudon, hameau de Lachaud, 43360* ***Lorlanges.*** *☎ 04-71-76-03-03. 06-83-71-31-98. • j-c.boudon@orange.fr • lorlanges.com • À 9 km de Brioude ; suivre Paulhac, puis Espalem par la D 20 ; par l'A 75 (sortie n° 21 Lorlanges-Lafayette), direction Lorlanges, puis prendre aussitôt à gauche la petite D 192 vers Espalem et Montgon ; c'est indiqué. Ouv tte l'année. Doubles 48-50 €. Repas 15 € tt compris avec les produits de la ferme.* La maison ne se trouve qu'à 4 km de la sortie de l'autoroute, mais passé le seuil de la cour, on oublie immédiatement cette voie bruyante et rapide. Cette bâtisse du XVIe s, restaurée, couverte de vigne vierge, abrite des chambres calmes et coquettes, dont plusieurs familiales. Accueil aimable et attentionné.

La Petite École : *hameau de Rilhac, 43360* ***Vergongheon.*** *☎ 04-71-76-97-43. De Brioude, prendre la direction d'Auzon par la D 14 puis la D 174 à gauche pour Rilhac. Fermé dim soir, lun, mar midi et sam midi. Résa vivement conseillée. Menus 29-35 €.* Un resto gastronomique maintes fois récompensé qui a l'originalité d'être installé dans l'école du village, restée dans son jus (vieilles affiches de géographie, tenues d'écolier au portemanteau et cloche de fin de récré...). En cuisine, Lionel Echaubard, loin d'être un cancre, surprend par une cuisine inventive qui varie en fonction des saisons et de ses humeurs. Une adresse très courue qui n'offre de la place qu'aux meilleurs : ceux qui n'auront pas réservé auront le bonnet d'âne et resteront au coin. Belle terrasse aux beaux jours.

Où boire un verre ?

Café-lecture La Clef : *53, rue de la Pardige. ☎ 04-71-80-48-36. • cafelecturebrioude@gmail.com • Mar-ven 11h-14h30, 17h-22h (minuit ven) ; sam 17h-minuit en saison. Congés : août et 17-31 déc. Café offert sur présentation de ce guide.* Au bout d'une petite impasse, un café bien sympa géré par une association développant des projets culturels en milieu rural. Ateliers d'écriture, scène ouverte à la lecture, projections de films classiques, concerts... Il s'y passe toujours quelque chose ! Possibilité de grignoter sur place.

Cardigan's : *pl. Lafayette, à côté de l'office de tourisme. ☎ 04-71-50-06-16. Ouv mar-sam.* Pub-taverne agréable à la déco très marine. Ambiance très « potes » et animations musicales certains week-ends. On peut aussi y manger.

À voir

La basilique Saint-Julien : *tlj 9h-17h30 (19h juil-août). Visite guidée en été ; rens auprès de l'office de tourisme ou au ☎ 04-71-74-94-59 (maison du Mandrin).* La plus grande église romane d'Auvergne. Le chantier de construction, commencé vers 1060, s'est poursuivi sur quatre générations, « du printemps à l'automne de l'art roman ». D'où sa beauté et son originalité. Superbe pavement en galets et chapiteaux. De l'extérieur, des airs de basilique Saint-Sernin de Toulouse. Depuis 2008, 37 baies de la nef ont été ornées de vitraux contemporains de l'artiste Kim En Joong. Une splendeur à découvrir de l'intérieur, en fin de journée (voir plus loin).

Un peu d'histoire

À l'origine, on trouve l'histoire de Julien, soldat romain converti à la foi chrétienne au début du IVe s. La persécution déclenchée contre les chrétiens par l'empereur Dioclétien l'oblige à partir de Vienne, en Dauphiné, pour se protéger. Arrivé à Brioude, où l'on célébrait des fêtes païennes, il est décapité et inhumé par deux vieillards. Très vite, sa renommée se répand, et son tombeau devient un des hauts lieux de pèlerinage du Moyen Âge. C'est sur ce tombeau que furent édifiées successivement une basilique mérovingienne (VIe-VIIe s), une basilique carolingienne (VIIIe-IXe s) et enfin la magnifique basilique romane que nous connaissons.

Visite

– *L'extérieur :* le chevet à cinq chapelles rayonnantes est particulièrement beau.
– *Les matériaux utilisés :* du grès rouge, du basalte noir ou rouge, du marbre gris et rose, bref, une exceptionnelle polychromie.
– *Le pavage de l'église :* original aussi, car réalisé avec des galets de rivière provenant de l'Allier. Notez les motifs géométriques et les fleurs de lys allongées du début du XVIe s.
– *Les fresques du XIIe s :* les plus belles se trouvent dans la chapelle Saint-Michel. Demander à l'office de tourisme la clé de la porte qui accède à l'étage où se trouvent les fresques.
– *Les chapiteaux :* la grande particularité de ces chapiteaux réside dans le contenu des sujets représentés. Peu font allusion à la Bible (c'est rare) ou à l'Évangile, et aucun à la vie de saint Julien. Les artistes ont puisé leur inspiration dans des scènes de l'Antiquité et du Moyen Âge en Auvergne : châtiment de l'avare, combat de chevaliers, ânes jouant de la lyre, singe cordé... bien sûr, des sirènes (les Miss Brioude de l'époque) et un Minotaure.
– *Les vitraux contemporains :* en 2008, les simples vitrages des 37 baies de la nef ont été remplacés par les vitraux de l'artiste Kim En Joong, moine dominicain d'origine coréenne. Des vitraux remarquables réalisés en collaboration avec les Ateliers Loire de Chartres. Puissance des lignes, vivacité des couleurs et absence de réseau de plomb se conjuguent dans un style épuré pour diffuser une lumière contemporaine adaptée au monument.

– *La crypte :* sous l'abside, elle fut à l'origine la chapelle construite au IVᵉ s sur le tombeau de saint Julien. Elle a été réaménagée en sanctuaire avec les reliques du martyr.

Au passage, on remarquera un Christ lépreux et une Vierge parturiente du XIVᵉ s.

L'atelier-musée Hôtel de la Dentelle : *31, rue du 4-Septembre. ☎ 04-71-74-80-02. • hoteldeladentelle.com • Musée et salles d'expo ouv lun-ven 10h-12h, 14h-18h ; plus sam 15 juin-15 sept 15h-18h. Atelier ouv tte l'année, lun-ven 9h-12h, 14h-17h. Entrée : 6-7 € ; réduc.* Le lieu tire son nom d'un hôtel particulier du XVᵉ s et accueille une exposition de dentelle traditionnelle certes, mais surtout contemporaine ! Ici, on dépoussière la dentelle : haute couture, comme ce bustier créé par Balmain, pièces figuratives en 3D et, notamment, un spectaculaire saumon de l'Allier en taille réelle. En semaine, la visite se poursuit à l'atelier (le plus titré de France), où vous pourrez rencontrer de jeunes dentellières, voire vous initier à leur art pour une petite heure.

La maison de Mandrin : *22, rue du 4-Septembre (près de la basilique). ☎ 04-71-74-94-59. Mar-ven 14h-18h (plus sam et dim ap-m en juil-août). Ouv certains w-e hors saison selon exposants. Accès libre.* C'est dans cette vieille maison du XVᵉ s, aux beaux colombages, que le plus célèbre brigand du siècle des Lumières, fauteur de troubles et rebelle, aurait commis l'un de ses nombreux méfaits. Né dans l'Isère en 1725, Mandrin commença sa carrière en se ruinant dans un commerce de chevaux. Il rendit l'État responsable de ses déboires et se lança dans la contrebande. Expo d'art contemporain de mars à décembre.

LE TABAC TUE

À la tête d'une bande d'une trentaine de cavaliers, Mandrin entra dans Brioude le 26 août 1754 et se rendit à l'entrepôt de tabac de la ville. Il menaça de jeter la commerçante par la fenêtre et d'incendier la maison. Il finit par lui imposer son tabac de contrebande au prix fort. Cette action-commando de Brioude n'est rien comparée aux autres méfaits qu'il commit au cours de ses six « campagnes » à travers la France. Arrêté l'année suivante, Mandrin fut exécuté par le supplice de la roue.

L'espace Notre-Dame, CIAP *(Centre d'interprétation de l'architecture et du patrimoine)* ***:*** *pl. Grégoire-de-Tours, derrière la basilique Saint-Julien. ☎ 04-71-77-28-30. • brioude.fr • Ouv avr-sept. Accès libre. Audioguide payant pour le CIAP et la basilique Saint-Julien.* Nouvel espace muséographique consacré au patrimoine et aux peintures murales du Haut-Allier. Expositions permanentes et temporaires sur trois niveaux avec ateliers pédagogiques. Projection de peintures murales.

L'aquarium – Maison du saumon et de la rivière : *pl. de la Résistance. ☎ 04-71-74-91-43. • aquarium.mds@orange.fr • ♿ Juil-août, tlj 10h-12h30, 14h-19h ; avr-juin et sept, tlj 10h-12h, 14h-18h, dim ap-m slt ; oct et vac de fév et Toussaint, tlj 14h-18h. Nourrissage (repas, quoi !) des poissons à 15h et 17h en juil-août (sf w-e et j. fériés). Fermé nov-mars. Entrée : env 6,10 € ; réduc (notamment sur présentation de ce guide).* Ces dernières années, de valeureux saumons sont parvenus à franchir de plus en plus nombreux le barrage de Poutès, près de Monistrol-d'Allier (entre 150 et 170 par an !), et à remonter jusqu'à leur lieu de naissance aux confins de la Haute-Loire et de la Lozère. L'espoir renaît donc dans cette rivière autrefois envahie par les saumons. Au XIXᵉ s, ils affluaient dans l'Allier, et Brioude était l'un des grands centres de pêche en France. Au point que les ouvriers exigeaient dans leurs contrats de ne pas avoir de saumon à manger plus de trois fois par semaine ! Le saumon, roi des poissons migrateurs, naissait dans le haut Allier et s'en allait 1 ou 2 ans plus tard vers le grand large. Doté d'un sens inouï de l'orientation, il est capable de revenir au pays pour frayer plusieurs fois dans sa vie si on lui en laisse l'occasion (aller-retour d'une migration : environ 12 000 km !).

Conséquence de la pollution des centrales diverses, donc de l'homme, le saumon avait quasiment disparu des eaux de l'Allier. Il n'a jamais été autant regretté. Cette maison-musée lui rend hommage, et de gros efforts ont été faits par les associations de défense pour assurer le repeuplement des eaux. L'aquarium, présentant une quarantaine d'espèces de poissons d'eau douce, suit le cours de l'Allier de l'amont vers l'aval sur près de 20 bassins. S'ensuit le bassin des salmonidés, un laboratoire, un bassin tactile et des maquettes expliquant comment les poissons franchissent les barrages. Pour les enfants et pour mieux comprendre, on suit le personnage de « Plampougnit », qui explique ce qu'est une épinoche, un chabot ou un silure, le plus gros de tous. Exposition également sur les autres petites bêtes de la rivière.

Randonnée pédestre

➢ ***Le circuit de la roche du Dragon*** *(9 km ; 2h45 ; en boucle, sans les arrêts) : au départ de la maison du Saumon et de la rivière de Brioude. Balisage jaune. Très bon topoguide disponible à l'office de tourisme de Brioude pour d'autres balades.* Très paisible, la balade emprunte la rive gauche de l'Allier, puis rejoint une église du XIIe s et l'ancien jardin du curé, transformé aujourd'hui en musée de la Vigne dans le vieux village de Vieille-Brioude. Après cette halte sereine, le routard randonneur regagne Brioude par le plateau de Mazérat, où régnait jadis une activité viticole florissante ; en témoignent plusieurs cabanes de vignerons...

Manifestations

– ***Concerts d'été*** de musique classique chaque année à la basilique. *Infos auprès de l'association Les Amis de la basilique (📱 06-62-46-07-57) ou de l'association Musique sur un plateau (☎ 04-71-76-81-77). Et un concert délocalisé du festival de La Chaise-Dieu en août (résas à l'office de tourisme de La Chaise-Dieu : ☎ 04-71-00-01-16).*

– ***Biennale de l'Aquarelle :*** *ts les 2 ans ; prochain rdv 12-27 juil 2013. Pour en savoir plus : • biennale-aquarelle.com •* Une quarantaine de peintres nationaux et internationaux, présents dans le centre historique, exposent leurs œuvres et proposent une foule de démos, stages tous niveaux, animations, dans une ambiance d'échanges et de rencontres.

DANS LES ENVIRONS DE BRIOUDE

Le château de Paulhac : *☎ 04-71-50-27-76. À 2,5 km à l'ouest de Brioude, par la D 20 direction Paulhac. Visites Pâques-Toussaint, w-e et j. fériés à 14h, 15h et 17h (juil-août, tlj à 11h, 15h et 17h). Entrée : 6 € ; réduc.* Impressionnante bâtisse qui domine, depuis un promontoire, la ville de Brioude et les champs avoisinants. Cette forteresse féodale conserve de nombreux vestiges de sa puissance passée, dont un donjon du XIIe s de 30 m de haut avec sa tour de guet. À l'intérieur, mobilier, armures, tapisserie.

Vieille-Brioude : *à 4 km au sud de Brioude.* Du haut de son éperon rocheux dominant la vallée, ce charmant village avec son pont à arches du XVe s est la porte des gorges de l'Allier. Dès le Moyen Âge, ce bourg fut le principal centre viticole du Brivadois. Cette tradition est présente avec les maisons de vignerons, les caves, le pressoir à grand point et les jardins en terrasses. Le ***musée Jardin de la vigne*** retrace l'histoire et le savoir-faire des vignerons *(de juin à mi-sept, tlj 9h-19h ; entrée libre).* En été, le trésor de l'église Saint-Vincent, attenante, est présenté au public. Un circuit de randonnée pédestre, réhabilité, conduit au pont-aqueduc de Vayron, ouvrage d'art exceptionnel des années 1870.

La cité médiévale de Lamothe et son château : *à 5 km à l'est de Brioude, par la D 588. ☎ 04-71-76-41-16. Visite du château sur résa juin-sept, jeu-ven 17h-20h.* On arrive par une longue ligne droite bordée de platanes pour voir apparaître un immense château dressé au sommet d'une colline. Une heure suffira pour faire à pied le tour du village aux maisons construites en pierre volcanique noire.

AUZON

(43390) 940 hab. *Carte Haute-Loire, A1*

À environ 11 km au nord de Brioude, la cité médiévale d'Auzon est située sur un piton rocheux difficile d'accès : on laissera sa voiture au parking pour pénétrer dans la cité par la porte du Brugelet. Sur ce puissant rocher, l'imposante collégiale Saint-Laurent du XIIe s, fleuron de l'art roman, est le verrou de l'une des portes du Livradois-Forez.

Le pays d'Auzon se partage entre plaine et collines. À l'ouest, on retrouve l'Allier et sa Petite Limagne fertile, tandis qu'à l'est les monts du Livradois s'élèvent par gradins successifs pour atteindre 1 000 m d'altitude près de Saint-Vert. Bucolique balade à faire sur les crêtes vallonnées par la D 5, où l'on aperçoit le massif de Sancy au loin, puis la D 588 pour revenir sur Brioude. Saint-Hilaire, Champagnac-le-Vieux, Agnat, Lamothe... autant de paisibles et jolis villages avec leurs églises du XIIe s.

BRIOUDE ET L'OUEST DE LA HAUTE-LOIRE

Adresse utile

Office de tourisme : *18, pl. de la Barreyre. ☎ 04-71-76-18-11. • ot.auzon@haut-allier.com • gorges-allier.com • Ouv de mi-juin à mi-sept, tlj sf ven et dim ap-m (tlj juil-août).*

Où dormir à Auzon et dans les environs ?

Camping La Chanterelle : *Le Prat-Barrat, 43440* ***Champagnac-le-Vieux.*** *☎ 04-71-76-34-00. • camping@ •champagnac.com • champagnac.com • À 14 km d'Auzon par la D 5 ; avt l'entrée du village, contourner le plan d'eau. Ouv de mi-avr à mi-oct. Forfait 2 pers 15,90 € ; chalets et bungalows 196-756 €/sem.* Superbe camping en bordure d'un plan d'eau disposant d'une plage surveillée. Dans un environnement de sous-bois, 90 emplacements très calmes et bien ombragés. Nombreux équipements, location VTT et animations en saison. Snack sur place et accueil très pro.

Chambres d'hôtes Le Clos de Lugeac : *chez Élisabeth et Laurent Dubranna, dans le hameau de Lugeac, face à* ***Auzon,*** *de l'autre côté du pont. ☎ 04-71-76-18-37. • leclosdelugeac@yahoo.fr • leclosdelugeac.com • Ouv Pâques-Toussaint. Double 55 €. Gîte 6 pers 280-350 €. Réduc de 10 % sur le prix de la chambre, sf juil-août, sur présentation de ce guide.* Ancienne ferme restaurée dans un jardin calme avec 2 chambres thématiques répondant aux noms de « Papyrus » et « Protea ». Confortables et spacieuses, l'une est décorée de souvenirs d'Égypte, l'autre d'Afrique du Sud et du Lesotho. Les charmants proprios sont de grands voyageurs !

À voir. À faire

➢ Gambader dans la ville fortifiée par ses calades abruptes, ses ruelles étroites, où la vieille pierre donne l'âme de ce beau village.

L'écomusée : *en contrebas des vieilles halles. ☎ 04-71-76-15-01. De juil à mi-sept, tlj sf jeu 14h-18h. Entrée : 2 €.* Représentation de la vie quotidienne du XXᵉ s avec ses sabotiers, passementiers, forgerons, vignerons, mineurs... Collection de minéraux et reconstitution d'une école du début du siècle dernier avec ses anciens jouets.

Le musée Vespa : *rue Longue. ☎ 04-71-76-11-98. Mai-août, mer et sam 14h-18h ; sur résa les autres j.* Amusante collection privée de 30 vespas et scooters datant de 1947 à 1992. Les nostalgiques des sixties retrouveront les ados d'aujourd'hui autour de ces machines redevenues à la mode.

LÉOTOING ET LES GORGES DE L'ALAGNON

(43410) 210 hab. *Carte Haute-Loire, A1*

Les gorges de l'Alagnon, entre Lempdes et Massiac (Cantal), à environ 15 km de Brioude, sont une destination en or pour qui veut se mettre au vert et au calme, dès la sortie de l'autoroute (sortie 19 ou 20). L'Alagnon se faufile entre les contreforts du Puy-de-Dôme, les monts finissants du Cantal et les grosses collines du Brivadois. Aux confins des trois départements (Haute-Loire, Puy-de-Dôme et Cantal), cette belle vallée boisée était jadis le seul couloir d'accès vers Saint-Flour et le sud de l'Auvergne. Depuis 1991, l'A 75 traverse le Brivadois du nord au sud, évitant les gorges de l'Alagnon. Du coup, cette vallée, naguère très fréquentée, trouve aujourd'hui une paix qu'elle n'avait jamais connue. Vous allez craquer pour Léotoing, adorable village médiéval de 210 habitants, avec son château des Xᵉ et XIᵉ s qui surplombe l'Alagnon.

Où dormir ? Où manger dans la vallée ?

Chambres d'hôtes Le Moulin du Bateau : *chez Catherine et Claude Quantin, Lanau, 43410* ***Léotoing.*** *☎ 04-71-76-57-07. • lemoulindubateau@wanadoo.fr • lemoulindubateau.com • À 6 km de Lempdes et à 7 km de Blesle, sur la D 909, au pied du village. Ouv tte l'année. Double 75 €. Dîner 24 € tt compris. Apéritif ou café offert sur présentation de ce guide.* Catherine et Claude ont très bien restauré cet ancien moulin au bord de l'Alagnon, à côté de la route mais très au calme, le bruit de l'eau apaisant vite ceux qui seraient inquiétés par le passage des voitures. La salle des machines est devenue une pièce agréable à vivre, où l'on se retrouve autour d'un verre avant de passer à table. Une cuisine légère, raffinée, savoureuse, qui surprend tout autant que la décoration, lumineuse, gaie et inventive, des 4 chambres. Un lieu où les habitués reviennent, autant pour la table que pour la chambre ; c'est bon signe.

Chambres d'hôtes de Margaridou : *chez Catherine et Jacques Ducatillon, 43450* ***Aubeyrat.*** *☎ 04-71-76-22-29. • margaridou@alagnon.com • alagnon.com • Depuis Lempdes, suivre la D 909 en direction de Massiac et suivre le fléchage à la hauteur de Brugeilles. Congés : 20 nov-1ᵉʳ mars. Double 75 € ; familiale (4 pers) 125 €. Table d'hôtes (sur résa la veille) 22 €. Apéritif ou café offert sur présentation de ce guide.* Ancienne ferme de 1848, très bien restaurée. Cette grande propriété est à présent occupée et dirigée par une famille de Nordistes ayant le sens de l'accueil et du bien-être. Atmosphère à la fois rustique et raffinée, avec grande cheminée, four à pain, meubles anciens. 5 chambres coquettes, certaines ayant un balcon qui surplombe l'Alagnon. Piscine privée. La table mélange allègrement les terroirs, et le résultat est un délice.

Chambres d'hôtes À la Buissonnière : *chez Claudine Cormerais, 1, rue de l'École, 43410* ***Léotoing.*** *☎ 04-71-76-31-41. • reservation@alabuissonniere.com • alabuissonniere.com • En sortant de Blesle par la D 653, sur la gauche juste à l'entrée du village. Congés : 15 oct-1er mai. Doubles 100-115 €. Dîner sur résa 25 €. Un savon au lait de chèvre de Léotoing offert sur présentation de ce guide.* La maîtresse des lieux a mille projets et œuvre depuis des années pour animer le village et ses alentours. Elle vous en parlera avec passion et enthousiasme. Elle a créé un espace culturel et artistique, « Je t'ai cherché(e) partout », et restauré cette ancienne ferme avec beaucoup de goût et d'originalité. Mariage réussi du moderne et de l'ancien, la maison s'organise autour d'un magnifique patio, clair et chaleureux. 4 chambres, dont 2 familiales et une avec balcon offrant une vue splendide sur le village et la campagne. Piscine réalisée comme le reste, en total respect de la nature environnante. Une adresse exceptionnelle dans un village à découvrir absolument.

À voir

Le village de Léotoing : du château féodal aux rives de l'Alagnon, nombreuses balades en liberté autour de ce village que ses habitants ont envie de faire vivre, plus que jamais. Si le château n'est plus accessible, pour des raisons de sécurité, l'enceinte et l'église sont libres d'accès. L'aménagement des anciennes terrasses en écailles de pierre sèche (« pailhas ») devrait bientôt permettre à la culture des fruits rouges de prospérer.

BLESLE (43450) 667 hab. *Carte Haute-Loire, A1*

À 25 km à l'ouest de Brioude, niché au creux d'une vallée où coule la Voireuze, Blesle est un gros bourg d'architecture médiévale, oublié du XXe s. Chef-lieu de canton miraculeusement préservé, situé sur le sentier du GR 41, à 500 m d'altitude. Son isolement lui a permis de sauver son âme et son caractère. Classé parmi les Plus Beaux Villages de France, il se tourne aujourd'hui vers son passé et s'ouvre au tourisme vert. Petit à petit, les maisons sont soigneusement restaurées, les ruines rebâties, les édifices consolidés. Très agréable flânerie le long de la Voireuze, petite rivière qui borde de vieilles maisons aux potagers soignés et qui mène à l'église romane. Voilà donc une étape sympathique pour pénétrer l'Auvergne profonde.

UN PEU D'HISTOIRE

Tout a commencé par l'action d'une femme d'idées. Vers le milieu du IXe s, Ermengarde, comtesse d'Auvergne, eut le bon goût de choisir cette vallée paisible et isolée pour y fonder une abbaye bénédictine de femmes. Pendant des siècles, Blesle vécut ainsi au rythme de son abbaye et de ses chanoinesses, qui dépendaient directement du pape. Ces pieuses dames n'étaient pas cloîtrées, comme cela se faisait souvent à l'époque, mais elles vivaient dans leurs maisons particulières (14 d'entre elles sont encore debout aujourd'hui). Blesle s'est donc développé autour de cette abbaye et du château des Mercœur, les deux pôles du pouvoir, pour atteindre une population de plus de 2 000 habitants au XVIIIe s.

Adresse et infos utiles

ℹ ***Office de tourisme :*** *pl. de l'Église. ☎ 04-71-76-26-90. • gorges-allier.com • tourismeblesle.fr • Juil-août, ouv tlj ; avr-juin et sept-oct, mar-sam.* Accueil agréable. Sur place, plan des randonnées locales, visites et marché de pays (en juillet-août). L'association Les Amis du vieux Blesle organise au Vieil Hospital, de mi-avril à septembre, une exposition de vieilles coiffes et chapeaux du Massif central regroupant plus de 700 pièces.

– ***Découvertes guidées du village :*** *avec le Pays d'art et d'histoire du Haut-Allier. ☎ 04-71-77-28-30. • gorges-allier.com •*

Où dormir ? Où manger ?

Camping

⛺ ***Camping municipal :*** *à la Bessière. ☎ 04-71-76-25-82. • mairie.de.blesle@wanadoo.fr • blesle.fr • ♿ Avt l'entrée du village, tourner à gauche après avoir franchi la rivière. Ouv avr-début oct. Résa conseillée. Forfait 2 pers 6,60 € ; mobile homes 200-290 €/sem selon saison. CB refusées.* Un camping d'une quarantaine d'emplacements sur les bords de la Sianne. Peu ombragé, mais sanitaires impeccables et vue fantastique sur les coteaux avoisinants. Minigolf, lave-linge, ping-pong, aire de jeux.

De bon marché à prix moyens

🏠 🍽 ***Chambres d'hôtes Maison du Bailli de Chazelon :*** *chez Jeanine Charière, pl. Edouard-Onslow. ☎ 04-71-76-21-98. 📱 06-14-78-37-13. Dans le bas du village, après l'office de tourisme, face à la seule boulangerie. Ouv mai-sept. Résa conseillée. Doubles 45-70 €. Possibilité de dîner sur commande 20 €. Apéritif ou café ou digestif offert et réduc de 10 % sur le prix de la chambre sf juil-août, sur présentation de ce guide.* Dans une maison de ville du XVIe s, vous gravirez les marches d'un très bel escalier à vis en pierre jusqu'à l'une des chambres au charme de l'ancien. Très belle salle de petit déj (copieux, avec confiture maison), avec des galets de basalte au sol (XVIIe s), et vieille cuisine médiévale.

🏠 🍽 ***Hôtel La Bougnate :*** *pl. du Vallat. ☎ 04-71-76-29-30. • contact@labougnate.com • labougnate.com • ♿ Congés : de mi-nov à mi-fév. Doubles 60-95 € selon confort. Menu 29 €.* Ancien hôtel-resto du comédien et présentateur Gérard Klein, *La Bougnate* a revu à la baisse ses tarifs et offre un bon rapport qualité-prix. Chambres confortables aux murs enduits à la chaux, meublées en bois de Madagascar. Bonne petite cuisine du terroir que l'on déguste dans une salle à la déco sobre, un brin chic, ou sur la superbe terrasse de cette vieille bâtisse célèbre aux volets bleus.

À voir. À faire

★ ***L'église Saint-Pierre :*** *ouv tlj.* La construction a débuté entre 849 et 885. Sa fondatrice est Ermengarde d'Auvergne, mère de Guillaume le Pieux, duc d'Aquitaine et fondateur de l'abbaye de Cluny. Édifice roman rénové récemment avec une grande portée de voûte (dans l'abside) intéressante. Décor sculpté au portail sud et au chevet.

★ ***Le donjon des barons de Mercœur :*** *au centre du village.* Dit « tour aux 20 angles », il date du XIIIe s. Les barons de Mercœur étaient les rivaux des chanoinesses bénédictines de Blesle et les vrais seigneurs de la région. Site privé.

★★ ***Les maisons anciennes :*** le village entier n'est qu'un ensemble de vieilles maisons, dont plusieurs à pans de bois. Certaines ayant plus de caractère que d'autres, comme les maisons des chanoinesses. D'intéressants écriteaux ont été disposés à travers le village, renseignant sur l'historique de celles-ci. Par exemple, sur la place de la mairie, on apprend que la famille de La Tour Fondue était propriétaire de l'une d'entre elles, cette même famille étant directement liée à celle de Valéry Giscard d'Estaing, tandis que la bâtisse d'à côté appartenait à la famille de Laurent Bas, héros national qui prit part à l'arrestation de l'assassin de Marat, Charlotte Corday.

➢ ***Promenade le long de la Voireuze :*** un endroit très sympathique pour découvrir le patrimoine rural, surtout vers le petit pont du Matalou qui enjambe le ruisseau.

Notre-Dame-de-la-Chaigne : de l'autre côté de la Voireuze, mignonne chapelle du XVIIe s, édifiée dans un endroit réputé pour ses miracles.

Fête et manifestations

– ***Fête de la Peinture :*** *le 1er sam de juil.* L'association Les Amis du vieux Blesle invite les artistes de tout âge, en herbe ou confirmés, à repeindre un édifice du village.
– ***Foire à la brocante :*** *le dernier w-e de juil.* Le village devient piéton pour l'occasion.
– ***Les apéros-musique :*** *le w-e du 15 août. • aperomusique.blesle.com •* Quatre jours pour vivre toutes les musiques, sur les terrasses et les places du village. Nombreux bœufs et concerts improvisés un peu partout dans la ville. Un festival qui attire chaque année de plus en plus de monde pour son ambiance bon enfant.

SAINT-BEAUZIRE (43100) 320 hab. *Carte Haute-Loire, A1*

Petit village discret entre Brioude et Massiac, qui a vu grandir Fred Chichin, l'ex- et ô combien regretté guitariste du groupe des Rita Mitsouko. Un village qui a surtout le mérite de posséder un beau château médiéval, une petite église à la curieuse chapelle faite de pierre rouge et quelques hébergements de qualité.

Où dormir ?
Où manger ?

De prix moyens à plus chic

Chambres d'hôtes chez Hélène et Dominique Chazelle : *Les Chaumasses. ☎ 04-71-76-81-00. • dominique.chazelle@wanadoo.fr • chaumasses.com • À 2 km à gauche sur la route de Brioude (indiqué) ; on aperçoit la maison sur une colline dominant les prés. Ouv 15 avr-sept. Double 48 € ; familiale 65 €. Pas de table d'hôtes, mais possibilité de déguster en saison une assiette campagnarde pour env 10 €. Boisson d'accueil offerte sur présentation de ce guide.* Avec sa vue panoramique, cette maison moderne présente des chambres propres et confortables. Accueil très gentil. Tout près d'un petit bois ; si vous avez des envies de cueillette de champignons, peut-être qu'Hélène et Dominique vous livreront leurs coins secrets ? Aire de jeux pour les enfants.

Chambres d'hôtes La Maison de Maria : *à l'entrée du village. ☎ 04-71-76-80-21. • vernetfrancoise@wanadoo.fr • lamaisondemaria.com • Double 65 €. Animaux non admis. Réduc de 10 % à partir de la 4e nuit sur présentation de ce guide.* Imposante maison dans un beau jardin fleuri avec 3 grandes chambres à l'étage, refaites à neuf et décorées de meubles anciens. Vaste salon rustique avec cheminée et espace lecture. Une adresse très agréable et un accueil des plus sympathique d'un routard chaleureux fan de moto.

Hôtel Le Baudière – Restaurant Le Vieux Four : *☎ 04-71-76-81-70. • contact@hotel.lebaudiere.com • hotel-lebaudiere.com • À 2 km sur la route de Brioude. Resto fermé lun hors saison. Double 69 €. Menus 13,20-49 € ; carte. Parking gratuit. Apéritif maison offert sur présentation de ce guide.* Hôtel moderne doté de chambres confortables, dont certaines offrent une vue sur les champs. Piscine et sauna. À côté, *Le Vieux Four,* où l'on vous servira de savoureuses spécialités régionales, comme une escalope de ris de veau aux morilles, ainsi que de bonnes pizzas ou une tarte aux pommes à l'ancienne, cuites au feu de bois. Bonne carte des vins.

À voir

Le château de Lespinasse : *en sortie de ville, direction Brioude ; un chemin sur la gauche mène au château. ☎ 04-71-76-82-12. 06-03-10-42-90. • chateau.lespinasse.monsite-orange.fr • Visites guidées slt : de mi-juil à fin août, tlj sf lun à 15h et 17h ; hors saison, sur rdv pour les groupes. Entrée : 6 € ; réduc. Compter 1h de visite.* Coiffé de tuiles rustiques, ce château médiéval impressionne déjà depuis la route. Il est abrité par un bouquet d'arbres, au sein d'une campagne encore bien préservée. Déjà là au début du XIIe s, c'est, de nos jours, le plus ancien château du pays, toujours habité par la famille de Lespinasse. Un ancêtre de la maison, le chevalier d'Aure, avait participé à la troisième croisade aux côtés de Philippe Auguste. On y a découvert des canalisations gallo-romaines... Une bien belle demeure seigneuriale, au riche passé. Gîte au sein du château.

LA VALLÉE DE L'ALLIER, DE BRIOUDE À LANGEAC

Reverra-t-on un jour prochain les coteaux entre Vieille-Brioude et Langeac se couvrir de vignes, comme ils l'étaient encore à la fin du XIXe s ? Terrasses et cabanes ne demandent qu'à resservir. Un conservatoire des cépages à Saint-Ilpize souhaite réintroduire cette activité. À quand le petit vin blanc de la Ribeyre qu'on boira sous la tonnelle en dégustant un « lou gourmand », soufflé aux morilles, suivi d'une tourte de saumon à l'ancienne ? Après le fromage de pays et la pompe aux pommes, une sieste sera la bienvenue.

De Vieille-Brioude à Langeac, la vallée de l'Allier s'appelle la Ribeyre. Pas de gorges encore – elles commencent en amont de Langeac –, mais de beaux paysages de champs, de collines, dominés par quelques rocs basaltiques portant des ruines de châteaux, comme à Saint-Ilpize. Plus loin, un superbe village curieusement encerclé par une boucle de l'Allier : Lavoûte-Chilhac. Entre Langeac et Vieille-Brioude, l'Allier ne présente aucune difficulté pour une descente en canoë ou en kayak correspondant à la classe 1 (même facilité que l'Ardèche) et à la classe 2 (petits rapides à franchir).

■ ***Le SMAT :*** *• gorges-allier.com •* Le Syndicat d'aménagement du Haut-Allier est un organisme qui chapeaute les 112 communes de cette région. Son site, qui permet de saisir et de comprendre l'étendue de ce vaste territoire, renvoie à chacune de ces communes, de Blesle à Pradelles.

SAINT-ILPIZE

(43380) 180 hab. *Carte Haute-Loire, A1*

Pour rejoindre Saint-Ilpize depuis Vieille-Brioude (environ 10 km), préférez la départementale bucolique D 16 (plutôt que la D 585, plus importante), qui offre une admirable vision sur l'église et les ruines de Saint-Ilpize. C'est un village-refuge à 450 m d'altitude, agrippé à une colline rocheuse escarpée.

Adresse utile

■ ***Sportival :*** *rue du Bac, 43380* ***Villeneuve-d'Allier.*** *☎ 04-71-74-70-42. • sportival@yahoo.fr • sportival43.com • Ouv tte l'année.* Sports d'eaux vives, randonnées. Nombreuses activités proposées et encadrées par des moniteurs d'État : canoë, kayak, hot-dog (sorte de canoë gonflable), rafting, canyoning, VTT, parcours aventure dans les arbres, initiation à l'escalade, tir à l'arc, parcours d'orientation, *ponting* (saut du haut d'un pont). Autres bases à Lavoûte-Chilhac et à Langeac.

À voir

Le vieux village : c'est lui qu'il vous faut prendre le temps de découvrir, avant de passer sur l'autre rive pour profiter de la vie du bourg neuf de Villeneuve-d'Allier. Une rampe d'accès monte aux ruines du château et à la chapelle castrale (encastrée dans le château) du XIIe s, juchées au sommet d'un piton basaltique. Ce château a appartenu aux dauphins d'Auvergne et à la famille de La Rochefoucauld. On peut y voir une chapelle romane du XIVe s et un donjon. D'en haut, superbe vue sur la vallée et un curieux panneau bleu, sur les restes d'une maison près de l'église, interdisant « la mendicité dans la Haute-Loire »...

➢ Reprendre la route vers Lavoûte-Chilhac après avoir passé le vieux pont suspendu de 104 m de long, datant de 1876.

LAVOÛTE-CHILHAC

(43380) 310 hab. *Carte Haute-Loire, A2*

Un de nos villages préférés dans les gorges de l'Allier. Il devrait plutôt s'appeler Laboucle-Chilhac ! Après avoir déboulé des monts de Lozère, la jeune et fougueuse rivière se faufile maintenant au pied d'une colline abrupte, puis décrit un incroyable méandre, se retournant sur elle-même, formant un virage brutal qui s'enroule autour du cœur du village. Cette étroite langue de terre se termine par les bâtiments de l'ancienne abbaye.

Adresses utiles

ℹ ***Bureau d'accueil :*** *pl. des Anciens-Moulins (au bout du pont). ☎ 04-71-77-46-57. • ot.lavoute-chilhac@haut-allier.com • gorges-allier.com • Juil-août, ouv tlj ; mi-saison, mar-sam ; hiver, lun-ven.* Très bon accueil. Hébergements, visites guidées des charmantes églises du canton (contacter le SMAT, voir « Adresses utiles » à Langeac), animations sportives et culturelles. Bons guides de randonnées : *Vallée et gorges de l'Allier* et *Lavoûte-Chilhac, de Ribeyre en Margeride, Robe de bure et cotte de mailles* (marche, VTT...).

■ ***Bases d'eaux vives Cap' Vacances et Canoë Val d'Allier :*** *La Tour. ☎ 04-71-77-44-80. 📱 06-82-87-31-18. • canoe-valdallier@orange.fr • canoe-valdallier.com • D'avr à mi-oct, tlj 9h-19h ; hors saison, sur résa.* Les spécialistes du canoë-kayak, rafting et hot-dog (sorte de canoë gonflable). Parcours de 5 à 32 km. Stages et locations.

Où dormir ? Où manger ?

Camping

Camping municipal : *☎ 04-71-77-48-03 ou 40-85 (mairie). • jacquesverniere@orange.fr • ♿ En contrebas, sur la gauche de la D 585, en venant de Brioude. Ouv mai-sept. Forfait 2 pers env 10,50 €. CB refusées.* Camping de qualité, au bord de l'Allier, sur un terrain de 3 ha dont la moitié est ombragée par des peupliers. Sanitaires simples et corrects, douches chaudes gratuites. Piscine et tennis à proximité. Ravitaillement au village : épicerie, boulangerie, boucherie.

Prix moyens

Le Prieuré : *pl. du Fer-à-Cheval. ☎ 04-71-77-47-90. 📱 06-46-25-02-37. • hostellerie.prieure@orange.fr • hotel-restaurant-leprieure-43.com • Resto ouv tlj de mi-fév à mi-déc. Doubles 50-65 € selon chambre. Formule déj en sem 16,50 € ; menus 23-29 € ; carte 25 €. Parking gratuit. Kir châtaigne offert sur présentation de ce guide.* Belle bâtisse de caractère récemment reprise et rénovée. 9 chambres thématiques mêlant avec succès le rustique et le confort moderne (tapisseries, tableaux, meubles chinés...). Agréables salles de resto et grande terrasse extérieure en teck donnant sur l'Allier, où l'on apprécie une cuisine traditionnelle tirant vers le gastronomique.

Où dormir dans les environs ?

Chambres d'hôtes chez Claude Rousset : *ferme de l'Aveine, Treignac, 43380* ***Saint-Cirgues.*** *☎ et fax : 04-71-77-41-41. À 2 km de Lavoûte, sur la route de Saint-Austremoine. Ouv tte l'année. Double 36 €.* Dans un petit hameau au cœur d'un vallon, à l'étage de la maison d'un agriculteur en retraite, 3 chambres rustiques et simples mais bien tenues, avec sanitaires. Coin cuisine à disposition.

À voir

Le village : un site vraiment extraordinaire, sur la route des sites clunisiens, à découvrir aussi depuis le point de vue surélevé face à la ville. Les maisons dominent l'eau, s'agrippent aux pentes, se marient au relief. Un endroit délicieux aux beaux jours. Un vieux pont en dos d'âne, des canoës qui glissent sur l'eau, des enfants jouant sur les galets des berges, des pelouses plantées d'arbustes pour dormir aux heures chaudes, des balcons ensoleillés pour rêvasser et une douce nonchalance, comme dans un village du Midi.

Le prieuré fortifié : c'est l'épicentre de Lavoûte-Chilhac, pris dans la boucle de l'Allier. Construit en 1025 par Odilon de Mercœur, abbé de Cluny qui était né près d'ici. Au XIVe s, les moines bénédictins, enchantés par la beauté et le calme du site, ont entouré le prieuré d'une enceinte fortifiée. Le grand bâtiment couvert de tuiles, tourné vers l'ouest, a été reconstruit au XVIIIe s, d'où son style à la fois élégant et imposant. Il abrite aujourd'hui des bureaux et la mairie, et ne se visite malheureusement pas. Notez le passage voûté sous le bâtiment, qui conduit directement au porche de l'église Sainte-Croix.

L'église Sainte-Croix : *derrière le bâtiment du prieuré.* Reconstruite au XVe s, elle est surtout remarquable pour sa porte arabe du XIIe s, conservée dans la salle du trésor. L'église abrite un reliquaire contenant la plus petite Vierge du monde. Pour la voir, prendre rendez-vous auprès de la cure (☎ 04-71-77-41-86) ou venir lors du pèlerinage qui lui est dédié le 1er dimanche de juillet.

LA PLUS PETITE VIERGE DU MONDE

Notre-Dame-Trouvée, dans le reliquaire de l'église Sainte-Croix, ne mesure que 15 mm de haut ! Elle porte ce nom bizarre parce qu'elle fut, paraît-il, découverte en 1496 par trois fillettes à l'intérieur d'un galet de l'Allier... Depuis cette date, un pèlerinage lui est consacré, rare moment où elle peut être vue. Ne pas oublier sa loupe ce jour-là !

La maison des Oiseaux du Haut-Allier : *au prieuré. ☎ 04-71-77-43-52. ● lpo-auvergne.org ● Juil-août, mar-mer et ven 15h-18h ; mars-juin et sept-nov, sur résa pour les groupes. Entrée : 5 € ; réduc ; gratuit moins de 12 ans. Sorties : 7 € ; 3 € moins de 17 ans.* Une visite organisée par la Ligue pour la protection des oiseaux (LPO) d'Auvergne, qui s'impose avant de partir en randonnée. Ainsi reconnaîtrez-vous, grâce au diorama et au film (1h), le désopilant merle plongeur, l'aigle mangeur de serpents et les 40 autres espèces qui nichent dans la vallée de l'Allier. Également des sorties découverte à la rencontre des rapaces, de la flore, des paysages et des espèces nocturnes. Ludique et pédagogique, pour les petits et les grands.

Le lieu-dit Le Bois : *du village, prendre la route d'Ally et, après les lacets, tourner à gauche vers Le Bois (à 2 km).* Ne manquez pas cette vue aérienne magnifique du village et de son délicieux méandre. Une belle carte postale !

DANS LES ENVIRONS DE LAVOÛTE-CHILHAC

Chilhac (43380) **:** *à 4 km à l'est de Lavoûte-Chilhac, sur la rive droite de l'Allier.* Un authentique vieux bourg fortifié, bâti sur un roc basaltique surplombant la vallée de l'Allier. Très beau point de vue sur Chilhac et la route menant au Chambon. D'ici provient le mouton bizet, une variété de mouton rustique propre au Massif central.

– Dans le village de Chilhac, sur la place de l'église, le ***musée de Paléontologie Christian-Guth :*** *☎ 04-71-77-41-71. Juil-août, tlj 10h-12h, 14h-18h ; Pâques-juin et sept-Toussaint, dim et j. fériés 14h-18h. Compter 30 mn de visite. Entrée : env 5 € ; réduc.* Collection de fossiles découverts sur le site de Chilhac. Mis au jour en 1968, ce site a livré en 1974 quelques « galets aménagés » taillés par une main humaine il y a près de deux millions d'années ! D'étranges vestiges prouvent par ailleurs l'existence dans cette vallée à l'époque d'une faune tropicale digne d'un parc naturel en Tanzanie : rhinocéros, hyènes, tigres à canines supérieures en lame de sabre, éléphants... Le mouton bizet avait jadis des potes très exotiques ! De quoi s'interroger sur l'évolution du climat et des espèces... Une muséographie désuète qui s'adresse surtout aux passionnés.

LE PLATEAU D'ALLY

(43380) 175 hab. *Carte Haute-Loire, A2*

À environ 10 km à l'ouest de Lavoûte-Chilhac, Ally et ses habitants ne manquent pas d'air, sur leur plateau. Cette petite commune perchée à 1 000 m d'altitude dispose à elle seule d'un patrimoine rural exceptionnel, qui a su

remarquablement s'adapter au fil du temps. Des moulins aux éoliennes en passant par une mine d'argent gallo-romaine, c'est un étonnant voyage dans le temps que l'on fait par ici.

Où manger ?

Auberge paysanne d'Ally : *dans le village. ☎ 04-71-76-77-94. • auberge.ally@wanadoo.fr • Fermé lun ; hors saison, ouv slt le midi dim et j. fériés. Menus 15,90-16,90 €. Café offert sur présentation de ce guide.* Du rustique, du vrai, et des produits de la ferme, des vrais. Vous avez la chance d'être servi sur un plateau (à 1 000 m, on peut dire comme ça) par de vrais agriculteurs. Vente de charcuterie fermière.

À voir

➢ Afin de profiter des ***visites guidées*** organisées de mai à octobre, contacter ***Action Ally 2000 :*** *☎ 04-71-76-77-22. • visite.ally@free.fr • ally43.fr • Ouverture de ts les sites aux mêmes horaires : juil-août, tlj 10h-12h, 14h-18h ; mai-juin et sept, dim et j. fériés (slt dim en oct) 14h-15h ; hors saison, mieux vaut téléphoner. Tarif réduit sur les visites et les activités (cerf-volant, char à voile) sur présentation de ce guide.*

Les moulins à vent et les éoliennes d'Ally : *sur le haut plateau d'Ally. Entrée pour les 3 moulins et les éoliennes : 9 €.*
Au XIXe s, une dizaine de moulins animaient le plateau d'Ally ; après une longue restauration, cinq d'entre eux sont désormais accessibles au public.
– *Le moulin à paroles* (ou *moulin de la Maison blanche*), dont les ailes sont parfois mises en rotation.
– *Le moulin vivant* (ou *moulin de Pargeat*), transformé en écomusée. Construit en 1817, il est en état de fonctionnement pédagogique depuis son arrêt définitif en 1935. À l'intérieur, tout le mécanisme est là. La meunière n'est pas d'époque, mais elle vous décrira très bien l'histoire de la meunerie.
– *Le moulin panoramique* (ou *moulin du Calvaire*).
– *Deux moulins-gîtes* pour deux personnes : *moulin de Montrome* et *moulin de la Meunière. Résas : ☎ 04-71-07-41-65. Compter 109 € le w-e.*
À côté, le *parc éolien d'Ally-Mercœur,* composé de 26 éoliennes (départ de la visite du moulin panoramique), fait lui aussi l'objet d'une visite guidée aussi insolite qu'instructive. Des moulins modernes qui fournissent de l'électricité pour plus de 50 000 personnes et qui vous surprendront, commentaires aidant.
Enfin, depuis 2012, « *Show de Vent* » propose deux nouvelles activités :
– L'École française de cerf-volant (ateliers de construction, pilotage ailes de traction et cerfs-volants divers...).
– Location de chars à voile pour rouler dans les champs du plateau d'Ally, silence et grand air assurés !

La mine d'argent de la Rodde : *entrée : 7 €. On vous prête l'équipement (bottes, casques et imperméables), mais pas les chaussettes ni le lainage indispensables pour cette visite !* Après avoir pris l'air, que diriez-vous d'un petit tour sous terre pour découvrir les restes d'une mine d'antimoine et de plomb argentifère avec ses puits, cheminées, galeries... ?

LANGEAC

(43300) 4 000 hab. *Carte Haute-Loire, B2*

Au XIIIe s, Langeac comptait parmi les « bonnes villes d'Auvergne ». Le général marquis de La Fayette fut le dernier marquis de Langeac après avoir

acheté le marquisat pour 188 000 livres de l'époque. Son château de Chavaniac se trouve à une douzaine de kilomètres au nord de la ville.
Active au XIXe s et dans la première moitié du XXe s, grâce à l'ouverture de la ligne ferroviaire d'Alès et à l'exploitation intense des mines d'antimoine, de houille et de spath fluor, Langeac est aujourd'hui une petite ville dynamique et commerçante qui mise sur le développement du tourisme avec les gorges de l'Allier. À 500 m d'altitude, Langeac s'avère être un point névralgique pour sillonner la région et ses gorges. Bonne base, on y trouve tout et surtout le point de départ du fameux train touristique qui traverse les gorges de l'Allier.

Adresses utiles

ℹ ***Bureau d'accueil de Langeac :*** *pl. Aristide-Briand.* ☎ *04-71-77-05-41.* • *gorges-allier.com* • *Juil-août, ouv tlj ; le reste de l'année, lun-sam (plus mat dim et j. fériés avr-juin).* Très bon accueil. Hébergements, infos randonnées, visites guidées de la ville ; liste des activités culturelles et sportives autour des gorges de l'Allier. Plaisant guide de randonnées *Au cœur des gorges de l'Allier.*

■ ***Le SMAT – Le Pays d'art et d'histoire du Haut-Allier :*** *42, av. Victor-Hugo.* ☎ *04-71-77-28-30.* • *accueil@haut-allier.com* • *gorges-allier.com* • *Visite-découverte 2h : 80 €. Circuit-visite demi-journée : 140 € ; journée : 200 €.* De mars à octobre, les dimanches, la cellule Patrimoine vous offre la possibilité de découvrir les richesses patrimoniales du territoire du Haut-Allier en compagnie d'un guide conférencier agréé par le ministère de la Culture et de la Communication. La programmation est disponible ici ou dans les bureaux d'accueil touristique.

■ ***Tonic Aventure :*** *base de l'île d'Amour.* ☎ *04-71-77-25-64.* • *contact@tonic-aventure.fr* • *tonic-aventure.fr* • Activités toute l'année (sports d'eaux vives, randonnées...) : canoë-kayak, hot-dog (sorte de canoë gonflable), rafting, canyoning, VTT, parcours aventure, escalade (pour les groupes).

■ ***Sportival :*** *quai Voltaire.* ☎ *04-71-77-49-80.* • *sportival@yahoo.fr* • *sportival43.com* • *Ouv tte l'année.* Sports d'eaux vives, randonnées, VTT, parcours aventure dans les arbres, initiation à l'escalade, tir à l'arc, parcours d'orientation, *ponting* (saut du haut d'un pont)...

Où dormir ? Où manger ?

Camping et gîte d'étape

⛺ ***Camping des Gorges de l'Allier :*** *domaine Le Pradeau.* ☎ *04-71-77-05-01.* • *infos@campinglangeac.com* • *campinglangeac.com* • ♿ *À 5 mn à pied du centre-ville et 10 mn de la gare SNCF ; près du pont, sur la route du Puy. Ouv avr-oct. Forfait 2 pers 12,80 €. Également loc de chalets-bungalows 306-510 €/sem.* Un confortable camping de 14 ha au bord de l'Allier, avec niveaux d'équipement et de propreté remarquables. L'un des meilleurs campings de la région. Salle TV, grande piscine, plage et snack.

⌂ ***Gîte d'étape :*** *à l'entrée du camping de Langeac. Ouv tte l'année, mais sur résa oct-avr. Nuitée env 9 €.* Au rez-de-chaussée, salle pour les repas et coin cuisine ; à l'étage, dortoir de 19 places.

Bon marché

|●| ***Le Central :*** *pl. A.-Briand (face à l'office de tourisme).* ☎ *04-71-77-05-99.* • *central.hotel.langeac@orange.fr* • *Ouv tlj sf dim soir en hte saison, plus dim midi et j. fériés en basse saison. Congés : 1 sem en juin. Plat du jour env 10 €.* La petite adresse haute en couleur fréquentée par les locaux, où il fait bon prendre un café en terrasse les jours de marché, l'été, les mardi et jeudi matin. Idéal pour manger le plat du jour, à midi. Simple, bon, pas cher. Il y a même quelques chambres au-dessus pour dépanner.

Prix moyens

|●| ***Le Kilt :*** *pl. de la Gare.* ☎ *04-71-77-20-16.* • *lekilt1@free.fr* • *Fermé*

mar soir en saison, lun soir hors saison. Congés : oct. Résa conseillée en été. Formule déj 12 € ; carte env 20 €. Café offert sur présentation de ce guide. Tenu par un couple de routards très rock'n'roll, resto-bar proposant en salle ou en terrasse de copieux plats à base de fromage (fondue de saint-nectaire, de fourme d'Ambert, de camembert, de mont-d'or...) ainsi que de copieuses assiettes de viande cuite au gril.

À voir. À faire

La collégiale Saint-Gal : *tte l'année, tlj 9h-18h.* Construite aux XIVe et XVe s. Saint Gal est le patron de Langeac. Le gâteau de la ville porte d'ailleurs son nom (crème bavaroise et biscuit à la poire ou à la framboise).

La maison du Jacquemart : *1, pl. de la Liberté. ☎ 04-71-77-23-98 ou 30-68. Juil-août, tlj sf dim et j. fériés 15h-18h ; le reste de l'année, sur rdv pour les groupes. Entrée : 2 €.* Le Jacquemart est une association de promotion et de conservation des arts et traditions populaires qui organise des expositions en été sur des thèmes divers dans une belle bâtisse du XVIIe s. On y découvre les secrets de la volcanologie, de la minéralogie, un atelier-musée de la dentelle (stage possible), ainsi qu'une exposition de coiffes, chapeaux et bonnets.

➢ ***Le train touristique des gorges de l'Allier :*** *☎ 04-71-77-70-17. • train-gorges-allier.com • trainstouristiques-ter.com • Fonctionne certains j. de mi-mai à fin août ; téléphoner pour connaître les j. exacts (départs à 9h13 de Langeac). Résa conseillée. Tarif : 20,50 € l'A/R ; réduc. Autre formule gastronomique ; prévoir la journée.* Plus qu'une attraction touristique, une fabuleuse découverte. Le voyage aller est commenté par un guide du patrimoine. Entre Langeac et Langogne, une balade ferroviaire peu ordinaire, qui prend son temps et passe par des sites accessibles uniquement en train. À découvrir absolument si vous en avez l'occasion (voir plus loin l'introduction du chapitre « Les gorges de l'Allier, de Langeac à Chapeauroux »).

Le parcours Aventure en forêt : *☎ 04-71-77-31-37. 📱 06-75-04-64-27. • parc-aventure-foret.com • À 3 km en sortie de ville, direction Saint-Flour. Ouv avr-oct. Résa indispensable. À partir de 10 € (et jusqu'à 25 €) ; réduc moins de 16 ans.* Organisation de week-ends pleine nature en rafting, canoë, parcours aventure, VTT, canyoning, tir à l'arc, radeau... Parcours spécial enfants. Snack et aire de pique-nique sur place.

Le parc de loisirs de l'île d'Amour : *à la sortie sud de Langeac par la D 585, au bord de l'Allier.* Plage aménagée, golf miniature, tennis, jeux pour les enfants, base de canoë-kayak. Bon endroit aussi pour un pique-nique à l'ombre, au bord de la rivière.

Randonnées pédestres

Plusieurs circuits balisés de petites randonnées allant de 40 mn à 4h30, au départ de Langeac, ou des villages des environs.

➢ ***La randonnée du chemin de la Croix-de-la-Pluie :*** *5,5 km ; 2h en boucle sans les arrêts. Au départ de Langeac. Balisage jaune. Réf. : Itinéraires pédestres en Haute-Loire autour de Langeac ; topoguide disponible à l'office de tourisme de Langeac.* Des collines ensoleillées et de l'eau, tout ce qu'il faut pour faire pousser les vignes. À votre santé ! À 200 m à l'ouest du centre de Langeac, rejoignez le passage à niveau du Petit-Breuil. La rue du 8-Mai mène au chemin de la Croix-de-la-Pluie, qui monte vers un château d'eau. L'itinéraire se poursuit en sous-bois vers la ferme de Bonnat. Un sentier herbeux part de la ferme vers la gauche pour passer sous une ligne électrique et atteindre, en contrebas, un large chemin de terre. Celui-ci continue sur la gauche vers le grillage d'un parc à moutons. Le panorama s'élargit sur Langeac et les vignobles du vallon de Bonnat, anciens témoins des 10 000 ha de vignes que le département comptait autrefois. Vous arrivez à la ferme de Lair, habitée jadis par des maîtres verriers. Continuez à descendre sur la gauche à travers champs, jusqu'au confluent des ruisseaux de Bonnat et de Combourdet. Atteignant les premières maisons de Langeac, le chemin se recouvre de gravillons. La rue du Mont-Mouchet vous reconduit alors à la rue du 8-Mai et au point de départ du circuit.

DANS LES ENVIRONS DE LANGEAC

Le château-musée La Fayette : à **Chavaniac-Lafayette.** ☎ *04-71-77-50-32. • chateau-lafayette.com • À 10 km au nord-est de Langeac. D'avr à mi-nov, tlj sf mar 10h-12h, 14h-18h (juil-août, tlj 10h-18h). Entrée : env 7 € ; réduc ; visites guidées sur résa (+ 4 €).*
Le village n'a pas vraiment changé depuis que le général marquis l'a quitté. À 720 m d'altitude, il s'adosse à de belles collines boisées, ouvrant sur des champs à l'infini. Mais l'attrait principal reste le château natal du général, qui l'a vu grandir et qui met en avant, à l'aide d'une intelligente reconstitution, l'épopée et la trépidante vie de La Fayette. Comment peut-on naître dans un coin aussi retiré de l'Auvergne et devenir le Français le plus célèbre de toute l'histoire des États-Unis ? C'est ce qui est arrivé à La Fayette, dont la vie est un roman d'aventures.

La Fayette, une star aux États-Unis
Surnommé le « Héros des deux mondes », il fut et il est surtout un héros aux États-Unis, où il combattit contre les Anglais pour l'indépendance américaine, entre 1777 et 1784. Aussitôt rentré d'Amérique, malgré ses idées politiques avancées, il fut classé par les révolutionnaires de France comme un homme de l'Ancien Régime, possédant, il est vrai, l'une des plus grandes fortunes du royaume par héritage de son grand-père maternel puis par son mariage avec Adrienne de Noailles.
Aujourd'hui, la plupart des Français retiennent d'abord de La Fayette l'image du combattant volontaire au service d'une nation étrangère cherchant sa liberté. Et ils ont raison. Quand Louis XVI le recevait à Versailles, La Fayette se présentait toujours au roi revêtu de l'uniforme de l'armée américaine. Idolâtre de la liberté et rédacteur de la Déclaration des droits de l'homme, il avait même obtenu la citoyenneté américaine. En souvenir de son père adoptif, le général Washington – franc-maçon comme lui –, un de ses fils fut baptisé George-Washington et une de ses filles Virginie.
Il est l'Auvergnat (et le Français) le plus connu aux États-Unis, une star incrustée *ad vitam aeternam* dans l'histoire du peuple américain. Aux États-Unis, aujourd'hui, une quarantaine de villes, plusieurs comtés, des dizaines d'instituts, des collèges, des édifices, des navires portent son nom et, rare privilège, il y sera fait citoyen d'honneur en 2002 (ils ne sont que sept à porter ce titre). La ville de Lexington (Kentucky) fête encore de nos jours l'anniversaire du passage de ce VIP auvergnat en 1825 !
Dans les semaines qui suivirent son inhumation au cimetière de Picpus (Paris, 12e arrondissement), un brick apporta des États-Unis un peu de la terre de Yorktown, où il avait combattu en octobre 1781. Elle fut versée sur son cercueil pour que La Fayette reposât dans les terres mêlées des deux nations.
Tous les ans, le 4 juillet, l'ambassadeur des États-Unis en France se recueille devant le tombeau du célèbre Auvergnat, en souvenir de l'aide apportée à l'indépendance de son pays par la France.

La Fayette, nous voilà !
Au cœur d'un parc magnifique (nombreuses variétés d'arbres, une roseraie, un jardin anglais, des étangs), le château natal de La Fayette, propriété départementale

depuis 2009, livre ses secrets lors d'un passionnant parcours scénographique : ambiance musicale, assortie de jeux de lumières et de commentaires sonores. Sur la terrasse du château, face au parc, un drapeau américain et un drapeau tricolore flottent côte à côte...
À l'origine, dès le XIVe s, il y avait ici une maison forte, qui brûla à la fin du XVIIe s. Le château fut reconstruit en 1701 à partir du 1er étage. La famille du Motier de La Fayette reçut l'édifice par mariage et s'y installa en 1708. Le marquis de La Fayette y est né le 6 septembre 1757. Il y passa ses 11 premières années, avant de partir à Paris poursuivre ses études et devenir mousquetaire à 14 ans. Célèbre après la guerre d'Amérique, il revint à de nombreuses occasions dans sa maison natale jusqu'en 1792, notamment en 1786 pour prendre possession des terres de son marquisat de Langeac (voir *La Belle Jounée*) ou en 1788, quand il devint représentant de la noblesse auvergnate aux états généraux. En 1791, alors que la famine menaçait les campagnes environnantes, le régisseur du château lui annonça : « Les greniers sont pleins de grain, il est l'heure de le vendre. » Et La Fayette lui répondit : « Nous ne le vendrons pas, mais nous le donnerons. » Le château fut mis en vente en 1916 et acheté par la Fondation américaine La Fayette Memorial. Il fut d'abord un orphelinat, puis une maison de santé, accueillant 25 000 enfants malades jusqu'en 1966. Des milliers d'enfants français, polonais, italiens et russes, dont les petits-enfants de l'écrivain Tolstoï ou le réalisateur Jacques Tati, ont été hébergés et soignés à Chavaniac entre 1917 et 1929. Même si des Américains de passage en Auvergne s'aventurent parfois jusqu'à Chavaniac, curieusement, on n'en croise pas tant que ça.

Visite du château-musée

– *La salle des partisans et opposants :* on lira, entre autres, d'élogieuses déclarations concernant le jeune héros, et d'autres plus saignantes sur l'homme politique par exemple (comme celle de Napoléon le traitant de « niais » !).
– *La salle de la Haute-Loire :* belle salle de garde voûtée du XIVe s avec cheminée et grande table.
– *La salle du Trésor (ou salon Chinois) :* le bureau de travail de La Fayette. Notez les symboles de la franc-maçonnerie (équerres, compas...). La Fayette était un franc-maçon convaincu, ce qui était rare et audacieux dans l'aristocratie française bien-pensante de l'époque. En exposition : des lettres signées, médaillons, sceaux et objets précieux ayant appartenu au grand homme.
– *La chambre natale de La Fayette :* au 1er étage de la tour nord-ouest. La chambre fut restaurée en 1989, avec de belles tentures roses, reproductions de toiles de Jouy de 1779. Elles représentent les bateaux de La Fayette pour l'Amérique, les Indiens et le drapeau des 13 premiers États américains. Sur le mur, un portrait de La Fayette à l'âge de 17 ou 18 ans. Ce tableau est attribué à David. On apprend aussi qu'à l'âge de 10 ans, en pleine période de la traque de la bête du Gévaudan, il avait voulu partir à l'aide d'un bâton pour la chasser ! Déjà intrépide, le minot !
– *Le salon des Philosophes :* la plus grande pièce du château, avec ses bustes des philosophes français des Lumières qui ont milité contre l'esclavage. Beaux discours.
– *Le petit théâtre :* film intéressant évoquant l'épopée de La Fayette en Amérique.
– Et depuis juin 2012, le *salon d'Adrienne de Noailles,* marquise de Lafayette : salon décoré d'un mobilier du XVIIIe s, sur un magnifique parquet « Versailles » où se confondent diverses essences de bois, et surtout orné de 14 panneaux de papier peint créés vers 1790 à Paris par la manufacture « Réveillon », collection unique en France.

Hôtel Lafayette : *à* ***Chavaniac-Lafayette,*** *dans le bourg. ☎ 04-71-77-50-38. • contact@hotel-restaurant-chavaniac.com • hotel-restaurant-chavaniac.com • À 150 m du château. Resto fermé le soir lun-jeu et mer midi hors saison (ouv pour les résidents). Congés : 25 déc-8 janv. Doubles 30 € (avec sanitaires sur le palier), puis 43-48 €. Formule déj hamburger 10 € ; menus 17-34 €. Apéritif offert sur présentation de ce guide.* Petit hôtel-

LA VALLÉE DE L'ALLIER

resto-bar-tabac de village proposant des chambres très simples, un brin démodées mais bien tenues. Essayez d'avoir « la suite royale », qui donne sur le château. En revanche, les parties communes auraient bien besoin d'un coup de peinture. Resto en terrasse pour une cuisine tout aussi simple, mais faite avec bon cœur.

LES GORGES DE L'ALLIER, DE LANGEAC À CHAPEAUROUX

Nous voilà aux confins de la Haute-Loire et de la Lozère, à la limite de l'Auvergne et du Languedoc. Une région sauvage, splendide, façonnée par le passage de l'Allier, fraîchement tombé des monts de Lozère pour entrer en Haute-Loire.
Sinueuse et impétueuse, la rivière taille sa route au pied de hautes falaises basaltiques, serpente dans des gorges étroites et abruptes. Dans les rapides, elle bouillonne. Dans les chutes, elle gronde comme un torrent de montagne. On se croirait presque dans un paysage québécois : forêts de sapins, rochers inquiétants, eaux pures, limpides, vigoureuses. Plus en aval, l'Allier retrouve la civilisation et les hommes. De beaux villages perchés, des ponts et des viaducs, des chapelles et des églises anciennes. Pour les adeptes des sports d'eaux vives, cette partie du Haut-Allier est reconnue comme la plus enthousiasmante, en raison de l'alternance de rapides à forte dénivelée et de passages plus calmes. Compter environ 70 km de descente sportive de Chapeauroux à Langeac.
Plus au calme, et pour découvrir les gorges autrement et avec de la hauteur, le train touristique (de toute beauté !) des gorges de l'Allier longe la rivière, livrant des points de vue uniquement accessibles par voie ferrée.

■ ***Le SMAT :*** • *accueil@haut-allier.com* • *gorges-allier.com* • Pour vous permettre de continuer votre balade sur ce vaste territoire, on vous conseille de consulter en priorité le site de cet organisme géré par le Syndicat d'aménagement du Haut-Allier, qui regroupe 112 communes.

LES GORGES DE L'ALLIER

Conseils pour la descente de l'Allier en raft, canoë ou kayak

– ***La meilleure époque :*** au printemps, aux mois de mai, juin, et en septembre, car le niveau de l'eau est plus élevé qu'en plein été.
– ***Pour des raisons de sécurité :*** à l'exception des sections les plus tranquilles, mieux vaut être accompagné (et c'est d'ailleurs obligatoire pour le raft). Bien s'informer avant de partir sur les conditions climatiques et sur le niveau des eaux.
– ***Heures de navigation :*** il est interdit de naviguer sur l'Allier avant 10h et après 18h30, et de mi-octobre à fin mars. Éviter le plus possible les lignes et les flotteurs des pêcheurs...
– ***Échelle de difficulté :*** la classe 1 correspond à un parcours facile, comme sur l'Ardèche. La classe 2 désigne un parcours avec de petits rapides aisés à franchir. Classe 3, ce n'est plus de la promenade, mais du sport. Classe 4, il y a de gros rapides et de petites chutes de dénivelée assez importante. La classe 5 est réservée aux vrais sportifs des rivières, habitués à passer des rapides extrêmes et des chutes de très gros volume d'eau. Quant à la classe 6, elle ne concerne que les Rambo des eaux vives, les champions, les acrobates et les casse-cou ! Les obstacles y sont si importants qu'ils semblent à la limite du franchissable.

Les différents parcours

– ***Entre le lac de Naussac (Lozère) et Chapeauroux :*** 18 km. C'est l'Allier supérieur, la partie aventureuse et sportive de la rivière. Les rapides y sont nombreux, certains portant des noms bien révélateurs : « Le Triple Chute » ou « Le Dévaloir ». Parcours réservé aux classes 3, 4 et 5.
– ***Entre Chapeauroux et Alleyras :*** 18 km. Parcours plus facile que le précédent (classes 2 et 3). Il s'agit de la partie la plus belle, la plus sauvage des gorges de l'Allier.
– ***Entre Monistrol-d'Allier et Prades :*** 11 km. Un parcours semé de rapides aux noms romanesques : « La Roche qui pleure », « La Baraque à Ponet ». Pour classes 3 et 4. On ne voit aucune route ; parcours très sauvage.
– ***Entre Prades et Langeac :*** 15 km. Navigation plaisante (classes 2 et 3) dans cette portion de l'Allier où les gorges s'ouvrent et où le relief est moins accidenté. Quelques jolis villages perchés sur des îlots basaltiques. Débutants et confirmés apprécieront le spectacle !
– ***En aval de Langeac*** (classe 2).

Traversée des gorges en train

➢ Voilà une ligne ferroviaire unique en son genre ! Sa construction, entre 1864 et 1870, fut un incroyable exploit technique. Sur 67 km, entre Langeac et Langogne (Lozère), pas moins de 53 tunnels se succèdent, des viaducs métalliques enjambent l'Allier, des centaines de virages et de courbes épousent les accidents d'un relief abrupt. Impossible pour ce train d'aller vite !
Compter 1h45 pour faire ce merveilleux trajet. Parti de Clermont-Ferrand, le train se dirige vers Nîmes. En route, il s'arrête à Langeac, où débute la partie la plus belle. On peut donc faire le voyage aller dans la matinée et revenir au point de départ le soir même. Tout ça pour le simple plaisir d'admirer de la fenêtre d'un wagon les gorges de l'Allier et traverser des paysages uniques par leur nature sauvage. Pas de voiture dans ces gorges inaccessibles, seule la ligne ferroviaire passe au fond.
➢ En été, un train touristique voyage entre Langeac et Langogne (voir plus haut les modalités à « Langeac ») : vous irez jusqu'à Monistrol-d'Allier en profitant des commentaires d'un guide et de ralentissements laissant découvrir un patrimoine méconnu d'abbayes et de châteaux ; vous passerez l'après-midi dans ce petit village qui dispose d'une des seules plages aménagées et surveillées des gorges. Pour le retour, vous pourrez profiter du train touristique ou d'un train régulier.
Une variante gastronomique vous est proposée avec arrêt à la meilleure table du pays *(attention, slt jeu en juil-août),* chez Philippe Brun, au Pont-d'Alleyras. *Rens : ☎ 04-71-77-70-17. • trainstouristiques-ter.com •*

CHANTEUGES (43300) 410 hab. *Carte Haute-Loire, B2*

À 4 km de Langeac et à 2 km de Saint-Arcons, un autre village plein de charme, à 560 m d'altitude, qui ne manque pas de caractère avec ses rues piétonnes et ses maisons aux toits de tuiles. Il faut absolument visiter le cloître de la belle abbaye du XIIe s qui surplombe le village et offre un panorama superbe sur la vallée de l'Allier (accessible du bourg par les calades ou par la route en contournant le village par la gauche).

Où dormir ?

Aire naturelle de camping La Gravière : *☎ 04-71-74-02-87 (mairie). • mairie.chanteuges@wanadoo.fr • À 6 km de Langeac, après Chanteuges, sur la gauche juste avt Saint-Arcons-d'Allier. Se présenter à la mairie avt de s'installer sur l'aire. Ouv de mai à mi-oct. 1 € la nuit par adulte.* Propose 25 emplacements, au bord de l'Allier, sans douche mais avec points d'eau et w-c à disposition. Plage et petit coin de nature calme et propre, agréable pour camper, pique-niquer et se baigner.

Chambres d'hôtes La Grande Maison : *☎ 04-71-74-01-91. • info@la-grande-maison.com • la-grande-maison.com • Ouv avr-nov. Double 95 €. Menus 19-25,50 €. Apéritif offert sur présentation de ce guide.* Au pied de l'abbaye, à quelques mètres de la rivière, une demeure du XVe s qui justifie son nom. Rien de figé en revanche dans le passé, bien au contraire, la maison accueillant des stages de création contemporaine. Chambres spacieuses, ouvrant sur des terrasses taillées dans le roc.

À voir

Le Conservatoire du saumon sauvage : *☎ 04-71-74-05-45. • cnss.fr • Visites guidées (compter 1h30-2h) : juil-août, tlj sf sam à 15h et 17h, dim à 15h ; le reste de l'année, sur rdv pour les groupes. Entrée : 6 € ; réduc.* Une installation à la pointe de la technologie et une visite guidée passionnante qui vous permettra de mieux comprendre le cycle biologique du « poisson roi », de l'alevin jusqu'au grand saumon. Pour la pêche au saumon, il faudra attendre un peu, le roi des poissons étant aujourd'hui protégé. Mais grâce à cette salmoniculture de Chanteuges, qui concourt à son repeuplement, les pêcheurs pourront un jour prochain de nouveau batailler avec lui !

Au sommet d'une coulée volcanique se dressent les restes d'un ***prieuré casadéen*** *(visite libre tlj 10h-18h ; pour les visites guidées, infos au ☎ 04-71-77-28-30).* Fondé en 936 par les chanoines de Brioude, le prieuré passa au XIIe s aux mains des moines de La Chaise-Dieu, qui en firent leur résidence d'été. La plupart des bâtiments datent de cette époque. Impliqué dans l'affaire du Collier, le cardinal de Rohan, exilé à La Chaise-Dieu, séjourna plusieurs fois à Chanteuges. Au fil de la visite, on peut voir la chapelle Sainte-Anne du XVe s, la salle capitulaire, le petit cloître et l'église en pierre basaltique. Exposition permanente sur les chapiteaux, parmi les plus beaux de la région.

SAINT-ARCONS-D'ALLIER

(43300) 190 hab. *Carte Haute-Loire, B2*

À 6 km de Langeac, l'un des plus jolis villages le long de l'Allier. Juché sur un éperon basaltique entre l'Allier et la Fioule, il est plein de charme et chargé d'histoire. Le tour du village, bien préservé et restauré, est rapide mais fort agréable.

Où dormir ? Où manger ?

Chambres d'hôtes L'Auberge du Moulin : *chez Christelle et Rémi Dursapt, au moulin de Saint-Arcons, au pied du village. ☎ 04-71-74-03-09. • remi.dursapt@wanadoo.fr • gite-aubergedumoulin.com • Ouv de mars à mi-nov. Resto fermé dim soir et lun. Résa conseillée. Compter 55-70 € pour 2 pers ; ½ pens 95-110 € pour*

2 pers en chambre double. Les proprios proposent aussi un gîte d'étape de 24 places : 15 € la nuitée ; ½ pens 38,50 €/pers. Dîner 22-26 €. Au milieu d'un beau jardin aux pelouses en terrasses, traversé par la rivière qui alimente un bassin circulaire autour duquel gambadent lamas et autruches, vous serez hébergé dans de charmantes petites maisons en pierre, aménagées avec goût. Et vous dînerez autour de la longue table de bois sombre, dans la grande salle du moulin, en pierre et poutres apparentes. Un lieu magnifique et romantique en diable !

À voir

L'église romane et gothique (XIIe s) présente de belles colonnes en basalte.

Le musée du Fer-blanc : *derrière la mairie, dans la maison du passeur. ☎ 04-71-74-02-04 (mairie) ou 04-71-77-28-30. Juil-août, tlj sf mar 15h-19h ; sur résa le reste de l'année. Entrée : 3-4 € ; réduc.* Dans ce musée national de la Ferblanterie qui reste unique en son genre, vous découvrirez une large collection d'objets en fer-blanc (1 000 environ) allant du moule à gâteau au seau à traire, des jouets, des objets militaires et d'art sacré, en passant par des burettes, quinquets et autres ciboires. Ethnologique et didactique.

DANS LES ENVIRONS DE SAINT-ARCONS-D'ALLIER

Saint-Julien-des-Chazes : *à 4,5 km de Saint-Arcons.* Minuscule village paisible, au bord de l'Allier, dominé par de hautes falaises et fait de vieilles maisons en lave basaltique.
- Sur la route, de l'autre côté de la rive, on découvre une église du XIIe s, isolée et toute mignonne, la ***chapelle de Sainte-Marie-des-Chazes.*** Pour y accéder en venant de Saint-Arcons, prendre la route vers Saint-Julien et, juste avant le pont Eiffel, tourner à gauche sur la petite route qui longe l'Allier.

➢ ***Jolie route pour rejoindre Le Puy-en-Velay :*** au pied du village de Saint-Arcons, une petite départementale passe de bourgs en hameaux à travers les bois pour s'en aller vers Beaune en montant, et rejoindre, à 4 km, la D 590. La prendre vers Le Puy sur 1 km, puis à gauche, vers ***Vissac,*** un village charmant et peu connu.

PRADES

(43300) 60 hab. *Carte Haute-Loire, B2*

L'Allier y rencontre un de ses fougueux affluents, la Seuge, qui dévale depuis les hauteurs de la Margeride (1 400 m). Ce gros bourg de fond de vallée prend en été des allures de petite station balnéaire, avec ses ribambelles joyeuses de baigneurs et de kayakistes. En face du bourg se dresse l'imposant rocher du Bac (97 m). Mais la curiosité naturelle la plus marquante est sans conteste cette falaise d'orgues basaltiques qui surplombe l'Allier, sur la rive opposée à la « plage » de Prades.

Adresse et infos utiles

■ ***Centre UCPA Haut-Allier :*** *Le Vieux Moulin. ☎ 04-71-74-04-35 ou 32-60 (0,15 €/mn ; central de résa pour les adultes). • hautallier@ucpa.asso.fr • Ouv avr-fin sept.* La joyeuse bande de moniteurs compétents propose des « cocktails multisports » : canoë, kayak, hot-dog (sorte de canoë gonflable), rafting, hydrospeed, VTT, escalade, tir à l'arc, petites randonnées. Pas de location ou de descente à la journée, seulement des séjours.

Plage de Prades : ☎ *04-71-74-01-90. Baignade surveillée en juil-août.* La seule plage aménagée à des lieues à la ronde.

DANS LES ENVIRONS DE PRADES

La chapelle Notre-Dame d'Estours : *à 4 km au sud de Prades, par une route de montagne sinueuse et étroite pour les voitures (la D 589). Le mieux consiste à s'y rendre à pied au départ de Prades.* Voici l'une des plus belles randonnées des gorges de l'Allier.

➢ *La balade jusqu'à la chapelle :* boucle de 10 km ; compter environ 3h. Randonnée assez difficile, car la pente est longue, très raide par endroits. Il faut donc de bonnes chaussures. Le sentier est balisé en jaune, avec des repères numérotés de 1 à 7. Pour plus de détails, se munir du topoguide du coin. Départ de Prades au pont qui enjambe la Seuge sur la D 48. Suivre la rive droite de la Seuge et monter jusqu'à la chapelle perchée sur un promontoire. Celle-ci fut très convoitée en 1767, au moment de la traque de la bête du Gévaudan. À côté, une statue de la Vierge domine la vallée de la Seuge. La chapelle elle-même abritait une magnifique statue romane en bois polychrome du XIIe s. Elle se trouve désormais dans l'église de Monistrol-d'Allier *(de mi-avr à fin sept, tlj 8h30-19h).* De la chapelle, il faut ensuite redescendre vers la Seuge, franchir la passerelle et prendre le sentier en face. Puis on revient à Prades par Cubelles (joli clocher à peigne). Superbe balade dans un site exceptionnel.

SAINT-PRIVAT-D'ALLIER, MONISTROL-D'ALLIER ET LEURS ALENTOURS

(43580) 400 et 220 hab. *Carte Haute-Loire, B2*

Voici le cœur des gorges de l'Allier. Saint-Privat et Monistrol-d'Allier constituent les deux bases les plus fréquentées par les amateurs de canoë et de sport en eaux vives. Seulement 5,5 km les séparent, et pourtant, ces deux villages ne se ressemblent vraiment pas. Saint-Privat est un gros bourg montagnard, juché à 870 m d'altitude sur un éperon de la rive droite de l'Allier. Ses habitants regardent la vallée d'en haut. À Monistrol – sur le chemin de Saint-Jacques-de-Compostelle – on se trouve, au contraire, au fond de cette même vallée (à 600 m d'altitude), au bord de la rivière, dans un paysage plus industrieux et un peu moins rustique (centrale électrique à côté).

Adresses utiles

Point information : *au gîte d'étape et de groupe de Saint-Privat-d'Allier. ☎ 04-71-57-25-50. Ouv tlj, sf 15 nov-15 déc.* Fait aussi gîte d'étape et de groupe : • *lacabourne.fr* •

Canoë et raft

■ ***Rivière et Canyon :*** *au bourg de Saint-Privat-d'Allier. ☎ 04-71-57-24-47. • rivieretcanyon@orange.fr • raft-canyon.fr • Ouv avr-oct. Tarifs : 40 € la demi-journée, 75 € la journée de rafting.* Savoir nager et avoir 10 ans minimum, telles sont les conditions nécessaires pour pratiquer un sport d'eaux vives au sein de cette école, qui propose des activités aussi variées que des balades en canoë gonflable sur l'Allier, du rafting et du canyoning. Encadrement professionnel par des guides. Matériel fourni sur place (casques, gilets, combinaisons...). Stage sur plusieurs jours possible.

■ ***Tonic Rafting :*** *base d'eaux vives, à Monistrol-d'Allier. ☎ 04-71-57-23-90. ● tonic-rafting@wanadoo.fr ● raft-canyon.fr ● Ouv tte l'année.* Rafting, canyoning, canoë-kayak, VTT, etc. Les prestations incluent l'encadrement par des guides diplômés, les équipements, les transferts en bus (aller-retour) depuis la base, située sur la rive de l'Allier. Au départ d'une base tout équipée (restaurant, bloc sanitaire avec douches). Ambiance cool.

Où dormir ?
Où manger ?

À Saint-Privat-d'Allier

Camping

Camping Le Marchat : *☎ 04-71-57-22-13 (mairie). ● info@mairie-saintprivatdallier.fr ● mairie-saintprivatdallier.fr ● Ouv de mai à mi-oct. Forfait 2 pers env 5 €. CB refusées.* Seulement 18 emplacements, mais niveau d'équipement correct. Terrain ombragé. Accueil chaleureux et souriant.

Prix moyens

Hôtel-restaurant La Vieille Auberge : *☎ 04-71-57-20-56. ● lavieilleauberge43@orange.fr ● lavieilleauberge43.com ● À droite en arrivant dans le bourg. Resto fermé le soir le w-e hors saison, sf résa. Congés : fév. Doubles 52-54 € ; ½ pens 42-44 €/pers. Menus 10-24 €. Apéritif maison offert sur présentation de ce guide.* Calme olympien et accueil dynamique dans cette modeste adresse aux chambres bien tenues, donnant sur la vallée. Côté resto, c'est une cuisine de terroir simple et bonne pour les courageux randonneurs faisant étape sur la route de Saint-Jacques-de-Compostelle. Bar de pays.

À Saint-Didier-d'Allier

Chambres chez Jacqueline Montagne et Philippe Avoine : *au hameau de La Grangette. ☎ 04-71-57-24-41. ● avoine-montagne@wanadoo.fr ● Joli nid d'aigle à 4 km au sud de Saint-Privat-d'Allier, sur la route de Pont-d'Alleyras. Ouv tte l'année ; sur résa en hiver (chauffage). Double avec douche et w-c 42 €. Repas sur résa 16 €. Apéritif maison, café ou digestif offert sur présentation de ce guide.* Vieille ferme bien restaurée abritant des chambres en bois clair, équipées de sanitaires. 2 d'entre elles possèdent une agréable mezzanine. Possibilité d'y prendre les repas, à condition de prévenir. Accueil très chaleureux, cadre idéal pour qui cherche du calme et un paysage sauvage.

À Monistrol-d'Allier

Camping

Camping Le Vivier : *☎ 04-71-57-24-14 (mairie). ● camping.gite@laposte.net ● monistroldallier.com ● Ouv d'avr à mi-sept. Compter env 10,50 € pour 2 pers ; caravane 101 €/sem. CB refusées.* Un camping pratique et bien équipé de 46 places, situé en bordure de l'Allier et à 2 mn de la gare. Idéal pour organiser des journées de descente en eaux vives. Bien ombragé et sanitaires propres. Tennis, minigolf, terrain de volley et base nautique à proximité.

Gîtes ruraux

Gîte d'accueil communal : *Le Vivier, route du Puy. ☎ 04-71-57-24-14 (mairie). ● camping.gite@laposte.net ● Fermé nov-fév. Nuitée 10 €. CB refusées.* Sur le GR 65, la route de Saint-Jacques-de-Compostelle, un gîte simple de 12 places, économique, avec un petit coin cuisine.

Gîte d'étape et de séjour La

Tsabone : *montée des Deux-Chiens, dans le bourg, passé le pont Eiffel. ☎ 04-71-06-17-23. 06-03-02-19-01. • latsabone@yahoo.fr • latsabone.fr • Nuitée 11,50 € ; ½ pens 29,50 €. Table d'hôtes 13,50 €.* Sur le GR 65, petit gîte coquet avec belle salle commune conviviale en pierre du pays et kitchenette à dispo. Agréable chambre pour 4 personnes avec lits superposés et une 2de mansardée à l'étage, avec 6 matelas au sol. Au fait, une *tsabone* est une cabane de berger sur roue tractée par des bœufs, et il y en a une dans le jardin. Accueil jeune et sympa.

Gîte d'étape et chambres d'hôtes Le Repos du Pèlerin : *dans le bourg, au bout du pont Eiffel. ☎ 04-71-57-23-57 ou 09-67-06-27-36. • ligh time@wanadoo.fr • reposdupelerin.com • Gîte d'étape ouv tte l'année, tlj ; chambres d'hôtes ouv d'avr à mi-oct slt. Nuitée 11,50 €/pers ; ½ pens 30 €. Double 46 €. Table d'hôtes 13 € (sf boisson). Animaux non admis.* Surplombant l'Allier, gîte d'étape proposant 2 dortoirs pour 5 personnes avec salle de bains et balcon pour chacun. Également 3 chambres d'hôtes avec kitchenette et un appartement familial spacieux. L'ensemble est meublé de façon un peu kitsch, mais l'ambiance randonneur est plutôt sympa. Lave-linge à disposition. On prendra ses repas au choix dans le gîte ou au resto-bar attenant.

Prix moyens

Le Pain de Sucre : *Le Vivier, dans la rue principale. ☎ 04-71-57-24-50. • peter.paindesucre@orange.fr • Ouv tlj. Congés : janv. Doubles 52-56 €. Menus 16-29 €. Apéritif offert sur présentation de ce guide.* Tenue par Peter, personnage haut en couleur à l'humour irrésistible, une adresse coup de cœur qui marche fort. Côté chambres, les classiques (mais très correctes) côtoient les nouvelles, refaites dans un style très original et moderne. Côté cuisine, Peter régale ses hôtes d'une cuisine surprenante à tendance gastronomique d'inspiration méditerranéenne, qui détonne dans la région. Pour les petits budgets, il propose des « triangles » chauds délicieux et des pizzas faites à base de farine bio locale. Un lieu mêlant le traditionnel et le modernisme avec beaucoup de ferronnerie et de sculptures. On adore !

Au Pont-d'Alleyras et dans ses environs

Gîte rural

Gîte La Source : *Les Angles, 43340* ***Saint-Christophe-d'Allier.*** *☎ 04-66-69-62-61. 06-83-09-03-43. • gitelasource@orange.fr • gitelasource.info • Accès par la D 32, en venant de Chapeauroux ; à 6,5 km de ce village, en contrebas de la route, sur la gauche. Ouv tte l'année. Résa conseillée. Doubles 55-65 € selon saison. Table d'hôtes sur résa 14-25 €. Gîte 12 à 27 pers.* Près d'un charmant village, cette vieille maison du XVIIIe s entièrement restaurée est entourée de pâturages. Chambres pour 2 à 5 personnes, équipées de sanitaires. Cuisine indépendante et accueil chaleureux des propriétaires, qui reçoivent aussi les cavaliers et proposent des produits de la ferme. Piscine chauffée et sauna. Idéal pour profiter de la campagne et sillonner la nature avoisinante.

De prix moyens à chic

Auberge de la Vallée : *au bourg de* ***Saint-Haon*** *(43340). ☎ 04-71-08-20-73. • merledenis@sfr.fr • auberge-de-la-vallee.fr • À 4 km au nord-est de Chapeauroux, sur la D 31, vers Le Bouchet-Saint-Nicolas. Tlj sf dim soir et lun hors saison. Congés : 26 déc-30 mars. Doubles 45-49 €. Menus 18-42 €. Réduc de 10 % sur le prix de la chambre (sf juil-août) sur présentation de ce guide.* Situé sur la place du village, à 970 m d'altitude, à deux pas d'une église coiffée d'un original clocher à peigne, l'hôtel abrite une dizaine de chambres rustiques et bien tenues. Nuits très calmes dans ce bout du monde. Menus régionaux avec des spécialités du chef, comme le ris de veau aux morilles. Très bon accueil.

Hôtel-restaurant Le Haut-Allier : *Le Pont-d'Alleyras, 43580* ***Alleyras.*** *☎ 04-71-57-57-63. • hot.rest.hau*

LES GORGES DE L'ALLIER

tallier@wanadoo.fr • hotel-lehautallier.com • Resto fermé lun-mar (slt soir juil-août et j. fériés). Doubles tt équipées 95-110 € selon confort ; ½ pens 98-118 €/pers. Menus à partir de 48 € ; carte env 60 €. Café offert au client du resto sur présentation de ce guide. Une merveilleuse adresse pour les gastronomes qui veulent se faire plaisir, dans un cadre moderne, sur fond d'environnement préservé. Cet hôtel de grande qualité appartient à la même famille depuis 3 générations. Chambres confortables et entièrement repensées dans des tons actuels. Vue imprenable sur la vallée et calme garanti. Accueil délicieux, sans chichis, pour une maison d'une telle qualité. Philippe Brun, en cuisine, se fait plaisir, créant des plats qui ont le goût du terroir sans en avoir la pesanteur, et qui mettront vos yeux et vos papilles en émoi. Salle lumineuse que le bois, le basalte et des créations contemporaines ont rendue en parfait accord avec cette cuisine libérée, parfumée, réalisée par un faux sage à qui l'avancée en âge donne toutes les audaces. Cave bien pourvue.

À faire

- ***Canoë et raft :*** ne pas manquer de faire une descente en eaux vives (voir « Adresses utiles. Canoë et raft » plus haut).

- ***Via ferrata :*** *résa au bar-resto Chacornac Leyton à* ***Saint-Jean-Lachalm*** *(43510). ☎ 04-71-57-57-46. Compter 7-9 € selon nombre de pers. Enfants admis à partir de 6 ans.* Trois itinéraires de difficulté différente dans les rochers de la Miramande, allant de 50 à 150 m de hauteur de voie.

➢ Emprunter la jolie ***route reliant Saint-Privat à Chapeauroux*** longeant l'Allier. On y découvre une superbe vue sur le village de Saint-Didier-d'Allier, avant de descendre sur les gorges à travers une végétation variée et des espèces d'arbres verdoyants au printemps (bouleaux, chênes, pins...). Point de vue sur le barrage de Poutès. Au Pont-d'Alleyras, passer la rivière pour poursuivre jusqu'à Saint-Préjet-d'Allier et sa grosse église, que l'on aperçoit au loin en arrivant sur le bourg. Suivre ensuite Chapeauroux et Saint-Christophe-d'Allier, pour découvrir de nombreux panoramas sur la région et ce village loin de tout, fait de vieilles pierres. Saint-Vénérand vaut aussi son petit détour pour son charme et son église à l'imposant clocher. On descend alors vers Chapeauroux et on se retrouve en Lozère. Repasser l'Allier pour revenir sur la Haute-Loire.

Randonnée pédestre

➢ ***Le circuit du Moulard*** *(12,5 km ; 3h30 ; en boucle) : au départ d'Alleyras. Balisage jaune.*
Vieilles pierres et collines de genêts pour marcheurs non sportifs. Le circuit du PR 245 débute sur la D 40 en venant du Pont-d'Alleyras, à 100 m environ de l'entrée d'Alleyras. Une petite route part vers l'est, à travers les champs. Un chemin de terre continue par les épicéas, tandis que le ruisseau de Malaval s'entend en contrebas. Le cours d'eau de cette « mauvaise vallée » garde tout son charme pour se jeter dans l'Allier. Bientôt les ruines du moulin Lioudonnat, puis celles du château d'Agrain ajoutent leur note romantique.
Devant ces pans de mur, rêvons à Eustache d'Agrain, preux chevalier des croisades, surnommé « l'Épée de Palestine », au XIIe s. Récompensé pour ses hauts faits, il avait le droit de se tenir, l'épée nue à la main, devant la procession de la Vierge du Puy-en-Velay.
Il vous faut ensuite traverser un ruisseau et remonter à travers les genêts, puis à droite en sous-bois. La fontaine et le four à pain du hameau du Moulard méritent qu'on souffle un peu, avant de lever les yeux pour voir la cloche sur le toit de la

maison de la Béate. Elle appelait autrefois les villageois à se rassembler. Une montée sur la droite permet d'atteindre la D 40. Toujours à droite, sur 100 m, vous retrouvez une piste en gravillons qu'il faut suivre, droit devant, pour arriver à de magnifiques panoramas sur les gorges de l'Allier. Une descente sur la gauche depuis la croix en pierre de Saint-Martin permet d'atteindre la D 40, que l'on emprunte à droite sur une trentaine de mètres. Un chemin herbeux attend vos pas sur la gauche pour rejoindre Alleyras, en jouant à cache-cache avec la D 40. Cette dernière vous ramène triomphalement, depuis la croix des Tourettes, à votre point de départ. En été, on trouvera de nombreux personnages de fables et de contes dispersés sur ce « chemin fabuleux ».

Manifestation

– ***Rencontres contemporaines de Saint-Privat-d'Allier :*** *pdt 10 j. autour du 15 août. Association Lien-Création : ☎ 04-71-09-38-41 ou 04-71-57-25-21. • contemporaines-stprivat.fr •* Rencontres artistiques organisées pour faire découvrir de nouveaux créateurs. Concerts de musique contemporaine en église, expositions d'art plastique...

PRADELLES (43420) 620 hab. *Carte Haute-Loire, C3*

À l'extrémité sud du département de la Haute-Loire, sur son éperon ensoleillé et venteux, à 1 150 m d'altitude, Pradelles (*castrum pratellae* en latin, la « citadelle des hautes prairies ») – un des Plus Beaux Villages de France – est la porte du Midi, l'œil de l'Auvergne sur le Languedoc. Depuis toujours, les pèlerins, les marchands, les voyageurs – comme l'écrivain Stevenson, et même Saint Louis de retour de croisade, ou Philippe le Bel – y ont fait escale. La vieille ville, avec ses maisons à arcades, ses galeries couvertes, ses portails patinés, ses fontaines, vaut vraiment le coup d'œil.
Les environs de Pradelles méritent tout autant d'être découverts, car la rencontre des trois départements (Lozère, Ardèche et Haute-Loire) dessine une sorte de grand Y qui marque le cœur d'une région particulièrement belle. Propice aux randonnées, surtout en été, on observe une vue sans fin sur la Lozère et sur le barrage de Naussac.

Adresse utile

Office de tourisme : *pl. des Halles. ☎ 04-71-00-82-65. • ot.pradelles@haut-allier.com • gorges-allier.com • Ouv tte l'année : juil-août, tlj ; avr-juin et début sept, lun-sam ; en basse saison, lun-ven.* Liste des hébergements, plan gratuit de la ville avec parcours, carte IGN. Guides de randonnées *Le Velay volcanique, Le Chemin de Stevenson, La Voie Régordane, Le Sentier, Vallée et gorges de l'Allier* (historiques, marche, VTT...) et *Histoire de Pradelles.* Accueil serviable et souriant.

Où dormir ?

Où manger ?

Chambres d'hôtes et accueil randonneurs Terre d'Accueil : *chez Jean-Raymond et Danièle Rouvière, pl. du Foirail. ☎ 04-71-00-88-27. • jr.rouviere43@live.fr • Sur la pl. principale du village. Nuitée 16 € ; double 42 €. Apéritif offert sur présentation de ce guide.* Dans une maison de ville, dortoir de 3 lits avec accroche-sac au dos artisanal et 2 chambres d'hôtes simples mais très lumineuses à l'étage de la partie privée. Sanitaires en commun. Bon accueil familial.

Hôtel L'Arche : *33, av. du Puy. ☎ 04-71-00-85-20. • hotelarche@free.fr • Hôtel ouv avr-oct slt ; resto ouv tlj. Doubles 39-59 € avec douche ou bains ; familiales 63-74 €. Menus 12,50-23 €. Apéritif maison offert sur présentation de ce guide.* Sur l'axe principal qui traverse le village, un hôtel que l'on recommande uniquement pour ses chambres donnant sur l'arrière, avec une belle vue dégagée (côté rue trop bruyant). Simples mais avec une touche de modernité, elles offrent un confort acceptable pour le prix. Resto correct mais service un peu lent.

Brasserie du Musée : *pl. du Foirail. ☎ 04-71-00-87-88. • brasseriedumusee@hotmail.fr • Ouv tte l'année, tlj. Formule déj 12,50 € ; menus 16,50-21 €.* Au cœur du village, brasserie traditionnelle sans prétention, tenue par une équipe jeune, qui offre l'avantage d'être toujours ouverte ! Cuisine du terroir (tripoux, confits... et copieux plat du jour). Quelques tables en terrasse aux beaux jours. Également un gîte d'étape.

Aux Légendes : *Bel Air. ☎ 04-71-00-88-00. • aux.legendes@orange.fr • En surplomb du village, sur la N 102 reliant Aubenas au Puy. Tlj sf lun. Formule déj 11,50 € ; menus 19,50-26,50 €. Café offert sur présentation de ce guide.* Un lieu très « *biker* » avec plusieurs Harley Davidson dans la salle de resto, et où les viandards sont à la fête ! Grosses entrecôtes, pavés, *ribs* et charcuterie du pays dans une ambiance musicale country. Fait bar le soir avec billard. Depuis 2012, on peut profiter des chambres d'hôtes. Accueil chaleureux de Seb, un personnage étonnant.

À voir. À faire

La chapelle Notre-Dame-de-Pradelles : *fermé pour travaux.* Stevenson ne la visita pas, car il était pressé de partir vers Langogne... peut-être aussi parce qu'il était protestant. Pendant la restauration de la chapelle, la copie de la statue de la Vierge noire est exposée dans l'église monumentale construite en 1904, un peu plus haut dans le village.

Cheval-Land, musée vivant du Cheval de trait : *rue du Breuil. ☎ 04-71-00-87-87 ou 04-90-91-07-70. • cheval-land.com • Juil-août, tlj 10h-19h. Entrée : 8-10 € ; réduc. Possibilité de tarif réduit musée + parc, rens à l'accueil. Compter 2h de visite. Restauration possible sur place.* En parcourant les écuries du musée, admirez les lignes massives, formes rebondies et sabots imposants de ces beaux bestiaux débonnaires. Ils sont les ambassadeurs généreux des espèces de chevaux de trait existant en France (rassurez-vous, ils retrouvent leurs prairies en fin d'après-midi !). Deux ânes également, pour mieux évoquer le passage de Stevenson à Pradelles. Expo de véhicules hippomobiles (fiacres, omnibus et attelages du XIXe s), collection de mors, scènes d'automates (forgeron, sellier, charron, etc.), villages animés. Un musée pédagogique et plein de curiosités. Pour les enfants, jeux en bois, labyrinthe... Parcours acrobatique « L'île aux trésors » (mêmes horaires que le musée), pieds nus au-dessus de l'eau, avec 40 passages et 3 niveaux, pour enfants et adultes.

➢ **Vélorail :** *au départ de la gare de Pradelles, située à 3 km du village. ☎ 04-71-00-87-46. • velo-rail@ccpcp.fr • velorailsdefrance.com • Fonctionne avr-nov, slt sur résa. Tarifs : de 17 € pour 1h à 55 € les 5h par équipage de 2-4 pers.* Sur une « draisine à pédales », sillonnez sur l'ancienne ligne Le Puy-Langogne les landes à genêts, cultures de lentilles et tourbières, le long des 15 km de cette ancienne ligne de chemin de fer. Quelques viaducs et tunnels remarquables. Rythme tranquille recommandé : on est à près de 1 000 m d'altitude ! Accessible à tous, une découverte de la nature mêlant détente, nature et sport, à faire bien évidemment en famille.

LA HAUTE MARGERIDE

La Margeride était autrefois rattachée au Gévaudan. C'est dans cette nature sauvage et difficile à contrôler que sévit la célèbre bête du Gévaudan, qui défraya la chronique au XVIIIe s. Voici une région d'altitude balayée par les vents, une sorte de vaste plateau au climat rude et vivifiant, une harmonieuse alternance de landes, de pâturages et de monts couverts de forêts, oscillant entre 1 200 et 1 550 m. La haute Margeride correspond grosso modo au canton de Saugues.
Dans la partie ouest, à cheval sur la ligne de crête séparant Haute-Loire et Lozère, de Saint-Roch à Pinols, les forêts prédominent, occupant les dernières hauteurs du relief : forêts de Pinols, forêt d'Auvers autour du mont Mouchet, bois sombres du Montchauvet, hauts lieux de la Résistance. Puis on descend vers Saugues, qui accueille un gros marché actif.

UNE MICRORÉGION

À la différence de ceux de l'Aubrac, plus arides et plus désolés, les paysages de la haute Margeride portent en profondeur la marque du travail des paysans et des bergers. Pas de basalte ici, comme dans le Velay central, mais du granit, la même pierre qui sert de « coussin pneumatique » à la Bretagne. Cette pierre rude et noble sert à tout : à construire les murs des fermes et des granges, à édifier les murets bordant les parcelles, à tailler les piquets de clôture plantés au bord des champs, et à dresser ces adorables petits ponts qui enjambent les nombreux cours d'eau aux noms évocateurs : Ance, Panis, Virlange, Desges, Gourgoueyre... un paradis pour les pêcheurs, avec de beaux sites sauvages.
Autrefois empruntés par les Gaulois, puis par les pèlerins de Saint-Jacques-de-Compostelle, les chemins furent utilisés par les maquisards du mont Mouchet pendant la Seconde Guerre mondiale. Ils servent aujourd'hui de pistes pour les troupeaux de bisons d'Europe (voir la réserve de Sainte-Eulalie en Lozère, unique en France), et bien sûr de sentiers de grande randonnée (le GR 65, par exemple).
Certes, Saugues y a des vaches et des vachers, mais depuis longtemps cette microrégion est le paradis des ovins et des agneaux. Les prés y sont broutés à la perfection jusqu'au dernier brin d'herbe. Malgré un dépeuplement constant et un vieillissement de la population, cette région ne semble pas abandonnée, comme on peut le ressentir dans certaines parties du Massif central. Une nature rude et sauvage mais pleine de vie.

SAUGUES (43170) 1 880 hab. *Carte Haute-Loire, B2*

Gros village au cœur de la Margeride auvergnate, posé sur une butte un peu plus haute que le reste du pays, à 960 m d'altitude. On remarque aussitôt les toits de tuiles aux couleurs rafraîchissantes et son gros donjon, carré, massif, appelé la tour des Anglais. Vue de haut, Saugues révèle le dessin concentrique de ses rues, souvenirs des remparts qui la protégèrent lors de la guerre de Cent Ans. C'est dans ce décor que l'écrivain Robert Sabatier passa ses premières années. Il a bien décrit le pays de son enfance dans *Les Noisettes sauvages,* un de ses premiers livres. Certes, Saugues a changé, mais le centre-ville a gardé son cachet ancien. Il s'anime les jours de foire et de marché, et devient le point de chute indispensable pour qui veut arpenter la région.

Même si les gens du cru prêtent moins d'intérêt à la bête du Gévaudan que les touristes de passage, celle-ci a refait son « apparition » par le biais de nombreux ouvrages, d'un petit musée et de quelques monuments rappelant son souvenir et les ravages qu'elle occasionna dans la région.

UN PEU D'HISTOIRE

Au Moyen Âge, les pèlerins partis du Puy-en-Velay pour Saint-Jacques-de-Compostelle devaient traverser la Margeride. Ils suivaient la Via Podiensis, qui passait par Saugues, naguère première étape de leur voyage. Certains en profitaient pour vénérer la Vierge et saint Médard. Pendant des siècles, la ville servit donc de plaque tournante pour l'économie rurale, et, encore aujourd'hui, le très actif marché aux agneaux, modernisé, en est la meilleure preuve, de même que cette usine qui s'occupe du traitement des champignons de Margeride.

LA PROCESSION DES PÉNITENTS BLANCS

Qu'il neige (c'est fréquent) ou qu'il vente (c'est courant), tous les ans, le soir du jeudi saint, la bonne ville de Saugues est traversée par une longue et mystérieuse procession destinée à commémorer la Passion et la mort de Jésus-Christ. Constitué d'hommes cagoulés, tous volontaires et désignés par le recteur de la confrérie, le long cortège part de la *chapelle des Pénitents* pour arriver à l'*église Saint-Médard* et y célébrer un office religieux.
Selon un rituel immuable depuis 1652, un pénitent cagoulé, vêtu de blanc, pieds nus, ouvre la marche, portant une croix à bout de bras. Suivent des groupes de confrères vêtus de rouge et accompagnés par des enfants de chœur brandissant des lanternes et des torches. Ils chantent des cantiques, avancent dans la pénombre tels d'obscurs fantômes repentants. Ces images, plus répandues sur les rivages latins de la Méditerranée, semblent incroyables au cœur de l'Auvergne. La grande croix lourde d'une cinquantaine de kilos est toujours portée par deux hommes en rouge, pieds nus, représentant Jésus de Nazareth et Simon de Cyrène. Le prêtre de la paroisse ferme la marche. Puis, après avoir fait pénitence, on fait bombance.

DES GRENOUILLES DE BÉNITIER

Après la procession du jeudi saint, les paroissiens rejoignent les restaurants qui tous, selon une très vieille tradition, servent au menu ce jour-là des cuisses de grenouilles persillées et aillées accompagnées d'un insolite pain à l'anis. À l'heure de la soupe, les pénitents endeuillés redeviennent de joyeux gourmets. À la fin, toute la ville sent l'ail ! Cette grenouille de Pâques mérite vraiment la palme d'or de la convivialité saugaine.

Adresses et infos utiles

Office de tourisme : *cours Gervais.* ☎ *04-71-77-71-38.* • *ot.saugues@haut-allier.com* • *gorges-allier.com* • *Ouv tlj sf dim ap-m en juil-août.* Excellent accueil. Liste des hébergements, bons plans de randonnées, nombreuses suggestions de promenades thématiques dans les environs et de circuits à faire en voiture sur une demi-journée, et une salle d'exposition. Sur demande, guide pratique de la pêche en pays saugain.

■ ***La Pèlerine :*** *pl. Limozin.* ☎ *04-71-74-47-40.* • *contact@lapelerine.com* • *lapelerine.com* • Une agence de voyages originale pour tous les randonneurs – et pèlerins – qui désirent découvrir à pied la région, les chemins qui mènent vers Saint-Jacques-de-Compostelle ou d'autres parcours à travers l'Auvergne et le reste du monde. Intéressants programmes et suggestions de randonnées sur plusieurs jours. Sérieux et compétents.

– ***Marché traditionnel :*** *chaque ven mat, dans les rues de la ville.* Produits fermiers en pagaille.

– ***Marché couvert :*** *à la sortie ouest de la ville, face au camping, de l'autre côté de la rivière.* Le lundi, vous verrez de petits veaux, et le vendredi, les beaux agneaux. Important marché d'ovins de France. Ambiance étonnante.

Où dormir ?
Où manger ?

Camping

Camping municipal Sporting de la Seuge : *av. du Gévaudan. ☎ 04-71-77-80-62. 06-65-15-04-32. • campingsaugues@orange.fr • mairie-saugues.com • À 500 m du centre-ville. Ouv de mi-juin à mi-sept ; chalets ouv tte l'année. Forfait 2 pers 10,60 € ; 15 chalets 4-6 pers 220-459 €/sem.* Un grand camping (127 places), tout équipé et proche d'un plan d'eau (baignade surveillée, pêche, activités nautiques). Plusieurs blocs sanitaires (mais pas toujours propres), avec douche chaude gratuite. Tennis, terrains de volley, foot et pétanque, piscine, centre équestre et point de départ pour de nombreuses randos à pied ou à VTT. Accueil jeune mais un brin désorganisé !

Bon marché

Gîte d'étape : *rue de la Margeride. Mêmes coordonnées que le camping. Ouv tte l'année. Résa conseillée. Nuitée 11,50 €/pers.* Un dortoir de 5 lits et 4 chambres pour 2 à 4 personnes, avec douches et w-c. Cuisine équipée à disposition. Accès en gestion libre (présence demandée à 18h30 pour le règlement).

Prix moyens

Hôtel La Terrasse : *cours Gervais. ☎ 04-71-77-83-10. • laterrasse.saugues@wanadoo.fr • hotellaterrasse-saugues.com • En été, resto ouv tlj ; hors saison, fermé dim soir, lun et mar midi. Congés : 15 nov-15 fév. Double 72 € ; ½ pens 66 €/pers. Menus 22 € (en sem)-29 €. Apéritif maison offert sur présentation de ce guide.* Très bonne adresse chaleureuse. L'hôtel compte 9 grandes chambres confortables et bien décorées. Parmi celles de derrière (nos préférées), très calmes, certaines ont vue directe sur la fameuse tour des Anglais. Également un resto de terroir gastronomique, maintes fois récompensé, d'un étonnant rapport qualité-prix. Recettes de famille (qui est tombée dans le chaudron en 1816 !) très soignées. Un des moments forts de l'année pour y venir, même s'il n'y a pas beaucoup de place, c'est certainement le soir du jeudi saint, quand le menu affiche des cuisses de grenouilles persillées et aillées que dégustent des centaines de convives après la procession des Pénitents blancs.

Gîte à la ferme chez Brigitte et Jacky Martins : *rue des Roches. ☎ 04-71-77-83-45. Congés : 25 oct-1er avr. Nuitée avec draps et petit déj 24 € ; forfait pèlerin 35 €/pers en ½ pens.* Maison neuve en lisière des prés, aux chambres bien tenues. Petit déj copieux avec des confitures maison. Le soir, cuisine simple et goûteuse à base de produits de la ferme. Les propriétaires – des fermiers accueillants – proposent volontiers d'assister à la traite de leurs vaches.

Chambres d'hôtes des Gabales : *chez Pierre Gauthier, av. Lucien-Girès (route du Puy). ☎ 04-71-77-86-92. • contact@lesgabales.com • lesgabales.com • Ouv sur résa, de mi-mars à mi-nov. Double 65 € ; familiales 85-100 € ; ½ pens 45-47,50 €/pers (sf dim soir).* Une belle maison de maître des années 1930, entourée d'un vaste jardin à la française. Au rez-de-chaussée, grande chambre (4 personnes) au mobilier néo-Renaissance, avec accès indépendant. Un bel escalier conduit aux 4 autres, toutes dans

LA HAUTE MARGERIDE

un style différent. Sanitaires privés d'époque 1930. Votre hôte propose aussi une cuisine saine avec de bons produits (charcuterie et viande de la ferme, légumes du jardin...) et des séjours à thème pour découvrir les richesses locales. Accueil et ambiance conviviaux.

Où dormir dans les environs ?

Chambres d'hôtes chez Martine et Paul Cubizolle : *Bugeac, 43170 Grèzes. ☎ 04-71-74-45-30. • cubizolle.bugeac@wanadoo.fr • hotes-a-bugeac.com • À 10 km de Saugues par la D 33 et, avt Grèzes, tourner à droite vers Bugeac, puis suivre le fléchage. Ouv Pâques-Toussaint, sur résa. Double 49 €. Repas complet le soir 16 €. Apéritif maison ou café offert sur présentation de ce guide.* Dans un tout petit village en pleine Margeride, ce couple d'agriculteurs dynamiques a restauré une belle ferme typique en granit. Une fois passé le petit bâtiment en pierre qui abrite un four à pain, on pénètre dans l'ancienne étable. Les poutres apparentes, la cheminée voûtée monumentale et les meubles rustiques (la plupart fabriqués par Paul) dégagent une atmosphère chaleureuse. Chambres coquettes à l'étage, et une autre en soupente, avec lits clos. Elles accueillent jusqu'à 4 personnes. Atmosphère chaleureuse.

À voir. À faire

Le musée fantastique de la Bête du Gévaudan : *☎ 04-71-77-64-22. • musee-bete-gevaudan.com • Face à l'entrée de la tour des Anglais. De mi-juin à fin sept, tlj 14h30-18h30 ; également 10h-12h en juil-août. Entrée : 4 € ; réduc.* Ce qu'il y a de fantastique, ici, ce sont les horaires d'ouverture, hors juillet-août. Il faut avoir de la constance pour espérer se faire peur avec la terrible bête du Gévaudan qui, de juillet 1764 à juin 1767, a dévoré plus de 100 femmes et enfants dans la région. Si vous avez la chance de trouver ce musée ouvert, hors saison (époque idéale pour partir sur les traces de la bête), vous suivrez alors le sanglant parcours d'un loup (ou du moins supposé tel) devenu légendaire. À l'époque, on en parla même jusqu'à la cour du roi... Les personnages et paysages reconstitués, assortis de jeux de lumières et commentaires sonores, sont absolument bluffants. Âmes sensibles, s'abstenir !

La tour des Anglais : *☎ 04-71-77-71-30 (mairie). • site.voila.fr/latourdesanglais • En plein centre-ville. Juil-août, tlj 10h-12h, 14h30-18h30. Entrée : 2,50 € ; réduc.* Massive, de forme rectangulaire, elle se voit de loin. Il s'agit d'un donjon construit vers la fin du XIIe s à des fins défensives, doté d'un curieux escalier englobé dans le mur nord desservant les étages. Une bande de mercenaires, surnommés les « Anglais », l'occupèrent en 1362 ; les habitants ne parvinrent à les déloger qu'au terme d'un mois de siège. Aujourd'hui restaurée, la tour se visite en été. À l'intérieur, belles fresques de Lucien Gires, artiste natif de Saugues : travaux des champs, métiers d'autrefois, paysages de forêts. Du sommet de la tour, jolie vue sur les monts de la Margeride, le pays de la bête du Gévaudan...

La collégiale Saint-Médard : sur la façade sud, le clocher-porche octogonal date de l'époque romane. À l'intérieur de cette église du XIIIe s, la plus belle pièce est une Vierge en majesté – Notre-Dame-de-Saugues – en bois polychrome, datant du XIIe s. Abrite également la châsse de saint Bénilde.

Le diorama de Saint-Bénilde : *pl. du Docteur-Simon. ☎ 04-71-77-82-53. Ouv par des bénévoles Pâques-juin et sept, sur rdv ; juil-août, tlj 15h-18h. Entrée libre.* Un « diorama » de 13 tableaux retrace la vie et l'œuvre du Saint du Pays de Saugues.

La chapelle des Pénitents blancs : *à 30 m à droite en sortant de la collégiale. Ouv le jeudi saint slt ; sinon, on pourra demander une visite guidée à l'accueil pèlerin, à l'entrée de l'église Saint-Médard, avr-sept 17h-18h30. Entrée libre.* Elle fut reconstruite en 1783 afin d'abriter la confrérie des Pénitents blancs, fondée en 1652. Possède un retable attribué à Vanneau en bois polychrome.

➢ **Balades et randonnées équestres :** *s'adresser à* **La Crinière Saugaine,** *route de Malzieu. ☎ 04-71-77-66-11. À côté du centre sportif et du camping municipal. Ouv juil-août, tlj ; avr-juin et sept-oct, sur résa. Balades de 1h : 13 € ; 2h : 25 € ; demi-journée : 37 € ; journée avec repas 59 €.* On conseille au moins les balades de 2h, qui traversent de jolis hameaux. Les chevaux sont de belles montures. Pas besoin d'être un cavalier émérite, les itinéraires sont adaptés au niveau et à l'âge des participants, donc tout le monde s'amuse. Organise également, à la demande, des randonnées équestres sur plusieurs journées.

Fête locale

– **Fête de la Madeleine :** *autour du 20 juil (le dim qui suit la Sainte-Madeleine).* Foire aux livres et foire artisanale, diverses animations et stands d'artisans. À l'origine, un concours de sculpture sur bois à la tronçonneuse était organisé par la ville. L'un des plus beaux exemples étant la statue de la bête du Gévaudan qui trône à la sortie de la ville sur la route du Puy (6 m de long pour 4 t de bois).

DANS LES ENVIRONS DE SAUGUES

Le château d'Esplantas : *☎ 04-71-77-31-19. • route-chateaux-auvergne.org • À 6 km au sud de Saugues, sur la route de Grandrieu. Ouv 10 juil-31 août, tlj 14h30-18h30. Entrée : 6 € (visite guidée) ; réduc.* Ce château, restauré par son dernier propriétaire pendant plus de 20 ans, se visite avec curiosité. On y trouve un vieux donjon de 1252, en très bon état de conservation, et des restes du château qui se composent de corps de logis des XVIe et XVIIIe s. L'ensemble se trouve au sommet d'une butte granitique. C'était autrefois un des fiefs des puissants barons de Mercœur. Exposition historique. Le bourg, également restauré, possède une petite fontaine sur la place du château, avec une curieuse et ministatue de saint Clair toute mignonne. Poules dans les rues et gîte en contrebas, dans les coursives du château.

LA ROUTE DE LA BÊTE DU GÉVAUDAN

De petites routes et des sites rappellent l'histoire de cette bête féroce qui effraya les populations de la région pendant plusieurs années. À la sortie d'Esplantas vers Grandrieu, prendre à droite vers Saint-Alban. On se retrouve alors très vite dans des étendues sauvages avec petits ruisseaux, sous-bois, champs, grosses pierres où l'on imagine bien les loups vagabonder. Ajoutez une pointe de brume, et vous voilà, fusil au point, à traquer la bête, comme l'a fait Jean Chastel le 19 juin 1767 quand il l'a abattue au lieu-dit La Sogne-d'Auvers.

MAIS QUI A TUÉ QUOI ?

En ces premiers jours de l'été 1767, cloches et crieurs annoncent la mort de la Bête à travers le Gévaudan. Jean Chastel fera une tournée qui sera pourtant loin d'être triomphale dans les villages. Et la dépouille qu'il présentera à la Cour, 6 semaines après, pue tellement que le roi la fera enterrer immédiatement. Alors, chien dressé à tuer ou hybride entre chien et loup ? On ne saura rien, faute d'une équipe d'experts. Mais lisez plutôt le livre que Michel Louis a publié chez Perrin et qui proclame « l'innocence des loups ». Quant aux vrais coupables, ils restent encore à découvrir.

Reprendre la route qui monte sur la droite vers Grèzes. À ***La Clauze,*** découvrez une grande tour médiévale construite curieusement sur un rocher et offrant un beau panorama. Nombreuses randos à proximité (GR 65). À la sortie de Grèzes, poursuivre vers Venteuges jusqu'au carrefour avec la D 589, et prendre vers Paulhac pour rejoindre le village de ***La Beysseyre-Saint-Mary,*** à droite en arrivant à Pompeyrin. À l'entrée, une stèle en souvenir de Jean Chastel, « vainqueur de la bête du Gévaudan », dont c'est le village d'origine. Suivre ***Auvers*** par les petites routes et découvrir le monument de la bête du Gévaudan, sculpture en bronze de Philippe Kaeppelin qui rappelle que c'est à Auvers que la terrible « bête » fut tuée.

À voir. À faire

Le mont Mouchet : *près d'Auvers, à 19 km à l'ouest de Saugues, aux confins de la Haute-Loire et de la Lozère. D'Auvers, suivre Pinols à travers les bois, c'est indiqué sur la gauche.* Au cœur d'une région couverte par de vastes forêts, offrant un somptueux panorama en montant et en parvenant au sommet. Sentiers de découverte ludique et de randonnée.
– Un ***musée national de la Résistance*** y rappelle les combats des maquisards de la Margeride pendant la période 1939-1945. ☎ *04-71-74-11-91.* • *v.simon@haut-allier.com* • *Ouv mai-sept, tlj sf lun (tlj juil-août) 10h-12h30, 14h-18h. Entrée : 5 € ; réduc.* Films vidéo où l'on suit Lucien et Pierrot, deux personnages de B.D., sur les combats du mont Mouchet, de Saugues et de la Truyère. Visite intéressante, pédagogique et ludique avec une nouvelle muséographie tout public. Monument en souvenir de la Résistance.
Le mont Mouchet fut l'un des maquis les plus ardents et sanglants d'Auvergne. Les 2, 10, 11 et 20 juin 1944, trois colonnes allemandes (2 000 soldats en tout) se jetèrent sur la Margeride, assistées par des blindés et par l'aviation. Après des combats acharnés, le colonel Gaspard, chef de la Résistance dans la région, donna l'ordre de repli. Les Allemands s'emparèrent du mont Mouchet, mais l'endroit était vide : pas un homme, nul matériel à saisir. Au cours des opérations, les Allemands pillèrent et incendièrent des villages, des habitants furent fusillés à Ruynes, à Clavières, à Pinols et à Auvers. Le bilan fut très lourd.

Le site archéologique médiéval du mont Chauvet : *à env 15 km au sud-ouest de Saugues par la D 33, direction Servières (suivre les panneaux). Accessible en randonnée accompagnée organisée par l'office de tourisme de Saugues.* La balade pour y aller vaut vraiment le coup, d'autant qu'on peut y faire de belles marches en forêt, en suivant des sentiers bien balisés. À l'arrivée, les restes d'un village médiéval fortifié, découvert en 1965, qui intéresseront surtout les spécialistes. Des conférences organisées pendant l'année au centre Robert-Sabatier donnent lieu à une publication annuelle, *Les Dossiers de Montchauvet.*

Le village de Charraix et ses croix à boules : *à 7 km sur la route de Saint-Arcons-d'Allier, sur la droite, suivre et rejoindre le village de Charraix.* Curieux village qui a pour particularité de posséder, disséminées un peu partout, des croix à boules en pierre (aux extrémités) dont on ne connaît pas l'exacte origine. Un sculpteur farfelu de l'époque ? Petite balade agréable et calme au sein du bourg.

Histoires d'ânes : *à* **La Baraque-des-Espérins.** ☎ *04-71-77-84-11.* • *histoiredane@yahoo.fr* • *Ouv mars-oct sur résa. Demi-journée à dos d'âne : 8 €, réduc ; balade en calèche : 45 € pour 1h30.* Ici, on accueille les petits et les grands pour des balades pédagogiques à dos d'âne, dans des paysages sauvages. Un vrai dépaysement.

LA HAUTE MARGERIDE

LES MONTS DU DEVÈS ET LE LAC DU BOUCHET

LES MONTS DU DEVÈS

Carte Haute-Loire, B2

Curieuse et attachante parcelle du département, très fréquentée l'été par les habitants du Puy-en-Velay voisin, en quête de fraîcheur et de verdure. Une microrégion qui se démarque avec ses monts, dont le Devès, culminant à 1 421 m. Elle est bordée par les gorges de l'Allier à l'ouest et par celles de la Loire à l'est, ou par Solignac-sur-Loire au nord. On y trouve aussi le lac du Bouchet pris dans un maar (fossé géologique), fréquent dans les régions volcaniques, qui résulte d'une explosion entre l'eau et le magma. Une nature forestière qui invite à la balade, et Cayres, ville centrale qui anime le tout. On note un grand nombre de producteurs fermiers dans la région (lentilles, fromages, bière, miel), qui font d'ailleurs l'objet d'un circuit. Observez sur les routes et chemins du Devès de nombreuses croix, « béates », dolmen, lavoirs, fours à pain, « cabournes » (petites huttes pour les bergers)...

Info utile

i ***Le Touristicobus :*** *☎ 04-71-00-82-65. Point d'info itinérant, circulant en juil-août. Vous le trouverez sur les différents marchés, à commencer par celui de Costaros, lun mat ; au lac du Bouchet, les ap-m sf exception.*

Où dormir entre Le Puy-en-Velay et le lac du Bouchet ?

De bon marché à prix moyens

Chambres d'hôtes La Maison d'Amélina : *chez Colette et Bernard Boyer, route de Saint-Christophe, 43510* ***Séneujols.*** *☎ 04-71-03-19-69. • colettebernardboyer@orange.fr • la maisondamelina.fr • Prendre la rue derrière le grand abreuvoir en granit, c'est à gauche. Congés : 15 nov-1er avr. Double avec douche et w-c 46 €. Repas complet (sur résa) 15 €. Pas de table d'hôtes mer et dim en juil-août, mais cuisine à disposition. Café offert sur présentation de ce guide.* Une ancienne ferme en pierre du pays, restaurée, attenante à la maison des propriétaires. Grand calme et vue sur les champs aux alentours. Chambres confortables et bien tenues. Table d'hôtes utilisant essentiellement les produits régionaux, à commencer par les légumes du jardin.

Chambres d'hôtes du Château de La Beaume : *chez Silvia Furrer, La Beaume, 43370* ***Solignac-sur-Loire.*** *☎ 04-71-03-14-67. • contact@chateaudelabeaume.com • chateaudelabeaume.com • À 17 km au sud du Puy-en-Velay. Dans Solignac, prendre la D 27 en direction de Chadron et du Monastier-sur-Gazeille ; à env 4 km, tourner à droite, c'est fléché ; continuer encore 3 km. Double 60 €. Dîner 12 €. Réduc de 10 % à partir de la 4e nuitée sur présentation de ce guide.* En pleine campagne, sur un flanc de colline descendant vers les gorges de la Loire, ce vieux château du XIVe s a été rénové et transformé en ferme équestre. Les repas se prennent dans une salle voûtée en pierre, dotée d'une cheminée fonctionnant même en été, car la pièce est fraîche. Chambres simples mais agréables. Pour cavaliers ou simples randonneurs, c'est une bonne étape.

À faire autour des monts du Devès

➢ ***Circuit en voiture de 2h autour du Devès :*** de ***Cayres,*** rejoindre le vieux village de ***Séneujols*** avec ses vieilles maisons, pour continuer de hameau en hameau vers ***Ramourouscle*** à la campagne bucolique, ***Montbonnet*** et sa chapelle si jolie à l'entrée du village, avant d'attaquer la montée vers le mont du Devès et d'accéder au beau panorama de ***Saint-Jean-Lachalm,*** au clocher coloré.
De Saint-Jean, les curieux suivront ***Sansac*** et la *Ferme de la bière et des lentilles (☎ 04-71-57-58-07)* pour découvrir, chez un des agriculteurs cultivant l'orge entrant dans sa composition, comment se fait la fabrication de la bière locale, la Vellavia, et bien sûr la culture des lentilles. Pour rester dans un domaine cher aux gourmets et aux gourmands, continuer jusqu'à la *Ferme de l'or bleu (☎ 04-71-57-56-93),* spécialisée dans la fabrication du fromage aux artisons, ces minuscules acariens qui travaillent la pâte.
Au petit matin, vous noterez ô combien ce versant du Devès ressemble, avec sa brume et ses grands espaces, aux plaines écossaises ! Traversez la belle forêt du Devès avec ses hauts et vieux résineux, et jetez un coup d'œil jusqu'au Mézenc depuis la table d'orientation (accès rapide en 15 mn à pied depuis la route) au sommet du mont Recours, à 1 394 m. Rejoignez ***Le Bouchet-Saint-Nicolas,*** et sur la route, si vous avez le temps, laissez-vous tenter par une petite promenade en suivant les panneaux autour du lac.

LE LAC DU BOUCHET

Carte Haute-Loire, C2

Un morceau de Canada au cœur de l'Auvergne, surtout à l'automne. Il est rond comme un œil bleu niché au cœur des monts basaltiques du Devès, à 1 200 m d'altitude, et entouré d'une mer d'arbres. Des sapins, des épicéas, des hêtres, des aulnes, des mélèzes. Lové dans un vieux cratère de volcan, voici l'un des plus beaux lacs du département. D'une surface de 44 ha, profond de 30 m, il est alimenté en eau par une source. On y trouve des truites fario et arc-en-ciel. Une petite route arrive jusqu'à un parking près d'une auberge. Celle-ci est très fréquentée en été. Les gens du pays n'ayant pas de plage, le lac leur sert d'ersatz de station balnéaire. Et si vous avez le temps, on vous racontera l'histoire de « Garou », qui termina sa vie dans un gros tonneau en bois transformé en « résidence estivale » auprès de ce lac qui lui était si cher.

Où dormir ? Où manger dans les environs ?

🏠 |●| ***Gîte d'étape La Retirade :*** *derrière l'église, 43510* ***Le Bouchet-Saint-Nicolas.*** *☎ 04-71-02-57-09. 📱 06-29-42-61-50. • gitelaretirade@orange.fr • ♿ Ouv tte l'année sur résa. Nuitée 22 € (draps et petit déj compris). Menu unique 15 € tt compris. 📶 💻 Digestif offert sur présentation de ce guide.* Agréable gîte en pierre du pays offrant 23 places réparties dans 5 chambres impeccables et entièrement refaites. Vaste salle commune avec canapé, cheminée, TV écran géant avec lecteur DVD, billard et kitchenette à disposition.

🏠 |●| ***Chalet du lac du Bouchet :*** *au bord du lac. ☎ 04-71-57-30-22. • lac.du.bouchet@wanadoo.fr • lacdubouchet.fr • Hôtel ouv de mai à mi-nov. Resto ouv avr-déc ; fermé mar hors saison. Doubles 60 €, petit déj inclus. Menus 15 € (en sem)-28 €.* La seule auberge au bord du lac et de la forêt. C'est donc pratique et bien situé. Chambres rénovées, calmes, confortables, et pour certaines avec vue (les n°s 9 et 10). Terrasse « les pieds dans l'eau » bien agréable (attention aux coups de soleil !) et location d'embarcations à pédales.

Auberge et chambres d'hôtes du Couvige : *le bourg, 43510* **Le Bouchet-Saint-Nicolas.** *☎ 04-71-57-32-32. • jean-paul.pastural@wanadoo.fr • aubergeducouvige.fr • Ouv tlj le midi, sur résa le soir sf jeu soir hors saison. Congés : vac de fév. Double 60 € ; ½ pens 38 €/pers. Menus 14,50 € (déj en sem)-24,50 €.* À l'étage d'une auberge à l'accueil chaleureux et familial, 2 chambres récentes, très lumineuses avec parquet, salle de bains nickel et w-c séparés. Agréable salle commune tout en bois avec TV. Accès indépendant du resto assurant une bonne cuisine du terroir : terrine maison, lentilles vertes du Puy à la crème, tarte aux pommes...

LA LOIRE SAUVAGE ET LE MASSIF DU MÉZENC

Situé à l'extrême sud-est de l'Auvergne, le massif du Mézenc reste la partie la plus sauvage et la plus élevée de la Haute-Loire, avec le mont Mézenc qui trône à 1 753 m. Voilà l'ultime verrou volcanique du Velay oriental avant la longue et interminable descente vers le Midi. La ligne de partage des eaux suit la ligne de crête de ces montagnes retranchées qui servent de frontière entre l'Auvergne et le Languedoc. Au sud, les cours d'eau dévalent vers le Rhône et la Méditerranée. Sur le versant nord, au contraire, ils s'en vont vers l'Atlantique. En voisin, à moins de 10 km, le mont Gerbier-de-Jonc (Ardèche) donne naissance à la Loire.

C'est là que les randonneurs et les amoureux du fleuve sauvage se donnent rendez-vous, avant de remonter la Loire jusqu'à ses premiers châteaux !

Des Estables à Fay-sur-Lignon, de Moudeyres à Chaudeyrolles, du mont Mézenc au mont d'Alambre (1 691 m), ce ne sont que de vastes prés « bossus », comme on dit ici, d'immenses pâturages jaunes balayés par la « burle » hivernale, des champs d'herbe rase aux allures d'un Aubrac oriental ou d'une étrange toundra pelée. Dans ce royaume chauve qui se transforme en station de ski l'hiver aux Estables, une seule tonsure verdoyante apparaît : la forêt du Mézenc, fraîche et sauvage. Pays de produits fermiers (fromages, charcuterie, miel...), c'est aussi celui du fin gras du Mézenc, race de bovins élevés à plus de 1 000 m d'altitude dans les prés alentour, qui donne une viande tendre, fondante et légèrement parfumée par la diversité des plantes consommées par l'animal (on parle de viande « persillée »). L'AOC a précisé et réglementé cette production, concernant en moyenne cinq bêtes par exploitation, qui sont nourries ainsi pendant 110 jours au moins.

LE BŒUF DE PÂQUES

Le fin gras du Mézenc est une race bovine qui se consomme seulement de février à juin, afin de respecter une vieille tradition. C'est pour célébrer Pâques que les paysans engraissaient un bœuf avec un soin particulier, allant jusqu'à le « finir aux foins » pendant l'hiver.

ARLEMPDES (43490) 130 hab. *Carte Haute-Loire, C3*

Un gros hameau solitaire, à 840 m d'altitude, au bord d'une superbe vallée encaissée. Quelques maisons au pied d'un vieux château médiéval en ruine, surplombant une boucle de la Loire. On peut s'y arrêter, au fil de la route,

belle et tortueuse, qui mène à Goudet, puis au Monastier-sur-Gazeille. Si vous comptez vous y arrêter et demander votre chemin en route, entraînez-vous à prononcer le nom de façon à ce qu'on vous comprenne (« arlande » en prononciation approximative).
Voilà donc, très loin des fastes de Chambord et d'Azay-le-Rideau, le premier des châteaux de la Loire. Des lambeaux romantiques d'une impressionnante forteresse, à seulement 20 km de la source du « fleuve des rois et du roi des fleuves ». Un des très beaux sites de la Haute-Loire, qui donne juste une idée de la beauté de cette partie du département.

Info utile

*Pour tt rens touristique, Arlempdes dépend de **l'office de tourisme de Pradelles,** situé à 18 km. ☎ 04-71-00-82-65. Voir plus haut le texte sur Pradelles, dans la partie « Les gorges de l'Allier, de Langeac à Chapeauroux ».*

Où dormir ? Où manger à Arlempdes et dans les environs ?

Hôtel-restaurant du Manoir : *au bourg. ☎ 04-71-57-17-14. • hotel dumanoir43@orange.fr • Resto ouv tlj sf soir des dim et j. fériés (plus lun hors saison). Résa conseillée en été. Double avec douche et w-c 48 €. Menus 18-40 €.* Belle bâtisse en pierre du pays serrée entre les vieilles maisons du village et le bord abrupt du piton rocheux qui domine les gorges de la Loire. Les chambres sont petites mais tout équipées et propres. Elles donnent sur le village ou sur la vallée. Les repas se prennent dans une grande salle à manger ouvrant sur un superbe paysage (essayer d'avoir une table près de la grande baie vitrée), ou en terrasse aux beaux jours. Accueil et cuisine qui connaissent des hauts et des bas, à l'image de la Loire naissante...

Chambres d'hôtes Du Coq à l'Âne : *hameau La Villetelle, 43150 **Salettes.** ☎ 04-71-57-34-99. • du coq-a-lane@hotmail.fr • À 13 km d'Arlempdes, en contrebas de la D 500 à l'entrée du village de Salettes. Congés : oct. Double 70 €. Repas 25 €. Apéritif offert sur présentation de ce guide.* Une adresse de charme aux chambres très confortables, à la déco exceptionnelle, pensée par une décoratrice à la retraite et réalisée avec le plus grand soin par son mari. Lit à baldaquin ou en rondins, murs recouverts de bois lasuré aux couleurs harmonieuses, draps faits main, jusqu'au cache-radiateur, le sens du détail est à couper le souffle ! Dans le jardin fleuri, sauna et lits pour se détendre et profiter d'une belle vue dégagée. Quant à la table, le rôti de veau au foin, cuit pendant 6h, est un véritable délice. Un vrai coup de cœur et l'une des plus belles maisons d'hôtes du département !

Auberge des Pêcheurs : *Le Camaret, 43490 **Vielprat.** ☎ 04-71-57-13-13. À 2 km d'Arlempdes, direction Vielprat. Ouv tte l'année sf déc. Menus 14-23 €. CB refusées. Café offert sur présentation de ce guide.* Une petite table de campagne qui a le mérite d'avoir une très jolie vue depuis sa terrasse sur la Loire majestueuse. Escargots, grenouilles et charcuterie maison au menu, depuis 40 ans. Un régal ! Quelques chambres modestes et économiques. Il est préférable de prévenir de sa venue par téléphone.

Ferme-auberge Illa Fara : *lieu-dit Souchon, 43490 **Lafarre.** ☎ 04-71-57-14-38. • xavieretmariearnoux@hotmail.com • Rejoindre la D 500 ; pas la peine de monter jusqu'à Lafarre, la ferme est en bord de route, en suivant les panneaux. Ouv avr-déc. Résa obligatoire. Double 50 €. Menu 20 €. Café offert sur présentation de ce guide.* Si vous arrivez hors saison et si vous avez eu le malheur de visionner récemment *L'Auberge Rouge,* le film avec Fernandel, Rosay et les autres, vous risquez d'avoir un choc. Personne pour répondre à vos appels angoissés au téléphone alors que vous étiez perdu, et personne à l'arrivée devant cette ferme esseulée ! Une salle faiblement éclairée sur fond de paysage magnifique, un mot pour indiquer la chambre, et des bruits du côté de l'étable. Sort tout à coup un homme avec un couteau, c'est le beau-frère, charcutier de métier, qui vous invite à faire comme chez vous. Les autres sont aux champs. À l'heure du repas, ça s'anime, près de la grande cheminée. On vous jauge, on se méfie, puis c'est le bonheur assuré, autour d'une assiette de charcuterie maison délicieuse, d'un ragoût de chevreau mémorable, de fromages et vins de pays, etc. Le lendemain, visite de la ferme, balades. Le bonheur. *L'Auberge Rouge,* au fait ? La vraie n'est qu'à quelques kilomètres, côté Lozère.

À voir. À faire

Le château : *infos et billets à l'*hôtel-restaurant du Manoir, *à l'entrée du village. ☎ 04-71-57-17-14. Ouv de mi-mars à fin oct, tlj 8h-18h (17h dim). Visite guidée en juil-août, tlj sf sam 14h-18h, ttes les 30 mn. Entrée : 5 €.* Un nid d'aigle surplombant un méandre de la Loire sauvage. Les vestiges d'une forteresse imprenable dont la légende dit qu'elle posséderait un souterrain relié au Goudet. Bâtie au XIIe s, puis agrandie jusqu'au XIVe s par la famille de Montlaur. Au XVIe s, la célèbre Diane de Poitiers, maîtresse d'Henri II, fut dame d'Arlempdes mais n'y résida pas. Plus tard, en 1783, un des descendants de la famille d'Arlempdes accompagna Pilâtre de Rozier lors de son premier vol en montgolfière au-dessus de Paris.

Le village : il tient dans un mouchoir de poche, d'où son charme. On y entre en passant sous une porte en basalte datant de 1066. La petite église est de pur style roman. À faire à pied, évidemment.

➢ ***Canoë-kayak sur la Loire :*** au niveau d'Arlempdes, la Loire est navigable en canoë ou en kayak toute l'année, mais sa descente relève plus du sport que de la promenade. En outre, le niveau d'eau baisse considérablement en été. Il faut le savoir avant de se lancer sur son canoë. Le tronçon de Salettes à Arlempdes fait 3 km et ne présente que des difficultés moyennes (classe 2). Entre Arlempdes et Goudet, les choses se corsent, et les obstacles à franchir (rapides, passages à reconnaître) ne sont pas à la portée d'un débutant, au contraire. Mieux vaut être déjà très expérimenté et avoir descendu auparavant des rivières difficiles, de classes 3, 4, et même 5. En aval de Goudet, jusqu'à Cussac-sur-Loire : classes 2 et 3, 17 km de descente.

Manifestations

– ***Sauvegarde et animation du château d'Arlempdes :*** *en juil-août.* Une association réhabilite ce somptueux site en organisant des chasses au trésor pour le plaisir des parents et des enfants, ainsi que des visites guidées des ruines du château. Dates auprès de l'*hôtel-restaurant du Manoir.*

– ***Festival Les Théâtrales du Velay :*** *les 10 derniers j. de juil. ☎ 04-71-57-10-08.* Dans l'enceinte du château, pièces de théâtre déclinées autour d'un thème. Accueil avec un apéritif campagnard, expositions et représentations.

LE MONASTIER-SUR-GAZEILLE

(43150) 1 750 hab. *Carte Haute-Loire, C2*

Une petite ville tout en longueur, à 960 m d'altitude, à flanc de montagne. C'est la première cité d'importance que l'on rencontre, à peu près à mi-

chemin sur la route du Puy en descendant des Estables et du mont Mézenc. Elle tient son nom du « monasterium », une des plus anciennes abbayes d'art roman de France, fondée en 480 apr. J.-C. Elle fut le point de départ de l'expédition d'un Écossais et de son ânesse : Stevenson et Modestine. Une expédition dignement fêtée en 2008, pour la célébration du 130e anniversaire de l'événement, en compagnie de randonneurs venus du monde entier ! D'ailleurs, on croise régulièrement des compatriotes de l'écrivain dans les rues du Monastier. Nombreux départs de randonnées à proximité, dont le fameux chemin de Stevenson.

UN PEU D'HISTOIRE

L'abbaye du Monastier fut l'une des plus puissantes de France. Pendant 400 ans, de la fin du Xe s au XIVe s, les moines du Monastier contrôlèrent un réseau incroyable de prieurés, couvents, églises. À son apogée, près de 237 églises et prieurés en dépendaient, éparpillés entre la Haute-Loire, l'Ardèche, le Massif central, les Alpes et même la région de Turin en Italie. Le déclin s'amorça au XVe s et l'abbaye disparut après la Révolution.

STEVENSON AU MONASTIER

Avant de devenir un écrivain célèbre dans le monde entier grâce à ses fameux récits *L'Île au trésor* et *Docteur Jekyll et Mister Hyde*, l'Écossais Robert Louis Stevenson fut un écrivain voyageur. À 27 ans, il fuit son Écosse natale et traîne à Paris. Attiré viscéralement par les Cévennes, ce coin de France qui connut la souffrance des guerres de Religion, captivé par les histoires de camisards, d'assemblées clandestines, de prophètes inspirés, obnubilé par la guérilla protestante contre les dragons de Louis XIV, notre jeune vagabond débarque au Monastier-sur-Gazeille à la fin de l'été 1878, pensant y trouver de vrais camisards toujours vivants. Son projet : entreprendre un voyage à travers les Cévennes. Il profite aussi de cette escapade pour oublier ses peines de cœur, car il est amoureux de Fanny, déjà repartie en Californie. Mais surtout il souffre de la tuberculose et recherche un climat plus favorable.

La petite localité lui sert de camp de base pendant un mois. Là, il se repose, dessine, observe la ville et ses gens. Il prépare son voyage, achète le nécessaire, mais surtout il acquiert Modestine... une ânesse qui sera sa compagne pendant la durée du voyage. Parti du Monastier, il traverse les monts du Velay, le Gévaudan, les Cévennes, le vrai pays des camisards, et achève son périple à Saint-Jean-du-Gard (Gard). Un périple de 12 jours, environ 220 km de sentiers et de chemins.

Adresse utile

Office de tourisme intercommunal : *32, rue Saint-Pierre. ☎ 04-71-08-37-76. • mezencloiresauvage.com • Juil-août, tlj ; hors saison, tlj sf dim. Fermé de mi-déc à mi-mars (transféré aux Estables).* Accueil très sympa, jeune. Carte touristique Mézenc-Gerbier et carte avec les étapes du chemin de Stevenson. Beaucoup de documentation sur le département et le massif.

Où dormir ?

Où manger ?

Gîte d'étape Emmanuel Falgon : *32, rue Langlade. ☎ 04-71-03-84-74. • gite.monastier@hotmail.fr • gitemonastier.chez-alice.fr • Ouv 15 avr-30 sept. Nuitée avec petit déj 17 € ; ½ pens 30 €. Café offert sur présentation de ce guide.* Dans la rue principale, à l'entrée du village en venant du Puy. Simple mais pratique et accueillant.

Auberge de pays Les Acacias : *1, rond-point des Acacias. ☎ 04-71-08-38-11. • aubergelesacacias@orange.fr • aubergelesacacias.fr • À l'entrée de la ville quand on vient des Estables par la D 500. Tlj sf mer et dim soir hors saison. Double 53 €. Menus 12 € (déj en sem)-22 €.* Sympathique auberge aux chambres confortables, colorées et accessoirisées au goût du jour, que l'on choisira de préférence sur l'arrière. Cuisine du terroir servie en salle ou en terrasse.

Hôtel-restaurant Le Provence : *av. des Écoles. ☎ 04-71-03-82-37. • leprovence.lemonastier@wanadoo.fr • le-provence.com • Fermé sam midi hors saison. Double 56 €. Menus 13-14,80 € ; carte env 20 €. Apéro (vin blanc à la crème de châtaigne) offert sur présentation de ce guide.* Au bord de la route, une maison sans cachet mais à l'intérieur bien tenu. Certaines chambres donnent sur la vallée (nos préférées !). Côté resto, cuisine traditionnelle.

À voir

Le château abbatial : *à l'arrière et au-dessus de l'église.* En basalte, avec quatre tours d'angle, un escalier à vis et des cheminées Renaissance. Il abrite au rez-de-chaussée le petit *Musée municipal : ☎ 04-71-03-94-08. (sf salle souterraine). Juin et oct, tlj sf lun 14h30-17h ; juil-sept, tlj sf lun 10h30-12h, 14h-18h (14h30-17h sept). Entrée : 2,50 € ; réduc.* Anciens outils de la ferme et vieux costumes, salle de la préhistoire et lapidaire, notes sur le séjour en ville de R. L. Stevenson en 1878.

L'église abbatiale Saint-Chaffre : certainement la plus belle église romane de la région. Il s'agit d'une ancienne abbatiale en matériaux polychromes (six ou sept couleurs différentes), avec d'étonnantes laves rouges. Sur la façade, de jolies arcades, des mosaïques et des colonnes aux chapiteaux historiés. À l'intérieur, superbe nef à ogives et transept roman. Le trésor de l'abbatiale renferme quelques pièces remarquables, comme le buste-reliquaire de saint Théofrède, dit encore saint Chaffre, du XIe s. Théofrède était un moine au nom germanique, venu de Troyes (en Champagne) au VIIe s pour évangéliser les païens de la région. Il mourut lapidé et devint un saint local. Le *trésor* (visible lors des visites guidées ou sur demande auprès de l'office de tourisme) renferme aussi deux tissus en soie de Byzance, pièces uniques sur le plan historique, car datant du Xe s. Ils furent sans doute rapportés au Monastier lors des croisades. Sur les 800 chevaliers du Velay qui y participèrent, seule une vingtaine revinrent vivants au pays. À voir aussi, un très vieil orgue datant du XVIe s.

Randonnée pédestre

➢ **Le circuit en boucle de l'Herm :** *au départ du Monastier. Compter 10 km et env 2h30 de marche sans les arrêts. Balisage jaune (rejoignant le balisage blanc et rouge du grand circuit de saint Jean-François Régis, patron des dentellières). Fiches randonnées disponibles à l'office de tourisme.* Petit patrimoine rural qui vaut le détour : fours, croix et puits sont encore les témoins de la vie villageoise.

Manifestations

– **Randonnée de La Transcévenole :** *le 1er dim de juin et le 1er d'oct. Infos auprès de l'association La Transcévenole : ☎ 04-71-05-54-29.* Sur le tracé de 26 km de voie ferrée – jamais inaugurée, ni ferrée d'ailleurs, car les travaux se sont arrêtés avant la pose des rails –, deux randonnées annuelles pour découvrir ce parcours. Une superbe balade qui passe par quatre tunnels, sept viaducs et des paysages de toute beauté.

LE SUD ET L'EST DE LA HAUTE-LOIRE

– ***Marché de producteurs du pays :*** *à l'esplanade Stevenson, juil-août, ts les jeu soir.*
– ***Festival La Musique des cuivres :*** *début août, dans les différents édifices de la ville. Rens : ☎ 04-71-03-94-17. • festivaldumonastier.fr •* De très grande qualité, géré par Gilles Mercier, enfant du pays et trompettiste de talent. Trompette, saxo, tuba, cor, saqueboute, cornet à bouquin, tout y passe... Et pour vous initier à tous ces instruments, des stages sont organisés pendant le festival.

DANS LES ENVIRONS DU MONASTIER-SUR-GAZEILLE

– ***Saut à l'élastique :*** *au* ***viaduc de la Recoumène.*** *📱 06-83-51-88-31* (Cap Liberty). *• capliberty43@yahoo.fr • capliberty.com • Fonctionne mai-oct, le w-e. Compter env 65 € le saut.* Pour découvrir les sensations d'un saut depuis un pont haut de plus de 65 m.

LES ESTABLES (43150) 360 hab. *Carte Haute-Loire, C-D2*

Le village le plus haut de la Haute-Loire, et même de toute l'Auvergne : il culmine à 1 343 m. À la limite du Velay et des Cévennes, ce gros bourg montagnard accroché aux flancs du mont Mézenc semble être sans cesse aspiré vers le haut et devient vite attachant par sa vie, par ses gens, plus que par son architecture. Le village des Estables appartient bel et bien à l'Auvergne par son histoire mais se rattache au Languedoc par sa langue.
Depuis le Moyen Âge, on y vit d'élevage, et des étables étaient construites pour les bêtes en transhumance. Le massif du Mézenc possédait alors sa propre race bovine, la mézine, qui a malheureusement disparu aujourd'hui. Les vaches et les bœufs représentent cependant encore la principale ressource du pays, et la mézine a été remplacée par le fin gras du Mézenc, une viande de bœuf au goût persillé qui a obtenu l'appellation d'origine contrôlée en 2006 (elle se déguste uniquement de fin février à début juin). Un terroir limité à 31 communes des hauts plateaux du Mézenc, réparties sur la Haute-Loire et l'Ardèche.

L'ESPACE NORDIQUE DU MÉZENC

Le tourisme se développe et apporte un complément de ressources essentiel à l'économie locale. En hiver, une clientèle essentiellement familiale vient respirer l'air des montagnes sur ce site au label France Ski, garantissant des infrastructures de qualité. Elle pratique le ski de descente, le *snowkite* (ski tracté par cerf-volant, dernier-né des sports de glisse), la randonnée à ski de fond, les balades en traîneaux à chiens, ou les raquettes.
Quand le manteau blanc est bien présent, les paysages deviennent immenses et majestueux, froids et blancs à l'infini. Ce n'est pas le Grand Nord, ni le Québec ni la Finlande en hiver en raison du volume de neige moins important, mais par les grands espaces disponibles, l'esprit nordique souffle sur ces vastes paysages dès qu'ils sont enneigés. Une cinquantaine de kilomètres de pistes entretenues quotidiennement.

Adresses et infos utiles

Office de tourisme des Estables : *au bourg, sur la pl. principale. ☎ 04-71-08-31-08. • mezencloiresauvage.com • De mi-déc à mi-mars, ouv tlj ; de mi-juin à mi-sept, lun-ven ; le reste de l'année, lun-ven ap-m slt.* Efficace et bien documenté. Liste des hébergements, infos randonnées pédestres (topoguide) et activités de saison.

■ **Mézenc Pulsions :** *☎ 04-71-08-30-31. • mezencpulsions@wanadoo.fr • mezenc-pulsions.org •* Un bon plan, toute l'année. Cette association regroupe des professionnels et propose de nombreuses activités : ski de piste et de fond, randos à raquettes, balades en traîneau à chiens, saut à l'élastique, parapente, escalade, VTT, équitation, canyoning, etc. Incollable sur les activités à faire autour du Mézenc, et en plus, excellente ambiance.

■ **Les 3 Monts :** *pl. Centrale. ☎ 04-71-08-35-06. • contact@les3monts.fr • les3monts.fr • Ouv déc-mars.* École de *snowkite* gérée par une équipe jeune et motivée. Un nouveau sport de glisse tracté par une voile à essayer sur terrain plat. Des sensations nouvelles ! Bulletin météo et webcams de la station sur leur site.

– Parmi les événements locaux : petit **marché** *(le jeu, plus dim mat en été)* et la fameuse **course de chiens de traîneau** *en mars (infos à l'office de tourisme).*

Où dormir ? Où manger ?

Très bon marché

Maison forestière du Mézenc : *☎ 04-71-08-35-66. • maisonforestiere.lesestables@hotmail.fr • ♿ (1 chambre). À 2 km des Estables, par la route de la Croix de Boutières (D 631), à gauche ; ou par les sentiers GR 7 et 40. Fermé avr et nov. Nuitée 16 € (été) ou 17 € ; ½ pens 34 €. Restauration rapide 9-12 €.* Petit gîte composé d'une chambre de 2 lits, 2 de 4 lits (une avec douche) et une de 7 lits (avec douche) ; les w-c sont communs. Cuisine équipée à disposition. Hébergement possible pour des groupes ou des individuels (y compris les cavaliers), à condition de réserver. Bon accueil.

Bar des Cévennes : *dans le centre du bourg. ☎ 04-71-08-34-95. Congés : de mi-oct à mi-déc. Snacks à partir de 8 € ; bière env 1,50 €.* Un petit café tenu par un couple d'Auvergnats voyageurs. Tous les ans, en automne, ils partent dans des pays lointains tels 2 oiseaux migrateurs. Le reste du temps, ils sont aux Estables, enracinés et disponibles, accueillant leurs hôtes avec le sourire, servant à boire ou à manger selon la formule snack, très simple et pas chère. Ils connaissent le massif du Mézenc par cœur, n'hésitez pas à les questionner.

Bon marché

Les Fermiers du Mézenc : *au bourg. ☎ 04-71-08-34-30. ♿ Ouv le midi, sf lun-mer en basse saison. Congés : 15 nov-15 déc. Menus 14,90 € (en sem)-23 €. Café offert sur présentation de ce guide.* Ancienne ferme de 1791 dont ne subsistent que les côtés. Le reste de la maison a été refait avec un beau toit de lauzes et une charpente à l'ancienne. La salle à manger est à l'étage. Cuisine du Mézenc, très copieuse, avec charcuterie, salades paysannes, pommes de terre à la cloche, génisse ou fin gras du Mézenc. Tous les produits de base sont garantis frais et naturels. Jolie formule casse-croûte pour randonneurs peu affamés. À la boutique au rez-de-chaussée, on peut aussi acheter du miel, de la charcuterie, de la confiture, du confit de fleurs, etc.

Les 3 Monts : *pl. Centrale. ☎ 04-71-08-35-06. • contact@les3monts.fr • Ouv le midi tlj en période de vac scol (groupe sur résa le soir). Congés : de mi-nov à mi-déc. Formule 14,50 € (sf dim et j. fériés) ; menus 17,50-35 €. Café offert sur présentation de ce* *guide.* Tenu par une jeune équipe dynamique qui a importé le *snowkite* aux Estables (voir plus haut), un resto doublé d'une boutique de produits locaux. On apprécie particulièrement la cuisine du terroir avec sa *maôche* et ses patates *sarrassou,* son fin gras du Mézenc, ses cuisses de grenouilles, ou encore ses escargots, que l'on déguste dans un chalet en bois à l'ambiance chaleureuse. Propose aussi un gîte de groupe à l'étage.

Prix moyens

Chambres d'hôtes Le Francillon : *chez Marie-Josée Durand. ☎ 04-71-08-39-56. • mariejosee.durand@laposte.net • lefrancillon.com • À 1,5 km des Estables, sur les hauteurs, en direction du mont Mézenc. Double 65 €. Table d'hôtes le soir 25 €. Apéritif maison offert sur présentation de ce guide.* Un cadre chaleureux et raffiné, en pleine nature, dans cette grande et magnifique ferme du XVIIe s, typique du Mézenc avec son toit de lauzes. Vue splendide depuis le jardin et la terrasse, sur tout le massif. Les chambres sont toutes différentes, chaleureuses et charmantes. C'est la sympathique maîtresse des lieux qui s'est occupée de la déco, baroque et rustique à la fois.

Chambres d'hôtes La Bartette : *hameau de La Vacheresse. ☎ 04-71-08-31-70. • labartette@club-internet.fr • labartette.fr • À 4 km des Estables, sur la D 631, petite route allant au Monastier. Congés : sem de Noël. Double 54 €. Dîner complet sur résa 18 €. Cadeau du terroir offert sur présentation de ce guide.* Une belle demeure où le sens de l'accueil n'est pas un vain mot. À l'intérieur, chambres agréables et bien décorées, dont 2 familiales avec mezzanine. Délicieuses confitures maison au petit déj. Les gourmets ne rateront pas la table d'hôtes. Cuisine « des prés » (fruits, fleurs, champignons) généreuse et mettant à l'honneur les viandes du pays. Les repas sont servis devant la cheminée ou dans la véranda. Alentour, randos sur les GR 7 et 40, ou des circuits à VTT, avec possibilité de commander un pique-nique.

Chambres d'hôtes La Maison du Rocher Tourte : *chez Karine et Bruno Tomozyk, La Ferme Chamard. ☎ 04-71-08-30-53. • lamaisondurochertourte@orange.fr • Du village des Estables, prendre la route de Freycinet-Lacuche ; c'est 3 km plus loin, sur la droite. Ouv en saison (sur résa). Double 48 €. Table d'hôtes 17 €, vin compris, servie dans les anciennes écuries.* À 1 370 m d'altitude (les chambres d'hôtes les plus hautes du Massif central), voilà une belle maison traditionnelle couverte de lauzes, tenue par des personnes chaleureuses et très sportives. Chambres bien agréables et copieux petit déj. Une adresse qu'on aime beaucoup pour son accueil et son environnement sauvage.

À voir. À faire aux Estables et dans les environs

La maison de la Béate : *hameau de* **La Vacheresse.** *☎ 04-71-08-31-08. À 3 km des Estables, sur la D 631. Petit musée local ouv sur rdv (en juil-août, contacter l'office de tourisme des Estables).* La maison, surmontée d'une modeste cloche, est spécifique de la région vellave. Connue aussi sous le nom d'« assemblée », elle abrita jusqu'en 1938 des personnes simples et bonnes, appelées les « béates ». Les habitants du village la construisirent il y a longtemps, exclusivement pour permettre à ces femmes pieuses et dévouées d'exercer leurs activités. « Bénie de Dieu », la béate consacrait ainsi son existence aux autres : elle prêtait la main aux travaux des champs, soignait les gens, aidait les mères de famille dans le besoin, habillait les morts, enseignait le catéchisme et apprenait la dentelle aux jeunes filles. Elle menait une existence solitaire et ascétique. Le village lui assurait toujours ses provisions et son bois de chauffage. Cette sorte de nonne, souvent laïque, sorte de sainte anonyme, était en somme l'âme du village. Dans la maison, la pièce principale a été reconstituée, avec son vieux lit-cage, son vaisselier et un mobilier ancien. À l'étage, petit musée sur la dentelle à « carreaux ».

Les sources de la Loire : *à 12,5 km au sud-est des Estables, sur la D 378, en direction de Privas.* « La Loire prend sa source au mont Gerbier-de-Jonc, à 1 115 m d'altitude », c'est écrit depuis belle lurette dans les manuels scolaires, et des générations d'écoliers l'ont appris par cœur. Par un caprice administratif, la source (les sources !) de ce fleuve légendaire ne se trouve pas en Auvergne, mais en Ardèche (donc dans la région Rhône-Alpes). Difficile de ne pas en parler, car la Loire traverse d'abord l'un des quatre départements de la région Auvergne avant d'aller rejoindre le Bassin atlantique. On peut faire l'ascension du mont à pied. Compter une bonne demi-heure. Du sommet, la vue est vraiment époustouflante, particulièrement les jours de beau temps.

Balades en traîneau à chiens : le chien de traîneau est si populaire aux Estables que chaque hiver la commune est le cadre d'une course de chiens qui réunit les meilleurs équipages français. Pour en savoir plus sur les balades pour amateurs, contacter l'association *Mézenc Pulsions* *(☎ 04-71-08-30-31 ; voir plus haut « Adresses et infos utiles »).*

Parcours Aventure en forêt : *☎ 04-71-08-32-74. 📱 06-14-90-52-37. • parcours-aventure-tarzan.com • Avr-sept, ouv le w-e et sur résa en sem (tlj juil-août) : sam-lun 13h30-19h, mar-ven 10h-19h. Entrée adulte : 19 € ; réduc.* En pleine nature et encadré de moniteurs, découvrez les joies de jouer les Tarzan, et passez de branche en branche en suivant huit parcours de niveaux différents.

Les narces de Chaudeyrolles : ça ressemble à l'Irlande, mais ce n'est pas l'Irlande ! Au pied du village, une zone d'origine volcanique, sauvage, de tourbières, au décor de landes à genêt et à bruyère. Pendant une bonne heure, promenez-vous dans cette contrée surprenante et observez la faune et la flore d'altitude. Sentier de départ en contrebas du village.

La maison du Fin Gras : *à* **Chaudeyrolles.** *☎ 04-71-56-17-67. • aoc-fin-gras-du-mezenc.com • Fév-avr et oct, ven-dim 14h-17h30 ; mai-sept, tlj sf lun 14h-18h (plus 10h-12h en juil-août). Entrée : 4 € ; réduc.* Présentation ludique et éducative du fin gras, de sa légende à son Appellation d'origine contrôlée. Espace vidéo, animations, parcours guidé et vente de février à juin.

Randonnée pédestre

➢ ***Randonnée sur le mont Mézenc :*** pour monter au sommet du mont Mézenc, deux itinéraires possibles. Compter à chaque fois 25 mn de marche (aller). Aucune difficulté majeure. C'est de la promenade.
Au nord, sur la route de Chaudeyrolles, il faut laisser sa voiture à la croix de Peccata (à 1 564 m) et prendre un sentier balisé en bleu. À l'est du massif, par la D 631, à 3 km des Estables, on accède à la croix des Boutières, limite entre la Haute-Loire et l'Ardèche. De là, prendre le sentier GR 7, balisé en blanc et rouge. Au sommet, à 1 753 m, la vue est époustouflante, à condition que le ciel soit dégagé. On aperçoit au loin, grâce aux tables d'orientation, le pain de sucre du mont Gerbier-de-Jonc, le bassin du Puy dominé par les monts du Velay, les volcans du Cantal et du Puy-de-Dôme et, par temps clair, la chaîne des Alpes du mont Ventoux au mont Blanc... Les anciens affirment même que lorsque les conditions sont idéales, on peut voir 25 départements, soit près du quart de la France ! Enfin, on peut faire cette ascension au départ des Estables : compter 3h au minimum. Carte du panorama disponible à l'office de tourisme des Estables et à la Maison de la randonnée *La Croisée des Chemins* du Puy-en-Velay (voir « Adresses utiles » au début du chapitre « La Haute-Loire »).

MOUDEYRES (43150) 106 hab. *Carte Haute-Loire, C2*

Au village de Moudeyres, à 8 km au nord-ouest des Estables, on se croirait dans un village de lutins. Ici, on a le sentiment que le temps s'est arrêté. Aucune trace trop évidente du monde moderne, simplement de très belles chaumières en grosse pierre volcanique sombre. Ces maisons basses ont des toitures deux fois plus hautes que leurs murs, avec une pente forte afin que la neige ne tienne pas. Le chaume est réalisé à partir de paille de seigle battue au fléau. On doit ce site magique à René-Pierre Neuville (1909-1995), qui avait voulu préserver et redonner une image d'antan au village de son enfance.

Où dormir ? Où manger ?

Prix moyens

Hôtel-restaurant La Randonnée : *chemin de Saint-Régis, au bourg. ☎ 04-71-05-17-87. • randonnée43@wanadoo.fr • hotel-larandonnee-auvergne.com • ♿ (resto slt). Resto ouv tlj en saison. Congés : Noël-Pâques. Double 51 €. Casse-croûte campagnard 12 € ; menu 19 €. Apéritif offert sur présentation de ce guide.* Une maison en pierre épaisse, rugueuse et solide comme du granit breton, au croisement de 6 routes de randonnée. Autrefois, ce fut une épicerie qui servait de bazar au village. C'est maintenant une petite auberge villageoise restaurée. Chambres confortables et propres, sans trop de charme ; celles du 1er étage sont lumineuses (nos préférées). Bonne cuisine locale mijotée avec soin. Les randonneurs sont évidemment les bienvenus, comme l'indique le nom de l'hôtel, et l'accueil est souriant.

Chambres d'hôtes Le Moulinou : *chez Lucia et Bertrand Gaboriaud. ☎ 04-71-08-30-52. • lucia.gaboriaud@wanadoo.fr • lemoulinou.free.fr • À 2,5 km de Moudeyres, par la D 500, direction Les Estables. Fermé nov-début janv. Double 65 €. Dîner 24 €. Parking privé gratuit.* Une belle ferme de 1790, restaurée avec goût. Petit déj copieux. Dans la salle à manger, sous les poutres apparentes, un feu crépite dans une massive cheminée de granit. La charmante maîtresse de maison prépare, selon son humeur, des plats régionaux ou des mets plus exotiques. Une adresse bien située pour rayonner et faire de la randonnée dans la région, à pied ou à ski de fond en hiver. En prime, jacuzzi pour se détendre les muscles.

Chic

Le Pré Bossu : *à l'entrée du village. ☎ 04-71-05-10-70. • sarl.le-pre-bossu@wanadoo.fr • auberge-pre-bossu.com • Ouv mai-oct. Resto ouv tlj, le soir slt. Double tt confort 110 € ; suite avec vue 165 € ; petit déj-buffet (copieux) 15 €. En ½ pens, ajouter 65 €/pers. Menus 40-65 €. Animaux non admis. Parking. Apéritif maison offert sur présentation de ce guide.* Air pur et calme absolu dans cette splendide chaumière de caractère – rustique et feutrée – nichée au beau milieu des prés. Certaines chambres ont vue sur le fameux « pré bossu », où d'adorables agneaux batifolent dès le soleil levant. Les autres donnent sur le jardin potager où Carlos Grootaert, un des grands chefs du pays, s'épuise depuis plus de 30 ans... à puiser les saveurs subtiles d'une cuisine inspirée par le terroir et les saisons. Il découvre de nouveaux goûts, en ravive d'anciens et mitonne des plats d'un raffinement exquis. Service efficace et stylé. Agréable terrasse en été.

Où dormir ? Où manger dans les environs ?

Le Clair Logis : *en face de l'église, 43150* ***Laussonne.*** *☎ 04-71-*

05-11-75. • leclairlogis@wanadoo.fr • leclairlogis.fr • ♿ (au resto) Fermé le soir des dim et j. fériés et lun hors saison. Résa conseillée. Doubles 60-64 € ; ½ pens à partir de 50 €/pers. Menus 13 € (en sem)-35 €. Garage payant. Wi-Fi Café offert sur présentation de ce guide. Refait en grande partie, *Le Clair Logis* reste coquet, soigné et surtout bien tenu. Piscine intérieure chauffée. L'accueil est irréprochable, et le sourire sans retenue. Repas de terroir cuisiné avec application et originalité : fricassée d'escargots au bleu d'Auvergne, joue de porc marinée au vin rouge et parfumée à la myrtille de Mézenc, etc.

Auberge des Planchas : *route de Saint-Julien-Chapteuil, 43150* ***Laussonne.*** *☎ 04-71-05-03-04. • aubergedesplanchas@orange.fr • aubergedesplanchas.com • ♿ De Laussonne, direction Saint-Julien et, à 4 km, sur la gauche avt le pont sur l'Aubépin. Ouv ven-dim et j. jériés slt. Congés : de mi-juil à mi-août. Menus 17-22 €.* Au fond d'une vallée, cette auberge résonne le jour du chant des oiseaux et de l'eau de la rivière qui coule toute proche, et la nuit, une fois par mois, du rythme des concerts qui sont organisés dans une ambiance toujours décontractée. Les jeunes du pays s'y retrouvent. Large choix de bières. Le resto présente de bonnes assiettes aux prix économiques, servies dans un décor proche des bars du Far West. Idéal pour récupérer, grignoter ou boire un petit quelque chose. Terrasse. Départ de chemins de randonnée à proximité.

À voir

À Moudeyres, on peut visiter l'écomusée ***la ferme des frères Perrel,*** restée en l'état, où ils vécurent jusqu'en 1974 *(☎ 04-71-03-85-37 ; ouv avr-oct, sur rdv le reste de l'année ; entrée : 4 €, réduc).* On trouve également une maison d'assemblée, datant de 1820. Quant à la ***ferme Gibert,*** construite en 1658, c'est le berceau de la famille du célèbre libraire parisien Joseph Gibert.

SAINT-FRONT (43550) 470 hab. *Carte Haute-Loire, C-D2*

À une quinzaine de kilomètres au nord des Estables et du mont Mézenc, encore un autre village typique de montagne, aux maisons rapprochées couvertes de lauzes, dans un beau paysage de steppes d'altitude. L'ancien facteur de Saint-Front, Robert Cortial, est conteur et historien local. Il a donné une définition lyrique mais juste de la « burle », le vent hivernal du Mézenc : « C'est comme un vent de sable. Ce sont mille poignards qui vous transpercent la poitrine. »
Enfin, sachez que l'on peut facilement faire le tour du lac de Saint-Front à pied, une des plus sympathiques balades de la région.
À proximité, le village de Bigorre, plein de charme avec ses maisons restaurées au toit de chaume, et une bien bonne adresse pour casser la croûte.

Adresse utile

Point information : *près de l'église. ☎ 04-71-59-51-17 (mairie). Ouv juil-août slt.*

Où dormir ? Où manger dans le coin ?

Chambres d'hôtes La Vidalle d'Eyglet : *chez Claude-Paule et Fran-*

çois Leloustre, ***La Vidalle.*** *☎ 04-71-59-55-58. • infos@vidalle.fr • vidalle.fr • De Saint-Front, D 39 jusqu'au carrefour avec la D 500 ; c'est fléché, direction « Les Estables ». Congés : 21 oct-26 avr. Doubles 105-130 € selon saison. Apéritif maison offert sur présentation de ce guide.* Cette belle bâtisse du XVIe s a été restaurée et aménagée de façon moderne et avec goût. Chambres spacieuses et de grand confort. Un vaste salon-bibliothèque, une cheminée et un atelier de peinture où sont organisés des stages. Au calme, sans vis-à-vis (à part les monts d'Auvergne et du Mézenc), à 1 350 m d'altitude et à 400 m des pistes de ski de fond. Spa pour se détendre.

Auberge de pays L'Herminette : *hameau de* ***Bigorre*** *(dans le centre). ☎ 04-71-59-57-58. • lherminette@wanadoo.fr • auberge-lherminette.com • De Saint-Front, direction Le Puy et, à 2 km, à droite, vous êtes arrivé, comme dirait votre GPS. Resto ouv sur résa, tlj sf dim soir et lun. Doubles 66-80 € selon saison, petit déj inclus ; ½ pens 47-56 €/pers (dégressif à partir de 2 nuits). Menu 22 €.* Dans cet adorable hameau, une charmante adresse à l'accueil adorable ! Quelques chambres simples et propres pour cet établissement fait de vieilles pierres et poutres apparentes, portant le label Auberge de pays d'Auvergne. Côté cuisine, on parle terroir, légumes frais, charcuterie, fromages du coin et fin gras du Mézenc, que le chef aime cuisiner au printemps. Une cuisine et un lieu bien inspirés.

À voir à Saint-Front et dans les environs

L'église romane de Saint-Front : en pierre volcanique, des XIe et XIIe s. C'est l'une des plus belles églises du Mézenc.

Le lac de Saint-Front : *à 2 km à l'est du village.* C'est le plus haut lac de Haute-Loire (à 1 250 m). D'origine volcanique, ce miroir flottant de 30 ha ressemble presque à un cercle parfait, entouré de champs d'herbe rase et de petits bois sombres. On y trouve des truites saumonées et quelques pêcheurs (mais comme c'est un lac privé, il faut demander l'autorisation au propriétaire, qui vit sur place). Agréables balades à faire sur les berges.

Les chaumières de Bigorre : *☎ 04-71-59-53-04. À 5 km au nord-ouest de Saint-Front. Écomusée ouv en juil-août, tlj 14h30-19h ; hors saison, sur rdv pour les groupes. Entrée : 4 € ; réduc.* Ce village a des airs de village gaulois tout droit sorti d'*Astérix et Obélix.* Toits en chaume ou en lauzes, quelques canards et oies qui traînent, mais aussi pas mal de passage en été. L'un des derniers hameaux de chaumières du Mézenc, avec Moudeyres. Inventaire agraire d'une vieille chaumière. Maquette animée, explications sur le travail du chaumier et sur les pierres guérisseuses, diaporama. Les pierres sont ici utilisées comme une médecine rurale naturelle. À chaque pierre sa thérapie. Cette pratique étrange, ésotérique, reste unique en France. D'en haut, panorama sur toute la région. Vous pouvez repartir en suivant la petite route (après le parking) qui rejoint la D 39 vers Saint-Front. Un bien joli et rapide détour.

PIERRES GUÉRISSEUSES ?

Les pierres à serpent rappellent la peau des vipères et sont censées guérir des morsures de... reptiles. Les pierres d'araignée, rondes et en quartz, soulagent les piqûres... d'araignées. Les pierres de sang, aux reflets rouges, soignent les hémorragies, etc. Le mode d'action est toujours le même : les pierres trempent dans de l'eau de pluie pendant 24h, puis il faut boire un verre de cette eau et frotter la blessure avec le reste du liquide et la pierre pour « expulser » le mal. Mieux vaut être prévoyant !

LE MASSIF DU MEYGAL

Étrange et beau paysage à l'est du Puy : une suite de promontoires en forme de meules, de dômes pointus, de cônes hérissés, qui émergent au-dessus d'un plateau couvert de forêts de résineux. On est ici – à 815 m d'altitude – au pays des « sucs », contrefort du massif du Meygal. Une terre que chérissait particulièrement l'écrivain Jules Romains (1885-1972) et qui « vous chatouillera certainement un petit peu » vous aussi !

SAINT-JULIEN-CHAPTEUIL

(43260) 1 870 hab. *Carte Haute-Loire, C2*

Aux portes du massif du Meygal, cerné par les sucs, ce gros bourg groupe ses maisons aux toits de lauzes autour de son église, qui domine le village et lui donne son cachet.

Adresse utile

ℹ ***Office de tourisme :*** *pl. Saint-Robert. ☎ 04-71-08-77-70. • auvergne-paysdumeygal.com • En saison, ouv tlj sf dim ap-m ; hors saison, lun et mer-jeu.* Accueil adorable et compétent. Nombreux petits dépliants gratuits et très bien faits sur les alentours. Programme des animations hebdomadaires (randonnées avec guide, visites des églises du canton...) et prévisions météo. Musée Jules-Romains au 1er étage.

Où dormir ? Où manger ?

De bon marché à prix moyens

Hôtel-restaurant Le Barriol : *pl. du Marché. ☎ 04-71-08-70-17. • lebarriol@sfr.fr • lebarriol.com • ♿ (resto slt). De mi-juil au 20 août, resto ouv tlj sf lun midi ; hors saison, fermé dim soir, lun midi et mer. Congés : 29 fév-11 mars, 26 oct-15 nov, 26 déc-10 janv. Doubles 56-70 € selon confort ; ½ pens 53 €/pers. Formules en sem 12-16 € ; menus 24-38 €. Café offert sur présentation de ce guide.* Une adresse simple mais bien tenue et pratique (situation centrale). Une dizaine de chambres aux couleurs printanières avec téléphone, TV écran plat, et calme assuré pour celles qui donnent sur l'arrière. Cuisine de terroir et de tradition, soignée et copieuse. Accueil agréable et très prévenant.

Le Petit Bois : *8, pl. de l'Église. ☎ 04-71-08-75-99. Hors saison, ouv ven soir, sam et dim (sur résa) ; de mi-juil à mi-sept, tlj sf mer et jeu midi. Formule 20 €. CB refusées.* Une maison qui ne paie pas de mine, mais à l'intérieur surprenant, en duplex avec pierres apparentes et expo de tableaux. À midi, on se régale avec une omelette au bleu ou une assiette de *sarassou* (fromage blanc, ciboulette, ail, etc.) à partager entre amoureux, si, si, ici ça se fait. Sinon, tartelette tatin aux tomates confites, blanquette de veau et risotto ou vrai pot-au-feu, selon la saison et l'humeur.

De prix moyens à chic

Restaurant Jean-Pierre Vidal : *pl. du Marché. ☎ 04-71-08-70-50. • restaurant-vidal@wanadoo.fr • ♿ Fermé le soir dim-mar (ouv tlj sf lun 14 juil-15 août). Congés : de mi-janv à fin fév, 4 j. fin juin et 4 j. fin août. Formules « bistrot de Justin » 15-20 € ; menus côté resto 28-85 €.* Jean-Pierre Vidal, ancien de chez *Troigros,* est l'un des chefs qui comptent et sur qui les autres peuvent compter en Haute-Loire. Il se définit comme un « cuisinier à la campagne » au talent modeste, respectueux des produits et qui réinvente les plats du cru. Les lentilles vertes du Puy sont bien mises en avant, avec même, en dessert, une tarte aux lentilles et nougat glacé. Autre spécialité : le duo de veau des monts du Velay. Service attentif et courtois, dans une salle entièrement redécorée dans un style contemporain. Bistrot tout à côté, lui aussi réaménagé, pour goûter à prix doux des plats traditionnels.

Où dormir ? Où manger dans les environs ?

Gîte d'étape et table d'hôtes de La Fontaine : *chez Colette et Serge Chambon, lieu-dit La Fontaine, à 1,5 km de* ***Saint-Pierre-Eynac.*** *☎ 04-71-57-64-36. 06-82-52-40-46. • sergechambon@wanadoo.fr • gitedelafontaine.new.fr • Direction Saint-Pierre-Eynac, sur la droite par un petit chemin à la sortie du village. Ouv tte l'année. Nuitée 19,50 € ; ½ pens 34 €/pers. Dîner (slt sur résa) 14,50 €. Réduc de 10 % à partir de 2 nuits consécutives (sf juil-août) sur présentation de ce guide.* Belle ferme restaurée, loin de tout et dominant le bassin du Velay, point de départ pour de longues randonnées à pied ou à cheval (fait aussi halte équestre). Accueil familial. 4 alcôves de 2 personnes dans un dortoir de 12 places, plus une petite chambre pour 4. Vaste séjour avec cheminée et grande baie vitrée, ainsi qu'une cuisine équipée.

À voir

Le musée Jules-Romains : *au 1er étage de l'office de tourisme (mêmes horaires). Visite libre (guidée pour groupes sur rdv). Entrée : 2,50 € ; gratuit moins de 12 ans.* Une grande salle retraçant la vie de Louis Farigoule, dit Jules (empereur) Romains (« un grand peuple »), homme politique et littéraire. Les fervents lecteurs de *Knock* apprécieront ces quelques souvenirs personnels de l'écrivain académicien : des photos, son bureau parisien, des lettres...

DANS LES ENVIRONS DE SAINT-JULIEN-CHAPTEUIL

Mézenc-Meygal Miniature, le parc de découverte « La Lauzière du lac Bleu » : *à* ***Champclause.*** *☎ 04-71-65-99-70. • auvergne-miniature.free.fr • Direction Saint-Agrève ; à la sortie des Balayes, suivre le lac Bleu sur la gauche. De mi-juin à mi-sept, tlj 14h30-18h (10h-19h juil-août) ; mai à mi-juin, w-e et j. fériés slt ; avr et oct, slt sur rdv. Compter 1h15 de visite. Entrée : 6 € ; réduc.* En pleine nature, sur 2 ha, un joli parcours d'initiation à la géologie et à l'architecture de la région. M. Royer, ancien tailleur de pierre et fils du dernier lauzeron (tailleur de lauze) de la région, fait visiter avec passion ce parc où l'on trouve un petit train, des maquettes à l'identique – en pierre de lauze et en matériaux d'autrefois – des monuments du Meygal (comme l'église de Saint-Front), mais aussi de toute la Haute-Loire. Entre le parc et le musée, on se balade tranquillement ; c'est agréable, instructif, et les enfants pourront même s'essayer à la taille de lauze.

➢ Depuis le parking, remonter jusqu'à l'ancienne carrière de lauze à 3 mn à pied. On y trouve un joli lac bleu turquoise aux couleurs superbes en été. Accès gratuit, mais beaucoup de monde le dimanche.

➢ ***Petit circuit autour du massif du Meygal :*** de Saint-Julien, direction Saint-Agrève. À environ 5 km sur la droite, après les lacets, vous voilà face à un « chier » volcanique. En fait, c'est une réaction géologique datant de l'érosion glaciaire, qui fait suite à la formation des volcans et qui a fait éclater la roche (en face, le site d'escalade de la Tortue, pour les amateurs). Tout au long de la route, succession de maisons construites en « pierre de lave », qui caractérisent la région. À Bous-soulet, tournez à gauche pour pénétrer au cœur du Meygal. À l'entrée, une zone de ski nordique praticable en hiver. Poursuivez à travers les bois. Nombreux accès et départs de sentiers de randonnée. Au carrefour de Raffy se trouve le *chalet du Meygal,* lieu d'accueil pour le ski de fond *(☎ 04-71-57-64-67 ; ouv jusqu'à Pâques).* Prenez vers Yssingeaux pour retrouver les beaux villages de Queyrières (avec son gros rocher volcanique qui ressemble un peu à un essaim d'abeilles), de Monedeyres (où Jules Romains situa certains de ses romans) ou du Villaret... Très beaux paysages naturels à travers les sucs.

Le massif du Meygal : *à env 12 km au nord-est, par la D 15.* Couvert par la forêt du Meygal, le massif culmine au Testavoyre, à 1 436 m. Une route forestière, puis un sentier bordé de bruyères et de myrtilles (30 mn aller-retour) permettent d'accéder à ce sommet, d'où la vue est superbe. On domine un vaste paysage de sucs, avec les monts du Velay et le massif du Mézenc en arrière-plan.

C'ÉTAIT POURTANT PAS SORCIER !

C'est du sommet du Testavoyre que les savants Monge et Laplace procédèrent, au début du XIXe s, à des expériences scientifiques et astronomiques. Le premier fut l'un des fondateurs de l'École polytechnique. Le second était préoccupé de mécanique céleste. Malgré leur notoriété, ils furent pris pour de méchants sorciers et chassés du massif par des paysans désespérés par une saison insuffisamment pluvieuse.

LE PLATEAU VIVARAIS-LIGNON OU LA MONTAGNE PROTESTANTE

Au sud-est du département, les monts du Vivarais, à cheval sur l'Auvergne et l'Ardèche, prolongent le massif du Mézenc vers le nord, formant un plateau d'altitude fait de forêts et de pâturages. Celui-ci englobe quelques communes : Fay-sur-Lignon, Le Mazet-Saint-Voy, Le Chambon-sur-Lignon et Tence. Cette enclave géographique, historique, culturelle et religieuse est aussi un fief protestant, d'où ce qualificatif auquel elle reste attachée et qui lui va si bien quand on commence à la connaître un peu : la « Montagne protestante ».

LE MAZET-SAINT-VOY

(43520) 1 100 hab. *Carte Haute-Loire, D2*

À 1 000 m d'altitude, sur le plateau Vivarais-Lignon, un gros bourg considéré comme la commune la plus protestante de France. L'église du XIe s accueille des prières œcuméniques toute l'année et des concerts en été. On trouve aussi un temple et plusieurs lieux d'assemblée religieuse.
Beaucoup de fidèles appartiennent à des branches minoritaires du protestantisme, d'origine anglo-saxonne, issues des mouvements du Réveil du début du XIXe s. Ils souhaitent par là revenir aux sources du protestantisme et à une pratique religieuse simplifiée, plus proche de celle des premiers

chrétiens. Ces minorités religieuses, nées d'une « réforme de la Réforme », connaissent la Bible sur le bout des doigts.
De 1940 à 1944, de nombreux juifs pourchassés trouvèrent refuge auprès de familles du Mazet. Les premiers à les accueillir furent des agriculteurs protestants. La Résistance bénéficia de la complicité et de l'appui de toute la population.
C'est aussi ici qu'Albert Camus, lors d'un séjour en 1942 au lieu-dit Panelier, commença l'écriture de son plus célèbre récit : *La Peste.*

Adresse utile

i *Office de tourisme du Haut-Lignon :* *à la halle fermière, pl. des Droits-de-l'Homme. ☎ 04-71-65-07-32. • ot-hautlignon.com • Avr-août, tlj sf dim ap-m et lun (ouv lun ap-m juil-août) ; sept-déc et fév-mars, jeu-sam et dim mat ; fermé en janv.* Bien documenté, avec des fiches pour parcourir les environs à pied. Propose aussi une visite guidée du Jardin botanique montagnard.

Où dormir ? Où manger au bourg et dans les environs ?

Camping

Camping municipal de Surnette – Le Champ Premier : *à la sortie du Mazet en direction de Chambon-sur-Lignon, à gauche. ☎ 04-71-65-05-69 ou 04-71-65-01-09 (mairie). • mairie@mazet-st-voy.com • Ouv de mi-avr à fin oct. Emplacement 2 pers 12,80 €. Loc de 9 caravanes (env 30 €/j. pour 2 pers). Gratuit pour les moins de 12 ans sur présentation de ce guide.* Un camping de 53 places, confortable, paisible, bien tenu et verdoyant (entouré de pins). Tennis à proximité, VTT et équitation. Rivière à 1 km, étang à 4 km.

De bon marché à prix moyens

Auberge de l'Escuelle : *rue de Fay, au Mazet. ☎ 04-71-65-00-51. • aubergedelescuelle@yahoo.fr • Resto ouv tlj sf lun et soir des dim et j. fériés ; hors saison, fermé le soir, dim et lun. Congés : vac de Noël. Doubles 49-55 € ; familiales 62-74 €. Formule déj 12 € ; menus 22-29 €. Apéritif offert sur présentation de ce guide.* Une agréable auberge de village sans prétention, aux chambres entièrement refaites de bric et de broc mais avec cœur. Côté resto, une formule du midi convaincante avec entrée, plat, fromage, dessert, café et vin inclus, s'il vous plaît ! Plus élaborée le soir, avec truite et fin gras du Mézenc. Tenue par un jeune couple, une petite adresse sympa pour une étape rando.

Chambres d'hôtes Le Temps d'une Pause : *chez Jean-Claude Nouguier, hameau de* ***La Chaud-de-Mazalibrand.*** *☎ 09-75-77-67-11. • letempsdunepause@la-chaud.net • la-chaud.net • Sur la D 500, vers Tence, prendre le chemin à droite après Madelonnet (fléché). Double 55 €. Repas (sf w-e) 18 €. Apéritif et café offerts plus un petit déj/pers sur présentation de ce guide.* Vieille ferme typique restaurée sur une vaste propriété de 2 ha de prairie où gambadent des chevaux. Sur 2 niveaux avec entrée indépendante, 4 chambres récentes partagent une belle salle commune avec poêle, bibliothèque, dvdthèque et un petit salon attenant. Pour faire une pause, une adresse idéale en famille – les proprios ont 4 enfants.

Central Hôtel : *pl. de la Fontaine, 43430* ***Fay-sur-Lignon.*** *☎ 04-71-59-50-76. • annemarie-hotelcentral@wanadoo.fr • Resto ouv tlj en saison, slt sur résa le reste de l'année. Doubles 37 € avec lavabo, 47 € avec douche et w-c. Menus 11 € (midi en sem)-19 €.* L'auberge villageoise par excellence, où il fait bon s'asseoir quand il neige dehors. Dans la salle à manger donnant sur la place du village, tout est simple et bien à sa place, depuis un quart de siècle, dans une déco rustique par excellence. On y mange une bonne cuisine de région, familiale et nourrissante. Les chambres sont simples et propres. Bon rapport qualité-prix pour voyageurs de passage et randonneurs.

À voir. À faire

La halle fermière : *à l'office de tourisme. ☎ 04-71-65-07-08.* Vente de produits fermiers de la région (vin, objets en cuir, sabots en bois, bougies fabriquées par des sœurs, charcuterie, fromages, miel, laitages, spécialités de châtaignes...) et diverses manifestations s'y tiennent.

➢ Trois ***circuits de randonnée*** de quelques heures au départ de la halle fermière (fiche disponible à l'office de tourisme).

Le Jardin botanique montagnard : *situé au centre du village, en contrebas de l'office de tourisme. Infos : ☎ 04-71-65-07-32 (office de tourisme). Visite libre (guidée 1 fois/sem 7 juil-25 août).* Il présente un grand nombre d'espèces végétales de l'étage montagnard (de 900 à 1 500 m), plus de 450 plantes de la région, mais aussi des espèces médicinales ou ornementales introduites et cultivées aujourd'hui dans les jardins privés. Chaque plante est répertoriée et étiquetée.

➢ Hors du jardin, deux ***sentiers botaniques*** de 14 km environ, au long desquels le promeneur peut observer la flore de la région et des éléments du patrimoine bâti local. Sorties botaniques en saison. Une agréable promenade et une belle initiative. Départs à proximité du *Camping de Surnette* (voir plus haut).

L'église Saint-Voy : dans les hauteurs et derrière le village, bien après le temple. Du XIe s (on en trouve trace dès 1021), une petite merveille de l'art roman à la belle porte en bois sculptée dont les ouvertures du chœur suivent curieusement l'ascension du soleil dans sa course. Elle représente un point de départ important dans le canton pour qui s'intéresse à l'histoire de la Réforme et à l'installation du protestantisme dans cette enclave du Velay. C'est effectivement dans cette région que sont venus en retraite certains huguenots pour y établir l'un de leurs fiefs.

Les moulins du Bouchat : *à 4 km en direction de Saint-Julien-Chapteuil. ☎ 04-71-65-99-06. • les-moulins-du-bouchat.fr • Ouv de mi-juin à fin sept, tlj sf lun. Entrée libre.* Avis aux amateurs de pêche et de tranquillité. Un site de 12 ha (dont 3 ha d'étangs) pour se promener ou pêcher les truites fario et arc-en-ciel. Dans le réservoir de pêche à la mouche, on pratique le *no kill* (le poisson est remis à l'eau). Trois moulins du XVIIe s à visiter à côté, et aire de pique-nique ombragée. Bon resto sur place (foie gras maison et soirées cuisses de grenouilles).

LE CHAMBON-SUR-LIGNON

(43400) 2 690 hab. *Carte Haute-Loire, D2*

Gros bourg de montagne perché à 1 000 m entre Vivarais et Velay, au sud-est de la Haute-Loire. À 1h de route environ de Saint-Étienne, sur la ligne de partage des eaux entre les Bassins méditerranéen et atlantique. On le sent tout de suite, Le Chambon se tient bien haut sur terre. Un peu de Nord, un peu de Sud et une belle altitude. De robustes maisons coiffées de toits de tuiles s'étagent sur un flanc de colline surplombant la rivière Lignon. Aux alentours, des jardins, des prés, puis, très vite, on atteint la masse sombre des bois de résineux qui couronnent les sommets. Rien de particulier à voir ici, pas d'attractions touristiques majeures, mais un air, une lumière, une histoire et

un état d'esprit exceptionnels. « L'espace ouvert, l'esprit aussi », il est rare qu'une commune adopte un pareil slogan pour sa promotion. C'est son cas. Malgré une population de moins de 3 000 habitants (qui quadruple, certes, en été), Le Chambon compte plus d'une soixantaine d'associations, une école de musique, un cinéma, une maison d'édition de poésie (Cheyne), un collège international accueillant des élèves de 30 nationalités, un mouvement des citoyens du monde, un autre de protestation civique et de défense des minorités opprimées, un centre d'accueil et d'aide aux demandeurs d'asile et un autre... Où sommes-nous exactement ? Sur le plateau Vivarais-Lignon, une des terres les plus protestantes de France. Oui, mais encore ? Dans une boîte à idées, dans un autre mode de pensée. Respect d'autrui, tolérance, non-violence, ouverture au monde semblent être les valeurs tutélaires et les atouts de cette « colline inspirée » où les gens ont les pieds sur terre et la tête dans les étoiles.

UN PEU D'HISTOIRE

Une terre protestante, d'accueil et de refuge

Depuis longtemps, les habitants du Chambon et du Plateau (Le Chambon, Le Maget-Saint-Voy et Fay-sur-Lignon) pratiquent une tradition de refuge et d'accueil : des enfants malades des poumons, des exclus, des réfugiés politiques, des personnes déplacées, des persécutés. Est-ce parce qu'ils se sont tant battus et défendus eux-mêmes au fil de leur histoire pour sauver leur liberté de conscience ?
Convertis au protestantisme dès 1560, dans le sillage des prêtres et des gentilshommes, ils vécurent la période du Désert, c'est-à-dire postérieure à la révocation de l'édit de Nantes (1685-1787), comme la plus terrible épreuve de leur histoire : abjurations forcées, raids des dragons du roi Louis XIV, arrestations, condamnations aux galères... La mémoire collective n'a pas oublié ces souffrances et, au Chambon, l'étranger est d'abord un hôte. Autrefois, les mendiants avaient table et grange ouvertes dans les fermes. Pendant la période révolutionnaire, des prêtres réfractaires y trouvèrent asile.
Grâce à l'Œuvre des enfants à la montagne, à la fin du XIXe s, des dizaines de milliers d'enfants des bassins miniers de la région de Saint-Étienne venaient y respirer l'air pur des montagnes. Petit à petit, de nombreuses pensions ouvrirent leurs portes. Et Le Chambon-sur-Lignon devint ainsi une modeste mais active station d'altitude, reliée au reste du monde par une simple route et par un petit train nommé la Galoche. D'ailleurs aujourd'hui, clubs, sportifs de haut niveau, viennent régulièrement s'oxygéner et préparer au mieux leur saison : chaque année les Verts de Saint-Étienne, comme de nombreuses équipes nationales, profitent des installations du Plateau.
Pendant la Première Guerre mondiale, des réfugiés alsaciens y furent hébergés. En 1938, ce furent des réfugiés espagnols fuyant la guerre civile. Cette même année, les pasteurs André Trocmé et Édouard Theis fondent le collège Cévenol. Au départ, 800 élèves répartis dans une trentaine de pensions.

Sans armes, sans haine et sans violence

De 1939 à 1944, les habitants des communes du Plateau résistent à leur manière. Refusant d'obéir aux injonctions du régime de Vichy en matière de persécution raciale, ils accueillent des résistants, des apatrides et cachent plusieurs milliers de juifs pourchassés. Beaucoup d'enfants et énormément d'adultes, entre 3 000 et 5 000 personnes, estiment les historiens.
Une fois mis hors de danger, les réfugiés sont ensuite confiés à des filières d'évasion clandestines, puis acheminés vers la Suisse, par Annemasse ou Chamonix.

Pour qu'ils ne soient pas reconnus, les juifs sont appelés les « Anciens Testaments » ou les « Piolets » dans le langage codé des passeurs. Selon Lucien Lazare, auteur du *Livre des justes* : « Rien d'équivalent, tant géographiquement que numériquement, ne peut être comparé en France au refuge du Chambon-sur-Lignon et des communes du plateau Vivarais-Lignon. »
Instigateurs et meneurs de ce mouvement de solidarité collective, les pasteurs du Chambon et du Plateau donnent l'élan : ils sont pacifistes, objecteurs de conscience, cosmopolites. Le pasteur André Trocmé a une mère allemande et une femme italienne qu'il a connue à New York, où il enseignait le français aux enfants de John D. Rockefeller. Trocmé rencontrera Gandhi après la guerre. Le pasteur Édouard Theis a une femme américaine. Toute la population de ce coin reculé de France, du plus pauvre au plus riche, se montre solidaire et complice, déterminée face à la police et aux Allemands.
Les huguenots et les juifs ne sont d'ailleurs pas tout à fait des étrangers les uns aux autres. Ils se connaissent « spirituellement », si l'on peut dire, depuis des siècles sans jamais s'être vus, pratiquant souvent les mêmes versets bibliques, étudiant assidûment et appliquant dans leur vie l'éthique de l'Ancien Testament, la source commune de leur foi. En outre, « les souffrances et les persécutions subies jadis par les protestants ne font qu'accroître leur sympathie pour la communauté israélite si brusquement jetée dans le malheur », écrit Philippe Boegner.

Un îlot d'humanité

Très vite donc, un réseau d'accueil clandestin est mis en place par les habitants : « En cas de conflit entre les ordres de l'État (Vichy) et les exigences de Dieu, le devoir du chrétien est d'obéir à Dieu, plutôt qu'aux hommes. » C'est ce que les Chambonnais pensent. Les premiers paysans qui accueillent des juifs sont... les darbystes, des protestants intégristes. Les femmes exercent un rôle crucial dans les opérations de sauvetage : institutrices, fermières, directrices des pensions.
Des organisations extérieures au Plateau assurent la coordination des réseaux d'accueil et d'évasion : la CIMADE, l'Œuvre de secours aux enfants, les quakers américains, le Service civil international, le Secours suisse. Une usine à faux papiers, située dans une modeste ferme sur la route du Puy-en-Velay, parvient à fabriquer 6 000 fausses cartes pendant cette période.
Armés de leur conviction et de leur courage, extrêmement solidaires, les gens du Chambon et du Plateau ont tenu bon. Après la guerre, 35 habitants de ce gros village ont même reçu de l'État d'Israël la médaille des Justes des Nations, la plus haute distinction, en mémoire de leur action en faveur du sauvetage des juifs persécutés sous l'Occupation. Au mémorial de Yad Vashem à Jérusalem, un bosquet d'arbres commémore l'action de ces « héros anonymes » du Chambon-sur-Lignon, la seule commune de France dont tous les habitants sans exception ont fait bloc contre l'intolérance et l'antisémitisme.

Adresse et infos utiles

Office de tourisme du Haut-Lignon : *2, route de Tence. ☎ 04-71-59-71-56. • ot-hautlignon.com • Ouv tte l'année, lun-sam ; plus dim mat juin-sept.* Liste complète des hébergements, visites guidées sur résa du bourg ancien et du « parcours de la mémoire », balades à thème (mycologie, flore, histoire...), randonnées pédestres et VTT. Également audioguide « Parcours gourmand », « Balade des artistes » et « Sentier éolien » (5 € la demi-journée). Accueil dévoué et charmant.
– La ville propose un système de « carte d'hôte » gratuite, offrant des avantages pour les personnes en hébergement sur le pays de la Jeune Loire. Infos à l'office de tourisme.
Liaisons bus : des bus réguliers relient Le Chambon-sur-Lignon à Saint-Étienne (4/j.) et Valence (2/j.).

Où dormir ?
Où manger

Campings

⛺ ***Camping Les Hirondelles :*** *route de la Suchère. ☎ 04-71-59-73-84. • leshirondelles.bader@wanadoo.fr • campingleshirondelles.fr • ♿ Ouv juil-août. Forfait 2 pers 18 € ; 4 chalets 220-480 €/sem. Réduc de 10 % sur présentation de ce guide.* Un très bon camping, vert et fleuri, au-dessus du village. Emplacements impeccables et ombragés. Chalets individuels en location. À la demande, le patron organise des sorties pour faire découvrir la région, qu'il connaît comme sa poche. Rivière à 1 km, plage et baignade.

⛺ ***Camping du Lignon :*** *route du Stade. ☎ 04-71-59-72-86. • fvalla@campingdulignon.eu • campingdulignon.eu • Ouv mai-sept. Forfait 2 pers 12 € ; mobile homes 250-380 €/sem. CB refusées.* Situé à 1 000 m d'altitude, au bord de la rivière, entre le stade de foot et le collège cévenol. Niveau de confort et d'équipement satisfaisant dans ce camping de 80 places calme, bordé de peupliers et ombragé. Location de VTT au village. Lac de Devesset à 6 km, avec sa base de loisirs.

Bon marché

🏠 |●| ***Bar-hôtel-restaurant du Velay :*** *Le Carrefour. ☎ 04-71-59-70-05. • velay-bleuse@wanadoo.fr • hotel-velay.com • En plein centre-ville. Juil-août, resto ouv tlj ; hors saison, fermé le soir dim-jeu et j. fériés plus lun midi. Congés : dernières sem de fév et d'août. Doubles 35-50 € avec douche et w-c. Menus 12 € (déj en sem)-18 €.* 📶 Une petite salle de resto jouxte le bar. On y sert des plats simples et goûteux, sans prétention. Les chambres, tout aussi simples mais refaites et propres, donnent sur la rue ou sur l'arrière, certaines avec douche hydrojet. Propriétaires sympathiques et accueillants.

|●| ***La Trifola :*** *4, route de Tence. ☎ 04-71-59-77-20. En centre-ville. Fermé lun soir et mar, plus lun midi et le soir des jeu et dim de mi-oct à fin avr. Congés : 21 janv-12 fév et 5 nov-10 déc. Menus 11,70 € (déj en sem), puis 16,80-26,30 €.* Qu'est-ce que la *trifola* ? C'est la patate en patois ! Mais ici on ne mange pas que ça, on se délecte d'autres petits mets maison et de pays qui varient selon la saison... Une déco sobre, soignée, et un accueil attentionné et souriant pour un resto plaisant.

De prix moyens à chic

🏠 |●| ***Hôtel-restaurant Bel Horizon :*** *24, chemin de Molle. ☎ 04-71-59-74-39. • info@belhorizon.fr • belhorizon.fr • Resto fermé dim soir et lun. Congés : janv. Doubles 68-107 € (hôtel) et 93-111 € (chalet) selon saison. Menus 15-20 € (sf dim et j. fériés) et jusqu'à 41 €. Parking gratuit.* 📶 💻 *Apéritif offert sur présentation de ce guide.* Au calme, un peu excentré et en hauteur, cet hôtel moderne à la déco revigorante possède 20 chambres lumineuses, confortables, très accueillantes. Également 10 chambres d'un design et d'un confort contemporains inhabituels pour la région, dans 5 chalets cosy (avec feu de cheminée, salon, terrasse privée) disséminés dans la prairie. Un lieu étonnant, prisé par les sportifs de haut niveau, qui présente beaucoup d'à-côtés fort agréables : centre de remise en forme, sauna, jacuzzi, grande terrasse ensoleillée donnant sur la piscine. Sans oublier un restaurant à la cuisine en adéquation parfaite avec le lieu. Accueil dynamique, sympathique et attentionné.

🏠 |●| ***Hôtel-restaurant Clair Matin :*** *Les Barandons. ☎ 04-71-59-73-03. • clairmatin@hotelclairmatin.com • hotelclairmatin.com • ♿ Du centre-ville, prendre la direction du collège ; c'est ensuite fléché (à 10 mn). Fermé dim soir et lun hors saison. Congés : 11 nov-1er fév. Doubles 64-125 € selon saison. Menus 15 € (en sem)-39 €.* 📶 💻 *Apéritif offert sur présentation de ce guide.* Entre forêts de sapins et prés verdoyants, cet hôtel aux allures de chalet compte une trentaine de chambres refaites, calmes et confortables, dont certaines donnent sur la ligne bleue des Cévennes. Grande cheminée pour les jours de frimas, piscine chauffée, billard, tennis et salle de remise en forme (sauna, jacuzzi). Table gastronomique au rapport qualité-prix exceptionnel. Atmosphère familiale et discrète. Une autre très bonne adresse !

Où boire un verre ? Où grignoter sur le pouce ?

Le Kachelofen-Pub : *22, rue de la Poste. ☎ 04-71-59-28-80. Derrière la bibliothèque et face à la gare. En été, tlj jusqu'à 1h ; hors saison, ven-sam et j. fériés slt. Congés : 2 sem mi-juin. Formule déj 8,50 €. CB refusées. Apéritif offert aux porteurs de ce guide mangeant à la carte.* Bienvenue au palais de la bière ! Avec plus de 60 références, ce pub accueillant vaut bien une petite halte pour se désaltérer. Il propose aussi quelques assiettes, une petite restauration végétarienne, une bonne variété de thés, des glaces, et des cocktails à base... de bière (!), et une petite boutique de produits allemands. Autre curiosité, un gros et beau poêle en faïence, autour duquel il fait bon se retrouver. Concerts en été certains soirs.

À voir. À faire à Chambon-sur-Lignon et dans les proches environs

L'exposition « Images et Paroles de nos villages » : *☎ 04-71-59-71-56 (office de tourisme). Ouv tlj en été et sur rdv hors saison. Visite hebdomadaire « Parcours de la mémoire » en juil-août (et sur rdv hors saison) vivement recommandée. Entrée gratuite.* L'accueil des juifs et l'histoire du plateau Vivarais-Lignon pendant la Seconde Guerre mondiale à travers de nombreuses photos prises pendant cette période troublée.

Le temple protestant : il brille par sa simplicité et son dépouillement. Au-dessus de la porte d'entrée, la phrase : « Aimez-vous les uns les autres », tirée du Nouveau Testament. Comme une réponse à ce message, on peut voir – en traversant la rue – une plaque commémorative qui rappelle l'action des habitants en faveur des juifs pendant la Seconde Guerre mondiale. Très émouvant.

Le parc forestier : *du bourg, prendre la route de Lambert et du collège Cévenol, puis tourner à gauche par le chemin des Airelles vers « Les Lebreyres ».* Ce parc forestier abrite une quarantaine d'espèces d'arbres différentes : sapin du Colorado, mélèze du Japon, hêtre du Chili, orme de Sibérie, cèdre bleu de l'Atlas, et même un séquoia géant. Réparti en deux sections distinctes, le bois Lambert et les Airelles, il peut se découvrir à pied, au fil d'un circuit dont le point de départ se trouve à l'emplacement du panneau de situation au bord du chemin des Airelles, sur la droite en venant du Chambon.

Le collège-lycée international Cévenol : *☎ 04-71-59-72-52. • lecevenol.org • Sur les hauteurs du Chambon, par la route du Collège, puis indiqué à gauche et suivre le chemin de Luquet.* Le collège Cévenol fut fondé en 1938 par les pasteurs André Trocmé et Édouard Theis pour permettre aux jeunes du pays de continuer sur place leurs études secondaires. Le collège repose depuis sa création sur de grands principes éthiques et pédagogiques : faire des élèves des individus éclairés et responsables, renouveler sans cesse les méthodes éducatives. Le metteur en scène Jérôme Savary est l'un des célèbres anciens élèves.

Le parcours aventure de l'Écureuil : *Le Bois de Plafay, Les Barandons (au carrefour de la D 185 et de la D 157). ☎ 04-71-65-82-33. 06-76-05-54-68.*

• *parc-ecureuil.pagesperso-orange.fr* • *Avr-juin et sept-Toussaint, ouv tlj sur résa ; juil-août, tlj 10h-20h. Balade nocturne sam sur inscription (on peut même rester dormir dans les arbres). Entrée : 21 € ; réduc étudiants : 19 € ; 7-13 ans : 16 € ; 3-6 ans : 11 € (10 parcours différents).* Un parcours ludique et sportif pour voir la nature de plus haut et passer d'arbre en arbre. Pour tous les niveaux et pour les amateurs de sensations fortes... en toute sécurité. Il y a même un parcours pour les seniors.

➢ ***Train touristique « Velay-Express »*** (de Dunières à Saint-Agrève) **:** *infos générales à l'office de tourisme. ☎ 04-71-59-71-56 ou 95-73.* • *asso-vfv.net* • *Fonctionne slt dim juin et sept ; mer-jeu et dim juil-août. Différents trajets possibles. A/R : 10-16 € selon trajet ; réduc 4-12 ans.* Voici une façon originale et paisible de découvrir les prairies et forêts du plateau Vivarais-Lignon, en passant notamment par Le Chambon-sur-Lignon et Tence. Depuis 1993, ce train touristique a réhabilité l'ancienne ligne qui reliait le Rhône à la Loire (de 1901 à 1968). Son objectif est de collaborer à l'activité touristique de la région, mais surtout de sauver le matériel ferroviaire qui, sinon, serait voué à la disparition. Compter moins de 2h aller pour rejoindre Dunières.

Manifestations

Nombreux événements culturels. *Infos : ☎ 04-71-59-71-56 (office de tourisme).*
– ***Fête des Jonquilles :*** *dernier w-e d'avr.*
– ***Festival de Musique en Vivarais-Lignon :*** *pdt 15 j. en août.* Musique autour d'un thème.
– ***Lectures sous l'arbre :*** *pdt 1 sem mi-août.* Lecture-spectacle, conférences, musique, rencontres littéraires autour de la lecture et de la poésie.
– ***Semaine gourmande :*** *à la Toussaint.*

LE HAUT PAYS DU VELAY

TENCE (43190) 2 250 hab. *Carte Haute-Loire, D2*

Une petite ville à la campagne, à 850 m d'altitude, dernière étape sur la route de la Montagne protestante avant la montée vers le plateau Vivarais-Lignon, au cœur d'un paysage agreste de champs et de bois. Dans le centre, de sympathiques ruelles, un temple, des chapelles et de nombreuses randos au départ de l'office de tourisme. Sur le chemin de Saint-Jacques-de-Compostelle (partie Genève-Le Puy-en-Velay) et au bord du Lignon, marcheurs pèlerins et baigneurs y trouveront leur bonheur. Rien de tel qu'un petit train touristique pour découvrir ce pays attachant ou le marché nocturne du mardi matin pour aller à la rencontre des artisans locaux.

Adresse utile

Office de tourisme du Haut-Lignon : *pl. du Chatiague. ☎ 04-71-59-81-99.* • *ot-hautlignon.com* • *Ouv tte l'année, lun (slt mat hors saison)-sam ; plus dim mat juin-sept.* Efficace et accueillant. Propositions d'hébergements dans de nombreux meublés. En été, visites guidées de la ville, petites randonnées de découverte.

Où dormir ? Où manger ?

Camping

Camping municipal La Levée des Frères : *route de Mazelgirard, à 1,5 km du village. ☎ 04-71-59-83-10. • camping-tence@orange.fr • la-levee-des-freres.com • Ouv avr-oct. Compter 8,40-13 € pour 2 pers selon saison. Loc caravanes et mobile homes 140-245 €/sem. CB refusées.* Camping de 120 emplacements, situé au bord du Lignon, dans un cadre frais et ombragé. Ambiance familiale. Tennis à 2 km et centre hippique.

De bon marché à prix moyens

Les Gîtes de la Papeterie : *☎ 04-71-56-33-40. • pascal.pinteaux0225@orange.fr • lesgitesdelapapeterie.e-monsite.com • Route de Montfaucon et, à 1 km, en sortie de ville, à gauche par une petite route, c'est au bout (indiqué). Ouv tte l'année. Gîte 15 places 15 € la nuitée en sem (plus loc des draps) ; gîtes 2-6 pers 180-420 €. Apéritif ou café offert sur présentation de ce guide.* Au fond d'une vallée, sur les bords du Lignon et du GR 65, une ancienne papeterie fondée en 1645 et récemment reprise. Le gîte est spacieux, tout confort et chauffé, avec cuisine équipée. Également 4 meublés sympas, certains en duplex avec cuisine. Nombreux jeux, baignade possible, centre équestre à 300 m et un grand espace pour les enfants.

Gîte d'étape et chambres d'hôtes Le Relais du Mazel : *☎ 04-71-65-44-21. • evecornillon@voila.fr • relais.du.mazel.gite.free.fr • À 2 km du bourg sur la route de Montfaucon, puis à droite, face au Putting-Golf. Congés : nov-mars. Gîte 4 places 20 € la nuitée (draps et petit déj inclus) ; étape randonneur sur résa 32 € avec repas. Chambre d'hôtes 40 € pour 2. Café, thé ou tisane offert sur présentation de ce guide.* Sur le chemin de Compostelle, dans une belle ferme restaurée avec beaucoup de goût, une chambre pour randonneurs et 3 chambres d'hôtes soignées, à la déco hétéroclite mêlant style africain, indien et moderne. Certes, il n'y a qu'une salle de bains commune, mais la convivialité de l'endroit et son charme fou compensent la file d'attente pour prendre sa douche. Une étape presque chic pour petits budgets. Jardin avec des ânes.

Hôtel-restaurant de la Poste : *12, rue Saint-Agrève. ☎ 04-71-56-39-25. • hotel-poste-tence@wanadoo.fr • hotel-poste-tence.com • Resto fermé dim soir, lun et soir des j. fériés. Congés : fév. Doubles tt confort 42-60 € ; ½ pens 41-50 €/pers. Formules déj 12 € (en sem) et 16 € (sf dim) ; menus 20-32 €. Parking.* En centre-ville, une bonne adresse au rapport qualité-prix exceptionnel. Les chambres, très colorées, refaites avec goût, sont vraiment agréables. Terrasse au calme dans le jardin pour une trentaine de couverts, et vaste salle lumineuse pour une cuisine simple mais copieuse, avec chariots de fromages et de desserts.

Chic

Chambres d'hôtes Les Prairies : *chez Dominique et Thomas Bourgeois, 1, rue du Pré-Long, Sallettes. ☎ 04-71-56-35-80. • bourgeois40@gmail.com • lesprairies.com • Sur la gauche à la sortie de Tence, par la D 500 en direction de Saint-Étienne (c'est indiqué). Ouv de mi-avr à mi-nov. Double tt confort 75 €.* Abritée dans un parc de plus de 1 ha, cette très belle demeure de maître comporte 5 grandes chambres confortables (dont une suite familiale). Déco chic et pleine de charme, ambiance conviviale avec un agréable salon-bibliothèque. Pas de table d'hôtes, mais un bon petit déj avec confitures et gâteaux maison.

Où dormir ? Où manger dans les environs ?

Camping

Camping à la ferme Les Genêts d'Or : *Le Betz, 43190* ***Chenereilles.***

☎ 04-71-65-40-03. À 4 km de Tence, route de Chenereilles. Ouv mai-sept. Compter 8,50 € env. Surplombe une rivière dans un joli coin de campagne, à proximité d'un petit lac et à environ 10 km du barrage de Lavalette. Vue sur le Lizieux. Peu ombragé, avec 2 blocs sanitaires (douche et w-c), très calme et bien tenu. Visite de la ferme avec les exploitants, et possibilité d'acheter des produits fermiers. Équitation, tennis et resto à proximité.

De bon marché à prix moyens

Chambres d'hôtes Les Grillons : *chez Élyane et Gérard Deygas, 43190* **La Pomme.** *☎ 04-71-59-89-33. • les grillonslapomme.com • De Tence, prendre la D 185 vers Saint-Agrève ; à 500 m env, tourner à gauche ; c'est indiqué par une grosse pomme jaune. Double tt confort 49 €. Réduc de 10 % (nov-mars) sur présentation de ce guide.* À 850 m d'altitude, la jolie ferme donne sur les bois de sapins du Vivarais et les prés où s'ébrouent des chevaux. En été, les nuits sont animées par le chant des grillons, d'où le nom de la maison. Derrière ces belles pierres, il y a 4 chambres coquettes (les plus sympathiques se trouvent au 1er étage) et un coin cuisine commun.

Café-restaurant Brolles : *43190* **Le Mas-de-Tence.** *☎ 04-71-65-42-91. À 5 km à l'est de Tence, par le hameau des Mazeaux, direction Annonay. Resto ouv slt sur résa. Double avec lavabo 22 €. Menus 16-30 €. Apéritif maison offert sur présentation de ce guide.* Une authentique petite auberge campagnarde, sans fioritures, tenue par des gens spontanés et naturellement accueillants. Une salle de restaurant rustique et fraîche avec son sol en pierre. À la table ronde, près de la cheminée, on se régale d'une cuisine de terroir, simple et copieuse. À l'étage, 4 chambres vraiment modestes mais propres, avec douche et w-c sur le palier. Bonne étape pour les randonneurs.

Où boire un verre ? Où écouter de la musique dans le coin ?

L'Ours Maçon : **Le Pont-du-Mazel.** *☎ 04-71-65-49-99. • francoise.fournier@ours-macon.fr • Route de Montfaucon, et à droite à 2 km (indiqué). Ouv avr-15 déc tlj sf lun. Congés : janv-mars. Concert « Les ourseries » ts les ven soir, 5-10 € selon programmation. Au resto, apéritif offert sur présentation de ce guide.* Un lieu totalement atypique et qui détonne en Auvergne ! Françoise et Olivier, un couple original et haut en couleur, ont aménagé le club-house de leur *Putting-Golf* (voir plus bas) pour organiser chaque vendredi (et parfois le samedi) des fêtes endiablées dont on parle dans toute la région. La programmation est très éclectique (rock *électroslam,* jazz manouche, blues agricole urbain, musique cajun, scène ouverte, soirées vinyles...). Ici, on ne se prend pas au sérieux : « Vous êtes le bienvenu si vous avez le sourire ! » Possibilité d'y manger pour pas cher, et très bien même ! Du sandwich de l'ours « grizzli » ou « polaire » à des plats originaux, mûrement réfléchis par Olivier. Un vrai coup de cœur !

À voir. À faire à Tence et dans les environs

La chapelle des Pénitents : *infos auprès de l'office de tourisme. Visite guidée de mi-juil à mi-août, mar-mer et ven ; le reste de l'année, sur rdv. Entrée : 2,50 € ; réduc.* Aménagée en musée d'art religieux, la chapelle date des XVIe et XVIIe s. À l'intérieur, notez la belle chaire de 1882, avec la base en forme de tulipe ou de calice.

Nombreux ***manoirs*** ou ***maisons fortes*** dans les environs de Tence. Les châteaux du Besset, de la Borie, de Joux, de la Brosse, témoins du passé, sont souvent visibles de la route, mais aucun ne se visite.

➢ **Le petit train touristique « Velay-Express » :** *mer-jeu et dim ; voir plus haut, au Chambon-sur-Lignon.*

Le musée de la Pharmacie : *derrière l'office de tourisme. Ouv juil-août, mar mat et jeu mat ; le reste de l'année, sur rdv auprès de l'office de tourisme. Participation libre.* Dans une ancienne pharmacie, une collection d'objets de pharmaciens d'autrefois dans une grande salle décorée de boiseries.

– **Tence Putting-Golf :** ***Le Pont-du-Mazel.*** *☎ 04-71-65-49-99. • putting-golf.com • Route de Montfaucon, et à droite à 2 km (indiqué).* D'avril à octobre, découvrez le *putting-golf,* une pratique alliant les sensations et l'esprit du golf à la facilité et à la simplicité du minigolf. Des petits « fers », mais une pratique sur gazon. Pas de longues distances, que des *puts.* Convivial et pour tous les âges. Resto-concert sur place le vendredi (voir plus haut *L'Ours Maçon* dans « Où boire un verre ? Où écouter de la musique dans le coin ? »).

– **Base de voile de Lavalette :** *base départementale de voile et d'aviron de Lavalette, 43200* ***Lapte-Yssingeaux.*** *☎ 04-71-59-38-06. • voile.lavalette@orange.fr • bvlavalette.free.fr • Mai-sept, ouv tlj ; le reste de l'année, selon météo.* Un barrage et une grande retenue d'eau, un site parfait pour pratiquer la voile. Une école française de voile labellisée s'occupe de tout : location de matériel, stages de voile (dériveur, optimist, catamaran), planche à voile ou aviron à la semaine, à la journée ou à l'heure. Sinon, nombreuses randos ou balades à VTT à faire autour du lac (site labellisé par la Fédération française de cyclisme, topoguide d'une quarantaine de circuits assez sportifs en vente dans les offices de tourisme des villes avoisinantes). Possibilité de se restaurer sur place, et aire de pique-nique.

– **Institut des arts du cirque du Haut-Lignon :** *domaine du Mont-Joyeux,* ***Mendigoules.*** *☎ 04-71-59-86-67. À quelques km de Tence, en prenant la route d'Yssingeaux.* Un centre unique en son genre, qui initie aux arts du spectacle. Tout est organisé, de l'encadrement à l'hébergement et au matériel. Pour apprendre à jongler sans rien casser. Pédagogique, s'adressant aux enfants (surtout les scolaires) et développant aussi d'autres thèmes d'initiation (faune, flore dans la région, marionnettes, ornithologie...).

SAINT-BONNET-LE-FROID

(43290) 230 hab. *Carte Haute-Loire, D2*

À 1 130 m, perdu aux confins du Velay et du Vivarais, un gros bourg où l'on passe en allant du Puy à Annonay, par la D 105. Le dernier où l'on trouve encore de la neige au printemps. Des paysages tranquilles de pâturages et de bois de sapins. Le village est plus animé que la moyenne : c'est la capitale gastronomique du département ! À Saint-Bonnet, les fourneaux, les cuisines et les bonnes choses occupent une place importante dans les conversations. Non seulement Régis Marcon, chef étoilé, attire par son renom, depuis des décennies, les amateurs d'une cuisine vraie où le terroir sert de point de départ à un étonnant voyage culinaire, mais tout le village joue le jeu. En toute modestie. Ici, les grands produits sont à la fête. Un village avec une place aux Champignons, ça ne pousse pas tous les jours ! On y trouve en effet une gamme de restaurants, du plus simple au plus sophistiqué, assez étonnante pour une aussi petite commune.

Saint-Bonnet-le-Froid : un village à garder bien au chaud dans votre mémoire de gourmet voyageur ! Vous y passez un jour pour vous arrêter à la charcuterie et à la boulangerie du village, le temps de préparer un panier pique-nique avec les meilleurs produits du terroir, vous réservez pour une nuit dans un

hôtel au calme, en jetant un regard à une carte de restaurant débordante de tendresse cachée, et vous vous promettez de mettre de l'argent de côté pour revenir vous payer bientôt un repas chez Marcon, côté bistrot s'il est ouvert, mais aussi côté resto, dans ces nouveaux bâtiments sortis de terre où le rêve d'un homme est devenu réalité. Mais où les prix se sont déjà envolés...

Adresse utile

Point Info Tourisme : *pl. Jean-Béal, au rdc de la mairie. ☎ 04-71-65-64-41. • saintbonnetlefroid.com • Ouv tte l'année, le mat lun-sam (juil-août, l'ap-m sf mer).* Efficace et accueillant. Liste des producteurs de pays. Infos sur la région.

Où dormir ? Où manger ?

De prix moyens à très chic

Restaurant André Chatelard : *pl. aux Champignons. ☎ 04-71-59-96-09. • restaurant-chatelard@wanadoo.fr • Fermé dim soir et lun-mar. Congés : janv-fév. Formule 21 € (sf dim et j. fériés) ; carte env 40 €. Café offert sur présentation de ce guide.* Le chef mitonne depuis plus d'un quart de siècle des plats aux saveurs remarquables, toujours inspirés par la tradition régionale du Vivarais. Il n'utilise que d'authentiques produits fermiers, comme le veau, la charcuterie et les légumes. Beau chariot de desserts (le patron a été pâtissier !). Les menus changent très régulièrement. Un bon rapport qualité-prix, qui mériterait déjà à lui seul ce joli détour.

Hôtel Le Fort du Pré : *à la sortie du village. ☎ 04-71-59-91-83. • info@le-fort-du-pre.fr • le-fort-du-pre.fr • Congés : déc-fév. Doubles 79-85 € selon saison ; ½ pens à partir de 75-79 €. Formule déj en sem 20 € ; menus 27-68 €. Réduc de 10 % sur le prix de la chambre (sf de Pâques à mi-nov), sur présentation de ce guide.* Un Logis de France tout confort. Des chambres claires, spacieuses, colorées, on peut le dire. Deux piscines chauffées, un espace bien-être pour prolonger le plaisir, une terrasse avec vue pour prendre le soleil, et attendre le moment de goûter une cuisine du terroir qui s'est depuis longtemps mise au goût du jour, sans chercher à copier celle du grand voisin. Un lieu idéal pour un week-end « bien-être », « découverte », etc., chacune des formules ayant ses avantages, à prix très corrects. Et il y a bien sûr les stages champignons à l'automne.

Hôtel Le Clos des Cimes – Bistrot La Coulemelle : *rue Principale. ☎ 04-71-59-93-72. • contact@regismarcon.fr • Hôtel fermé mar, plus lun soir mars-mai et nov-déc. Bistrot fermé lun-mar. Congés : Noël-Pâques. Doubles de grand confort à partir de 175 €. Formule et menus 27-50 €.* Le restaurant gastronomique Régis et Jacques Marcon s'est installé sur les hauteurs, et les prix ont grimpé eux aussi (menus 115-170 €). Un hôtel écologique avec une dizaine de chambres troglo offrant une vue somptueuse sur les monts alentour l'y a rejoint (double 355 €). Tandis que l'hôtel *Le Clos des Cimes* et le bistrot restent plus que jamais au cœur du village. Régis Marcon a trouvé son inspiration dans son petit coin de paradis. Pour ce perfectionniste curieux et inventif, avant le travail des fourneaux, il y a la qualité des produits utilisés. Leur origine est essentielle. Sur le terrain, il court la campagne, suit de près ses éleveurs particuliers, ses maraîchers, ses fournisseurs. Une garantie de fraîcheur. Il connaît en profondeur les traditions du Velay et du Vivarais. Son bistrot, il l'a confié à un homme de la vieille école, côté salle, et à un jeune chef formé à son école, d'où le plaisir partagé par des convives qui s'offrent un avant-goût de sa cuisine à prix doux.

Où dormir dans les environs ?

Chambres d'hôtes La Maison d'en Haut : *Malatray, 43220* ***Saint-***

Julien-Molhesabate. ☎ 04-71-61-96-20. • roland.sigrist@nordnet.fr • maison-den-haut.com • À 6 km de Saint-Bonnet en direction de Saint-Julien (très bien indiqué). 3 doubles avec bains et w-c de grand standing 75-85 €. En pleine nature, une vieille bâtisse du XVIIIe s, restaurée avec beaucoup de goût et offrant une vue magnifique sur la vallée et la rivière en contrebas. Très chic, la décoration est composée de tentures et de meubles anciens. Joli petit salon de lecture et incroyable cuisine ancienne (mais ne fait pas table d'hôtes). Point de base idéal pour la pêche à la truite, les balades à VTT ou la cueillette des champignons.

Où acheter ? Où déguster de bons produits ?

La Chanterelle : *☎ 04-71-59-96-87. Ouv juin-nov, tlj sf mar-mer. Quiches et pizzas le midi sam-dim.* Pour les plus pressés (ou les moins fortunés !), on trouve tout près du bistrot *La Coulemelle* ce salon de thé, avec ses pâtisseries, et la boutique de Régis Marcon. Pain pour le pique-nique, et desserts savoureux.

Maison de l'ail : *rue Principale. ☎ 04-71-59-93-76. À côté de l'église. Tlj sf lun.* Selon les médecins, on devrait manger de l'ail le plus souvent possible. C'est excellent pour la santé. Aux côtés des produits primeurs, des confitures et des conserves de champignons, de longues tresses d'ail, venant de Provence, de la vallée du Rhône, du Sud-Ouest.

La Fromagerie des Cimes : *☎ 04-71-65-60-33. À côté de la Maison de l'ail. Tlj sf lun.*

Charcuterie Chatelard : *rue Principale. ☎ 04-71-59-93-87. Face à l'église. Tlj sf lun.* Jambons et saucissons exquis, réalisés avec les meilleures bêtes dans les meilleures fermes du pays. Ici, pas de séchoir électrique, mais des séchoirs naturels installés dans la campagne.

MONTFAUCON-EN-VELAY

(43290) 1 250 hab. *Carte Haute-Loire, D1*

Petite ville-étape au cœur du Velay granitique, à 900 m d'altitude. La chapelle Notre-Dame (1876) abrite une exceptionnelle collection de 12 tableaux de l'école flamande, signés du peintre Abel Grimmer (1592). Ces toiles rappellent le style de Bruegel l'Ancien.

La ville est jumelée avec neuf autres « Montfaucon » répartis dans toute la France, et une fois par an, les Montfauconnais des 10 villes se retrouvent pour faire la fête, passant d'un Montfaucon à l'autre, d'une année sur l'autre.

Adresse utile

Office de tourisme : *33, rue Centrale. ☎ 04-71-59-95-73. • otmontfaucon.fr • Ouv mai-sept, lun-sam (plus dim mat juil-août) ; hors saison, lun-ven et sam mat.* Grande compétence et accueil charmant.

Où dormir ? Où manger ?

Gîte municipal : *près de la chapelle. Résas : ☎ 04-71-59-92-36 (mairie). • tourisme@paysdemontfaucon.fr • Ouv avr-oct. Nuitée 11 €/pers, taxe incluse.* Gîte d'étape de 3 chambres et 15 lits. Adresse simple et économique

LE SUD ET L'EST DE LA HAUTE-LOIRE

prisée par les pèlerins passant par la route de Saint-Jacques-de-Compostelle dans le bas du village.

Le Jardin de Mirandou : *chez Madeleine Mounier, La Gare. ☎ 04-71-65-69-71. 06-32-73-35-01. • jardin mirandou@aol.com • jardin-mirandou.com • Nuitée à partir de 17 €/pers ; petit déj 4,50 €. Chambre d'hôtes env 50 € ; familiale 90 €. Dîner 12 €. CB refusées.* Un gîte pas comme les autres. Outre l'activité d'hébergement pour de nombreux randonneurs sur les chemins de Saint-Jacques-de-Compostelle (GR 65) ou de Saint-Régis (GR 430) faisant étape à Montfaucon, Madeleine a imaginé faire découvrir à ses hôtes l'univers du jardin, un concept qui prend forme et s'articule autour de journées ou week-ends à thème pour apprendre les techniques du jardinage, l'art de cuisiner les produits du jardin, l'initiation à l'art floral, la déco ou encore la vannerie. Les terrains privatifs qui entourent le gîte se prêtent à merveille à toutes sortes d'activités nature.

Hôtel-restaurant de l'Avenue : *Les Maisonnettes. ☎ 04-71-59-90-16. • avenue43@free.fr • hotel-rest-delavenue.fr • À la sortie de la ville, sur la gauche, au bord de la route de Dunières. Ouv juin-sept, tlj sf lun midi ; hors saison, hôtel et resto fermés dim soir-lun midi et ven. Double 54 € ; ½ pens 50-61 €/pers. Formule en sem 12 € ; menus 17-30 €. Apéritif maison offert sur présentation de ce guide.* Cet ancien relais de diligences est tenu par la même famille depuis 4 générations. Chambres spacieuses, à la déco refaite dans un style Art déco, donnant sur de la verdure à l'arrière. Évitez celles côté route, bruyantes. Cuisine locale de bon aloi.

Où dormir dans les environs ?

Camping

Camping Vaubarlet : *43600* ***Sainte-Sigolène.*** *☎ 04-71-66-64-95. • camping@vaubarlet.com • vaubarlet.com • À 10 km au nord-ouest de Montfaucon. Ouv mai-sept. Compter 15-22 € pour 2 pers selon saison ; chalets et mobile homes 180-620 €/sem selon confort et saison.* Camping d'une centaine d'emplacements (102, pour ceux qui chipotent) à 580 m d'altitude sur un domaine de 14 ha de verdure, où coule une rivière, la Dunière. Un site très confort et très nature auquel Géraldine et Jean-Richard, propriétaires du camping, apportent un soin particulier depuis plus de 10 ans. Nombreux équipements et services pour petits et grands : piscine et pataugeoire chauffées, bar-restauration, avec service de plats à emporter, épicerie. Location de 5 chalets et d'une douzaine de mobile homes bien équipés...

À voir

La chapelle Notre-Dame : *visite libre tlj 8h30-18h (9h-17h30 hors saison) sur résa. Visites guidées sur rdv en été (env 1h30) ; rens à l'office de tourisme : ☎ 04-71-59-95-73.* Certes, on ne devine pas, en arrivant à Montfaucon, que ce village recèle un tel trésor : 12 peintures sur bois, datées (1592) et signées par le maître de l'école flamande Abel Grimmer. Uniques en Europe, elles expriment les 12 mois de l'année et ont pour cadre la Belgique. On y découvre Anvers, sa cathédrale, son château... Volés en 1995, ces 12 tableaux ont finalement été retrouvés 6 mois plus tard. Depuis, ils sont placés sous haute sécurité, même si la chapelle reste en accès libre. Vivement recommandé de suivre la visite guidée et commentée.

DANS LES ENVIRONS DE MONTFAUCON-EN-VELAY

➢ **La Tracolline Velay Forez :** *entre Dunières (gîte) et Riotord (Maisonneuve). ☎ 04-71-59-95-73 (office de tourisme).* Une voie verte aménagée sur les 8 km d'une ancienne voie ferrée (soit 16 km aller-retour, autant le préciser). Un itinéraire de promenade facile pour piétons, rollers et véhicules non motorisés, et idéal pour les personnes à mobilité réduite. Une balade nature en toute sécurité qui traverse un paysage de moyenne montagne magnifique.

YSSINGEAUX (43200) 6 900 hab. *Carte Haute-Loire, C2*

Situé à l'est du département, dans les monts du Velay, à 860 m d'altitude, sur la route du Puy-en-Velay à Saint-Étienne. Le préfet Haussmann, qui bouleversa l'urbanisme parisien au XIXe s, commença sa carrière comme sous-préfet d'Yssingeaux.
Est-ce parce que les habitants sont particulièrement gourmands et qu'ils apprécient les brioches (une spécialité) qu'une École nationale de la pâtisserie a ouvert ses portes en 1984 au château de Montbarnier ? Depuis, Yssingeaux a acquis une réputation internationale : on y apprend à faire de bons desserts comme les meringues, les éclairs, les choux à la crème. À goûter aussi, le vin cuit Batavia, boisson officielle de la ville, créée en 1863, un vin cuit à base de gentiane, servi en apéritif.

Adresse et infos utiles

@ ***Office de tourisme :* *16, pl. Foch. ☎ 04-71-59-10-76. • cc-des-sucs.fr • Juil-août, ouv tlj sf dim ap-m ; hors saison, lun (sf mat en hiver)-sam et le mat des dim et j. fériés pdt vac scol.* Liste des hébergements, billetterie SNCF et infos randonnées (demander la pochette des circuits). Programme du festival du Rire d'Yssingeaux (qui a lieu fin août-début septembre) et des animations l'été. Salle d'expo temporaire.
– ***Marché :*** *le jeu mat.* Plus important l'été que celui du Puy-en-Velay.

Où dormir ? Où manger à Yssingeaux et dans les environs ?

Camping

Camping municipal Choumouroux : *☎ 04-71-65-53-44. 06-86-78-49-49. • pierretteromanet@orange.fr • Accès : par la N 88. Ouv mai-sept. Env 9 € pour 2 pers. Loc mobile homes et caravanes 4-6 pers 250-300 €/sem.* Ce camping confortable compte 50 beaux emplacements. Piscine à 500 m.

De bon marché à prix moyens

Auberge Au Creux des Pierres : *au lieu-dit **Fougères.** ☎ 04-71-59-06-81. • christian.sperissen@free.fr • aux creuxdespierres.fr • À 5 km au sud d'Yssingeaux, par la D 152, direction Queyrières. Resto ouv mer soir-dim midi avr-sept ; le reste de l'année, ven soir-dim midi. Compter 12-15 €/nuit en dortoir de 10 pers ; double avec douche et w-c 45 € ; ½ pens 20 €/pers. Menus 16 € (en sem)-21 €. Apéritif maison offert sur présentation de ce guide.* Plus proche de la formule chambres d'hôtes et ferme-auberge que de l'hôtel-restaurant. Cadre campagnard et accueil convivial, il s'agit d'une charmante auberge rustique, une maison ancienne rénovée et entourée d'un beau jardin. Chambres bien arrangées, ouvrant sur la campagne et au loin sur les monts du Vivarais. La cuisine est simple, familiale, avec entrées fraîches, choucroute, fromage et de succulentes tartes maison.

Chambres d'hôtes Le Fougal :

pl. du Fougal, 43200 ***Saint-Jeures.*** *☎ 04-71-59-66-64. • lefougal@yahoo.fr • chambres-dhotes-lefougal.com • ♿ À mi-chemin d'Yssingeaux, de Tence et du Mazet-Saint-Voy, en fait. Congés : 8 nov-30 mars. Double avec douche et w-c 47 €. Repas 17 €, apéritif compris.* Halte bienvenue sur la route de Saint-Jacques-de-Compostelle. Ne vous fiez pas à la grisaille qui semble entourer la place du village ni à l'aspect tristounet de la maison. Martine Faure est une hôtesse en or, et son intérieur est à son image, coloré, chaleureux. 4 chambres avec grands lits, et une cuisine à disposition si vous en avez assez de manger des lentilles à tous les repas. Mais Martine les fait si bien, elle est si gentille, que vous les dégusterez à la table d'hôtes comme si c'était la première fois. Petite maison à part pour les randonneurs, qui pourrait devenir un nid parfait pour des amoureux. Et belle nature à découvrir sur les petits chemins environnants.

Chic

Hôtel-restaurant Le Bourbon : *5, pl. de la Victoire, à Yssingeaux. ☎ 04-71-59-06-54. • le.bourbon.hotel@wanadoo.fr • le-bourbon.com • Resto fermé dim soir-mar midi en été, dim soir, lun et ven soir hors saison. Congés : 22 déc-24 janv, 20 juin-3 juil et 3-16 oct. Doubles 68-83 € selon confort. Menus 22-56 €.* Un établissement très confortable et agréable. Les chambres ne sont pas très grandes, mais elles sont colorées et portent des noms de fleurs. Une belle salle de restaurant, style jardin anglais au pays du Velay. Cuisine inspirée du terroir de la région mais repensée, allégée. Sur la carte, les noms des fournisseurs des produits locaux sont signalés à côté des plats proposés, ce qui devrait vous permettre de remplir votre carnet de commandes gourmand pour les jours à venir. Très bon accueil, souriant et dynamique. Une adresse pleine de charme, de professionnalisme et de créativité.

DANS LES ENVIRONS D'YSSINGEAUX

La Maison de l'escargot : *à Andrillon, 43200* ***Grazac.*** *☎ 04-71-59-32-00. ♿ D'Yssingeaux, direction Montfaucon, puis Grazac. À 1,5 km, à la sortie de Grazac, c'est indiqué. Visite (env 45 mn) de mi-juin à août, lun-mar 15h-18h. Entrée : 2 € ; réduc.* Révélations sensationnelles sur la vie intime des escargots (espèces, reproduction et croissance, prédateurs...). Alain Charras élève plus de 200 000 escargots, ce qui fait de lui un héliciculteur, fournisseur qui plus est de Régis Marcon, la plus célèbre table du département ! Passionné, il sait raconter le quotidien de ces petites choses visqueuses mais si attachantes.

– ***Vol en montgolfière :*** *« les Scias », Montjuvin, 43200* ***Lapte.*** *06-84-54-35-74. Le w-e, sur résa. Départ 7h-9h selon saison, parfois un 2e vol partant 15h-19h selon météo. Tarif : env 180 €/pers.* À deux pas du pays des frères Montgolfier (Annonay, en Ardèche), *Espace Nature Évasion* propose des vols d'environ 1h au-dessus de la Haute-Loire, au départ du barrage de Lavalette. Les sucs vus du ciel !

Randonnée pédestre

➢ ***Le tour des Trois Sucs*** *(11 km ; 3h ; en boucle, sans les arrêts) : au départ du village d'****Ollières,*** *à proximité d'Yssingeaux. Compter 3h de marche sans la montée au sommet du suc des Ollières (env 30 mn A/R). Balisage jaune. Fiche et topoguide disponibles à l'office de tourisme d'Yssingeaux et à la Maison de la randonnée La Croisée des Chemins du Puy-en-Velay (voir « Adresses utiles » au début du chapitre « La Haute-Loire »).* À 1 186 m d'altitude, ce circuit offre des vues splendides sur le mont Mézenc, le mont Meygal, le pic de Lizieux, etc. Vous verrez aussi de belles maisons traditionnelles, aux murs de plus de 1 m d'épaisseur et aux toits couverts de lauzes (pierre locale).

LES GORGES DE LA LOIRE, ENTRE LE PUY ET SAINT-ÉTIENNE

LAVOÛTE-SUR-LOIRE (43800) *Carte Haute-Loire, C2*

Bienvenue dans l'Emblavez, vallée riche de par ses alluvions, à 15 mn du Puy-en-Velay. Une vallée aux paysages variés : ici se regroupent les plus anciens volcans d'Auvergne. Ils ont donné naissance aux sucs que vous découvrirez entre Lavoûte et Vorey-sur-Arzon.

Où dormir ? Où manger dans les environs ?

Chambres d'hôtes Les Pierres Bleues : *chez Annie et Jean-Pierre Lorrain, Ceneuil, 43800* ***Saint-Vincent.*** *☎ 09-77-39-46-57. 06-87-79-04-81. • jp.lorrain@orange.fr • lespierresbleues.fr • Après Lavoûte-sur-Loire, continuer sur la D 103 ; au bout de la ligne droite, à la hauteur du magasin* Tout Faire, *prendre à gauche la direction du suc de Ceneuil, sur 4 km ; la maison se trouve au centre du hameau (suivre les panneaux). Congés : déc-mars. Doubles 60-65 € selon confort. Table d'hôtes mar et sam 25 € tt compris, plus simple les autres soirs 15 €. Un pot de confiture offert sur présentation de ce guide.* 3 chambres colorées, délicieuses, chaleureuses, dans une ancienne ferme (1852) entièrement réaménagée, où l'on se sent vite à l'aise. Du bois pour réchauffer les pierres, des livres, des objets du quotidien. Salon d'été sous la remise avec hamacs et lit de repos. Le bonheur ici est dans le pré, en face, où personne ne dérangera votre lecture. Difficile de trouver plus au calme. Repas proposé par Annie selon le marché et les produits du moment, les mardi et samedi. Assiette auvergnate les autres soirs, si vous ne voulez plus ressortir.

Auberge La Renouée : *hameau de Cheyrac, 43800* ***Saint-Vincent.*** *☎ 04-71-08-55-94. • auberge.larenouee@laposte.net • Indiqué sur la gauche, quelques km après Lavoûte-Polignac. Juil-août, tlj sf lun et le soir dim-jeu. Congés : 2 janv-8 mars et 29 oct-6 nov. Plat du jour 11,50 € (en sem) ; menus 26,20-46,50 €. Café offert sur présentation de ce guide.* Le nom de l'établissement vient de la « renouée bistorte », plante locale dont on mange les feuilles comme des épinards. L'auberge, conviviale, a du charme avec ses fleurs fraîches sur les tables, sa grande cheminée et sa terrasse dans un petit jardin mignon comme tout. De la cuisine sortent des plats de saison fort engageants, dont la spécialité, depuis 20 ans déjà, reste un plat qui devrait vous faire déjà saliver : les morilles « pantoufles », garnies d'une farce fine au foie gras de canard.

À voir

Le château de Lavoûte-Polignac : *☎ 04-71-08-50-02. • lavoute-polignac.fr • Juin-sept, tlj 10h-12h, 14h-18h ; avr-mai et oct, w-e et sur rdv en sem. Entrée : 6 € ; réduc.*

Le deuxième château sur la Loire ! À ne pas confondre avec la forteresse de Polignac, berceau de la dynastie. Le château de Lavoûte-Polignac est aussi ancien que la forteresse et fut construit pour servir de résidence d'été à la famille de Polignac, qui l'habite toujours aujourd'hui. Il s'agit d'un château des XIIIe et XIVe s, considérablement remanié à la Renaissance et sous Louis XIII. On traverse un

beau jardin Renaissance, planté de buis et de rosiers, œuvre du vicomte Armand, dit « le Grand Justicier », qui voulait faire de son château « la plus belle motte du Velay ». Le château tient son nom de « la volte », cette boucle que fait la rivière en contrebas du promontoire où il siège.
À l'intérieur, on visite, en compagnie du duc lui-même, le plus souvent, la salle à manger, le grand salon et les chambres d'apparat. On peut y voir de nombreux souvenirs, et notamment une étonnante galerie de portraits dont celui de la duchesse Yolande de Polignac, confidente et amie intime de Marie-Antoinette, qui se laissa mourir de chagrin 53 jours après la condamnation de la reine. On découvre d'ailleurs, exposées, quelques lettres écrites entre les deux amies (assez rare, car la reine était une farouche écrivaine).
Énumérer la liste des membres de cette famille illustre reviendrait à se plonger *ad vitam aeternam* dans les branches interminables de leur arbre généalogique, mais on peut citer, entre autres, la famille de Rainier de Monaco dont Pierre de Polignac était le père. Quant au prince Jules-Armand de Polignac (1780-1847), il entreprit l'expédition d'Algérie qui déclencha la conquête de ce pays, et signa les fameuses ordonnances qui provoquèrent la révolution de Juillet et sa chute personnelle. Enfin, il reste un nom qui a fait le tour de la terre, de Hong Kong à New York, de Singapour à Rio de Janeiro : le cognac Polignac.

RETOURNAC

(43130) 2 650 hab. *Carte Haute-Loire, C1*

Gros bourg sympathique à mi-chemin entre Le Puy-en-Velay et Saint-Étienne, Retournac est une bonne base pour faire des balades en canoë ou en kayak sur la Loire. De Retournac à Pont-de-Lignon (à une quinzaine de kilomètres en aval), la Loire ne présente pas de grosses difficultés (classes 1, 2 et 3).

Adresses utiles

ℹ ***Bureau d'accueil des Sucs aux bords de Loire :*** *pl. Boncompain. ☎ 04-71-65-20-50. • cc-des-sucs.fr • Juil-août, tlj sf dim ap-m ; le reste de l'année, ouverture plus restreinte.* Accueil souriant et compétent. Propose des tickets loisirs et des animations de marché en été.

■ ***Base sportive du Moulin :*** *☎ 04-71-65-20-23. 📱 06-87-84-59-64. • sna43.com • Mars-oct, tlj ; le reste de l'année, sur rdv.* Loue des canoës, kayaks, quad et VTT, organise des stages de ces sports ou d'escalade.

Où dormir ? Où manger dans le coin ?

Prix moyens

🏠 |●| ***Auberge du Brabant :*** *à Saint-Maurice-Roche, 43810* ***Roche-en-Régnier.*** *☎ 04-71-03-40-72. • aubergedubrabant@orange.fr • le-brabant.com • ♿ À 10 km de Retournac, direction Craponne-sur-Arzon, prendre la D 29 à gauche sur 3 km. Resto ouv tlj sf lun, mar et mer soir hors saison. Congés : fin nov-début déc. Double 43 €. Menus 12 € (midi en sem), puis 14,50-28,80 €.* Une auberge de pays familiale récemment reprise. Dans l'assiette, une cuisine du terroir. À l'étage, 4 chambres avec douche à l'italienne, dont 2 en duplex. Authenticité et convivialité sont les maîtres mots de ce lieu situé dans un hameau calme bénéficiant d'une vue superbe sur le parc du Livradois-Forez.

🏠 |●| ***Chambres d'hôtes Les Revers :*** *chez Béatrice et Jean-Pierre Chevalier. ☎ 04-71-59-42-81. • lesrevers@orange.fr • bienvenue-a-la-campagne-haute-loire.com/lesrevers/ • De Retournac, direction Le Puy ; après le pont, à gauche vers Yssingeaux ; monter sur 3 km et, au 1er croisement, prendre à gauche vers Mercuret-Chenebeyres ; c'est tt au* *bout. Ouv fin mars-oct. Double 53 €. Repas sur résa ven-dim 18 €.* Ça se mérite, d'arriver jusqu'aux Revers... mais une fois sur place, on bénéficie d'une vue impressionnante surplombant la vallée et Retournac... Pour le cadre, une vieille maison restaurée avec des chambres très chaleureuses, décorées avec goût, et un grand salon commun. Cuisine mise à disposition et bons repas en table d'hôtes. Excellent accueil de toute la famille Chevalier. Jean-Pierre porte bien son nom et pourra vous suggérer des randonnées équestres accompagnées (sur un ou plusieurs jours). Une agréable étape à faire en famille.

Auberge Lou Pinatou : *à* ***Solignac-sous-Roche*** *(à 5 km). ☎ 04-71-65-21-54. De Retournac, prendre direction Chalencon. Tlj sf dim soir et jeu. Menu unique 12 € en sem, 19 € w-e et j. fériés.* Une cuisine tout suc, tout miel. Évidemment, avec une vue pareille, c'est facile de faire de l'humour avec les sucs, mais c'est le genre de bonne adresse qu'on adore trouver. Cuisine de terroir, auvergnate et limousine, qui change tous les jours.

Chic

Château de Chazelles : *au hameau de Chazelles, 43130* ***Saint-André-de-Chalencon.*** *☎ 04-71-58-49-17. • info@chateau-chazelles.com • chateau-chazelles.com • À 10 km de Retournac, direction Craponne-sur-Arzon, prendre la D 29 à droite sur 4,5 km. Ouv Pâques-Toussaint. Double 75 €. Repas 25 € vin compris. Apéritif offert sur présentation de ce guide.* Une adresse de charme tenue par un couple d'Anglais fort accueillant. Dans une belle demeure du XVIIIe s, 3 chambres lumineuses, avec petit salon, salle de bains immense avec douche et baignoire à l'ancienne. Toutes ont un lit à baldaquin, du mobilier élégant style Art déco, TV, dvdthèque et vue sur le parc et les écuries. Cuisine soignée servie dans une vaste salle à la déco chic. Pour vivre la vie de château dans une ambiance chaleureuse.

À voir. À faire

Le musée des Manufactures de dentelles : *14, av. de la Gare, à Retournac. ☎ 04-71-59-41-63. • ville-retournac.fr • Tlj 14h-18h (19h juil-août). Fermé 16 déc-14 mars. Entrée : 5 € ; gratuit moins de 12 ans.*
Métamorphose réussie pour ce qui est aujourd'hui un des premiers musées d'Auvergne. Un musée difficile à classer en fait, car il est tout à la fois art et industrie, beaux-arts, sciences et techniques, ethnographie... Plus de 450 000 pièces, dont 100 000 modèles différents... Ici, tout est regroupé dans un même lieu, depuis les sources d'inspiration pour les créateurs jusqu'aux archives départementales ! L'ancien bâtiment a été conservé, mais une extension moderne et lumineuse appuyée sur la pente naturelle du terrain lui donne un volume appréciable. C'est par elle que le public accède à l'ancienne manufacture de 1914.
On commence la visite par le 1er étage et la section consacrée à l'histoire européenne des dentelles, véritable voyage à travers les techniques, les us et coutumes des époques traversées. Quelques acquisitions exceptionnelles, comme la dentelle à l'aiguille au « gros point de Venise » des années 1660, ou la dentelle au point de Sedan, pièce à l'aiguille datant de 1715, pièces magnifiques qui ne diront rien à ceux qui ne font pas dans la dentelle. Au même niveau, les dentellières vous racontent, à leur façon, le monde qui fut le leur au début du XXe s.
On redescend au rez-de-chaussée pour visiter le Grand Atelier, évocation moderne de celui qui était autrefois situé au même emplacement dans le bâtiment, présentation de savoir-faire et de savoir-vendre d'un autre temps. Dans la partie consacrée au dessinateur, le visiteur entre dans l'univers des Arts décoratifs au sens plein. Et la visite s'achève en rez-de-jardin, autour des métiers mécaniques, étranges machines circulaires datant des années 1920-1930. On finit par un aperçu des pièces de dentelles fabriquées en Haute-Loire jusqu'au milieu du XXe s,

avant de retrouver l'extension et l'exposition du moment, autour du design et de l'art contemporain, ou de tout autre thème prouvant que la dentelle est éternelle.

➢ ***La route par Solignac-sous-Roche vers le château de Chalencon*** *(compter 2h)* **:** *de Retournac, suivre direction Saint-Étienne, puis Solignac.* La petite route (D 24) mène d'abord à une ferme de produits paysans indiquée sur le bord de la route, puis monte jusqu'au village de Solignac et son joli point de vue (sans oublier sa bonne auberge ; voir plus haut !). Suivre ensuite Saint-André-de-Chalencon par de petites routes bucoliques. Au village, suivre « le château » (cul-de-sac), où l'on découvre un minivillage à flanc de falaise au-dessus de l'Ance, qui n'a pas changé depuis le Moyen Âge. Vraiment surprenant, et de toute beauté. Se garer avant l'entrée du village et poursuivre à pied. On aime beaucoup ce site encore préservé, propriété de la célèbre famille de Polignac depuis des siècles. Un détour et un retour dans le passé ! ☎ *04-71-58-41-50 ou 49-93. Juil-août, tlj sf mer 15h-18h (14h30-18h30 le we).*

BEAUZAC

(43590) 2 700 hab. *Carte Haute-Loire, C1*

Le curieux village est recherché par les gourmets comme par les amateurs d'adresses au calme, et pour cause (voir « Où dormir ? Où manger ? »). Pour accéder à la place intérieure du village, il faut franchir deux vieilles portes restaurées. L'église au clocher en peigne, mi-romane, mi-gothique, abrite une *crypte* du XIe s, le seul exemple de crypte connu dans le Velay et l'un des endroits les plus frais de la ville. Promenade agréable et rapide dans le village.

Adresses utiles

ℹ ***Office de tourisme :*** *av. du Maréchal Leclerc.* ☎ *04-71-61-50-74.* • *beauzac.com* • *ville-beauzac.fr* • *Ouv tlj sf dim ap-m.* Documentation abondante sur la région. Vente de topoguides. Bon accueil.

@ ***Point public multimédia :*** *à la mairie.* ☎ *04-71-61-47-49.* Poste Internet à disposition pour qui veut consulter ses e-mails depuis le fin fond des gorges de la Loire.

Où dormir ? Où manger ?

De prix moyens à chic

🏠 |●| ***L'Air du Temps :*** *hameau de Confolent.* ☎ *04-71-61-49-05.* • *airdutemps.hotel@wanadoo.fr* • *Dans le bourg quand on vient de Retournac, prendre la D 461 à droite après l'office de tourisme sur 3 km. Resto ouv tlj sf dim soir et lun. Congés : janv, vac scol d'avr et de la Toussaint. Doubles 49-54 € selon confort. Menus 13 € (déj en sem), puis 22-55 €.* Dans cette vieille maison rénovée avec véranda et baie vitrée, on déguste une cuisine soignée et généreuse faite de main de maître par Gisèle Grangeon, restauratrice émérite et d'une humilité étonnante. Chambres confortables, lumineuses, colorées avec TV écran plat, à l'étage. Accueil délicieux.

🏠 |●| ***Chambres d'hôtes Au Fil de l'Eau :*** *Le Theil.* ☎ *04-71-61-83-54.* • *e.piatyszek@aliceadsl.fr* • *aufildeleauchambre.com* • *Congés : nov-fév. Double 46 €. Table d'hôtes le soir sur résa 20 €. Animaux non admis.* Une ancienne ferme en pleine nature, à l'extrémité du hameau, avec un grand pré qui vous invite à aller vous détendre près de la rivière. Un lieu idéal pour décompresser, avec des chambres impeccables, dans un bâtiment mitoyen à celui des propriétaires. Étant eux-mêmes randonneurs, ils vous indiqueront où aller vous promener. Docteur en biologie, Florence a créé la table la plus bio-végétarienne de la région. Régalez-vous avec son crumble du moment. Accueil très relax.

Où dormir ? Où manger dans les environs ?

Auberge des Pich's : *hameau de Lacombe, 43210* ***Bas-en-Basset.*** *☎ 04-71-61-84-87. • aubergedespichs@live.fr • aubergedespichs.free.fr • À env 8 km de Beauzac, sur la route d'Aurec, prendre à gauche et suivre la route escarpée en lacet sur 7 km. Fermé lun, plus mar-mer hors saison. Congés : janv. Doubles 75-140 €. Menus 15 € (en sem), puis 22-32 €. Apéritif offert sur présentation de ce guide.* Sur les coteaux du mont du Forez, une adresse coup de cœur pour son authenticité et sa convivialité. Au menu, du solide fait en famille, avec amour : pied de cochon pané, tripes au feu de bois, ris de veau, gratin aux cèpes. C'est délicieux, avec des produits locaux, et servi dans les anciennes écuries de la ferme qui ont gardé leurs râteliers, enrichies d'amusants portraits des gens du coin, peints par le père. À l'étage, chambres confortables avec d'authentiques lits-placards avec bon gros matelas et couette en plumes d'oie. Très belles, elles sont malgré tout un brin onéreuses.

DANS LES ENVIRONS DE BEAUZAC

Le château de Valprivas : *☎ 04-71-66-73-52. De Beauzac, prendre la D 42 jusqu'à Bas-en-Basset, puis la D 12 vers l'ouest. Visites guidées avr-sept, sur rdv. Mai-oct, Valprivas accueille des récitals de musique de chambre. Entrée : env 4 €.* Il fait partie des premiers châteaux de la Loire. Antoine Verd du Verdier, lieutenant-général du bon roi Henri IV, s'installa dans cette vaste demeure, une forteresse du XIe s reconvertie en résidence d'agrément. Antoine était un amateur de belles lettres. Il fréquenta les poètes de la Pléiade et artistes des Beaux-Arts, et fit exécuter par l'atelier de Rubens, installé à Lyon, ces grandes peintures murales (fin XVIe s) situées dans la chapelle.

AUREC-SUR-LOIRE (43110) 5 500 hab. *Carte Haute-Loire, D1*

Nous voilà aux confins du Velay et du Forez. À Aurec-sur-Loire, cité médiévale au bord de la Loire, ancienne ville viticole dont la spécialité était autrefois la fabrication... des clous (et toc !). Mais, ici, c'est encore la campagne, et les douces collines sont baignées par le courant du fleuve, aux bords bien aménagés. La ville, au centre agréable pour une promenade, se trouve aussi sur la voie de pèlerinage de Saint-Michel, qui va d'Angleterre en Italie (une perpendiculaire à Saint-Jacques-de-Compostelle). D'ailleurs, la ville est en étroite relation avec la Sacra San Michele (le Mont-Saint-Michel du Piémont) : Hugon de Montboissier, enfant d'Aurec, est à l'origine de la fondation de l'abbaye italienne voici plus de 1 000 ans.

Adresses et infos utiles

Office de tourisme : *au château du Moine-Sacristain, pl. des Marronniers. ☎ 04-77-35-42-65. • loire-semene.fr • Ouv mai-sept, lun et jeu ap-m, mer et ven tte la journée, sam mat, fermé le mardi ; hors saison, horaires restreints.* Nombreuses documentations, dont de bons guides pour la rando ou le VTT.

Point info Aurec plage : ☎ *04-77-73-10-74. Mai-juin, ouv w-e et j. fériés 13h30-18h30 ; juil-août tlj.*

■ ***Association Les Amis du vieil Aurec :*** *château du Moine-Sacristain. ☎ 04-77-35-26-55.* Une association de bénévoles passionnés par leur petite ville et son histoire. Visite guidée pour les groupes, à la découverte des coins et recoins de ce surprenant village.

– ***Marché paysan :*** *ts les dim mat sur la pl. de l'Église.*

– ***Brocante vide-grenier :*** *le 15 août ; pl. de la Fontaine-le-Breuil.*

– ***Marché des producteurs :*** *ven 17h-19h, pl. de l'Europe.*

Où dormir ?
Où manger ?

Camping « A Tou Vert » de Port-Buisson : *route de Bas-en-Basset. ☎ 04-77-35-24-65. ● atouvert.aurec@wanadoo.fr ● atouvert.com ● Sur les bords de la Loire, à 2 km à la sortie de la ville, direction Bas-en-Basset. Ouv de mi-avr à fin sept. Compter 12 € pour 2 pers ; quelques chalets et mobile homes 260-300 €/sem.* 155 emplacements bien équipés en bordure de l'eau. Nombreuses activités à proximité (baignade, volley-ball, ping-pong, pêche, location de vélos, jeux pour les enfants). Beaucoup de mobile homes, quand même !

Les Cèdres Bleus : *23, rue de la Rivière. ☎ 04-77-35-48-48. ● lescedresbleus@yahoo.fr ● lescedresbleus.com ● À 2 km d'Aurec, route de Bas-en-Basset, à côté du camping. Resto fermé dim soir et le midi lun-mar. Congés : janv et 2 sem fin août. Doubles 92-94 €, avec petit déj. Menus 21 € (en sem)-76 € ; menu découverte 95 €.* Dans un grand parc planté de cèdres, une belle maison contemporaine, spacieuse, lumineuse, entourée de quelques chalets confortables et bien équipés où séjournent les visiteurs. Une adresse à l'ambiance reposante et à l'accueil irréprochable. Une grande terrasse avec vue sur la ville pour savourer une cuisine raffinée : entrez à votre tour dans la ronde des saveurs. Bon appétit !

À voir. À faire

L'histoire a laissé quelques beaux vestiges, comme cette ***tour des Bourguignons*** (XIIe s) et des bouts de remparts. Vieux porche d'entrée de la ville ; jetez donc un coup d'œil au petit balcon du bailli, d'où ce juge pouvait suivre la messe sans avoir à quitter son chez-lui (face à l'église, forcément).

Deux châteaux en ville, celui seigneurial dit ***Fustier,*** du XVe s (ne se visite pas), bordé d'un agréable jardin ouvert au public, et son cèdre magnifique de plus de 160 ans. Et le ***château du Moine-Sacristain,*** illuminé les nuits d'été, qui abrite des salles d'exposition et un original ***musée du Vin et de la Vigne*** avec sa cuve du XVIIe s – encore un coup des Bourguignons *(☎ 04-77-35-26-55 ; mêmes j. et horaires d'ouverture que l'office de tourisme, plus dim ap-m en saison ; entrée : 2 € ; réduc sur présentation de ce guide).* Nombreuses expos thématiques sur la région. Ce musée recèle des trésors : une salle retraçant la vie rurale d'autrefois sur les bords de Loire, un espace d'objets religieux, dont une crèche en papier mâché, une cuisine ancienne avec sa cheminée monumentale du XVIe s, des maquettes de la ville et des monuments français, une salle de classe à l'ancienne, une collection de postes de radio et de machines à coudre... Sans oublier désormais une salle consacrée aux vêtements et accessoires anciens qui vous en dira long sur la mode en 1900.

La chapelle de Notre-Dame-de-la-Faye : *à la sortie de la ville, à 3 km sur les hauteurs, suivre la chapelle d'Aurec.* Petite église isolée, accessible à pied à travers un bois, du bas de la colline. Toute simple, avec de nombreuses photos, ex-voto et petits mots de remerciement.

Aire Respirando d'Aurec Plage : *sur la gauche une fois traversé le pont, également un accès piéton depuis le centre-ville par une passerelle. ☎ 04-77-73-10-75. Mai-juin, ouv w-e et j. fériés 10h-19h ; juil-août, tlj.* Nombreuses activités en plein air dans un centre bien aménagé (VTT, canoë, kayak, embarcations à pédales, escalade, tir à l'arc, équitation, pêche...). Piscines, minigolf, espace de jeux et baignade surveillée. Petit parcours acrobatique avec tyrolienne.

– Avant de quitter Aurec, les rêveurs jetteront à l'eau un ultime bateau en papier. Qu'il puisse arriver un jour à Saint-Nazaire et voir l'Atlantique ! Bon voyage ! Ce sera le dernier mot de ce périple en Haute-Loire.

LE CANTAL

ABC
DU CANTAL

- *Superficie :* 5 726 km².
- *Population :* 149 100 hab.
- *Densité :* 26 hab./km².
- *Altitude moyenne :* 710 m.
- *Point culminant :* plomb du Cantal, 1 858 m.
- *Point le plus bas :* vallée du Lot, 210 m.
- *Préfecture :* Aurillac (30 560 hab.).
- *Sous-préfectures :* Mauriac (4 050 hab.), Saint-Flour (6 630 hab.).
- *260 communes et 27 cantons.*
- *Temps nécessaire à la fabrication d'une fourme de Cantal :* 33h.

« Qui n'a pas connu le Cantal n'a pas connu l'Auvergne, qui n'a pas connu l'Auvergne n'a pas connu la France. Cantal, pays de racines, pays arverne, pays du temps dans le temps, pays des ancêtres de nos ancêtres. Cantal, pays réduit, mais réduit comme le réduit breton ou le réduit irlandais.

Depuis les doigts de l'Artense qui pincent et font vibrer les orgues géantes du pays de Bort jusqu'aux horizons mauves et les rivières sans lit des confins de l'Aubrac. En passant par le Kilimandjaro vierge du Cézallier, par les tours d'Aurouze et ses fantômes en armures, par Saint-Flour qui respire au rythme de ses évêques, sans oublier la Châtaigneraie avec ses arômes de cèpes et de bruyère brûlée. Et Allanche et son fromage qui a le goût et les odeurs d'amertume des paysans. Et là-bas Aurillac, la seule préfecture de l'Hexagone qui vive à la campagne, et là-haut encore (il en faut bien pour tout le monde), Le Lioran avec ses skieurs colorés qui glissent dans l'immensité blanche des printemps froids.

Cantal, avec ses volcans tellement rendus polis par le temps qu'ils n'osent plus ni cracher ni fumer.

Cantal, avec tous les indigos, tous les turquoises, tous les velours gris de ses ciels. Et tous les verts de la palette des dieux et tous les sombres de ses crépuscules à l'heure où les diables passent. »

Bernard Pouchèle
(auteur de La Flamande
et de L'Étoile et le Vagabond).

Adresses et infos utiles

Comité départemental du tourisme du Cantal : ☎ 04-71-63-85-00 (0,15 €/mn). • cantaltourisme.fr • Une mine d'infos, parfois très ciblées : • via-arverna.com • (pour les chemins de Compostelle), • handi-tourisme.com •, etc.

■ **Relais des gîtes du Cantal** *(hors plan couleur Aurillac par A3)* **:** 34, av. des Pupilles-de-la-Nation, BP 738, 15007 **Aurillac** Cedex. ☎ 04-71-48-64-20. • gites-de-france-cantal.fr • Plus de 1 300 structures d'hébergement sur le Cantal. Peut-être le département le plus équipé de France.

■ **Comité interprofessionnel des fromages du Cantal :** 52, av. des Pupilles-de-la-Nation, 15000 **Aurillac.** ☎ 04-71-48-39-94. Pour tout renseignement concernant les AOC, dont celle de salers (fabrication, route des fromages, visites des fermes et des burons...).

■ **Comité départemental d'équitation et de tourisme équestre du Cantal :** ☎ 04-71-73-24-67. 📱 06-80-06-45-19. • cde-cantal.ffe.com • Une manière originale de découvrir monts, plaines et vallées. Près d'une quarantaine de relais-étapes au choix pour un séjour itinérant. Nombreuses fermes équestres pour des randos libres ou accompagnées.

■ **Clévacances Cantal :** ce label propose une gamme diversifiée d'hébergements : chambres d'hôtes, meublés de tourisme... Brochure disponible sur le site du réseau • clevacances.com • sur demande au ☎ 04-71-63-85-00 ou par mail • 15@clevacances.com •

La randonnée en Cantal

Ce bon vieux volcan, âgé de 2,8 millions d'années (un jeunot en fait ; les Alpes, avec leurs 85 millions d'années, sont autrement plus vieilles !) et large de 80 km, bouleversa donc pas mal la géographie du coin et nous a livré son pesant de paysages contrastés (euphémisme) et de variétés de fleurs. Sans compter qu'il y a beaucoup de chances aussi que vous rencontriez l'un des 400 chamois ou mouflons qui ont le bonheur d'y évoluer. Le Cantal est le paradis des randonneurs, et vous comprendrez l'attachement des Auvergnats à leur terre. On vous rappelle le site officiel • rando.cantal.fr • et, sinon, voici quelques ouvrages et contacts pour vous y aider.

Brochures et livres

– *GR 400 :* tour du volcan cantalien. Topoguide (éd. FFRP).
– *Volcan cantalien :* petites randonnées. 56 circuits. Topoguides (éd. Chamina).
– *GR 4 Saint-Flour - Aubusson :* topoguide (éd. FFRP).
– *Les Plus belles balades dans le Cantal :* 40 itinéraires pour baladeurs curieux (éd. du Pélican). Un ouvrage remarquable, des propositions de randonnées superbes. Sans parler de la qualité de l'iconographie, des photos, plans, présentation de la faune et de la flore, anecdotes, etc.
– *Promenades dans la vallée de la Cère :* éd. SIVOM.

Ces brochures et livres sont en vente dans les librairies et Maisons de la Presse. Sans compter les innombrables topoguides par régions, pays, etc., et toutes les productions locales des offices de tourisme et des syndicats d'initiative.

Des randos culturelles et conviviales

Le plus souvent dans le cadre d'une fête locale, différentes associations proposent, à date précise, tout un tas de randos festives que l'on peut généralement effectuer en famille.
Pour des randos à la carte, de 1h, un jour ou une semaine, ou pour se joindre à une rando thématique (programme très riche), qu'elle soit nature ou culturelle, le

cantal
AUVERGNE
Donnez du sens à vos vacances....
Donnez du sens à vos vacances...
Préparez vos vacances dans le Cantal
hébergements, activités, événements...
04 71 63 85 00
cantal
TOURISME ACCUEIL
www.cantaltourisme.fr

Saint-Flour Lieux traités
Roffiac Adresses et lieux dans les environs
Laguiole Repères
NORD
A
B
1
2
3
4
GUÉRET
BRIVE
RODEZ
RODEZ
CORRÈZE (19)
LOT (46)
AVEYRON (12)
ARTENSE ET MONTS DU CANTAL
XAINTRIE
CARLADÈS
CHÂTAIGNERAIE
VALLÉE DU LOT
Bort-les-Orgues
Sarran
Montboudif
Forêt de Maubert
Champagnac
Ydes-Bourg
Saignes
St-Étienne-de-Chomeil
Riom-ès-Montagnes
Jaleyrac
Auzers
Valette
Trizac
Apchon
Mauriac
Moussages
Anglards-de-Salers
St-Hippolyte
St-Vincent-de-Salers
Cheylade
Le Vaulmier
Chaussenac
Ally
St-Bonnet-de-Salers
Le Falgoux
Salers
Puy Violent 1 594
Pleaux
Saint-Martin-Valmeroux
Fontanges
Col du Pas-de-Peyrol
Puy Mary 1 787
Saint-Martin-Cantalès
St-Chamant
Puy Griou 1 694
Mandailles
St-Julien-de-Jordanne
St-Jacques-des-Blats
Arnac
Saint-Illide
St-Cernin
Tournemire
St-Cirgues-de-Jordanne
Le Clou
Trielle
Thiézac
Lascelles
Marmanhac
La Tuillière
St-Clément
Jussac
Vic-sur-Cère
Nieudan
Laroquebrou
Col de Curebourse
Polminhac
Giou-de-Mamou
Jou-sous-Monjou
Pailherols
St-Gérons
AURILLAC
St-Étienne-de-Carlat
Raulhac
Sansac-de-Marmiesse
Arpajon-sur-Cère
Carlat
Messilhac
Pers
Conros
le Rouget
St-Mamet-la-Salvetat
Vitrac
Marcolès
Boisset
Leynhac
Calvinet
Junhac
Montsalvy
Maurs-la-Jolie
St-Constant
Mourjou
Sénezergues
Cassaniouze
St-Santin-de-Maurs
Vieillevie
Le Fel
Entraygues-sur-Truyère
Montmurat
D 979
D 679
D 922
D 30
D 678
D 3
D 122
D 22
D 12
D 62
D 29
D 680
D 35
D 42
D 43
D 160
D 2
D 120
D 59
D 17
N 122
D 990
D 653
D 7
D 920
D 45
D 84
D 51
D 601
D 219
D 66
D 19
D 663
D 107
D 900

C
D
0 5 10 km
PUY-DE-DÔME
(63)
PARC
RÉGIONAL
DES
VOLCANS
D'AUVERGNE
Condat-en-Féniers
Marcenat
Landeyrat
CÉZALLIER
Leyvaux
Lussaud
Auriac-l'Église
Laurie
Molèdes
Pradiers
Vèze
Massiac
Brioude
Allanche
Maillargues
Saint-Mary-le-Plain
Ste-Anastasie
Ferrières-St-Mary
HAUTE-LOIRE
(43)
Drils
Dienne
Chalinargues
Lavigerie
Laveissière
Virargues
Joursac
Neussargues-Moissac
Saint-Poncy
Murat
La Chapelle d'Alagnon
Le Lioran
Super Lioran
Albepierre-Bredons
Ussel
Coltines
Roffiac
1 858
Plomb du Cantal
Valuéjols
Saint-Flour
MARGERIDE
PLANÈZE
Ruynes-en-Margeride
Clavières
Mont Mouchet
1 465
Paulhac
Viaduc de Garabit
Signalauze
Chaliers
Brezons
Chau d'Alleuze
Saint-Martin sous-Vigouroux
Faverolles
Loubaresse
Narnhac
Oradour
Pierrefort
Neuvéglise
Fridefont
Ste-Marie
Gorges de la Truyère
Chaudes-Aigues
Lieutadès
AUBRAC
Saint-Chély-d'Apcher
La Trinitat
Saint-Urcize
Laguiole
LOZÈRE
(48)
MILLAU
LE PUY
A 75
E 11
N 102
N 122
D 203
D 978
D 679
D 81
D 909
D 588
D 9
D 21
D 3
D 14
D 31
D 23
D 39
D 926
D 990
D 590
D 4
D 34
D 56
D 921
D 13
D 48
D 989
D 809
D 65
D 565
D 78
D 806
D 987
D 15
1
2
3
4
LE CANTAL

plus simple est encore de joindre l'***Association départementale des accompagnateurs en montagne du Cantal.*** ☎ *(06-60-55-33-81).*

Hébergement

À votre disposition pour le tour du volcan cantalien : une vingtaine de gîtes d'étape, des burons aménagés, un buron-refuge, une douzaine d'hébergements pour groupes et scolaires, autant de campings (camping sauvage interdit, bivouac toléré en montagne). Plus tous ceux de la Châtaigneraie, des monts du Cézallier, de l'Aubrac, de l'Artense, de la Margeride, etc. • *rando.auvergne.free.fr* •

AURILLAC (15000) 30 560 hab. *Carte Cantal, B3*

▸ Pour le plan d'Aurillac, se reporter au cahier couleur.

Chef-lieu du Cantal et vieille cité longtemps enclavée au sud d'un département peu industrialisé, Aurillac a fourni le pape de l'an 1000 à Rome, le cheval qui ramena Napoléon de la campagne de Russie, et a aussi vendu de célèbres parapluies au monde entier. Aujourd'hui ville active et commerçante, elle travaille beaucoup à liquider les vieux clichés de cité quelque peu assoupie, en développant une politique culturelle dynamique. Son festival de Théâtre de rue a gagné une notoriété internationale, et le vieux centre-ville aux rues piétonnes dévoile quelques jolies façades. Il suffirait de presque rien pour en faire une ville vraiment agréable.

UN PEU D'HISTOIRE

Aurillac fut un site occupé par les Gallo-Romains, comme en témoignent les vestiges découverts sur place. D'ailleurs, le nom de la ville provient de celui d'une riche famille gallo-romaine, *Aureliacum,* le domaine d'Aurélius. Mais le véritable essor d'Aurillac est surtout dû à saint Géraud, fondateur d'une abbaye en 898, autour de laquelle se développa nécessairement la ville.
À quelques kilomètres d'Aurillac, vers 960, des moines, ébahis par la connaissance des astres et de bien d'autres choses qu'avait un jeune berger, le convainquirent de venir étudier chez eux plutôt que de garder les moutons (nous faisons le portrait du pape Gerbert plus loin).
À partir de 1233 ont lieu des révoltes contre le seigneur-abbé, et la ville y gagne ses franchises communales. Ces révoltes donnent naissance à l'administration des consuls et d'une maison consulaire. La ville prend une grande importance commerciale et connaît un développement des activités de tannerie, dinanderie, dentelle, pelleterie. Surtout, ses foires de bétail acquièrent une grande notoriété.
Aurillac échappe aux destructions de la guerre de Cent Ans, mais pas à celles des guerres de Religion, particulièrement sauvages. Le protestantisme ayant prospéré dans la région, un premier massacre de huguenots a lieu en 1561. Ces derniers répliquent en 1569 par une bonne liquidation de moines de l'abbaye aurillacoise, commandée par le fameux baron des Adrets, cruel chef de guerre protestant, suivi du sac de la ville. Cependant, un nouvel assaut huguenot est repoussé en 1581.
La prospérité revient avec l'établissement d'une manufacture de dentelles sous Colbert, l'installation d'une cour de justice, la fabrication du fromage, etc.
Au XIXe s, du fait de son isolement géographique, Aurillac échappe à la grande industrialisation et s'assoupit lentement. Ce n'est qu'après la Seconde Guerre

mondiale que la région commence à bouger. D'abord démographiquement, mais en fait, c'est largement dû à la désertification des campagnes. Aurillac et les communes environnantes ont pratiquement doublé leur population en 50 ans, et représentent un tiers de celle du Cantal.
Aujourd'hui, la ville et sa région connaissent un certain dynamisme grâce à leurs industries laitières et de transformation (bois, plastique), de produits pharmaceutiques, et bien sûr, même si elle ne possède plus son importance passée, à celle du parapluie !

GERBERT, PREMIER PAPE FRANÇAIS

Énorme destin que celui du pape Sylvestre II, qui géra la panique de l'an 1000 ! Alors que, jeune berger, il gardait tranquillou ses moutons et contemplait les étoiles, des moines de l'abbaye d'Aurillac furent stupéfaits par l'étendue de ses connaissances et par sa vivacité d'esprit. Illico, ils changèrent son statut de pâtre en celui d'étudiant brillant. Ses études achevées, il partit se perfectionner en Espagne, où il entra en contact avec la civilisation arabe.
Puis il devint abbé du célèbre monastère de Bobbio en Italie, archevêque de Ravenne et de Reims, grand professeur et bibliophile. Il fut aussi astronome, philosophe, musicien et homme politique, conseiller d'Othon, empereur germanique, et artisan de l'avènement d'Hugues Capet comme roi des Français ! Enfin, pour parachever une vie bien remplie, il devint le premier pape français. Déjà à l'époque, donc, un émigré auvergnat qui n'hésitait pas à aller au charbon ! En l'an 2000, on fêtait son millénaire, mais il n'est plus là pour gérer les peurs du troisième...

UN PARAPLUIE QUI RÉSISTE AU TEMPS...

L'origine du parapluie d'Aurillac ressemble à ces contes transmis par les anciens, toujours un peu à la limite de la légende... L'histoire veut que la rivière Jordanne charriait, il y a bien longtemps, quantité de paillettes d'or ! Celles-ci étaient échangées contre du cuivre rapporté par les pèlerins revenant de Saint-Jacques-de-Compostelle. Une corporation de batteurs de cuivre naquit ainsi à Aurillac au Moyen Âge. Les artisans fabriquaient des pièces métalliques telles que coulants, noix et aiguillettes, qui serviront, plus tard, à tendre la toile de nos parapluies. Autre tradition à cette époque : l'industrie des mâts et des poignées en bois, issu des nombreuses forêts des environs. Enfin, troisième volet de ce triptyque historico-social, ces Cantaliens qui vendaient leur bétail en Espagne et revenaient les bras chargés de toile de coton... Et c'est ainsi qu'est né le parapluie.
L'histoire veut que l'industrie du parapluie se soit vraiment développée au milieu du XIXe s, et qu'elle soit l'œuvre d'un Aurillacois qui avait passé une partie de sa jeunesse sur les routes de France à en vendre. Il ouvrit une petite manufacture dans la ville, puis la légua à ses ouvriers en 1889. Plusieurs autres entreprises se créèrent par la suite. Dans les années 1930, le parapluie employait plus de 800 personnes (y compris de nombreux travailleurs à domicile). Bien sûr, cette industrie connut des fluctuations, mais, dans les années 1960 et 1970, elle sut se concentrer, employant encore plusieurs centaines d'ouvriers. Aujourd'hui, malgré la crise, il subsiste trois

UN PARAPLUIE BIEN ENCOMBRANT

Les Aurillacois s'insurgent régulièrement contre les prévisions météorologiques toujours pessimistes à la télévision. À ce qu'il paraît, ces messieurs de Paris auraient placé leur capteur électronique à l'endroit le plus froid du Cantal ! Alors maintenant, avec l'obtention du label Parapluie d'Aurillac, ils craignent que ce soit un autre pépin pour l'image de marque de leur ville...

entreprises à Aurillac, qui emploient 90 personnes. Pour se protéger de l'invasion des parapluies bas de gamme venus du Japon et de Chine, ces fabricants ont décidé... d'ouvrir le parapluie ! Ainsi est apparu en 1997 le label Parapluie d'Aurillac, le seul, le vrai, l'unique.

Comment y aller ?

➢ ***En avion :*** *Airlinair* dessert Aurillac au départ de Paris-Orly sud ; vols quotidiens lun-ven et 1 vol A/R le dim. *Infos et résas sur • airlinair.com • ou ☎ 0825-808-228 (0,15 €/mn).*

Adresse utile

ℹ ***Office de tourisme*** *(plan couleur A2) : 7, rue des Carmes. ☎ 04-71-48-46-58. • courrier@iaurillac.com • iaurillac.com • Juil-août, ouv tlj ; le reste de l'année, fermé dim.* Plein d'infos utiles, et notamment un catalogue de location de meublés à prix intéressants. De mi-juin à début septembre, sauf pendant les festivals, visites thématiques guidées : la ville d'Aurillac (2h ; 5 €), les métiers d'hier et d'aujourdhui (2h ; 5 €), ou encore celle, gastronomique, « Le goût d'Aurillac » (6 €) ; pour les enfants (6-12 ans), « Les trésors d'Aurillac », visite découverte avec goûter (3 €). Résa indispensable.

Où dormir ?

Bon marché

🏠 ***L'Ermitage*** *(plan couleur B1, **11**) : 20, rue des Dames. ☎ 04-71-62-05-99. • lermitage15@orange.fr • Ouv Pâques-Toussaint. Doubles 45-69 €.* L'ancien dispensaire du XVIIIe s abrite aujourd'hui une sympathique famille, et 2 chambres au 2e étage de la maison. La salle de bains et les toilettes sont communes aux deux chambres, mais celles-ci ne sont pas louées en même temps à des personnes qui ne se connaissent pas. Vue sur le jardin et déco tendance africaine pour la plus grande, petite fenêtre dans l'autre. Belle terrasse et petit jardin. Atmosphère un peu bohème et conviviale, et accueil à l'unisson.

Prix moyens

🏠 ***Hôtel Le Square*** *(plan couleur A2, **12**) : 15, pl. du Square. ☎ 04-71-48-24-72. • contact@hotel-le-square.com • hotel-le-square.com • Ouv tte l'année. Doubles à partir de 47 €.* 📶 Hôtel sympathique donnant sur le square. Façade anonyme, mais chambres rénovées, coquettes, aux coloris pastel. L'ensemble est bien tenu.

🏠 🍴 ***Hôtel Le Renaissance*** *(plan couleur A2, **12**) : 13, pl. du Square. ☎ 04-71-48-09-80. • info@hotel-le-renaissance.fr • hotel-lerenaissance.fr • Doubles 49-59 € selon confort ; familiale à partir de 65 €. Menus 13 (sf dim)-35 €. Parking payant.* 📶 *Un petit déj par chambre offert sur présentation de ce guide.* En plein centre, un hôtel offrant d'excellentes prestations et un remarquable rapport qualité-prix : ascenseur, garage, chambres entièrement rénovées, déco sobre, coloris actuels, douches hydromassantes, TV à écran plat... Les chambres les plus chères disposent même d'un petit salon.

Chic

🏠 🍴 ***Grand hôtel Saint-Pierre*** *(plan couleur B2, **13**) : 16, cours Monthyon. ☎ 04-71-48-00-24. • sp1501@inter-hotel.com • inter-hotel-saint-pierre.com •* 📶 *Doubles en sem 78-125 €, le w-e 69-109 €, selon taille et confort.* Un établissement très bien situé, avec de beaux volumes ; chambres récemment rénovées ou pas, ce qui justifie aussi les écarts de prix... Demandez à en voir plusieurs. Côté resto, c'est dans un beau décor de boiseries classées qu'on découvre la carte de la brasserie *Flo.* Piscine intérieure et sauna. Parking possible en face.

🏠 ***Grand Hôtel de Bordeaux*** *(plan couleur A2, **14**) : 2, av. de la République. ☎ 04-71-48-01-84. • contact@hotel-de-bordeaux.fr • hotel-de-bordeaux.fr • Congés : 23 déc-2 janv. Doubles 87-99 € selon confort et saison.*

Parking payant. 💻 📶 *Apéritif maison offert sur présentation de ce guide.* Fort bien situé, au centre de la ville, dans un édifice de 1812, cet hôtel redore l'image de l'hôtellerie de province et de tradition. Chambres entièrement rénovées, modernes, claires et élégantes, à l'image du bar et des salons, particulièrement agréables. Très bonnes prestations : clim, TV (Canal+, TPS), beau buffet et belle salle de petit déj, sans oublier un accueil pro et courtois.

Où manger ?

Bon marché

|●| *L'Arsène sur Cour* *(plan couleur A1,* ***20****) : 18, rue Arsène-Vermenouze. ☎ 04-71-48-48-97. • fred.gyre@orange.fr • ♿ Dans la vieille ville. Fermé dim-lun et j. fériés. Formules 11-14 € ; menus 17 € (sf j. fériés)-25,50 €.* Déco tendance loft où métal, pierre apparente et tableaux modernes font bon ménage. Une belle véranda et même une courette viennent compléter l'ensemble. Cuisine de brasserie aux accents auvergnats, mais aussi des salades et quelques spécialités de raclette ou de fondues savoyarde et bourguignonne. Service inégalement aimable, dommage.

Prix moyens

|●| *La Table des Matières* *(plan couleur B1,* ***21****) : 5, rue de l'Hôtel-de-Ville. ☎ 04-71-48-25-50. Mar-sam, midi et soir. Congés : 21 août-15 sept. Résa conseillée. Formule déj unique (plat, dessert et verre de vin) 13 € ; 15 € sam pour le « retour du marché » ; le soir, menu-carte 28 €.* Passée chez Marc Veyrat, Sophie Goffinet invente à l'envie une cuisine fraîche, légère et colorée, laissant, chose rare par ici, une large place aux poissons. Un mélange de saveurs à apprécier en piochant le midi sur l'ardoise, le soir au gré d'une carte qui change tous les 2 mois. Pour arroser le tout, la carte des vins répertorie des nectars pour leur « respect du vivant ». Côté cadre, l'étroit rez-de-chaussée s'habille contemporain et perche ses convives sur de hautes chaises ; l'étage craque du parquet et couvre ses murs de clichés des photographes du cru. Enfin, par beau temps, une petite terrasse s'étire sur la rue. Quelques produits d'épicerie pour prolonger le plaisir. Bref, une bonne adresse, plébiscitée par les gens du coin.

|●| *Les 4 Saisons* *(plan couleur B1,* ***25****) : 10, rue J.-B.-Champeil. ☎ 04-71-64-85-38. • fouchtra48@yahoo.fr • Fermé dim soir, lun midi et soir, mar midi. Formule déj 18,50 € en sem ; menus 25-60 €.* La patronne, très aimable, apporte des assiettes très bien présentées, précédées d'une mise en bouche, sur une table soigneusement dressée. Les plats sont délicieux, mais pas particulièrement copieux. Dos de cabillaud à l'émulsion de chou-fleur au curcuma et artichauts, râble de lapin au foie gras et confit de lentilles blondes... Le cadre manque un peu de chaleur malgré les couleurs gaies et le soin apporté.

|●| *Le Patio* *(plan couleur B2,* ***23****) : 3, cours Monthyon. ☎ 04-71-45-04-46. ♿ Tlj midi et soir en saison ; fermé dim soir et lun soir oct-mars. Formules déj en sem 10,90-14,90 € ; menus 22,50-25,90 €.* Pas mal de couverts dans ce resto au cadre contemporain, qui, en plus d'une bonne cuisine parfois un peu inventive, a pour bel atout d'avoir un jardin, avec des tables au bord de la Jordanne. Dans l'assiette, magret de canard, navets à la gentiane et purée d'orange, pain perdu à l'ananas caramélisé... Service aimable mais un peu débordé au moment du coup de feu en saison.

|●| *Le Champ des Vignes* *(plan couleur B2,* ***24****) : 13, rue Baldeyrou. ☎ 04-71-48-07-81. Ouv lun-mer midi slt, et jeu-sam midi et soir ; fermé dim. Formule déj 10,50 €.* Un petit resto de poche au cadre contemporain vert pomme et chocolat. Côte de veau, asperges vertes et serpolet en cocotte, colin beurre blanc, risotto et fondue de poireaux... Bien visibles sur le mur, la carte et les bons vins sont de la partie : jugez-en vous même puisqu'ils sont bien alignés sous vos yeux. Quelques flacons provenant d'au-delà de l'Hexagone. Pas de menu le soir malheureusement ; un chouia cher.

L'Épicurien *(hors plan couleur par A3,* ***22****) : 1, pl. Pierre-Semard. ☎ 04-71-47-97-04. • epicurienaurillac@gmail.com • Face à la gare. Tlj sf dim soir et lun. Congés : 2-15 janv et 19 août-8 sept. Formules déj en sem 11-15 € ; le soir, menu-carte 23-29 €. Café offert sur présentation de ce guide.* Certes, à l'image du lieu – un café de gare relooké en sophistiqué –, cette « nouvelle cuisine » se la raconte un peu. Pourtant, en bouche, ces classiques revisités, fins et légers, se laissent déguster, d'autant que les produits sont frais, et les alliances plutôt réussies.

Où dormir ? Où manger dans les environs ?

Campings

Camping de la Cère : *15130* ***Arpajon-sur-Cère****. ☎ 04-71-64-55-07. 06-08-70-74-48. • tourisme@caba.fr • campingcaba.fr • À 4 km au sud d'Aurillac par la D 920. Ouv juin-fin sept ; loc de mobile homes avr-fin oct. Forfait 2 pers env 11,50 € ; loc 252-476 € selon saison.* Camping bien situé, entouré par un cours d'eau, avec pelouse, petite piscine et tennis. Une centaine d'emplacements plus ou moins ombragés, avec petites haies pour les délimiter. Épicerie à 100 m.

Camping du Moulin : *15250* ***Jussac****. ☎ 04-71-46-69-85. 06-08-70-74-48. • tourisme@caba.fr • camping.caba.fr • À env 10 km au nord d'Aurillac par la D 453 et la D 922. Ouv juin-fin sept. Forfait 2 pers env 9,50 €.* Petit camping agréable et chaleureux, avec accès direct à la rivière et seulement 52 emplacements. Bon confort 3 étoiles. Une poignée de mobile homes.

Maison d'hôtes

La Belle Époque : *50, chemin de Lasfargues, 15130* ***Sansac-de-Marmiesse****. ☎ 04-71-62-87-87. 06-08-11-77-72. • marinette.rouquier@orange.fr • labelleepoque-cantal.fr • À une dizaine de km au sud d'Aurillac. Prendre direction Montauban/Figeac (N 122) ; après le rond-point de « Géant », continuer sur 4 km dans la même direction, puis suivre fléchage. Congés : nov-mars. Doubles 90-110 € selon taille. Menus (le soir slt) 18-27-32 €.* Dans cette ferme isolée, pas de chambres, uniquement des suites. Et quelles suites ! La plus grande occupe à elle seule l'ancienne ferme, y compris étage et *cantou* où l'on peut encore faire des feux de cheminée. Les 4 autres, des dépendances en bois patiné, rivalisent de charme, d'élégance champêtre, de « L'Atelier » – presque un cottage – au « Jardin », la cabane d'un pacha jardinier, à l'écart au fond du pré. Certaines comptent 2 chambres, toutes disposent d'un salon, d'une superbe salle d'eau et d'une terrasse privée. Autour, le calme, avec pour seuls voisins une paire d'ânes. Les repas enfin (cuisine traditionnelle) se prennent dans une salle décorée façon Belle Époque par le compagnon de la propriétaire, ou dans une lumineuse extension vitrée. Et les artistes pourront se mettre au piano entre 2 plats !

Où boire un verre ?

Le Pacha *(plan couleur A2,* ***32****) : 7, rue Marie-Maurel. 06-88-39-28-71. Ouv mer soir-sam soir (jusqu'à 2h ven-sam).* Chouette escale pour boire un verre (un mojito'vergnat par exemple ?), à l'angle des rues Marie Maurel et... Pinard, ça ne s'invente pas ! Planches de foie gras, fromage ou charcuterie pour accompagner tout ça. Déco exotico-coloniale, patron très sympa, – agriculteur quand il n'est pas derrière le comptoir – et une poignée de tables dehors : un cocktail réussi en somme.

Kerry Pub *(plan couleur B1,* ***30****) : 3, rue du Consulat. ☎ 04-71-48-64-91. Tlj sf dim-mar midi ; jusqu'à 2h le w-e. Congés : nov. Compter 19 € à la carte. Café offert sur présentation de ce guide.* Pas vraiment de caractère, mais il s'agit quand même du pub le plus ancien de la ville. Comptoir qui fait le tour de la pièce et jolie salle au 1er étage. Bon choix de whiskies. Terrasse aux beaux jours. Bien aussi pour grignoter un plat au déjeuner (cuisine du marché, poisson le vendredi) puis une crème brûlée au carambar. Soirée irlandaise live (1er et 3e jeudi du mois).

🍷 🍽 **La Mascotte** *(plan couleur A3,* ***31****) : 38, rue des Carmes. ☎ 04-71-48-52-34. Tlj sf dim (et lun hors saison) 8h-20h (22h ou 23h ven-sam).* Un vrai snack-bar, rendez-vous des artistes et des jeunes du coin. Accueil très sympa. Petite terrasse aux beaux jours.

🍷 🍽 Autres troquets sympas fréquentés par les jeunes et les étudiants : le ***Saint-Géraud*** *(plan couleur B1), 9, pl. Saint-Géraud.* Grande terrasse à l'ombre de l'église (tout dépend de la place du soleil, bien sûr !) et bon emplacement au moment du festival (ils font brasserie le temps du festival ces jours-là). Ou ***Le Temps*** *(plan couleur B2) : 2, rue du Salut. ☎ 04-71-48-12-84. Fermé dim-lun et j. fériés. Congés : 1 sem aux vac de fév, de Pâques et de la Toussaint. Formule 9,80 €.* Terrasse.

🍷 Également quelques adresses sur la place du Square ou sur la place de l'Hôtel-de-Ville, qui se couvre de terrasses aux beaux jours.

Achats

🧺 **Parapluies Piganiol** *(plan couleur B2,* ***40****) : 28, rue des Forgerons. ☎ 04-71-43-05-51. • piganiol.fr • Tlj sf dim-lun (ouv lun ap-m en été et dim pdt les fêtes de Noël) 9h30-12h, 14h30-19h.* La société Piganiol, vieille dame plus que centenaire (1884), vous propose ici les fameux parapluies labellisés d'Aurillac (ceux avec le petit soleil), mais aussi les très grands et très beaux parapluies de berger. On aurait presque envie qu'il pleuve !

🧺 **Coutellerie Destannes** *(plan couleur A-B2,* ***41****) : 7, rue des Frères. ☎ 04-71-48-32-87. • coutellerie-destannes.com • Mar-sam 9h30-12h, 14h-19h ; plus lun en juil-août.* Boutique et fabrique tenues par une famille d'artisans couteliers depuis 1908 ! Plusieurs modèles de couteaux traditionnels d'Aurillac, large choix de Laguiole, etc. Pour tout achat, on peut faire graver son prénom gratuitement sur la lame.

🧺 **Crémerie Leroux** *(plan couleur A2,* ***42****) : 15, rue Émile-Duclaux. ☎ 04-71-48-28-89. Mar-sam 9h-12h, 14h30-19h.* Une belle boutique à l'ancienne, tout en bois et faïence. On y trouve une sélection, courte mais parfaite, de produits fermiers régionaux, et surtout de délicieux fromages (cantal, salers, saint-nectaire) ou de tomme fraîche pour la truffade et l'aligot.

🧺 **Le Marché aux Fromages** *(plan couleur B1,* ***43****) : pl. des Docks. ☎ 04-71-43-57-92. Tlj sf dim et lun ap-m 8h30-12h30, 14h30-19h.* Dans l'ancienne halle à fromages (qui ferma en 1968), présentation de la production régionale (ainsi que de bien d'autres produits) et des outils de fabrication traditionnelle dans un décor de buron. Les Morin père et fils affinent et vendent au détail leurs fromages.

🧺 **Distillerie Louis Couderc** *(plan couleur A-B2,* ***44****) : 14, rue Victor-Hugo. ☎ 04-71-63-67-91. • infos@distillerie-couderc.com • distillerie-couderc.com • Mar-sam 9h-12h, 14h-19h.* À la place de l'ancienne distillerie, ouverte en 1908, se trouve aujourd'hui la boutique. Mais ce qui compte, c'est que Couderc continue à fabriquer la meilleure liqueur de châtaigne que l'on connaisse. Quelques gouttes dans du vin blanc feront un kir des plus original ! Depuis, aux côtés de la gentiane centenaire, la gamme s'est enrichie : myrtille, mûre sauvage, cerise... Quant à la liqueur de verveine, elle n'est pas mal non plus. Également de bons produits d'épicerie fine, de producteurs du coin.

À voir

La vieille ville

Balade dans la vieille ville, lacis de rues et ruelles qui ont permis à Aurillac de conserver une unité architecturale plutôt intéressante, malgré la sévérité et la rigueur des façades.

La plupart des demeures datent des XVIIe et XVIIIe s. Le rez-de-chaussée peut être plus ancien. Beaucoup possèdent encore leurs anciennes arcades-boutiques. Au dernier étage, on peut souvent noter, sous la retombée du toit, une petite rangée d'ouvertures. Elle indique un ancien grenier à séchage ouvert à tous les vents. Autre curiosité, pas mal de façades révèlent des fenêtres décalées par rapport à la porte d'entrée. L'explication : les ruelles coupe-feu, transformées en couloirs d'immeuble lorsqu'on a construit au-dessus pour agrandir.

La place du square Arsène-Vermenouze *(plan couleur A2)* **:** ancienne place du Foirail. Point de départ de notre balade. Le square a été dessiné au XIXe s par le célèbre Jean-Charles Alphand (qui dessina les parcs Montsouris et Monceau à Paris). À voir, une originale ***statue des Droits de l'homme.***

Au nord-ouest du square, le ***palais de justice,*** de style néogrec, à la disposition quasi unique en France. Ce long bâtiment édifié en 1872 comprenait en effet, à partir de la droite, la gendarmerie, le palais de justice proprement dit et... la prison. Ainsi, un prévenu arrêté par les gendarmes pouvait-il aller directement en prison sans ressortir (les pandores n'y sont plus aujourd'hui).

Dans la ***rue des Frères*** *(plan couleur A-B2),* au no 6, encadrements de fenêtres et porte en accolade démontés d'une vieille gentilhommière et remontés ici par un Auvergnat de Paris. À côté, maison à pans de bois avec ancien grenier ouvert.

De là, rejoindre la ***rue des Forgerons*** *(plan couleur B1-2).* Au no 38, une porte en pierre sculptée et un escalier à vis du XVe s. Au no 27, belles fenêtres. Au no 15, dans la cour, un puits en pierre typique et un escalier extérieur à balustre en bois.

À l'angle des ***rues du Monastère*** et ***des Fargues*** *(plan couleur B1),* grosse demeure avec épais croisillons. Au no 24, rue du Monastère, façade à double encorbellement.

L'église Saint-Géraud *(plan couleur B1)* **:** c'est le cœur de la ville abbatiale. Il ne reste pas grand-chose de l'abbaye fondée par saint Géraud. Au XVIe s, celle-ci entra en décadence. Devant les protestations des habitants, elle finit par être sécularisée. L'église, quant à elle, fut ruinée par les protestants en 1569, reconstruite au XVIIe s en style gothique. Fortement remaniée au XIXe s, surtout la façade et le clocher. À l'intérieur cependant, la nef donne une impression d'harmonie, grâce à ses piliers élancés et à ses élégantes voûtes à liernes. Quelques vestiges de l'église romane subsistent dans le transept droit, deux arcades aveugles (1080) et un arc brisé rudimentaire au milieu. Pierres sculptées dans la chapelle Saint-Géraud (transept gauche). Un saint Géraud « portant son église ». Dans le transept droit, ex-voto de 1703. Bel orgue du XVIIIe s (1779).

La place Saint-Géraud *(plan couleur B1)* **:** autour de l'église, quelques témoignages de l'abbaye. En face, l'ancien *hospice* des pèlerins de Saint-Jacques-de-Compostelle, dont restent trois belles arcades et des chapiteaux finement travaillés. Devant, une *fontaine* du XIIe s en serpentine verte d'une seule pièce. À l'angle de la rue du Monastère, au no 1, demeure bourgeoise du XVe s. Porte basse avec fronton triangulaire.

Après avoir passé le chevet de Saint-Géraud, accès à la rue du Buis qui mène au ***pont du Buis*** *(plan couleur B1),* le plus ancien de la ville (XIVe s). De ce pont, ainsi que du *pont Rouge (plan couleur B2),* belle vue sur une série de vieilles demeures donnant sur la Jordanne, l'ancien lavoir et des vestiges de l'ancienne muraille.

La promenade du Gravier *(plan couleur B2),* avec la statue du pape Gerbert (bronze de David d'Angers). Sur l'un des panneaux, un moine, doigt sur le front, semble dire : « Il en a dans le ciboulot ! »

Le château Saint-Étienne *(hors plan couleur par B1)* **:** au nord du centre. Reconstruit à la manière de Viollet-le-Duc après un incendie au XIXe s. Du château initial, il ne subsiste que le gros donjon et le petit bâtiment de Château-Bas. Il abrite aujourd'hui le muséum des Volcans et un centre permanent d'initiatives pour l'environnement du parc naturel régional des Volcans d'Auvergne (☎ 04-71-48-49-09).

Le Muséum des volcans *(hors plan couleur par B1) : biopôle de haute Auvergne, château Saint-Étienne. ☎ 04-71-48-07-00. • museum@mairie-aurillac.fr • Fin juin-début sept, tlj 10h (14h dim)-18h30 ; hors saison, mar-sam 14h-18h. Fermé 1er janv, 1er mai, 1er nov et 25 déc. Entrée : 4 € ; réduc ; gratuit moins de 18 ans.* Quatre salles principales content l'histoire géologique du Cantal, l'écologie, les volcans et les hommes... Instructif. Où l'on apprend que la plus récente éruption du Massif central eut lieu il y a 6 000 ans. Les plus anciennes ? Il y a 65 millions d'années ! Que Vénus compte 1 650 volcans et que Mars possède 45 % de plaine volcanique ainsi que le plus haut volcan du système solaire : 27 km de haut et 400 km de diamètre ! Diantre, il pourrait contenir tout l'Everest ! On apprend surtout que le Massif central est le plus grand ensemble unitaire volcanique d'Europe. Projection de deux films également. Programmation culturelle : expositions temporaires, conférences, ateliers thématiques... Bref, intéressant et ludique.

Retour dans le centre par la ***rue Saint-Jacques*** *(plan couleur B1).* À l'angle de la rue du Collège, les anciennes arcades ont été murées. Elles marquent l'emplacement du premier rempart. Au nº 33 de la rue du Collège, maison de 1731. Au passage, l'*hôtel Lasmoles,* au nº 25 (XVe s). Les traditionnelles arches ogivales où l'on présentait les marchandises au Moyen Âge ont également été murées. À l'étage, souvent un logement à louer. Portail du XVIIIe s en pointes-de-diamant, provenant d'un couvent. À droite, frise d'une fenêtre Renaissance avec une curieuse métaphore sculptée : un fil semble quitter le nombril d'une jeune femme, main droite sur le ventre et un enfant sur le bras gauche (la naissance), pour aller vers un vieillard... Le ruban de pierre symbolise ici le fil de la vie.
Au nº 18, le *collège des Jésuites.* Portail du XVIIIe s, de style classique (solide corinthien et pointes de diamant). La porte de la chapelle, très différente, est de style totalement italien. Portail du XVIIe s, colonnes ornées de pampres. L'établissement fut fondé en 1548 et fut l'un des premiers collèges du centre de la France. Au nº 12, beaux portails. Aux nos 10 et 8, vieilles maisons ; au nº 8, notez en particulier les cinq ogives typiques des magasins de l'époque et deux fenêtres en anse de panier.

La rue du Consulat *(plan couleur B1) :* au nº 4 (angle rue Marchande), *tour de guet* de cinq étages datant du XVe s. Résidence des mercenaires étrangers pendant les guerres de Religion. Au nº 8, cage d'escalier du XVIIe s avec plafond voûté à nervures. Au nº 10, très belle porte en chêne finement travaillée. Hautes fenêtres. Élégant escalier avec plafond voûté. Au nº 12, *hôtel Colinet de Niossel* (1749). Regardez en détail les solives sous le toit, sculptées de masques.

La maison consulaire *(plan couleur B1) : en bas de la rue de la Coste, au nº 2, à l'angle avec la rue Marcenague.* Siège de la première municipalité élue dès le XIIIe s. Détruite, reconstruite à maintes reprises. Le dernier édifice date de 1580, après un raid protestant. Très abîmé par un incendie en 1881, restauré par un disciple de Viollet-le-Duc qui mélangea allègrement styles gothique et Renaissance. Certes, pas mal réussi ! Fenêtres à meneaux, portail très ouvragé.
– À l'angle, le *théâtre,* rotonde du XIXe s. Une partie de la salle s'est nichée dans l'ancienne chapelle d'un couvent qui fut, à la Révolution, maison populaire (plus que jamais, rien ne se crée, tout se transforme !).
– En face, l'*hôtel Lespinat,* marchand-consul du XVIIIe s (au 1, rue de la Coste).

La place de l'Hôtel-de-Ville *(plan couleur A1) :* celui-ci fut construit en 1803 à l'emplacement de l'église Notre-Dame (détruite à la Révolution). Style Empire. Les grilles de la façade furent piquées à l'église Saint-Géraud. On y incarcéra le maréchal Ney en août 1815, avant qu'il ne fût transféré à Paris et exécuté. L'hôtel de ville fut agrandi en 1896 (et y gagna sa lanterne). Sur le côté de la place (côté rue de la Coste), une curiosité : un bâtiment moderne assez laid affublé d'une... porte de style gothique flamboyant (heureusement conservée du bâtiment antérieur : l'*hôtel Dulaurens* du XVIe s). Cette curiosité n'est autre que la mairie !

TROP SÛR DE LUI

On raconte qu'ayant des amis sûrs à Aurillac l'occasion fut donnée au maréchal Ney de s'évader de l'hôtel de ville où il était enfermé. Persuadé qu'en tant que prince de la Moskowa il ne craignait pas grand-chose en cas de procès (en tout cas, pas la peine de mort), il refusa ! On connaît la suite, il fut condamné à mort !

Le quartier de la rue de la Coste, de la rue de Noailles et de la rue Vermenouze *(plan couleur A1)* était le lieu de résidence privilégié de la bourgeoisie aurillacoise. Ne disait-on pas que ses rues en pente permettaient la descente des eaux usées vers la ville basse et préservaient ainsi les habitants « du haut » des odeurs nauséabondes ?
Au n° 22 de la rue de la Coste s'élève l'ancien *présidial* (bailliage et tribunal royal de 1585 à 1790, puis tribunal civil de 1790 à 1872). Escalier voûté en liernes. Tourner à gauche dans la cour. Au fond, escalier extérieur à galerie de 1546, alliance harmonieuse de bois et de pierre. Au rez-de-chaussée, deux belles arcades. Au n° 24, maison Renaissance. Au n° 19, ensemble de cours et courettes.
Au n° 9 de la rue de Noailles, *hôtel de Saint-Chamant* avec escalier Renaissance à croisée d'ogives gothiques (dans la première cour à droite). Heureux locataires de cette HLM peu traditionnelle ! Si c'est fermé, on voit de la fenêtre dehors.
– **_La chapelle d'Aurinques :_** *42, rue de la Coste. Tt en haut, à droite, avt de déboucher pl. d'Aurinques.* Construite à la suite d'un vœu de la ville. Aurillac fut attaquée en 1581 par 800 protestants, venant de Mur-de-Barrez. Les habitants résistèrent héroïquement et, grâce à un petit coup de pouce de la Vierge, boutèrent les huguenots hors de la ville. À l'endroit où se prit la décision, ils édifièrent donc cette chapelle. À l'extérieur, le curieux chevet bombé n'est autre que la *tour Seyrac,* vestige des anciens remparts. À l'intérieur, trois tableaux de 1701 racontent les événements de 1581 (avec, en haut de chaque tableau, la Vierge du vœu). Le troisième est intéressant par la somme de détails et de personnages de l'époque mis en scène : chanoines de Saint-Géraud, consuls, moniales du Buis, ordres religieux divers, magistrats... En dessous, trompette protestante qui avait annoncé la victoire trop tôt et qui fut récupérée après la bataille.
– **_La rue Arsène-Vermenouze :_** festival de portes en basalte sculpté. Au n° 41, le plus bel *escalier* Louis XIV de la ville. Malheureusement, code à l'entrée. Demander gentiment à voir si l'un des habitants y entre ou en sort. C'est là que vivait le mousquetaire Capelle. Il aurait fait le pari de construire un escalier lui permettant de monter jusqu'à ses appartements à cheval. C'est vrai qu'il est d'une ampleur insoupçonnée de l'extérieur. Décidément, les demeures bourgeoises de la rue cachent bien leurs richesses. Extérieurement, on ne donnait pas beaucoup dans le paraître à l'époque.
Au n° 35, *hôtel François-Maynard,* du XVIIe s. C'était un poète et académicien, disciple de Malherbe. Porche sculpté. Bel escalier à balustre. Au n° 20, *hôtel Capelle,* du XVe s. Porte Renaissance en accolade. Au n° 18 habita Arsène Vermenouze justement (l'un des plus célèbres poètes cantalous et félibres). Au n° 21, porte du XVIIIe s avec lions sculptés sur les vantaux.
– **_La rue de la Bride_** *(plan couleur A1-2)* **:** au n° 4, demeure du général Antoine Delzons, pas le plus connu des sabreurs de Napoléon (mais fort bel escalier du XVIIIe s). Au n° 14 naquit, en 1778, Arsène de Lacarrière-Latour, qui eut une riche vie d'aventurier. À 30 ans, muni d'un diplôme d'architecte, il partit rouler sa bosse à Saint-Domingue, puis en Louisiane, où il fut l'un des architectes fondateurs de

Baton Rouge. On lui doit aussi quelques réalisations dans le French Quarter à La Nouvelle-Orléans. En 1814, il devint ingénieur militaire de l'armée américaine et, à ce titre, contribua amplement à la défense et à la fortification de la ville dans la deuxième guerre contre les Anglais. Espion en Espagne pour le gouvernement américain, il s'acoquina avec les célèbres frères Lafitte, grands corsaires devant l'Éternel, pour, éventuellement, mettre la main sur la Floride (on sait que les États-Unis la récupérèrent dans d'autres circonstances). Puis il passa quelque temps à écrire ses mémoires et partit vivre à La Havane, où il retourna à ses premières amours : l'architecture. Non, il n'est pas enterré là-bas, au grand cimetière Colón. Il revint benoîtement mourir au pays en 1837, près de Saint-Mamet, dans sa famille. Un Auvergnat au destin d'émigré irlandais, ça valait le coup de s'étendre, non ?

La ville nouvelle

Relativement récente, puisqu'elle fut construite dans la seconde moitié du XIXe s, en marge des remparts. Délimitée principalement par la rue Delzons, l'avenue Gambetta et surtout la place du Square (ou square Arsène-Vermenouze ; voir, plus haut, dans la vieille ville, départ de la balade). Cette place fut longtemps le foirail ou marché aux bestiaux.

L'église Notre-Dame-des-Neiges *(plan couleur A2)* **:** ancienne église d'un couvent de cordeliers. Construite en 1322, elle possède la forme d'une longue halle à l'architecture dépouillée et au gothique plutôt sobre. À l'intérieur, jeter un œil sur la jolie sacristie, ancienne salle capitulaire du couvent : on y trouve une Vierge noire du XVIIe s. Dehors, le presbytère avec son « jardin de curé ».

La rue des Carmes *(plan couleur A2-3)* **:** rue commerçante animée. On y trouve hôtels, restos, librairies et cinéma. Elle mène à la place et aux jardins des Carmes, ensemble moderne, réussissant habilement à intégrer des éléments anciens. Sauf la cité administrative, d'une laideur affligeante !

Le centre Mendès-France *(plan couleur A3)* **:** *37, rue des Carmes.* Ancien couvent de visitandines et ancien haras d'Aurillac, il comprend le centre culturel proprement dit et le musée d'Art et d'Archéologie. Noter un détail heureux : un des murs du centre se termine en panneaux de verre, trouvant ainsi une articulation avec le palais des congrès, à côté, tout en verre. À l'intérieur, atrium.
De l'autre côté, ancienne *chapelle* avec portail baroque (coquilles du chemin de Saint-Jacques). À l'intérieur, fresques du XVIIe s. La chapelle est ouverte pour les concerts et autres événements artistiques.
Au-delà de l'agréable jardin, avec jet d'eau et séquoia, s'élevaient les Écuries (qui furent un temps haras national), aujourd'hui salle d'expos temporaires.

Le musée d'Art et d'Archéologie *(plan couleur A3)* **:** *centre Pierre-Mendès-France, 37, rue des Carmes. ☎ 04-71-45-46-10. • musee.art@mairie-aurillac.fr • ville-aurillac.fr • ♿ Ouv 14 fév-10 nov, mar-sam (et dim ap-m juil-août) sf j. fériés 10h-12h, 14h-18h. Entrée : 2,50 € (1,50 € sur présentation de ce guide) ; réduc ; gratuit moins de 18 ans.*
– *Au rez-de-chaussée :* belle collection ancienne de parapluies et d'ombrelles d'Aurillac ! Tout sur l'origine du parapluie, ou presque.
– *Au 1er étage :* on commence par la reconstitution d'un intérieur cantalien traditionnel, avec commentaire sonore et visuel. De manière générale, on apprécie la démarche vraiment didactique de la muséographie. Département archéologique débutant avec la faune et les outils des temps glaciaires : ours des cavernes, silex, poteries diverses. Autres objets gallo-romains provenant du temple d'Aron d'Aurillac : céramique sigillée, délicates statuettes. Sarcophage médiéval taillé dans un tronc d'arbre.
– *Au 2e étage :* section peintures. Peu de « vedettes ». Surtout d'intéressants peintres régionaux comme Édouard Marty, Louis Charbonnel... Également des

portraits de l'école française des XVIIe et XVIIIe s, *Adoration des bergers* attribuée à François Lombard, *L'Ange du Seigneur apparaissant à saint Pierre* – école italienne du XVIIe s (remarquable répartition de la lumière sur l'ange) –, *Portrait d'Éloy Chapsal* par Thomas Couture (le maître de Manet) et celui de *Madame de C.* (belle technique pour le rendu du taffetas des robes), bustes de Rodin par Camille Claudel et de Victor Hugo par Rodin pour le XXe s, *New York* de B. Boutet de Monvel. Pour les expos de photos, présentation par roulement tous les 3 mois du fonds du musée ou expositions d'artistes contemporains dans les salles d'expositions temporaires Les Écuries et La Sellerie au jardin des Carmes.

La salle d'exposition Les Écuries *(plan couleur A3)* **:** *jardin des Carmes. ☎ 04-71-45-46-10 (mairie). ♿ Ouv tte l'année sf j. fériés : pdt les expos, lun-sam 13h30-18h30. Entrée libre.* Expositions temporaires d'art contemporain.

La salle d'exposition La Sellerie – Espace photographique Albert-Monier *(plan couleur A3)* **:** *jardin des Carmes. ☎ 04-71-45-46-10. Ouv tte l'année sf j. fériés : pdt les expos, mar-sam 14h-18h. Entrée libre.* Expositions temporaires de photographies contemporaines.

Manifestations

– ***Les Européennes du goût :*** *le dernier w-e de juin ou le 1er de juil. Infos : ☎ 04-71-46-48-50. • e-gout.fr •* Pour les bons vivants uniquement ! Concours gastronomique des « Goudots Gourmands », mais aussi marché gourmand et démonstrations de cuisine. Dans le Cantal, le *goudot* est le surnom donné aux habitants d'Aurillac ; c'est aussi quelqu'un qui aime faire la fête et bien manger.
– ***Festival international de Théâtre de rue :*** *la 3e sem d'août (mer-sam). Infos auprès de l'association Éclat : ☎ 04-71-43-43-70. Programme : • aurillac.net •* Le plus grand festival de théâtre de rue d'Europe. Un souffle de liberté que connaissent peu de villes en France. Il draine près de 100 000 spectateurs, des dizaines de troupes étrangères, en tout près de 500 compagnies, peut-être les « grands de demain ». Les troupes Royal de Luxe et Zingaro étaient présentes aux premières éditions du festival. Comme à Avignon, il y a le *in* et le *off.* Rupture totale aussi avec le quotidien pendant quelques jours, et émotion à l'état pur devant la créativité de certaines troupes. Fusion de toutes les langues, toutes les classes sociales, vieux, jeunes, enfants, confrontation des troupes entre elles, verdict du public, tout le monde trouve son compte dans cette vraie fête populaire. Inoubliable.
– ***Festival du Conte – Las Rapatonadas :*** *4 ou 5 j. fin nov. Infos : ☎ 04-71-48-93-87.* Des artistes de cultures diverses proposent des contes pour enfants et adultes. Moments musicaux, apéro-contes...

DANS LES ENVIRONS D'AURILLAC

AURILLAC

Le château de Conros : *à* **Arpajon-sur-Cère** *(15130). ☎ 04-71-63-50-27. • conros@amisa.fr • chateau-conros.com • ♿ (parc et rdc). À 5 km au sud d'Aurillac. Ouv juil-août, tlj sf sam ; visites (guidées) 14h-18h. Entrée : 6 € (4 € sur présentation de ce guide) ; réduc ; gratuit moins de 12 ans.* Dans un beau parc, un imposant château bâti sur un éperon rocheux dominant la Cère, qui appartient à la même famille depuis... 1556. Le gros donjon carré date du XIIIe s mais a été modifié à la Renaissance et couvert d'une curieuse toiture à lanternon. La tour opposée au donjon a conservé ses mâchicoulis et son chemin de ronde. Dans la chapelle, un superbe sarcophage en marbre blanc du Ve s, découvert à Arpajon-sur-Cère en 1988. La belle salle d'armes voûtée possède son petit musée des Arts et Traditions populaires de la haute Auvergne rurale (ouf ! on l'a dit). Immense cheminée ornée de fresques du XVIe s dans la salle des gardes.

Le château de Sedaiges : *à* ***Marmanhac*** *(15250). ☎ 04-71-47-30-01. • chateau15@free.fr • chateausedaiges.com • À env 15 km au nord d'Aurillac par la D 35 et la D 58. Visites guidées au moins 1er juil-31 août, tlj à 14h30, 15h45 et 17h. Entrée : 7 € ; réduc.* Appartenant à la même famille depuis le XIIe s, le château, exemple unique de style troubadour, affiche une décoration intérieure spectaculaire. Dans une superbe salle boisée, un étonnant spectacle son et lumière anime les personnages des tapisseries de Flandre du XVIIe s, qui font revivre la légende du retour de Jean Cantal de Marmanhac. L'ameublement, la décoration des deux salons et de la salle à manger, ainsi que les personnages en costume d'époque vous plongent dans l'atmosphère et la vie quotidienne d'une demeure aristocratique du XIXe s. Jolie expo de jouets anciens. Beau parc agrémenté d'un étang ; parcours-découverte aménagé par l'ONF. Accueil cordial et visite animée. Les propriétaires proposent aussi des chambres d'hôtes (compter 120-130 €).

QUITTER AURILLAC

En train

Gare SNCF *(hors plan couleur par A3) : ☎ 36-35 (0,34 €/mn). • sncf.fr •*

➢ ***Pour Saint-Flour :*** avec correspondance par car SNCF à Neussargues. Parfois prolongation sur Millau et Béziers.

➢ Également ***pour Neussargues, Condat, Riom-ès-Montagnes*** et ***Bort-les-Orgues.***

En bus

Gare routière *(hors plan couleur par A3).*
Réseau interurbain par bus assez serré en semaine. Information complète sur le site *• cg15.fr •*

➢ Principalement ***pour Polminhac, Vic-sur-Cère, Murat, Ussel, Saint-Flour*** : *☎ 04-71-48-48-33.*

➢ ***Pour Mandailles, Saint-Julien :*** *☎ 04-71-64-54-55*. Période scol, lun-ven mat ; période de vac à la demande (la veille au plus tard), *☎ 0800-33-58-69 (no Vert)*, sam et vac (mat et début d'ap-m).

➢ ***Pour Argentat :*** *☎ 04-71-48-48-55.* Slt ven à 18h en période scol.

➢ ***Pour Mauriac :*** *☎ 04-71-48-48-33*. Lun, 2 bus tôt le mat ; le reste de la sem, 4 bus l'ap-m tte l'année.

➢ Également ***pour Laroquevieille, Ayrens, Siran, Saint-Céré, Sousceyrac, Maurs, Decazeville, Marcolès, Montsalvy, Entraygues, Mur-de-Barrez, Saint-Illide, Riom, Condat*** et d'autres petites localités.

LA CHÂTAIGNERAIE

Il s'agit de tout le sud-ouest du département, s'enfonçant comme un coin entre Lot et Aveyron. Au sud, une frontière nette avec la vallée du Lot. Terres rugueuses de schiste et granit, mais plus aucune trace de volcanisme. Une sorte de plateau à deux pentes en fait, taraudé de petites vallées et de cuvettes. Quelques failles profondes même, avec d'adorables itinéraires par des routes extrêmement étroites, pentues et sinueuses. Longtemps terre pauvre, à l'image du Ségala aveyronnais, on y trouvait bien sûr du seigle (céréale du pauvre) et l'on vivait d'une maigre polyculture. La châtaigne fournissait le reste.
Habitat très dispersé. Pittoresques villages et hameaux très homogènes d'un point de vue architectural, avec de beaux toits de lauze. Maisons traditionnelles superposant habitation et dépendances sur deux niveaux. Rez-de-chaussée donnant sur cour, avec cave, soue et étable ; au 1er étage, le logement donnant sur une galerie en bois accessible par escalier extérieur.

Aujourd'hui, comme au Ségala, défrichage et amendement du sol ont livré de grands pâturages et transformé la Châtaigneraie en une riche terre d'élevage. Un cinquième des vaches laitières, 30 % de la production de lait, la moitié des porcs du Cantal... Les châtaigniers, difficiles à entretenir, ont pas mal disparu. Reste ce nom, évoquant une ruralité bien réjouissante, un climat doux et des toits de tuiles rouges annonçant déjà le Midi.

Adresse utile

Office de tourisme de la Châtaigneraie : *28, av. du 15-Septembre-1945, 15290* ***Le Rouget.*** *☎ 04-71-46-94-82. • chataigneraie-cantal.com • Juil-août, tlj sf dim ap-m ; le reste de l'année, horaires restreints.* C'est le principal office de la Châtaigneraie. Vous y trouverez donc toute la documentation concernant Maurs, Laroquebrou, Saint-Mamet et Montsalvy, etc.

LAROQUEBROU (15150) 1 100 hab. *Carte Cantal, A3*

Bourgade plantée dans un site très pittoresque, couvée du regard par son château et s'étirant nonchalamment en bord de Cère. Étape sur le chemin de Saint-Jacques-de-Compostelle, entre Cahors et Clermont (topoguide disponible à l'office de tourisme). Voir l'église du XIVe s avec ses trois portes ogivales à colonnettes. Autres points d'intérêt : le vieux pont du XIIe s, la mairie nichée dans l'ancien hôtel de la Trémollière du XIVe s. Promenade agréable dans le vieux centre et sur les berges ombragées de la Cère.
Dans les environs, le lac du barrage de Saint-Étienne-Cantalès, d'une longueur de 13 km. Nombreuses plages et bases nautiques. Quant au barrage d'Enchanet, plus sauvage, il séduira les amateurs de pêche et de balade au vert.

Adresse utile

Point d'accueil de l'office de tourisme de la Châtaigneraie à Laroquebrou : *pl. de l'Église. ☎ 04-71-46-07-97. • chataigneraie-cantal.com • Juil-août, tlj sf dim ; le reste de l'année, ouverture restreinte.*

Où dormir dans les environs ?

Ferme-accueil de Viescamp : *chez la famille Lacaze, 15290* ***Pers.*** *☎ 04-71-62-25-14. 📱 06-20-57-88-19. • lacaze@viescampers.com • viescampers.com • De Laroquebrou, D 7 vers Le Rouget, puis D 32 vers Pers (en plein centre). Gîtes et chalets ouv tte l'année sur résa ; camping de mi-avr à mi-oct. Forfait 2 pers env 14 € ; gîtes et chalets 270-1 200 €/sem selon capacité (2-14 pers) et période. Verre de bienvenue sur présentation de ce guide.* Les propriétaires proposent plusieurs formules aux vacanciers : 18 emplacements de camping avec sanitaires privatifs et plusieurs gîtes et chalets. Évidemment, ça fait pas mal de monde, mais les espaces sont bien distincts et l'ambiance est conviviale. Avec les activités sur place (resto, piscine, aire de jeux, étang privé, initiation à la pêche, animaux de la ferme...), c'est une adresse idéale pour les familles.

Les Rives du Lac : *Espinet, 15150* ***Saint-Gérons.*** *📱 06-25-34-62-89. • lesrivesdulac.fr • Ouv de mi-mars à mi-nov. Forfait 2 pers 13-15 €. Mobile homes 4-6 pers 500 €/sem.* Une centaine d'emplacements répartis sur 4 ha, sur une presqu'île. Terrain très ombragé, grâce aux hauts arbres omniprésents. Pas de baignade dans le lac de Saint-Étienne du camping, mais base nautique pas loin ; on peut pêcher également (location de barques, vente carte de pêche et matériel). Piscine (2 bassins) et pas mal de jeux pour enfants, animations en saison, épicerie. Très bien entretenu.

Belles randonnées pédestres

➢ ***Le GR 652 et les gorges de la Cère :*** *rens auprès de l'office de tourisme (voir plus haut « Adresse utile »).*

À faire dans les environs

➢ ***Pédalorail des Lacs :*** *à **Nieudan** (15150). ☎ 04-71-62-10-00. Ouv tlj 10h-18h de mi-juin à mi-sept, le reste de l'année sur résa. Compter 15-40 € pour 2-4 pers.* Balade en vélorail sur les anciennes lignes de chemin de fer transformées en parcours touristique. Une façon originale et conviviale de découvrir la région !

SAINT-MAMET-LA-SALVETAT (15220) *Carte Cantal, A3*

À l'ouest d'Aurillac, sur la N 122. Voir l'église gothique des XIIIe et XIVe s. Fort belle route du puy Saint-Laurent qui domine le village. Par beau soleil, on aperçoit, dit-on, sept départements.

Adresse et infos utiles

ℹ ***Point d'accueil de l'office de tourisme de la Châtaigneraie de Saint-Mamet :*** *☎ 04-71-46-94-82. • chataigneraie-cantal.com • Juil-août, tlj sf dim ; le reste de l'année, ouverture restreinte.*

– ***Marché de pays :*** *sous la halle couverte, de mi-juil à mi-août, ven à partir de 19h.*

Où dormir ? Où manger dans les environs ?

Hôtel des Voyageurs : *20, av. du 15-Septembre-1945, 15290 **Le Rouget**. ☎ 04-71-46-10-14. • info@hotel-des-voyageurs.com • hotel-des-voyageurs.com • ♿ (au resto) À 24 km d'Aurillac par la N 122, puis la D 20, et à 7 km de Saint-Mamet. Resto fermé dim soir en basse saison. Congés : 15 fév-15 mars. Doubles 60-65 € ; ½ pens 59-62 €/pers. Menu du jour 13 € (déj en sem) ; autres menus 20-36 €. Réduc de 10 % sur le prix de la chambre (1er mars-10 juil et 5 sept-10 janv) sur présentation de ce guide.* Rien qu'à l'évocation de son nom, on imagine un petit hôtel de province, resté dans son jus... Mais gare aux clichés ! Côté hôtel comme côté resto, la modernité est passée par là. Les chambres sont fraîches et offrent un excellent confort moderne (écrans plats...). Les sportifs trouveront sur place une piscine extérieure et un court de tennis. Et depuis peu, également un espace bien-être (jacuzzi, sauna, massages possibles). Au resto, on sert une copieuse et honnête cuisine de terroir. Une excellente étape aux portes d'Aurillac.

Où acheter de bons produits dans les environs ?

Charcuterie Mas : *dans le village, 15290 Le **Rouget**. ☎ 04-71-46-10-*

19. Mar-sam 7h30-12h30 et 14h-19h, et dim mat. Le charcutier du Rouget a acquis une belle réputation et s'est taillé une belle place au soleil : pas moins de 7 boutiques, réparties entre le Cantal, le Lot et Paris. Saucissons, pâtés, pounti, chou farci, magret, jambon... : que du bien bon, emballé sous vide si nécessaire ; de quoi rapporter un peu de l'Auvergne à la maison, histoire de prolonger le plaisir des vacances...

MARCOLÈS (15220) 650 hab. *Carte Cantal, A-B4*

Ce fut l'une des « 10 bonnes villes » de haute Auvergne, où la noblesse, l'élégance de l'architecture médiévale sont assez surprenantes, il faut le dire, dans cette campagne perdue. Sa position sur le chemin de Compostelle l'explique en partie. Aujourd'hui, c'est une halte en Châtaigneraie particulièrement plaisante et bien conservée ; dommage toutefois que les maisons soient le plus souvent des résidences secondaires.

Où dormir ? Où manger ?

Auberge de la Tour : *au centre du village. ☎ 04-71-46-99-15. • aubergelatour15@orange.fr • aubergedela-tour.com • En principe, fermé lun hors saison. Congés : 3 sem janv et 15 j en sept. Doubles 60-63 € selon saison. Également des chambres familiales. Menus 15 € (midi en sem), puis 28-62 €.* Passé par de prestigieuses maisons, le jeune chef auvergnat a posé ses valises dans une belle demeure du XVIIe s pour exercer son inventivité. La salle est chaleureuse et contemporaine, et, dans l'assiette, on peut trouver une canette aux graines d'anis, un risotto de poulpe, cantal et coriandre... délicieux, sans oublier les desserts. Service aimable et pro. Une poignée de chambres simples et impeccables. On reviendra !

Chambres d'hôtes chez Paul et Henriette Lhéritier : *lieu-dit Cols. ☎ 04-71-64-72-42. 06-81-75-55-18. À 3 km du bourg ; accès par la D 51, à gauche en sortant de Marcolès, direction Montsalvy ; puis suivre les panneaux. Congés : déc-mars. Double 42 €. Possibilité de louer un gîte (6 pers) à la sem dans le centre de Marcolès (320-450 €). Apéritif offert sur présentation de ce guide.* En pleine nature, vastes champs aux alentours, petite mare aux canards... Chambres rustiques à l'étage d'une ferme régionale typique, avec salle de bains commune. Cuisine à disposition. Idéal pour une famille ou des amis. La déco est vieillotte, mais l'ensemble possède un certain charme authentique. Et, surtout, l'accueil de la famille Lhéritier est simple et très chaleureux.

Auberge du Porche : *Portail-Bas. ☎ 04-71-64-72-03. • chandon.c@club-internet.fr • En été, tlj midi et soir ; hors saison, tlj slt le midi (le soir sur résa). Menu du jour 14 € en sem. Café offert sur présentation de ce guide.* Cuisine traditionnelle concoctée par Jackie, la sympathique patronne. Le menu du jour est correct. Clientèle locale. Quelques tables en terrasse l'été. Une petite adresse simple mais agréable. Quoi qu'il en soit, évitez d'arriver après 13h, surtout hors saison !

Où dormir ? Où manger dans les environs ?

Prix moyens

Casta Néa : *dans le bourg, 15600* ***Leynhac.*** *☎ 04-71-46-95-05. • contact@castanea.fr • castanea.fr • Au centre du village ; à 8,5 km* *sud-ouest de Marcolès. Double 55 €, petit déj inclus. Menu du jour 12 € midi sem ; menus 16-19 € ven soir-dim midi.* Casta Néa a fait peau neuve et abrite à l'étage 3 chouettes chambres modernes aux couleurs dans l'air du temps, une cuisine bien équipée à disposition, et un coin télé, qui donnent sur une terrasse, avec accès indépendant. Bien dormir, certes, c'est déjà pas mal, mais – bien manger en plus, c'est encore mieux ! Magret de canard au curry rouge et lait de coco, jarret de veau à la milanaise et ravioles aux cèpes...

De chic à beaucoup plus chic

Auberge de la Tomette : *au bourg, 15220* ***Vitrac.*** *☎ 04-71-64-70-94. • latomette@wanadoo.fr • auberge-la-tomette.com • À env 10 km au nord-ouest de Marcolès, par la D 66. Congés : 10 nov-1er avr. Doubles 86-95 € selon confort et saison ; séjours de préférence en ½ pens 73-81 €/pers selon saison. Resto réservé aux résidents (le soir).* Au cœur de la Châtaigneraie, ce petit hôtel de village est devenu, au fil des ans, une véritable auberge de charme. La partie hôtel est très agréable, au milieu d'un grand jardin fleuri donnant sur la campagne. Les chambres sont plutôt coquettes et confortables. Il y a aussi quelques duplex pour les familles. Un espace relaxation et un spa avec piscine (couverte et chauffée au besoin), sauna et hammam complètent l'ensemble. Également un espace à disposition avec machine à laver, frigo et micro-ondes. Salle à manger rustique, élégante et conviviale pour une cuisine de terroir. Accueil prévenant.

Auberge de Concasty : *15600* ***Boisset.*** *☎ 04-71-62-21-16. • info@auberge-concasty.com • auberge-concasty.com • À 16 km de Marcolès par la D 64. Ouv avr-nov. Resto ouv slt le soir, plus midi dim et j. fériés sur résa. Doubles 84-168 € (suite) ; ½ pens souhaitée en saison 40-44 €/pers. Réduc de 15 % sur le prix de la chambre sur présentation de ce guide.* Dans une superbe campagne, une auberge proposant de confortables chambres personnalisées. Belle piscine ouverte sur le paysage, terrasse et grand jardin, mais aussi hammam et jacuzzi. Cuisine réputée à base de produits bio fraîchement issus du jardin potager. Une bien belle auberge de charme avec une cuisine, un accueil et un environnement à la hauteur ! En prime, Martine propose des séjours découverte de ces mélanges culinaires, et, avec Sophie, des séjours bien-être pour se ressourcer avec des soins énergisants, des massages, des conseils en bio-nutrition.... Au programme, secrets de famille et visite des producteurs de la région.

À voir. À faire

Les anciens fossés comblés forment aujourd'hui le boulevard circulaire. À l'entrée du village (venant du nord), belle ***porte fortifiée*** du XVe s (la porte d'En-Bas). Armoiries des Boisset et archères cruciformes au-dessus (adaptées aux arbalètes). À l'intérieur du porche, passage de la herse.
À l'intérieur de la « ville », on parcourt les ***carriérons,*** ruelles typiques. Un circuit est disponible dans l'un des offices de tourisme du canton. Sur place, 11 plaques jalonnent un petit itinéraire patrimonial (le no 1 se situe près de la mairie). La *rue Principale,* menant à la porte d'En-Haut, était réservée aux notables et aux artisans. Belles demeures avec arches pour les boutiques. Parfois, de petites marches abruptes mènent aux celliers. Voir la *maison Destaing* (du XVe s). Pittoresque *rue du Four* (ou du Vieux-Fossé).

L'église : édifiée au XVIe s. Genre gothique imposant avec un clocher carré. À l'intérieur, très intéressant mobilier. À noter, encadrant la porte d'entrée, quatre belles statues polychromes, en pierre, de la Renaissance (sainte Anne, la Vierge et Jésus, saint Jacques, une Annonciation). Lumière sur le côté. À gauche du chœur, statue ancienne de saint Martin. Dans la nef, présentation au Temple, toile du XVIIe s. Dans la deuxième chapelle à droite, retable de 1763 en bois doré et peint. Statue de la Vierge en assomption. Vitrail de la Sainte Famille. Le must de l'église, c'est le *banc de la famille d'Humières,* avec ses beaux médaillons en relief de la Renaissance. À côté, chapelle de la Crucifixion. Là aussi, belle boiserie ancienne ciselée au-dessus du box. Petit *Saint Michel terrassant le dragon* en bois sculpté.

➢ À partir du village, trois ***sentiers pédestres :*** Les Chèvres (1h30), La Forêt (2h) et Les Chênes rouges (5h).

Manifestations

– ***Les Nuits de Marcolès – « Carriérons » :*** *fin juil. Résa auprès de l'office de tourisme : ☎ 04-71-46-94-82.* Illumination du bourg médiéval ; visites contées et en musique.
– ***Festival Léz'arts de la rue :*** *autour du 15 août. Infos à l'office de tourisme. • marcoles.fr •* Théâtre de rue, spectacles, etc. ; dans l'esprit du festival d'Aurillac.

MAURS-LA-JOLIE (15600) 2 370 hab. *Carte Cantal, A4*

À l'extrémité sud-ouest de la Châtaigneraie, petite capitale de la « Riviera cantalienne », puisque la bourgade ne s'élève qu'à 280 m. On y trouve un microclimat, et les vignes y poussaient encore jusqu'à la fin du XIXe s. Elle est aussi surnommée « la petite Nice du Cantal ».
Maurs, jadis prévôté de la haute Auvergne, posséda jusqu'au XVIIIe s une enceinte circulaire. Son vieux centre est ainsi un rond parfait, et les douves comblées lui servent de boulevard extérieur. La ville fut fondée au Xe s autour d'une abbaye dont il subsiste aujourd'hui une très intéressante église abbatiale. Ses foires, notamment aux chevaux, font également beaucoup pour sa notoriété.

Adresse et infos utiles

🅸 ***Point d'accueil de l'office de tourisme de la Châtaigneraie de Maurs-la-Jolie :*** *pl. de l'Europe. ☎ 04-71-46-94-82. • chataigneraie-cantal.com • Juil-août, tlj sf dim ap-m ; le reste de l'année, ouverture restreinte.*
– ***Marché :*** *jeu mat.* Labellisé un des 100 Marchés de France.

Où dormir dans les environs ?

⛺ ***Camping Moulin de Chaules :*** *15600* ***Saint-Constant.*** *☎ 04-71-49-11-02. 📱 06-82-28-23-27. • camping@moulin-de-chaules.com • moulin-de-chaules.com • À 6 km du centre de Maurs ; accès par la D 28. Ouv de mi-avr à début oct. Forfait 2 pers 22,10 € ; loc de caravanes et de mobile homes. 💳 CB refusées.* Ce camping 3 étoiles, au pied d'un château fort en ruine, n'est certes pas donné, mais il possède un charme fou. Une soixantaine d'emplacements plus ou moins ombragés, pas séparés entre eux mais étagés sur plusieurs niveaux ; environnement très agréable, en pleine nature, le long du ruisseau la Ressègue. La belle ferme a été transformée en taverne, et il y règne une chouette ambiance familiale ; diverses animations pour les enfants (course de bateaux sur la rivière, atelier d'arts plastiques, ramassage des mûres...). Très apprécié des Hollandais. Belle piscine, jeux pour les enfants...

À voir

L'abbatiale Saint-Césaire : vestige de l'ancienne abbaye dont on trouve une trace écrite pour la première fois en 941. La première église, durement éprouvée par la guerre de Cent Ans, laissa place à un nouvel édifice à la fin du XIVe s. Clocher massif, haut de 32 m. Beau portail.
À l'intérieur, large vaisseau sans bas-côtés, donnant une impression d'harmonieuse simplicité. Une curiosité : l'extrême diversité des pierres utilisées pour les murs et tous leurs coloris. Grande finesse des nervures jaillissant en gerbe des piliers.
La *clôture du chœur* se révèle l'un des chefs-d'œuvre de l'église. Elle date du XVIe s, ainsi que les stalles. Sur le côté gauche de la clôture, de part et d'autre de l'entrée, figures de saint Paul, reconnaissable à son épée, et de saint Pierre, reconnaissable à ses deux clés. Quant à saint Jean, il tient un calice. 15 stalles seulement, car, en 1323, l'abbaye s'imposa un maximum de 15 moines, conséquence de la pauvreté de la région et de ses faibles ressources. Détailler accotoirs et miséricordes (qui permettaient aux moines de se reposer tout en restant debout). Certaines sont ornées de motifs intéressants. Amusez-vous à les reconnaître : des coquilles évoquant le pèlerinage de Saint-Jacques, un centaure, une salamandre crachant du feu, un lion, etc. Au-dessus, détailler aussi le panneau, richement décoré, seul vestige de tous ceux qui devaient jadis entourer entièrement le chœur.
Les 11 statues surmontant les stalles datent de la fin du XVIe s. Probablement polychromes à l'époque, elles se répartissent autour d'un beau Christ en croix. C'est le plus grand ensemble du Cantal.
À gauche du chœur, un beau lutrin du XVIIIe s avec quatre pupitres. Remarquez ses pieds ornés de têtes d'animaux.
Dans la chapelle, à droite du chœur, l'autre chef-d'œuvre de l'art romain dans l'église : le *buste reliquaire de saint Césaire.* Datant du XIIe s et haut d'un peu moins de 1 m. Saint Césaire, né à Chalon-sur-Saône en 469, fut d'abord moine à la célèbre abbaye de Lérins, puis évêque d'Arles. Il est représenté revêtu de ses habits épiscopaux : aube faite de fils d'argent, chasuble et étole de plaques en cuivre doré parsemées de pierreries de couleurs. Notez la taille démesurée des mains, symbolisant la puissance de la parole enseignée par l'évêque.
Pour finir, visite des chapelles du chœur. Dans celle de gauche, tabernacle du XVIIIe s et une copie de *L'Assomption de la Vierge* de Murillo. Dans la chapelle absidiale, jolie statue de la Vierge en majesté, du XIVe s.

Randonnée pédestre

➢ ***Les coteaux de la Rance*** *(8,5 km ; 2h30, en boucle, sans les arrêts) : au départ de **Saint-Étienne-de-Maurs,** voisine de Maurs-la-Jolie. Balisage : jaune. Carte IGN au 1/25 000, nº 2337 O.* Balade facile pour amateurs de panoramas auvergnats.

Foires et fêtes locales

– ***Foires chevalines :*** *3 fois/an, le 1er jeu des mois de mars et de mai et le 4e jeu d'oct.* Plus de 1 500 chevaux de trait ou de selle, poneys, mulets, ânes, etc. On vient des quatre coins de l'Auvergne, du Midi-Pyrénées et de l'étranger (beaucoup d'Italiens) pour ce rendez-vous équidé incontournable. Ici, qualité remarquable. Il faut vivre de près ces impressionnantes cohues de chevaux se rendant à la pesée.
– ***Foire aux chevaux de sport et de loisirs :*** *le 1er sam d'avr.*
– ***Importante brocante :*** *en juil.*

– D'autres ***animations*** en saison. *Infos auprès de l'office de tourisme.*
– ***Les rencontres des métiers de l'artisanat d'art :*** *le 2e w-e d'oct.* ☎ *04-71-49-00-32.* Manifestation rassemblant l'ensemble des métiers de l'artisanat d'art, depuis le travail du bois jusqu'à la fabrication de vitraux.

DANS LES ENVIRONS DE MAURS-LA-JOLIE

SAINT-SANTIN-DE-MAURS (15600)

Au sud de Maurs. Prendre la D 963, puis les D 28 et D 45 à partir de Saint-Constant. D'abord, pourquoi vous parler de ce petit village sans caractère particulier ? Parce qu'il possède deux églises quasi côte à côte. *Damned* ! La foi était-elle si grande jadis qu'on avait besoin de deux sanctuaires pour satisfaire la demande chaque dimanche ? Que nenni ! Vous allez évoluer en fait dans deux villages : Saint-Santin-de-Maurs et Saint-Santin-en-Aveyron, une de ces bizarreries comme la France les affectionne...
Deux villages que rien, mais alors rien ne sépare. Ils sont totalement imbriqués. Pourtant, ces deux villages se situent dans deux départements différents, le Cantal et l'Aveyron, et deux régions également différentes, l'Auvergne et le Midi-Pyrénées !
Longtemps (jusque dans les années 1940-1950, dit-on !), chaque camp cultivait ses particularismes. Lors des foires à bestiaux villageoises, du côté Auvergne, on arborait la blouse bleue pour négocier ses vaches salers, et côté Rouergue, on arborait fièrement la blouse noire pour vanter les qualités des aubracs. Bien sûr, pour rien au monde une fille d'un village n'aurait fréquenté un gars de l'autre et... les deux curés ne s'entendaient pas plus !
Lorsque les mômes sortaient de leurs catéchismes respectifs, il n'était pas rare qu'ils se jettent des pierres... On imagine également les imbroglios administratifs qu'entraînait une telle situation (problèmes de scolarité, système de distribution de l'eau, fêtes et commémorations, etc.).
Ce sont les anciens combattants qui commencèrent à unifier les deux villages (normal, des guerres, ils en avaient soupé). Le 8 Mai est désormais commémoré ensemble en Aveyron, et le 11 Novembre dans le Cantal (on se déplace seulement de 2 m !). Le Syndicat des eaux a fini par être commun, l'Entente sportive, l'équipe de foot locale, regroupe désormais les jeunes des deux villages (il n'y avait plus assez de jeunes de chaque côté pour former une équipe !). Depuis une vingtaine d'années, un comité des fêtes commun organise les manifestations. Bref, c'en est fini des antagonismes tribaux d'antan. Tant pis pour le folklore, tant mieux pour la tranquillité des deux Saint-Santin.
Notre conclusion à nous : bien entendu, rien de très spectaculaire du point de vue touristique (tout cela pour éviter à certains lecteurs de fantasmer et à beaucoup d'autres d'être déçus), mais une situation juridique et administrative unique en France !

POURQUOI FAIRE SIMPLE QUAND ON PEUT FAIRE COMPLIQUÉ ?

La frontière qui sépare Saint-Santin-de-Maurs et Saint-Santin-en-Aveyron, ainsi que les départements et régions, passe dans le « village » sans suivre un axe cohérent, musardant plutôt au fil des ruelles. Bien sûr, elle passe au milieu du monument aux morts. La maison entre les deux églises est aveyronnaise, car la chambre est en Aveyron (c'est le lieu de procréation qui détermine l'appartenance !). Mais, comme la cuisine se trouve en Cantal, elle a obtenu l'électricité... 11 ans plus tôt ! Élémentaire, non ?

À faire

➢ ***Quelques balades à pied dans le coin :*** à partir de Saint-Santin, la *colline de la Garenne,* une butte calcaire dure, couronnée de chênes. Sur le flanc sud, 30 variétés d'orchidées. Toujours ce microclimat ! Face nord, en revanche, végétation de montagne (hêtres, etc.).

MONTMURAT (15600)

À 14 km au sud de Maurs. Village sur une colline offrant un superbe belvédère sur la région. Le Rouergue et les monts d'Aubrac d'un côté, la Garenne, la Châtaigneraie, le puy Mary et le plomb du Cantal de l'autre. Dommage qu'une mairie hideuse défigure l'unique place du village.
– ***Fête locale :*** *le 1er dim d'août.*

ENTRE MAURS ET BOISSET

Dérives dans le dédale des petites routes désertes de la Châtaigneraie qui sont souvent perdues au fond de petits vallons, contraintes de suivre les cours d'eau et d'en repousser tous les méandres. À Boisset se déroule une importante foire à la brocante, chaque année, en avril.

Au passage, dans la vallée de la Rance, le petit ***château d'Entraygues*** *(visite en juil-août, jeu ap-m).* Gentil désordre des toits, souvent à quatre versants et double pente. Hautes cheminées. Très belle vue sur la vallée. À l'intérieur, de beaux plafonds peints du XVIIe s et de rares papiers peints du XVIIIe s. Le tout restauré et classé.

Un peu plus loin, sur la commune de ***Leynhac,*** dans un décor bucolique à souhait, la jolie petite ***chapelle du Pont*** *(accès par un petit pont, puis on suit un chemin, et tt au bout, la chapelle ; visite slt 15 juil-15 sept, jeu 15h-17h, ou sur rdv auprès de la mairie au ☎ 04-71-49-04-92).* Vestige d'un ancien prieuré du XIIe s, aujourd'hui fort bien restauré. À l'occasion des travaux, on y a découvert des fresques du XIIe au XVe s. En face, sur le petit torrent, un vieux ***moulin.*** Pour ceux qui auraient une petite faim, ils peuvent faire escale à Casta Néa (voir plus haut « Où dormir ? Où manger dans les environs de Marcolis ? »).

CALVINET (15340) 436 hab. *Carte Cantal, A-B4*

Fort agréable étape pour se poser en haute Châtaigneraie et rayonner alentour. En outre, on y trouve un des restos étoilés du Cantal. Une bonne raison de s'y arrêter, non ?

Où dormir ? Où manger à Calvinet et dans les environs ?

Très bon marché

⛺ ***Aire naturelle Les Érables :*** *lieu-dit Le Puech. ☎ 04-71-49-94-32 (mairie). • mairie.calvinet@wanadoo.fr • Au sud de Calvinet, sur la D 66 (direction La Rouquette), près du terrain de sport. Ouv juil-août slt. Compter 5 € pour 2 pers. CB refusées. 2 nuits offertes pour 2 sem au camping sur présentation de ce guide.* Une trentaine d'emplacements. Grande pelouse au confort simple, calme et ombragée. Bien entretenu. Terrain de tennis attenant (clé et paiement auprès du Café des sports).

Le Café des Sports : *dans le bourg. ☎ 04-71-49-97-61. Ouv tlj sf dim, le midi. Menu unique 13 € tt compris.* Pour les amateurs de cuisine fraîche et copieuse, et surtout d'atmosphère populaire et villageoise.

Prix moyens

Chambres d'hôtes Domaine de Laubertie : *à* ***Sénezergues.*** *☎ 04-71-46-65-61. • laubertie@free.fr • laubertie.free.fr • À 2,5 km de Calvinet. Doubles 48-53 €. De Calvinet, prendre direction Aurillac ; au stop à gauche (Aurillac toujours) ; puis 500 m plus loin après un paddock pour chevaux, prendre à droite (c'est fléché).* On est d'emblée séduit par la fière allure de cette maison de maître de 1713 et de ses dépendances, et pas déçu en découvrant l'intérieur de la maison : 2 chambres à l'étage (dont une familiale), très larges volumes (oulala... les salles de bains !), sobriété ; on mesure le temps et l'énergie que le couple a dépensés dans les travaux, pour récupérer les boiseries en chêne, les cheminées, les poutres... Et puis il y a l'ancienne chapelle, qui abrite une chambre de plain-pied. Petit déj simple et bio. Quant aux amis des bêtes, ils seront d'autant plus heureux, que, en plus des chiens, Laubertie est aussi le domaine des chevaux (Valérie est éleveuse de profession). Piscine chauffée par une pompe à chaleur. Très bon accueil.

Chic

Hôtel Beauséjour : *route de Maurs, au bourg. ☎ 04-71-49-91-68. • info@cantal-restaurant-puech.com • cantal-restaurant-puech.com • Resto ouv sur résa. Congés : janv-fév. Doubles 60-100 €. Menus 26 € (en sem)-60 €.* On vient de loin pour la goûteuse cuisine de terroir de Louis-Bernard Puech, mais aussi de tout près : le Beauséjour est avant tout l'auberge du village, où les habitués ne viennent prendre le café du matin. Service efficace. Carte et menus évoluent au gré des saisons avec des plats jouant sur des associations étonnantes, telles que langoustines rôties et boudin noir... Quoi qu'il en soit, les produits sont locaux. Bon choix de vins à prix raisonnables. Si vous voulez prolonger le plaisir, sachez que le chef donne aussi des cours de cuisine, alors renseignez-vous ! Quelques belles chambres, dont 2 suites d'excellent confort. Et pour ceux qui voudraient s'installer une semaine en gîte dans les environs, on vous recommande le ***gîte rural La Rouquette*** *(• location-vacances-auvergne.fr • À 3,5 km au sud de Calvinet).*

DANS LES ENVIRONS DE CALVINET

Le château de la Mothe : *à 2 km au sud de Calvinet.* Il ne se visite pas, mais son architecture s'apprécie fort bien de la route. Totalement composite, festival de toits de lauzes. Édifice principal avec une tour-escalier du XVe s, entouré de corps de ferme aux toits à deux, quatre, voire huit pentes. Chapelle avec fontaine en face. – Devant l'entrée, sur la route, de l'autre côté, une pittoresque maison avec lucarne originale surmontée d'un clocheton. Façade concave, comme pour épouser le mouvement tournant des attelages qui sortaient du château...

MOURJOU (15340)

Sympathique village et église au clocher original. Sur la place principale, belle demeure bourgeoise du XVIIIe s.

Où dormir ? Où manger ?

Auberge de Mourjou : *☎ 04-71-49-66-18. • aubergedemourjou@orange.fr • aubergedemourjou.com • Ouv tlj. Doubles 49 €, petit déj inclus. Menus 16,50-22,50 €.* Cuisine fine et de caractère avec magret de canard aux châtaignes, cuisses de grenouilles à la crème d'ail douce, etc. Également 4 chambres.

À voir

La maison de la Châtaigne : *☎ 04-71-49-98-00. • mourjou.com • Juil-août, tlj sf lun 13h30-19h ; juin et sept, tlj sf lun 14h-18h ; également ouv les longs w-e de printemps 14h-18h, ainsi que pour la foire de la Châtaigne (avant-dernier w-e d'oct) 10h30-18h ; même si la Maison est supposée fermée, passez toujours un coup de fil. Entrée : 5 € (4 € sur présentation de ce guide) ; réduc.* On adore cet écomusée à la scénographie vivante, moderne et ludique, qui raconte la passion des *castagnaïres.* Les textes ont été réécrits par une conteuse, avec humour et poésie. On peut apprendre les causes du déclin de la châtaigne, que de ses tanins on faisait de l'encre, le bon moment pour couper le bois de châtaignier et l'usage qu'on en a aujourd'hui... Dans le domaine pharmaceutique, des recherches sont en cours sur d'éventuelles propriétés antibiotiques qui pourraient être contenues dans la double peau de la châtaigne. On visite, aussi, la *maison de la Colette,* avec son épicerie des années 1950, le *sécador* et le four à pain, le verger des châtaigniers, le jardin potager, la collection de vanneries en bois de châtaignier, etc. Écologie, économie, histoire, tous les aspects sont abordés, à commencer par le rapport entre ce « légume du pauvre » et les générations de paysans qu'il a sauvées de la famine. Aujourd'hui mets de choix, voire de luxe, on ne le nomme plus châtaigne, mais marron... ça fait tellement plus chic ! En sortant, faites un tour à la boutique pour déguster et acheter des produits (confiture, liqueur, artisanat...).
➢ Également un *sentier de découverte* (10 stations ; boucle de 1h30) : découverte de la végétation des zones humides, sèches, de celle qui environne le Célé et ses moules perlières...
En quittant le musée, vous pourrez faire une halte sur les chemins de la Châtaigne... Pourquoi pas tout simplement à l'*Auberge de Mourjou,* à deux pas du musée ? Si vous préférez, apportez votre pique-nique et attablez-vous à l'un des emplacements installés dehors.

Manifestations

– ***Les Rescalons*** *(prononcer « rescalou ») : fin sept, à* ***Sénezergues.*** Grande balade à travers la campagne sur le thème de la noix. Le tout agrémenté, au fil des étapes, d'un banquet, mais aussi de spectacles, de contes...
– ***Foire de la Châtaigne :*** *l'avant-dernier w-e d'oct, à Mourjou. Programme complet et infos auprès de l'Association du Pélou : ☎ 04-71-49-69-34. • mourjou.fr •* Foire réputée. Créée en 1990 par un groupe de bons copains du village, cette grande fête de la châtaigne rassemble des tonnes de châtaignes, des milliers de litres de cidre doux, des dizaines de producteurs et quelque 25 000 visiteurs ! Vous pouvez venir à la *fièira de la castanha* et y goûter la châtaigne sous toutes ses formes : grillée, bouillie, en farine, en crème de marron, et même en boisson (goûtez donc au *pelou-tonic*)... Bien sûr, spectacles de musique et de contes ajoutent à la belle ambiance.

LA VALLÉE DU LOT

Bien entendu, elle est cantalienne rive nord. Riante, sinueuse, charmante, presque dans le Midi déjà. Vous y verrez-même des palmiers ! Quant aux cerisiers, ils y fleurissent deux semaines plus tôt qu'au nord. Sur le marché d'Aurillac, les « costovins » (prononcez « coustoubis »), paysans du coin, arrivaient toujours avec les premiers fruits et légumes. Le Lot, à ce niveau, manifeste une belle énergie. Pas étonnant qu'il comble les amateurs de canoë-kayak ! Un peu plus au sud, Conques, l'un des plus beaux villages au sud de la Loire. Vers l'est, au Fel, le premier vignoble.

VIEILLEVIE (15120) 116 hab. *Carte Cantal, B4*

Chouette village en bord de Lot, dominé par un beau château – qui se visite – qui daterait, selon certains spécialistes, du IXe s, avec des fenêtres Renaissance. Église avec voûte en berceau et petit retable baroque. Bien sûr, en juillet-août, route touristique et pas mal de passage.

Où dormir ? Où manger à Vieillevie et dans les environs ?

Camping de Coursavy : *15340 Cassaniouze. ☎ 04-71-49-97-70. • camping.coursavy@wanadoo.fr • campingcoursavy.com • À 6 km de Vieillevie. Ouv 20 avr-20 sept. Compter 20,90 € pour 2 pers. CB refusées. Réduc de 10 % (sf juil-août) sur présentation de ce guide.* Tenu par des Hollandais, un camping mignon comme tout et situé au bord du Lot. Une cinquantaine d'emplacements (certains vraiment près de la route en revanche) et location de 4 petits chalets. Bon confort. Sanitaires récents et impeccables, terrain ombragé, piscine. Sentier de randonnée (GR 65) à proximité ; bonne doc touristique.

Hôtel de La Terrasse : *au bourg. ☎ 04-71-49-94-00. • info@hotel-terrasse.com • hotel-terrasse.com • Resto fermé dim soir et lun (sf juil-août et w-e fériés). Congés : de mi-nov à début janv. Doubles 49,50-70 € selon confort, période et vue. Formule 11,50 € (déj en sem) ; menus 26 € (sf w-e)-45 €.* L'hôtel est tenu par la même famille depuis plusieurs décennies. Il offre des chambres classiques, rénovées pour la plupart, mais toutes de bon confort. Certaines se situent dans un autre bâtiment, à l'entrée du village. Terrasse ombragée sous une tonnelle, belle piscine qui surplombe le Lot, jardin, tennis. Côté cuisine, c'est une vraie bonne surprise. En privilégiant une carte courte et une cuisine fraîche de saison, le chef dépoussière le terroir avec un brin de fantaisie et beaucoup de savoir-faire. Résultat, c'est fin, léger et délicat. Un sans-faute, à déguster dans un chouette cadre contemporain ou en terrasse. Accueil très aimable. Une très bonne adresse.

Où acheter de bons produits dans les environs ?

La Ferme de la Vidalie : *☎ 04-71-49-96-98. • serge.broha@wanadoo.fr • En bordure du Lot, à 6 km de Vieillevie, direction Entraygues (D 141), puis 1re route à gauche au hameau Le Port. Vente tlj. Visite de la cave possible (téléphoner avt).* 2 domaines seulement dans tout le Cantal ! À deux pas du Lot, il s'agit encore de vin « d'Entraygues le Fel » (AOP), on peut donc à peine parler de vin d'Auvergne. En tout cas, de sympathiques vins de terroir : chenin pour le blanc (à mélanger à de la liqueur de châtaigne !) et fer-servadou et cabernet pour les rouges et les rosés, pas chers du tout. La famille produit également des fromages de chèvre, plusieurs fois primés.

À voir

– **Le château :** *06-20-52-39-21. Ouv juil-août tlj sf w-e et j. fériés. Visites contées à 15h30, 16h30 et 17h30. Visites spectacles les mar soir sur résa slt.* Château fort, inscrit au titre des Monuments historiques, qui a traversé les époques et qui se visite sous forme de conte ou spectacle.

Où faire du canoë-kayak ?

■ **_Base du port de Vieillevie – Asv'olt :_** *☎ 04-71-49-95-81. • asvolt.canoe@wanadoo.fr • asvolt.com • Sur la D 141, vers Entraygues. Ouv tte l'année (hors saison, horaires réduits et sur résa slt).* La plus grande base de canoë-kayak de toute la région. Équipe très professionnelle et accueillante, et un programme pour tous les goûts, tous les budgets. Location de canoës-kayaks (avec fourniture du matos et remontée des clients), descentes accompagnées avec un moniteur, formule « resto-loc' », stages de 3-5 jours, week-end « printemps-automne », rafting (au printemps et selon le niveau), descente de 10 km, et, l'été, activités spécialement conçues pour les petits.

DE VIEILLEVIE À MONTSALVY

Pittoresque route (la D 341) pour Montsalvy, par _Aubespeyre,_ avec des échappées étonnantes sur le plateau de la Châtaigneraie et les gorges du Lot. Pentes où alternent châtaigniers, bruyères roses et prairies. Paysages vraiment sauvages.

Achats

Poterie du Don : *le Don du Fel, 12140* ***Le Fel.*** *☎ 05-65-54-15-15. • contact@ledondufel.com • poteriedudon.com • À 9 km de Montsalvy. Avr-sept, tlj 10h-18h30 (fermé 12h-14h le w-e) ; oct-mars, tlj 10h-18h (fermé mat le w-e). Visite guidée sur résa à partir de 10 pers (6 €/pers).* Le site est à couper le souffle, et l'architecture des lieux très moderne ! Très belle sélection de céramique contemporaine réalisée par Nigel et Suzy Atkins. De renommée internationale, Suzy Atkins confectionne des pièces très originales, qui sont reproduites en série, mais avec passion, par ses employés. En même temps, elle crée ses pièces uniques, souvent décorées d'or. Pour ceux qui auraient loupé le coche, visitez leur boutique à Aurillac, ***La Vitrine du Don*** *(12, rue Victor-Hugo ; mar-sam 9h30-12h, 14h-18h30).*

MONTSALVY (15120) 890 hab. *Carte Cantal, B4*

S'il est un voyageur qui ne regrette pas ses efforts, c'est bien celui qui monte vers Montsalvy quand il aperçoit là-bas le tableau des pastels noirs et verts du Rouergue, et de l'autre côté, les ocres tendres du Lot. _Montsalvy_ vient de « mont du sauvé » ; c'était en effet une sauveté, une terre d'asile bornée de croix aux quatre coins. Il en reste au moins une, de forme ronde assez originale, à l'est du bourg, pas loin de la source de « Saint-Font ». La ville se construisit autour d'un monastère au XIe s. Il n'en reste aujourd'hui que l'église abbatiale.

À voir. À faire

➢ **_Balade dans la vieille cité :_** de l'enceinte fortifiée, il subsiste deux portes de ville. Celle au sud touche le château, vieille demeure bourgeoise agrémentée d'une tour au XVIIIe s, aujourd'hui maison de retraite. Tour avec échauguette. Maisons anciennes dans la rue Basse-des-Remparts. Devant le portail principal de l'église, maison d'angle avec belle tourelle d'angle à encorbellement. Sur l'un des côtés de la nef, demeures très basses, caractéristiques. Toits de lauzes très pentus, avec lucarnes. Pensez à vous procurer le dépliant *Parcours du patrimoine,* disponible à l'office de tourisme, pour faciliter et enrichir la visite de la ville.

L'église : construite en 1066. Massif clocher carré à lanternon. Chevet roman classique. À l'intérieur (restauré), abside en cul-de-four et croisée de transept en plein cintre. Cadre assez dépouillé. Beau christ en croix du XVe s. Sortir à droite du chœur dans le jardin de curé, pour admirer la salle capitulaire. Si elle est fermée, on voit cependant bien, de l'extérieur, les colonnes et le plafond voûté. L'ancien réfectoire des moines abrite aujourd'hui des expos temporaires.

DANS LES ENVIRONS DE MONTSALVY

Le puy de l'Arbre : à moins de 2 km de Montsalvy, vue panoramique très vaste à 360°, à une altitude de 830 m. Le site fut choisi par les astronomes Méchain et Delambre lorsqu'ils furent investis par la Convention, sous la Révolution, pour mesurer la longueur de l'arc de méridien entre Dunkerque et Barcelone. Ils y travaillèrent jusqu'en 1799, les conditions d'observation étant optimales pour leurs calculs. Ce travail fut appelé « la Grande Triangulation » et servit de base à l'établissement du... mètre. Eh oui, la dix millionième partie du quart du méridien terrestre est née ici, sur ce petit puy !

PAYS DE SALERS ET D'AURILLAC

TOURNEMIRE (15310) 140 hab. *Carte Cantal, B2-3*

Un de nos coups de cœur dans le Cantal, classé parmi les Plus Beaux Villages de France. À mi-pente, dominant la vallée de la Doire, le village s'étire le long de sa rue unique, entrecoupée de placettes. Solides et élégantes demeures, aux toits couverts d'épaisses lauzes. De la place de l'Église, notez cette grosse bâtisse avec deux portes à linteau l'une au-dessus de l'autre et un haut escalier. Jardinets et potagers suspendus, tandis qu'un ru fait entendre son murmure dans le village. C'est bien là le seul bruit que vous percevrez, d'ailleurs, avec le gai tintement des salers émaillant le vert et velouté patchwork de la vallée. Et, tout au bout, le fier château d'Anjony monte une garde vigilante contre tout promoteur immobilier susceptible de casser cette sérénité ! On peut manger un morceau à l'auberge de Tournemire, à côté du château ; quelques tables dehors.

UN PEU D'HISTOIRE

Entre Tournemire et Anjony, ce fut longtemps une guerre façon Montaigu et Capulet en Cantal. À quelques centaines de mètres l'une de l'autre, les deux familles se vouèrent une haine féroce. Il y eut d'abord les Tournemire, qui dominèrent la région, furent de toutes les croisades et résistèrent aux Anglais et routiers pendant la guerre de Cent Ans. Forts de cette légitimité, ils virent d'un très, très mauvais œil s'élever, à une portée d'arbalète, le château des Anjony, famille toute nouvelle dans la vallée et protégée par le roi Charles VII. Les bisbilles entre les deux clans furent telles que le roi – et même le pape ! – durent intervenir pour mettre un terme à ces sanglantes querelles.

Adresse utile

Bureau d'informations touristiques : ☎ *04-71-40-58-08.* • *salers@salers-tourisme.fr* • *Ouv pdt les vac de Pâques et de mi-juin à mi-sept, tlj sf sam ; le reste de l'année, contacter l'office de tourisme de Salers.*

À voir

Le château d'Anjony : *parking au village.* ☎ *04-71-47-61-67.* • *bienvenue@anjony.com* • *anjony.com* • *Visites guidées de mi-fév à mi-nov, tlj 14h-17h (18h avr-juin et sept) ; visites supplémentaires juil-août tlj sf dim à 11h et 11h30. Entrée : 7,50 € ; réduc.*
Pour remercier le châtelain Louis d'Anjony d'avoir combattu aux côtés de Jeanne d'Arc, le roi Charles VII l'autorisa à transformer sa maison en donjon, sur le modèle de celui de Vincennes, pour asseoir l'autorité de ce dernier dans la région. De loin, le château monopolise complètement le paysage par sa rude élégance basaltique aux reflets roux. Architecture particulièrement bien proportionnée. Le peu de place sur le piton, à l'évidence, incita le constructeur à resserrer les tours et à créer cet impressionnant effet de verticalité. Au XVIIIe s, on lui adjoignit une aile résidentielle plus confortable. La famille de Léotoing d'Anjony y demeure toujours, et ce, depuis cinq siècles.
En plus du charme du lieu, c'est aussi un superbe musée d'Art. Impossible de tout citer ; d'ailleurs, le guide le fait plaisamment enchaînant bon mot sur bon mot...
– *Salle de séjour :* au 2e étage. Cheminée monumentale possédant bien des secrets. Tapisseries de Flandres et d'Aubusson (rencontre de Louis XIV et de la duchesse de Fontanges). Coffre de voyage François Ier et beau lit à rideaux datant du début du XVIIe s.
– *La chapelle :* admirables fresques italiennes et flamandes du XVIe s, racontant la vie du Christ. Vierge noire en majesté.
– *Salle des Preux :* à l'étage au-dessus. Lieu de réception orné, là aussi, de vigoureuses fresques du XVIe s, représentant, par séries de trois, les grands preux de l'histoire (Alexandre, Charlemagne, Josué, David, le roi Arthur et même un Belge, Godefroy de Bouillon...). Et puis encore des meubles ravissants : en particulier un cabinet de voyage à décor de feuilles d'or et d'os (1560). Coffre de mariage de Germain de Foix, commode florentine marquetée d'ivoire et de nacre du XVIe s, etc.
– *Salle d'audience et d'administration :* cabinets Louis XIII et Louis XIV.
– *Chemin de ronde :* tout en haut, charpente massive en grande partie d'origine. Grosses chevilles en bois pour tenir les lauzes. Vue sur le paysage splendide, ça va de soi !

L'église : date du XIIe s. En haut de l'escalier, portail à profondes et multiples voussures brisées. Les rares meurtrières témoignent du rôle défensif de l'église. Elle abrite aussi une épine de la couronne du Christ rapportée de croisade par un Tournemire.

DANS LES ENVIRONS DE TOURNEMIRE

Saint-Cernin : pour son église romane (XIIe s), modifiée au XVe s. Beaux modillons sur la corniche (personnages, têtes de cheval, cochon, etc.). À l'intérieur, admirez surtout les stalles sculptées provenant de l'église de Saint-Chamant, d'une grande richesse décorative. Pour 0,20 €, bel éclairage sur les vitraux !

Où manger dans les environs ?

La Ferme du Bruel : *15310* ***Saint-Illide.*** *☎ 04-71-49-72-27. • francoise.fleys600@orange.fr • À 10 km à l'ouest de Saint-Cernin. Ouv avr-oct, jeu-dim (mer-dim juil-août). Congés : 1 sem fin juin. Résa conseillée. Menu 27 €.* Rendez-vous des gourmands de la région, cette ferme-auberge propose une cuisine étonnamment fine, voire sophistiquée. Il faut dire que madame a pris des cours de cuisine avec de grands chefs, et l'on retrouve ce tour de main dans des recettes qui demeurent résolument de terroir, en parfait accord avec le cadre gentiment rustique et la production familiale (spécialiste de charcuterie et salaison). Et si l'on peut regretter le côté assez commercial de l'ensemble, cela n'empêche pas une cuisine généreuse et copieuse et un accueil on ne peut plus souriant. Service dans le jardin aux beaux jours. Boutique attenante. Pour y accéder, on vous conseille d'emprunter le chemin des écoliers et de suivre la jolie route qui longe les gorges de la Maronne et de la Bertrande... Vous pourrez en profiter pour jeter un œil aux ruines du château de Branzac (XVe s).

Où acheter du bon fromage ?

Salers et Cantal, chez Gilles Benech : *à* ***Anglards-le-Pommier*** *(hameau de Saint-Cernin, fléché depuis le village). ☎ 04-71-47-67-72.* Éleveur et producteur de fromage, Gilles Benech fait visiter son atelier et éclaire les amateurs sur les processus de fabrication, d'affinage et sur les différences entre les deux stars du cru : salers et cantal. Appeler avant pour venir à l'heure de la fabrication. Le produit fini est à vendre, évidemment, tout comme tomme fraîche, faisselle, yaourts...

Saint-Chamant : ne pas manquer l'autre partie des stalles (celle du chœur) restant à l'église (voir ci-dessus « Saint-Cernin »). Superbes dais gothiques décorés de figures de saints.
Voir aussi le ***château*** dans un joli parc. *☎ 04-71-69-26-85. • saintchamant.free.fr • Visite guidée juil-août, tlj 14h30-18h30. Entrée : 5 € ; réduc.* Style un peu hétéroclite. Gros donjon auvergnat à mâchicoulis du XVe s et corps de bâtiment du XVIIe s. Le château est habité par la même famille depuis 1783. À l'intérieur, on peut admirer notamment une fort belle série de tapisseries des XVIe et XVIIe s (Flandres, Aubusson), et la chapelle en bois doré et son retable du XVIIIe s.

Chambres d'hôtes La Buissonnière : *chez Joëlle Grellier. Au centre du village. ☎ 04-71-69-25-33. • joelle.grellier@wanadoo.fr • pagesperso-orange.fr/buissonniere • Doubles 60-75 € (2 nuits min) ; toilettes à l'extérieur des chambres.* Maison bourgeoise du XIXe s parcourue par la vigne vierge, qui offre une très jolie vue sur la vallée depuis les 3 chambres et le jardin bien fleuri. On a une petite préférence pour « Églantines », cosy et légèrement mansardée, avec sa salle de bains pleine d'allure. Salon-bibliothèque. Déco chic et personnelle, et accueil très aimable.

Saint-Martin-Valmeroux : important carrefour routier sur la D 922 avec une intéressante église. Harmonieux ensemble avec les maisons à tourelles, la fontaine et la halle en pierre de 1838. Pierre à mesurer le grain beaucoup plus ancienne. En face, la boutique d'alimentation se niche dans une belle demeure avec porte en anse de panier. L'*église* gothique, du XIVe s, présente un clocher-mur à vaste porche et nombreuses voussures. Haut chevet à contrefort et doubles fenêtres géminées. À l'intérieur, mobilier intéressant.

Domaine de la Chaux de Revel : *entre Saint-Martin-Valmeroux et Salers. ☎ 04-71-40-68-10. • pascal.montaz@laposte.net • domainedelachauxderevel.com • Congés : 15 nov-15 déc. Doubles 69-80 € avec petit déj ; roulottes hôtelières (avec petit déj) et roulottes-gîtes équipées (cuisine)*

89-110 € sans petit déj ; carré d'étoiles 90 €. Apéritif offert sur présentation de ce guide. Voilà un hébergement qui sort de l'ordinaire. 5 charmantes roulottes tout confort (TV, salle de bains, poêle électrique, minibar...) pour 2 à 4 personnes – certaines indépendantes tels de vrais petits gîtes avec kitchenette –, et un « carré d'étoiles », soit un cube genre module lunaire avec un hublot en guise de plafond, histoire de s'endormir en traquant la Grande Ourse. Pour les passionnés, le télescope est fourni. Les réfractaires à l'originalité pourront se rabattre sur les 3 chambres plus classiques de la bâtisse principale, thématiques, et chacune avec son petit « plus ». Le tout est posé sur un vaste pré en surplomb de la vallée, avec piscine chauffée, formules massages, jeux pour les enfants, et même quelques animaux.

Fontanges : au bord de l'Aspre, dans un cadre verdoyant, pittoresque village. Fontanges fut célèbre au Moyen Âge pour ses « prêtres-filleuls », prêtres communalistes qui ne prononçaient pas de vœux, vivaient dans leur famille, ne dépendaient d'aucune hiérarchie et travaillaient surtout dans les champs. Il y en eut jusqu'à 40. Belles demeures traditionnelles. Façades d'une grande sobriété, toits de lourdes lauzes. Intéressante *église* alliant un corps gothique à un clocher roman de forme inhabituelle, d'abord carré, puis octogonal dans sa partie supérieure. Le *château de Palmont* ne se visite pas. À découvrir aussi, l'imposante *chapelle monolithique Saint-Michel,* creusée au XIXe s. Elle fut construite sous les ruines du puissant château de Fontanges, bâti à flanc de rocher au Xe s, et dont la chapelle originelle fut complètement détruite au moment de la Révolution, à l'exception des colonnes sculptées qui furent déplacées à l'entrée du pont de l'Aspre. Et si vous vous trouvez à Fontanges à l'heure d'un repas, sachez que vous mangerez fort bien à l'Auberge de l'Aspre (☎ 04-71-40-75-76).

Balades

➢ De Saint-Paul-de-Salers, ***balade au puy Violent.*** Arrivée par la D 35 ou la D 37. Une route musarde par le Vielmur jusqu'au terminus de la croix des Vachers (parking). De là, chemin pour le puy qui culmine à 1 594 m. Le panorama circulaire y est particulièrement spectaculaire. Le GR 400 effectue également une boucle de 5h30 (environ 13 km) à partir de Récusset (parking un peu plus haut). Un passage délicat au roc des Ombres. Topoguide et carte IGN au 1/25 000 *Monts du Cantal,* nº 2435 OT, indispensable !

➢ Pour ceux qui retournent à Aurillac, possibilité d'inclure tous les villages et sites indiqués précédemment, puis de repartir en boucle par le col de Legal et celui de Bruel, avant de rejoindre la route des crêtes. Superbes points de vue.

SALERS

(15140) 400 hab. *Carte Cantal, B2*

Certainement la plus jolie ville du Cantal, parmi les Plus Beaux Villages de France. Salers possède un ensemble exceptionnel d'hôtels particuliers et de nobles demeures, surprenant à cette altitude et dans une région aussi isolée. Cela ne peut s'expliquer, bien entendu, que par l'histoire. En fait, la petite cité s'est construite assez vite (en deux siècles), d'où cette unité architecturale. Elle s'est aussi payé le luxe d'assurer une longue transition entre le gothique finissant et le style Renaissance, sans céder aux sirènes du baroque.

UN PEU D'HISTOIRE

Rien donc au départ ne prédisposait Salers à cette notoriété. Au XIe s, banal village avec son rituel château fort et son petit seigneur. Pendant la guerre de Cent Ans, un peu proche de la ligne de front, cependant. En 1428, le roi accorda aux villageois le droit de s'entourer de remparts, au grand dam du seigneur qui perdait ainsi le privilège de protéger ses ouailles. Les franchises municipales n'arrivèrent qu'en 1508 (deux ou trois siècles après maints villages).
Ce qui métamorphosa la ville fut le transfert du bailliage des Hautes Montagnes d'Auvergne (le tribunal) de Saint-Martin-Valmeroux à Salers. Les juges se firent alors construire des demeures dignes de leur rang, et donnèrent à la ville sa physionomie actuelle.
Pendant les guerres de Religion, les huguenots ne réussirent jamais à prendre Salers. Sous le règne de Louis XIV, en 1666, lors des « grands jours d'Auvergne » (liquidation des pouvoirs locaux), les seigneurs s'enfuirent, et le château fut rasé. Après la Révolution, avec la suppression du bailliage, la ville sombra dans une léthargie totale. Seul Tyssandier d'Escous, le fondateur de la race salers, contribua, par ses foires et comices agricoles, à relancer l'animation.

SALERS AUJOURD'HUI

Dès que les nuages prennent les mêmes teintes que la pierre, que les rues se vident totalement les jours de pluie d'automne et d'hiver, les belles demeures paraissent alors bien sévères. Et pourtant, même dans ces conditions, on aime vraiment !
Aujourd'hui, bien sûr, l'économie de la cité repose essentiellement sur le tourisme, qui s'est développé de façon phénoménale depuis une trentaine d'années. Le label Site remarquable du goût a permis de donner une nouvelle dynamique et de réconcilier gastronomie, tourisme et agriculture, en mettant en avant la qualité de la viande et du fromage de Salers, ainsi que le savoir-faire des producteurs.
Tout ça en fait un petit Sarlat, avec la saturation d'embouteillages humains en juillet-août. Pas nécessairement agréable quand on veut rêver un peu ! Alors, si vous le pouvez, venez hors saison touristique, ou levez-vous tôt le matin pour découvrir la ville ; votre effort sera récompensé !

Adresse utile

Office de tourisme intercommunal du pays de Salers (plan A2) **:** *pl. Tyssandier-d'Escous. ☎ 04-71-40-58-08. • salers-tourisme.fr • Ouv tte l'année, tlj. Visites commentées de la ville (en anglais et en espagnol sur rdv) 3 fois/j. en saison (départ min 5 pers ; 3,50 €, réduc).*

Où dormir ? Où manger ? Où prendre le thé ?

Camping

Camping Le Mouriol : *route du puy Mary. ☎ 04-71-40-73-09. • camping.mouriol.salers@orange.fr • salers.fr • À la périphérie de Salers. Ouv de mi-avr à fin oct (chalets avr-oct). Compter 12,80 € pour 2 pers. Loc de chalets 230-467 €/sem.* Bon confort. 80 emplacements gazonnés, souvent séparés par une petite haie. Sanitaires corrects. Calme et verdure.

Prix moyens

La Maison de La Ronade (plan A-B2, **2**) **:** *pl. Tyssandier-d'Escous. ☎ 04-71-40-72-91. • laganesalers@wanadoo.fr • Ouv tte l'année, tlj sf jeu hors juil-août. 2 sachets de thé de 50 g au choix (parmi 120 thés) offerts sur présentation de ce guide.* C'est un salon de thé ouvert tous les jours à partir de 15h30. Drôle d'endroit pour une

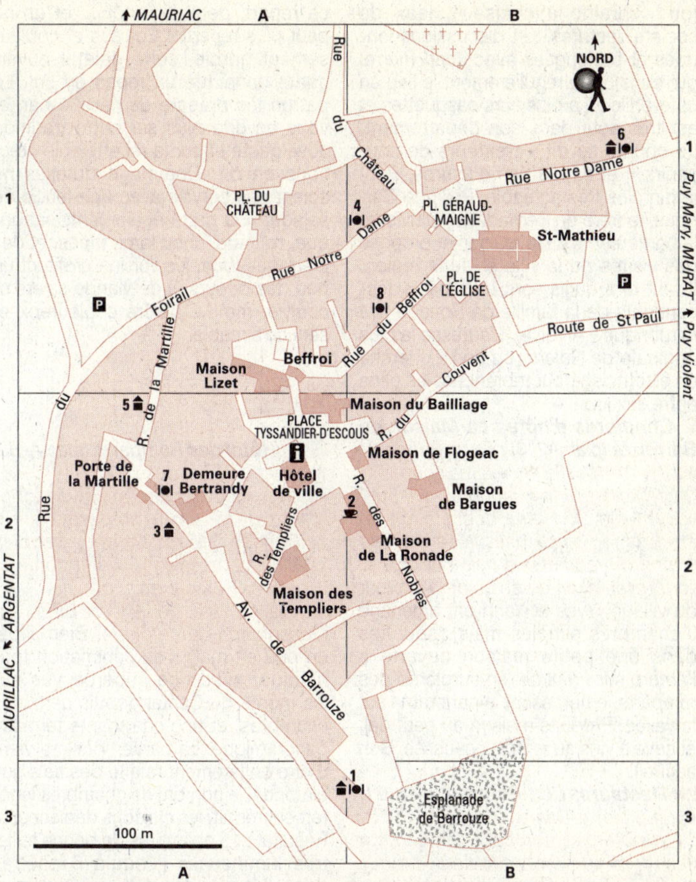

SALERS

■ **Adresse utile**

ℹ Office de tourisme intercommunal du pays de Salers

Où dormir ? Où manger ? Où prendre le thé ?

1 Hôtel des Remparts
2 La Maison de La Ronade
3 Chambres d'hôtes La Maison de Barrouze
4 Restaurant La Poterne
5 Hôtel Saluces
6 Hôtel Le Bailliage
7 La Martille
8 La Diligence

rencontre ! La plus ancienne demeure de Salers (XIVe-XVIIIe s) est un lieu chargé de meubles, de bibelots, de livres, d'Histoire et d'histoires, et surtout de beaucoup de convivialité et de fantaisie. Animé par Jean-Pierre et Bernadette Lagane, des grands-parents qu'on rêverait d'avoir, le lieu flirte même avec le registre fourre-tout archisympathique. Chocolat à l'ancienne et son carré de salers, 17 sortes de cafés, plus d'une centaine de thés, infusions, pains d'épice, cakes à savourer, mais aussi bibliothèque ancienne en libre-service (ou « librairie à chaise »), jeux de société, lectures... et discussions longues et prolongées avec Jean-Pierre, qui transforme régulièrement le lieu en café-philo ; il a plusieurs casquettes et est très actif dans son département. Le couple se dit « créateurs de souvenirs », et ça n'a rien d'usurpé. Petit jardin clos très agréable. Philippe Garrigue, le frère de Bernadette, fait visiter la partie XIVe s de la maison et propose des visites de la ville et de la région. Il faut dire qu'ils sont tous deux descendants de la famille de Ronade (lire la rubrique « À voir »). L'adresse la plus originale de Salers, où l'on « cherche un électricien pour rebrancher les gens entre eux »...

Chambres d'hôtes La Maison de Barrouze *(plan A2, **3**)* **:** *av. de Barrouze. ☎ 04-71-40-78-08. • lamaisondebarrouze@orange.fr • Doubles 52-56 € selon taille. Petite dégustation de produits régionaux dans la cave à vins et prêt de raquettes à neige et bâtons sur présentation de ce guide.* Au cœur du village, Yves et Yann ont aménagé 3 chambres simples mais coquettes dans une petite maison ouverte à l'arrière sur un jardin en surplomb des remparts, embrassant le panorama sur la vallée. Produits maison au petit déj, et cave à vins au rez-de-chaussée. Bon accueil.

Restaurant La Poterne *(plan B1, **4**)* **:** *rue Notre-Dame. ☎ 04-71-40-75-11. • poterne.lacombe@wanadoo.fr • Ouv tlj sf sam hors juil-août. Menus 18-24 €. Café offert sur présentation de ce guide.* Un restaurant de spécialités régionales au cadre chaleureux, pierre et poutres apparentes, vieux *cantou*... Cuisine soignée avec de bons produits frais. On retrouve les traditionnels viande salers, truffade, *pounti* et chou farci. Également le fameux *bourriol,* sorte de crêpe fourrée au bleu d'Auvergne, et une délicieuse tarte aux myrtilles. Service souriant. Un bon rapport qualité-prix.

La Diligence *(plan B1, **8**)* **:** *rue du Beffroi. ☎ 04-71-40-75-39. • ladiligencesalers@wanadoo.fr • Ouv tlj midi et soir Pâques-Toussaint. Bon à savoir : dernier service possible vers 22h30 en haute saison. Copieux menu découverte env 19 € et carte.* Un bourriol et ça repart, deux bourriols... et on ne peut plus repartir ! Épaisse et copieusement garnie, cette galette auvergnate constitue un repas en soi. Le patron les prépare derrière le bar, et vous en dira plus sur cette tradition auvergnate et sur la recette si le cœur vous en dit. Dommage qu'elles ne soient pas servies avec une feuille de salade. À la carte également, patranque, truffade, chou farci, tripes, et des pierrades (bon, les voisins profitent un peu des odeurs...) de viande salers *of course*, mmh... Cadre chaleureux et service aimable.

Chic

Hôtel des Remparts *(plan A-B3, **1**)* **:** *av. de Barrouze. ☎ 04-71-40-70-33. • hotel.remparts@wanadoo.fr • salers-hotel-remparts.com • Congés : 15 oct-20 déc. Doubles 72-98 € selon saison, vue et confort ; ½ pens 69-82 €/pers. Formule 10 € ; menus 15-28 €. Café offert sur présentation de ce guide.* Bien situé, un peu en marge de l'animation touristique, avec une superbe vue sur les monts du Cantal depuis certaines chambres, et une charmante terrasse panoramique. La partie hôtelière vient d'être entièrement refaite des sols aux plafonds, le nombre de chambres légèrement réduit, les cloisons déplacées... Résultat : 15 chambres de bonne taille, très lumineuses (jusqu'à 6 fenêtres dans l'une !), douches à l'italienne, mobilier en chêne clair... ; du sobre et contemporain ; beau boulot ! Également TV écran plat, coffre fort... Bonne cuisine auvergnate qui connaît ses classiques.

Hôtel Saluces *(plan A2, **5**)* **:** *rue de la Martille. ☎ 04-71-40-70-82. • contact@hotel-salers.fr • hotel-salers.fr • Congés : 2-8 janv et 15 nov-20 déc. Doubles 68-89 € selon confort et saison. Apéritif maison offert à partir de la 2e nuit, sur présentation de ce guide.* Une huitaine de chambres de charme et de caractère, avec cheminées, pierres et poutres apparentes. Raffinement et confort, la déco moderne n'utilisant que des matériaux nobles a su mettre en valeur les vieilles pierres. Un petit patio permet de prendre le thé et de se détendre dans la journée, à l'abri de l'agitation touristique. Ambiance conviviale avant tout, grâce à un accueil dévoué et souriant. Une adresse rare, un coup de cœur ! Pour plus d'indépendance et d'intimité, les proprios ont également 2 chambres d'hôtes de charme en face, dans une belle demeure, avec cheminée et cuisine à disposition.

Hôtel Le Bailliage *(plan B1, **6**) : rue Notre-Dame. ☎ 04-71-40-71-95. • info@salers-hotel-bailliage.com • salers-hotel-bailliage.com • À l'entrée du village. Resto fermé lun midi (slt en saison). Congés : 15 nov-6 fév. Doubles 75-165 € selon confort et saison ; ½ pens 65-135 €/pers. Menus 23-48 €. Nombreux forfaits séjours et w-e. Café offert sur présentation de ce guide.* Grosse maison cossue un peu en retrait de l'agitation. Chambres de bon confort et bien tenues. Les plus chères bénéficient d'un équipement balnéo et d'une belle vue sur la montagne. Les chambres standard sont coquettes et classiques, tandis que les « Grandes chambres » ont bénéficié d'un total relooking pour le moins surprenant dans ce village classé (à l'exemple de la minisuite « Marilyn », rhabillée en noir et fuchsia). 4 nouvelles chambres ont été aménagées dans une belle maison de maître, un peu plus loin, *La Demeure des Jarriges*. La déco y est romantique et bucolique à souhait. *Le Bailliage* est sans doute la meilleure table de Salers (ce qui, entre nous, n'est pas difficile), avec de bonnes spécialités auvergnates : filet de Salers, croquant de Salers aux fruits de saison... Piscine en plein air. Un conseil, l'été, réservez une table dans le jardin, sous la tonnelle.

La Martille *(plan A2, **7**) : rue de la Martille. ☎ 04-71-40-77-05. • lamartille@hotmail.fr • Ouv tlj midi et soir mai-sept ; fermé lun reste de l'année. Congés janv-fév. Menus 19,90 (midi) et 29-39 € (soir). Kir offert sur présentation de ce guide.* Une bonne adresse qui s'est vite fait connaître dans les environs. Déco sobre et soignée. Au rez-de-chaussée, ambiance plutôt brasserie, mais contemporaine, et, à l'étage ambiance plus cosy, et feu dans la cheminée en hiver. La bonne idée pour découvrir les spécialités du coin ? « L'assiette gourmande », copieuse et variée (chou farci, pounti, truffade...) Ici, la viande est salers, le tournedos aux cèpes, la tarte à la tomme et le café gourmand... La carte change en fonction des saisons. Le chef fait la tournée des tables, et récolte bien des compliments d'ailleurs. Service pro et très sympa, un peu long parfois. Une belle terrasse abritée par des érables. Bref, on ne regrette vraiment pas d'avoir poussé la porte de cette Martille.

Où dormir ? Où manger dans les environs ?

De bon marché à prix moyens

Hôtel du Commerce « Chez Dany » : *15140 Saint-Bonnet-de-Salers. ☎ 04-71-69-12-03. • chezdany15@orange.fr • hotelsalerschezdany.com • À 4 km de Salers, en face de l'église. Doubles 31-42 €. Parking et garage pour vélos et motos gratuits. Café offert pour 1 pers sur présentation de ce guide.* Ambiance et cadre typiques d'un discret petit hôtel de... commerce ! Avec des chambres simples (w-c sur le palier) mais bien tenues et une patronne très accueillante qui peut vous conseiller pour les randonnées en montagne. Dany ne fait plus les repas, mais si ça vous arrange vous pourrez toujours consommer votre pique-nique au bar.

Le Jardin du Haut Mouriol : *chez Éliane et Jean-Pierre Vantal, route du puy Mary. ☎ 04-71-40-74-02. • eliane.vantal@wanadoo.fr • salers-chambres-hotes.com • De Salers, D 680 vers le puy Mary sur 1 km ; c'est sur la gauche. Résa conseillée en été. Doubles 53-58 € selon saison.* 4 chambres d'hôtes claires et pimpantes. Si nous avons sélectionné cette adresse, c'est avant tout pour l'accueil et la disponibilité d'Éliane, la jeune hôtesse. Sa maison, bien que récente (rénovation des salles communes), n'en est pas moins agréable, avec un adorable jardin fleuri. En prime, Éliane et Jean-Pierre connaissent bien Salers et sa région : ils vous donneront tous les tuyaux pour découvrir ses richesses naturelles et ses petits restos. Au fait, ils sont agriculteurs, mais la ferme n'est pas sur place. Accueil chaleureux et dynamique.

Voir aussi plus loin nos adresses à Mandailles dans la rubrique « Où dormir ? Où manger dans les environs ? », ainsi que celles au pas de Peyrol et au puy Mary, dans les environs de Mandailles.

À voir. À faire

➢ ***Visite guidée de la ville :*** par Philippe Garrigue, qui organise également des visites nocturnes estivales à *La Maison de la Ronade* (voir « Où dormir ? Où manger ? Où prendre le thé ? »). *Rens : ☎ 04-71-40-76-18.*

La place Tyssandier-d'Escous *(plan A-B2)* **:** l'ex-place du Bailliage rappelle Sarlat, Locronan et quelques autres pour son homogénéité architecturale. Ici, nulle faute de goût, nul anachronisme. Un vrai décor de film de cape et d'épée du XVe s. Grande place de guingois, bordée d'élégantes demeures et hôtels particuliers. Commençons par la belle maison dite du Bailli ou du Bailliage.

La maison dite du Bailliage : *rens auprès de l'office de tourisme. En saison, tlj sf mer 11h-12h, 13h30-18h30. Visite guidée de 30 mn. Entrée : 2 €.* Ancienne demeure de Naudin de Valens, magistrat auprès du connétable de Bourbon et de ses héritiers Nozières et Montel. De style Renaissance, construite vers 1490 avec deux tourelles d'angle, sur encorbellement, et de fort belles moulures aux fenêtres, c'est aujourd'hui une maison particulière. Intérieur médiéval traditionnel. Belle porte en bois Renaissance italienne. *Cantou* traditionnel avec un Aubusson au-dessus. Coffre Renaissance en chêne, malle de carrosse du XVIIe s, superbe cheminée monumentale. Escalier à vis qui mène à la tour de guet. Aubusson du XVIIe s (mariage de Licinius et Constantia). Dans la dernière pièce du rez-de-chaussée, beau buffet sculpté Louis XV.

Autres demeures de la place : à gauche de la maison du Bailli, de l'autre côté de la ruelle, la *maison Lizet.* Au-delà du buste de Tyssandier d'Escous, la *maison de Flogeac,* avec sa haute tourelle d'angle sur encorbellement. À l'angle avec la rue des Nobles, la *maison de La Ronade* daterait de 1356. Tour en pied de cinq étages du XIVe s. Cette famille s'est transmis pendant deux siècles la charge de lieutenant-général civil et criminel. Puis, à la Révolution, Mme de La Ronade fut la seule femme du Cantal à être guillotinée... Souvenirs familiaux, mobilier et curiosités, grenier à charpente sculptée *(visite guidée payante : 3 € ; ☎ 04-71-40-76-18).* En face, la *mairie,* dans un bon pastiche médiéval du XIXe s (suite à un incendie). À côté de l'office de tourisme, en angle, la *maison de Lafarge.* Tout au fond de la place, la *maison Lacombe,* sa jolie porte ogivale moulurée et sa croix occitane au tympan.

La maison des Templiers-musée d'Histoire du pays de Salers et des chevaliers de Malte *(plan A2)* **:** *rue des Templiers. ☎ 04-71-40-75-97. Avr-mai et sept, tlj sf ven et sam mat 10h-12h30, 14h-17h30 ; juin-août, jusqu'à 18h (dernière visite) ; visites guidées ttes les heures. Entrée : 4 € ; réduc ; tarif spécial sur présentation de ce guide ; gratuit moins de 18 ans.*

Là encore, fort belle demeure Renaissance avec pignon et fenêtres à meneaux. Superbe entrée de style gothique, dont les clefs de voûte et les culots sculptés représentent un ensemble symbolique : tête hirsute de saint Jean-Baptiste, culte d'Isis, Godefroy de Bouillon.

La maison abrite aujourd'hui le ***musée de Salers.*** Impossible de tout citer, voici les principaux points d'intérêt.

– *Rez-de-chaussée :* ancienne pharmacie classée. Elle date du XIXe s et fut exploitée jusqu'en 1946.

– *1er étage :* consacré au pastoralisme sur le massif (presses à fromage...). D'autres pièces (les salons XVIIIe s), exposition d'ornements religieux.
– *2e étage :* reconstitution d'un foyer auvergnat traditionnel autour du *cantou,* avec banc-coffre pour le sel. Coiffes, meubles anciens. Beau vaisselier. Berceau (remarquez que le bébé était bien ficelé). Dans la petite tour, nombreuses variétés de lauzes (de 350 à 600 kg/m^2 !). Ce sont surtout les murs qui les supportaient, et non la charpente.

Après la maison des Templiers, dirigez-vous vers l'esplanade de Barrouze et la porte Martille (une des deux portes de ville qui subsistent). À l'angle, élégante et solide ***demeure Bertrandy*** *(plan A2)* de 1700 avec sa tour intégrée en façade et une jolie porte à fronton triangulaire avec trois boules (ayant valeur maçonnique, pense-t-on).

L'esplanade de Barrouze *(plan B3)* **:** point d'orgue de la balade en ville, cette terrasse arborée offre un remarquable panorama. De gauche à droite : la vallée de la Maronne et le col de Neronne ; dans la vallée, le village de Saint-Paul, quelques burons, avant d'arriver au puy Violent (et à celui d'Enfiguet) ; puis descente à droite vers la vallée du Rat et le village de Vielmur ; enfin, au milieu de l'horizon vers la droite, le col Saint-Georges, la vallée de Fontanges, le village de Clédart et, tout à droite, le plateau et la forêt de Jalinoux. Paysage d'une totale harmonie.

De la place Tyssandier-d'Escous à l'église : prendre à gauche de la maison dite du Bailliage. Sur le côté gauche de la ruelle, la ***maison Lizet*** *(plan A1).* Notez l'ancienne *chapelle* intégrée dans l'édifice, avec ses baies gothiques et son plafond voûté d'ogives. Passer sous la porte du beffroi. Grand porche ogival s'ouvrant dans une imposante tour carrée. Sous les mâchicoulis, vieille pendule ressemblant à un cadran solaire.

L'église Saint-Mathieu *(plan B1)* **:** large clocher-porche roman du XIIe s. Clocher frappé par la foudre et reconstruit au début du XIXe s, tout comme le campanile et son mécanisme d'origine. À l'intérieur, une seule nef. La voûte fut refaite au XVIe s dans un style gothique méridional. Intéressant mobilier. Première chapelle de gauche, beau tabernacle en bois doré du XVIe s. À droite de l'entrée, magnifique *Mise au tombeau* de la fin du XVe s, chef-d'œuvre de l'art bourguignon. Neuf personnages grandeur nature aux riches vêtements. À gauche et à droite, Joseph d'Arimathie et Nicodème. Au centre, saint Jean et la Vierge. Beaucoup de tendresse dans le personnage de saint Jean. Autour, les Saintes Femmes. Remarquable modelé et réalisme des visages. On a parfois évoqué les peintres flamands (comme Hans Memling). En face, *Vœu de ville,* tableau montrant la résistance aux huguenots (1586). Chaire joliment sculptée et « ange-lutrin » du XVIIe s, lustre en bois époque Louis XIV. Dans la chapelle à gauche du chœur, belle *Adoration des bergers,* longtemps attribuée au peintre Ribera mais reconnue aujourd'hui comme une œuvre des frères Jean et Guy François (début XVIIe s). Chapelle à droite, *Descente de croix.* Tapisseries d'Aubusson dans le chœur.

Fêtes et manifestations

– ***Salon des sites remarquables du goût :*** *le w-e du 1er mai. Infos : ☎ 04-71-40-58-08.* Rendez-vous des terroirs de France. Seulement une centaine de sites en France peuvent revendiquer cette haute distinction. C'est l'occasion unique de remplir son panier de produits d'exceptionnelle qualité : sel de Guérande, huile d'olive de Nyons, huîtres de Marennes, vin de Champagne, fromage de Comté ou de Beaufort...
– ***La Pastourelle :*** *le dernier sam de mai. Infos : ☎ 04-71-40-71-34.* Course de montagne rassemblant 3 000 sportifs : randonnée, VTT, course.
– ***Fête de l'Été et du Casse-Croûte :*** *le 3e w-e de juin. Infos : ☎ 04-71-40-58-08.* Parrainée par un chroniqueur gastronomique très médiatique.

– ***Fête Chasse et Nature :*** *le 3e ou 4e dim de juil. Infos : ☎ 04-71-40-58-08.* Trompes de chasse, présentation canine, exposition sur la faune du Cantal, associations spécialisées.
– ***Journée de la vache et du fromage :*** *le 2e mer ou jeu d'août.* Exposition, vente de fromages et défilé de vaches dans les rues de la cité.

DANS LES ENVIRONS DE SALERS

Les burons de Salers : *en quittant Salers, route du puy Mary. ☎ 04-71-40-70-71. Avr-fin sept, tlj 10h-19h. Entrée : 5 € ; réduc. Visite commentée et passionnante. Repas du Buronnier servi sur résa le midi en juil-août. CB refusées.* Superbe panorama sur la vallée de Saint-Paul-de-Salers et Récusset. ***Maison du fromage et de la vache salers*** dans un buron construit, de ses mains, par un ancien mineur. Outils traditionnels, processus de fabrication et... dégustation. C'est à ce jour l'un des musées les plus fréquentés du Cantal. On complète la visite avec la ***Maison de la gentiane,*** juste à côté. Petite histoire de la famille Labounoux, à l'origine de l'arrachage de la gentiane et la première à distiller l'apéritif « Salers ». Présentation d'objets traditionnels, alambics, mise en bouteilles et, pour finir, dégustation !
– Il existe d'autres burons, toujours en activité, où l'on peut, en saison, assister à la traite des vaches et à la fabrication du fromage. Renseignements à l'office de tourisme de Salers (voir plus haut « Adresse utile »).

Le château de la Trémolière, le Bestiaire fantastique et le verger de Déduit : *à **Anglards-de-Salers** (sur la route de Mauriac). Rens : ☎ 04-71-40-00-02 (mairie) ou 05-72. Juil-août, tlj sf lun mat 10h30-12h30, 14h-19h ; juin et sept, slt l'ap-m ; hors saison, ouv certains w-e pour les groupes. Entrée : env 5 € ; réduc. Audioguide : 2 €.* Ce beau château de conte de fées, avec sa tourelle, son escalier à vis et ses mâchicoulis, date du XVe s. Il est surtout connu pour sa rare collection de tapisseries d'Aubusson, retrouvées par miracle et aujourd'hui restaurées. Animaux réels et monstres imaginaires se côtoient dans un esprit typique de cette fin du Moyen Âge : licornes, paons, griffons, hydres à trois têtes... en tout, une quinzaine de tapisseries. En sortant, petit jardin contemporain d'inspiration médiévale.

La Maison de la salers : *lieu-dit Le Fau, quelques km après Salers en direction de **Saint-Bonnet-de-Salers.** ☎ 04-71-40-54-00. • maisondelasalers.fr • ♿ Mars-juin et oct, tlj 10h-12h, 14h-18h ; juil-sept, tlj 9h-19h. Fermé 11 nov-fév (sf vac Noël). Entrée (chère !) : 7 € ; réduc ; gratuit moins de 8 ans.* Tout entier dédié à la vache salers et à son environnement, cet espace interactif promène le visiteur d'écrans tactiles, courts films d'animation (humoristiques et très bien faits) en expos et films, et pour conclure dégustation de fromage et vente de quelques produits locaux. Animations en saison autour de produits du terroir. À l'extérieur de cette belle grange remastérisée, un petit jardin botanique et un sentier de 2 km qui vous mènera à Salers. Ça fait un peu cher pour ce que c'est. Les passionnés pourront assister, une poignée de fois par an, aux ventes aux enchères de taureaux qui se tiennent dans le ring voisin. Les bestiaux frôlent tout de même la tonne de muscles... Dommage que l'entrée soit si chère.

MAURIAC

(15200) 4 050 hab. *Carte Cantal, A2*

Petite capitale de l'Ouest cantalien et gros marché régional aux bestiaux qui se serre autour d'une des plus belles églises du département. Voir aussi le monastère « souterrain ». Peu de vestiges des anciens remparts.

UN PEU D'HISTOIRE

L'occupation du plateau de Mauriac remonte à la préhistoire. Colonisé par les Romains, il est finalement réuni au royaume franc, comme le reste de l'Auvergne, après la bataille de Vouillé en 507. C'est avec Thierry II d'Auvergne, fils de Clovis, que la ville de Mauriac et une partie de ses environs sont rattachés à la ville de Sens dans l'Yonne. Théodechilde (fille ou petite-fille de Clovis) vient d'ailleurs fonder à Mauriac un monastère dépendant de celui de Sens et à qui la ville doit sa prospérité. Pendant la guerre de Cent Ans, Mauriac souffre des pillages perpétrés par les troupes anglaises. C'est malgré tout la compagnie d'Amérigot Marquès qui fera le plus de dégâts. Les huguenots continuent cette œuvre de destruction de la ville à la fin du XVIe s. Malgré la fondation d'un des tout premiers collèges jésuites en France, la ville et son monastère périclitent. Mauriac sera relativement épargnée par la Révolution. En 1825, l'église abbatiale sert de carrière à l'actuel hôtel de ville, ainsi qu'à divers bâtiments et édifices en ville. Aujourd'hui, agriculture et élevage dominent sur un plateau entrecoupé de vallées profondes.

Adresse et infos utiles

Office de tourisme : *1, rue Chappe-d'Auteroche. ☎ 04-71-68-19-87. • tourisme.paysdemauriac.fr • Ouv tte l'année : tlj sf lun de mi-juin à mi-sept 9h30-12h30, 14h-19h ; le reste de l'année, mar-sam.*

Bus : pour Aurillac (ligne LR 102), tte l'année, et Salers (ligne LR 134), slt en période scol ; avec la compagnie *STAC (☎ 04-71-48-48-33).* Pour Clermont-Ferrand, ligne n° 18 du TER *(☎ 0891-67-00-68).*

– **Marché hebdomadaire :** *sam mat.*

– **Marché aux bestiaux :** *parc des Rédines, route de Pleaux ; lun ap-m.*

Où dormir ?

Espace de tourisme du Val Saint-Jean : *☎ 04-71-67-31-13. 06-80-14-59-45. • valsaintjean@mauriac.fr • tourismevalsaintjean.fr • À 1 km du centre-ville, au bord du lac Saint-Jean. Ouv 25 avr-sept ; chalets ouv tte l'année. Compter 14-20 € selon période pour 2 pers. Réduc de 10 % sur le camping sur présentation de ce guide.* Une centaine d'emplacements dans ce 4-étoiles ombragé et verdoyant. Bon confort. Vaste plan d'eau, piscine chauffée et activités sportives sur place. Location de huttes, chalets et bungatoiles.

À voir

La basilique Notre-Dame-des-Miracles : *pl. Georges-Pompidou. Tlj 8h-19h. Entrée libre.* Église romane la plus importante du Cantal. Sa construction débute en 1110 et s'achève au XIIIe s. C'est ainsi que le chœur et une partie du transept sont romans, tandis que la nef et les deux collatéraux deviennent progressivement gothiques.

Le portail roman représente l'Ascension du Christ dans une mandorle symbolisant l'union parfaite entre le Ciel et la Terre. Au-dessous, la Vierge et les apôtres. Le mobilier intérieur est de style classique. À noter, une très belle Vierge à l'oiseau, datant du XVIe s, un lutrin représentant un aigle, trois retables, dont celui du sud figurant l'Assomption de la Vierge et qui s'impose comme un chef-d'œuvre d'art sculptural. La pièce magistrale reste malgré tout la

HOROSCOPE

L'archivolte, au-dessus du porche de la basilique Notre-Dame-des Miracles, est ornée des signes du zodiaque pour signifier que le Christ, qui est au centre, est le maître du cosmos. Il se lit de droite à gauche, et le premier signe zodiacal est le bélier (mars), car l'année débutait en mars. L'abside et les absidioles nous montrent des modillons érotiques caractéristiques de l'encaillement de l'art roman auvergnat.

cuve baptismale historiée polychrome, du XIIe s, une des plus belles de France. En 1855, après le couronnement de la Vierge noire, vénérée depuis le Moyen Âge, l'église devient basilique. Construite en basalte local, elle s'est peu à peu recouverte de mousse et de lichen, ce qui lui confère un certain charme émouvant. En revanche, le clocher et la toiture du chœur, reconstruits au XIXe s en ardoise, détonnent beaucoup plus...

Le monastère Saint-Pierre : *pl. Georges-Pompidou. ☎ 04-71-68-19-87. Accès par l'entrée en face de l'église, de l'autre côté de la place. Visites tlj sf dim mat, obligatoirement guidées : juil-août, 10h-12h, 14h30-18h ; pour les autres périodes, se renseigner. Entrée : env 2,50 € ; réduc.* La visite s'effectue en deux temps. L'extérieur, d'où l'on observe l'ensemble des bâtiments conventuels, demeurés intacts, ainsi que les vestiges et les réemplois de matériaux de l'église abbatiale pour la construction du lycée ou de la mairie. L'intérieur est consacré aux fouilles archéologiques. Les couches architectoniques laissent entrevoir les différentes églises qui se sont succédé au cours des siècles, de la chapelle Saint-Benoît aux structures romaines et gothiques du cloître. Les parties romaines sont des récupérations d'éléments gallo-romains. La salle capitulaire possède des proportions remarquables.

Le lycée Marmontel : *rue du Collège.* Successeur du collège des jésuites fondé à la fin du XVIe s. Devenu collège royal en 1765. Jean-François Marmontel, qui collabora à l'*Encyclopédie,* y fit une partie de ses études. Il se distingua par ses écrits en faveur de la tolérance et contre l'esclavage. Admirez le splendide portail qui date du collège des jésuites mais qui provient d'un édifice gallo-romain. Le retable de la chapelle reste aussi un bel exemple du style jésuite.

La sous-préfecture : *rue du Collège, à deux pas du lycée.* Elle occupe l'ancien hôtel d'Orcet, du XVIe s. Façade austère avec tourelle en poivrière. À la porte d'à côté, superbe tympan roman du XIIe s provenant du réfectoire de l'ancien monastère. On y voit Samson terrassant le lion et, dans le coin, un curieux ecclésiastique. On raconte que c'est une allégorie de la lutte entre Sens et Clermont.

La chapelle du Puy-Saint-Mary : *suivre le fléchage du village-vacances* Le Miraflor, *juste à côté.* Panorama portant des volcans cantaliens jusqu'aux monts du Sancy et du Limousin et au plateau de Millevaches.

L'église du Vigean : *dans la banlieue de Mauriac.* Date des XIIe-XIVe s. Présente une très belle châsse du XIIIe s réalisée en émail champlevé limousin, illustrée de la vie et la mort de saint Thomas Becket. Elle est bâtie sur les vestiges d'une chapelle romane, construite elle-même sur un ancien temple dédié au dieu Mercure.

Manifestations

- **Foire aux chevaux :** *parc des Rédines ; le 8 juin.*
- **Foire Saint-Mary :** *le 8 juin.*
- **Braderie :** *début août.*

DANS LES ENVIRONS DE MAURIAC

Les draisines du pays de Mauriac : *06-38-14-30-71 (gare de Mauriac) ou 04-71-40-54-18 (gare de Drugeac). • velorail.paysdemauriac.fr • Ouv selon météo : juil-août, tlj ; mai-juin et sept, sur résa. Arriver 30 mn avant l'horaire de départ. Résa obligatoire. 3 circuits de 2h, 2h30 et 3h30 ; compter 22-35 €/vélorail (4-5 pers).* Une façon originale et ludique de découvrir le patrimoine ferroviaire et les paysages du pays de Mauriac, à bord d'un vélorail, le long de l'ancienne voie ferrée.

L'église de Jaleyrac : *au nord de Mauriac (par la D 922 ou la D 138).* Date du XIIe s. Fort belles fresques du XIVe s.

L'église de Moussages : *à l'est (par la D 678).* Pour sa splendide statue de Notre-Dame-de-Claviers du XIIe s. On a redécouvert, sous un badigeon, la polychromie originale intacte.

Le château d'Auzers : *entre Mauriac et Riom, sur la D 22. ☎ 04-71-78-62-59. • chateau-auzers.com • Visite guidée juil-août, tlj 14h-18h30 ; Pâques-juin et sept-Toussaint, dim-lun et jeu-ven 15h-18h30. Entrée : 7 € ; réduc ; gratuit jusqu'à 7 ans.* Cette belle maison forte, avec ses trois tours couvertes de lauzes, chemin de ronde et échauguettes, a été construite entre 1470 et 1510 et est toujours habitée par la même famille. Épargnée par la Révolution, vous y retrouverez le mobilier d'origine, même si l'essentiel date de la période Empire ou Régence, ainsi qu'une salle voûtée, des cheminées monumentales, un oratoire et des peintures murales polychromes du XVIe s classées. Exposition de photos du début du XXe s. Magnifique jardin avec vue sur la chaîne du puy Mary.

L'église de Brageac : *à l'ouest de Mauriac. S'y rendre par les gorges de l'Auze, parcours très étroit et pittoresque.* L'église domine les gorges. De style roman (XIIe s), elle présente un plan parfait. Beaux chapiteaux sculptés et reliquaires de saint Côme et saint Damien.

Le château de la Vigne : *à* ***Ally,*** *au sud de Mauriac. ☎ 04-71-69-00-20. • chateaudelavigne.com • De Pâques à mi-sept, tlj sf dim mat 11h-12h, 14h-19h ; de préférence, sur résa. Visite du château : 5 € ; visite du musée de Miniatures : 5 € ; billet groupé : 8 € ; réduc ; gratuit moins de 10 ans. Également baptêmes en montgolfières sur résa.*
Solide forteresse construite au XVe s par les seigneurs de Scorailles, sur un castrum mérovingien (encore visible) et un château du XIe s en ruine. Depuis les chemins de ronde sur mâchicoulis, couronnant les tours et les corps de logis, vous pourrez découvrir la charpente d'origine du château et avoir une magnifique vue sur les monts du Cantal. Au milieu du XVIIIe s, une aile en équerre a été rajoutée. À l'intérieur : peintures murales des XVe et XVIe s dans la salle de justice et la chapelle, boiseries dans les salles de réception Louis XV et décors d'époque, évoquant le passage de la princesse de Condé pendant la Fronde et le séjour de Jean-Jacques Rousseau en 1767. Jardins à la française.
Le château contient de quoi faire briller les yeux des petites filles et des petits garçons (et des grands aussi) : plus de 3 000 voitures miniatures ; 80 marques de jouets présentent dans 60 vitrines toute la saga de l'automobile. Cette collection originale et rare en Europe rassemble, par exemple, la F1 Ferrari de Michael Schumacher, la première voiture General Motors à avoir roulé sur la Lune en 1970, la *Jamais contente,* qui a atteint les 100 km/h en 1899... Une autre exposition présente plus de 150 maquettes d'avions retraçant l'histoire passionnante de l'aéronautique. Également près de 800 poupées du monde entier.
Le château fait aussi *chambres d'hôtes (120-140 € la nuit pour 2 pers)* et locations saisonnières dans une dépendance.

PLEAUX

(15700) *Carte Cantal, A2*

Au sud-ouest de Mauriac, sur la D 680. Le type même du gros bourg, village-marché, station verte de vacances. Voir l'église et son gros clocher à mâchicoulis roman ; le reste est de style gothique. À l'intérieur, châsse médiévale, belle statuaire, dont une pietà du XVe s et un Christ en gloire (ou en ascension) du XVIIe s. Quelques pittoresques maisons anciennes à tours poivrières sur la place principale.

Adresse utile

Bureau d'informations touristiques : *pl. Georges-Pompidou. ☎ 04-71-40-92-36 ou 58-08. • pleaux-tourisme@orange.fr • Juil-août, tlj 9h30-12h, 14h30-19h ; le reste de l'année, ouverture restreinte. Une visite guidée/sem (3,50 € ; réduc) en été ; hors saison sur résa.*

Où dormir ? Où manger à Pleaux et dans les environs ?

Chambres d'hôtes Les Ombrages : *rue d'Empeyssine. ☎ 04-71-40-47-66. • info@les-ombrages-cantal.com • les-ombrages-cantal.com • Doubles 62-72 €. Table d'hôtes 24 €. Réduc de 10 % à partir de la 3e nuit sur présentation de ce guide.* Dans une grande maison bourgeoise au cœur du village, les propriétaires franco-finlandais ont aménagé 3 chambres – dont une familiale – très spacieuses, revêtues de belles couleurs contemporaines. On peut aussi retrouver les autres hôtes dans le lumineux et confortable salon. Grand jardin entretenu au cordeau, avec, au fond, un petit gîte indépendant pour 2 (3 nuits min). Accueil posé et très aimable.

Chambres d'hôtes La Fournio : *Escladines, 15700* **Chaussenac.** *☎ 04-71-69-02-68. • albert.charles@wanadoo.fr • lafournio.fr • À 7,5 km au nord-est de Pleaux par la D680 en direction d'Ally. Doubles 65-95€.* La maison de famille au toit de lauzes abrite 3 chambres dont 2 familiales, toutes très soigneusement arrangées, avec des meubles et objets de famille, ou chinés par le propriétaire ; on se glisse avec bonheur dans des draps de lin chiffrés, sous le gros édredon en plumes, heureux de profiter de cette délicatesse. Petit coup de cœur pour la maison du journalier attenante à la maison principale, avec le cantou, le four à pain, et la chambre mansardée à l'étage. Accueil très gentil.

LE PAYS DU CARLADÈS

Entre Cère et Aveyron, un « pays » qui fit partie du Grand Carladès, cette région qui, au XVe s, tenta d'affirmer son autonomie par rapport au royaume de France et fut un temps sous la tutelle de la Principauté de Monaco. Le territoire s'étendait alors de Laroquebrou à Arpajon-sur-Cère, Montsalvy, Mur-de-Barrez, Vic, etc. La forteresse de Carlat dominait l'ensemble. C'est dans ce château que la reine Margot vint se réfugier un temps, avant que son ex-époux, Henri IV, le fit démolir.

C'est une région au relief contrasté, les planèzes molles précédant des gorges profondes et boisées. Ailleurs, forêts, pâturages, landes et bocages s'imbriquent voracement. Ici, pas de frontières naturelles bien précises. On y trouve cependant une atmosphère et une qualité de lumière bien particulières, un caractère propre. De Châtaigneraie en Carladès, au bout de quelques kilomètres, on a changé de pays !

QUAND MARGOT DÉGRAFAIT SON CORSAGE...

Durant son séjour en pays du Carladès, la reine Margot lança, bien malgré elle, la mode du barbarel, un des éléments du costume féminin auvergnat. Alors qu'elle prenait du bon temps en galante compagnie, elle fut dérangée par la visite inopinée de nobles dames d'Aurillac. Dans la précipitation et obligée de se rhabiller seule, elle mit son corset à l'envers. Pour dissimuler son erreur, elle plaça un bouquet de fleurs sur son bustier ! Et une mode était née !

C'est la zone de montagne au-dessus de Saint-Clément que l'on a préférée. La montagne à perte de vue, et une lumière du soir absolument fabuleuse ! L'hiver, c'est la toundra québécoise, le paradis des skieurs de fond.
Amoureux d'architecture rurale, notez ici la beauté des toits de lauzes ou d'ardoises percés de lucarnes en bois bien symétriques. Granges ressemblant à des fermes cossues, fermes se prenant pour des manoirs de campagne. Et un nombre record de petits châteaux.
Parcours suivant la N 122 jusqu'aux portes de Murat et traitant de tout ce qui se situe au sud de cette voie. Nous parlerons de la partie nord des monts du Cantal dans un autre chapitre, car ce sont deux régions à la personnalité complètement différente. Et le fait qu'il n'existe que de rares voies de communication entre les deux vallées n'est sans doute pas étranger au phénomène.

POLMINHAC (15800) 1 300 hab. *Carte Cantal, B3*

En marge de la N 122, un centre ancien pittoresque. Vieille église avec ses placettes bordées de solides demeures grises. Et de beaux châteaux pour surveiller que la Cère ne quitte pas son lit...

Adresse et infos utiles

Syndicat d'initiative : ☎ *04-71-47-48-36. Juil-août, lun-ven 9h30-12h, 16h-19h ; le reste de l'année, contacter la mairie au ☎ 04-71-47-40-07.*
– **Marché de pays :** *ven soir en été. Produits fermiers régionaux.*

Où dormir dans les environs ?

Chambres d'hôtes de M. et Mme Breton : *au lieu-dit Barathe, 15130* **Giou-de-Mamou.** *☎ 04-71-64-61-72. • barathe@wanadoo.fr • À 7,5 km au sud de Polminhac et à 7 km à l'est d'Aurillac. Se rendre au village de Giou-de-Mamou, au-dessus de la N 122, et après l'église, tourner à droite vers Barathe ; passer le ruisseau, la maison est à 500 m sur la droite. Doubles 50-54 € ; ½ pens 40-45 €.* Dans le hameau, on passe devant une poignée de maisons sans intérêt, que, rassurez-vous, on ne voit plus une fois chez nos hôtes. Manoir auvergnat de 1777, joliment restauré. Les propriétaires ont en effet gardé d'origine tout ce qu'ils pouvaient : escalier, plancher et portes centenaires. Grand jardin, terrasse et belle situation au milieu des prés. Dans la maison, jolie salle commune avec souillarde et *cantou*, où l'on prend ses repas, composés de spécialités régionales. 4 chambres simples avec bains sous les combles et une au rez-de-chaussée.

À voir

Le château de Pesteils : *☎ 04-71-47-44-36. • pesteils@free.fr • chateau-pesteils-cantal.com • Bien indiqué depuis la N 122. Pâques-sept et pdt vac scol (tte l'année sur résa pour les groupes), tlj : juil-août 10h-19h ; le reste de l'année 14h-18h30. En juil-août, « Les Médiévales de la forteresse de Polminhac » 10h-19h, avec duels, tir à l'arbalète, jeux et marchés médiévaux, restauration sur place, aire de pique-nique... Tarifs : 7,50 € la visite ; 13 € pour les « Médiévales » ; réduc. Visite de 1h env. Boutique et rafraîchissements sur place.*

De son haut donjon carré à mâchicoulis, il domine le village. Ancienne forteresse du XIIIe s dont il subsiste le donjon de 40 m de haut et un corps de logis des XIVe et XVIIe s, auquel on ajouta des ailes au XIXe s. Le château appartient à la même famille depuis le XIIIe s, mais du fait des alliances, le nom de famille a changé au cours des siècles : depuis 1608, il est propriété des Cassagne de Miramon, qui l'habitent toujours. On tourna ici quelques séquences du film *L'Éternel retour* avec Jean Marais. Les amateurs de patrimoine, d'architecture et d'histoire seront comblés. On trouve pêle-mêle à Pesteils de sublimes fresques médiévales, un beau mobilier Renaissance, des maximes en rimes et décasyllabes, des tapisseries, des chambres à la décoration naïve et baroque ou encore une touchante représentation Art nouveau (d'inspiration préraphaélite) des cinq sens, sans oublier de superbes cuisines du XIXe s, dont la restauration a été primée. C'est aussi un parfait exemple de réhabilitation néogothique dont on doit les extensions « contemporaines » à un brillant élève de Viollet-le-Duc, Émile Lemaire. Celui-ci, en repensant totalement le château pour en faire un lieu de résidence agréable, confortable et moderne, a su concevoir un ensemble homogène et cohérent, où les époques se côtoient sans heurts.
La salle des archives contient quelques trésors historiques, dont des lettres originales de Louis XIV, Louis XV et Louis XVI, passeport de la Révolution, etc. Document incroyable : le retournement de veste d'un certain Bagnac d'Anglars, comte de Fargue, maire de Lyon, qui n'a pas craint d'afficher quasiment le même texte de bienvenue dans sa bonne ville, le 11 mars et le 16 juillet 1815, pour les visites respectives de Napoléon et... Louis XVIII ! Des mannequins de cire tout droit sortis des ateliers du musée Grévin, donnent vie au château en reconstituant plusieurs scènes historiques qui se déroulèrent au château. Et pendant toute l'année 2013, vous devriez encore pouvoir découvrir l'étonnant Astrarium (horloge planétaire) de Dondi...

DANS LES ENVIRONS DE POLMINHAC

Le château de Vixouze : *de l'autre côté de la vallée, à env 4 km au sud-est de Polminhac.* Dans un site très bucolique, un château qui fut remanié de nombreuses fois. Donjon avec tourelle d'escalier précédant un corps de bâtiment du XVIIIe s. Grande cour-jardin fermée avec de belles tours rondes aux coins. En haute saison, intéressantes expos d'art et statues modernes dans la verdure.

CARLAT (15130) 310 hab. *Carte Cantal, B3*

Toute la région fut recouverte de basalte suite aux coulées de lave du volcan cantalien. L'érosion fragmenta, cassa, éroda le terrain, creusant des vallées. Les glaciations rabotèrent certains monts, mais il subsiste, de-ci de-là, des tables basaltiques aux bords abrupts, intactes. Celle de Carlat porta la plus redoutable forteresse de la région. Elle commandait toute la vallée, d'Aurillac à Murat. Il n'en reste plus rien, et pour être honnête il n'y a pas grand-chose à voir...

QUAND CARLAT RENCONTRE BRUNI

Carlat œuvre au rapprochement entre la France et l'Italie. Le petit village du Cantal, désireux de faire parler de lui et d'encourager le tourisme, a pris la décision en 2009 de se jumeler avec une petite ville du Piémont... Bruni. Espérons que l'ex-première dame apprécie à sa juste valeur l'hommage qui lui est rendu !

UNE SEULE TABLE, BEAUCOUP D'HISTOIRE

Dès le début de la monarchie, Carlat fut un bastion de la turbulence. En 839, le roi Louis le Débonnaire faillit perdre son flegme en l'assiégeant. En 918, ses seigneurs devinrent maîtres d'une région qui s'étendait jusqu'à Montsalvy. Au XIIe s, ils devinrent comtes de Rodez. Enjeu frénétique pendant la guerre de Cent Ans, la ville fut prise plusieurs fois par les Anglais. Jacques d'Armagnac, qui eut le mauvais goût de défier Louis XI, se retrouva assiégé 18 mois et termina son existence à la Bastille, dans l'une des fameuses cages de fer dont le roi raffolait, avant de perdre la tête. En 1527, François Ier remit le couvert contre le connétable de Bourbon après sa trahison. La place forte passa aux protestants en 1570.
En 1585, la reine Margot, première femme d'Henri IV, vint s'y réfugier une année. La table basaltique lui rappelant celle d'une cuisine, elle se fit plus d'une fois un remake brûlant de la célèbre scène du *Facteur sonne toujours deux fois.* Délaissant parfois ses amours torrides, elle s'initia aussi à la bourrée auvergnate, qu'elle introduisit plus tard à la cour. Excédé par tant d'atteintes à l'autorité royale, Henri IV fit raser le château en 1604.
En 1643, le Carladès passa à la famille Grimaldi (passionnée de rochers, comme chacun le sait !).

À voir

Le rocher de Carlat : *accès au rocher possible en voiture, mais parking très difficile en hte saison. Mieux vaut y grimper à pied.* Il ne reste quasiment plus de vestiges du fameux château, mais on est récompensé par le panorama à 360°. Au nord, les monts du Cantal, au sud, les collines rabotées, les gorges, les plateaux jusqu'à la table basaltique de Ronesque.

L'église : massive, du XVIe s. Clocher-mur à peigne. À côté, un autel de pierre avec crucifix surmonté d'un toit à quatre pentes porté par une vénérable charpente de chêne couverte de lauze. À l'intérieur de l'église, beau retable (mais l'intérieur est en restauration, donc pas vraiment visible).

DANS LES ENVIRONS DE CARLAT

Balades superbes tout autour, dans le treillis des petites routes de campagne. Elles surplombent sans cesse de doux vallonnements avec des échappées grandioses. Notamment l'itinéraire jusqu'à Vézac, ou alors dans l'autre sens par Lessenat, Montat, Loubéjac, Badailhac...

L'église de Jou-sous-Monjou : adorable église romane rurale du XIIe s. Un de nos coups de cœur. Plan très simple. Nef unique à laquelle on a collé quelques chapelles tardivement. Clocher à peigne à quatre baies. Portail latéral roman protégé d'un curieux auvent soutenu par une colonne de pierre. À l'intérieur, abside en cul-de-four. Intéressants chapiteaux, dont celui représentant le sacrifice d'Abraham.
– **Fête du village :** *le 15 août.*

Le château de Cropières : *sur la D 59, vers Raulhac, entre Jou-sous-Monjou et Raulhac.* • *asc-cropieres.com* • Construit aux XIVe et XVIe s, agrandi en 1720. C'est ici que naquit Marie-Angélique de Scorailles, duchesse de Fontanges, l'une des plus célèbres (et éphémères) maîtresses de Louis XIV. Très remarquée à la Cour, on disait d'elle : « Belle comme un ange, sotte comme un panier. » Elle laissa une mode de coupe de cheveux, « les fontanges », adoptée par toutes les dames de la Cour. Elle mourut en suite de couches en 1681, à l'âge de 20 ans. Mme de Sévigné, la reine de la métaphore, avait écrit : « Morte, blessée au service du roi. » Le roi fut vite consolé par Mme de Maintenon. Aujourd'hui, les fermiers du domaine logent dans la partie habitable du château, qui a conservé son perron monumental à balustrade conduisant à la terrasse du 1er étage. Au bas de l'escalier (restauré en 2005), deux lions en pierre. Belle alliance de la rusticité rurale et de l'élégance architecturale. L'intérieur de ce château, classé Monument historique, ne se visite pas, du fait de l'instabilité des murs. Grâce à l'action d'une association, des travaux de consolidation sont en cours. Salle à l'entrée de Cropières où les visiteurs trouveront des romans écrits par le maître des lieux (qui financent les travaux), des cartes postales et toute sorte de documentation sur l'association.

Où dormir ? Où manger dans le coin ?

De bon marché à prix moyens

Chambres d'hôtes Lou Ferradou : *chez Francine et Jacky Balleux, au lieu-dit Caizac, 15130* ***Saint-Étienne-de-Carlat.*** *☎ 04-71-62-42-37. • balleux@louferradou.com • louferradou.com • D'Aurillac, prendre la D 920 jusqu'à Arpajon-sur-Cère et tourner à gauche sur la D 990 vers Vézac et Carlat ; avt Carlat, prendre à gauche, direction « Caizac, 1,5 km, chambres d'hôtes ». Résa conseillée. Doubles 55-60 €. Dîner complet 17 €. Apéritif offert sur présentation de ce guide.* Dans le coin, toutes les routes musardent et semblent s'envoler vers le paradis. En pleine nature, environnement de charme. Chambres confortables et meublées avec goût en ancien, dans une magnifique maison traditionnelle, dont 2 duplex (pouvant accueillir jusqu'à 4 personnes) dans un vieux bâtiment rénové. Sanitaires privés. La grange est aussi joliment aménagée en salle de détente. Spécialités de *pounti*, truffade, chou farci et potée. Bons légumes du jardin. Excellent accueil des dynamiques propriétaires. Une bonne adresse au calme, qu'il faut savoir réserver à temps !

Auberge des Montagnes : *au bourg, 15800* ***Pailherols.*** *☎ 04-71-47-57-01. • info@auberge-des-montagnes.com • auberge-des-montagnes.com • Au sud-est de Vic, sur la D 54. Resto fermé lun et mar midi (sf pour les clients de l'hôtel). Congés : resto 7 oct-20 déc (sf Toussaint), hôtel 11 nov-20 déc. Résa conseillée. Doubles 56-98 € selon confort et saison. Menus 24 € (en sem)-39 €. Parking gratuit. Réduc de 10 % sur le prix de la chambre en basse saison (sf w-e) sur présentation de ce guide.* L'auberge de charme par excellence. Un grand coup de cœur ! On y accède par une jolie petite route en lacet. Une ancienne ferme bien rénovée, accueillante, avec terrasse, et de l'autre côté de la route, dans l'ancienne grange, la piscine couverte avec salle de jeux, espace forme avec jacuzzi, hammam, sauna, etc., et la piscine découverte, grande terrasse. Mur d'escalade et promenades à cheval attelé. Les chambres, réparties dans 3 bâtiments, sont coquettes et chaleureuses, plus ou moins contemporaines. La déco donne dans le rustique chic, version montagnarde. Salon avec le *cantou* traditionnel. Le rapport qualité-prix des menus est exceptionnel ; ils comptent 2 entrées, plat, fromage et dessert. Quelques spécialités : le *pounti* aux pruneaux, la tourte de canard et cèpes, la croustine aux pralines, etc. Ils sont servis dans un bâtiment récent mais construit dans la pure tradition, avec une belle tourelle. Un petit étang et une vue superbe à la sortie du village complètent l'ensemble.

VIC-SUR-CÈRE (15800) 2 000 hab. *Carte Cantal, B3*

Longtemps importante bourgade agricole et station thermale, c'est aujourd'hui une populaire station verte, sans grand charme. Le vieux bourg

s'étage à gauche de la montagne (venant d'Aurillac), tandis que la ville thermale s'élève à droite de la Cère.
Si Balzac avait été auvergnat, il aurait, c'est sûr, choisi Vic-sur-Cère pour en faire le théâtre de la comédie auvergnate. Petite ville qui sut, en son temps, être charmante, briquée de rouge et de bleu, enceinte de ses notaires et de ses hobereaux, elle a depuis perdu ses eaux. Plusieurs belles adresses ont éclos tout autour et en font un agréable lieu de villégiature, à condition de quitter le centre-bourg...

UN PEU D'HISTOIRE

Les eaux bienfaitrices de Vic semblent être connues depuis longtemps, si l'on en juge par les nombreuses pièces romaines qu'on y trouva. En 1561, Vic devint ville de justice et abrita une cour d'appel (s'y déroulaient jusqu'en 1790 plus de 1 000 procès par an !). Puis, à partir de 1643, elle y accueillit l'« ambassade » du Carladès, passé sous domination de la Principauté de Monaco.
La station thermale continua à se développer avec la meilleure attachée de relations publiques rêvée : Marguerite de Valois, qui vint s'y soigner avec succès. Anne d'Autriche fit également le déplacement, tandis que Louis XIV, coincé par sa goutte à la Cour, se faisait expédier des caisses de bouteilles de Vic...
La Révolution fit disparaître le tribunal. Pour se consoler d'avoir bu la tasse, juges et Monégasques se noyèrent un peu plus dans les eaux de Vic. De fait, la station thermale connut au XIXe s un très vif succès de fréquentation. Elle commença cependant à péricliter après la Seconde Guerre mondiale. Aujourd'hui, les bains sont fermés, mais le casino a rouvert, et les touristes peuvent encore boire dans le parc la fameuse eau froide (12 °C), gazeuse, ferrugineuse, bicarbonatée et sodique...

Adresse et infos utiles

Office de tourisme : *av. André-Mercier. ☎ 04-71-47-50-68. • tourisme@carlades.fr • carlades.fr • Ouv mai-sept, tlj ; le reste de l'année, tlj sf dim.*
Bus : 2 liaisons/j. (sf dim) pour Aurillac et 1 bus/j. pour Thiézac.
– ***Marché local :*** *sur la pl. du Carladez ; tte l'année, mar et ven mat.*

Où dormir ?
Où manger ?

Camping

Camping La Pommeraie : *☎ 04-71-47-54-18. 06-70-61-89-07. • pommeraie@wanadoo.fr • camping-la-pommeraie.com • À 1 km du centre, vers Curebourse (bien indiqué). Ouv de mi-mai à mi-sept. Résa conseillée en été. Forfait 2 pers 27 € ; loc de mobile homes.* Dans un environnement agréable, un 4-étoiles au confort garanti. Il allie le calme, un joli paysage et la randonnée sur les monts du Cantal (GR 400 à proximité). La partie haute du camping est particulièrement tranquille. Piscine chauffée, tennis.

De bon marché à plus chic

Vic Hôtel : *av du Dr-Lambert. ☎ 04-71-47-50-22. • info@vic-hotel.com • vic-hotel.com • Doubles 52-56 € en juil-août.* En plein centre et attenant au petit marché (mar et ven). Certaines chambres ont été récemment et agréablement rénovées, et restent à un prix raisonnable. Et une info qui devrait contenter les joueurs : l'hôtel abrite un casino, alors à bon entendeur... Accueil très aimable.
Hôtel-restaurant Saint-Joseph : *av. du Barrez. ☎ 04-71-47-51-92. • hotel.stjoseph@wanadoo.fr • Un peu à l'écart du centre, en direction de Curebourse. Resto fermé sam-dim et j. fériés en basse saison.*

Congés : 8 sept-15 oct. Double 39 € avec bains ; ½ pens demandée en été 35-45 €/pers. Menu 12 €. Une sympathique pension familiale, établie depuis une trentaine d'années dans cette grande maison qui domine la ville et possède un agréable jardin pour flâner en été. Chambres rénovées, simples mais claires et très bien tenues. Également un restaurant avec un petit menu régional (servi tous les jours) d'un bon rapport qualité-prix. Accueil simple et jovial.

Hôtel-resto Le Beauséjour : *4, av. André-Mercier. ☎ 04-71-47-50-27. • contact@beausejour-vic.fr • beausejour-vic.fr • Dans le bas du village. En haute saison, doubles 68-103 € ; suites 124-155 €. Au resto, formule 17 € ; menus 25-30 €.* Derrière sa façade 1900 blanche aux volets bleus, cet établissement aligne sur 3 étages des chambres modernes, claires et confortables, avec parquet ou moquette, et w-c et salle d'eau séparés. Les plus chères donnent sur un balcon ouvert sur le grand parc de l'hôtel aux nombreux tilleuls et sa piscine. Au rez-de-chaussée, resto rétro servant une cuisine classique, et bar années 1960 avec terrasse sur la rue. Beaux volumes et accueil charmant.

Où dormir ? Où manger dans les environs ?

Chambres d'hôtes La Roussière : *chez Brigitte Renard et Christian Grégoir, 15800* ***Saint-Clément.*** *☎ 04-71-49-67-34. • info@laroussiere.fr • laroussiere.com • Doubles 95-110 € selon chambre si 1 nuit slt ; moins cher dans ts les autres cas de figure ; familiales 130-160 € selon durée du séjour, période et nombre de pers. Réserver bien à l'avance. Table d'hôtes le soir sur résa 28 €. Apéritif offert sur présentation de ce guide.* Après plusieurs années de travaux, la ferme branlante est devenue une bâtisse de charme, rénovée dans les règles de l'art. Matériaux et mobilier traditionnels, avec des petites touches contemporaines savamment dosées. On adore le grand salon où le feu crépite dans le *cantou*, et ses pupitres d'écolier qui rappellent que les enfants de la maisonnée suivaient l'école à domicile ; l'ancienne chapelle est convertie en coin télé et jeux, et dans la spacieuse cuisine contemporaine les repas sont servis. 3 chambres splendides dont 2 familiales, sobres et luxueuses à la fois, et une belle terrasse. Idéal pour un séjour romantique et loin du monde (la route s'arrête ici, et le premier voisin n'est pas tout près)...

Hostellerie Saint-Clément : *col de Curebourse, 15800 Vic-sur-Cère. ☎ 04-71-47-51-71. • hostelleriesaintclement@wanadoo.fr • hotelstclementcantal.com • Resto fermé dim soir et lun sf juil-août. Congés : de mi-nov à mi-mars. Chambres 65-76 € selon saison. Menus 29-96 € ; carte 18-29 € (hors boisson).* Belles chambres cossues et confortables, tout comme la salle à manger, baignée de lumière et à la vue dégagée, où l'on se régale d'une fine cuisine qui comblera les gastronomes de tous bords, les défenseurs du classique pur jus comme les amateurs de nouvelle cuisine et de nouvelles saveurs. Peut-être parce que père et fils sont tous deux en cuisine, confrontant leurs expériences. Parfait pour une halte en pleine montagne et au calme.

Auberge de La Tuillière : *à* ***La Tuillière.*** *☎ 04-71-47-06-60. À 12 km de Vic, direction Rocher des Pendus-col de Curebourse ; une fois au col, c'est indiqué. Fermé mar soir et mer hors vac scol. Congés : 12 nov-15 déc. Résa obligatoire sf juil-août. Repas complet 13,60-22,10 €. CB refusées.* Sur le tracé du GR 400, dans un paysage sauvage, une ancienne maison de 1637 dans un hameau minuscule, en bordure, dit-on, d'une ancienne voie romaine. Aujourd'hui, c'est l'une des haltes de montagne les plus chouettes qu'on connaisse, et des plus dépaysantes aussi, et pour cause : ni eau courante ni électricité ! Rassurez-vous, il y a un frigo au gaz et un groupe électrogène pour pomper l'eau. On peut s'offrir le casse-croûte du randonneur, ou déguster un excellent repas du terroir : soupe à la marmite (légumes, jarret salé et saucisson à cuire), charcuterie de montagne, omelette aux cèpes ou au cantal. Judicieux conseils sur les randonnées dans le coin. Et la gentille propriétaire permet aux routards de passage de planter leur tente gratuitement dans le jardin. Qu'espérer de mieux ?

À voir. À faire

La vieille ville : à partir de l'hôtel de ville, quelques ruelles qui grimpent vers la place de Monaco, bordées des belles demeures des juges. Place de Monaco, *maison des princes de Monaco,* du XVᵉ s. Bel édifice en pierre de lave. Tourelle incorporée dans la façade avec ravissante fenêtre à meneaux surmontée d'un blason. Rue Coffinhal, *maison du conventionnel Coffinhal* du XVIIᵉ s, avec une tour carrée. Plus haut, par la rue du Moine-de-Montandon, accès à l'*église Saint-Pierre,* d'origine romane et très remaniée au long des siècles. Notez les curieux modillons autour de l'abside.

➢ Derrière l'église, petit pont et départ d'une petite balade vers la ***cascade du Trou de la Conche.*** Belle vue sur la vallée de la Cère.

La Maison des eaux minérales : *av. de la Duchesse-de-Fontanges. ☎ 04-71-47-51-75 (mairie). Juil-août, tlj 10h-12h, 15h-19h ; le reste de l'année, ouverture variable, se renseigner. Entrée : 3,50 € ; réduc.* L'ancien établissement thermal s'est transformé en Maison des eaux minérales de Vic. Salle historique (saga de la source), diaporama sur la légende de l'eau, problèmes scientifiques (pollution, etc.), maquettes interactives pour les enfants (et les adultes !), sections géologiques, touristiques, etc. En prime, une dégustation gratuite... d'eau.

Dans les environs proches

Le col de Curebourse : l'une des premières routes transversales à franchir, depuis Murat, les monts au sud de la Cère. Nom évocateur sur le sort réservé autrefois au voyageur en haut (en fait, un octroi très élevé pour les marchandises). Petite balade au rocher des Pendus (1 069 m) où se déroulaient jadis les exécutions capitales décidées par la cour de Vic.

➢ Balades rafraîchissantes au ***pas de Cère,*** profonde gorge avec une petite chute d'eau, ou au ***château de Comblat*** (qui ne se visite pas), édifié au XVᵉ s, avec une aile XVIIIᵉ s.

Manifestations

- ***Animations musicales :*** *ts les mar soir en été.*
- ***Les Arts dans la rue :*** *le 14 juil.* Démonstration, exposition et vente des artistes de Vic et sa région. Animations, feu d'artifice, bal. Joyeuse activité.
- ***Festival d'arts et traditions populaires du monde :*** *12-15 août.* Spectacles, musique, défilés (le 15) et animations.

DANS LES ENVIRONS DE VIC-SUR-CÈRE

➢ ***De Saint-Clément à La Tuillière :*** balade superbe (à pied, à vélo, en voiture) à partir de Saint-Clément. Bien indiqué à gauche (en venant de Vic), « La Tuillière, 6 km ». Traversée de longues étendues avec des points de vue surprenants. Au coucher du soleil, c'est magique ! (Oui, on sait, on a dû dire ça une bonne dizaine de fois dans le guide !). C'est l'ancienne route de crête (utilisée jusqu'au début du

XXe s) qui reliait Aurillac au Lioran. À l'époque, on préférait les hauteurs dégagées aux routes de vallées...Une fois arrivés, on peut s'attabler à l'auberge du même nom (lire plus haut).

THIÉZAC (15800)

Accroché au versant nord de la vallée et bien tranquille depuis le détournement de la N 122. Bon à savoir, pompe à essence en libre service 24h/24.

Adresse utile

Office de tourisme : *04-71-47-03-50. Ouv juil-août et petites vac scol de fév, tlj sf sam-dim.*

Où dormir ? Où manger à Thiézac et dans les environs ?

De bon marché à prix moyens

Le Clou : *chez Jan et Trijnie Bartelds,* **Le Clou.** *04-71-47-01-45. 06-45-38-01-09. • contact@leclou-france.com • leclou-france.com • Devant le cimetière de Thiézac, prendre la direction Le Clou-Trielle et suivre cette petite route sur 7 km. Ouv tte l'année ; camping de mai à mi-sept. Résa conseillée. Possibilité de loger en gîte d'étape (28-30 €/pers), en chambre d'hôtes (56-60 € la double), en camping (env 16 € pour 2) ou en chalet pour 4 pers ; ½ pens à partir de 45 €/pers. Apéritif maison offert sur présentation de ce guide.* Superbe ferme en basalte datant de 1806, isolée en pleine montagne (sur le GR 400), avec une vue époustouflante. Belle déco mêlant le rustique et le design, et n'utilisant que des matériaux naturels (pierre, bois, jonc de mer...). 5 chambres charmantes, dont 3 avec salle de bains commune. Le soir, près du *cantou,* table d'hôtes, variée, avec des accents auvergnats, bio et végétariens. Possibilité de paniers pique-nique le midi. Ambiance bohème, conviviale et cosmopolite. Tenu par des Hollandais, qui vous renseigneront sur toutes les randonnées du coin.

Chambres et gîte d'étape La Ferme de Trielle : *chez Jacques Lours,* **Trielle.** *04-71-47-01-64. • trielle@wanadoo.fr • trielle.fr • Accès : même itinéraire que pour Le Clou (voir ci-dessus), à 5 km env de Thiézac. Ouv tte l'année. Double 46 €. Dîner (sur résa) 14 €.* Voilà désormais plus de 30 ans que cette ancienne ferme aménagée abrite un dynamique centre d'animation artistique qui propose (principalement l'été) des stages de grande qualité : danse, voix, mime... Trielle héberge les stagiaires bien sûr, mais aussi les randonneurs. 14 chambres pour 2 à 6 personnes, et 5 studios. Possibilité de faire sa cuisine. Un lieu privilégié pour la détente. Un bel endroit et une belle programmation. Vue superbe, calme et piscine chauffée.

Chambres d'hôtes La Maison de Jeanne : *rue des Balcons, dans le haut du village de Thiézac. 04-71-47-04-82. • maisonchautard@orange.fr • lamaisondejeanne.net • Congés : vac de Pâques (zone A). Doubles 48-54 €. Table d'hôtes 16 €.* Perchée au-dessus du village, cette drôle de maison haute tout en longueur abrite 4 chambres spacieuses et confortables avec salle de bains privée ; 3 au style vaguement rétro et une dernière plus contemporaine. Elles peuvent accueillir 2 à 5 personnes. Jolie vue sur la vallée depuis les chambres et le jardin potager qui descend en pente douce vers le village. Il vient, en saison, garnir la table.

Gîte d'étape de Lafont : *à* **Lafont.** *04-71-47-03-42. • gitelafont@free.fr • À proximité du GR 400 et du chaos de Casteltinet ; depuis Thiézac, suivre la route communale vers le camping municipal et Lagoutte jusqu'à Lafont. Compter 12,50 €/pers*

LE PAYS DU CARLADÈS ET LA VALLÉE DE BREZONS

en chambre et 9 € en dortoir. Formule 9,30 € ; menu 12,50 € (vin compris). Grande maison offrant, sur 2 parties indépendantes, 6 chambres (de 2 à 8 couchages) avec sanitaires, et 2 dortoirs de 10 places dans un bâtiment récent. Capacité de 52 personnes. Cuisine aménagée à disposition, mais de bons repas possibles. Environnement particulièrement sauvage.

Camping des Blats : *à **Saint-Jacques-des-Blats.** ☎ 04-71-47-06-00 • contact@camping-des-blats.fr • camping-des-blats.fr • Compter 11,50 € pour 2. À 6,5 km au nord-est de Thiézac. payant.* Un bel environnement pour ce camping au bord de l'eau d'une cinquantaine d'emplacements, et un petit air d'Europe du nord, avec son kota, kota grill, sauna et barrel... Des équipements plus ou moins spacieux qui ont le mérite d'être très récents et tout en bois naturel ; jeter un œil sur le site si votre curiosité est piquée ! Ceux qui auraient la flemme de transporter et monter leur tente peuvent en louer une toute prête. Également une poignée de chalets impeccables, un peu à l'écart du camping. Jeux pour enfants et tennis attenant (gratuit ; loc de raquettes). Location de VTT. Snack-bar ; commerces dans le village. Séances de relaxation animées par Sébastien. L'ensemble est très bien tenu.

Où sortir dans les environs ?

Nutter's café : *place de l'église, à **Saint-Jacques-des-Blats.** ☎ 09-51-47-48-34. À 6,5 km au nord-est de Thiézac.* Sur une jolie place en mouchoir de poche, the place où sortir du secteur. De quoi grignoter : tartines, burgers maison, paninis ; quelques tables dehors. Concerts réguliers, se renseigner.

À voir à Thiézac et dans les environs

Au nord de la ville, sur une butte, la ***chapelle de Notre-Dame-de-la-Consolation*** (penser à demander la clé à l'office de tourisme de Thiézac avant de grimper ; voir plus haut « Adresse utile »). En 1637, Anne d'Autriche, qui espérait depuis 22 ans un enfant, y vint souvent pour prier. Sa persévérance et les eaux de Vic se conjuguèrent-elles positivement ? Le résultat en fut le futur Louis XIV. Sur la voûte, jolies fresques en 45 médaillons aux fraîches couleurs.

La chaumière de Granier : *hameau de **Niervèze.** ☎ 04-71-47-01-21 (mairie). Entre Thiézac et Saint-Jacques-des-Blats. Juil-août, tlj sf sam 14h-18h. Entrée : env 3,50 € ; réduc.* Au cœur d'un hameau de montagne, face au puy Griou, la vie de la ferme est relatée au fil du temps dans une exposition de photos anciennes réunies dans l'étable, la grange et l'unique pièce commune. On peut aussi y accéder par un petit chemin de randonnée depuis Thiézac.

LE TUNNEL DU LIORAN

Bon, le tunnel... ah, oui, pourquoi un tunnel d'abord ? Parce que ça reste une des bizarreries incroyables du Cantal. Voilà un tunnel qui fut creusé entre 1839 et 1847 sur 1 412 m. À l'époque, pas de monstrueuse foreuse. Tout au pic, à la pelle et, de temps en temps, à la poudre noire. Conçu pour charrettes et diligences, il ne faisait que 7 m de large et 8 m de haut (et encore, avec une voûte en ogive). Dans les parois, des caves à fromages avaient été aménagées. 130 ans après, il était toujours en service mais avec de gros bus et camions qui ne pouvaient pas se croiser. Il est aujourd'hui fermé à la circulation et sert de galerie de secours au nouveau tunnel qui a été mis en service en 2007. C'en est fini des bouchons !

LE LIORAN (15300) *Carte Cantal, C2*

Station de ski la plus importante du Cantal. Et ce n'est pas un mythe. On a quitté Massiac en tenue légère le matin, un 1er mai, et on a eu droit à une tempête de neige en passant dans le coin. La vocation de la station remonte loin, puisqu'en 1906 il y avait déjà des concours de ski, et qu'en 1911 un concours international militaire de ski réunit sept nations participantes et des milliers de spectateurs. Hélas, la Première Guerre mondiale cassa l'essor de la pratique du ski, et ce n'est qu'en 1947 que fut construit le premier remonte-pente. En 1961, l'idée d'une station prit corps, et en 1967 fut inauguré le téléphérique du plomb du Cantal.

Adresses et infos utiles

Office de tourisme du Lioran : *☎ 04-71-49-50-08 ou 0825-886-600 (n° Indigo à 0,15 €/mn). • lelioran.com • Juil-août, tlj 9h-12h30, 13h30-18h ; Noël-mars, tlj 9h-18h ; sept-déc et avr-juin, ouverture restreinte.*

Gare SNCF : *à 1,5 km du centre. ☎ 36-35 (0,34 €/mn).* Tenez-vous bien, c'est unique en France : un remonte-pente à la sortie du train vous relie directement au cœur de la station ! Sinon, des navettes gratuites sont proposées en hiver par la station. Trains pour Aurillac, Clermont-Ferrand, Toulouse, Paris, etc.

Bus : pour Saint-Flour, Aurillac, Murat, Vic-sur-Cère, etc. *Infos : ☎ 04-71-48-48-33.*

Où dormir ? Où manger ? Où boire un verre ?

Comme dans toutes les stations de ski, nombreux hébergements plus ou moins saisonniers, de l'hôtel classique à la location meublée (appartements, studios). Se renseigner à l'office de tourisme.

Le Bufadou : *12, rocher du Cerf. ☎ 04-71-49-55-76. • lebufadou.resa@gmail.com • lebufadou.com • ♿ (hébergement). Resto ouv tlj en hiver et ven-dim soir en juil-août. Compter 80-120 € pour 2 en chambres d'hôtes selon saison ; 18-25 €/pers dans le gîte. Apéritif maison offert au resto sur présentation de ce guide.* Une chouette structure « 3 en un », puisque ce Bufadou abrite gîte d'étape, resto et chambres d'hôtes. Aux commandes, la dynamique Véronique, et son fils au piano du resto. Véronique vient de créer 2 belles chambres d'hôtes, dont une familiale, avec salon et kitchenette communs. Une réussite : les volumes, le charme contemporain, le côté cosy... tout, en somme ! Un étage plus bas, on trouve le gîte d'étape, avec 2 tarifs selon la chambre : une double et une triple très coquettes et 5 autres chambres (4-6 personnes) tout à fait ordinaires. Et, attenant au resto qu'on aperçoit à travers les vitres, un bel espace à vivre avec cuisine bien sûr, coin jeux, télé et cheminée. Massages possibles sur demande. Une belle escale au pied des pistes et du GR.

Le Refuge de Meije Costes : *sur le versant opposé à la station. 06-74-11-09-38. • refuge-meijecostes@orange.fr • refuge-meijecoste.com • Se garer au parking Font-d'Allagnon (station basse), puis monter à pied (compter 1h l'été). Ouv tte l'année. Nuitée 15 €/pers, petit déj en sus ; ½ pens (l'été slt) 36 €/pers. Repas 18 €.* Posé à 1 450 m d'altitude dans le « cirque » du Lioran, ce buron aménagé accueille promeneurs et randonneurs autour d'une crêpe, d'un casse-croûte, d'une bière au soleil ou d'une truffade à la lueur des bougies. On y monte à raquettes l'hiver, à pattes l'été, pourquoi pas aidé d'un âne pour porter les sacs – Bernard Mommalier, le gérant, est aussi accompagnateur de montagne et ânier. Compter 1h de grimpette à travers les alpages puis une douce forêt de hêtres et sapins. D'en haut, le panorama est exceptionnel, embrassant toute la vallée jusqu'au plomb du Cantal. Nuit possible sur place dans un dortoir de 12 lits, chauffé l'hiver. Toilettes et lavabo, douche en projet. Les lève-tôt pourront saluer les biches... Bon point de départ pour des randos sur les crêtes, vers le Griou, le puy Mary, le long du GR 400 ou du chemin de Saint-Jacques.

À voir. À faire

En hiver

Du ***ski,*** vous vous en étiez douté ! Le domaine skiable s'étend sur deux massifs et trois vallées. 22 remontées mécaniques, dont 8 télésièges et un téléphérique pour rejoindre 60 km de pistes de tous les niveaux. À signaler, 10 pistes enneigées artificiellement par 130 canons à neige.
Pour les skieurs de fond, plus de 75 km de belles pistes entretenues dans l'espace nordique Lioran-Haute Planèze.

– Plus les activités hivernales traditionnelles : ***patinoire, pistes de luge, promenades à raquettes, traîneau à chiens, motoneige, quad...*** et ***balnéothérapie*** (ouverte à tous) à l'hôtel *Le Rocher du Cerf*.

En été

– C'est le royaume de la ***randonnée.*** Excellent réseau de sentiers balisés, dont le GR 4 et le GR 400. Découverte des prodigieux panoramas depuis les sommets cantaliens. Des professionnels proposent toute l'année un programme à l'office de tourisme. En juillet et août, le télésiège permet d'effectuer une partie de la grimpette sans s'essouffler. On peut y accrocher son VTT.

– Également ***parcours aventure, patinoire, canyoning, VTT, randos aquatiques, minigolf, tennis, équitation, parapente, quad*** et... ***luge d'été.*** Sans oublier la ***balnéothérapie*** toujours à l'hôtel *Le Rocher du Cerf*.

➢ ***Le plomb du Cantal :*** à 1 858 m, point culminant du département. Accès à pied par le GR 4. Au moins 3h aller-retour. Rude montée. En téléphérique : départ à 1 248 m, arrivée à 1 850 m *(ouv 7 ou 8 j. en mai et tlj de mi-juin à mi-sept).* Panorama exceptionnel sur le massif cantalien et le parc des Volcans d'Auvergne.

– ***Télésiège de Rombière :*** *départ du Font-d'Alagnon. Fonctionne de mi-juil à mi-août.* Utilisé par les randonneurs, à la montée comme à la descente, pour rallier le col de Rombière, le puy Mary et le puy Griou depuis le cirque du Font-d'Alagnon. Transport de VTT autorisé.

DANS LES ENVIRONS DU LIORAN

La Maison du buronnier : *à Fraisse-Haut, 15300* ***Laveissière.*** *☎ 04-71-20-15-30. Entre la station du Lioran et le village de Laveissière. Juil-août, tlj sf lun 10h-19h ; mai-juin et sept, 10h-12h, 14h-19h. Résa obligatoire. Entrée : 4 € ; réduc.* Dans un ancien buron, tout sur le travail des buronniers depuis des siècles. Expo et montage audiovisuel sur le travail quotidien et sur toutes les opérations menant à la fabrication de ces chefs-d'œuvre : le cantal et le salers ! Dégustation gratuite.

LA VALLÉE DE BREZONS

Une des plus jolies vallées cantaliennes, parmi les 17 ou 18, on ne sait plus, qui dévalent en étoile autour des monts du Cantal. Une des plus secrètes aussi. On la découvre presque par hasard. D'Aurillac par la D 990 et la D 39, de Murat par la D 39, de Vic par la D 54, puis la D 57... De Pierrefort, on y arrive presque naturellement. La vallée de Brezons, c'est la seule qui ait décidé de partir tout schuss plein sud. Sur 20 km de long et 2 km de large, et souvent jusqu'à 700-800 m de hauteur, cette vallée glaciaire typique possède une forme parfaite de berceau arrondi.
Pourtant, pas question d'y dormir : les yeux écarquillés d'étonnement découvrent une terre totalement vierge d'aménagements routiers intempestifs ou d'erreurs architecturales perpétrées par des promoteurs sans scrupules ! Dans ce couloir ouvert au Midi, les influences méridionales se font nettement sentir. Beaucoup de gens parlent l'occitan, truffade et aligot se disputent la vedette culinaire, les vaches se révèlent plus souvent blondes qu'acajou. Normal, l'aubrac, cette belle musicienne également aux cornes de lyre, domine ici.
Des dizaines de sources nourrissent le petit Brezons qui va se jeter dans la grosse Truyère et contribuer à faire fonctionner le barrage de Sarrans, l'un des plus gros et anciens ouvrages hydroélectriques d'Auvergne.
On retrouve cette dualité nord-sud dans le caractère même des habitants de la vallée, dans cette capacité à allier réserve montagnarde typique de la haute Auvergne et accueil quasi méridional.

Adresse utile

Office de tourisme : *29, av. Georges-Pompidou, 15230* ***Pierrefort.*** *☎ 04-71-23-38-04. • paysdepierrefort.com • Juil-août, tlj 9h30-12h30, 14h-18h ; petites vac scol, lun-sam 9h-12h ; le reste de l'année, lun-ven 9h-12h.*

Où dormir ? Où manger dans le coin ?

Camping

Camping municipal : *15230* ***Saint-Martin-sous-Vigouroux.*** *☎ 04-71-23-33-61 ou 16 (mairie). • mairie.stmartinvigouroux@orange.fr • Ouv avr-oct. Compter 6,30-9,50 € pour 2 pers.* Peu ombragé mais situé au bord du Brezons.

De bon marché à prix moyens

Hôtel de la Poste : *au bourg, 15230* ***Saint-Martin-sous-Vigouroux.*** *☎ 04-71-23-33-61. • info@hoteldelaposte-cantal.com • hoteldelaposte-cantal.com • Doubles 42-52 € selon confort et saison. Menus auvergnats 12,50-28 €.* Tenu par la 4e génération, un typique hôtel-bar-tabac de village, entièrement rénové ; la petite salle est sympa, la proprio ne chôme pas entre le bar, le resto, les chambres et le point poste, mais ne se dépare pas de son amabilité. Chambres coquettement arrangées, impeccables, et plutôt bien équipées pour le prix (wifi, TV...). Une poignée de tables dehors. Parfait pour une étape ou pour rayonner dans le coin.

Auberge de Pont-la-Vieille : *à Pont-la-Vieille, 15230* ***Narnhac.*** *☎ 04-71-73-42-60. • aubergedepontlavieille@orange.fr • aubergedepontlavieille.com • Au bord de la D 990. Doubles 45-50 € selon confort et saison ; ½ pens souhaitée en juil-août 42-44 €/pers. Menus 13-26 €.* Au bord d'une route peu passante, une maison bien restaurée abrite ce petit hôtel simple mais accueillant. Les chambres sont agréables et calmes. Menus dédiés à la gastronomie régionale, avec truite au lard à l'ancienne, chou farci, tripoux, etc. Accueil d'une grande gentillesse. Bonne adresse pour se reposer ou pêcher.

Bar-restaurant de la Vallée : *au bourg, 15230 **Brezons.** ☎ 04-71-73-41-19. Ouv tte l'année. Compter 12 € le repas ouvrier à midi avec vin de table compris ; le soir et j. fériés (sur résa) env 12 €.* Au cœur palpitant de la vallée. Situé à côté de la charmante église (d'ailleurs, c'est ici que vous demanderez la clé si c'est fermé !), le petit caboulot de village comme on les aime : simple, chaleureux, maintenant l'activité sociale au bourg, continuant à favoriser la rencontre des habitants. Patronne accueillante offrant casse-croûte à toute heure en saison et une bonne cuisine régionale traditionnelle, plutôt sur commande.

À voir

L'église de Brezons : date du XIe s. Abside en cul-de-four. Grosses baies romanes. Nef plus tardive. Chapiteaux bien usés. En revanche, ceux du beau porche sont finement travaillés.

DANS LES ENVIRONS DE LA VALLÉE DE BREZONS

Venant de Pierrefort par la D 265 puis la D 57 et à 2 km avant Brezons, prendre une petite route à droite vers ***Vidèche.*** Beau point de vue.

Depuis ***Saint-Martin-sous-Vigouroux,*** vers Narnhac, la route grimpe sérieusement et livre un remarquable point de vue sur le village, son église du XIIe s avec clocher à peigne et sur l'ensemble de la vallée.

Le château de la Boyle : *sur la D 39, entre Farreyre et Les Roussinches. Ne se visite plus.* Il fut démantelé sur ordre de Richelieu. Il en subsiste cependant un beau donjon de près de 40 m avec tour d'escalier des XIIIe et XIVe s.

PIERREFORT *(15230)*

La ville s'édifia autour d'un rocher de basalte. Elle fut jadis une des « bonnes villes » de haute Auvergne. Il en reste quelques belles vieilles demeures. Petite capitale de l'émigration auvergnate à Paris aussi.

Où dormir ? Où manger à Pierrefort et dans les environs ?

Chambres d'hôtes Sandine : *chez Catherine Giraud Weil, à Lieurac, 15260 **Oradour.** ☎ 04-71-23-39-78. • sandine.hotes@gmail.com • sandine-hotes.com • Congés : 1 sem à Noël. Double 48 €. Repas 13,50 € (vin compris) sur résa slt. Salon de thé en saison, mar-dim 14h-18h, sur résa. Réduc de 10 % sur le prix de la chambre (sf juil-août) sur présentation de ce guide.* Une superbe demeure ancienne en pierre apparente, décorée avec un goût assuré par la maîtresse des lieux. 4 chambres en mezzanine avec accès indépendant, spacieuses et confortables, et une familiale. Celle du rez-de-chaussée a la salle de bains dans le couloir. Nombreux objets chinés, gravures, vieilles dentelles, meubles patinés, ajoutent au charme des lieux. Coin cuisine à disposition. Selon la météo, on profite du salon de jardin dans le verger ou de la grande salle à manger traditionnelle pour prendre l'apéro. Catherine ouvre aussi

LE PAYS DU CARLADÈS ET LA VALLÉE DE BREZONS

sa maison l'après-midi pour ceux qui seraient saisis par une envie de thé ou de gâteau (mmmh, la tarte au citron et celle aux noix de pécan...). Une maison qui fera le bonheur des familles (mais pas seulement !) ; accueil très convivial.

Hôtel du Midi : *5, av. Georges-Pompidou, à* ***Pierrefort.*** *☎ 04-71-23-30-20. • info@hoteldumidi-pierrefort.com • hoteldumidi-pierrefort.com • (resto slt). Resto fermé dim soir et lun soir hors saison. Congés : 22 déc-14 janv. Doubles 61-68 € avec douche ou bains. Formules déj en sem 11-15 € ; menus 28-42 €. Apéritif maison offert sur présentation de ce guide.* Une belle rénovation a transformé ce modeste hôtel de commerce en adresse tendance et gourmande. 13 chambres confortables et impeccables, les plus grandes côté rue. Dans la salle de resto, on a opté pour la couleur et le mobilier contemporain, ce qui contraste joliment avec les murs de pierre et la charpente. La cuisine est à l'unisson, oscillant entre terroir et associations de saveurs plus surprenantes. Les plats sont présentés avec soin et recherche. Une excellente adresse, à la fois authentique et raffinée. Bon accueil.

Le Relais des Gourmets : *15430* ***Paulhac.*** *☎ 04-71-73-33-54. Fermé lun soir et mar en basse saison (sf pdt vac scol). Congés : 10 nov-18 déc. Menus à partir de 15,70 €. Café offert sur présentation de ce guide.* François Rongier, en fier Auvergnat, est un chef au caractère bien trempé. Il se fait fort de promouvoir le terroir cantalien en mettant à l'honneur toutes les recettes qui font la notoriété de la région (certaines sur commande). Évidemment, c'est du genre copieux, pas vraiment léger, mais les amateurs de viande seront comblés, car il ne travaille que de la salers ou de l'aubrac labellisées, qu'il se procure auprès des meilleurs bouchers. Passionné, ce chef ne quitte guère sa cuisine, il pourra donc vous accueillir à pas d'heure, à condition tout de même de passer un petit coup de fil ! Pratique pour les randonneurs...

À voir

L'église : d'époque romane, elle hérita d'un clocher octogonal au XIXe s. À l'intérieur, une croix processionnelle et une pietà en bois doré du XVIIe s.

Au fil d'une balade

En direction de la Borie, on parvient au pittoresque site des ***rochers de Turlande.*** Superbe point de vue.

De la D 65, accès en 15 mn environ au ***belvédère de Vezou,*** d'où le panorama sur la vallée ne se décrit plus.

À ***Sainte-Marie,*** petite église avec clocher à peigne des plus classique, si ce n'est que deux des vitraux ont été dessinés par Jean Cocteau.

Le village préhistorique de Bonnestrade : *à* ***Oradour.*** *Compter env 17 €/pers (pour les familles, 5e pers gratuite) pour la journée qui enchaîne ateliers, animations et le repas sur le campement magdalénien...* Un passionné, géologue de formation, vous fait partager son amour du Paléolithique, du Néolithique et de l'âge du bronze. Apportez votre steak et vous le ferez cuire selon les techniques ancestrales, après avoir allumé votre feu à l'aide d'un silex ! Une manière ludique et conviviale de se familiariser avec la vie quotidienne des hommes préhistoriques qui n'étaient finalement pas des sauvages et avaient un certain sens du confort... Entre la taille du silex, la cuisson du pain sur la pierre, la fonte du bronze, pour sûr, vous ne verrez pas la journée passer !

L'ARTENSE CANTALIEN

Dans le coin nord-ouest, de Bort-les-Orgues à Condat-en-Féniers, s'étend une région peu touristique, un peu oubliée. Relief non volcanique, plateau de roches très anciennes, âprement modelées par les glaciers durant le quaternaire. Résultat : une alternance de creux et de bosses, parsemés de rocs saillants, de moraines. Peu de terres cultivables, surtout des landes, bois, etc. Dans les creux, des lacs, étangs, marécages, tourbières ; ajoutez à cela un climat particulièrement humide. Tout cet ensemble a contribué à adopter le surnom exagéré de « Scandinavie auvergnate ».

Pays où il était très dur de vivre et qui connut une énorme émigration. De nombreux villages étaient spécialisés dans certains métiers : colporteurs, merciers, Saignes fournissant des cordonniers et Champs-sur-Tarentaine des commis agricoles qui allaient vendre leur force de travail dans les régions riches.

Dans ce paysage de forêts sombres et de bocages, une terre très accidentée et morcelée où ne poussa longtemps que le seigle. Au fil des ans, l'élevage a réussi à se développer. Densité de population cependant toujours faible, habitat très dispersé. Routes particulièrement étroites en un réseau d'une incroyable multiplicité (et en bon état, vive la DDE locale !). Il faut s'être (presque) perdu autour de Marchal, de Saignes ou de Saint-Étienne-de-Chomeil pour s'en convaincre !

YDES-BOURG *(15210)*

En marge de la D 922, à la hauteur de Saignes. À voir pour l'*église Saint-Georges,* une des plus charmantes églises romanes du Cantal. Date du XIIe s et attribuée aux Templiers. Il faut s'approcher doucement du chevet pour appréhender ce modèle de grâce et d'équilibre : corniche à redents et frise de modillons ciselés, chapiteaux historiés, colonnettes délicatement sculptées de tresses à la base, une cordelière joue à « saute-baie » tout autour du chevet. Au-dessus, campanile de poche. Avec son clocher à peigne, le porche rivalise de séduction. Grande finesse des sculptures, superbe *Annonciation* (élégance du drapé, on pense à Moissac), signes du zodiaque, etc. À l'intérieur, détailler les chapiteaux.

À voir dans les environs d'Ydes

Intéressant petit ***musée de la Mine,*** *à* ***Champagnac*** *(15350) : au début de la route de Veyrières. ☎ 04-71-69-61-55 (mairie). • champagnac.org • De mi-juin à mi-sept, tlj 15h-18h (10h-12h, 15h-18h30 juil-août) ; le reste de l'année, sur rdv. Entrée : 3,50 € ; réduc.* Retrace, sur deux niveaux, l'histoire et l'évolution du bassin de Champagnac-Ydes, qui fut pendant près d'un siècle l'un des plus grands centres miniers d'Auvergne. Au début du XXe s, on comptait plus de 800 personnes travaillant à l'extraction du charbon, dont pas mal d'immigrés européens – notamment polonais. Explications un peu pointues au rez-de-chaussée ; à l'étage, photographies, outils et accessoires, maquette, vidéo et reproduction miniature du carreau de la mine. Des mineurs jamais à l'abri d'un coup de grisou – malgré des lampes équipées d'un détecteur de gaz – ou d'un éboulement, qui témoignent comment tous les matins ils descendaient la peur au ventre, sans savoir s'ils remonteraient le soir.

SAIGNES *(15240)*

De la D 922, prendre la D 22. Le village, modèle de calme et de sérénité, s'ordonne autour de la butte du château, dont il ne reste quasiment que la petite chapelle romane. Sur la place, quelques demeures anciennes. Église de style roman. Quelques modillons intéressants sur la corniche extérieure.

Adresse utile

Syndicat d'initiative : *21, pl. de l'Église. ☎ 04-71-40-62-41 (juil-août). Juil-août, tlj 10h-12h30, 15h-19h.*

Où dormir ? Où manger à Saignes et dans les environs ?

Hôtel-relais Arverne : *5, pl. de l'Église. ☎ 04-71-40-62-64. • info@hotel-relais-arverne.com • hotel-relais-arverne.com • (au resto). Resto fermé dim soir et ven soir. Congés : 5-26 fév et 1er-16 oct. Doubles 50-52 € selon confort. Menus 13 € (sf j. fériés), puis 19-32 €. Apéritif maison offert sur présentation de ce guide.* Maison en pierre rénovée, avec une grosse échauguette d'angle, où tout semble bricolé mais bien réfléchi : tables de la terrasse faites d'anciennes roues en pierre, dans certaines chambres, w-c dissimulés derrière une vieille porte d'armoire dépareillée... Chambres confortables, toutes accessibles par une terrasse extérieure. Hôtel plein de recoins, rien n'est monotone. Jardin. Salle de resto avec sa grande cheminée et sa grosse horloge. Cuisine traditionnelle influencée par la proximité de la Dordogne.

Les Glycines : *à **Saint-Étienne-de-Chomeil** (15400). ☎ 04-71-78-32-62. Fermé le soir dim et j. fériés (plus le soir lun-mer hors saison). Congés : 24-29 déc. Menus 12,50 € (déj en sem)-27 €. Apéritif ou café offert sur présentation de ce guide.* Réputé pour sa bonne et généreuse cuisine régionale. C'est avant tout un troquet de village, tenu par un père et son fils, de bons tchatcheurs ! Une adresse reconnue, un authentique coup de cœur. Spécialités auvergnates, viande de salers, aligot, chou farci... Soirée musicale plusieurs fois par mois. Possibilité d'hébergement, se renseigner auprès du proprio, Jean-François Pécoul.

Randonnées pédestres

➢ Pas mal de belles randonnées à effectuer dans l'Artense. Se renseigner auprès des différents offices de tourisme.

À voir. À faire dans les environs

Aux confins du Cantal, à la frontière du Puy-de-Dôme et de la Corrèze, voir encore le séduisant **château de Val** *(☎ 04-71-40-30-20. Ouv tlj de mi-juin à mi-sept),* en avancée sur le lac de Bort. Un vrai Walt Disney avec sa profusion de tourelles et tours à poivrière.

Quelques ***lacs*** encore, comme celui de ***Lastioulles*** et son tout petit voisin, le ***Crégut,*** qui prend à l'automne des teintes nordiques, presque des allures de petite Finlande cantalienne. Base nautique et camping.

Montboudif *(15190)* **:** c'est le village natal de Georges Pompidou. Il y naquit en 1911, dans une famille d'instituteurs. Une statue du président et un musée rappellent l'événement.

– ***Le musée Georges-Pompidou :*** *☎ 04-71-78-68-68. • montboudif.fr • 15 juin-15 sept, tlj 10h30-12h, 14h-18h30 ; 1er avr-14 juin et 16 sept-31 oct, slt les w-e et j. fériés 14h-18h ; le reste de l'année, sur résa. Entrée : env 3,85 € ; réduc.* À travers une approche chronologique et une poignée d'objets familiers (médailles, lettres...), on découvre la vie de Georges Pompidou, natif de Montboudif. Le musée présente surtout de nombreuses photos sur les visites de l'homme public dans le Cantal, département dont il fut aussi député. Dommage, que la muséographie comme le petit film soient somme toute bien creux...

CONDAT-EN-FÉNIERS (15190)

Station climatique à 700 m d'altitude. Ancienne petite capitale des « marchands de toile », dont subsistent quelques demeures cossues. Condat se situe surtout au croisement des cinq AOC auvergnates : cantal, salers, bleu d'Auvergne, fourme d'Ambert et saint-nectaire.

Adresse et infos utiles

Office de tourisme : *pl. de la Mairie. ☎ 04-71-78-66-63. • ot.condat@wanadoo.fr • tourismecezallier.com • Avr-sept, tlj 9h-12h, 14h-17h30.*

Bus : pour Saint-Flour, Marcenat, Allanche, Neussargues. Également des bus pour Aurillac. *☎ 04-71-20-50-15.*

– ***Fête des produits bio et du terroir :*** *le ven précédant le 15 août.*

Où dormir ?

Camping La Borie Basse : *route de Riom-ès-Montagnes. ☎ 04-71-78-52-85. 06-31-90-13-97. • jln.donnet@laposte.net • auvergne-gites-camping.com • Ouv mai-sept. Compter 9,90 € pour 2 pers. Loc de huttes 2-4 pers 125-280 €/sem, de mobile homes 2-6 pers 299-530 €/sem et de gîtes 2-8 places 150-520 €/sem. Les gîtes peuvent aussi être loués ttes les vac scol. Possibilité de loc à la nuit à partir de 25 €. Réduc de 10 % à partir de la 8e nuit en camping sur présentation de ce guide.* Au bord de la rivière, et attenant au centre équestre et au tennis ; minigolf ; piscine ; municipale toute proche. Propose 80 emplacements. Bon confort. Soirées barbecue-guitare en saison. Pain frais. Ambiance conviviale.

À voir

Voir, au sud de la ville, par la D 679, les ***ruines de l'abbaye de Féniers,*** pillée à la Révolution et incendiée.

LES MONTS DU CANTAL

Incroyable, les monts du Cantal n'en font qu'un ! À l'origine, un seul et même volcan de 70 km de large. Presque la largeur du département. L'effondrement du cône et l'érosion du massif primitif ont laissé subsister aujourd'hui des sommets dont le plus élevé est le plomb du Cantal (1 858 m), puis viennent le puy Mary (1 787 m), le puy de Chavaroche (1 739 m), le puy Griou (1 694 m), etc. De nombreuses vallées rayonnent en étoile autour (17 ou 18, on ne sait plus !). Sur ces pentes souvent raides alternent bois et pâturages bordés de haies. Entre ces vallées s'étendent de larges plateaux, les planèzes, anciennes coulées de lave couvertes de prés.
Là aussi, on retrouve la nature à l'état pur. Nulle faute de goût ni attentats architecturaux dans ce qui est aujourd'hui une magnifique terre de randonnée, intégrée au territoire du parc naturel régional des Volcans d'Auvergne. Pays d'élevage, on y comptait des centaines de burons, ces solides cahutes de pierre où s'élaborait l'un des plus fameux fromages au monde : le... cantal, précisément. Aujourd'hui, il n'en subsiste qu'une poignée, hélas !

C'est sur ses pentes à l'ouest et au nord-ouest que pousse la gentiane, cette plante qui stimule l'appétit et favorise la digestion, et dont on tire la fameuse liqueur. La cueillette s'effectue d'avril à novembre. Toutes les chances de rencontrer des cueilleurs lors de vos promenades alentour, armés de la « fourche du diable », indispensable pour extirper la plante des profondeurs (ses racines pouvant atteindre jusqu'à 1,50 m).
Pas de doute, les Cantaliens se révèlent drôlement attachés à leur terroir... Longtemps, ces vallées demeurèrent enclavées avec pas ou peu de routes transversales les reliant les unes aux autres. Encore aujourd'hui, pour aller du Lioran au puy Mary, il faut passer par Murat et Dienne ou Saint-Jacques-des-Blats et Mandailles. Ça tombe bien, c'est par là qu'on va commencer !

VERS LA VALLÉE DE LA JORDANNE

La route de Saint-Jacques-des-Blats à la vallée de la Jordanne par le col du Pertus (D 317) donne déjà un bon aperçu de ce qui nous attend de l'autre côté. Concernant le col du Perthus, sachez qu'il ne rouvre parfois que mi-mai, alors renseignez-vous si besoin ! Au col, balade vers le sommet de l'Élancèze (à 1 571 m). Une autre randonnée, pour marcheurs confirmés, mène en 4h au puy Griou (1 694 m). C'est un morceau du GR 400. Carte IGN obligatoire et dernière partie assez rude.
Du col, descente vigoureuse vers Mandailles. Panorama superbe sur la vallée de la Jordanne, l'une des plus séduisantes et l'une de nos préférées. Vallée large, ample, opulente. Au niveau de Mandailles, elle se termine en un vaste cirque de forêts et pâturages, entouré de prestigieux sommets culminant entre 1 500 et 1 800 m : puy Chavaroche, puy Mary, puy Griou, puy de l'Usclade...

MANDAILLES (15590) 200 hab. *Carte Cantal, B2*

Mandailles était un cul-de-sac il y a encore une cinquantaine d'années. La terre ne nourrissant pas tout le monde, la plupart des hommes « émigraient » en France et se faisaient dinandiers, chaudronniers, rapetasseurs de casseroles.

Où dormir ? Où manger ?

Gîte Vert Azur-Chambres d'hôtes Les 4 saisons : *le bourg. ☎ 04-71-47-93-81. • Vert.azur@wanadoo.fr • gite-vert-azur.fr • Double 60 € ; 15,50 € en gîte. Pique-nique sur demande. Table d'hôtes possible sur résa si les restos du village sont fermés.* Géraldine, la sympathique propriétaire, ne chôme pas entre son gîte d'étape de 15 places et, dans la maison bourgeoise, 4 chambres d'hôtes simples, arrangées avec soin – un poil chères quand même –, l'une avec une entrée indépendante. Les hôtes des chambres prennent un bon petit déj avec des produits bio dans la mesure du possible, et un large choix de confitures, dans une petite salle à manger très lumineuse. Côté gîte d'étape, un chouette bâtiment récent, et 3 dortoirs 4-6 lits. Les propriétaires sont investis dans le tourisme durable et vous en diront plus sur le sujet si vous êtes intéressés.

Hôtel-restaurant Aux Genêts d'Or : *le bourg. ☎ 04-71-47-96-45. • hotelauxgenetsdor@orange.fr •*

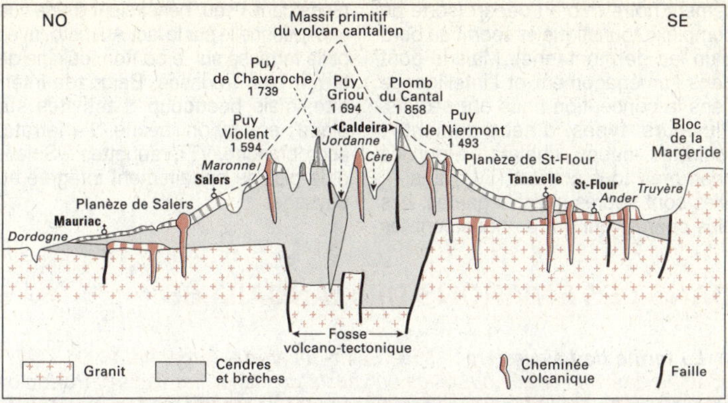

COUPE GÉOLOGIQUE DES MONTS DU CANTAL

cantal-hotels.com/mandailles/auxgenetsdor • Ouv tte l'année. Doubles 45-50 €. Menus 15,50-27 €. Apéritif maison offert sur présentation de ce guide. Dans le centre du village, un petit hôtel-resto-boulangerie-relais poste en retrait de la rue, à 50 m au fond d'une impasse. Calme assuré. Chambres confortables et pimpantes qui doivent quand même être rénovées début 2013, ainsi que le resto d'ailleurs. Entre autres spécialités du cru : tournedos à la gentiane, entrecôte au bleu, spécialité de millefeuille... Une poignée de tables en terrasse.

Auberge Au Bout du Monde : *chez Nathalie et Laurent Delteil, le bourg. ☎ 04-71-47-92-47. • auberge.auboutdumonde@wanadoo.fr • Ouv mai-oct, tlj midi et soir. Menus 12-13 € ; carte env 20 €.* Chaleureuse étape dans la vallée de la Jordanne, au départ des randonnées sur le puy Mary. Terrasse abritée par un marronnier centenaire, au bord de la rivière. Le resto, avec son *cantou* traditionnel et les cuivres rutilants, est chaleureux à souhait. Copieux repas à base de produits frais : charcuterie, soupe de légumes extra et spécialités régionales (potée, truffade, tripoux...) parfaites. Une cuisine propre à rassasier la faim de tous les grands randonneurs ! Accueil sympa et convivial, même à l'heure du coup de feu.

Où dormir ? Où manger dans les environs ?

De bon marché à prix moyens

Hôtel-restaurant Les Tilleuls : *le bourg, 15590* ***Saint-Cirgues-de-Jordanne.*** *☎ 04-71-47-92-19 ou 09-77-67-12-14. • info@hotellestilleuls.com • hotellestilleuls.com • Resto fermé dim soir hors saison. Doubles avec douche ou bains 48-65 € ; ½ pens demandée de mi-juin à fin août 46-60 €/pers. Nombreux menus 12 € (déj lun-sam)-37 €.* C'est une maison qui surplombe la route et la vallée, tenue par la même famille depuis 5 générations. Chambres calmes et agréables, régulièrement rénovées par roulement. Jardin, piscine, sauna et jacuzzi offrent un repos appréciable au retour des randonnées. La salle de resto est agréable et, en hiver, la cheminée est bienvenue.

Le Lac des Graves : *à Jaulhac, 15590* ***Lascelles.*** *☎ 04-71-47-94-06. • contact@lacdesgraves.com • lacdesgraves.com • Resto ouv tlj sf lun. Congés : janv et nov. Doubles 50-75 € selon situation et saison ; familiales 89-110 € ; également des chalets équipés pouvant accueillir 6 pers. Menu du jour 12 €, puis 13-23 €.* Pas forcément notre truc au départ (sorte de complexe touristique et sportif au bord d'un lac de montagne). Mais le goût dans l'aménagement et l'intelligence dans la conception nous ont séduits. Plusieurs types d'hébergements : roulottes, cubes, chalets... Pour les chambres tout confort (TV, Canal+), elles sont sobres mais élégantes. Les plus chères, qui ont pratiquement les pieds dans l'eau, bénéficient d'une vue exceptionnelle sur le lac. Au resto, avec belle terrasse sur le ponton, cuisine de terroir bien troussée. Baignade interdite, mais beaucoup d'activités sur place : équitation, pêche, via ferrata, accrobranche, VTT, raquettes... Splendide piscine parfaitement intégrée au paysage.

DANS LES ENVIRONS DE MANDAILLES

La ferme de Laveissière : *15590* ***Saint-Julien-de-Jordanne.*** *☎ 04-71-47-95-05. À droite à l'entrée du village en venant de Mandailles (fléché).* Puisqu'on est sur la route des fromages, ce serait dommage de repartir sans un morceau de salers ou de cantal. Éleveur, Gilles Manhes les produit lui-même, les fait déguster et les vend. Appeler avant pour venir au moment de la fabrication.

Les gorges de la Jordanne : *15590* ***Saint-Cirgues-de-Jordanne.*** *☎ 04-71-47-93-95. ● gorgedelajordanne.fr ● Juil-août, tlj 9h30-19h30 (dernière entrée à 17h30) ; juin et sept, lun-ven 14h-18h, w-e 9h30-19h30 (10h-18h sept). Fermé en hiver. Parking à l'entrée du village. Entrée : 3 € ; réduc.* Un circuit à faire en famille, qui en ravira plus d'un les jours de grande chaleur. Un sentier de découverte de 2 km a été aménagé dans ces gorges abruptes qu'empruntaient bravement pêcheurs et paysans, tant les voies de communication étaient rares dans ces vallées reculées. Aujourd'hui, tout est parfaitement sécurisé, on s'en doute, et c'est sans danger que l'on chemine en empruntant ponts flottants et passerelles suspendues. Des bornes invitant à reconnaître arbres et empreintes d'animaux jalonnent le parcours. Le site est splendide, l'eau y est fraîche, la végétation luxuriante.

VERS AURILLAC ET SALERS

Vers Aurillac, de Saint-Cirgues, retour par la D 17 ou, mieux, par la route des crêtes (D 59, puis D 35). Vers Salers, D 59, puis D 35 également par le col de Bruel et le col de Legal (à 1 229 m). Site sauvage à souhait. Ski de fond en hiver. Vers Saint-Georges, sur la droite, une belle table basaltique en fond. Plus tard, superbe itinéraire par le Fau et la haute vallée de l'Aspre.

LE PAS DE PEYROL ET LE PUY MARY

Belle montée vers le puy Mary. Mais attention ! Le col du pas de Peyrol n'est ouvert que de courant mai à octobre, en fonction des conditions météorologiques *(rens. : ☎ 04-71-20-31-61).* Attention : des travaux d'aménagements paysager et routier sont prévus sur le col à l'automne 2012, rendant l'accès au pas de Peyrol impossible. Le hameau de Rudez, à 1 045 m, est le plus haut des monts. Maisons accolées les unes aux autres. Regroupement qui permettait d'affronter l'hiver plus facilement. Dans un grand virage, panneaux explicatifs et démarrage de sentiers de randonnée : col de Redondet par la D 17 (à 1 531 m) jusqu'au pas de Peyrol. Végétation de plus en plus maigre, bouquets clairsemés, l'horizon s'ouvre progressivement. Sentier pour le puy Chavaroche. Puis le regard ne sait plus où divaguer tant il est sollicité. De chaque côté de la route, panorama époustouflant sur la vallée de la Jordanne et sur celle du Mars.

Au pas de Peyrol, intersection de trois routes, point « nœudal » de l'éclatement des vallées. Au nord, elles débutent brutalement en cirque pour aller en s'évasant, berceaux réguliers creusés et peaufinés par les glaciers. Sur place, resto et snack avec terrasse dominant la vallée de l'Impradine et une Maison de site, lieu d'accueil touristique avec une petite expo évoquant les volcans. L'été, animations pédagogiques autour du volcanisme et de la faune et de la flore locales.
Le pas de Peyrol est le point de départ du petit sentier menant au sommet du puy Mary (à 1 787 m). Courte ascension de 30 mn environ, pas trop difficile – mais, tout de même, prévoir de bonnes chaussure –, sur un sentier bétonné aménagé. On peut cependant accéder au sommet par le GR (à nouveau, on conseille de bonnes chaussures). En haut, on jouit de l'un des plus beaux panoramas de France. On peut toutefois regretter l'affluence massive de touristes en été, et en particulier des moins sportifs, dont les voitures s'amassent le long de la route principale. Par temps très clair, au lever du soleil, on aperçoit, paraît-il, le mont Blanc (à quelque 340 km !). De là-haut, un autre sentier mène vers le Peyre-Arse.
Du pas de Peyrol, vers l'est et le nord, la D 680 mène vers Murat (par Dienne) ou vers Riom-ès-Montagnes par Cheylade (la D 62). Vers l'ouest, la D 680 descend vertigineusement à travers une dense forêt vers le cirque du Falgoux, Salers et Mauriac.

Où dormir ? Où manger dans le coin ?

De bon marché à prix moyens

🏠 🍴 ***Hôtel-restaurant des Voyageurs :*** *15380* ***Le Falgoux.*** *☎ 04-71-69-51-59. • hotel.voyageurs.lefalgoux@orange.fr • ♿ (au resto). Resto fermé mer soir oct-avr. Congés : 5 nov-25 janv. Double 46 € ; ½ pens 45 €/pers. Menus 18,50-31 €. Kir châtaigne offert sur présentation de ce guide.* Salle panoramique où est servie une cuisine de terroir honnête. Belles chambres impeccables, dont une familiale, avec vue imprenable sur le puy Mary. Accueil très aimable.

🏠 🍴 ***Chambres d'hôtes Le Tahoul :*** *chez Michèle et Gilles Lanneau, 15380* ***Le Falgoux.*** *☎ 04-71-69-51-67. • letahoul.com • À 8 km du puy Mary et à 17 km de Salers. Au village du Falgoux, suivre la D 12 vers le hameau de La Chaze, puis Le Tahoul, à 1,7 km (panneaux). Congés : de nov à mi-janv. ½ pens 46,50 €/pers ; panier-repas le midi 11 €.* Belle maison auvergnate rénovée. Grand jardin-terrasse et vue imprenable sur la vallée du Mars. Tout ici est très étudié, dans un style « écolo-chic », avec, dans la mesure du possible, l'emploi de matériaux biologiques : peinture bio, matelas et couettes de laine, oreillers en balle d'épeautre. Les chambres sont simples et spacieuses, et la très vaste pièce commune, un peu vide à notre goût, manque un peu d'aménagement ; on se sent tout perdu là dedans ! La cuisine est bio tendance végétarienne (soupe d'orties, seitan à la provençale...), avec quelques bons plats de volaille et poisson, et la salle à manger est bien lumineuse. L'hiver, le sympathique Gilles peut vous emmener faire des promenades à raquettes et observer les chamois.

🍴 ***Restaurant du col d'Aulac :*** *15380* ***Le Vaulmier.*** *☎ 04-71-69-52-40. • laurence.christian@orange.fr • ♿ Sur la D 63 après Le Falgoux ; impossible de le louper, c'est le seul au col d'Aulac, à 1 228 m ! Fermé le soir lun-ven hors saison. Congés : de fin nov à début avr. Formule 16,50 € ; menu 19 €. Café offert sur présentation de ce guide.* Resto convivial avec 2 salles, façon chalet, et balcon panoramique. Très belle vue. Gentille petite cuisine d'alpage, tendance casse-croûte (soupe des vachers, omelette aux girolles ou aux cèpes, aligot, tripoux...), et pour cause, l'établissement fonctionne à l'énergie solaire (!), ce qui impose certaines restrictions : pas de chambre froide – donc que des produits frais. Très bon accueil du patron, qui peut vous renseigner sur les balades dans les environs.

VERS DIENNE

Descendre dans la vallée de l'Impradine. Laisser à gauche la route vers Cheylade. Vallée s'ouvrant doucement. Bien moulée en auge ou en berceau par l'ancien glacier. Paysage quasiment alpestre. Beaucoup de chevaux en estive. L'Impradine est ensuite relayée par la vallée de la Santoire. Quelques beaux petits hameaux, comme Lavigerie (petit hameau certes, mais on y trouve plusieurs de nos coups de cœur. Un record !).

Où dormir ? Où manger dans le coin ?

De bon marché à prix moyens

Ailleurs est Ici : *en haut du hameau de* ***Drils,*** *après le moulin. 06-69-30-64-65. • ailleurs-est-ici.fr • En venant de Dienne, prendre à droite avt Lavigerie. Nuitée 24 €/pers l'été (dégressif), moins cher pour les stagiaires en parapente. L'hiver, réservé aux groupes qui louent le gîte à la sem.* Grands voyageurs, Jo et Els cherchaient où stocker leurs souvenirs glanés aux quatre coins du monde. Ils ont opté pour cette ancienne ferme perdue au bout d'un hameau, l'ont transformée en carnet de route : un salon indonésien, des chambres indienne, tibétaine, marocaine avec tente berbère et lit suspendu. Grande cuisine pour préparer sa popote en papotant avec les autres hôtes, et jolis sanitaires communs. À disposition, tout plein de bouquins, cartes des environs et jeux de société pour qui craindrait de s'ennuyer. Plusieurs balades partent du hameau. Le couple aime aussi s'envoyer en l'air, et propose des stages de parapente et ULM, de la demi-journée à la semaine (compter 70 € le baptême). Super accueil, sympa et dynamique.

Auberge d'Aijean : *La Gandilhon, 15300* ***Lavigerie.*** *04-71-20-83-43. • info@auberge-puy-mary.com • auberge-puy-mary.com • Resto fermé le midi lun-jeu (sf juil-août). Congés : 1 sem en juin et 2 nov-31 déc. Doubles 52-56 € ; familiales 3-5 pers 62-105 € ; magnifique petit déj 8 €. Repas 25 € ; enfant 10 €.* Sur la route du puy Mary, dans un coin perdu et encore sauvage, cette ancienne grange a été transformée en belle auberge de pays. Valérie est née au village, autant dire qu'elle connaît le coin ! L'auberge est à son image, chaleureuse et conviviale. Avec son mari, ils rêvaient d'un endroit simple mais raffiné, authentique et charmant... Le résultat est à la hauteur de leurs espérances. Également un resto, une belle cave, et un panorama à couper le souffle. Que demander de plus !

Alta Terra : *Le Pradel, 15300* ***Lavigerie.*** *04-71-20-83-03. • info@altaterra-cantal.com • altaterra-cantal.com • À quelques centaines de mètres en contrebas de l'Auberge d'Aijean. Ouv le w-e tte l'année et sur résa ; tlj pdt vac scol. Compter 65-70 € pour 2 pers. Table d'hôtes le soir sur résa 8-17 €.* Un vrai bonheur ! Cet ancien hôtel a été repris par un jeune couple et transformé en chambres d'hôtes, assorties d'un café-resto. On y casse la croûte à toute heure (charcuterie, salades, plat du jour, chocolat chaud, pâtisseries maison, etc., le tout à base de produits locaux, frais, de saison, et bio dans la mesure du possible...), installé dans l'ancienne salle de restaurant qui a gardé son atmosphère rétro. À l'étage, 4 chambres pouvant accueillir 2 à 4 personnes. Les plus grandes sont de véritables suites, avec les chambres bien séparées. Le mobilier pour l'essentiel est celui du vieil hôtel... L'ensemble a été récupéré, rafraîchi, détourné, mis au goût du jour. Résultat, ça a un cachet fou ! Le prix de la chambre comprend (on croit rêver !) l'accès au hammam et au sauna (magnifiques, et que les non-résidents peuvent s'offrir pour 12 € par personne). En revanche, le *storvatt* (autrement dit le bain nordique) est payant pour tous (50 € pour le bain), mais quel plaisir rare de prendre un bain brûlant et fumant sous la neige, en pleine nature ! Superbe accueil là encore. D'ailleurs, avant d'aller buller au hammam, suivez le guide, Stéphane est accompagnateur de montagne.

■ |●| ***La Boudio :*** *15300* ***Lavigerie.*** *☎ 04-71-20-81-87. ● gitelaboudio@gmail.com ● gite-laboudio.fr ● ♿ Fermé de mi-mars à fin avr et de mi-nov à mi-déc. Nuit 15-34 €, petit déj inclus ; ½ pens 29-48 €/pers.* En creux de vallée avec une vue splendide sur les montagnes, *La Boudio* a, quant à elle, misé sur l'originalité et la convivialité. Cette grange immense offre un large choix d'hébergements : chambres doubles, familiales et dortoirs. L'ambiance est assez informelle, un peu comme dans un gîte d'étape, avec le confort et le charme en plus. Le soir, on échange auprès du *cantou,* et les discussions se poursuivent autour de la grande table d'hôtes. Idéal pour un séjour au vert entre amis ou en famille. Jean-François est lui aussi accompagnateur et se fera un plaisir de vous concocter toutes sortes de balades et d'activités plus ou moins sportives.

|●| ***Restaurant du lac Sauvage :*** *Sauvage, 15300* ***Dienne.*** *☎ 04-71-20-82-65. ♿ Après Dienne, suivre la D 23 (traverser la D 3). Ouv de juin à mi-sept, tlj. Formule 14 € ; menus 18-24 € ; carte env 28,50 €. CB refusées.* Situé au bord d'un lac privé, à 1 230 m d'altitude, paradis des pêcheurs et des randonneurs, ce petit resto est la bonne adresse du coin durant la saison d'été. L'accueil est sympa, le cadre magnifique et la nourriture axée sur les produits régionaux, avec des spécialités copieuses et goûteuses à souhait ; truite au lard, truffade, *pounti* excellents. En été, on peut pêcher sa truite soi-même ; pas de permis à acheter et prêt de matériel sur place.

DIENNE (15300) 260 hab. *Carte Cantal, C2*

Jolie bourgade aux toits de lauzes traditionnels. Elle abrite l'une des plus intéressantes églises romanes de haute Auvergne. Son nom proviendrait d'un temple de Diane s'élevant sur le puy, situé en face du village.

➢ ***Bus :*** pour Riom, Murat et Saint-Flour. *☎ 04-71-78-00-49.*

À voir

L'église : édifiée au XIIe s. Ce qui étonne encore aujourd'hui, ce sont ses dimensions, disproportionnées pour une région aussi peu peuplée. Comme dirait la pub, « elle a tout d'une grande » : nef centrale avec bas-côtés, croisée de transept surmontée d'une large coupole en pierre apparente (appareillage serré), chœur avec abside et absidioles. Curieuses colonnes, cylindriques d'abord, puis de forme carrée avec colonnettes collées dessus et surmontées de chapiteaux, vraiment finement travaillés. Rinceaux, feuillages et acanthes au trait élégant. Dans le bas-côté gauche, christ en bois polychrome du XIIIe s, au coup de ciseau rustique. Retables en bois du XVIIIe s. Le plus joli à droite, une Vierge dorée. Bénitier en pierre du XVIe s.

➢ Retour vers *Cheylade.* Murat est traité plus loin, avec le Cézallier.

SUR LA ROUTE DE DIENNE À RIOM

LA VALLÉE DE CHEYLADE

Après le col de Serre, vallée glaciaire typique que suit la D 62. Très large et ouverte, elle connut un peuplement précoce.

Cheylade : superbe ***église Saint-Léger.*** Construite au XIIe s, puis remaniée aux XVe et XVIIe s. Extérieurement, ça lui donne une apparence composite et rustique. Clocher-porche ogival trapu. De l'extérieur, dans le chœur, arcs, doubleaux et arcatures retombent sur des chapiteaux aux sculptures archaïques. Certains datent de l'église primitive postcarolingienne. À 2 m du sol court une frise en torsade. À droite, un *saint Pierre* du XVIe s, et à gauche, un *saint Léger* du XVe s. Les quatre gros piliers cylindriques dans la nef dateraient de la fin du XVIe s (suite aux ravages des « routiers anglais », sans doute des Aquitains ou des Picards). C'est alors que l'on posa ce magnifique plafond composé de 1 386 caissons de bois polychromes, de facture naïve et représentant plantes, fleurs, figures géométriques, signes cabalistiques, etc. Intéressant mobilier : devant l'autel, belle croix de chemin du Moyen Âge. Dans la première chapelle de gauche, *Adoration des bergers* attribuée à Guy François. Cette toile classée est surtout remarquable par la présence insolite de sainte Luce, au milieu des bergers et des Rois mages, qui porte ses yeux sur un plat, symbole de son martyre. Au fond, à droite, fonts baptismaux en pierre du XVe s. Au milieu, un bénitier de la même époque.

Apchon : *à quelques km au nord de Saint-Hippolyte.* Un coup de cœur pour tous ceux qui aiment l'opulence du baroque. Véritable petit musée du retable. Il y en a dans tous les coins. Prendre son temps pour les détailler un par un, apprécier la richesse des sculptures, des dorures et de l'ornementation. Celui du maître-autel, du XVIIIe s, est particulièrement fascinant. Surplombant le village, de jolies ruines se détachent dans le ciel. À l'entrée du village, très beau point de vue avec table d'orientation.

RIOM-ÈS-MONTAGNES

(15400) 2 930 hab. *Carte Cantal, B1*

Petite capitale économique du Nord-Cantal. Grosse industrie fromagère et *Avèze,* une distillerie de gentiane. En outre, comme à Murat, on y extrait les fameuses diatomées (qui placent le Cantal comme deuxième producteur mondial !).

Adresse et infos utiles

Office de tourisme du pays de Gentiane : *1, av. Fernand-Brun. ☎ 04-71-78-07-37. • ot.gentiane@wanadoo.fr • pays-gentiane.com • Mai-sept, lun-sam 9h-12h, 14h-18h (9h-19h juil-août), dim et j. fériés 9h-13h (14h-18h juil-août) ; avr et oct, fermé dim ; le reste de l'année, lun-sam jusqu'à 17h (18h en avr et oct).* Bon accueil.

Bus : pour Aurillac, Dienne, Murat, Saint-Flour, Mauriac et Menet. *☎ 04-71-78-00-49.*

Où dormir ? Où manger à Riom et dans les environs ?

De bon marché à prix moyens

Hôtel-restaurant Le Saint-Georges : *5, rue du Capitaine-Chevalier, à Riom. ☎ 04-71-78-00-15. • hotel-saint-georges@orange.fr • hotel-saint-georges.com • ♿ Fermé dim soir, lun midi et ven. Congés : 10-31 janv. Doubles 48-56 € selon* *saison. En sem, formule 10 € et menu 13,50 € ; autres menus 18-28 €.* Une grande maison restaurée, située en plein cœur de la ville, en face de l'église Saint-Georges. Des chambres modernes et tout confort, avec douche ou bains, w-c et TV (TPS). Au restaurant, de bons produits régionaux et des plats rustiques de qualité.

Domaine de Veirières : *15380 **Saint-Vincent-de-Salers.** ☎ 04-71-78-66-29. • veirieres-evasion.com • De Trizac, D 678 direction Mauriac sur 1 km, à gauche D 30 direction Le Falgoux, puis suivre fléchage. Doubles 65-75 € selon saison. Au resto, 3 formules 14-21 €.* On arrive là à 1 500 m d'altitude, sur des terres et des bâtiments autrefois utilisés par les éleveurs ; aujourd'hui, Veirières est un domaine de pêche à la mouche ; les bâtiments, patiemment rénovés, abritent 3 chambres mansardées (dont une grande familiale), un petit bar-resto, et, attenant au lac, un lodge de pêche, où se changer, discuter ou acheter du matériel, parfois devant un bon feu. Mais rassurez-vous, si taquiner la truite dans le lac ne vous emballe pas plus que ça, vous pouvez quand même poser votre valise dans une chambre, et profiter, à 360°, d'une vue à couper le souffle. Elles sont un chouia chères quand même, le bout du monde est à ce prix... À table, vous serez probablement entouré de pêcheurs, qui viennent parfois d'au-delà de l'Hexagone. Dans l'assiette, truite à la gentiane, flognarde poires-chocolat... Location de VTT, et balades à cheval possibles. Bref, une belle escale très complète pour profiter d'un environnement naturel exceptionnel. Accueil très aimable.

Auberge des Cinq Chemins : *dans le village, à **Valette** (15400). ☎ 04-71-40-53-11. • auberge5chemins@orange • Resto ouv tlj sf dim soir. Congés 23 déc-1er janv. Double 49 €. Formule déj en sem 13 €, menu 26 €.* On entre par le bar, une saine entrée en matière ! Après un petit apéro, on va s'installer côté resto, dans un environnement pierre et bois. De beaux flacons accompagnent andouillette AAAAA, moules marinières au lard, poire pochée riz au lait et glace à la réglisse ; un peu décoiffant au pays de la truffade, et comme c'est bien bon, on est ravi de l'escale ! Accueil et service énergiques de la patronne. Également une poignée de chambres. Et puis, il y a Gandolf... qu'on vous laisse découvrir...

À voir. À faire

L'espace Avèze : *5, rue de la Gentiane. ☎ 04-71-78-03-04. • aveze.com • De mi-juin à mi-sept, tlj 10h-12h, 15h-19h ; hors saison, sur rdv. Compter 1h de visite. Entrée et dégustation gratuites.* Diaporama sur écran géant et hall d'exposition sur la fabrication de la gentiane.

➢ ***Le train touristique Gentiane Express :*** *rens au ☎ 04-71-78-07-37 (office de tourisme). 06-85-05-71-19. Trajets Riom - Saint-Amandin - Lugarde (16 km ; 3h A/R ; 14,50 €, réduc).* Le parcours de Riom à Lugarde, très pittoresque, traverse la vallée de la Rhue, le viaduc de Barajol, pour aboutir au massif du plateau du Cézallier, offrant de magnifiques panoramas sur les monts du Cantal et la chaîne du Sancy. Possibilité de promenades et de restauration, mais prévoir tout de même son casse-croûte. Préférez les places à gauche dans le sens de la marche. Transport de vélo gratuit, arrêts photos prévus et commentaires inclus dans le tarif.

L'église : au pays de la gentiane, il apparaît normal que le vin de messe lui cède la place dans la hiérarchie des visites. Cela dit, on ne veut point suggérer que l'église de Riom soit inintéressante. Au contraire, Saint-Georges mérite bien une halte. S'attarder sur le chevet pour admirer les chapiteaux historiés. Pour les exégètes (et ceux possédant une bonne vue), l'un représente une femme les seins nus tenant un serpent dans une main et un crapaud dans l'autre. À côté d'elle, une femme-centaure. Corbeaux bien travaillés et frise à damiers au-dessus. Autel en pierre à l'extérieur. Porche à quatre profondes voussures. Au-dessus, dans une niche, pietà avec une touchante expression de tristesse. À l'intérieur, abside en cul-de-four du XIe s. Nef et collatéraux sont du XIIe s. Chapiteaux historiés dans l'abside. À gauche, curieuse scène des guerriers. Leurs boucliers sont les mêmes que ceux de la célèbre tapisserie de Bayeux.

Fêtes et manifestations

- ***Estiv'jazz :*** *fin avr.* Festival de jazz, donc.
- ***Fête de la Gentiane :*** *le 1er ou 2e w-e de juil.*
- ***Fanfarama :*** *le 3e w-e de juil.* Festival de musique international.
- ***Fête du Bleu d'Auvergne :*** *le 3e w-e d'août.*
- ***Foire aux bestiaux :*** *sur le champ de foire ; certains mer d'oct.*

DANS LES ENVIRONS DE RIOM-ÈS-MONTAGNES

TRIZAC *(15400)*

Où manger ?

|●| ***Le Garage :*** *le bourg. ☎ 04-71-78-60-79. ● dominique-peythieu@orange.fr ● Juil à mi-sept tlj midi et soir ; hors saison lun-ven le midi, et w-e sur résa. Formule 12 € midi en sem (1/4 de vin inclus) ; menus 14-27 €. Café offert sur présentation de ce guide.* Du garage créé par son père, qu'elle a ensuite repris avant de le fermer, la sympathique et dynamique Dominique a fait un très chouette resto au cadre contemporain, lumineux, et aux couleurs dans l'air du temps. Dans l'assiette, de bons plats du terroir ou familiaux ; la viande est salers ou aubrac, et les produits uniquement des produits frais du coin (peu de poisson donc) ; et des desserts pas en reste. L'après-midi (en juil-août), on peut toujours faire une escale pour grignoter sur le pouce ou s'offrir un gâteau et un thé. Une fois par mois, pour le déjeuner dominical, Dominique prépare un plat en sauce comme la tête de veau ou la blanquette. Le cadre est assez sonore, mais là on chipote ! D'autant qu'il y a quelques tables en terrasse. Et devant Le Garage, fidèle au poste, la pompe est toujours là, et fonctionne !

L'église : *sur la D 678, en direction de Mauriac.* Porche roman du XIIe s. En haut des marches, large porche ogival aux profondes voussures. À l'intérieur, transept gothique surélevé de quelques marches. Huit superbes chapiteaux du XIIIe s, dans l'avant-chœur, méritent d'être détaillés. Notamment celui montrant une femme et un homme à genoux, tenant une colonne à chapiteau. Sûrement les donateurs, qu'une main divine bénit au-dessus d'eux. Belle symétrie et, surtout, coup de ciseau d'une vigueur et d'une sobriété sans pareil. Un autre chapiteau représente deux griffons ailés buvant dans une coupe... Maître-autel du XVIIIe s. Dans le chœur, superbe pietà du XVIe s en bois polychrome. Quelques vitraux restaurés intègrent des éléments du XVe s.

MURAT (15300) 2 140 hab. *Carte Cantal, C2*

Ici, l'intense activité des volcans d'antan laissa en souvenir trois hauts rochers, ceux de Bonnevie, Bredons et Chastel, anciennes bouches d'émissions volcaniques, entre lesquelles Murat se moula. Ville-carrefour de la haute Auvergne, elle s'étage joliment et principalement sur les pentes du rocher de Bonnevie. Murat a beaucoup à offrir, ne serait-ce qu'une haletante

balade de 2h dans l'histoire et l'architecture médiévale de sa vieille ville, la formidable Maison de la faune et la merveilleuse chapelle de Bredons, véritable conservatoire du retable en Auvergne.

UN PEU D'HISTOIRE

Murat se développa de façon importante à partir du Xe s grâce à sa position stratégique. Trois familles y régnaient. Au début, chaque piton possédait même son propre château fort. La famille des vicomtes de Murat finit cependant par régner seule et devint en Cantal une vraie petite puissance.
La ville obtint ses franchises municipales au XIIIe s et connut par la suite plusieurs proprios : d'abord les Grands-Bretons pendant la guerre de Cent Ans, les Armagnacs en 1415, puis les Bourbons et la maison de Savoie (la maman de François Ier). En 1531, la vicomté de Murat est intégrée au royaume de France.
Aux XVIIe et XVIIIe s, la ville connut une période de prospérité, comme en témoignent les nombreuses nobles demeures qui la parsèment. Près de Murat naquit le comte d'Anterroches, célèbre pour avoir répondu à la bataille de Fontenoy : « Messieurs les Anglais, tirez les premiers ! ».
Pendant la Seconde Guerre mondiale, la ville fut le haut lieu de la résistance au nazisme. Le 12 juin 1944, un groupe de maquisards, en embuscade sur la place du Balat, tua le capitaine Geissler, chef de sécurité à Vichy, huit soldats allemands et deux miliciens. Les représailles furent terribles : les hommes raflés dans la ville furent rassemblés sur la place principale. 122 d'entre eux en âge de porter les armes (entre 17 et 50 ans) furent déportés en Allemagne (principalement à Neuengamme). Seuls 35 en revinrent. La ville mit longtemps à se remettre de cette saignée.
Aujourd'hui, avec seulement 2 140 habitants, Murat fait un peu figure d'exception dans le Cantal. La ville semble mieux supporter la crise économique et la désertification rurale que les autres. À l'image de la production de diatomite. En effet, la région recèle des gisements de diatomées, algues microscopiques fossilisées, datant de plusieurs millions d'années. Apparaissant aujourd'hui sous forme de poudre blanche, la diatomite est exploitée dans des carrières ouvertes à quelques kilomètres de Murat. Environ 200 t sont extraites et traitées chaque jour. Le minerai sert essentiellement à l'industrie alimentaire et chimique, surtout dans les opérations de filtrage. Près de la moitié de la production est achetée par les grandes brasseries du nord de l'Europe pour le filtrage de la bière.

Adresse et infos utiles

Maison du tourisme et du parc des Volcans d'Auvergne : *pl. de l'Hôtel-de-Ville. ☎ 04-71-20-09-47. • paysdemurat@massifcantalien.com • officedetourismepaysdemurat.com • Juil-août, lun-sam 9h-18h ; dim 9h30-12h30. Le reste de l'année, horaires variables.* Accueil fort sympathique. Équipe très pro et serviable. Excellente documentation sur la ville et la région. Distribution d'un plan de la ville pour la visiter en suivant un parcours numéroté. Visite guidée aux flambeaux une fois par semaine en juillet-août (6 €). Location d'un audioguide MP3 (4 €) pour partir à la découverte des 13 communes du pays de Murat (légendes, traditions, etc.).

Bus : pour Saint-Flour, Aurillac, Polminhac, Thiézac, Le Lioran ; *☎ 04-71-48-48-33.* Pour Riom-ès-Montagnes et Saint-Flour : *☎ 04-71-78-00-49.*

– **Marché traditionnel :** *ven mat.*

Où dormir ? Où manger ? Où prendre le thé ?

De bon marché à prix moyens

Camping Le Stalapos : *10, rue du Stade. ☎ 04-71-20-01-83 ou 03-80* *(mairie). • agyl@camping-murat.com • camping-murat.com • À env 1 km de la ville, vers Saint-Flour. Ouv mai-sept. Compter env 10 € pour 2 pers.* Camping confortable malgré le peu d'infrastructure. On profite d'un accès direct à la rivière.

Hôtel des Messageries : *centre bourg. ☎ 04-71-20-04-04. • info@hotel-les-messageries.com • hotel-les-messageries.com • Doubles 60-90 €. Vac fév et 3 premières sem d'août : 2 nuits min et ½ pens demandée.* On est bien content de trouver cet hôtel dans une petite ville où ils ne sont plus légion... Les chambres sont simples et bien tenues ; quelques familiales. Également 2 appartements tout récents, pour 2-6 pers. Fait aussi resto. Bon accueil.

Chambres d'hôtes et salon de thé La Maison de Justine : *pl. Gandilhon-d'Armes. ☎ 04-71-20-75-72. • hotes-cantal-justine.fr • En plein centre, juste en dessous de l'église, face aux halles. Salon de thé ouv mer-sam 16h-20h, tlj pdt vac scol. Congés : nov. Doubles 55-70 €. Café offert sur présentation de ce guide.* La maison de Justine ? Plutôt celle de Dalida ! Ce mini salon de thé façon bric-à-brac ne jure que par la diva qui, de ses pochettes à vinyles, louche sur les théières et piles de bouquins (de Soljenitsyne à Harlequin...) savamment dérangés ici et là. À l'étage, Jean-Christophe, un Breton tombé amoureux du Cantal (au risque de tromper Bambino ?), a aménagé 4 chambres d'hôtes claires et coquettes avec salle de bains privée ; 2 petites en parquet, lambris et fibres végétales, une grande presque médiévale avec faux baldaquin et âtre gigantesque, et une dernière rendant hommage à la diva du music-hall. Accueil simple et chaleureux, plein de bons conseils pour visiter les environs. Bon petit déj à base de produits locaux, et vaste choix de thés et infusions.

L'Arôme Antique : *pl. du Planol (sur le côté de l'église). ☎ 04-71-20-10-40. • aromeantique@yahoo.fr • Tlj midi et soir (mieux vaut appeler avt en sem), sf dim-mar, mer midi et sam midi hors saison. Congés : nov. Menu 12 € ; carte 16-21 €.* Repaire d'habitués, un bar à vins sans chichis, vaguement bohème, où l'on se repaît sur des tables branlantes d'une poignée de plats du terroir, à la lueur de bougies fichées dans les boutanches déjà sifflées. Fromages et cochonnaille servis en planches copieuses pourront aussi garnir l'apéro. Concerts de temps en temps et soirées à thème genre « Venez avec vos vinyles ».

Où dormir ? Où manger dans les environs ?

Chambres d'hôtes La Gaspardine : *chez M. et Mme Médard, à Gaspard, 15300* ***La Chapelle-d'Alagnon.*** *☎ 04-71-20-01-91. • lagaspardine@orange.fr • À 4 km de Murat, en direction de Massiac (par la N 122, bien indiqué) ; passer le pont, puis grimper jusqu'à ce hameau avec plusieurs corps de fermes typiques. Accès par la D 926 (venant de Saint-Flour) également. Fermé de mi-nov à mi-janv. Double 55 € (tarif réduit à partir de 2 nuits) ; ½ pens 42-44,50 €. Dîner (sf dim) 17 €.* L'hôtesse a transformé en chambres d'hôtes cette belle maison de famille en pierre, au petit jardin très soigneusement fleuri. Jolie décoration intérieure et 4 chambres douillettes, pimpantes et confortables. Très chouette terrasse avec une vue bien dégagée. Accueil charmant en prime. À la table d'hôtes, produits frais (la ferme familiale est juste à côté). On coulera des jours paisibles ici, au calme, au rythme des saisons et des activités agricoles. Garage pour motos, vélos, matos de ski et de pêche. Une de nos meilleures chambres d'hôtes en Cantal. C'est dit !

Le Cantou : *15300* ***Albepierre-Bredons.*** *☎ 04-71-20-03-11. Ouv tlj sf dim soir. Résa conseillée. Menus 17-19 €.* Une adresse hors du temps ! Ce petit resto est plus connu des habitués sous le nom de « resto Bouche » (sous-entendu « chez M. et Mme Bouche »). On pénètre par le bar où l'apéro bat son plein, et l'on prend place dans une salle à manger rustique et vieillotte à souhait, aimablement guidée par la patronne (une vraie mère !). La renommée de la maison repose sur la qualité de son bœuf (l'adresse nous avait d'ailleurs été chaudement conseillée par un éleveur), on a donc opté pour l'entrecôte-truffade. Un grand moment ! Une chose est sûre, voilà bien un détour que doivent faire tous les amateurs de viandes bien rassies et persillées. Une adresse rare, généreuse. Un coup de cœur !

Le Jarrousset : *N 122, 15300 Virargues. ☎ 04-71-20-10-69. • info@restaurant-le-jarrousset.com • À 3 km de Murat, en direction de Massiac. Fermé lun-mar (sf juil-août). Congés : janv. Formule 16 € ; menus 22-73 €. Café offert sur présentation de ce guide.* Après avoir tourné chez les plus grands, ce tout jeune chef s'est vite imposé comme une des meilleures tables du département. Le spectacle est dans l'assiette : le pigeon cuit en terrine, condiment framboise, betteraves et gomasio, ou l'agneau du Livradois, et la grande spécialité, le *farçou* d'escargots au beurre d'herbes, ainsi qu'une déclinaison de cornets de Murat. Produits locaux et de saison, agrémentés au besoin de saveurs venues d'ailleurs. On aura remarqué le prix des premiers menus, très attractif.

Voir aussi nos adresses « Dans les environs de Mandailles. Vers Dienne », avec notamment nos coups de cœur à Lavigerie. Petits ***hôtels*** également à Albepierre et Laveyssière, tous 2 à 4 km de Murat, et une belle chambre d'hôtes à Chalinargues, à une dizaine de kilomètres. Toutes les adresses sont disponibles à l'office de tourisme de Murat.

À voir. À faire

La Maison de la faune : *pl. de l'Hôtel-de-Ville. ☎ 04-71-20-00-52. • murat.fr/index.php/tourisme/maison-de-la-faune.htm • Ouv tte l'année. Pour connaître les horaires, mieux vaut appeler. Entrée : 4,80 € ; réduc.* Dans un superbe hôtel particulier du XVIe s. Collections remarquablement présentées dans l'ensemble (les papillons notamment), avec des éclairages adaptés.

Ainsi, vous saurez tout sur les belles noctuelles et autres lépidoptères, l'étrange sphinx tête-de-mort, le grand paon-de-nuit, les « papillons-comètes »... On découvre le petit truc qui, à tous les coups, permet de reconnaître un insecte. D'ailleurs, à propos d'insectes, ils sont légion ici, dont certains de la taille d'une main ! Voir aussiles scarabées d'or, les grandes *cetoniidae* d'Afrique, l'incroyable « mouche-cacahuète », les très futés phasmes (insectes brindilles), notamment le phasme ailé, qui se transforme en terrifiant épouvantail face à l'ennemi ; tout sur les techniques de camouflage.

Par un bel escalier à vis, accès au 1er étage, où se prolonge la saga des merveilleux papillons. Lunettes de soleil pour les éclatants « morphos » d'Amazonie, les éblouissantes sauterelles de Guyane. Pour finir, étranges « insectes-feuilles » et « insectes-violons ».

Dioramas avec animaux naturalisés (la grande majorité d'entre eux ont été trouvés morts, ils n'ont pas été chassés) du bocage, des marais, des villes et villages de la *planèze* (mot auvergnat qui désigne le plateau basaltique à faible pente, dû à l'érosion de coulées sur le flanc des volcans) comme la martre, la genette, la fouine, le milan royal, le putois, la huppe fasciée, le blaireau, etc.

Au 2e étage, notez d'abord le fort beau plafond peint retrouvé au moment des travaux. Là aussi, supers dioramas avec nos amis les bêtes de la montagne et des forêts collinéennes : le rare tétras-lyre, le bouquetin, le lièvre variable (qui devient blanc l'hiver) et autres mouflon, gypaète barbu, perdrix bartavelle (chère à Pagnol). Dans la deuxième salle, moult chats sauvages, sangliers, chevreuils, ragondins, etc.

Sous les combles, tout sur les migrations des oiseaux. Curieux : certains d'entre eux, comme le tichodrome échelette, quittent les Alpes en hiver pour... le Bassin parisien ! Ne manquez pas la salle dédiée à la ville d'Olonne-sur-Mer, jumelée avec Murat. Bref, vous l'aurez compris, un très beau musée didactique à ne point manquer...

Le mémorial des Déportés de Murat : *dans le bâtiment de l'office de tourisme. Visite guidée (sur rdv) 3 €/pers.* Un lieu dédié à la mémoire des 122 déportés de Murat durant la Seconde Guerre mondiale (lire plus haut « Un peu d'histoire »). Scénographie forte et efficace, mieux vaut s'y préparer, on est loin de la mise au vert... D'abord, un parcours d'une dizaine de minutes, sombre, glauque, oppressant, le long de fresques expressionnistes qui retracent, grâce à une voix off, l'itinéraire et le calvaire des déportés. En complément, un documentaire de 25 mn raconte l'horreur, images et témoignages d'un fils de déporté à l'appui. On a beau se savoir informé, ça remue. En guise de conclusion, un message de paix, de vigilance, de résistance aussi.

L'église Notre-Dame-des-Oliviers : édifiée en 1494 sur les ruines d'une collégiale incendiée, puis remaniée plusieurs fois. Ce qui explique son architecture composite (surtout vue de la place Marchande). Clocher d'allure originale. Vierge noire qui aurait été ramenée par Saint Louis de Terre sainte. À gauche, dans la nef, pietà du XVIIe s et petit retable polychrome rappelant les retables de style naïf péruviens. Retable du maître-autel au baroque chargé.

Le rocher de Bonnevie : *accès à pied ; compter 1 km depuis le centre-ville en suivant le chemin de croix.* Le château des vicomtes qui y trônait fut démoli sur ordre de Richelieu. À la place s'élève aujourd'hui une grande statue de la Vierge. Sur les pentes du rocher, on découvre les fameuses orgues, prismes de basalte aux formes étonnamment régulières. De là-haut, bien entendu, belle vue sur la région.

Balade dans la vieille ville

Au niveau architectural, différentes époques sont représentées au fil des rues de la vieille ville. Plan du circuit fléché (gratuit) disponible à l'office de tourisme.

➢ Départ de la **place de l'Hôtel-de-Ville.** Prendre la *rue du Faubourg-Notre-Dame.* Au n° 4, le **tribunal de Murat,** d'époque Louis XV. Au n° 10, la **Caisse d'épargne.** Belle pierre de trachyte, venant de la région. À partir du n° 16, belle série de portes en accolade. Au n° 26, la **maison dite consulaire.** Une des plus belles demeures de la ville. Façade du XVe s partagée en deux bandeaux moulurés. Fenêtre encadrée de colonnettes. Au rez-de-chaussée, grande ouverture en anse de panier. Figures en médaillon.

➢ Rebrousser chemin et grimper la **rue du Bon-Secours.** Au n° 4, vieilles demeures du XVIIe s, typiques de l'époque. Boutique au rez-de-chaussée, arcade en anse de panier sur colonnes, une pièce par étage, une seule fenêtre (au 1er étage la cuisine, au-dessus la chambre). Plus haut, au niveau du n° 3, vestiges de la **tour Molinier,** l'une des sept portes de la ville. Tout au long de la rue, boutiques d'antan. Aux nos 16 et 18, jolies maisons avec croisées gothiques. Après le n° 14, grimper l'escalier.

➢ En haut, au n° 4 de la rue Jean-de-l'Hospital, **demeure de la famille Béral,** qui donna nombre de grands médecins aux rois de France. Belle fenêtre en double accolade.

➢ Continuer jusqu'à la rue Porte-Saint-Esprit. Tourner à droite, puis à gauche. Hardi petit ! Escalier menant à la **tour Saint-Pierre.** Plus haut, vaste panorama sur la **chapelle de Bredons** (voir plus loin).

➢ **Rue des Remparts,** on longe... les remparts, puis on redescend à gauche. Dans le coin, pas une porte qui ne possède son linteau sculpté ou son accolade, même sur les demeures les plus modestes. Au n° 4, **maison Teillard** avec belle porte sur tour.

➢ Retraverser la rue Porte-Saint-Esprit. En face, au n° 13 de la rue Jean-de-l'Hospital, ravissante porte et **tour Renaissance.** Par la petite ruelle qui part devant, regagner la rue du Bon-Secours.

➢ Au nº 28, rue du Bon-Secours, ***maison Renaissance.*** Bel appareillage de pierre taillée, avec échauguettes carrées en encorbellement. Portes à fronton triangulaire, surmontées d'une tour poivrière.

➢ Continuer la rue du Bon-Secours jusqu'à la rue Porte-Saint-Esprit, puis la ***rue Lavergne.*** Au nº 11, vieille porte avec têtes d'anges bien usées. À l'angle de la rue d'Armagnac, fort belle maison du XVIe s. Ouvertures en ogive. Au rez-de-chaussée, l'échoppe avec son petit étal médiéval en pierre (assez rare !).

➢ Redescendre et emprunter, à droite, la ***rue d'Armagnac.*** Au nº 8, exemple typique de maison à angle raboté lors du plan d'urbanisme de 1842. Au sol, bornes antichariots. Au nº 1, rue de Vialboudou, dans le coude, ancienne ***maison des Templiers*** jusqu'en 1307. Sur la porte, on distingue encore les armoiries des Templiers (croix à huit pointes).

➢ Au nº 13 de la ***rue Saint-Michel.*** une jolie fenêtre Renaissance. Au nº 7, porte du XVe s avec bénitier en forme de tête.

➢ Rue Saint-Martin, en face de la *Maison de la Presse,* l'ancienne ***maison des Consuls.*** Solide appareillage de pierre. Plus haut, la ***halle*** du XIXe s, de type Baltard.

➢ Au nº 14 de la ***place du Planol,*** en face de la fontaine, belle maison avec passage voûté du XVIIe s.

➢ En contrebas de l'église, la ***place Gandilhon-Gens-d'Armes,*** ancienne place de la Boucherie.
Au nº 8 de la place, l'***ancien bailliage*** du XVIe s. Belle pierre volcanique, bandeau en saillie à chaque étage. Fenêtres dont les meneaux furent brisés, mais possédant toujours leur encadrement sculpté. Côté rue de l'Argenterie, une porte avec une quintuple accolade (motif central martelé à la Révolution). C'était, aux XVIIe et XVIIIe s, la rue des orfèvres.

➢ Emprunter la ***rue Porte-de-la-Garde,*** qui lui est parallèle. Très typique de la vieille ville. Au nº 14, des échauguettes avec un *passadou,* qui permettait jadis de passer sous les maisons (aujourd'hui muré).

➢ Fin de la visite avec une tour du XIVe s et l'arrière de l'***hôtel Teilhard de la Terrisse*** du XVIe s. Très élégant édifice, avec tours et tourelles coiffées de lauzes, qui abrite aujourd'hui la Maison de la faune.

Fête

– ***Fête du Cornet de Murat :*** *mi-sept.* Dégustation de còrnas et cornets, petits gâteaux roulés à la main en forme de cône et fourrés. Nombreuses animations.

DANS LES ENVIRONS DE MURAT

Le piton de Chastel-sur-Murat : *accès par la D 680, vers Riom-ès-Montagnes, puis, à 3 km, à droite par la D 139.* Là aussi, à 1 200 m, aucun vestige de l'ancien château, juste la chapelle Saint-Antoine, bien trapue, avec un clocher à peigne. Beau panorama sur la planèze, les monts du Cantal.

Sublimes D 44 et D 39 (via Albepierre ou Ussel et Valuéjols), avec des paysages arides où affleure le granit mais où fleurit le pissenlit. On arrive à ***Prat-Bouc,*** départ des pistes en hiver et des randos en été. Compter par exemple 1h30 de marche pour l'ascension du plomb du Cantal.

La Maison de la Pinatelle : *à* ***Chalinargues,*** *au nord-est de Murat par la D 39.* ☎ *04-71-20-03-52.* • *lamaisondelapinatelle.fr* • *Juil-août, tlj 10h-19h30 ;*

janv-juin et sept-début nov, tlj sf sam 9h30-12h30, 14h-18h. Entrée : 6,50 € ; réduc. Ce centre de découverte de la nature propose une initiation aux paysages et à l'environnement des monts cantaliens. Il comprend un nouvel espace scénographique très ludique (projection sur grand écran, maquette en relief, etc.), une salle d'exposition et un centre de ressources documentaires important. L'ensemble est assez séduisant, il n'en demeure pas moins que le billet est à un prix un peu trop élevé pour ce qu'il y a à voir et à faire. Propose également des expos temporaires et tout un programme d'activités (conférences, randos...). Point de départ de nombreux sentiers de randonnée. On peut également y séjourner en gîte d'étape et de séjour.

Antenne de l'office de tourisme du Pays de Murat sur place.

La Chalinhôte : *au centre du village de* ***Chalinargues*** *(15170). ☎ 04-71-20-93-25. • contact@lachalinhote.fr • lachalinhote.fr • Congés : janv et nov. Double 60 € ; chambres de 3 et 4 pers également 85-115 €. Table d'hôtes 20 €, tt compris.* Angélique et Olivier Bueb ont su restaurer cette maison de village en conservant çà et là son caractère ancien : plafond de bois, murs en pierre, poutres apparentes, une porte d'entrée qui peut toujours rester ouverte... Ils y ont aménagé 4 chambres élégantes et confortables pour 2 à 4 personnes, revisitant chacune l'un des quatre éléments en version auvergnate : volcan, estive, *font* et évasion. Bel effort de déco. Au rez-de-chaussée, un bel espace cuisine ouverte – salle-à-manger – salon, lumineux et de bonne taille. Sur la table, produits du coin, voire du potager familial.

BELLES ÉGLISES ROMANES

L'église de Virargues : *au nord-est de Murat.* Date de 1066. Clocher à peigne et chœur pentagonal. À l'intérieur, belle fresque représentant l'une des légendes du pèlerinage de Compostelle : le « pendu qui ressuscita ».

La chapelle d'Alagnon : *à l'est (en contrebas de la N 122).* Chœur roman très ancien et chapiteaux très primitifs. À voir surtout pour ses fonts baptismaux originaux : cuve et dôme en pierre d'une seule pièce, ornés de motifs sculptés. Portes en bois de style gothique.

L'église de Chalinargues : *au nord-est de Murat, par la D 39.* Elle s'élève sur une petite butte. Trapue, avec un large clocher à peigne. Portail du XVe s creusé sur quatre voussures. À l'intérieur, admirer la cuve baptismale en pierre du XIIe s. Tout le long du bord, frise ciselée et, en dessous, divers motifs archaïques (tresses, cordages, entrelacs et une mystérieuse étoile de David).

L'église de Moissac : *au nord de Neussargues.* Elle se distingue par son curieux escalier « en écharpe » autour du clocher. À l'intérieur, riche mobilier. Entre autres, dans l'une des chapelles, retable en pierre du XVe s, majestueux retable du maître-autel (XVIIe s), beaux panneaux de la chaire du XVIe s, coupole du baptistère polychrome, cuve en pierre très ancienne et, surtout, la tombe du Pèlerin...

L'église de Joursac : représente un bel exemple de transition du roman au gothique. De l'édifice roman ne subsiste d'ailleurs que le chevet pentagonal. À l'intérieur, la « pièce » de l'église est la chaire en bois du XVIe s. Remarquable travail de sculpture et de ciselage.

L'église de Sainte-Anastasie : *en poursuivant vers Allanche.* Classique clocher à peigne à quatre baies romanes. Abside et chœur de style roman ; tout le reste date du XVe s. Au chevet, jolis modillons aux motifs variés. À l'intérieur, une quinzaine de colonnettes dans l'abside et le chœur. Certaines, soutenant des arcatures aveugles, reposent sur des têtes sculptées de façon fort primitive.

LE CÉZALLIER

À une altitude de 900 à 1 400 m, au nord de Murat, s'étend une séduisante et âpre région, dont une grande partie appartient au parc naturel régional des Volcans d'Auvergne. Elle est délimitée par une espèce de V qui partirait à la verticale de Murat et dont l'autre branche suivrait la N 122 jusqu'à Massiac. Sa frontière nord est la limite départementale, bien sûr. Cependant, le Cantal ne possède qu'un tiers du Cézallier, le reste s'étend en Puy-de-Dôme. Le territoire se divise en deux parties. Autour d'Allanche, un plateau fort peu habité (notez, sur la carte Michelin, c'est une tache toute blanche) et, à l'est, un terrain accidenté, profondément entaillé (gorges de la Sianne et vallée de l'Alagnon côté cantalien).
Il y a plusieurs millions d'années, le coin connut une succession de coulées de lave, bien creusées et rabotées par la suite par quelques glaciations. D'où, aujourd'hui, ces paysages ouverts, quasiment sans arbres, ondulant mollement à perte de vue.
Ici, les hivers sont longs et les amplitudes de température importantes. Terre de grande émigration, beaucoup d'habitants du Cézallier devinrent marchands de toile. Nulle monotonie pourtant, c'est un relief tout en nuances, tout en subtilités.
De-ci de-là, quelques buttes, quelques fermes et de nombreuses cornes qui accrochent le regard. Car c'est bien sûr un pays d'estive, dont les gourmandes salers vont patiemment ciseler les contours et peaufiner le paysage. À ce sujet, ne pas manquer, en mai, la grande fête de l'Estive à Allanche... Un circuit thématique, avec différentes « stations », vous mènera tout au long de l'année sur les chemins de l'estive, à travers villes et campagnes, pour une rando bucolique et patrimoniale.

ALLANCHE (15160) 1 101 hab. *Carte Cantal, C2*

Sous l'aile du puy de la Mathonière, petite « capitale » du Cézallier dont les foires aux bestiaux étaient jadis plus importantes que celles d'Aurillac. Ce fut une vraie ville au Moyen Âge. Elle eut ses franchises municipales de bonne heure et de solides remparts qui lui permirent, au moment des guerres de Religion, de résister aux huguenots. Dans un autre registre, le canton d'Allanche a fourni bien des patrons de bistrots à Paris...
Aujourd'hui, c'est une sympathique bourgade luttant (comme beaucoup d'autres) contre la désertification rurale. Pour se donner du courage, une association d'habitants s'est lancée bénévolement dans la mise en valeur des richesses architecturales de la vieille cité : dégagement des anciens remparts, restauration des demeures, « promenades » urbaines, etc.

LA FÊTE DE L'ESTIVE

À la Saint-Urbain, fin mai, Allanche est l'acteur d'un grand événement pour l'économie de la région : le départ pour l'estive. Tradition très ancienne que la transhumance, remontant au fond des siècles. Départ, donc, des troupeaux pour leurs pâturages d'été dans les prairies du Cézallier. À cette occasion, plus de 1 000 vaches et veaux dans leurs beaux atours acajou traversent joyeusement la ville.

C'est l'occasion surtout d'une immense fête, qui accueille quelque 20 000 visiteurs, où se fondent tout à la fois sentiment d'appartenance, plaisir de recevoir les amis et visiteurs d'autres régions, convivialité, sens de la fête... Riche programme : arrivée des troupeaux le matin au champ de foire de Maillargues, bénédiction d'un troupeau, ouverture du marché de pays, défilé des bêtes dans les rues, présentation de l'artisanat traditionnel, fabrication du saint-nectaire, grosse bouffe, dégustation de bœufs salers à la broche, apéros-concerts du soir, grand bal de l'Estive, etc. Tout cela avec orchestres, fanfares, groupes folkloriques, marché de pays, nombreux stands, etc. Le dimanche, montée des bêtes aux pâturages. C'est l'occasion d'une grande randonnée pédestre au succès toujours grandissant.
Sur la place du Cézallier, le monument de l'Estive, hommage des habitants d'Allanche à leur vache préférée. Sculptée dans la lave du Bouzentes, une pierre du pays, bien sûr !

LE RUMINAGE : UNE SACRÉE TECHNIQUE !

Tout d'abord, la vache avale l'herbe sans la mâcher, puis celle-ci est stockée (jusqu'à 180 l !) dans la panse. L'herbe y fermente et part dans une autre cavité : le bonnet. Transformée alors en boulettes, l'herbe repart dans la bouche où elle est mastiquée : c'est à ce stade qu'on dit que la bête rumine. Puis les aliments repartent vers les 3e et 4e poches pour être totalement digérés.

LE CÉZALLIER

Adresse et infos utiles

Office de tourisme du Cézallier : *La Gare. ☎ 04-71-20-48-43. • contact@tourismecezallier.com • tourismecezallier.com • Lun 9h-12h ; mar-ven 9h-12h30, 14h-17h30 ; sam 9h-12h.* Organise aussi des visites guidées payantes *(5 €/pers, réduc)* de la vieille ville, sur demande.

Bus : pour Saint-Flour, Condat, Marcenat, Neussargues. Également pour Aurillac.

Où dormir ?
Où manger ?

Le Relais des Remparts : *5, av. René-Rollier. ☎ 04-71-20-98-00. • contact@relaisdesremparts.com • relaisdesremparts.com • Resto ouv tlj (sf dim soir et lun hors saison). Double 55 €. Menu du jour (déj en sem) 12 € ; autres menus 20-26 €.* Cette petite salle bistrot sans grand cachet est l'un des rares endroits vivants et accueillants d'Allanche. Autant dire que tout le monde s'y retrouve, surtout que le menu du jour (pas forcément régional) est une franche bonne affaire. Les horaires sont suffisamment larges pour que touristes, ouvriers et habitués y trouvent place quelle que soit l'affluence... Quelques chambres à l'étage, fraîchement rénovées et de bon confort. Pas mal d'infos touristique, et vente de quelques bouquins et produits locaux.

Le Buron des Estives : *sur la route de Marcenat. ☎ 04-71-20-47-82. Ouv tlj sf lun. Formule du jour (déj en sem) 12 € vin compris ; menus 18-30 € carte env 20 €.* Dans un authentique buron en pleine nature, vous trouverez, entre autres, une solide cuisine auvergnate. Pratique, car à proximité du vélorail et de la cascade des Veyrines. Également un minigolf.

Restaurant Le Foirail : *à Maillargues. ☎ 04-71-20-41-15. À 1 km du centre, sur la D 679. Ouv le soir lun-ven, midi et soir les w-e et j. fériés. Congés : 1 sem fin août, vac de Noël. Plat du jour 9,50 € ; copieux menu du jour 13,80 € ; restauration à emporter (spécialité du chef ven). Café offert sur présentation de ce guide.* Le *Foirail* porte bien son nom, sur une petite colline, en pleine terre d'estive, à proximité de l'un des plus importants marchés aux bestiaux d'Auvergne. Ici, on mange de bons plats de bœuf (plutôt sur commande). C'est une maison simple, accueillante, populaire, voire un peu routier sur les bords !

Où dormir ? Où manger dans les environs ?

De prix moyens à chic

Ferme-auberge des Grands Espaces : *Courbières, 15160* ***Pradiers.*** *☎ 04-71-20-46-51. 06-07-50-88-26. Double 50 €. À 6 km au nord d'Allanche par la D679.* La famille Garcelon élève des vaches allaitantes, volailles et canards gras, et a récemment aménagé 4 chambres, décorées sur le thème des saisons, très colorées (sauf « l'hiver »), spacieuses et claires, avec TV. Accès indépendant, par le salon réservé aux hôtes. On peut aussi dîner sur place (sur résa). Accueil très gentil.

Ferme des Prades : *lieu-dit Les Prades, 15160* ***Landeyrat.*** *☎ 09-79-02-55-39. • les-prades@wanadoo.fr • fermedesprades.com • À env 8 km d'Allanche, sur la D 679. Doubles 70-90 €. Table d'hôtes 24 € (boisson comprise) ; autres menus sur commande et hors saison. Apéritif maison offert et réduc de 5 % sur le prix de la chambre à partir de 3 nuits et 10 % à partir de 6 nuits sur présentation de ce guide.* Une belle demeure en pierre chargée d'histoire, qui fut la propriété du célèbre abbé de Pradt, aumônier de Napoléon. C'est aujourd'hui une grande ferme, au milieu d'un vaste jardin, tenue par un couple d'agriculteurs bio qui élève des vaches salers et cultive son potager. Les chambres, confortables, avec hauts plafonds et parquet, sont décorées avec goût. Les repas et petits déj sont servis dans une belle salle à manger avec cheminée et grande table conviviale. Bonne cuisine régionale, des spécialités rustiques préparées avec des produits du pays. Possibilité de visiter l'exploitation, salle de jeux et bibliothèque accessible à tous. Une adresse pleine de charme et un accueil chaleureux.

Hôtel des Voyageurs : *le bourg, 15170* ***Ferrières-Saint-Mary.*** *☎ 04-71-20-60-24 • alanengledow@hotmail.com • À 14 km au sud-est d'Allanche, sur la N122. Resto en principe fermé le mer soir et/ou dim soir. Congés : 3 dernières sem de déc. Doubles 30-35 € ; menus 11-19 € midi et soir.* Une chaleureuse auberge cantaloue tenue par un sympathique couple d'Anglais qui a pris ses quartiers dans le Cantal depuis plus de 20 ans. Bonne cuisine de terroir (truffade, tripoux...), à découvrir sur la terrasse si le temps le permet ; également sept chambres (dont 2 familiales) propres et bien tenues, qui ont le charme des maisons de famille ; certaines ont un petit balcon qui donne sur le petit cours d'eau.

LE CÉZALLIER

À voir. À faire

L'église : *tlj 10h-19h (17h hors saison) sf pdt les offices.* Fondée au XIe s, elle dépendait de l'abbaye de La Chaise-Dieu. Au XIVe s, on l'intégra au système défensif de la ville. Elle hérita des mâchicoulis et d'une tour de garde. Splendide porte sculptée du XVIe s, représentant les trois vertus théologales (Foi, Espérance et Charité), ainsi que le Christ *Ecce homo.* À l'intérieur de la construction primitive subsistent trois nefs avec de grands arcs à peine brisés. Les six chapelles furent ajoutées ultérieurement par de riches marchands. À l'entrée du chœur, coupole sur trompes. Abside en cul-de-four. Chapiteaux à peine travaillés. Intéressante statuaire. Retable du maître-autel du XVIIe s. Stalles avec belles miséricordes (têtes, animaux fantastiques). Lutrin avec aigle. Grandes potences sculptées. À droite du chœur, ravissante Vierge à l'Enfant en bois polychrome du XVIe s et une autre, plus tardive (tête avec couronne d'or). Ne pas manquer non plus la pietà en pierre du XVe s.

➢ ***Balade dans la vieille ville :*** partir de l'office de tourisme. À droite, le sentier des fossés qui suit les vestiges des fortifications. Vieilles demeures place Saint-Jean et Grand-Rue-de-l'Abbé-de-Pradt. L'ancienne mairie occupe les bâtiments qui subsistent d'un château, reconstruit au XVIIIe s.

➢ ***Le Vélorail du Cézallier :*** *au départ des gares d'Allanche ou de Landeyrat. ☎ 04-71-20-91-77. • velorail-cantal@orange.fr • velorail-cantal.com • Juil-août, tlj sur résa téléphonique (9h-12h, 13h-17h30) ; mai-juin et sept, sam-dim (selon météo) sur résa par Internet. Compter env 20-45 € par vélorail (c'est-à-dire pour 4 adultes ou 2 adultes et 2-3 enfants de moins de 10 ans) pour un parcours de 6 à 23 km (A/R, soit 1h30-5h).* Une bien drôle de manière de découvrir les estives et les rails de la transhumance. Arrêt possible à la cascade des Veyrines au viaduc de Saint-Saturnin, etc. Animaux refusés.

Fête et manifestations

- ***Foires aux bestiaux :*** *au moins 1 fois par mois.* Elles ont conservé une grande renommée.
- ***Fête de l'Estive :*** *fin mai.* Voir la rubrique spéciale dans l'introduction d'Allanche.
- ***Marché de potiers :*** *fin juil.*
- ***Marché traditionnel :*** *mar mat en été.*
- ***Grande foire à la brocante :*** *début août.* La plus importante d'Auvergne. Très prisée des chineurs.

DANS LES ENVIRONS D'ALLANCHE

MARCENAT (15190)

À 1 060 m, une autre petite station de ski. En cours de route, sur la D 679, la jolie ***cascade de Veyrines.***

À voir à Marcenat et dans les environs

Marcenat fut jadis une bourgade importante, si l'on en juge par son ***église Saint-Blaise.*** D'origine romane, modifiée aux XVe et XIXe s. De la période romane ne subsistent guère que les six piliers de la nef. Quelques chapiteaux intéressants, ornés de motifs décoratifs ou symboliques. Assez riche mobilier également, dont des retables classés.

Le musée de la Foudre : *☎ 04-71-40-99-42. Ouv 10h30-12h30, 14h30-18h30 : tlj juil-août, mer-dim avr-juin et sept ; visite guidée à 11h. Entrée : env 5 € ; réduc.* Film vidéo sur des centaines d'éclairs de montagne, photos, maquettes, collection d'objets foudroyés et... effets spéciaux !

Le monastère orthodoxe Znaménié : de Marcenat, prendre la D36 direction Montgreleix sur env 4 km, puis à droite direction Le Godde, fléché ensuite. Non, vous ne rêvez pas. Un monastère orthodoxe perdu au fin fond du Cézallier et du Cantal ! Né à l'initiative du père Barsanuphe, il fut construit entre 1988 et 1996 sur les ruines d'une vieille ferme, en partie par les sœurs elles-mêmes. Le cuivre du dôme et la croix au sommet sont des dons extérieurs. Les moniales, comme on les appelle, sont françaises et se mêlent occasionnellement à la vie sociale du village, écrivent des ouvrages sur l'histoire... de Marcenat et de Condat, et même, plus récemment, ont fait paraître un album d'icônes (ce qui est plus orthodoxe !). Même Jean Dutourd (de l'Académie française), originaire de la région, a salué leur talent d'écrivains ! Autres aptitudes, la peinture d'icônes, l'apiculture, l'entretien du potager... Bien sûr, n'oublions pas l'essentiel. La spiritualité domine la vie de ces sœurs qui ponctuent leur journée de chants slaves et accueillent les visiteurs à l'église *(14h-18h : tlj juil-août, slt sur rdv le reste de l'année ; résa préférable au ☎ 04-71-78-84-68).* On vous renseignera aussi pour les offices, les informations sur la pâque orthodoxe et la fête du monastère qui a lieu en juin. Un lieu étonnant.

LE CÉZALLIER DE L'EST

Par la D 9 puis la D 21, en direction de Massiac, on découvre toute la beauté du plateau mamelonné. À partir de Chavanon, on est aspiré par l'ampleur de l'espace à perte de vue. C'est un paysage totalement ouvert, royaume des hauts pâturages. Panorama superbe sur les monts du Cantal. En avant vers l'un de nos plus émouvants coups de cœur !

L'église Saint-Julien-de-Chanet : *continuer sur la D 21. Sur la gauche (venant d'Allanche), petite route pour le hameau de Chastres (bien indiqué).*
Une route en terre mène à cette petite église, située à 1 100 m d'altitude, presque au ras des gorges de la Sianne. Là où le paysage s'échancre tout à coup violemment, au milieu de nulle part, s'élève ce sanctuaire oublié des hommes.
Jadis il y avait, dit-on, un village tout autour. Consacrée en 924, on aurait tout aussi bien pu la prendre pour un buron (allure ramassée, trapue, toit de grosses lauzes), s'il n'y avait ce porche aux profondes voussures. Chose rare, elles descendent jusqu'au sol, sans s'appuyer sur colonnettes ni chapiteaux.
À l'intérieur, émouvante simplicité de l'architecture romane primitive. Bel appareillage de pierres plates apparentes, disposées verticalement (technique de construction des caves et des burons). Deux chapelles avec ogives croisées, ajoutées au XVe s, forment transept. Abside en cul-de-four aux baies fortement ébrasées. Chapiteaux au bas de l'arc doubleau séparant les travées, au dessin simplissime. Baptistère en pierre.

VÈZE (15160)

Presque à la frontière du Puy-de-Dôme, un pittoresque village à 1 100 m d'altitude. Si l'église est fermée, demander la clé à l'une des maisons voisines.

L'église Saint-Pancrace : construite sur une butte, elle possède presque une cella parfaite. C'est-à-dire de forme strictement rectangulaire, avec le chœur et l'abside de la même longueur que les travées de la nef. Deux chapelles latérales ajoutées au XVe s lui donnent l'allure de transept. Chœur et nef voûtés en plein cintre. Intéressants chapiteaux sculptés. Ainsi, dans la nef, sur les culots des colonnes, têtes du seigneur et de sa femme. Mystérieuses figures et symboles à l'entrée du chœur : un visage barbu (un prophète !), du pain et une gerbe (l'eucharistie ?). À gauche de la porte d'entrée, Adam et Ève, scène de chasse d'oiseaux, etc. Retable du XVIIe s avec colonnes torses complètement usées. Belle pietà dans le « transept » gauche.

LAURIE (15500)

Accès par la D 55 ou la D 9. L'un des villages les plus hauts du Cézallier. Remarquable point de vue sur tout l'horizon. Le village serre ses demeures en boucle sur la montagne. L'église y trouve à peine sa place.

Où dormir ? Où manger ?

⛺ **Camping de Laurie (La Prade) :** *sur la droite en montant la D 109 vers Laurie. S'il n'y a personne, s'adresser à la mairie : ☎ 04-71-73-91-24 ou 92-17. • laurie36@wanadoo.fr • Ouv 1er juin-30 sept ; gîte d'étape ouv tte l'année. Pour les tarifs, se renseigner aux num ci-dessus.* Situé sous la pinède, dans un endroit calme idéal. Les emplacements ne sont pas séparés entre eux, mais le dénivelé irrégulier du terrain remplace avantageusement les haies. Pas d'enclos et du relief donc pas idéal avec de jeunes enfants. Environnement superbe. Sanitaires propres.

|●| **À la Bonne Auberge :** *au centre du village, sous la pl. de l'Église. ☎ 04-71-73-92-17. Fermé sam midi et le soir dim et j. fériés. Congés : 10 j. en fév, 10 j. en sept. Menu 14 €. Digestif maison offert sur présentation de ce guide.* Cuisine simple, classique. Au menu : 2 entrées, plat en sauce et légumes, fromage et dessert. Spécialités auvergnates sur commande. Et sachez que si vous arrivez avant le service, vous risquez fort d'être mis à contribution pour l'épluchage de pommes de terre ! Quelques tables dehors.

À voir

L'église : extérieurement, architecture toute simple avec un clocher très court. À l'intérieur, une surprenante disposition à deux nefs égales. En général, il y en a une ou trois (dans ce dernier cas, les nefs latérales supportent la poussée de la nef principale). Au début du XIXe s, un des côtés s'effondra. L'architecte médiéval devait être un rêveur... Chapiteaux au trait assez primitif et aux motifs éclectiques : décor floral, pampres, monstre, etc. Beau retable baroque avec colonnes torsadées. À gauche, une chapelle s'ouvre sur une double arche en plein cintre. Vous y découvrirez une jolie Vierge à l'Enfant, datant du XIIe s. À l'origine, il y eut un vœu en 1318 par les notables de Blesle pour chasser la peste. La Vierge miraculeuse connut alors un culte important et devint un lieu de pèlerinage très populaire. Encore aujourd'hui, elle est honorée à la Pentecôte par un pèlerinage régional.

LUSSAUD *(15500)*

Perché encore plus haut que Laurie. Continuer la route en lacet, qui va vous permettre de découvrir un panorama de plus en plus ouvert. Vous n'y rencontrerez guère de touristes. La route s'achève d'ailleurs en cul-de-sac à Lussaud, village auvergnat tout à fait traditionnel et quasi hors du temps. Rues en terre et pierraille, bâtisses solides et trapues, toits descendant parfois presque jusqu'au sol, pignons en escalier. Basse-cour et chiens baguenaudant librement dans des ruelles vierges de trafic automobile... Ici, on vit encore totalement au rythme des saisons. Au centre, la mignonne et modeste ***église Sainte-Madeleine,*** de style roman tardif.

AURIAC-L'ÉGLISE *(15500)*

Retour dans les gorges de la Sianne. Un petit détour roman qui vaut la peine. Notamment pour l'***église*** et pour son élégant chevet et ses modillons à détailler. Le clocher perdit la tête à la Révolution. À l'intérieur, voûte en berceau et abside en cul-de-four. Dans le chœur, cinq arcatures reposant sur une bordée de perles. Vieux bénitier en pierre. Une frisette en hachoir court le long des chapiteaux. Belle coupole.

➢ Après Auriac-l'Église, la ***vallée de la Sianne*** commence à s'élargir un peu. Très verdoyante. Au passage, quelques charmants ponts d'inspiration gallo-romaine franchissent le ru, parallèle à la route.

LEYVAUX (15450) 30 hab. *Carte Cantal, C1*

Leyvaux est un village fantôme ! Tout le monde vit autour, disséminé dans la vallée. Symbole de la désertification rurale et de l'isolement... Commune du Cantal, Leyvaux n'a aucune liaison routière avec son département. Il faut nécessairement passer par Blesle (dans la Haute-Loire) pour y accéder. Notez que la route pour s'y rendre se révèle fort jolie et que Blesle est un des 100 Plus Beaux Villages de France.
À Leyvaux, la rue principale est encore en terre, et les ruelles adjacentes herbues ou à la romaine, recouvertes de dalles grossières. L'école est fermée depuis plus de 40 ans (mais reconvertie en gîte), l'ancien prieuré tombe en ruine, et les maisons traditionnelles ne vont guère mieux. Pourtant, certaines d'entre elles montrent encore les redents en basalte posés sur les murs et qui les protégeaient de l'humidité. Une antique tour de guet du XIIe s semble bien l'une des plus vaillantes... Elle servit aussi de porte d'octroi pour les troupeaux de moutons qui partaient en transhumance. Atmosphère, atmosphère...

À voir

L'église : là, à flanc de colline, apparaît l'église, l'un de nos petits coups de cœur en Cantal. Humble, rustique, charmante, remarquablement restaurée. Bien proportionnée avec son clocher à peigne à cheval sur la nef. Portail avec tympan à motifs floraux au coup de ciseau rustique. L'archivolte en perles est aussi ornée de fleurs. À l'intérieur, par beau temps, luminosité cistercienne, quasi mystique. Une partie de la lumière est distribuée par des oculi. Les coups de badigeon blanc ont émoussé les arêtes, donnant une rondeur, une voluptueuse douceur aux lignes, aux contours. Grandes dalles au sol. De part et d'autre du chœur, deux chapelles basses. Aux murs, de-ci, de-là, décor de pierres en arêtes de poisson. Au-dessus de l'arc brisé, vestiges d'une fresque de 1620 aux couleurs encore vives. Pas de mobilier, si ce n'est un autel en pierre et un vieux bénitier. Une église du désert au temps des premiers chrétiens...

Randonnée pédestre

➢ Un superbe ***sentier de randonnée*** en boucle d'une douzaine de kilomètres (balisé en vert) part dans la vallée. Vous plongerez dans l'alternance bois de chênes et de noisetiers, et landes à genêt rocailleuses.

MASSIAC (15500) 2 030 hab. *Carte Cantal, D2*

Lieu de villégiature paisible, sous l'œil vigilant des hauts rochers basaltiques de Sainte-Madeleine et Saint-Victor, Massiac est une ville-étape sur la route des vacances. Elle est aussi célèbre pour ses macarons, ces fameux biscuits dont la recette est jalousement gardée par les pâtissiers locaux.

Adresse utile

Office de tourisme : *pl. de la Gare. ☎ 04-71-23-07-76 • massiac@wanadoo.fr • paysdemassiac.com • Ouv tte l'année ; lun-ven 9h-12h, 14h-17h (18h mai-juin et sept-oct ; 18h30 juil-août) ; sam 9h-12h (plus l'ap-m pdt vac scol).* Demander la liste des producteurs de la région, que ce soit pour acheter ou visiter.

Où dormir ? Où manger à Massiac et dans les environs ?

Prix moyens

Grand Hôtel de la Poste : *26, av. du Général-de-Gaulle, à Massiac. ☎ 04-71-23-02-01. • hotel.massiac@wanadoo.fr • hotel-massiac.com • Resto fermé mar soir et mer janv-mars. Congés : 12 nov-20 déc. Doubles 44-56 € selon confort. Menus 15 € (en sem)-37 €. Café offert sur présentation de ce guide.* Si les chambres sont ultramodernes (genre hôtel de chaîne), on pourrait tourner un film dans la salle à manger, tant le décor semble inchangé depuis les années 1950-1960. Super salle de remise en forme avec hammam, sauna, squash, muscu... Attention, certaines activités sont payantes. 2 piscines (extérieure et intérieure).

Chambres d'hôtes Ferme de Nozerolles : *chez Bernard et Maryse Chalier, 15500* ***Saint-Mary-le-Plain.*** *☎ 04-71-23-05-80. • chalier.bernard@neuf.fr • Situé à 830 m d'altitude, à 13 km de Massiac en direction de Saint-Flour. Accès : par l'A 75, 5 km après la sortie n° 25. Une fois dans le village, c'est à 2,1 km depuis l'église en continuant tt droit par la D 310 (suivre le fléchage). Ouv tte l'année sur résa. Double 45 € ; ½ pens 73 € pour 2. Dîner 14 €.* Une grande ferme de caractère dans un paysage champêtre, avec un vaste terrain accolé à l'exploitation agricole. Chambres confortables et spacieuses, dont 1 familiale décorée à l'ancienne. Grand séjour commun très convivial où sont pris les bons petits déj et repas en famille. Cuisine régionale copieuse et produits de la ferme. Une adresse rustique et chaleureuse.

Auberge de l'Allagnonette : *15500* ***Saint-Poncy.*** *☎ 04-71-23-12-85. • info@auberge-allagnonette.com • auberge-allagnonette.com • De Massiac, y aller par les jolies D 21 et D 55 ou, plus rapidement, par l'A 75, sortie n° 25. Fermé mer oct-avr. Congés : 13-22 avr. Double 44 €. Menus 12 € (déj en sem)-31 € ; carte env 25 €. Café offert sur présentation de ce guide.* Une bonne solution de logement, d'autant plus que certaines chambres peuvent accueillir 3, voire 4-5 personnes, ce qui s'avère idéal pour les familles. Bâtisse en pierre restaurée dans un petit village très calme. Chambres claires, confortables et spacieuses. Belle salle de resto-réception, lumineuse et contemporaine à dominante vert pomme. Quelques chevaux sur la colline en face, une rivière, le calme, et le tour est joué. La cuisine du chef est aussi goûteuse, avec des salades copieuses et des spécialités régionales préparées à base de produits frais : tarte au cantal, *pounti,* viande de salers... Quelques tables dehors.

À voir. À faire

L'église Saint-André : d'origine romane, pas mal modifiée au cours des siècles. Ne pas y rater une superbe (et rare) Vierge ouvrante du XVe s. En effet, le concile de Trente les condamna, et la plupart furent détruites. Également une autre belle Vierge en majesté du XVIe s.

Le musée municipal Élise-Rieuf : *4, rue Chalvet. ☎ 04-71-23-03-95. • info@musee-elise-rieuf.org • musee-elise-rieuf.org • Face à la mairie, dans les anciennes écuries du marquis d'Espinchal. Juil-août, tlj sf lun 14h30-18h30 ; mai-*

juin et 1er-15 sept, slt dim et j. fériés. Entrée : 3 € ; gratuit moins de 14 ans. On y trouve de nombreuses œuvres d'Élise Rieuf (140 pour être précis), peintre contemporain originaire de Massiac. Considérée comme un peintre figuratif postimpressionniste, elle voyagea beaucoup et revint avec nombre de témoignages (villes de la Hanse, Italie, Auvergne et... Chine). Croquis volés au coin des rues, paysages, portraits au pastel expressifs. On peut y voir également une douzaine d'œuvres de Charlotte Musson, portraitiste des célébrités de la littérature et des arts (Marcel Aymé, Marguerite Yourcenar...).

➢ ***Le rocher de Sainte-Madeleine :*** balade de 15 à 20 mn depuis le pied du rocher. À 180 m de hauteur, tout au bord, quasiment dans le vide, une ravissante chapelle au toit de lauzes. Paysage vertigineux !

Fêtes et manifestations

- ***Fête de la Cerise :*** *2e dim de juin.*
- ***Rencontres en pays d'Alagnon :*** *la sem qui précède la foire aux pommes.* Divers stages et animations sont proposés au public.
- ***Foire aux pommes et fruits de la tradition :*** *autour de la Toussaint.* Le pays de Massiac remet à l'honneur les terrasses de pierre sèche, les *palhàs,* qui dessinent encore les paysages dans la basse vallée d'Alagnon. La *feira delhs palhàs* vous invite à partager des produits et des savoir-faire ancestraux : cidre, vin, variétés locales et rustiques de fruits et pâtisseries aux goûts et couleurs traditionnels.
- ***Fête du Cidre :*** *fin oct, à **Ferrières-Saint-Mary.***

LA PLANÈZE DE SAINT-FLOUR

SAINT-FLOUR (15100) 6 630 hab. *Carte Cantal, C3*

▸ Pour le plan de Saint-Flour, se reporter au cahier couleur.

Saint-Flour, sur sa plate-forme de basalte battue par tous les vents, nid de grands ducs haut perchés dans les lumières violettes et blanches des ciels de la planèze. Saint-Flour la médiévale, Saint-Flour la catholique, qui résonne encore des pas de ses chanoines.
Là-haut, la cathédrale sombre est comme un couple de hiboux pétrifiés par le temps et qui fixe à jamais, par-delà toutes les vallées de l'Auvergne et d'ailleurs, les mulots touristiques qui gravissent les pentes.

UN PEU D'HISTOIRE

Probablement fondée à la fin du IVe s par Florus, un missionnaire chrétien venu évangéliser la planèze. Il trouva l'escarpement basaltique à son goût pour s'y installer. À sa mort, le site devint bien entendu lieu de pèlerinage. Il commença à s'urbaniser et prit le nom de *Villa Sancti Flori.* Devenue Saint-Flour, la ville acquit rapidement ses franchises communales. Au XIe s, elle s'entoure de remparts et le pape lui rend visite. En 1317, c'est déjà un évêché avec une population de 10 000 habitants (plus qu'aujourd'hui !). Au XIVe s, c'est une ville très riche grâce au négoce de la draperie et aux tanneries (beaucoup de moutons autour du rocher).

Les bonnes choses ayant toujours une fin, épidémies et guerre de Cent Ans vinrent réduire quelque peu l'optimisme des habitants. Saint-Flour, bastion avancé du royaume de France face aux Anglais, est sans cesse attaqué, ses faubourgs pillés par les bandes de routiers. Situation si grave que le roi envoie même Du Guesclin nettoyer la région. Le conflit Bourguignons et Armagnacs déchire à son tour la ville. En 1437, elle reçoit la visite de Charles VII accompagné de son fils, le futur Louis XI, venus redonner le moral aux troupes et populations des frontières. En 1578, les huguenots tentent vainement de s'en emparer.
Avec le départ des Anglais et la paix civile, Saint-Flour perd de son importance stratégique et décline inexorablement. En 1789, la réunion préparatoire aux états généraux rassemble 400 délégués. La Révolution, dernière chance de stopper le déclin, accorde, lors de la création des départements, l'alternance du chef-lieu entre Saint-Flour et Aurillac. C'est Saint-Flour qui commence, mais la ville est victime des surenchères et haines antireligieuses (et Aurillac souffle sur le feu !). Églises écrêtées, pillées, remparts démolis. La ville est en proie, de plus, à l'antagonisme girondin et montagnard. En 1794, Aurillac est définitivement désignée chef-lieu du département. En compensation, Saint-Flour garde la cour d'assises (jusqu'en 1958 !). Mais elle rate complètement la révolution industrielle au XIXe s. Si, contrairement à d'autres villes, le train n'a pas apporté les usines, ce dernier emporte les émigrants à Paris et ailleurs. Au milieu du XXe s, Saint-Flour touche le fond du tonneau. À peine 5 000 habitants. Et que Georges Pompidou fût le député de la circonscription, puis président de la République, ne rapporta guère plus économiquement.
Aujourd'hui ville de services essentiellement, Saint-Flour compte surtout sur le tourisme pour assurer son développement et son image. Elle a des atouts, d'ailleurs le pays de Saint-Flour est labellisé « Pays d'art et d'histoire ». Mais elle possède aussi une industrie agroalimentaire de qualité avec le « porc de montagne » et les conserveries de tripoux qui fournissent la France entière. La lentille blonde de la planèze, qui connaît un regain d'intérêt, vient s'ajouter à ce patrimoine culinaire.

Adresses et infos utiles

Office de tourisme de pays de Saint-Flour *(plan couleur C2)* **:** *17 bis, pl. d'Armes. ☎ 04-71-60-22-50. • saint-flour.com • Sur la pl. d'Armes, entre le musée d'Art et d'Histoire Alfred-Douët et la cathédrale. Mai-sept, ouv tlj ; en basse saison, fermé dim et j. fériés. Visite guidée de la ville en juil-août, sam à 14h30 (à partir de 3 pers payantes ; 5 €/pers, réduc).* Le mercredi matin en juillet-août, visite des remparts. Pour le programme de toutes les animations, un guide est disponible à l'accueil ou sur leur site.

Également une ***Maison de pays*** *en ville basse : 35, pl. de la Liberté. Ouv de mi-juin à mi-sept, lun-ven, plus w-e en juil-août.*

Bus *(plan couleur B2)* **:** de nombreuses lignes au départ et en direction de Saint-Flour. Rens au *☎ 04-71-46-20-20* (Conseil Général). *• cantal.fr •*

Taxis : *☎ 04-71-60-10-88.*

– ***Marché traditionnel :*** *sam mat, rue des Lacs et pl. de la Halle. Mar, juil-août, pl. de la Liberté (ville basse).*

Où dormir ? Où manger ?

Camping

Camping municipal des Orgues : *ville haute, route de Chaudes-Aigues. ☎ 04-71-60-44-01. • saint-flour.com • Ouv juin-fin août. Forfait 2 pers 12,20 €. CB refusées.* Avec 76 emplacements, c'est le camping municipal le mieux situé, tout proche du quartier historique.

Bon marché

Restaurant Chez Geneviève *(plan couleur B2,* **4***)* **:** *25, rue des Lacs. ☎ 04-71-60-17-97. Juil-août, ouv tlj ; hors saison, tlj sf dim-lun et mer soir.*

Menus 13 € (déj en sem, hors été), puis 20 €, plus tableau avec plats du marché. Dans cette ancienne boutique transformée en resto, simple et décoré avec goût, Patrice nous propose des menus copieux à petits prix où la cuisine auvergnate tient la vedette. La viande rouge ici est une aubrac, goûteuse et tendre à souhait. *Manou* (tripoux d'agneau), salade de pieds de veau et lentilles de Saint-Flour, potée, tarte aux framboises, etc. La cuisine est à l'étage, où il y a aussi une petite salle pour les habitués. Service parfois un peu long en revanche.

De prix moyens à chic

Auberge de la Providence *(plan couleur C3, **5**)* **:** *1, rue du Château-d'Alleuze. ☎ 04-71-60-12-05. • info@auberge-providence.com • auberge-providence.com • Dans le bas de la ville. Resto ouv le soir slt pour les clients de l'hôtel, sf dim (ainsi que sam janv-mars). Congés : 15 nov-2 janv. Doubles 65-85 € selon confort. Menus 25-30 €. Parking payant.* Tout a été refait dans cette ancienne auberge appartenant à la même famille depuis 1834. Une dizaine de chambres aux couleurs pastel, assez sobres dans l'ensemble mais bien équipées : TV (Canal+, TPS et satellite) et salles de bains bien conçues. Le resto est réservé aux clients de l'hôtel, avec un menu du jour à base de produits frais et de saison.

Hôtel-resto l'Ander *(plan couleur D2, **3**)* **:** *6 bis, av du Commandant-Delorme. ☎ 04-71-60-21-63. • info@hotel-ander.com • hotel-ander.com • Resto fermé dim soir d'oct à mi-mai. Congés : 21 janv-13 mars. Doubles 52-82 €. Menus 18 € et 22-48 €.* Dans un cadre moderne et lumineux, où brûle un feu de cheminée en hiver, on découvre avec plaisir une carte qui marie parfois le terroir avec quelques touches d'inventivité. Le résultat est savoureux, et les plats sont soigneusement présentés. On peut prolonger agréablement l'escale dans une chambre confortable et bien tenue.

Hôtel des Messageries – Restaurant Le Nautilus *(hors plan couleur par D2)* **:** *21, av. Charles-de-Gaulle. ☎ 04-71-60-11-36. • info@hotel-messageries.com • hotel-messageries.com • (au resto). Dans le coin de la gare, ville basse. Ouv mai-sept. Doubles tt confort 54-80 €. Menus 18-36 €. Parking payant.* Joli point de vue sur la ville haute en arrivant. Excellente cuisine qui revisite le terroir auvergnat à sa manière : lasagnes de tripoux au cantal, aligot au rhum, profiteroles à la gentiane. Piscine, terrasse.

Où dormir ? Où manger dans les environs ?

Le Ruisselet **:** *famille Bergaud, Mazerat, 15100* ***Roffiac.*** *☎ 04-71-60-11-33. • info@ferme-le-ruisselet.com • ferme-le-ruisselet.com • À env 4 km au nord-ouest de Saint-Flour par la D 926 vers Murat ; c'est sur la droite juste avt d'arriver à Roffiac, en contrebas de la route. Ouv tte l'année sur résa. Double avec petit déj 50 € ; ½ pens 40 €/pers, mais dégressif à partir de 3 nuits consécutives ; nuitée 20 € en gîte d'étape (18 places ; possibilité de louer le gîte) ; pour les petits budgets, une quinzaine d'emplacements en camping à la ferme en saison (20 mai-20 sept) env 8,40 € pour 2 pers. Table d'hôtes 16 € (juin-août sf dim soir) avec une bonne cuisine du terroir.* 5 chambres, dont 4 avec sanitaires et 3 pour les familles. Cuisine à disposition. Jacuzzi. Accueil souriant et agréable de Mado et de sa famille, qui gère son affaire avec dynamisme : 3 générations de femmes se partagent les tâches. Dommage que la route ne soit pas très loin...

SAINT-FLOUR

À voir. À faire

La cathédrale Saint-Pierre *(plan couleur C2)* **:** *pl. d'Armes.*
Elle fut précédée par le tombeau de Florus et une église romane (qui s'effondra). Au XIVe s, la construction d'une nouvelle cathédrale est décidée. Le pape Jean XXII

ayant créé le diocèse de Saint-Flour, la ville ne dépendait plus de Clermont. En raison de l'insécurité régnant dans les campagnes (on est en pleine guerre de Cent Ans), on utilise le basalte local, pierre noire très dure qui limitera énormément les possibilités de sculpture et de décor. De face, elle prend d'ailleurs vraiment l'allure d'une forteresse. Seule concession, les porches en pierre de Murat où sont sculptées quelques fioritures.

POUR LA POSTÉRITÉ ?

Sur le flanc de la cathédrale Saint-Pierre, rue Dessauret, on découvre la signature des tailleurs de pierre : écu, harpon (ou angle droit), hameçon, croix, cercle, D gothique, etc. Au-dessus de la dernière porte, notez le cadran solaire en forme de cœur (de 1627). Ultime trace d'humanité.

À l'intérieur, dans le narthex, vestige relativement bien conservé d'une belle fresque datant du XVe s *(Descente aux enfers).* La longueur, l'étroitesse de la nef et l'absence de transept donnent une grande impression de verticalité et de dépouillement (arches gothiques sans décor, pas de chapiteaux). Voir le grand et beau christ noir du XIIIe s dans la nef centrale à gauche. Beaucoup de noblesse dans le coup de ciseau. Dans la chapelle à droite du chœur, gisant du Christ. Au fond, à gauche dans le déambulatoire, pietà du XVe s assez émouvante. Dans la chapelle de l'abside, verrières dessinées par Viollet-le-Duc et offertes par Louis-Philippe et reliquaire doré de saint Flour.

SAINT-FLOUR

Le musée de la Haute-Auvergne (plan couleur C2) : *1, pl. d'Armes. ☎ 04-71-60-22-32 ou 61-34. • ville-saint-flour.fr • Mai-sept, tlj 10h-12h, 14h-18h ; oct-avr, tlj sf mar, dim et j. fériés 10h-12h, 14h-17h. Entrée : 3,60 € ; réduc. Possibilité de billet couplé avec le musée Alfred-Douët : 6,10 €. Penser à demander le livret de visite.*

Abrité dans l'ancien palais épiscopal, datant de 1610. Cadre remarquable pour un très riche musée.

– Dans des salles voûtées, *section archéologie* de la préhistoire au Moyen Âge. Présentation de 10 sites archéologiques majeurs de la partie orientale du Cantal (grotte de Molompize, mégalithes de la planèze...). Jambart en bronze et collier en or, ambre et verre du premier âge du fer, poteries, monnaies... Reconstitution d'un buron présentant la fabrication traditionnelle du fromage cantal (avec outillage).

– Ancienne *chapelle* avec plafond peint. Jolie statuaire. Remarquable chaire en chêne sculpté, Annonciation en bois doré du XVIe s, Vierge en majesté du XIVe s en bois polychrome, aux traits très rudimentaires. Superbe saint Pierre de Bredons du XIIe s, Vierge orante de la planèze de Saint-Flour du XIVe s. Saints et anges portant les instruments de la Passion. Splendides, en bois polychrome, ils entouraient autrefois une chaire. Dans la salle à côté, détailler les miséricordes des stalles. Toujours le coup de ciseau ludique des artistes : un moine égrillard semble déféquer !

– *Salle capitulaire romane :* trésor de la cathédrale, orfèvrerie religieuse, crosses épiscopales, chasuble offerte par Louis-Philippe, charmante Notre-Dame du Pont-de-Bredons du XVIIe s (un peu désabusée, yeux dans le vague). Galerie des Évêques plutôt kitsch.

– *1er étage :* instruments de musique traditionnelle, cabrettes, beaux accordéons diatoniques, vielles décorées. Tableaux de scènes de bal et danses villageoises. Pittoresque collection de coiffes (funéraires, de mariées, d'enfants, de paysannes). Incroyable coffret sculpté par un paysan pour sa promise. Riches salles d'exposition de mobilier traditionnel : lits clos, somptueuses armoires lingères, vaisseliers, buffets à horloge, fontaine en cuivre, etc.

– *Expositions temporaires* présentées dans les salles basses du palais.

Le musée d'Art et d'Histoire Alfred-Douët (plan couleur C2) : *17, pl. d'Armes. ☎ 04-71-60-44-99. • musee-douet.com • De mi-avr à mi-oct, tlj 10h-12h, 14h-18h ; de mi-oct à mi-avr, fermé dim et j. fériés. Entrée : 3,60 € ; réduc ;*

gratuit moins de 10 ans. Billet jumelé avec le musée de la Haute-Auvergne : 6,10 €. Possibilité de visite commentée de 40 mn, sinon livret de visite disponible sur demande. Abritée dans l'une des plus anciennes demeures de la ville (XIIIe s), la maison consulaire était destinée à être le pendant du pouvoir des évêques. Juste en face de la cathédrale, elle se dota d'une façade Renaissance au XVIe s. Après une longue période d'abandon, l'édifice fut acquis par Alfred Douët, historien local, en 1918. Toute sa vie, celui-ci collectionna meubles et objets d'art. À sa mort, en 1952, la maison consulaire fut léguée à la *Caisse d'épargne,* qui en fit un musée. Ça en fait aujourd'hui, avec Anjony, la plus riche collection d'objets d'art du Cantal, d'objets résultant de fouilles archéologiques aux livres contemporains, en passant par des portes d'églises, des sceaux régionaux et royaux. Une partie du musée vient d'être rénovée – et une autre l'est peut-être à l'heure où vous lisez ces lignes. Une visite bien agréable en tout cas. Accès par la cour intérieure, où l'on aura noté la belle cloche du XIXe s et la tour Renaissance. Mobilier, vitraux, plafonds peints, portes sculptées et cheminées monumentales, armes, tapisseries, céramiques, émaux, peintures, etc. Un régal !

Balade dans la vieille ville

Pour les trekkeurs urbains impénitents, voici les principaux musts de la vieille ville. Pour les visites guidées, renseignements à l'office de tourisme. Pas mal de clins d'œil architecturaux, détails insolites, choses cachées et œuvres d'art issues de la manifestation « Chemin d'art », disséminées dans la ville. Dommage que certains proprios interdisent l'accès à leur cour d'immeuble. Certaines révèlent des chefs-d'œuvre (sublimes façades Renaissance !). Environ 400 maisons possèdent toujours leur ancienne numérotation. Bon, on y va !

➢ Démarrons derrière la cathédrale, sur la ***place Jean-de-Brisson*** *(plan couleur C2).* Belle vue sur la ville basse et le Pont-Vieux. À gauche du petit escalier, en bas, le cachot des condamnés à mort. À droite du chevet de la cathédrale, *maison médiévale* possédant toujours son système d'étal (avec volets). Plus bas, la *porte des Roches,* la plus ancienne de la ville avec encore l'emplacement de la herse. Belles façades place d'Armes. À droite de la maison consulaire, l'*ancien hôtel de ville* (jusqu'en 1906). Au no 13, l'*hôtel de Nubieu,* bien dissimulé. Superbe *tour Renaissance.*

➢ Au 1, ***rue de Belloy*** *(plan couleur C2),* belle *échauguette* sur encorbellement. Tout au bout, au no 66, la *maison du Bourreau.* C'est là qu'il s'installa en 1796, lorsque Saint-Flour obtint la cour criminelle. De 1834 à 1854 y habita un représentant d'une famille célèbre : Joseph Deibler.

➢ Dans la ***rue Sorel*** *(plan couleur C2),* au no 35, la *sous-préfecture.* Jolie cour Renaissance à arcades surmontées d'une balustrade (ancien hôtel de Lastic). Ne pas rater le monumental escalier en basalte. Dans l'*église Saint-Vincent,* quelques fresques du XVe s redécouvertes il y a une trentaine d'années. Elle abrita, en mars 1789, les états généraux de la haute Auvergne.

➢ La ***rue du Breuil*** *(plan couleur C2)* était un lieu de résidence recherché des bourgeois et notables. Au no 8, superbe façade avec fenêtres à meneaux et porte de style gothique flamboyant surmontée d'un écusson (martelé). Entrée en voûte d'ogives et vieux puits.

➢ ***Place de la Halle-au-Blé*** *(plan couleur C2),* l'*église* du XIVe s fut transformée en marché à grains sous la Révolution. Ses chapelles vendues comme biens nationaux sont encore occupées par des boutiques aujourd'hui.

➢ Dans la ***rue Marchande*** *(plan couleur C2),* dont la fonction se devine, Louis XI logea son gouverneur au no 31. Façade Renaissance avec fenêtres à meneaux et, chose inhabituelle en ville, mâchicoulis (ce qui était le signe d'un logement administratif). Peu avant, au nº 15, vers la cathédrale, dans un renfoncement, l'*hôtel de Brisson.* Superbe galerie intérieure de style Renaissance avec colonnes torsadées sur trois étages.

➢ Au nº 9 de la ***rue de la Rollandie*** *(plan couleur C2),* très ancienne taverne *(Auberge Pradel-Bastide).* Belle porte à quadruple accolade.

➢ ***Rue du Collège*** *(plan couleur B-C2),* belle façade Renaissance de la boulangerie-pâtisserie.

➢ ***Rue de la Frauze*** *(plan couleur C2),* accès à la *porte du Thuile,* autre porte de la ville, pendant longtemps l'accès principal à la ville haute. Vers la cathédrale, sur la droite, le *presbytère* et sa porte de basalte sculptée du XVIIIᵉ s.

➢ Accès à la ***ville basse*** *(plan couleur D2)* par l'avenue des Orgues, pour les véhicules. Au virage, on peut voir de belles *orgues basaltiques,* longs prismes réguliers cristallisés lorsque la lave en fusion entra en contact avec l'eau d'un lac. Pour les piétons, préférer le *chemin des Chèvres* (escaliers) et la balade des berges de l'Ander, illuminées le soir. Le *Pont-Vieux* dans la ville basse fut longtemps le seul à franchir l'Ander. Dans une petite maison dessus, appelée la *Recluserie,* vivait la « recluse », en général une femme, qui s'y enfermait pour prier Dieu et protéger la ville.

UNE PRISON TRÈS PRISÉE

À la Recluserie, la porte était murée, et seule une petite ouverture subsistait pour passer la nourriture. La recluse jouissait d'une grande considération de la part de la population. Il y eut, dit-on, de 1371 jusqu'à la fin du XVIᵉ s, 73 volontaires pour cette pénitence !

Manifestations

– ***Festival des Hautes Terres :*** *3 j. fin juin-début juil. • festivalhautesterres.fr •* Rencontres, spectacles, démonstrations de savoir-faire, découverte du patrimoine autour des cultures et des civilisations de la montagne. Un festival de plus en plus populaire, qui a vu défiler depuis quelques années des artistes et artisans des Pyrénées, de la Corse ou de la Sardaigne. Bonne ambiance dans les rues de Saint-Flour.
– ***Festa del Païs :*** *le 1ᵉʳ w-e d'août.* Fête de terroir avec démonstration de savoir-faire artisanal, agriculture, cuisine...
– ***Animations tout l'été :*** *infos à l'office culturel et d'animation (☎ 04-71-60-75-00) ou à l'office de tourisme (☎ 04-71-60-22-50).* Théâtre, musique, concerts, festivals.

DANS LES ENVIRONS DE SAINT-FLOUR, VERS L'OUEST

➢ ***La route des Mégalithes :*** sur le plateau de la Planèze, une douzaine de dolmens, menhirs et tumulus, témoignent du savoir-faire et des mystères des hommes du néolithique. Facilement accessibles et dans un remarquable état de conservation. Pour en savoir plus, vous pouvez vous procurer, à l'office de tourisme, un topoguide pour 4,60 €.

L'Ostal de la Marissou : *dans la Maison de l'agriculture auvergnate, 15170* ***Coltines.*** *☎ 04-71-73-27-30. • musee@coltines.com • coltines.com • ♿ Tlj sf dim mat 10h-12h, 14h-17h ; à partir de mai jusqu'à 17h30 ; juil-août, tlj 9h30-12h, 14h-18h30. Fermé 1ᵉʳ janv et 25 déc. Entrée : 4,80 € (3,70 € sur présen-*

tation de ce guide) ; réduc. Visite guidée exclusivement, passionnante et équipe très impliquée. Compter 1h-1h30.
Prononcer « l'oustar ». Cet écomusée de la vie paysanne auvergnate, installé dans une véritable ferme du XVIIe restaurée, est un petit bijou, qui plus est très pédagogique, et où on est autorisé à actionner certains objets. Divisé suivant les saisons : on trouve l'hiver au rez-de-chaussée, avec la ferme de la planèze architecturalement décomposée, puis l'étable où sont gardées les bêtes durant les frimas. Aucune place n'est perdue ! Le lit du vacher est court : c'est que jusqu'à une époque très récente, la position allongée était synonyme de mort ; on dormait donc « mi-allongé ». Explications sur les différentes races de vaches : la salers, utilisée principalement pour son lait (fabrication du cantal), ou l'aubrac (de la Lozère surtout), une bonne travailleuse. Au printemps, les vaches montent à l'estive... Tout sur la fabrication du fameux fromage ! Vous apprendrez, entre autres, que la salers ne donne du lait que si son veau est à ses côtés, et qu'il faut 400 l de lait pour faire un cantal de 40 kg !... Au 1er étage, les activités d'été... Très belle salle consacrée aux outils, et explications concernant la fenaison, le « déramage » et la moisson. Quelques manipulations à faire par vous-même. Pas facile, hein ? En automne, on laboure, sous le regard du bébé sanglé autour de l'arbre ; on transforme l'épi en pain et on lance les semailles pour la prochaine récolte... La boucle est bouclée. Quel cycle magnifique ; surtout expliqué comme cela !
Enfin, dernier petit tour par le marché où les fermières vendent les produits de la ferme et achètent, si vous en avez, rubans, dentelles et plumes de chapeau. À voir aussi, la collection de plumes de chapeau des années 1920 et le diaporama de photos noir et blanc de Jacques Dubois ; scènes de la vie rurale des années 1950... Cette visite se poursuit dans la salle vidéo, où un choix de films (illustrant la fabrication du cantal, la race salers ou la race aubrac, les animaux de la ferme...) vous sera proposé, et se termine par une halte dans la petite basse-cour, où l'on peut faire un bisou à « Velours », la lapine, admirer « Sauterelle » et « Blanchette », les rigolotes petites chèvres. Dans l'enclos de la basse-cour, une authentique cabane d'estive. Bref, une visite à ne pas manquer.

L'église Saint-Gal de Roffiac : *à env 10 km, sur la route de Murat (la D 926).* De style « romano-byzantin », elle date du XIIe s. Ancienne chapelle du château, dont une tour subsiste devant l'entrée de l'église. Clocher à peigne avec tourelle d'escalier et abside pentagonale ornées de fines colonnettes à chapiteaux historiés : animaux fantastiques, saint Michel terrassant le dragon, chimères, aigles déployés, barbu mangé par un lion (le prophète Daniel ?), serpents au sein d'une femme. À l'intérieur, une seule nef, voûte en berceau, chœur avec cinq alvéoles (mur épais de 1,80 m !). Quelques chapiteaux que la polychromie du XIXe s ne met guère en valeur.

LA MARGERIDE

À l'est de Saint-Flour commence la Margeride, qui se prolonge en Lozère, puis dans la Haute-Loire. La région la plus élevée, la « Montagne », se situe d'ailleurs en Lozère, avec le truc de Fortunio (eh oui, ici les montagnes, on les appelle des « trucs » !). Côté Cantal, le mont Mouchet culmine à 1 465 m. La Margeride, c'est un Aubrac en moins aride, avec des forêts profondes. Le granit est présent partout. Pays rude sur le plateau, aux hivers longs, vraiment longs, avec un vent redoutable et une neige jamais pressée de fondre. Pourtant, ici, les étés sont généralement secs et ensoleillés, grâce à la protection des monts d'Auvergne et à l'éloignement des pluies cévenoles. Et au printemps, on voit les prés se couvrir de genêts, pissenlits et autres narcisses qui embaument l'air d'odeurs entêtantes.

C'est en Margeride (recoupant l'historique Gévaudan) que sévit la fameuse bête au XVIIIe s. À sa mort, le 10 septembre 1767, les cloches de Lorcières sonnèrent à la volée !
Ces landes à brouteurs d'herbe, ces forêts sombres parsemées de clairières et de chaos granitiques, ces futaies de pins sylvestres, ces savanes de fougères géantes sont le royaume des amateurs de solitude, de légendes, de botanique et de petites bêtes. Fleurs inconnues, oiseaux étranges, peut-être reconnaîtrez-vous le pic noir, le geai, l'aigle milan, plus rarement le coq de bruyère.
Faiblement peuplée, la région fut pourtant le champion de France de la natalité au sud de la Loire. Ses familles étaient composées de 8, 10, 12 enfants (voire plus) ! Très catholiques, de nombreux prêtres vinrent de ces familles. Dans ces conditions d'enclavement économique, la Margeride échappa aussi à l'industrialisation. À quelques exceptions près, comme cette verrerie royale à Védrines-Saint-Loup qui fonctionna au XVIIIe s grâce à l'abondance de bois dans la région.

LEÇON SUR LE MOUTON

Un troupeau reste toujours soudé. Donc il ne se déplace qu'à la vitesse du mouton le plus lent. Bien entendu, les loups attaquent toujours les moutons en queue de peloton. Donc la vitesse moyenne du troupeau augmente au fur et à mesure que les derniers sont éliminés.

LA MARGERIDE, HAUT LIEU DE LA RÉSISTANCE

Dans ces rudes conditions d'existence, nul étonnement si la région fut un bastion de la résistance à l'occupant nazi. Dès l'année 1941, les maquisards furent nombreux sur ce terrain propice à la guérilla rurale. En juin 1944, ils feront tout pour retarder la jonction des forces allemandes du Sud avec celles de Normandie après le Débarquement. Combats acharnés, nombreux villages martyrisés, habitants fusillés à Ruynes, les 10 et 11 juin, village totalement détruit à Clavières. C'est à quelques centaines de mètres du Cantal, en Haute-Loire, que se situait la maison forestière qui servait de PC aux maquisards.
La bataille du mont Mouchet restera comme l'une des pages les plus glorieuses de la Résistance. Pour la narration des combats et la visite du musée du mont Mouchet, voir plus haut le chapitre « La Haute-Loire ».

Adresse utile

Office de tourisme de Margeride-Truyère : *15320 Ruynes-en-Margeride. ☎ 04-71-23-43-32. • ot-ruynes-margeride@wanadoo.fr • margeride-truyere.com • Juil-août, ouv tlj sf dim ap-m ; le reste de l'année, ouverture restreinte.* Plein d'infos : visites d'exploitations agricoles... De belles randonnées sur *Les Chemins des écoliers*, fascicule plein d'anecdotes en vente. En dehors des horaires d'ouverture, l'écomusée (voir plus bas) s'avère un bon relais.

Où dormir ? Où manger dans le coin ?

Camping

Camping Le Petit Bois : *15320 Ruynes-en-Margeride. ☎ 04-71-23-42-26 ou 04-73-93-60-00. • lepetitbois0639@orange.fr • revea-vacances.fr • Ouv du 1er mai à mi-sept. Compter 16,50 € pour 2 pers.* Un grand camping très bien aménagé, profitant d'un panorama dégagé sur la Margeride. Une petite centaine d'emplacements répartis dans les prés ou à l'ombre de la pinède. Tout confort, lave-linge, jeux pour les enfants... Location de huttes (dans la pinède) et mobile homes. Belle vue de la vaste pièce commune. Accueil souriant. Piscine municipale toute proche.

Prix moyens

Auberge de La Pagnoune : *à Valadour, 15320* ***Loubaresse.*** *☎ 04-71-73-74-69. • info@aubergelapagnoune.com • aubergelapagnoune.com • À 2,5 km de l'autoroute (sortie nº 31) ; très bien fléché. Resto fermé dim soir et lun midi (sf juil-août). Congés : janv-Pâques. Sur résa hors saison. Doubles 52-55 € selon saison. Menus 17-23 €.* Un joli linteau provenant probablement d'une chapelle voisine surmonte la porte de cette jolie ferme. La salle à manger a conservé son *cantou,* sa vieille horloge intégrée à la porte qui sonne les heures, et son lit clos. Et le feu crépite dans la cheminée. À table, délicieuse cuisine traditionnelle avec des recettes d'autrefois et des produits du cru. Au calme et en pleine campagne, vous aurez droit au réveil à la cafetière émaillée et à une *farinette* toute chaude (il s'agit d'une bonne grosse crêpe !). Mère et fille tiennent fièrement l'affaire, et ont même su séduire une clientèle locale grâce à des soirées à thème. 7 chambres coquettes à l'étage, certaines avec mezzanine, pour 4 personnes. Notre coup de cœur dans le coin.

Chambres d'hôtes Champ Grand Sud : *chez M. et Mme Siquier, La Besse, 15320* ***Chaliers.*** *☎ 04-71-23-48-80. • miksik15@yahoo.fr • Ouv mai-sept. Doubles 51-61 € selon confort. Dîner certains soirs, sur résa, 20 €.* Dans un environnement sauvage, à la frontière de la Lozère et de la Haute-Loire (GR 4 à proximité). Une superbe demeure en vieille pierre datant de 1781, entièrement rénovée. 5 chambres en mezzanine, avec accès indépendant, toutes spacieuses et très confortables. Le cadre est idéal pour les amoureux de nature champêtre : tout autour, des prés à perte de vue et les animaux de la maison, chien, chevaux, pintades, oies, qui s'épanouissent tranquillement... Savoureuse cuisine régionale préparée avec les produits du potager et du poulailler. On profite aux beaux jours de l'agréable tonnelle installée devant la maison pour prendre le dîner ou le petit déj, et des effluves apaisants des fleurs du tilleul (si, si !) fin juin début juillet. Accueil simple et chaleureux des propriétaires.

L'ÉCOMUSÉE DE MARGERIDE

L'écomusée est réparti sur 3 sites distincts : à ***Ruynes*** *(le jardin de Saint-Martin), à* ***Signalauze*** *(l'école Clémence-Fontille) et à* ***Loubaresse*** *(la ferme de Pierre Allègre). ☎ 04-71-23-42-96. • margeride-truyere.com • Mêmes horaires pour les 3 sites : juil-août, tlj 14h30-18h30 ; juin et sept, tlj 14h-18h ; pdt les petites vac scol, téléphoner directement à l'écomusée. Entrée : 4 € par site ; réduc dès le 2e site avec le pass découverte que l'on obtient dès le 1er site visité.*
Visites guidées quel que soit le nombre de visiteurs, menées par une équipe d'animateurs passionnés. Quantité d'animations et de manifestations sont organisées chaque année d'avril à octobre, notamment des soirées contes, ou encore des dictées à la plume. L'écomusée propose aussi des visites guidées du viaduc de Garabit.

– ***Le jardin de Saint-Martin :*** *à* ***Ruynes-en-Margeride.*** Au pied de la tour d'un château du XIIIe s. Découvrez ainsi, de façon claire et didactique, l'écosystème de la Margeride (formation géologique, forêts, pâturages, tourbières, marécages, faune, flore, travail des hommes, habitat, etc.). Également un potager de plantes anciennes : topinambour, sarrasin, lentille de la planèze, et la « négresse du Cantal », une pomme de terre à peau noire et à la chair violette !

– ***L'école Clémence-Fontille :*** *à* ***Signalauze.*** *Sur la D 13 en direction du pont de Garabit.* Créée en 1870, l'école ferma définitivement en 1983, car elle n'avait plus

que quatre élèves. Décor et matériel des années 1930 pour nos lecteurs nostalgiques de la plume Sergent-Major, de l'encre violette et des cours de morale et de civisme. Expo « Au fil de l'eau ».
– ***La ferme de Pierre Allègre :*** *à Loubaresse.* Une belle bâtisse au remarquable appareillage de pierre. Porte élégante et linteau sculpté, qui nous montre un paysan ayant eu recours à des compagnons tailleurs de pierre. Tout ici a été soigneusement préservé. Superbe salle commune au rez-de-chaussée qui faisait office de salle à manger, cuisine et chambre (lit clos des parents). Immense *cantou* avec ses sièges sur le côté. Au 1er étage, les chambres des enfants. Autres lieux traditionnels : la souillarde, l'étable, le four, la porcherie, la grange, etc. Plongée fascinante dans la vie quotidienne de la paysannerie au XIXe s. Magnifique. Un chemin thématique de 1,4 km complète la visite.

RUYNES-EN-MARGERIDE *(15320)*

À plus de 900 m d'altitude, c'est la petite capitale de la mémoire des hommes des pays de Saint-Flour et de Margeride.

➢ Belle ***balade*** de 4h environ (12 km), au nord de Ruynes par le hameau de Trailus jusqu'au Signal. Balisé en vert ou GR. Retour par la plaine du Roussillon. Quelques montées ardues, mais la plupart sont faciles. Carte IGN au 1/25 000 (no 2535, Est-Saint-Flour).

CLAVIÈRES *(15320)*

À l'est de Ruynes-en-Margeride, sur la D 4. Ce village fut entièrement détruit par les Allemands, le 11 juin 1944, en représailles à la résistance des maquisards de Margeride. Un monument rappelle l'événement et honore la mémoire du maire et des habitants du village massacrés, et des dizaines de combattants tués. Au cimetière, un tombeau rassemble les corps de 11 d'entre eux, qui ne purent être identifiés.

CHALIERS *(15320)*

Village tout en longueur, surplombant la Truyère. Au-dessus de Loubaresse ; accès du nord par la D 50 et du sud par la D 48. Il y eut un château autrefois, pris par Du Guesclin en 1380. Anecdote : à la fin du XVIIe s, le seigneur de la région s'appelait... Jacques Chirac. À côté du cimetière, très belle vue sur la vallée.

➢ Sentier qui descend à la Truyère jusqu'à une passerelle. De là démarre une ***balade*** sympa en boucle de 3 ou 4h (une dizaine de kilomètres) passant par Charmensac (jolies maisons traditionnelles), Loubaresse et Longevialle (deux sites de l'écomusée). Balisé en sentier jaune PR et GR de pays. Carte IGN au 1/25 000, no 2536, Est-Faverolles-viaduc de Garabit.

LE « ROCHER QUI BOUGE »

C'est le *roc del Bure* (ou rocher de la Roche), près de Saint-Marc-Saint-Just, au sud du viaduc de Garabit. Accès par la D 348. Dans une nature brute de forme, un chaos de gros blocs de granit en boule. Une énorme roche ronde de plusieurs tonnes peut être bougée par un seul homme.

LE CHÂTEAU DU CHASSAN

Au village de ***Faverolles,*** *juste au sud du viaduc de Garabit.* ☎ *04-71-23-43-91 ou 42-20. Ouv mai-oct, sur rdv (6 juil-31 août, tlj 14h30-18h30). Entrée : 4,50 € ; réduc ; gratuit jusqu'à 7 ans.* Le château mêle les styles du XIVe et du XVIIIe s. Façade simple, très classique, à fronton triangulaire sur cour bordée des communs ou l'aile nord. L'intérêt réside aussi dans la découverte et l'histoire d'un château habité toute l'année par la même famille depuis le XIVe s. Très intéressante rétrospective des vieux métiers ruraux dans les communs, nombreux mannequins, belles collections de gemmes, fossiles, minéraux divers, gravures sur la flore, etc. Un bon complément à la visite de l'écomusée. Derrière, beaux jardins à la française, et une belle vue sur les environs.

Dans les environs, à ***Pompignac,*** fier *donjon* en pierre noire basaltique, au-dessus de la forêt sombre.

LE VIADUC DE GARABIT

Carte Cantal, D3

Bâton de maréchal pour un ouvrage du XIXe s, il figurait sur le billet de 200 F consacré à Gustave Eiffel !
C'est en 1877, au moment de la construction du chemin de fer de Neussargues à Béziers, que fut décidée l'édification d'un pont sur la Truyère. L'entreprise n'était pas aisée : comment franchir un espace de 564 m de long sur 125 m de haut ? Surtout, comment résoudre le problème des points d'appui au milieu de la gorge (ou sur les côtés) à une telle hauteur ? Léon Boyer, jeune ingénieur des Ponts et Chaussées, trouva le principe de l'arc métallique s'appuyant sur les bords de la gorge. Avec 52 m d'ouverture, large de 20 m à la base et de 6 m en haut, il est capable de supporter le poids des trains, de résister aux rudes et puissants vents transversaux et aux dilatations du métal (10 cm de différence entre l'été et l'hiver).
La réalisation fut effectuée par l'illustre ingénieur Gustave Eiffel (1832-1923), l'un des pionniers de l'architecture métallique. Les travaux furent menés rondement (en 2 ans) et, chose à signaler, ne coûtèrent pas un centime de plus que le devis prévu. Ce sont des gabiers de la marine à voiles, habitués à travailler par grands vents, qui assurèrent le rivetage des pièces métalliques. C'est largement grâce à l'expérience acquise lors de la réalisation de ce pont qu'Eiffel put construire sa célébrissime tour en 1889.
Aujourd'hui, la légèreté de la structure, son élégance, son insertion harmonieuse dans le paysage (pas si évidente que ça, au début !) forcent l'admiration (et pourtant, la montée des eaux due au barrage de Grandval a beaucoup réduit la perspective).

– Possibilité de *visites commentées (infos auprès de l'écomusée de Margeride ; voir plus haut).*
– ***Belvédère et Point I :*** sur l'autoroute A 75, entre les sorties nos 30 et 31, une aire panoramique offre une vue plongeante sur le viaduc. Splendide ! Une petite expo relate sa fabrication.
– Dernière chose, en saison, le viaduc s'illumine le soir venu. Superbe !

Où dormir ? Où manger dans le coin ?

Hôtel-restaurant Beau Site : *Garabit, 15320* ***Loubaresse.*** ☎ *04-71-23-41-46. • info@beau-site-hotel.com • beau-site-hotel.com • Ouv avr-nov. Doubles 58-75 € selon confort et saison ; ½ pens 60-75 €/pers (souhaitée en juil-août). Petit déj 11 €. Menus 15,90 € (en sem)-55,90 €.* *Café ou apéritif offert sur présenta-*

LA MARGERIDE ET L'AUBRAC

tion de ce guide. Construction quelque peu disgracieuse mais situé au-dessus du viaduc construit par Eiffel, le bien nommé hôtel *Beau Site* est celui qui offre le meilleur point de vue sur le viaduc et le lac. Vaste bâtisse aux belles chambres, spacieuses et claires ; certaines conviennent particulièrement bien aux familles. Prestations hôtelières de standing avec piscine chauffée et tennis dans un remarquable environnement, et une équipe très pro ! Petit déj-buffet cher mais à la hauteur. Point de départ idéal pour la pêche, la planche à voile, les promenades. Resto avec une cuisine de terroir soignée et abordable. Excellent accueil.

DANS LES ENVIRONS DE GARABIT

Le château d'Alleuze : *accès de Saint-Flour par la D 40 et la D 48.* Construit au XIIIe s et propriété de l'évêque de Clermont, ses ruines s'élèvent dans l'un des sites les plus romantiques du Cantal. Collines rocheuses dominant la Truyère, forêts sombres dévalant les pentes éclaircies de bosquets de genêts. En 1383, il servit pendant 7 ans de camp de base à Bernard de Garlan, un bandit de grand chemin, et à sa troupe pour commettre leurs méfaits. Aujourd'hui, il ne reste que ce large donjon carré, flanqué de tours éventrées. Splendide ! Lui aussi s'illumine à la tombée du jour *(juil-août, tlj jusqu'à 1h du mat ; le reste de l'année, le w-e slt jusqu'à 23h).*
– À côté, une petite église du XIIe s qui abrite une cloche de 1558, une des plus anciennes du Cantal.

SOMBRE HISTOIRE

Bernard de Garlan, appelé le « méchant bossu », siégea au château d'Alleuze pour terroriser Saint-Flour et la région. Il ne consentit à cesser ses rapines qu'en échange d'une très forte indemnité de guerre. Pour être certains que personne ne lui succéderait, les habitants démolirent le château sans l'autorisation de l'évêque de Clermont... qui porta plainte. Finalement, le Parlement de Paris ordonna sa reconstruction en 1411.

– Plusieurs ***bases nautiques*** tout autour du lac de Garabit et du ***barrage de Grandval.*** Location de kayaks et de petits bateaux à moteur à des prix très raisonnables. Mais aussi voile, catamaran, embarcations à pédales... Excursions de 1h et plus ou randonnées d'une journée en kayak, ou en bateau à moteur pour les moins sportifs. Idéal pour se balader sous le viaduc et s'offrir une perspective inédite, ou pour rejoindre par les flots le château d'Alleuze. Toutes les infos auprès de l'association *Aventure nautique de Garabit* *(☎ 04-71-23-46-80).*

CHAUDES-AIGUES (15110) 986 hab. *Carte Cantal, C3*

À 750 m d'altitude, c'est l'*Aquae Calente* des Gallo-Romains qui s'étire dans l'étroite vallée du Remontalou. La source du Par, source principale, possède le record d'Europe des sources naturelles d'eau chaude : 82 °C ! La présence proche du magma volcanique (5 km de profondeur) explique le phénomène. L'eau qui tombe en pluie aujourd'hui ressortira dans 700 à 800 ans. Elle remonte tout doucement par un système de failles et de fissures dans le rocher.
Les affiches vantant la station thermale au début du XXe s parlaient de « Carlsbad français ». Aujourd'hui, on vient y soigner ses rhumatismes, l'arthrose, l'arthrite, ou s'y relaxer dans l'espace thermoludique.

Chaudes-Aigues possède le réseau de chauffage urbain le plus ancien du monde (1332). Au XIVe s, une demi-douzaine de maisons étaient déjà chauffées par les sources d'eau chaude. Il reste une cinquantaine de maisons chauffées par les sources. Les conduites passent sous les trottoirs, des caniveaux parcourant le rez-de-chaussée des demeures et cela procure un chauffage par le sol. Impossible d'avoir des radiateurs à cause des minéraux contenus à haute dose dans l'eau. La couche de calcaire peut atteindre 10 cm en 3 ans ! Longtemps l'eau circula dans des troncs de pins sylvestres évidés. De nos jours, les tuyaux doivent être nettoyés ou changés régulièrement.
Il existe en ville huit fontaines publiques correspondant aux huit quartiers de la ville, chacune dédiée à un saint et possédant son petit oratoire. Malheureusement, avec l'eau redirigée vers les thermes, seule une petite moitié fonctionne encore. Autres établissements à recevoir l'eau chaude : le musée, la piscine municipale, le lavoir à eau chaude, et le centre thermal et thermoludique Caleden.

Adresse et infos utiles

Office de tourisme : *29, av. Pierre-Vialard. ☎ 04-71-23-52-75. ● info.chaudes-aigues@wanadoo.fr ● chaudesaigues.com ● Juil-août, ouv tlj ; en mi-saison, fermé l'ap-m des dim et j. fériés ; en basse saison, fermé sam ap-m, dim et j. fériés.* Très actif. Guides compétents (faune et flore de la région). Propose d'avril à octobre des randonnées à thème, et même des excursions en car. Renseignements SNCF sur place. Animations variées durant toute la saison thermale (programme à disposition).

Bus : pour Saint-Flour, avec *Trans Planèze-Aubrac (☎ 04-71-23-52-47).* 1 bus/j. sf dim et j. fériés.

Où dormir ? Où manger ?

Camping

Camping Truyère Évasion Château du Couffour : *☎ 04-71-23-57-08 ou 90-90. 📱 06-83-48-84-61. ● blas.berthou@orange.fr ● camping-chaudes-aigues.fr ● À 2 km du centre. Ouv avr-oct. Résa conseillée. Forfait 2 pers 13,50 € (avec électricité). CB refusées.* Propose 90 emplacements. Bon confort et accueil sympa. Très beau cadre du côté de l'aire de jeux, avec vaste panorama sur la vallée. Quelques emplacements agréables près du château de Couffour. Peu d'ombre en revanche.

De bon marché à prix moyens

Hôtel La Résidence : *16, av. du Président-Pompidou. ☎ 04-71-23-51-89. ● info@hotel-residence-chaudesaigues.com ● hotel-residence-chaudesaigues.com ● Ouv avr-oct. Double 45 €. Menus 12-21 €.* Dans la rue principale, un sympathique hôtel offrant des chambres de bon confort avec TV (Canal+ et satellite). Au resto, des viandes et spécialités du pays, entre autres. Belle sélection des vignobles français nombreux desserts « maison ».

Hôtel Beauséjour : *9, av. du Président-Pompidou. ☎ 04-71-23-52-37. ● beausejour@wanadoo.fr ● hotel-beausejour-chaudes-aigues.com ● Congés : 25 nov-1er avr. Doubles 55-70 € selon confort et saison. Menus 15-33 €. Apéritif offert aux clients qui prennent une chambre sur présentation de ce guide.* Cet hôtel confortable propose une quarantaine de chambres plaisantes. Superbe piscine chauffée et spa extérieur, avec la montagne boisée en fond, terrasse et jardin. 3 salles de restaurant et un grand bar-salon.

Où dormir ? Où manger dans les environs ?

Camping

Camping Le Belvédère : *pont de Lanau, 15260* ***Neuvéglise.*** *☎ 04-71-23-50-50. ● contact@campinglebelvedere.com ● campinglebelvedere.com ●*

À 5 km de Chaudes-Aigues, route de Saint-Flour (D 921). Ouv avr-sept. Compter 25,50-27,50 € pour 2 pers (électricité incluse). En terrasses et dominant la vallée de la Truyère, camping très confortable. Emplacements délimités et ombragés. Piscine chauffée. Snack. Location de petits bungalows, chalets, mobile homes, caravanes, etc. Rivière à 800 m, embarcadère, base nautique.

De bon marché à prix moyens

Ferme des Deux Vallées : *chez Josette et Gilbert Chassany, 15110* ***Fridefont.*** *04-71-23-56-10. 06-07-88-19-04. • chassany@terre-net.fr • deuxvallees.com • À 13 km au nord-est de Chaudes-Aigues. Prendre la D 13 vers Fridefont, Gabarit et les Gorges de la Truyère. Ouv tte l'année. Double 50 € ; nuitée en dortoir (slt Pâques-nov) 10 € ; petit déj 6 €. Pour les campeurs (1er juil-15 sept), immense pré de 3 ha, avec sanitaires communs au gîte d'étape : env 8,90 € pour 2 pers. Table d'hôtes (sur résa) 16-18 €. CB refusées. Apéritif maison offert sur présentation de ce guide.* À 930 m d'altitude, vue magnifique sur le plomb du Cantal et les monts d'Aubrac. Grande ferme en pierre apparente. Josette et Gilbert, agriculteurs, ont aménagé 4 chambres avec sanitaires. Celles qui viennent d'être relookées sont particulièrement jolies. Dans un bâtiment annexe, les randonneurs peuvent dormir dans une grande pièce avec 15 lits en bas flanc. Petit coin cuisine assez sommaire et sanitaires extérieurs. Spécialités de *pounti* (le meilleur du Cantal, à ce qu'on dit !), coq au vin ou civet de lapin à l'ancienne, servis avec aligot ou truffade. Au petit déj, confitures et pâtisserie maison. Accueil exceptionnel et d'une grande générosité. Une belle adresse, comme on les aime.

Chambres d'hôtes La Fouilhouse : *15110* ***Chaudes-Aigues.*** *04-71-23-58-15. En direction de Rodez par la D 921, puis suivre le fléchage. Double tt confort 42 € ; familiale 4 pers 63 €. Dîner complet 14 €. Café offert sur présentation de ce guide.* Une belle bâtisse de caractère, bien rénovée. Dans un environnement sauvage, la maison domine la vallée de Chaudes-Aigues et offre un superbe panorama. Chambres confortables, dont 2 mansardées, avec bains et accès indépendant. Les repas, servis dans la grande salle à manger rustique, sont d'un bon rapport qualité-prix, avec de goûteux plats régionaux. Une sympathique adresse, à l'accueil simple et convivial.

Au Rendez-vous des Pêcheurs : *au lieu-dit Ventuéjol, au pont de Lanau, 15110* ***Chaudes-Aigues.*** *04-71-23-51-68. À 5 km au nord de Chaudes-Aigues (D 921). Ouv tte l'année. Repas 15,50 € en sem, 17,50 € w-e.* Petite auberge au bord de la route. Le cadre est neuf, mais le fils de la maison perpétue une sympathique tradition d'accueil, souriant et sans chichis. Pour un prix très raisonnable, le menu du jour offre une entrée, un solide plat de ménage (civet de lapin, potée, tripoux...), fromage, dessert et kil de rouge sur la table. Glaces et sorbets maison (c'est la spécialité). On peut d'ailleurs les déguster en terrasse, l'après-midi.

Le Moulin des Templiers : *à Maisonneuve, 15110* ***Chaudes-Aigues.*** *04-71-73-81-80. • info@lemoulindestempliers.com • lemoulindestempliers.com • À 10 km, à côté de Jabrun, sur la D 921. Resto fermé dim soir et lun. Congés : 9-23 oct. Doubles confortables 42-45 € ; ½ pens demandée en août 45 €/pers. Menus 12 € (déj en sem)-34 €.* Petit hôtel-restaurant en marge de la route. Salle à manger agréable, déco rustique et tables conviviales. Au menu, feuilleté aux écrevisses, salade de boudin et croustillant à la fourme d'Ambert, viande d'Aubrac, et aligot, bien sûr ! En prime, bons desserts maison... Service efficace.

À voir. À faire

Un conseil, passez récupérer le petit guide du circuit de découverte « De Par en Par » distribué gratuitement par l'office de tourisme ou le musée. Très intéressant et fort bien fait.

Géothermia : *5, quartier du Par. ☎ 04-71-23-58-76. Sept-juin, tlj 10h-12h, 14h-18h30 (avr et oct-12 nov, fermé mar ; vac de Noël et d'hiver, jusqu'à 17h30) ; juil-août, tlj 10h-18h30. Entrée : 4,90 € ; réduc.*
C'est le musée européen de la Géothermie et du Thermalisme. Il est situé en haut de la place du Marché. La géothermie, une énergie que l'homme utilisa bien avant le charbon et le pétrole, un sujet passionnant !
– Explications sur le système de distribution des eaux dans la ville (par échangeur, par pompe à chaleur, etc.). Observation sous les dalles de pierre des caniveaux où circule l'eau. Tableaux lumineux pour suivre le réseau de chauffage urbain.
– *1er niveau :* la source du Par, origine de l'eau, carte géologique, salle sur l'histoire et l'utilisation du thermalisme. Fresque de 6 m de long sur 1,20 m de haut, évoquant l'histoire du thermalisme. Salle consacrée à Larderello, ville italienne en Toscane où l'on utilise également la vapeur. François Larderel, né à Vienne (Isère), fut le père de la géothermie italienne. Il en découvrit les applications en 1814. Découverte des sources d'eau chaude au fond des océans, à partir de 2 500 m de profondeur. Les animaux qui y vivent sont entièrement blancs : crabes, palourdes, anémones, zoarcidés (bébêtes en forme de murène ou grosse anguille).
– *2e niveau :* l'origine de la géothermie (explications sur panneaux et grand écran), son utilisation par l'homme et ses manifestations naturelles dans le monde (sources chaudes, geysers...).
– *Dernier niveau :* salle avec audiovisuel et salle « Le balcon de l'espace », à la découverte de la géothermie dans l'espace.

La place du Marché et la source du Par : gentille place intérieure, accessible par un passage voûté. Au-dessus, le petit *oratoire de Notre-Dame-de-l'Annonciation.* Ces niches à saints datent du XVIIIe s (sauf Saint-Jean-le-Pauvre, qui remonte au Moyen Âge). À gauche, sur un mur, une vitrine exposant des tuyaux encrassés par le calcaire. En haut de la place, la source du Par. Il y a encore 20 ans, on venait y « parer » (épiler) le cochon, d'où l'origine du nom. Au bec de la fontaine, l'eau est à... 82 °C (record d'Europe !). Au Moyen Âge, elle était utilisée pour dégraisser les laines. Débit de 6 l à la seconde. Une partie des eaux de la source du Par est répartie sur certaines fontaines publiques.

L'église Saint-Martin-Saint-Blaise : *pour s'y rendre, venant de la source du Par, rue à gauche de la pl. du Marché.* Au passage, on verra l'oratoire de Saint-Jean-le-Pauvre. L'église, de style gothique, date du XVe s. À l'intérieur, stalles sculptées du XVIe s, retable du XIXe s, lutrin d'époque Louis XIV, bénitier en pierre travaillé.

– **Centre thermal et thermoludique Caleden :** *à la sortie du village en venant de Saint-Flour. ☎ 04-71-23-51-06. • caleden.com • Entrée à l'espace thermoludique : 16 € pour 2h ; 21 € pour la journée ; réduc.* Tout récent, le complexe thermal de Chaude-Aigues (le seul du Cantal) allie cures traditionnelles, remise en forme et espace « thermoludique », soit 200 m² de bassins avec jets, cascades, bains bouillonnants, et même un bassin en extérieur qui vous joue de la musique si vous mettez vos oreilles sous l'eau ! Le tout dans une eau vaguement verte (pas de panique, ça prouve qu'elle est « gorgée de minéraux ») et grimpant à environ 37 °C, histoire de ne pas se refroidir. Également toute une palette de massages et soins esthétiques, payants bien sûr. On peut loger sur place, en appart' ou en chambre, pour peu qu'on apprécie l'architecture mastoco-scandinave du building...

L'AUBRAC

Au sud de Chaudes-Aigues s'étend l'Aubrac cantalien, comme un coin planté entre Aveyron et Lozère. C'est la plus petite portion d'Aubrac, qui s'étend sur trois départements.

Vrai que voilà un pays de grands cieux, d'horizons aux formes molles, sans limites, propre à satisfaire les randonneurs assoiffés d'absolu. De temps en temps, d'insolites îles, des hêtraies, ultimes vestiges de la forêt gauloise. On est trop haut ici pour faire du blé, alors place aux pâtures où s'épanouissent les belles vaches aubrac, cousines des salers. Avec leurs cornes en forme de lyre, elles portent une robe plus café, plus blonde, et le khôl autour de l'œil rappelle furieusement Cléopâtre...

SAINT-URCIZE (15110) 540 hab. *Carte Cantal, C4*

Quand les nuées grises s'accrochent aux gouttières de Saint-Urcize, on ne sait plus où s'arrêtent les maisons, où commence le ciel. Architecture sévère destinée à résister aux hivers sans fin, aux enneigements oubliés. Le village, beaucoup plus important dans des temps reculés, posséda même une petite aristocratie et quelques bourgeois qui se firent bâtir de belles demeures. Mais le must, ici, c'est l'église, l'une des plus fascinantes de haute Auvergne... Seule église du Cantal à posséder autour du chœur un déambulatoire voûté en quart de cercle avec 3 absidioles en cul de four. Comme à Aubrac en Aveyron, les pèlerins du chemin de Saint-Jacques devaient d'ailleurs être heureux d'apercevoir son clocher à peigne, pour pouvoir se refaire une santé après la rude traversée du plateau.

Adresse utile

Syndicat d'initiative : *au bourg. ☎ 04-71-23-21-03. Ouv slt juil-août, tlj sf dim.*

Où dormir ? Où manger ?

Hôtel Remise : *au bourg. ☎ 04-71-23-20-02. • aubrac-chezremise.com • Congés : 15 nov-fin janv. Double 50 € ; ½ pens 52-55 €/pers. Également un très beau lodge pour 10 pers, tt en bois. Menus 19,50-22 € (dim et j. fériés).* Non, ce n'est pas une ancienne remise, mais le nom d'une famille, et plus particulièrement celle du patron, Fred, un homme fort sympathique, ainsi que sa charmante épouse. Belle auberge de campagne, superbement rénovée, où se côtoient pêcheurs et chasseurs, cyclistes et randonneurs, jeunes et anciens, dans une ambiance très conviviale. Excellente cuisine familiale de marché : soupe aux orties, aligot, truite de rivière, etc. Dans cet hôtel de pêche, on fait des paniers pique-nique pour la journée, une bonne idée de Fred, qui vous parlera de son pays dans les moindres détails. Notre coup de cœur en Aubrac.

La Fontaine de Grégoire : *au bourg. ☎ 04-71-23-20-69 ou 02. • aubrac-chezremise.com • Congés : de fin janv à mi-mars. Compter 160 € pour 2 pers.* Fred Remise (de l'*Hôtel Remise*), amoureux de son Aubrac et de son village, rêvait de ressusciter l'ancienne école de Saint-Urcize. Il a donc retroussé ses manches, et avec l'aide de quelques amis artistes, il a redonné vie à ces vieilles pierres. Le résultat est époustouflant, et la noble demeure a retrouvé tout son lustre pour mieux s'offrir à quelques privilégiés. Mais point ici de luxe tapageur. Le lieu, intemporel, est empreint de charme et de quiétude. La douce déco mêle objets de récup', antiquités et matériaux contemporains. Les plafonds sont ornés de fresques comme un clin d'œil au Grand Siècle. Les chambres sont vastes, lumineuses et donnent sur la campagne qui s'étale à perte de vue. Le sublime au cœur du Cantal sauvage !

Où dormir ? Où manger dans la région ?

🏠 🍽 ***Chambres d'hôtes chez Denise Gilibert-Devors :*** *au lieu-dit Esclauzet, 15110* ***Lieutadès.*** *☎ 04-71-73-83-16. • denise.gilibert-devors@orange.fr • Situé entre Chaudes-Aigues et Laguiole, dans un hameau agricole. Double 48 € ; ½ pens 74 € pour 2 pers. Table d'hôtes 13 €.* Une belle maison de caractère datant du début du XIXe s, entièrement rénovée. Chambres très agréables, spacieuses et bien tenues, dont 2 familiales sous les toits, offrant une jolie vue sur les prés alentour. La grande salle commune au rez-de-chaussée est aussi décorée avec soin, tout en vieille pierre et meubles en bois. Accueil tout à fait charmant de Denise, la propriétaire de la ferme.

🏠 ***Gîte et chambres d'hôtes La Ferme :*** *chez M. et Mme Valadier, Le Manouel, 15110* ***La Trinitat.*** *☎ et fax : 04-71-73-80-01. Depuis Chaudes-Aigues, accès par la D 921 direction Rodez, puis la D 65 vers La Trinitat ; un panneau indique le village sur la droite, ne pas le suivre mais continuer tt droit ; ensuite, c'est indiqué. Ouv tte l'année. Chambre 36 € ; 270 €/sem si loué en gîte (pour 4 pers). Café offert sur présentation de ce guide.* Grande ferme bien retapée, située au cœur du plateau de l'Aubrac, dans un environnement sauvage. Petite terrasse, chouette véranda avec vue imprenable, coin salon, frigo et barbecue à disposition ! La déco est un peu kitsch, mais l'ensemble est bien tenu et la literie impeccable. Le gîte est une petite maison en pierre accolée à la ferme, confortable et rustique. Et surtout, on est accueilli par un couple d'agriculteurs extrêmement chaleureux, qui parlent de leur région avec amour et sauront vous indiquer de belles balades. Une adresse qui respire la simplicité et le bien-être pour un rapport qualité-prix imbattable !

À voir

👁👁 ***L'église :*** l'une des plus délicieuses églises romanes de l'Aubrac, classée Monument historique depuis 1921. Architecture intéressante. Clocher à peigne qui abrite l'une des plus anciennes cloches de France (1583). Une curiosité : la nef est plus large que longue. Remarquable déambulatoire avec rond-point à huit colonnes. Beaux chapiteaux des absidioles. Joli dessin dans la chapelle de gauche (derrière la chaire, elle-même fort bien sculptée). Alternance originale, dans la construction, du granit gris et du tuf rouge. Pietà en pierre polychrome (Vierge à l'expression vraiment pathétique).

👁 Dans la rue menant à l'église, on traverse une pittoresque petite ***place*** avec fontaine. Nobles demeures de granit. L'une d'elles arbore une fenêtre ornée de gracieux personnages : sirène, joueur de fifre et tambourin, etc. En face, fenêtre avec fronton triangulaire (1662).

DANS LES ENVIRONS DE SAINT-URCIZE

➢ ***Le plateau, vers Nasbinals et Laguiole :*** suite du plateau mamelonné et des horizons fuyant vers Nasbinals et Laguiole, paradis des skieurs de fond en hiver et des amateurs de burons en été. Tout en bas, là où les trois départements se rejoignent, on trouvait la croix de trois évêques, marquant la limite des trois évêchés de Saint-Flour, Mende et Rodez.

➢ ***Le plateau, direction nord :*** en remontant vers le nord, par la D 65, vers les gorges de la Truyère et Pierrefort, le plateau commence à se morceler en parcelles cernées de murets de pierre et chemins creux. Paysages toujours aussi âpres, campagnes vides d'habitants, rares villages.

➢ ***Églises romanes,*** massives, bien calées dans le paysage. À ***La Trinitat, Saint-Rémy-de-Chaudes-Aigues, Deux-Verges.*** Dans ce dernier village, sur la D 513, belle croix complètement usée avec pèlerin sculpté. À ***Requistat,*** en contrebas de l'église, vieux petit manoir à corps carré et tours rondes à mâchicoulis. Belle porte ouvragée. Typique des demeures de seigneurs peu fortunés en pays défavorisés. À ***Jabrun,*** voir l'église des XIIe et XIVe s et son éternel clocher à peigne. C'était la chapelle d'une ancienne commanderie de Templiers.

L'ALLIER

ABC
DE L'ALLIER

- *Superficie :* 7 340 km².
- *Population :* 343 000 hab.
- *Densité :* 47 hab./km².
- *Point culminant :* le puy de Montoncel, en montagne bourbonnaise (1 287 m).
- *Préfecture :* Moulins (22 670 hab.).
- *Sous-préfectures :* Vichy (26 900 hab.), Montluçon (40 290 hab.).

« Prends garde à la douceur des choses. » Ce joli vers définit bien l'Allier. Le voyageur contemple, songeur, la douceur de ses collines, découvre son riche patrimoine historique, longe des kilomètres de rivières, traverse de belles forêts, avant de s'arrêter en de plaisantes auberges blotties dans de calmes villages... C'est la *Dolce vita* version arverne, en fait. Rien à voir avec Fellini. Ici, pas question de se faire du cinéma. Douce, intense, voluptueuse, la vie de ce département blotti au cœur de la France se veut à l'image de sa rivière. Une rivière sauvage et languide qui peut, tout d'un coup, « faire valser les méandres et les digues en diva folle... à lier ».
Géographiquement, ce territoire, à 2h30 de Paris ou 2h de Lyon par le train (par la route, avec les radars, vous mettrez peut-être plus de temps !), s'apparente à une grande tapisserie de plaines, de vallées, de bocages et de forêts... Quelques montagnes également mais pas de volcans, car l'Allier est le seul département d'Auvergne à ne pas en abriter. Au Moyen Âge, quand on est roi de France et qu'on veut aller à Lyon ou à Toulouse, on n'a pas le choix de l'itinéraire, vu que le vieil ennemi, le duc de Bourgogne, empêche de passer par les vals de Seine et de Saône, et qu'au sud s'élèvent les monts d'Auvergne. On emprunte donc le val d'Allier. Aujourd'hui, on aime pourtant se perdre sur les chemins de la montagne bourbonnaise comme du côté de la forêt de Tronçais, cette chênaie plusieurs fois centenaire, choyée par Colbert pour la fabrique des mâts de bateaux de la Marine royale ou la charpente du Louvre !

Avec trois villes principales de taille équivalente, l'Allier a du mal à se trouver une capitale : Moulins reste le cœur historique et joue les centres administratifs, Montluçon, la plus peuplée, a longtemps porté les industries de la région, tandis que Vichy, plus bourgeoise, porte d'entrée vers la chaîne des puys, se trouve un statut de pôle touristique, jouant de ses charmes architecturaux pour faire oublier son rôle involontaire de capitale de la France pendant la dernière guerre.

BOURBON, « ROI DES DOUANIERS » !

Au Moyen Âge, le val d'Allier, seule voie de passage pour le roi de France vers le sud, est propriété d'un petit seigneur nommé Bourbon. Le roi le comble alors de biens et de titres, jusqu'à épouser ses filles. Et voilà comment, grâce à une position géographique privilégiée, les Bourbons accèdent au trône de France. Aujourd'hui encore, on parle du pays bourbonnais, et un habitant de l'Allier ne s'appelle pas un Allien, encore moins Allienais, Alliennois ou Alliésien, mais un... Bourbonnais !

QUELQUES PARTICULARITÉS

Berceau de huit rois de France, l'Allier abrite plus de ***180 églises romanes*** du XIIe s ; ***un des plus vieux vignobles de France,*** le saint-pourçain, de plus de 2 500 ans d'âge ; ***trois villes thermales*** de renom (Vichy, Néris-les-Bains, Bourbon-l'Archambault) ; une magnifique ***salle d'opéra centenaire*** à Vichy ; ***trois musées de la Miniature,*** tous aussi originaux les uns que les autres ; et également plus de 570 édifices qui font de l'Allier le ***deuxième département de France en nombre de châteaux*** et belles demeures, après la Dordogne. La plupart d'entre eux, propriétés privées, ne se visitent pas, mais on les aperçoit facilement depuis les routes et chemins du département. Rien à voir avec les châteaux de la Loire, évidemment...

UN DÉPARTEMENT DE PLEIN AIR

On ne compte plus la multitude d'activités de plein air dans l'Allier. Avec un millier d'étangs, 5 000 km de rivières, une station de ski (La Loge-des-Gardes), une base de chute libre (Lapalisse), la première chênaie d'Europe (Tronçais), 97 km de canaux (dont 75 navigables), 10 500 km de pistes et sentiers de randonnées à parcourir à pied ou à vélo, la nature est omniprésente. Pêcheurs, sportifs ou familles trouveront toujours une formule pour bien profiter de cette belle campagne bourbonnaise.
De complets topoguides pour randonneurs, cavaliers et cyclistes, ainsi qu'un calendrier annuel de sorties ont été élaborés et sont en vente auprès des offices de tourisme.

UNE TERRE D'ÉCRIVAINS

De toutes les époques, de tous les styles, les grands écrivains se sont succédé en terre bourbonnaise. Certains y sont nés, comme le poète et chef de file du Parnasse ***Théodore de Banville*** (1823-1891), ou ***Albert Londres*** (1884-1932), enfant de Vichy qui laissa son nom au célèbre prix journalistique. ***Émile Guillaumin*** (1873-1951), cet agriculteur-écrivain, auteur de *La Vie d'un simple* salué par la

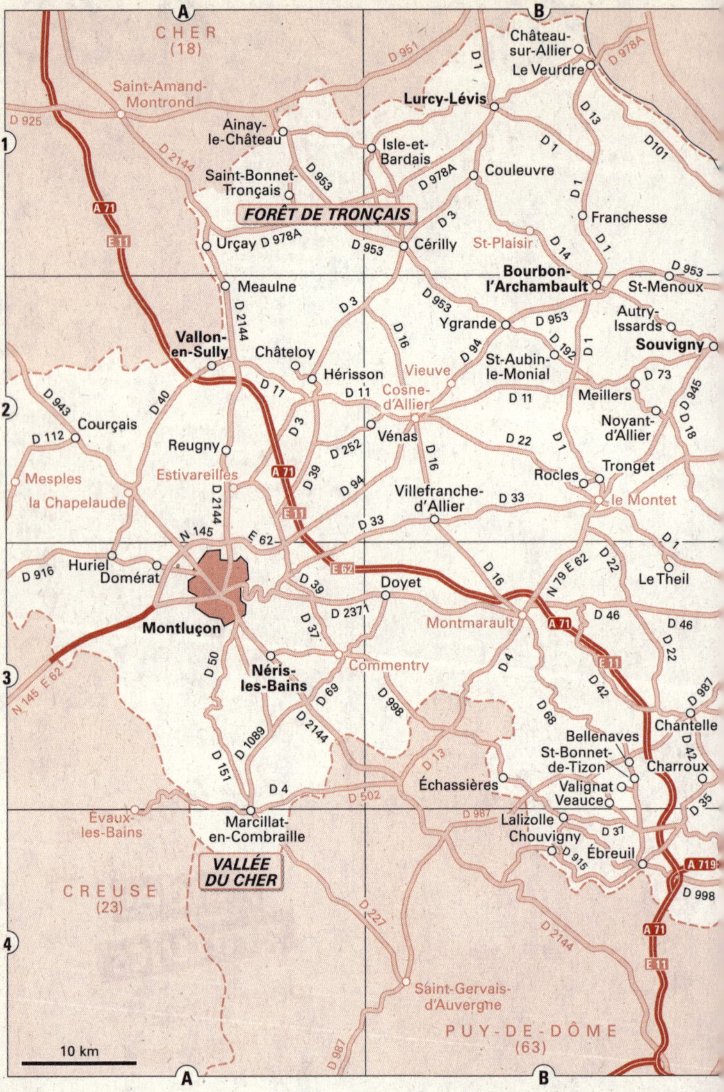

critique, vit le jour à Ygrande. Le découvreur de James Joyce en France, ***Valery Larbaud,*** qui côtoya Saint-John Perse, Borges, Walt Whitman, était originaire de Vichy. ***René Fallet,*** Bourbonnais de Jaligny, écrivit *La Soupe aux choux* et *Un idiot à Paris,* qui inspireront le cinéma, même si l'on a du mal à qualifier leurs réali-

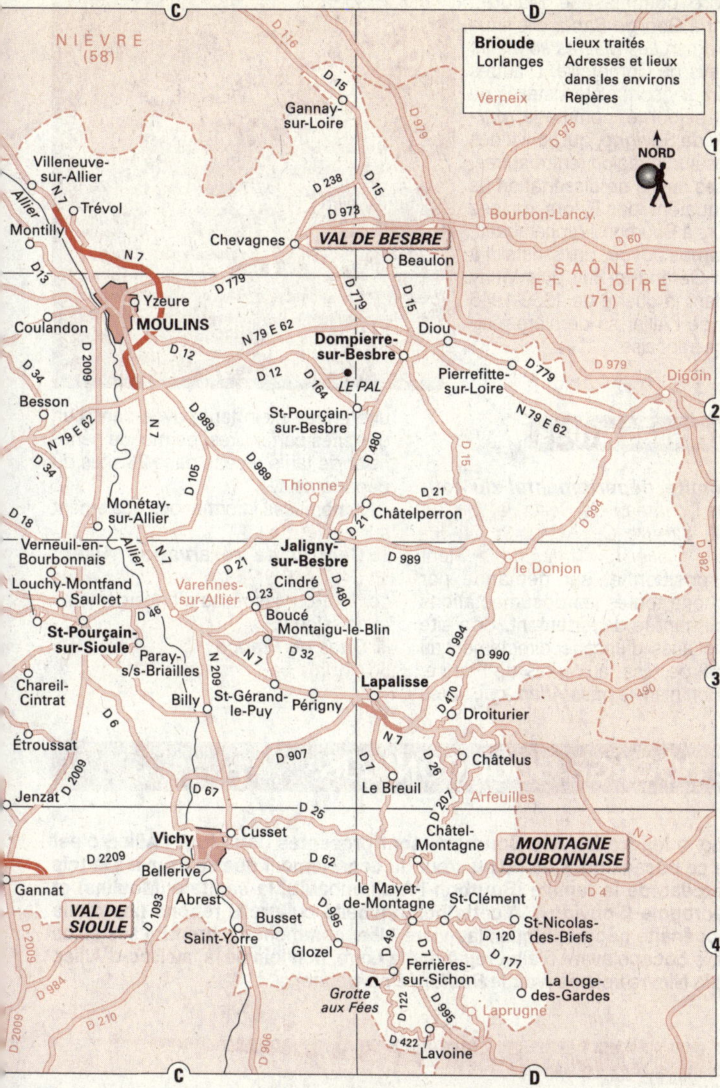

L'ALLIER

sateurs d'inspirés. Quant à l'acteur-écrivain ***Richard Bohringer,*** amoureux des villes la nuit, il a vu le jour à Moulins.

D'autres ont puisé dans l'atmosphère du département, comme ***Georges Simenon,*** qui attribua des origines bourbonnaises (de Paray-le-Frésil, où il vécut) au célèbre commissaire Maigret. Quant à ***George Sand,*** elle situa son roman *Les Maîtres sonneurs* en pays de Combraille. D'autres encore s'y sont juste installés ou y ont séjourné, comme la ***marquise de Sévigné,*** qui écrivit des lettres sur la région (entre autres, car ses sujets de dissertation ne manquaient pas !) lors de ses séjours à Bourbon-l'Archambault, ou ***James Joyce,*** qui s'installa à Saint-Gérand-le-Puy puis Vichy pendant la guerre de 1939-1945 et fit de l'Allier sa dernière résidence française.

UN ENFANT DE CHŒUR NOMMÉ MAIGRET

Dans L'Affaire Saint-Fiacre, on voit le célèbre commissaire revenir enquêter, à quelque 20 km de Moulins, dans le château où il passa son enfance (son père y était régisseur). Le film, avec Gabin, restitue joliment l'atmosphère de l'époque... et du pays ! Et c'est parce qu'il a été enfant de chœur à l'église du village (Paray-le-Frésil, sur la carte) qu'il résoudra le mystère de la mort de la châtelaine. En 1967, Simenon écrira un Maigret à Vichy, dont la lecture est recommandée à quiconque irait prendre les eaux là-bas.

Adresses utiles

i ***Comité départemental du tourisme :*** *château de Bellevue, BP 65, 03402* ***Yzeure*** *Cedex.* ☎ *04-70-46-81-50.* • *allier-tourisme.com* • Tient à disposition et sur demande par téléphone toutes les documentations concernant le département. Son site permet aussi d'accéder directement au central de résa, aux gîtes de France, etc. Bon plan, le ***pass'Allen,*** qui, après une entrée plein tarif payée dans l'un des sites partenaires, permet de bénéficier de tarifs réduits dans 28 sites du département.
– Nombreuses informations également sur • *allier.fr* •

■ ***Central de réservation Allier :*** ☎ *04-70-46-81-60.* • *reservation-allier.com* • Pour les résas d'hébergements et de séjours.

■ ***Gîtes de France :*** ☎ *04-70-46-81-56.* • *gites-de-france-allier.fr* •

LE BOCAGE BOURBONNAIS

Même si les traces des Bourbons sont présentes dans tout l'Allier, c'est dans ce bocage qui s'étend au cœur du département que se trouve à la fois le berceau de la famille (Bourbon-l'Archambault), la capitale (Moulins) et la nécropole (Souvigny). À cette homogénéité culturelle répond une réelle homogénéité géographique : la rivière Allier commence à prendre ses aises dans le bocage avant d'aller rejoindre la Loire, non loin de là, au Bec-d'Allier, dans la Nièvre voisine (voir le *Routard Bourgogne*).

MOULINS (03000) 22 670 hab. *Carte Allier, C2*

◗ Pour le plan de Moulins, se reporter au cahier couleur.

Cette ville millénaire, capitale du département, doit son nom aux moulins sur bateaux qui officiaient sur l'Allier, tellement imposants que personne ne pouvait les manquer... À moins que ce ne soit la faute d'Archambault, sire de

Bourbon, qui, perdu lors d'une chasse à courre, se réfugia dans un moulin pour la nuit, où il tomba amoureux d'une jeune meunière. Il fit alors ériger un pavillon de chasse, qui devint château, et autour duquel la ville se développa. Sous ses airs de préfecture bien peignée, Moulins Ville d'art et d'histoire cache quelques merveilles architecturales, des églises, une cathédrale, un beffroi, pas moins de cinq musées en avance sur leur temps et quelques jolis exemples d'hôtels particuliers. La vieille ville, l'ancien quartier des Mariniers et les berges de l'Allier se découvrent avec d'autant plus d'attention et de plaisir que la cité est parfaitement adaptée aux piétons. Reste à lui donner une vie au quotidien plus à l'image de ses trésors cachés...
Ville de cour à la Renaissance, puis industrieuse au XVIIIe s, ville d'étape entre le nord et le sud du pays quand la N 7 prit de l'importance au XIXe s, Moulins garde des traces de toutes ces époques. Si la splendeur de la dynastie des Bourbons semble s'en être allée, le charme opère différemment dans cette cité pleine de modestie qui n'imagine pas qu'elle pourrait devenir demain une véritable capitale de l'art de vivre.

Adresses et infos utiles

ℹ @ ***Office de tourisme*** *(plan couleur C2) : 11, rue François-Péron. ☎ 04-70-44-14-14. • bienvenue@pays-bourbon.com • moulins-tourisme.com • Sept-juin, lun-sam (plus les ponts et j. fériés) 9h30-12h30, 14h30-18h30 ; juil-août, tlj 9h30-12h30, 13h30-18h30 (18h dim et j. fériés).* Réservation d'hébergements. Vente de places pour le parc du Pal. Également à disposition : 5 circuits découverte agrémentés d'énigmes (5 €), une chasse au trésor pour les enfants (+ 2 €) et des histoires téléchargeables gratuitement en format MP3 (location possible du lecteur). Boutique de produits locaux et artisanaux.

ℹ ***Service du patrimoine*** *(plan couleur D2, **5**) : hôtel Demoret, 83, rue d'Allier. ☎ 04-70-48-01-36. • ville-moulins.fr •* Visites guidées thématiques de la ville, concerts, d'avril à octobre, sur réservation. Demandez le programme à l'office de tourisme avant.

ℹ ***Espace nature du val d'Allier*** *(hors plan couleur par A3) : 8-12, bd de Nomazy. ☎ 04-70-44-46-29. • lpo-auvergne.org • Juil-août, tlj 14h-18h ; avr-juin et vac scol, mer-dim 14h-18h ; le reste de l'année, slt mer. Gratuit.* C'est ici que la Ligue pour la protection des oiseaux d'Auvergne a fait son nid. Le lieu a pour vocation de faire découvrir à tous les richesses naturelles de l'Allier, dernière rivière sauvage en Europe, strictement protégée sur plus de 20 km. Ce point d'information sur les sites et sentiers de découverte, sur la réserve naturelle et les zones protégées propose aussi un diorama, un observatoire de la faune via caméra, et de nombreuses activités pédagogiques autour de l'univers des oiseaux (253 espèces recensées), tout au long de l'année. Organise des sorties accompagnées d'un guide nature.

■ ***Bus*** *(hors plan couleur par D3) :* nombreuses liaisons vers Vichy, Montluçon, Nevers. Infos sur *• transports.cg03.fr •*

■ ***Taxis :*** *pl. de la Gare. ☎ 04-70-44-11-37.*

■ ***Location de vélos :*** Cycl'espace, *168, route de Lyon, à **Yzeure**. ☎ 04-70-46-22-61.* Cycles Norbert Didier, *23, rue de la République, à **Yzeure**. ☎ 04-70-20-22-90. Ouv tlj sf dim-lun.*

Où dormir ?

Très bon marché

⌂ ***Auberge de jeunesse Le Tremplin*** *(hors plan couleur par D1, **1**) : 60, rue de Bourgogne (route d'Autun/Chevagnes). ☎ 04-70-35-42-00. • fjt.letremplin@wanadoo.fr • ♿ À 5 mn à pied du centre-ville. Ouv tte l'année. Accueil 11h45-13h15. Résa impérative. Double 33 €. Menu 7,90 €. Café offert sur présentation de ce guide.* Parfaitement tenue, avec un jardin à l'arrière et des chambres individuelles, doubles ou quadruples. Préférer celles sur cour.

Grande salle sous véranda pour le petit déj. Bonne ambiance.

De prix moyens à chic

Chambres d'hôtes La Maison de Gisèle *(hors plan couleur par C1, **2**) : 20, rue Regnaudin. ☎ 04-70-46-53-24. • la-maison-de-gisele@wanadoo.fr • la-maison-de-gisele.fr • Résa conseillée. Double 70 € ; familiale 100 €. Repas 15-18 € en sem, 20-25 € w-e et j. fériés. CB acceptées. Réduc de 10 % sur le prix de la chambre sur présentation de ce guide.* En pleine ville, une impressionnante maison de maître, avec jardin et piscine. On a plaisir à séjourner dans l'une des vastes chambres du 1er étage (ou dans l'un des appartements), dotées de grandes salles de bains, décorées d'un beau mobilier et de jolis tissus. Beau petit déj avec croissants maison. Une maison qui sent la vie, calme et reposante.

Le Parc *(hors plan couleur par D3, **3**) : 31, av. du Général-Leclerc (près de la gare). ☎ 04-70-44-12-25. • hotelrestaurant.leparc@wanadoo.fr • hotel-moulins.com • Resto fermé sam et dim soir. Congés : 27 juil-19 août (resto) et vac de Noël. Doubles 63-76 € (annexe à l'arrière moins chère). Menus 24 € (en sem)-39 €. Apéritif maison offert sur présentation de ce guide.* Bel immeuble de style classique face à un grand jardin public. Une certaine idée de l'hôtellerie française avec son accueil aux petits soins, son ambiance résolument familiale, ses chambres classiquement confortables. Certaines aux allures d'appartement, d'autres vraiment petites (dans l'annexe, par exemple). Salle de restaurant claire et agréable, pour une plaisante cuisine de tradition et de terroir.

Hôtel de Paris *(plan couleur C1, **4**) : 21, rue de Paris. ☎ 04-70-44-00-58. • info@hoteldeparis-moulins • hoteldeparis-moulins.com • Doubles 100-135 €. Parking clos payant.* Cette institution régionale (l'hôtel existe depuis 1875 !) vient d'être totalement rénovée dans un style qui devrait ravir les visiteurs étrangers rêvant de grandes chambres confortables, de couleurs vives, d'accueil pro. Les amoureux de l'histoire feront la moue, les autres apprécieront le travail réalisé. Ses nouveaux propriétaires n'ont pas cherché à cultiver la nostalgie mais se sont offert un hôtel tel qu'ils le rêvaient. Un spa (hammam, sauna, jacuzzi, soins...) a été aménagé dans le sous-sol de la chapelle Notre-Dame.

Où manger ?

De bon marché à prix moyens

Au Goût du Jour *(plan couleur D2, **10**) : 5, rue de Bourgogne. ☎ 04-70-34-24-30. • augout.dujour@orange.fr • Fermé dim-lun. Congés : 1er-20 août. Formule 11,50 € ; menus 15-20 €. Café offert sur présentation de ce guide.* Le prototype du petit resto sympa pas cher. Déco colorée et petits plats entre terroir et cuisine d'ailleurs. Carte renouvelée fréquemment et accueil souriant. Table enfants avec crayons de couleur.

Le Grand Café – Le Bistrot du Boucher *(plan couleur C3, **12**) : 49, pl. d'Allier. ☎ 04-70-44-00-05. • legrandcafemoulins@yahoo.fr • Ouv tlj sf dim soir en saison ; service jusqu'à 22h. Formule déj en sem 13,50 € ; menus 11,50 € (en sem)-29,50 € ; carte 25-30 €. Café offert sur présentation de ce guide.* Depuis sa réfection et son entrée au club des « Boucher », on ne vient plus ici seulement pour admirer la déco Art nouveau, mais aussi pour profiter de la nouvelle carte. Immenses miroirs, fresque à la gloire de Gambrinus au plafond et balcon d'orchestre, le tout inévitablement classé. Plats classiques de brasserie, par ailleurs.

De prix moyens à très chic

Restaurant des Cours *(plan couleur D2, **13**) : 36, cours Jean-Jaurès. ☎ 04-70-44-25-66. • patrick.bourhy@wanadoo.fr • Fermé mer, plus mar soir, dim soir et soir des j. fériés hors saison. Congés : 2 sem fin fév-début mars et 2 sem fin août-début sept. Menus 22-56 € ; carte 50 €. Café et mignardises offerts sur présentation de ce guide.* Ne pas se laisser impressionner par cette maison bourgeoise et sa véranda noyée sous la vigne vierge, par les nappes amidonnées et les calices en argent. L'accueil est naturellement sympathique, et la cuisine bien de son temps, qui privilégie les plus beaux produits locaux avec une prédilection pour les associations terre-mer (ou rivière), comme le poulet bourbonnais aux écrevisses. Jolie carte des vins.

9/7 – Olivier Mazuelle *(plan couleur D2,* ***14****) : 97, rue d'Allier. ☎ 04-70-35-01-60. • restaurant97om@orange.fr • ♿ Fermé sam midi et dim (sf groupe) et lun soir. Formule déj 18 € ; menus 25-42 €. Café offert sur présentation de ce guide.* Le jeune chef qui s'est posé ici après avoir fréquenté quelques grandes maisons se revendique de la « bistronomie » ! Soit de la gastronomie de bistrot. Au nº 97, ce sont des produits frais travaillés au goût d'aujourd'hui avec pas mal de bonnes idées, un cadre d'une apparente simplicité et un service pro mais pas frime. Manque un petit grain de folie, notamment avec la formule du midi, pour qu'on y croie vraiment !

Le Clos de Bourgogne *(hors plan couleur par D1,* ***15****) : 83, rue de Bourgogne (route d'Autun/Chevagnes). ☎ 04-70-44-03-00. • contact@clos-de-bourgogne.com • ♿ Fermé lun, sam midi, dim soir et j. fériés. Formule déj en sem côté brasserie 16 € ; menus 45-65 €. Apéritif offert sur présentation de ce guide.* Dans une maison bourgeoise du XVIIIe s, cette adresse de goût (dans tous les sens du terme) aux salons élégants donne sur un jardin et sa terrasse. Vaisselle chic, service diligent, pour une cuisine simplement inventive (plats de brasserie pour les 1ers menus, proposés le midi côté salon). Belle carte de saint-pourçain qui s'allie parfaitement avec une impeccable sélection de fromages d'Auvergne.

Voir aussi **Le Parc** *(hors plan couleur par D3,* ***3****)* dans la rubrique « Où dormir ? ».

Où dormir ? Où manger dans les environs ?

La Chaumière : *Le Pont, 03460* ***Villeneuve-sur-Allier.*** *☎ 04-70-43-30-35. • allier-hotels-restaurants.com • ♿ À env 15 km au nord-ouest de Moulins par la N 7 ; à Villeneuve, prendre la D 133 direction Bagneux ; c'est sur la droite, sur les bords de l'Allier, avt le pont. Congés : déc-fév. Doubles 64-75 €. Formule déj 12 € ; menus 21 € (déj en sem)-36 € ; carte.* Vous êtes chez les derniers pêcheurs professionnels de l'Allier ; donc les seuls autorisés à commercialiser la friture de la rivière. *La Chaumière* existe depuis 1928. D'où cette salle rustique avec un côté déjà-vu, cette grande terrasse ensoleillée. Même intemporalité en cuisine : des plats simples, bien préparés et copieusement servis. Chambres elles aussi très rustiques, avec vue sur la rivière pour certaines. Préférez pourtant celles à l'arrière, plus calmes en haute saison.

Où déguster des palets d'or ?

Chocolatier Les Palets d'Or – J.-C. Ménard *(plan couleur C1,* ***20****) : 11, rue de Paris. ☎ 04-70-44-02-71. Ouv tlj sf dim ap-m et lun mat.* Dans cette jolie boutique décorée autrefois par les étudiants de l'école d'art de Moulins, on se délecte de palets d'or, ces chocolats à base d'une ganache de crème fraîche et de café, recouverte de feuilles d'or et de chocolat amer, créés en 1898 par Bernard Sérardy. Vendus à une époque jusqu'au *Bon Marché* de Paris, ils font aujourd'hui partie du patrimoine moulinois.

À voir

LE VIEUX MOULINS

Avec ses petites rues piétonnes et ses belles maisons à colombages, le centre de Moulins mérite qu'on s'y attarde, en poussant les portes, pour découvrir quelques trésors d'architecture qui remontent, pour certains, au XVe s. Un audioguide peut être loué (5 €) à l'office de tourisme pour découvrir en flânant 18 points importants de la ville.

➢ Derrière l'office de tourisme, au n° 2 de la ***rue du Grenier*** *(plan couleur C2),* se trouve la *maison Thierry de Clèves,* l'une des plus belles de la ville avec ses colombages et ses « ouvroirs » destinés aux marchandises triées sur le volet qu'on vendait sur les bords des fenêtres. On peut pousser la porte pour découvrir (derrière une vitre...) la cour intérieure, son escalier à vis et ses superbes galeries de bois qui donnaient accès aux anciennes halles.

Le beffroi du Jacquemart *(plan couleur C2) : pl. de l'Hôtel-de-Ville. Ouv variable. Résa conseillée à l'office de tourisme. Durée : 45 mn. Tarif : env 5 € ; réduc ; gratuit moins de 12 ans.* Symbole des libertés communales acquises au XIIIe s, cette tour de 32 m fut construite en 1455. Après quelques incendies, elle fut dotée d'un toit à l'impériale et des quatre automates qui règlent encore la vie de la cité : Jacquemart (le père), Jacquette (la mère) sonnent les heures, et les enfants, Jacquelin et Jacqueline, sonnent les quarts d'heure, depuis 1655. Une carrière qui faillit s'achever en 1946, puisqu'un nouvel incendie ravagea la toiture et la famille de plomb. Grâce à l'obstination des Moulinois, une souscription permit de reconstruire le tout à l'identique. En haut, on découvre le mécanisme et un superbe panorama sur la ville et ses environs.

Le musée de la Visitation *(plan couleur C2) : 4, pl. de l'Ancien-Palais. ☎ 04-70-44-39-03. • moulins.visitation.free.fr • Mar-sam 10h-12h, 14h-18h. Visites-conférences groupées sur résa. Entrée : 5 € ; réduc ; gratuit moins de 10 ans.* Installé dans une belle maison du XVe s, ce musée abrite une exposition complète et inégalée sur l'histoire de la Visitation, ordre religieux fondé par sainte Jeanne de Chantal, grand-mère de la marquise de Sévigné. M. Picaud, à l'origine de cet espace, a collecté avec passion l'ensemble de ces objets prêtés par une trentaine de monastères de l'ordre en Europe : chasubles, peintures, trésors textiles et d'orfèvrerie, salle des calices, objets « perso » de saint François de Sales, de sainte Jeanne de Chantal... Soit cinq siècles d'art rassemblés en quelques salles. Clou de la visite, la salle dite « coffre-fort », avec ses pièces en argent doré d'orfèvrerie, dont une aiguière Renaissance du XVIIe s. Un surprenant et passionnant musée, à compléter avec l'exposition temporaire (voir *Citévolution*).

La Mal-Coiffée *(plan couleur C2) : pl. du Château. Actuellement fermé pour travaux.* Le plus ancien monument de la ville. Très justement surnommé ainsi par le duc Louis XII, avec sa toiture à pans coupés qui écrase le bâtiment, il s'agit du donjon du château des Ducs, détruit par un incendie en 1755. Datant du XIVe s et avec plus de 40 m de haut (sept étages), il fut résidence princière et même royale avant de devenir une prison (qui accueillit en 1632 la duchesse de Montmorency)... jusqu'en 1984.

La maison Mantin *(plan couleur C1-2) : 3, pl. du Colonel-Laussedat. ☎ 04-70-20-48-47. • musee-anne-de-beaujeu.cg03.fr • ♿ (slt salle vidéo) Mar-sam 10h-12h, 14h (13h en juil-août)-18h ; dim et j. fériés 13h-18h. Fermé lun. Résa obligatoire. Compter 1h de visite. Entrée (couplée avec le musée Anne-de-Beaujeu) : 8 € ; réduc ; gratuit moins de 12 ans.*
La réouverture, 100 ans après avoir fermé ses persiennes, de cette étonnante maison de style néogothique, construite à la fin du XIXe s sur les ruines du château, est en soit un événement. D'abord, il y a l'énigme Mantin en elle-même, que chacun s'amusera à résoudre, en suivant la visite, forcément guidée, de pièces qui semblent être restées dans leur jus, preuve d'une restauration réussie. Louis Mantin, issu de la bourgeoisie fortunée de la ville, n'avait rien à priori qui aurait pu le faire passer à la postérité, si ce n'est évidemment cette volonté d'imposer, par testament, la réouverture de sa maison... 100 ans après sa mort, « de façon à montrer aux visiteurs un spécimen d'habitation d'un bourgeois au XIXe s... »

La visite est passionnante car elle offre aux visiteurs, par petits groupes, la possibilité d'un réel voyage dans le temps, sans faire appel aux techniques modernes, bien au contraire. C'est comme si vous aviez tout à coup la possibilité de revenir en arrière, dans un lieu éclectique qui dévoile peu à peu la personnalité de son créateur. Sous-préfet, rentier à 42 ans, cet amoureux de l'insolite et de l'exotisme aurait pu se contenter d'un cabinet de curiosités dans une maison de ville : lui, c'est toute une maison qu'il fait bâtir comme un vaste cabinet de curiosités, pour y vivre, soi-disant, en célibataire.
Même la ville, qu'on découvre à travers les vitres, semble ici ne pas avoir changé, ou si peu. Selon ses propres centres d'intérêt, chacun s'intéressera plus au travail des soyeux dans la pièce dite « des Amours » ou celui réalisé sur le cuir doré de la chambre de Mantin lui-même, aux détails révélant la mégalomanie du bonhomme (son chiffre dans les vitraux), sa vie privée (le retour du lit de sa maîtresse), son sens du confort (une salle de bains unique en son genre, avec des vitraux invitant au voyage) ou simplement son humour. Car la figure grotesque cachée au pied de la cheminée, au dernier étage, dans son musée perso, semble tirer la langue à ceux qui auraient pris trop au sérieux tout ce qu'ils auraient vu jusqu'alors.
Chinoiseries en tout genre, pendules en grand nombre, animaux empaillés, tapisseries d'époque : la visite guidée donne du temps au temps, laissant le visiteur s'étonner des nombreux objets d'art rassemblés ici par un collectionneur qui cultivait un certain idéal. À la fin de la visite, le mystère Mantin continue de vous envelopper, alors que chacun retrouve, un peu étourdi, le jardin et un environnement soigneusement préservé. Une pause pour prendre l'air du temps, avant de continuer par la visite du musée mitoyen, qui réserve d'autres surprises...

*🏛🏛 **Le musée Anne-de-Beaujeu** (plan couleur B1) : 3, pl. du Colonel-Laussedat. ☎ 04-70-20-48-47. • mab.allier.fr • ♿ (au rdc). Tlj sf dim mat, lun et certains j. fériés 10h-12h, 14h (13h en été)-18h. Entrée : 5 € ; réduc ; gratuit moins de 12 ans. Billet couplé avec la maison Mantin : 8 €.*
Aménagé dans le pavillon Renaissance construit par Pierre de Bourbon et Anne de France, son épouse, le musée occupe une partie des bâtiments qui composaient autrefois le prestigieux palais des ducs de Bourbon. De l'imposant édifice qui s'élevait au XVe s, il ne subsiste aujourd'hui que le donjon du XIVe s (surnommé la « Mal coiffée ») et le pavillon Renaissance qui accueille le musée. Dans le hall d'accueil, on découvre une maquette du château des ducs de Bourbon qui donne une idée de la taille de l'édifice. Collections variées : présentation des ducs de Bourbon, ensemble de la sculpture médiévale, collection de peintures et sculptures du XIXe s, arts décoratifs moulinois du XVIIIe s (faïence et coutellerie).
La galerie centrale est essentiellement consacrée aux sculptures bourbonnaises : quelques œuvres romanes, dont une figure féminine provenant de Souvigny, et essentiellement des œuvres du XVe s dont le style est proche de celui des artistes bourguignons de l'époque. Car c'est la force de ce musée, en pleine évolution, de mettre toujours le passé et le présent face à face. La visite se poursuit par une collection de peintures académiques du XIXe s.
Plusieurs expositions temporaires passionnantes sont programmées dans l'année (75 % des œuvres sont en réserve dans ce « petit Louvre moulinois », mais ce ne sont pas des œuvres majeures, rassurez-vous, il y a beaucoup de dessins, d'esquisses, de tableaux qui réapparaîtront un jour ou l'autre !).

*🏛🏛 **La cathédrale Notre-Dame** (plan couleur C1-2) : pl. du Château. ☎ 04-70-20-89-65 (sf lun). Lun-sam 9h-12h, 14h-18h ; dim et fêtes 15h-18h.*
Sa construction s'est échelonnée sur plusieurs siècles, de la pose de la première pierre en 1468 à l'ajout d'une façade au début du XIXe s. Inutile, d'ailleurs, de s'attarder sur cette façade d'un néo-tout-ce-qu'on-veut (roman, auvergnat, gothique...). Une curiosité sur le côté, toutefois, les gargouilles sont... des paysans bourbonnais.
Intérieur tristounet en raison d'une partie de sa construction réalisée en pierre volcanique. Passez également rapidement la nef, reconstruite au XIXe s. Seuls le

chœur et l'abside datent du XVe s et se distinguent facilement par la couleur de la pierre. Remarquez que le chevet est plat, ce qui est rare pour une collégiale construite en pleine période du gothique flamboyant. Beaux vitraux datant de la fin du XVe-début du XVIe s, constituant un ensemble unique d'homogénéité ainsi qu'un témoignage sur l'évolution des costumes à cette époque. Dans la deuxième chapelle du chevet, belle sculpture de la Mise au tombeau en pierre polychrome dorée de la fin du XVe s. Face à la troisième chapelle depuis la porte sud, un bas-relief polychrome du XVIe s de la Dormition de la Vierge vient d'être restauré. Quant à la fameuse Notre-Dame-de-Moulins, une Vierge noire du XIIe s qui appartient à la grande famille des Vierges en majesté romanes du centre de la France, elle devrait avoir réintégré sa place initiale, après avoir été longtemps « mise à l'abri » dans la chapelle des évêques, où vous attend LE trésor de Moulins (voir ci-dessous).

La chapelle des évêques et le triptyque du Couronnement de la Vierge du Maître de Moulins : *à l'intérieur de la cathédrale. Fermeture pour travaux depuis sept 2012 pour plusieurs mois. Pâques-Toussaint, visites commentées tlj sf lun 10h-11h30, 14h (15h dim)-17h30 ; autres périodes, 10h-11h40, 14h-17h sf dim. Fermé 1er janv, 1er mai, 14 juil, 15 août, 1er nov et 25 déc. Groupes sur résa au ☎ 04-70-20-89-65. Offrande de 3 € bienvenue.*
La véritable star de la cathédrale, l'œuvre à ne pas manquer, est le triptyque du Couronnement de la Vierge du Maître de Moulins qui se trouve sur la gauche, dans la chapelle des évêques. Considéré, à juste titre, comme un chef-d'œuvre absolu de la peinture française, ce triptyque d'influence flamande a été réalisé vers 1502, par un peintre dont on ignore tout ou presque. Sur la face extérieure des volets, une Annonciation est peinte en « grisaille ». Les moindres détails, les mains notamment, sont admirables.
Mais attendez de voir l'intérieur ! On y découvre la Vierge assise sur un trône, entourée des donateurs, Pierre de Bourbon et son épouse Anne de Beaujeu, et de leurs saints patrons. L'ensemble révèle une maîtrise parfaite. Les bijoux, la texture des drapés semblent jaillir du tableau. Le soleil se noie délicatement dans un arc-en-ciel créant, là encore, un surprenant effet de perspective. Les couleurs (d'origine) resplendissent. Un impressionnant et très bel ouvrage qui, du coup, rend l'autre triptyque de la chapelle un peu fade.

➢ Sortir de la cathédrale, par la place des Vosges, où subsistent les belles arcades de l'ancienne halle au blé, surmontées d'un bâtiment attribué à Mansart. Puis emprunter la ***rue de Paris*** *(plan couleur C1)* où, au no 3, se trouve l'ancien *hôtel de Buysson,* puis, au no 7, l'*hôtel de la Ferronaye,* unique exemple d'architecture Louis XV de la ville, avec son beau balcon soutenu par de massives cariatides.

Le palais de justice *(plan couleur C1) : 20, rue de Paris. Ne se visite pas.*
Ancien collège des jésuites (de 1606 à 1762) d'une architecture du plus pur style Louis XIII. Un bâtiment en L où l'architecte s'est bien amusé à façonner un décor de losanges avec des briques roses et noires.

La chapelle de la Visitation *(plan couleur B1) : 35, rue de Paris. Pour les visites, se renseigner à l'office de tourisme. Entrée : 5 € ; réduc ; gratuit moins de 12 ans.* C'est à Moulins qu'est morte sainte Jeanne de Chantal, la fondatrice de l'ordre des visitandines. Cet ancien couvent devint le premier lycée public de France, en vertu de la loi du 1er mai 1802, et fut inauguré par Napoléon en personne l'année suivante. Un de ses illustres élèves, quoique fictif, le futur commissaire Maigret, en aurait été interne en 1899, d'après Simenon. Au sein du lycée, une chapelle, dont le chœur des religieuses a été très bien restauré, en 2008, abrite un impressionnant mausolée de marbre de type italien, dédié au duc Henri II de Montmorency, décapité en 1632 après avoir fomenté un complot contre Richelieu. C'est sa veuve qui fit édifier la chapelle et le mausolée. À l'intérieur également, beau plafond peint dédié à la gloire de la Vierge et attribué à Rémy Vuibert, collaborateur de Poussin.

➢ Redescendre en sens inverse la ***rue de Paris.*** À l'angle de la rue de l'Aiguille, la *maison Sérardy,* où furent inventés en 1898 les chocolats palets d'or, dont la recette est immuable (voir plus haut « Où déguster des palets d'or ? »). En face, on emprunte la ***rue de Berwick*** *(plan couleur C1),* aux belles façades en encorbellements.

➢ Dans la ***rue Diderot*** *(plan couleur C-D1),* au n° 12, l'*hôtel d'Ansac* du début du XVIe s, propriété de la famille de Lorme, dont certains membres officièrent comme médecins auprès de Louis XIII et de Louis XIV. La bâtisse devint ensuite l'évêché en 1824. Du coup, Napoléon, qui ramenait Pie VII pour son sacre, décida de s'y arrêter quelques heures.

Le musée de l'Illustration Jeunesse *(MIJ ; plan couleur C-D1-2) : hôtel de Mora, 26, rue Voltaire. ☎ 04-70-35-72-58. • mij.allier.fr • Tlj sf dim mat et lun 10h-12h (13h juil-août), 14h-18h. Entrée : 5 € ; réduc ; gratuit moins de 12 ans.* Un lieu délicieux, qui augure bien de l'avenir de cette ville naguère endormie, qui cache des trésors dans ses anciens bâtiments aujourd'hui rendus à la vie. Consacré à l'illustration du livre, et plus particulièrement du livre jeunesse, du XIXe s à nos jours, le musée, patrimoine du conseil général de l'Allier, a pour mission de conserver et d'exposer des planches originales d'illustrateurs de jeunesse, de développer une politique d'animation culturelle et pédagogique cohérente et d'être reconnu par les professionnels de l'illustration comme un lieu de recherche et de référence. Dit comme ça, bien sûr, ça n'a rien d'excitant. Mais la vision colorée de sa façade, l'installation d'un parcours permanent invitant à s'immerger dans les images, avant d'entrer dans le vif du sujet, tout cela est de bon augure, pour tous les jeunes de 7 à 77 ans qui auront envie de pousser la porte. Un escalier monumental grimpe vers d'intéressantes expositions temporaires thématiques ou biographiques autour du travail d'illustrateurs de livres pour la jeunesse, puisqu'il ne s'agit ici, vous l'avez compris, ni de bandes dessinées ni d'illustrations pour adultes. Ici, on replonge dans un monde qui n'a rien de mièvre mais qui rassure, forcément, on redécouvre cet « art appliqué qui a permis à des générations d'enfants de grandir, d'apprendre et de s'éveiller aux beautés du monde imaginé par les plus grands. » Ce qui n'empêche pas de jeter un regard lucide sur le livre dit de jeunesse. Également des animations et ateliers pour adultes et enfants.

➢ ***Rue d'Allier*** *(plan couleur C-D2),* au n° 57, bel escalier du XVe s dans la cour intérieure de l'*hôtel d'Orvilliers.*

Citévolution *(plan couleur D2) : hôtel Demoret, 83, rue d'Allier. ☎ 04-70-48-01-36. Avr-déc, mar-sam 10h-12h, 14h-18h ; dim 15h-18h (à partir de mai). Avec audioguide en visite libre, ou à lier (forcément, dans le 03 !) avec l'une des visites historiques ou thématiques du Service du patrimoine de la ville (voir « Adresses et infos utiles »). Gratuit.* Au rez-de-chaussée, dans un bel immeuble du XVe s (hôtel Demoret), sont exposées des maquettes témoignant de l'histoire de la ville du XVIe s à aujourd'hui. Chaque année, expos temporaires autour du thème de l'ordre de la Visitation organisées par l'association « Regard sur la Visitation ».

La place d'Allier *(plan couleur B-C2-3) :* cœur de la ville actuelle, elle s'est refait une beauté pour mieux redevenir le centre de la vie locale : *Grand Café* Art déco, façades d'anciens grands magasins de la même époque, passages couverts et marché « à la Baltard » ouvert depuis 1880 et rénové entièrement en 2011.

LE QUARTIER DES MARINIERS ET LES BERGES DE L'ALLIER

Entre la vieille ville et l'Allier vivait, notamment au XVIIIe s, une importante communauté de mariniers. Ils convoyaient vin de Saint-Pourçain, bois des forêts d'Auvergne ou pierres de Volvic jusqu'à Nantes, sur un Allier parfois imprévisible, puis sur la Loire. L'arrivée du train en gare de Moulins porta un coup fatal à cette activité économique au milieu du XIXe s. Si le quartier a été considérablement remanié depuis, quelques rues ont conservé leur aspect d'autrefois, à commencer par celle du Pont-Guinguet, jalonnée de typiques maisons basses.

L'église du Sacré-Cœur *(plan couleur B3)* **:** construction caractéristique du style gothique du XIIIe s mais achevée en... 1881. Une copie donc que cette première église consacrée au Sacré Cœur en France. L'édifice marque l'entrée du quartier des mariniers ; des mariniers dont on retrouve une procession sculptée sur le tympan du portail. À l'intérieur est suspendu le bateau promené au cours de ces processions, surmonté de la couronne du roi des mariniers. Quelques statues intéressantes, dont la Vierge noire... des mariniers (on précise, au cas où vous auriez la tête ailleurs !). Du XVe s également, une pietà.

Le musée du Bâtiment *(plan couleur A3)* **:** *18, rue du Pont-Ginguet. ☎ 04-70-34-23-69. • musee-batiment.pays-allier.com • Tte l'année, mer-dim 14h-18h. Entrée : env 3,50 € ; réduc.* Installé dans une vieille maison du XVIIIe s, ce musée, unique en France, a pour vocation de présenter les techniques et métiers du bâtiment et leur évolution, ainsi que quelques travaux des Compagnons du tour de France. Visite du sol au grenier, où sont exposés les éléments de couverture. Tout y passe, des outils de l'architecte à ceux du plombier, quelques belles maquettes (voir celle du pont du Veudre datant de 1912), le livre de M. Régemortes datant de 1771, et quelques belles collections de tuiles, de serrures du XVIIIe s, de papiers peints seventies, et même de w-c (quelques jolies pièces anglaises, en porcelaine) ! Quelques curiosités vous apprendront ce qu'est une « pondeuse d'agglos », que le bidet est une invention française, et vous feront découvrir l'ancêtre du sèche-cheveux.

Le pont Régemortes *(hors plan couleur par A3)* **:** l'impétueux Allier est depuis le XVIIIe s enjambé par l'impressionnant pont Régemortes, long de 300 m et portant le nom de son architecte (Louis, de son prénom). C'est le seul axe routier pour sortir de la ville vers l'ouest. Conçu à partir de 1753 et construit avec 13 arches en grès de la région, il remplaça les nombreux ponts (dont un construit par Hardouin-Mansart) qui furent détruits par les assauts de la rivière tumultueuse. Au total, 900 hommes, 80 bœufs, 60 chevaux, 400 ânes et 40 bateaux furent nécessaires à sa réalisation, qui dura 10 ans. D'une construction résolument originale et fruit d'innovations techniques révolutionnaires pour l'époque, il a résisté aux guerres et a marqué la ligne de démarcation pendant la Seconde Guerre mondiale. Depuis l'autre rive, on découvrira une belle vue sur la ville et le pont.

Le Centre national du Costume de scène *(CNCS ; hors plan couleur par A3)* **:** *quartier Villars, route de Montilly. ☎ 04-70-20-76-20. • cncs.fr • Tlj 10h-18h (19h juil-août). Fermé en période de changement de collection (vers mi-mai ou début juin), ainsi que les 1er janv et 1er mai. Entrée : 6 € ; réduc ; gratuit jusqu'à 12 ans. Derniers tickets vendus 45 mn avt la fermeture.*
Il suffit de passer le pont pour vivre une aventure unique en son genre qui déplace de toute l'Europe les amoureux du théâtre, de la danse et de l'opéra. Ici, ce ne sont pas les acteurs ni les metteurs en scène qui sont à l'honneur, mais les hommes et femmes de l'ombre, ceux qui travaillent sur les costumes, les décors et les accessoires de scène.

DRÔLE DE COCO

Les biographes de Mademoiselle Chanel ne sont pas tous franchement d'accord. Mais à Moulins, on en est certain ! C'est dans cette ville, pendant une éphémère carrière de chanteuse, en entonnant son air fétiche « Qui a vu Coco dans le Trocadéro ? » devant des militaires en bordée, que la plus célèbre couturière française aurait gagné son éternel surnom de Coco.

L'accent est mis sur ces costumes, ces éléments de décor qui vivent le temps d'un spectacle, voire d'une tournée, et s'effaceraient de nos mémoires sans ces expositions qui leur donnent ici une nouvelle chance de retrouver les feux de la rampe, avant de retourner dans les coulisses, puis dans le silence des réserves.
Impressionnant, ce bâtiment, long de 93 m et large de 20 m construit à partir de la fin du XVIIe s pour accueillir un régiment de cavalerie, recrée une vie dans les faubourgs, face à un centre ancien quelque peu jaloux de cette concurrence inattendue de la part d'un vétéran promis à la démolition. Ce Monument historique superbement réhabilité, notamment par Jean-Michel Wilmotte (qui a habillé une aile d'une « côte de maille »...), abrite désormais un centre unique au monde consacré à la conservation, l'étude et la valorisation d'un ensemble patrimonial de près de 10 000 costumes de théâtre, d'opéra et de ballets, ainsi que des toiles de décors peints. Il présente les dépôts de trois institutions nationales : l'Opéra de Paris, la Bibliothèque nationale de France et la Comédie-Française. Une collection prestigieuse de costumes et d'œuvres depuis le milieu du XIXe s, conçus par de grands artistes peintres ou couturiers (Derain, Cocteau, Utrillo, Christian Lacroix, Jean-Paul Gaultier, Yves Saint Laurent...), présentée dans les anciennes chambrées, au travers de deux grandes expositions annuelles, en attendant que s'ouvrent les salles consacrées de façon permanente à Rudolph Noureev en mai 2013, l'homme qui jeta la « culotte de pudeur » pour décider de danser en collant, envers et contre tous. Également de nombreuses animations : cours de dessin ou de création de costumes, conférences, concerts, etc.

Café-brasserie Le Restaurant : *au rdc du centre national du Costume de scène, près de la boutique. ☎ 04-70-35-04-21. Tlj 10h-19h sf lun.* Possibilité de boire un verre ou de manger (et très convenablement, d'ailleurs) au restaurant du CNCS. Terrasse aux beaux jours.

L'Espace nature du val d'Allier (hors plan couleur par A3) **:** *voir « Adresses et infos utiles ».*

Manifestations

- **Festival international du Cinéma et du Costume :** *en juin (voir auprès de l'office de tourisme).*
- **Opéra de poche :** *en juil (rens auprès de l'office de tourisme).*
- **Festival Jean-Carmet :** *pdt 1 sem début oct. Infos : ☎ 04-70-46-35-99. • cinebocage.com •* Ce festival de cinéma met à l'honneur les plus grands seconds rôles du septième art. Rencontres, projections, rétrospectives...

DANS LES ENVIRONS DE MOULINS

Le plan d'eau des Ozières : *chemin des Ozières, route de Montbeugny, 03400 **Yzeure.** ☎ 04-70-48-53-14. • ville-yzeure.com • Ouv tte l'année. Baignade surveillée et loc d'embarcations à pédales, barques ou bateaux électriques fin juin-fin août, tlj 12h30-19h. Accès gratuit.* Si l'envie d'une baignade vous prend, si vous voulez courir un peu ou faire une petite promenade, ce parc est tout à fait adapté : parcours santé, aires de pique-nique, terrains de beach-volley, jeux pour les enfants, plage... Idéal pour un après-midi en famille les pieds dans l'eau.

L'église Saint-Pierre d'Yzeure : *pl. Jules-Ferry, 03400 **Yzeure.** ☎ 04-70-48-53-36 (service tourisme de la mairie). (sf crypte). Tlj 9h-12h, 14h-17h (14h-17h sous réserve le w-e). Possibilité de visites guidées.* Construite du IXe au XIVe s dans un style roman bourguignon, avec pas moins de 32 chapiteaux dans la nef et les bas-côtés, et d'amusants modillons de « Jean-qui-rit » et « Jean-qui-pleure » sur la façade, au-dessus du portail. Quelques très belles statues également, notamment sur un des piliers une imposante Vierge à l'Enfant du XIVe s, de style gothique. Sobre crypte du Xe s, ornée de discrètes fresques au XVe s.

Le château d'Avrilly : *à* ***Trévol*** *(03460). ☎ 04-70-42-61-13. • chateauavrilly.com • En remontant vers Nevers, à env 12 km de Moulins par la N 7, avt Villeneuve. Ouv juil-août, tlj sf lun. Visite guidée sur résa à 14h, 15h et 16h. Entrée : env 5 €.* Des châteaux, sur votre route, vous allez en rencontrer par centaines, mais tous n'ont pas la charme d'Avrilly, ni son éclectisme. La visite guidée des extérieurs et des communs vous fait plus que passer le temps, agréablement d'ailleurs : XVe et XIXe s pour le bâtiment central, XVIIe s pour le pavillon-porche, XIXe s pour l'orangerie, les dépendances et les pavillons. Mais les amoureux des parcs et jardins se régaleront également avec le patrimoine non bâti (jardin à la française, succession de bassins et de douves, bois, étang).

Le château du Riau : *à* ***Villeneuve-sur-Allier*** *(03460). ☎ 04-70-43-34-47. • chateau.du.riau@gmail.com • château-du-riau.com • À env 15 km au nord-ouest de Moulins par la N 7 ; 2 km avt Villeneuve, indiqué sur la gauche par la D 133 vers Dornes. Visite juil-début août et 1re quinzaine de sept, tlj sf sam 14h30-18h30. Visite guidée (compter 1h). Entrée : 6 € ; réduc ; gratuit moins de 7 ans.* Belle construction (du XVe au XVIIe s) encore entourée de ses douves. Porte fortifiée où l'on découvre chapelle et salle des gardes. Dans la tour carrée, un élégant escalier du XVe s conduit à quelques pièces imposantes, remarquablement meublées Louis XV, Louis XVI ou Empire. Intéressante exposition de meubles miniatures et de poupées époque 1830. Exposition permanente des peintures d'Emmanuel de la Villéon, un post-impressionniste. Juste à côté, la grange aux « dixmes », du XVIe s, est un curieux bâtiment à colombages et briques polychromes, remarquable avec sa charpente en forme de carène de bateau renversé.
Le château propose aussi des chambres d'hôtes *(compter 130-140 € pour 2 pers).*

L'arboretum de Balaine : *à* ***Villeneuve-sur-Allier*** *(03460). ☎ 04-70-43-30-07. • arboretum-balaine.com • ♿ (circuit en braille). À env 20 km au nord-ouest de Moulins par la N 7 ; passer Villeneuve, direction Nevers, et prendre la D 433 (indiqué). Mars-nov, tlj 9h-12h, 14h-19h. Visite guidée sur résa. Entrée : env 9 € ; réduc ; gratuit jusqu'à 8 ans.* Vous êtes chez Mme Courteix, descendante directe des Adanson et guide passionnée ! Au début du XIXe s, Aglaé Adanson créa ce parc botanique à la mémoire de Michel Adanson, son cher papa (l'homme qui découvrit le baobab !). C'est dire que la plupart des arbres ont eu le temps de grandir pour former un délicieux jardin et l'un des plus anciens arboretums de France. Ces 20 ha composent un jardin à l'anglaise renfermant plus de 2 500 espèces d'essences différentes, dont certaines exotiques et assez rares, comme l'arbre aux mouchoirs ou la famille des nyssas (collection nationale).
– **Fête des Plantes :** *ts les ans, le 3e w-e d'avr.*

SOUVIGNY (03210) 2 000 hab. *Carte Allier, B2-3*

Pour ce qui est aujourd'hui un agréable bourg encore foisonnant des souvenirs de son passé, avec notamment le plus vaste édifice religieux du Bourbonnais, tout commence en 916. Aymard, viguier de Châtel-de-Neuvre pour le compte du duc d'Aquitaine, ancêtre de la famille des Bourbons, fait don à l'abbaye de Cluny, fondée 6 ans plus tôt, de l'ensemble de ses propriétés de Souvigny. Mayeul, grand chef des clunisiens, y meurt au cours d'un voyage d'inspection en 994. Or, ce Mayeul (ou Mayol) est le deuxième faiseur de miracles de la chrétienté : il en a fait presque autant que la Vierge ! Souvigny

devient immédiatement un énorme lieu de pèlerinage qui voit passer rois et papes, et compte au rang des cinq filles de Cluny. Inutile de dire que ce flux d'hommes et d'argent bénéficia largement aux Bourbons.

Info utile

– Rens au ***point infos du musée*** *et au* ***Point d'Orgue,*** *bar-librairie installé juste en face de l'église. Également sur le site • ville-souvigny.com •*

Où dormir ? Où manger à Souvigny et dans les environs ?

De prix moyens à plus chic

🍴 ***Auberge des Tilleuls :*** *pl. Saint-Éloi, à Souvigny. ☎ 04-70-43-60-70. • christian.letolle1@orange.fr • Dans le haut du bourg (c'est fléché). Tlj sf dim soir, lun, ainsi que les mar soir et mer soir hors saison. Formule 18,50 €. Menus 13 € (déj en sem), puis 23-46 € ; carte. Café offert sur présentation de ce guide.* On est accueilli par une pléthore de géraniums dans cette auberge campagnarde au décor frais et pimpant. Ici, on ne se contente pas de picorer une petite salade de la basse-cour ou d'admirer le mignon de veau en osso-buco, on mange, on sauce, on se régale. Belle carte de vins de Saint-Pourçain. Salles climatisées.

🏠 🍴 ***Chambres d'hôtes La Grande Poterie :*** *route de la Grande-Poterie, 03000* ***Coulandon.*** *☎ 04-70-44-30-39. • jcpompon@lagrandepoterie.com • lagrandepoterie.com • À 6 km à l'est de Souvigny, sur la route de Moulins ; fléché dans le bourg depuis l'église, puis à 3 km. Ouv de mi-mars à fin oct. Doubles 76-85 €. Dîner 28 € tt compris. Apéritif offert sur présentation de ce guide.* Dans les communs parfaitement restaurés d'une ferme du XIXe s, grandes chambres claires, joliment décorées. Le beau jardin, les petits déj au bord de la piscine, face au soleil levant, font de cette étape un moment de pur bonheur.

🏠 🍴 ***Auberge de la Tour :*** *03240* ***Rocles.*** *☎ 04-70-47-39-47 ou 09-75-47-94-66. • ludovic.coulon@sfr.fr • ♿ À 20 km au sud de Souvigny par la D 945 (route de Montluçon) ; au Montet, prendre à droite vers Cosne, puis à droite de nouveau à 2 km (indiqué). Resto fermé dim soir et lun (hors j. fériés). Congés : 8 j. en janv, 8 j. en fév et 8 j fin juil. Double 50 €. Menus 17-38 €.* Sur la place du village, bien au calme, une adresse comme on les aime. Cuisine gastronomique créative tout en restant fidèle au terroir. Salle en verrière donnant sur le jardin et, pour ceux qui ont de la chance, 2 chambres simples et spacieuses, dont une dans la tour.

🏠 🍴 ***Hôtel Le Chalet – Restaurant Le Montegut :*** *26-28, route du Chalet, 03000* ***Coulandon.*** *☎ 04-70-46-00-66. • chalet.montegut@wanadoo.fr • hotel-lechalet.com • ♿ À 5 km de Souvigny, par la route de Moulins ; indiqué à gauche avt d'entrer dans le bourg. Double 78 € ; ½ pens à partir de 3 nuits 65 €. Formule en sem 18 € ; menus 22-52 €. Apéritif offert sur présentation de ce guide.* Chambres d'un rustique très France de toujours, spacieuses et charmantes, mais à l'insonorisation un peu légère quand l'hôtel est plein. Préférez celles qui donnent sur le parc planté d'arbres largement centenaires et agrémenté d'un petit étang. Resto plus contemporain, dont la terrasse surplombe la piscine et le bocage bourbonnais. Accueil diligent.

À voir

★★★ ***L'église prieurale Saint-Pierre-et-Saint-Paul :*** *☎ 04-70-43-99-75. • ville-souvigny.com • Ouv avr-nov, tlj 9h-12h, 14h-18h (19h juil-août). Visites à 10h,*

14h30 et 15h45 ; dim, visite unique à 15h. Visite guidée (très conseillée) env 5 € ; forfait (visite guidée + accès au musée et aux jardins – voir ci-dessous) env 7 € ; réduc ; gratuit jusqu'à 12 ans.

Sur le parvis, face à cet énorme vaisseau, se dresse un porche gothique à deux tribunes superposées masquant la façade romane. À l'intérieur, nef grandiose flanquée de doubles collatéraux, six travées, deux transepts, le chœur et son déambulatoire. Plus vaste édifice religieux du Bourbonnais, l'église Saint-Pierre fut le centre d'un pèlerinage très fréquenté au Moyen Âge, et pour cause. L'armoire aux reliques, meuble en dentelle de pierre du XVe s unique en France, contient en effet les reliques de saint Mayeul, le fondateur de Cluny, et de saint Odilon, son successeur. Le duc Louis II, avant de mourir à Montluçon en 1410, y a fait construire un mausolée pour dernière demeure. Son gisant et celui de son épouse se trouvent dans la chapelle Vieille et ils offrent un témoignage intéressant de la mode au XVe s.

En levant la tête, on découvre une multitude de chapiteaux d'une extrême variété. Dans le bas-côté nord se trouve le chapiteau des Monnayeurs, satire des moines de l'abbaye qui obtinrent le droit de battre monnaie par Hugues Capet. Dans le déambulatoire, chapiteaux des Musiciens, de l'Eucharistie, du Christ victorieux, ainsi qu'une belle Vierge, Notre-Dame-de-Souvigny, en pierre polychrome du XIVe s. Dans la *chapelle Neuve,* tombeau avec gisant du XVe s de Charles Ier, duc de Bourbon, et de sa femme Agnès de Bourgogne.

★★ *Le musée du Pays de Souvigny et de la Colonne du Zodiaque – Les jardins du prieuré :* *pl. Aristide-Briand. ☎ 04-70-43-99-75. • ville-souvigny.com • ♿ (grange sud et jardins). De début avr à mi-nov, tlj sf mar (excepté juin-sept) et dim mat 9h-12h, 14h-18h (19h juil-août) ; le reste de l'année, sur résa. Entrée : 4 € ; gratuit moins de 12 ans. Formule accès musée, jardins et visite guidée de l'église env 7 €. Également un point infos.*

Dans la grange sud est exposée la colonne du Zodiaque, pilier sculpté unique au monde, chef-d'œuvre de l'art roman clunisien. Les cinq signes du zodiaque représentent les peuples extraordinaires qui auraient habité les bords du monde et les animaux singuliers : *manicora, sirena, elefans, unicornis* et *grifo.* Autour de la colonne, les collections servent de fil conducteur à l'histoire du prieuré de Souvigny : éléments lapidaires romans et gothiques, statuaires, trésor monétaire, fac-similé de la Bible de Souvigny, etc. Expos temporaires dans la grange nord. Au 2e étage, *musée de pays.*

Les jardins du prieuré ont été restitués d'après les plans de jardins historiques des XVIIe et XVIIIe s ; carrés de légumes anciens, plantes médicinales et buis représentant des armoiries.

Manifestations

– ***Foire médiévale de Souvigny et festival européen des Troubadours et Saltimbanques :*** *fin juil-début août. • souvigny.com •* Le festival recrée des soirées et donc des banquets à l'ambiance médiévale avec jongleurs, cracheurs de feu et... troubadours.

– ***Journées musicales d'automne :*** *dernier w-e de sept. • souvigny-festival.com •* La musique baroque prend ses quartiers dans ce cadre unique, et à Saint-Menoux.

– ***Salon régional du livre ancien :*** *le 3e w-e de nov, à l'église Saint-Marc. • lacme.asso.fr •* Seul événement du genre en Auvergne et qui a acquis une notoriété nationale !

DANS LES ENVIRONS DE SOUVIGNY

Autour de Souvigny, plusieurs villages tranquilles, tous dotés de surprenantes églises romanes. Commencez par l'église Saint-Pourçain de ***Marigny*** (XIIIe s), à

3 km. Bel aspect extérieur, avec une porte trilobée qui rappelle que le village se trouve sur la route de Saint-Jacques-de-Compostelle. On peut également pousser, à 3 km plus au nord, jusqu'à l'église d'***Agonges,*** à la pierre de grès gris et rose qui change de couleur selon la lumière. En façade, une frise sculptée dans la même pierre déroule loups et ours. Et l'on en profitera pour traîner un peu dans cette commune qui compte 13 châteaux privés pour 360 habitants !

SAINT-MENOUX *(03210 ; 940 hab.)*

Un gentil village peuplé de Ménulphiens (eh, oui c'est ainsi qu'on appelle les habitants !) et une imposante ***église*** qui vaut le coup d'œil ! Une structure du XIIIe s, des chapiteaux ornés qu'il faut prendre le temps de détailler, un autel classé du XVIIe s, et surtout, la *debrédinoire.* Les lecteurs de Fallet savent déjà qu'un *bredin,* en Bourbonnais, c'est un simple d'esprit. Au-dessus du sarcophage abritant les restes de saint Menoux, un panneau vous avertit qu'il est « recommandé de ne pas se livrer à des pratiques superstitieuses »... Face à la *debrédinoire,* une chapelle sert de petit musée lapidaire avec notamment des bas-reliefs du XIIe s (un peu fatigués...).

BRÉDINERIE ET CRÉTINERIE, UN PETIT AIR DE FAMILLE

À propos du sarcophage qui abrite les restes de saint Menoux dans l'église du village éponyme, il se dit qu'en introduisant sa tête dans l'orifice dudit sarcophage on perd sa brédinerie et qu'on réintègre le monde des gens « normaux ». Mais attention, ce n'est pas si facile ! Si on touche les bords de l'orifice avec la tête, c'est pire, car on récupère alors la brédinerie de ses prédécesseurs !

Où manger à Saint-Menoux et dans les environs ?

Le Calvaire : *11, pl. du Calvaire. ☎ 04-70-43-92-01. • le.calvaire@wanadoo.fr • ♿ À la sortie du bourg par la route de Souvigny. Fermé lun et mar soir, plus dim soir et mar midi en basse saison. Congés : 3 sem en août. Menus 11-14,50 € (déj en sem), puis 25-40,50 €. Kir maison offert sur présentation de ce guide.* La bonne adresse ménulphienne, avec terrasse et jardin. La patronne a le sens de l'humour ; et le chef, du goût pour les bons produits et du talent dans l'art de les accommoder. Le registre reste, comme la déco de la salle, plutôt classique, mais c'est loin d'être un calvaire pour autant !

Ferme-auberge Le P'tit Loquet : *Les Guilloux, 03000* ***Montilly.*** *☎ 04-70-46-75-86. 📱 06-34-44-34-49. • le-p-tit-loquet@orange.fr • Prendre la D 101 en direction de Montilly ; la ferme est à gauche. Sur résa, du ven midi au dim midi et les j. fériés (et groupes en sem). Menus 19-25 €.* Un petit chemin qui sent bon la campagne, un pont de pierre, une mare aux canards, difficile de faire mieux pour se mettre en condition. Vous êtes en de bien bonnes mains chez Annick et Jonathan Loquet, qui jouent à fond la carte restaurant à la ferme. En dehors des incontournables spécialités régionales, régalez-vous avec leurs productions du moment : terrine de chèvre frais et betterave rouge (un délice), carré de porc ou selle d'agneau farcie, cabri à l'ail, etc.

AUTRY-ISSARDS *(03210 ; 320 hab.)*

Adorable village (« croquignolet » nous a soufflé un lecteur !) où l'on ne s'étonnerait guère de voir débouler sur la minuscule place centrale le dégingandé facteur de

Jour de fête de Tati. Sinon qu'ici les vieilles bicyclettes servent de bacs à fleurs... Jolie petite ***église de la Sainte-Trinité*** (XIIe s). Sous une haute flèche, portail où les archanges Michel et Raphaël entourent un vide laissé par un christ en majesté disparu pour toujours et l'inscription latine : *« natalis me fecit »*, qui est vraisemblablement la signature d'un artiste sans doute un peu mégalo (personne ne signait ses œuvres à l'époque). À l'intérieur, surprenante peinture d'inspiration flamande du XVe s, représentant une Descente de croix.

Où dormir ? Où manger ?

⌂ |●| ***Chez l'Gars Roux :*** *pl. de l'Église. ☎ 04-70-43-66-73. • chez-lgars-roux@orange.fr • chambres-gars-roux.fr • Resto ts les midis, sur résa. Congés : 14-29 janv. Double avec petit déj 50 €. Menu du jour 12,50 € ; table d'hôtes le soir sur résa 18 €. 💻 Un verre de saint-pourçain par repas servi offert sur présentation de ce guide.* « Chez l'gars Roux, y'a d'tout », annonce la façade. Effectivement : Jean-Claude Roux tient seul le bar-tabac-épicerie-librairie-restaurant-office de tourisme et point Internet du village de son enfance. Il s'occupe d'ouvrir et de fermer la petite église voisine derrière laquelle il élève quelques volailles, approvisionne tout le village en pain dès potron-minet, pendant que mijotent les bons p'tits plats qu'il servira à midi dans sa salle de bistrot de campagne ou en terrasse sur la place. Sa maison abrite aussi 4 chambres d'hôtes très sympathiques (on a un faible pour celles sous les toits...) et un gîte pour 6 personnes.

MEILLERS *(03210 ; 170 hab.)*

Autre village à l'***église*** romane, édifiée entre 1180 et 1248. Belle porte surmontée d'un bandeau garni d'une rangée de billettes en forme de nœuds. À gauche, on devine un cavalier surmonté d'une grappe de raisin et d'un ange ; à droite, un des plus célèbres chapiteaux de la région, dit « des animaux musiciens », où l'on distingue un lion jouant de la viole et un âne à la harpe. Sur le linteau, un bas-relief archaïque représente le Christ et ses apôtres (Judas et Thomas ont été virés). À l'intérieur, Vierge en bois datant du XIIe s au visage curieusement allongé ; ce serait l'une des plus anciennes du Bourbonnais...

Où manger ?

|●| ***Au Bon Vieux Temps :*** *au bourg (face à l'église). ☎ 04-70-47-33-36. • les.touloulou@orange.fr • ♿ Ouv avr-oct, tlj, sur résa slt. Menus 18 € (midi en sem)-33 € ; carte.* Si vous cherchez une adresse qui sort des sentiers battus, vous êtes bien tombé. La grande ardoise accrochée à l'entrée donne le ton : le menu du jour y est raconté avec humour. Le chef, un vrai (il affiche un titre de champion de France des desserts), a décidé un jour de laisser tomber les grands restaurants pour s'installer dans cette authentique auberge de campagne et y travailler au rythme de ses envies, d'où des horaires parfois fantaisistes. Il cuit son pain dans le même four à bois que celui où il mitonne ses ragoûts, sert des sauces incroyables et des desserts (évidemment) parfaits. Belle terrasse.

NOYANT-D'ALLIER *(03210 ; 730 hab.)*

Étonnant, en plein bocage, de découvrir une ancienne cité minière, avec son puits de mine et son habitat typique de corons. Plus étonnant encore, plus de la moitié de la population est d'origine asiatique ! En 1955, après la fermeture de la mine, le bourg a accueilli dans ses corons abandonnés par les mineurs 200 familles venues des différents pays victimes de la guerre d'Indochine. Depuis, les Noyants d'origine et cette nouvelle population se sont mêlés pour le meilleur, et font de cette petite ville une curieuse étape, où l'on pourra déguster une bonne soupe dans un resto vietnamien, acheter de l'artisanat asiatique... et visiter une... pagode.

Où dormir ? Où manger à Noyant et dans les environs ?

Chambres d'hôtes du Moulin Bassé : *à Noyant-d'Allier. ☎ 04-70-47-25-86. • thierry.eumont@wanadoo.fr • lemoulinbasse.pageperso-orange.fr • Ouv tte l'année. Double 60 €. Collation offerte à l'arrivée sur présentation de ce guide.* Christine et Thierry ont redonné vie et couleurs à cette maison de poupée attenante au vieux moulin à eau, qu'ils espèrent transformer un jour prochain en musée et en gîte. Leur maison est accueillante, la nature environnante douce à vivre, les chambres jouent la carte couleur pour vous retenir, et la maîtresse de maison vous propose un joli choix de produits frais, pour varier vos petits déjeuners.

Restaurant-bar et boutique Le Petit d'Asie : *38, rue de la Mine, à Noyant-d'Allier. ☎ 04-70-47-21-31. • lepetitdasienoyantdallier@gmail.com • Programme des visites et actus sur • petitdasie.fr • Ouv mar-dim midi ; jeu-dim midi hors saison. Menus 12-21,80 €. Café offert sur présentation de ce guide.* Ils sont fous, ils nous mettent des restos chinois alors qu'on visite le Bourbonnais, maintenant ! Mais non, pas de panique, vous n'avez pas lu l'intro, c'est pas bien, ça. Vous êtes à l'adresse incontournable du village, tenue par Caroline Guyenne, son mari restant en cuisine. Issue d'une famille de rapatriés, Caroline fait partie de ces femmes actives qui vivent trois ou quatre vies à la fois : elle s'intéresse au tourisme et à la vie de son village, fait visiter la pagode aux groupes déjeunant chez elle, et soutient son mari, qui travaille les produits locaux en appliquant les techniques et les bases de la cuisine vietnamienne. Le soir, c'est encore plus cosy, bien sûr. Et il y a la boutique, si vous voulez rapporter un souvenir original. Terrasse.

Chambres d'hôtes du Château de la Sauvatte : *03240 **Tronget.** ☎ 04-70-47-15-28. • info@sauvatte.eu • sauvatte.eu • Ouv tte l'année. Double 65 € ; familiale 109 €. Table d'hôtes 25 € tt compris. Apéritif ou café offert sur présentation de ce guide.* En pleine campagne, dans un élégant château du XIXe s, proche voisin de la ferme des proprios. Les chambres sont un peu « à l'ancienne », mais on y a clairement ses aises. Elles s'avèrent d'ailleurs idéales pour les familles. Accueil épatant depuis plus de 20 ans.

À voir. À faire

La pagode : *au bourg. ☎ 04-70-47-29-37. Ouv 1er avr-15 oct, tlj 14h-18h. Entrée libre.* En 1983, la communauté bouddhiste a érigé, pour rassembler les familles de rapatriés, une pagode dont elle assume l'entretien. Dommage qu'il ait fallu, pour éviter les dégradations, protéger des curieux autant que des enfants plusieurs statues du Bouddha (en béton, certains grimpaient pour s'y faire photographier), un bassin de lotus... Du coup, mieux vaut suivre une visite guidée par Caroline (voir « Où manger ? ») pour comprendre l'importance de la pagode ou revenir pour la fête du Têt (Nouvel An vietnamien, fin janvier), qui est l'occasion de réjouissances étonnantes en plein cœur du Bourbonnais. Danse du dragon et cérémonies, ainsi qu'une dégustation de cuisine traditionnelle.

Le musée des Amis de la mine de Noyant-d'Allier : *31, rue de la Mine. ☎ 04-70-47-31-51. • mine-noyant.fr • Juil-août, tlj sf lun 14h-19h ; juin et sept, dim et j. fériés (dernière visite à 18h). Départ des visites guidées à 14h30 et 16h30 (compter env 1h30). Entrée : 6 € ; réduc ; gratuit moins de 12 ans.* La mine de charbon de Noyant a fermé en 1943. Ce centre présente le dernier témoignage de cette activité, avec son puits de béton armé dressé (le premier du genre en France) et ses petits wagonnets qui mènent au site. Outils, gros matériel, engins, on croise les derniers souvenirs d'antan. Reconstitution de galeries expliquant l'histoire des mines et ses techniques au XXe s.

– ***Le vélorail du Bourbonnais :*** *rue de la Gare. 📱 06-82-71-42-65 ou 06-86-81-24-20. • veloraildubourbonnais.fr • Juil-août, tlj sf lun sur résa ; sinon, les sam et dim ap-m sur résa. Départs en saison à 10h, 12h, 14h30 et 16h30. Fermé nov-fin mars. Compter 28 € le vélorail de 4 pers.* Sur l'ancienne voie ferrée qui servait autrefois au transport de la houille, et des hommes, bien sûr. Deux heures de balade sur un parcours de 10 km aller-retour.

Manifestation

– ***Jazz dans le bocage :*** *pdt 10 j. en avr-mai. Programme : ☎ 04-70-47-10-73. • jazzdanslebocage.com •* Huit communes des environs proposent un festival de jazz de haute volée.

BOURBON-L'ARCHAMBAULT

(03160) 2 600 hab. *Carte Allier, B2*

Bourbon a peut-être donné son nom à toute une dynastie de rois de France depuis l'installation vers 950 du premier sire (triste ou non, l'histoire ne le dit pas) du nom, mais on oublie que son origine vient tout simplement du nom de la divinité gauloise Borvo, « le Bouillonnant », protectrice des thermes.
Au cœur d'un bocage où poussent les arbres et où paissent les Charolaises, Bourbon-l'Archambault, berceau des Bourbons, est l'une des trois stations thermales de l'Allier, spécialisée dans le traitement des rhumatismes. Elle en tire toute son activité, et d'illustres personnages se sont régénérés dans ses eaux : Mme de Sévigné, Scarron, Boileau, Mme de Montespan, Talleyrand, Saint-Saëns ou Paul Doumer.
Malgré un charme désuet mais indéniable, la ville manque un peu de dynamisme. Des efforts sont cependant faits au niveau du château, d'une signalétique (panneaux historiques) aménagée à travers la ville et d'une hôtellerie de qualité. Un casino attire également un tourisme de passage.

Adresses utiles

ℹ ***Office de tourisme et de thermalisme :*** *1, pl. de l'Hôtel-de-Ville. ☎ 04-70-67-09-79. • ot-bourbon.com • ♿ Ouv tte l'année : de mi-mars à fin juin et de sept à mi-nov, lun-sam 9h30-12h30, 14h-18h30 et dim 9h30-12h30 ; juil-août tlj 9h30-12h30, 14h (14h30 dim)-18h30 ; hors saison lun-ven 10h-12h, 14h-17h et sam 10h-12h.* Propose des topoguides de circuits de randonnées à VTT ou à pied dans tout le bocage bourbonnais, et des rallyes découverte, sur inscription. Visites de la forteresse médiévale, du musée et de la vieille ville. L'office propose également des visites commentées de la ville en calèche de mi-mai à mi-octobre, le jeudi à 14h30 et 16h30, sur résa *(compter 8,50 €/pers).*

■ ***Établissement thermal de Bourbon :*** *pl. des Thermes. ☎ 04-70-67-07-88. • chainethermale.fr • Ouv de mi-mars à mi-nov, tlj.* Cures pour les rhumatismes et la gynécologie, mais aussi centre de remise en forme grand public. Sur demande à l'office de tourisme, un guide gratuit et pratique du curiste est disponible.

Où dormir ?
Où manger ?

Camping

Camping municipal Jean-Bignon : *bd Jean-Bignon. ☎ 04-70-67-08-83. 06-82-82-62-50. • mairie-bourbon-archambault@wanadoo.fr • ♿ Ouv de mars à mi-nov. Compter 7,50 € pour 2 pers. CB refusées.* À peine à l'écart du bourg, un camping familial, tranquille, verdoyant (et ombragé), à proximité de tous les équipements sportifs et à 800 m des thermes par un petit chemin. Plusieurs chalets en location.

Chic

Grand Hôtel Montespan-Talleyrand : *2-4, pl. des Thermes. ☎ 04-70-67-00-24. • hotelmontespan@wanadoo.fr • hotel-montespan.com • Ouv avr-oct. Doubles 72-127 €. Formule autour d'un plat (déj en sem) 14,50 € ; menus 20,50 € (midi en sem)-43,50 € ; carte 50 €. Apéritif maison offert sur présentation de ce guide.* Né de la fusion de plusieurs hôtels particuliers jadis fréquentés par Mme de Sévigné, la Montespan et Talleyrand (non, pas en même temps !), ce superbe hôtel offre des prestations exceptionnelles à prix d'ami : belle architecture, escalier en pierre de taille, tentures et fauteuils club, salons, bibliothèque, chambres très agréables, délicieux jardin à la française planté d'un tilleul largement centenaire, piscine à côté d'un pigeonnier du XIe s... Le resto joue dans le même registre : du classique, net et précis, et un service qui tourne rond. Accueil irréprochable.

Où dormir ? Où manger dans les environs ?

Prix moyens

Chambres d'hôtes chez Anne-Marie et Louis Mercier : *La Gare, 03160* ***Saint-Aubin-le-Monial.*** *☎ 04-70-67-00-20. ♿ (1 chambre). À 7 km au sud de Bourbon, par la D 1, direction Le Montet ; c'est à l'intersection vers Saint-Aubin. Double 50 €. Table d'hôtes le soir 17 € (sur résa). Réduc de 10 % sur le prix de la chambre à partir de 2 nuits (sf juil-août) sur présentation de ce guide.* Mignonne maison bourbonnaise où Anne-Marie propose 4 chambres, décorées avec goût de jolis meubles et tissus. Au repas, volaille de la basse-cour aux champignons des bois, lapin à la moutarde de Charroux, légumes et fruits du jardin ou de petits producteurs locaux.

Le Chuchal : *Margeat, 03160* ***Franchesse.*** *☎ 04-70-67-19-62. • lechuchal@orange.fr • ♿ À 10 km au nord de Bourbon par la D 1 direction Le Veudre ; à Franchesse, à gauche vers Couleuvre ; c'est à 3,5 km, en pleine campagne, par la D 534. Fermé lun soir, mar soir et mer. Congés : 16-20 avr, 30 juin-12 juil, 29 oct-8 nov. Résa conseillée. Menu du jour 13,50 € (déj en sem) ; autres menus 20-34 €. Café offert sur présentation de ce guide.* Le *chuchal* signifie en patois le gros mangeur... Un nom bien trouvé ! Le bâtiment est une ancienne ferme joliment restaurée. Les proprios vous accueillent gentiment pour vous faire partager les produits régionaux, dont la viande bovine de l'exploitation familiale. Cuisine créative et agréablement présentée, pour un coût très raisonnable.

Très chic

Château d'Ygrande : *Le Mont, 03160* ***Ygrande.*** *☎ 04-70-66-33-11. • reservation@chateauygrande.fr • chateauygrande.fr • ♿ Resto ouv tlj juil-août ; le reste du temps, fermé dim soir, lun, mar midi et le soir des j. fériés. Hôtel fermé dim-lun sf juil-août. Congés : 2 janv-25 fév. Doubles 138-258 € selon saison, confort et orientation (le sud est plus cher). Clim. Menus 31-73 € ; carte.* La situation de ce château XIXe s joliment dressé face au bocage (ah ! le dîner aux chandelles sur la terrasse), l'architecture classique, la décoration des chambres (même les standard au dernier étage), l'accueil, le service, la subtilité des menus... tout pour plaire, si l'on veut bien y mettre le prix ! Piscine, salle de billard, hammam et équitation (en supplément).

Où boire un verre ? Où écouter de la musique dans les environs ?

The Bar Shiels : *03430* ***Vieure.*** *☎ 04-70-07-52-76. • theshiels@gmail.com • À 19 km au sud-ouest de Bourbon par la D 953 puis la D 94 ; au centre du village. Tlj sf mer (et jeu hors saison) 9h-22h, voire plus... Soirée repas avec spectacle dernier ven du mois. Café offert sur présentation de ce guide.* Un bon vieux bistrot de village ouvert depuis 1833, avec ses habitués dont on se demande s'ils n'habitent pas sur place... Un pub, ça ? Oui, parce qu'il est tenu par un Irlandais « pur stout » qui s'habille comme il a meublé son troquet : de bric et de broc. Ambiance... surtout quand il invite ses potes musiciens.

À voir. À faire à Bourbon et dans les environs

La forteresse médiévale : *tour de l'Amiral. ☎ 04-70-67-02-30. • forteressebourbon.fr.com • Mars-juin et sept-oct, tlj 14h-18h ; juil-août, lun-sam 10h-19h, dim et j. fériés 14h-19h. Compter 1h20 de visite. Spectacle son et lumière en juil-août. Entrée : visite guidée 7,30 €, visite libre 5,80 € ; réduc ; gratuit jusqu'à 6 ans.* Des vestiges qui impressionnent par leur ampleur. Il faut avouer que Louis II de Bourbon en avait fait un ensemble imposant de 15 tours, dont la fameuse « Qui-qu'en-grogne », datant de la fin du XIVe s. Aujourd'hui, il n'en reste que trois, dans lesquelles on peut monter par des escaliers à vis, guidé par le sire Hugues de Bégrolles ou par l'un de ses sujets (personnages en costume d'époque !). Cette visite truculente nous fait passer par la salle d'armes et des gardes, le scriptorium, l'office d'alchimie, la chambre seigneuriale... Beau panorama sur le bocage depuis les créneaux de la forteresse.

L'église Saint-Georges de Bourbon-l'Archambault : *visites guidées au ☎ 04-70-67-03-44.* Il ne subsiste de la période romane que le portail, quatre travées de la nef et les bas-côtés. Jolie Vierge à l'Enfant en marbre du XIVe s, remarquable sainte Madeleine datant du XVIe s et beaux chapiteaux. Dans la maison paroissiale sont conservées les reliques de la Passion, fragments de la Croix descendus du château, et une épine de la sainte Couronne donnée par Saint Louis à son fils Robert de Clermont pour son mariage.

Le musée Émile-Guillaumin : *Les Vignes, 03160* ***Ygrande.*** *☎ 04-70-66-37-90 ou 30-66 (mairie). • musee-emile-guillaumin.pays-allier.com • ♿ À la sortie de la ville, à 2 km sur la gauche. Mai-sept, jeu, sam-dim et j. fériés (plus mer juil-août) 15h-18h. Pour les groupes, visite commentée tte l'année sur rdv. Entrée : env 2,50 € ; gratuit moins de 15 ans.* Né en 1873 et mort en 1951 dans son village natal d'Ygrande, Émile Guillaumin marqua son époque. Agriculteur, il se révéla écrivain avec son roman *La Vie d'un simple,* nominé pour le prix Goncourt en 1904, et s'impliqua beaucoup dans le mouve-

NE PAS CONFONDRE GRELUCHON ET GRELICHON !

Ce saint Grelichon dont on trouve la statue au musée Augustin-Bernard (fermé pour travaux fin 2012) n'en était pas vraiment un : il n'a jamais été canonisé. Pourtant, jusqu'au milieu du XIXe s, on attribuait à cette statue de bois, nichée dans une rue de la ville, l'étonnant pouvoir de guérir la stérilité féminine. Il suffisait de gratter le saint à un endroit de son anatomie que l'on vous laisse deviner. Avec un couteau de préférence pour récupérer de la sciure, à boire ensuite macérée dans du vin ! Résultat non garanti...

ment syndicaliste paysan. On visite ici sa maison natale et on découvre sa vie à travers des écrits, des photos, des vidéos et ses correspondances avec ses amis écrivains.

La base de loisirs du plan d'eau de Vieure : *La Borde, 03430* ***Vieure.*** *☎ 04-70-02-04-46. • plandeau03@orange.fr • À env 15 km au sud-ouest de Bourbon-l'Archambault. Baignade surveillée en juil-août, lun-ven 14h-19h ; w-e 10h-12h, 14h-19h.* Un plan d'eau de 33 ha au cœur du bocage bourbonnais. Location et encadrement de canoë, kayak, pêche, location de VTT, tennis... Aire de pique-nique, camping, restauration sur place, etc.

LURCY-LÉVIS (03320) 2 120 hab. *Carte Allier, B1*

Ce gros bourg, appelé Lurcis-le-Sauvage jusqu'au début du XXe s, est le fief des ducs de Lévis (rien à voir avec les jeans ni avec Lévy-Strauss, cela dit pour les petits malins). Si Lurcy se visite rapidement, on notera ses deux particularités : l'un des plus vieux vélodromes de France (petite boucle en sortie de ville, route du Veurdre), construit en 1897, et la plus longue ligne droite d'Europe pour les tests automobile. Bon, d'accord, ça ne passionne pas tout le monde... Également, mais un peu décevant, le château des ducs de Lévis (à la sortie de ville, route de Cérilly) et une église romane à la magnifique charpente en forme de carène de bateau renversé. Pour le reste, la ville est bien située pour sillonner le nord du département.

Adresse utile

Office de tourisme du pays de Lévis : *72, bd Gambetta. ☎ 04-70-67-96-24. • payslevis.fr • Juil-août, lun-ven 10h-12h, 15h-18h et mat des w-e et j. fériés ; avr-juin et sept-oct, lun-ven et sam mat ; le reste de l'année, lun-ven, jusqu'à 17h.* Plusieurs brochures sur les activités à faire aux alentours, dont de bonnes fiches de rando (VTT, à pied ou à cheval) sur le secteur du pays de Lévis.

Où dormir ? Où manger ?

Auberge Bourbonnaise : *10, pl. de la Liberté. ☎ 04-70-67-80-32. • auberge.bourbonnaise@orange.fr • auberge-bourbonnaise.fr • ♿ (1 chambre). Fermé dim soir et lun en basse saison. En hte saison, résa conseillée car pas de jour de fermeture fixe. Congés : de mi-déc à mi-janv env. Doubles 63-86 €. Menus 14 € (déj en sem)-30 €.* La vraie adresse de campagne. Une poignée de chambres à l'arrière du bâtiment, plaisamment installées au rez-de-chaussée sur une cour intérieure, avec chacune un petit salon de jardin. Également quelques chambres à l'étage. Grande salle rustique à l'ancienne avec son imposante cheminée pour une cuisine bien de chez nous, où les œufs en cocotte s'enveloppent dans le saint-nectaire, les cèpes garnissent l'omelette, la tourte est au bleu d'auvergne. Accueil diligent et professionnel.

Chambres d'hôtes La Porte : *à 2 km au sud-ouest de Lurcy-Lévis par la D 978A (c'est fléché ensuite sur la gauche). ☎ 04-70-67-87-28. • contact@laporteallier.fr • laporteallier.fr • ♿ (1 chambre). Double 60 € ; familiales 80-100 €.* 4 jolies chambres (climatisées pour certaines) à la ferme. Pas de table d'hôtes mais un coin cuisine à disposition. Des vélos pour des balades dans la forêt de Tronçais (qui n'est pas bien loin), un étang où pêcher, une salle de fitness, un grand jardin pour lézarder et une salle de jeux pour les enfants – et les plus grands – de... 400 m². Une adresse idéale pour les familles.

DANS LES ENVIRONS DE LURCY-LÉVIS

LE VEURDRE (03320)

Ancien port d'antan très remuant sur les bords de l'Allier, où les canoéistes ont remplacé les bateliers, évoqués dans un sympathique petit musée. Jolie vue sur l'Allier depuis le pont.

Où dormir ? Où manger ?

Hôtel-restaurant Le Pont-Neuf : *2, fg de Lorette. ☎ 04-70-66-40-12. • hotel.le.pontneuf@wanadoo.fr • hotel-lepontneuf.com • Resto fermé dim soir hors été. Congés : de mi-nov à mi-fév. Doubles 58-67 € selon confort. Formule déj en sem 14 € ; menus 19 € (sf j. fériés) et 27 €.* Derrière une façade un peu passe-partout, un grand hôtel sérieusement rénové et parfaitement entretenu, avec jardin et piscine. Menus régionaux qui font la part belle au gibier en saison. Accueil très professionnel et service impeccable.

À voir au Veurdre et dans les environs

La Maison de la batellerie : *3-5, rue du Trou-Gandou, au Veurdre. ☎ 04-70-66-43-82 ou 43-27. • lachavannee.com • De juin à mi-sept, dim et j. fériés 15h-18h (sur rdv). Entrée : 2 €.* Passionnant petit musée qui retrace l'épopée des bateliers de la rivière qui, avec leurs gabares, montaient à Paris les vins de Saint-Pourçain et blés du Languedoc. Musée qui doit tout à l'association La Chavannée. On se laisse conter l'histoire des hommes du fleuve à travers des objets de mariniers, une collection iconographique et la reconstitution de l'intérieur d'une maison d'un charpentier de marine.

Le château de Saint-Augustin : *à* ***Château-sur-Allier*** *(03320). ☎ 04-70-66-42-01. • chateau-saint-augustin@wanadoo.fr • chateaudesaintaugustin.fr • Juil-août, tlj sf ven 12h-18h ; hors saison, sur rdv. Visite guidée d'env 30 mn à partir de 14h (4 pers min). Entrée : env 8,50 € ; réduc.* Imposant ensemble de bâtiments en briques polychromes qui a conservé le nom de l'ancien monastère dont il occupe l'emplacement. Un édifice du XVe s a cédé la place au XVIIe s à un pavillon de chasse, transformé en château sous la Restauration. La visite nous mène de la salle des trophées à la salle à manger (où l'on vous expliquera le pourquoi du comment de ce morceau du compositeur Georges Onslow intitulé *La Balle...*), en passant par les dépendances (écuries, chapelle, sellerie). Possibilité de pique-niquer dans le parc.
Tables et chambres d'hôtes au château. Si vous en tombez amoureux, saisissez l'occasion : le château est en vente !

LE VAL DE CHER ET LA FORÊT DE TRONÇAIS

Après le bocage bourbonnais, ou le pays des Bourbons selon l'angle d'attaque qu'on lui donne, changement d'horizon avec la découverte d'un patrimoine écologique unique que l'on doit à Colbert, la forêt de Tronçais, puis balade au fil de l'eau, le long du Cher et du canal du Berry, jusqu'en Combraille.

En descendant d'Auvergne, la rivière Cher traverse le pays de Combraille, petite région de collines, puis vient arroser Montluçon, ville principale à l'est du département, et creuser une large vallée qui conduit au Berry. Parallèle au Cher se trouve le canal du Berry, terrain de jeux des VTTistes, pêcheurs et randonneurs. Belles promenades dans une campagne de châteaux et de villes fortifiées qui défendaient le Bourbonnais des prétentions anglaises pendant la guerre de Cent Ans.

LE PAYS DE TRONÇAIS

Carte Allier, A-B1

La plus belle chênaie de France, voire d'Europe ou même du monde : 10 000 ha d'arbres majestueux, à 70 % composés de chênes et 20 % de hêtres, sur 80 km de sentiers. Cela fait d'elle la 11e plus grande forêt en superficie de France.
Forêt d'État depuis... 1528, suite à la confiscation du domaine par François Ier aux ducs de Bourbon, c'est à la fin du XVIIe s qu'elle prendra son envergure grâce à Colbert, contrôleur des Finances de Louis XIV, qui décide d'organiser la gestion des eaux et des forêts. Les prémices de l'écologie politique, en quelque sorte, organisant la gestion des forêts de manière raisonnée, et faisant de Tronçais la réserve de bois pour la Marine royale. Au XVIIIe s, les maîtres de forges s'emparent du lieu et développent le traitement du minerai de fer au charbon de bois. Puis vint le déclin... Malgré tout, sabotiers et producteurs de cognac ne jurent encore que par le chêne de Tronçais, le must pour un bon vieillissement de leur breuvage (certains grands crus de bordeaux feraient de même...).
Il ne subsiste qu'une dizaine d'hectares de la futaie plantée par Colbert, où l'on trouve encore des arbres vénérables, dont certains sont classés. Ils ont pour nom « Sentinelle », qui accuse quatre siècles et 6 m de circonférence, les « Jumeaux », vieux de 350 ans, ou cet étonnant chêne « Carré » dont le nom rappelle la forme géométrique de son tronc.
Ce territoire, réparti sur 16 communes, est également l'objet de légendes (un parcours leur est dédié), une terre prisée pour la chasse à courre, riche en champignons en saison et idéale pour assister en septembre au brame du cerf. Pour info, la chasse n'est autorisée que les lundi et jeudi en saison. Vous voilà prévenu si vous voulez profiter de la forêt en silence.
Et un conseil : pensez à vous procurer un plan de la forêt auprès de l'office de tourisme.

Adresses utiles

Office de tourisme Aumance-Tronçais : *pl. du Champ-de-Foire, 03350* ***Cérilly.*** *☎ 04-70-67-55-89. • ot.aumance-troncais@wanadoo.fr • Juin et sept, ouv tlj sf lun ; juil-août, tlj sf l'ap-m le w-e. Autres bureaux : à* ***Saint-Bonnet-Tronçais*** *(en juil-août), ☎ 04-70-06-14-78 ; à* ***Hérisson*** *(tte l'année ; voir le chapitre « Le val de Cher »), ☎ 04-70-06-82-23.* Proposent un guide de randonnées et sur le petit patrimoine local, ainsi que des promenades guidées dans la forêt (payantes). En vente également, une carte détaillée de la forêt. Bon accueil.

■ ***Office national des forêts :*** *BP 1722, 03017* ***Moulins*** *Cedex. ☎ 04-70-46-82-00. Visites guidées des arbres et des fontaines dans la forêt (14 juil-15 août ; payant et sur résa auprès de l'ONF).*

■ ***Location de VTT :*** Tronçais Bricolage, *03360* ***Saint-Bonnet-Tronçais.*** *☎ 04-70-06-12-93. Tlj sf dim ap-m et lun 9h-12h30, 14h-19h (9h-19h30 juil-août).*

Où dormir ? Où manger dans et autour de la forêt ?

Campings

Camping Centre de tourisme de Champ-Fosse : *03360 Saint-Bonnet-Tronçais. ☎ 04-70-06-11-30. • champfosse@campingtroncais.com • campingtroncais.com • Ouv avr-sept. Résa indispensable juil-août. Forfait 2 pers env 15 € ; loc de gîtes et mobile homes env 200-520 €/sem selon taille et saison.* Agréable camping au cœur de la forêt et au bord d'un étang. Ombragé, évidemment ! En été, diverses activités (baignade, pêche, sports nautiques).Les commerces du village sont à 100 m. Piscine.

Tronçais Tourisme Center Les Écossais : *03360 Isle-et-Bardais. ☎ 04-70-66-62-57. • ecossais@campingtroncais.com • campingtroncais.com • Ouv avr-sept ; tte l'année pour les gîtes. Forfait 2 pers env 8,70 € ; chalets 160-190 €/sem en saison ; mobile homes 405-450 €/sem.* Un site bien tenu, ombragé et tout équipé, avec son plan d'eau pour la pêche ou la baignade (surveillée en été). Tennis et minigolf sur place, et visite guidée en forêt par l'ONF.

De bon marché à prix moyens

Auberge du Pont : *8, rue Henri-Barbusse, 03350 Cérilly. ☎ 04-70-67-58-18. • aubergedupont.cerilly@wanadoo.fr • Resto fermé jeu. Congés : 1 sem début juin, fin sept et fin déc-début janv. Doubles 34-36 €. Menu 12 € ; carte 15 €.* Bienvenue « chez Mimine et Papichat » ! 3 chambres seulement, toutes simples mais pas désagréables. Quelques jolies toiles accrochées dans la salle de resto et une cuisine familiale très fraîche : salades, plats d'ici ou d'ailleurs (couscous végétarien), desserts maison...

Auberge du Rond-Gardien : *Le Rond-Gardien, 03360 Isle-et-Bardais. ☎ 04-70-06-19-50. • contact@aubergedurondgardien.com • aubergedurondgardien.com • Resto et auberge fermés dim soir et lun. Double 52 €. Formule 19 € (sf j. fériés) ; menus 13 € (déj en sem), puis 35 €. Apéritif maison offert sur présentation de ce guide.* En plein cœur de la forêt, des chambres mignonnes pour profiter du calme et de la nature. Et une cuisine très habile qui n'oublie jamais toutes les ressources de la région (et de la forêt : gibier et champignons de rigueur en saison !). Le tout à des prix très rassurants.

Chez Chaumat : *pl. Péron, 03350 Cérilly. ☎ 04-70-67-52-21. • chezchaumat@alicepro.fr • chezchaumat.com • Resto et auberge fermés dim soir et lun. Double 52 €. Formule déj en sem 11,50 € ; menus 16,50-32 €. Apéritif maison offert sur présentation de ce guide.* Quelques chambres rénovées dans un style rustique. Mais cette maison est surtout réputée pour la qualité de sa cuisine, généreuse, régionale. Au déjeuner, en semaine, le chef fait salle comble avec les habitués. Gibier et viande Label Rouge charolais. Amateurs de champignons, en saison, vous serez comblés. Bon accueil.

De prix moyens à chic

Au Cœur de Meaulne : *20-22, pl. de l'Église, 03360 Meaulne. ☎ 04-70-06-20-30. • info@aucoeurdemeaulne.com • aucoeurdemeaulne.com • Resto fermé le midi en sem et dim soir Congés : 23 fév-11 mars, 27 oct-8 nov. Doubles 65-72 €. Menus 30-34 €. Café offert sur présentation de ce guide.* Des chambres charmantes, vastes et au calme, certaines côté jardin. Ici, mieux vaut se plier aux règles de la maison, que l'on soit petit ou grand. Au resto, les enfants sont servis en premier et peuvent laisser les parents manger tranquillement en profitant des espaces de jeux, du jardin, du salon DVD... Jolie cuisine qui revisite allègrement le terroir, et plaira autant aux végétariens qu'aux amateurs de bœuf charolais.

Le Tronçais : *12, av. Nicolas-*

Rambourg, 03360 ***Saint-Bonnet-Tronçais.*** *☎ 04-70-06-11-95. • letroncais@aliceadsl.fr • letroncais.com • À 3 km au sud de Saint-Bonnet, au bourg de Tronçais. Début mai-début oct, ouv tlj ; hôtel et resto fermés dim soir, lun et mar midi hors saison. Congés : de mi-nov à mi-mars. Doubles 57-75 €. Formule déj en sem 18 € ; menus 26-39 €.* Charmant hôtel installé dans une magnifique maison de maître du XVIIIe s, au creux d'un parc avec un étang où s'ébrouent les canards. Les chambres sont spacieuses, coquettes... et mansardées pour celles de l'annexe. Salle élégante aux fenêtres largement ouvertes sur la nature environnante pour une cuisine créative qui fleure bon le terroir. Accueil très aimable.

À voir. À faire

La forêt de Tronçais : pas besoin de vous faire un dessin question paysage ! À l'automne, si vous arrivez à vous lever avant le soleil, ne manquez pas le brame du cerf, un moment de pure magie que nous devons apprendre à protéger. La forêt étant une zone de production sylvicole, ce prédateur herbivore est considéré comme nuisible s'il est en trop grand nombre. Donc, on le chasse. Mais à force de le chasser partout, le cerf a de plus en plus de mal à se reproduire et à vivre tranquillement. En attendant, s'il vous arrive de rencontrer un faon, ne le touchez surtout pas, votre odeur le condamnerait à l'abandon et à la mort.
Ne pas manquer la *ligne des Étrangers,* qui traverse la D 978 à 500 m de l'étang de Saint-Bonnet. Une des plus belles perspectives de la futaie. Il faut également chercher les chênes classés (bien indiqués). L'ONF a quadrillé la forêt en parcelles. Près du rond Neuf, *chêne de la Résistance* qui a plus de 300 ans. Il fut appelé chêne du maréchal Pétain entre 1940 et 1944. Par la D 953, près du rond de Buffévent, *chênes Jacques-Chevallier, La Sentinelle* et *Les Jumeaux.* Le *chêne Carré* (26 m de haut et tricentenaire) se trouve au sud, à proximité du rond Viljot. C'est d'ailleurs à cet endroit qu'a été créée une zone de silence où l'on ne peut pénétrer qu'à pied. Un vrai bonheur !
On trouve également de nombreux *vestiges gallo-romains* çà et là, de nombreuses fontaines et, au cœur de la forêt, une magnifique forge du XVIIIe s.
– Pour en savoir plus, procurez-vous auprès des offices de tourisme le livret sur la forêt de Tronçais avec le circuit des fontaines.

La Maison de la dentelle : *44, route Nationale, 03350* ***Urçay.*** *☎ 04-70-06-92-69. Tlj sf lun (été) 14h-18h30 ; le w-e en sept ; sinon, pour les groupes, tte l'année sur rdv. Entrée libre.* Pour découvrir les techniques de la dentelle de Cluny, du Puy et de la dentelle aux fuseaux, pour laquelle on utilise un « carreau » et non une aiguille ! Démonstrations, expositions de pièces anciennes et modernes, dont certaines en fil d'ortie.

Le musée de la Porcelaine : *03350* ***Couleuvre.*** *☎ 04-70-66-19-77. Mai-sept, tlj sf lun 15h-18h (14h30-18h30 juil-août). Entrée : 3,20 € ; gratuit jusqu'à 13 ans.* Dans un bâtiment où le roi Charles IX aurait passé quelque temps en 1565, toute l'histoire, à travers outils et pièces anciennes, d'une faïencerie locale fondée en 1789 et qui a fermé ses portes en 1997... avant d'être relancée en 2001.

Cérilly *(03350)* **:** modeste petite ville, centre névralgique du pays de Tronçais avec quelques commerces, l'office de tourisme et un petit musée (pour spécialistes) dédié à l'écrivain Charles-Louis Philippe (1874-1909), auteur de *Bubu de Montparnasse* et ami d'André Gide. Dans sa maison natale, on trouve des objets de l'écrivain et de sa famille *(ouv mai-fin oct, l'ap-m des w-e et j. fériés).* Autres personnalités ayant vécu à Cérilly : l'écrivain Jean Giraudoux, qui y passa son enfance, ainsi que le naturaliste-explorateur François Peron (1775-1810), qui y naquit et participa aux expéditions en terres australes, d'où il rapporta en France plus de 600 espèces de graines et 100 espèces animales inconnues à l'époque.

***Ainay-le-Château** (03360) :* beau village médiéval qui a connu une certaine importance à l'époque des sires de Bourbon, tout au bout de l'Allier, parfait pour un arrêt et une petite promenade le long de la Sologne. Entre la porte fortifiée du XIIe s (rehaussée à la Révolution), dite de l'Horloge, et l'église Saint-Étienne avec son retable dédié à Notre-Dame-de-Lorette, on a clairement l'impression de se balader dans un décor de cinéma, avec vieilles devantures de bois, publicités anciennes... Étonnant. À la sortie du village, chapelle Saint-Roch, carrée, massive, bel exemple d'architecture janséniste du XVIIe s.
Point info en été : *☎ 04-70-07-93-03.*

Les étangs de Saint-Bonnet-Tronçais et d'Isle-et-Bardais : deux étangs où se baigner l'été, entourés de rives évidemment boisées où il fait également bon se balader.

LA VALLÉE DU CHER, DE VALLON-EN-SULLY À MONTLUÇON

De la forêt de Tronçais, on pourra rejoindre la vallée du Cher vers Vallon-en-Sully. Collines légères et plaines ondulées séparent les départements du Cher et de l'Allier. Les petites villes se succèdent, et on se laisse porter par une balade le long du canal de Berry.

Où manger dans la vallée ?

L'Auberge des Ris : *D 2144, lieu-dit Les Ris, 03190 **Vallon-en-Sully.** ☎ 04-70-06-51-12. • aubergedesris@orange.fr • Fermé lun soir et mar-mer. Congés : 2 sem fin fév-début mars et fin sept-début oct. Résa conseillée. En sem, formule déj 19 € ; menus 25-49 €.* Un ancien corps de ferme rénové et récemment repris. Cadre rustique bourbonnais où il fait bon goûter à l'art de vivre du pays. Ici, tout est fait maison. Grégory, le nouveau chef, travaille en fonction des saisons, jouant des textures, des saveurs, des couleurs pour créer des plats qui revisitent le terroir sans lourdeur, comme le ris de veau aux champignons de saison.

La Table de Reugny : *25, route de Paris, 03190 **Reugny.** ☎ 04-70-06-70-06. • info@restaurant-reugny.com • À 10 km au sud de Vallon par la D 11 puis la D 2144. Fermé dim soir, lun et mar. Résa conseillée. En sem, menu 16 € et formule 21 € ; autres menus 29-50 €.* Cette adresse est réputée depuis plus de 10 ans dans toute la région. Certes un peu chic, elle présente toutefois l'un des meilleurs rapports qualité-prix des environs. Accueil et service professionnels. Piscine et terrasse. Une adresse à ne pas manquer si vous passez par là !

À voir. À faire

Les maquettes animées de Pierre Cognet : *9, rue Jean-Jaurès, 03190 **Vallon-en-Sully.** ☎ 04-70-06-51-00 ou 67-48 (point info). À l'entrée du bourg, en contrebas de la route, entre ponts du Cher et du canal de Berry. Juil-août, tlj sf mar 15h-19h ; avr-juin et sept-oct, w-e et j. fériés 15h-18h. Entrée : 4 € ; réduc ; gratuit jusqu'à 10 ans.* Une quinzaine de mises en scène animées (au 1/8), représentant la vie rurale d'autrefois et ses métiers, se déploient devant vous : le bistrot de 1900, le sabotier, le musicien bourbonnais, le limonaire... Une curiosité à découvrir.

➢ ***Balade sur le canal du Berry :*** *port de **Vallon-en-Sully.** ☎ 04-70-06-14-69.* Location (sans permis !) de petits bateaux électriques (pour 5 à 8 personnes) pour se laisser glisser doucement au long du canal du Berry.

Hérisson : un gentil petit bourg médiéval, bercé par l'Aumance depuis au moins le Ve s et dominé par les ruines de son *château*. Au hasard de sa poignée de rues, on découvrira la *porte de l'Enfer* et la belle maison du XVIIe s à terrasse couverte voisine.

À 3 km de Hérisson, sur la route de Meaulne, se dresse la petite ***église*** (et le hameau) ***de Châteloy,*** édifiée au XIIe s, sujette à une petite promenade depuis Hérisson (départ du sentier des Crêtes juste au-dessus de l'office de tourisme ; compter 1h). À l'intérieur (quand elle est ouverte, sinon se procurer la clé à l'office de tourisme de Hérisson), peinture murale qui relate le martyre de saint Principin. Le roi des Goths, furieux d'apprendre la conversion de son fils, donna l'ordre de l'arrêter et de l'exécuter. On ne rigolait pas dans la famille Goth ! Le bourreau lui trancha la tête. Pas démonté pour autant, Principin prit sa tête sous le bras et monta seul vers l'église où, au passage, un aveugle recouvra la vue. Du coup, sa tête repose sur l'autel. Également un Christ « vieux » avec sa barbe et ses cheveux blancs, des décors héraldiques et quelques belles statues.
– Chaque année en juillet-août, ***festival de Musique en Bourbonnais*** *(infos : ☎ 04-70-06-82-33 ; • festival-musique-bourbonnais.com •).*

Chez Chop – La Maison « Couleur du temps » : *Clémagnet, 03190* ***Vénas.*** *06-84-90-85-48. À 6 km au sud de Hérisson, direction Vénas, puis Louroux-Hodement (c'est fléché). Juil-août, tlj sf mar 15h-19h (le mat sur résa en été) ; le reste de l'année, dim et j. fériés 15h-19h (sam sur résa). Visite commentée gratuite ; accueil en vêtement du XVIIe ou XVIIIe s le 1er dim de chaque saison. Compter 30 mn env.* Cette version bourbonnaise du palais du facteur Cheval est l'œuvre de presque toute une vie de Chop, étonnant personnage qui se veut plus poète que peintre. C'est lui pourtant qui a peint l'ensemble – intérieur comme extérieur – des murs de ces petites maisons de campagne de fresques vives et colorées autour du règne animal et du cycle des saisons. Sculptures, « mobilier onirique », démarche photographique pour célébrer la nature se découvrent également, en compagnie de l'artiste. Surréaliste !

Le musée du Canal de Berry : *Magnette, 03190* ***Audes.*** *☎ 04-70-06-63-72. • museecanaldeberry.fr • À l'entrée du bourg, en contrebas de la route, entre ponts du Cher et du canal de Berry. Juil-août, tlj 10h-18h30 ; avr-juin et sept-oct, tlj sf mar 14h-18h30. Entrée : 6 € ; réduc.* Belle façon de faire revivre un monde disparu, celui du transport des marchandises au fil des canaux : vidéo sur les ouvrages d'art, vie des mariniers contée à travers maquettes, peintures, avant d'en venir au monde des éclusiers, dans un décor impressionnant et bien réel celui-là. Une péniche permet, au dehors, de découvrir l'habitat du marinier, son travail au fil des jours, au fil de l'eau. On peut pique-niquer sur place ou aller pédaler sur le canal. Sympa.

Le mignon village d'***Huriel*** conserve deux beaux monuments historiques des XIe et XIIe s, avec sa tour et son église Notre-Dame. Et, entre autres anecdotes, c'est dans son château (ce qu'il en reste) que Jean de Brosse, compagnon d'armes de Jeanne d'Arc, vit le jour. À une autre époque, George Sand, dans son roman *Les Maîtres sonneurs,* prénomma un de ses héros Huriel, allusion à ce village où elle aimait venir quand elle était de passage en Combraille.
Quant à la tour, elle doit ce surnom de La Toque au toit pointu qui la surmonta du XVIe s jusqu'au début du XXe s. Vestige de l'ancien château fort, cette tour carrée, l'une des dernières dans cet état en France, haute de 33 m, possède une terrasse panoramique (accès gratuit ; demander la clé au point info). Agréable vue sur les monts d'Auvergne, Montluçon, Tronçais et les villages avoisinants. À l'étage, quelques maquettes et documents sur l'histoire de la ville et de son château.
Musée du Donjon de la Toque : *☎ 04-70-28-94-91 (info tourisme). Juin-sept, lun-ven (tlj juil-août) 9h-12h, 14h-18h ; le reste de l'année, se renseigner au point info tourisme. Entrée : env 3 € ; réduc.*

À quelques kilomètres de là, en arrivant sur Montluçon, la petite ville de ***Domérat*** présente une singulière particularité avec un immense « RF » inscrit sur le front de son église ! Quand la République marquait son empreinte jusque sur les églises... Devant celle-ci, on découvre une curieuse petite statue de Bacchus (aux allures de pin-up !) qui rappelle, comme le petit musée local, que l'on faisait du vin autrefois autour de la ville.

MONTLUÇON

(03100) 40 290 hab. *Carte Allier, A3*

Pour le plan de Montluçon, se reporter au cahier couleur.

À 3h de la capitale par l'autoroute, la première ville en population (plus de 60 000 habitants avec l'agglomération, devant Vichy, puis Moulins) et en activités économiques du département. En fait, Montluçon présente deux visages : une vieille ville médiévale, qui s'étale comme un escargot autour du château, et une ville industrieuse, qui a surtout connu son heure de gloire au début du siècle passé. Depuis, les choses se sont ralenties, mais cela n'enlève pas un certain charme à la cité : on y trouve des rues piétonnes, de nombreux commerces et de beaux aménagements. Quoi qu'il en soit, la vieille ville, le château et la terrasse dominant la région méritent une étape à la fois culturelle et gourmande.

UN PEU D'HISTOIRE

Tout est parti du château, dont les premières traces remontent au Xᵉ s. Après être tombée aux mains des Anglais pendant les guerres contre les Plantagenêts, la ville est récupérée par Philippe Auguste, qui la donne aux Bourbons. Très vite conscients de son intérêt stratégique, ils la transforment en place forte, qui résistera aux assauts anglais (eh oui, encore !) de la guerre de Cent Ans.

Après le rattachement du Bourbonnais à la Couronne, elle tombe dans un sommeil dont elle ne sortira qu'au milieu du XIXᵉ s. À cette époque, l'achèvement des travaux du canal du Berry permet d'acheminer le minerai jusqu'à la forêt de Tronçais où se trouvaient les forges. Puis on découvre des gisements de charbon près de Montluçon, l'activité industrielle ralentit, et le canal est abandonné. Du coup, les industries se développent à vitesse grand V sur l'autre rive du Cher, en Ville-Gozet. Les hommes désertent alors les campagnes bourbonnaises pour venir gagner de l'argent et s'installer à Montluçon. La ville prend de l'ampleur. Les campagnes étant largement ancrées à gauche, le phénomène ne fait que s'amplifier, et Commentry, à 15 km, devient la première ville de France à élire un maire socialiste en 1892, avec Jean Dormoy, dont le fils, Marx, deviendra maire de Montluçon, ministre du Front populaire (une station du métro parisien porte d'ailleurs son nom), participera aux accords de Matignon, refusera la prise de pouvoir de Pétain en 1940, ce qui lui vaudra d'être emprisonné puis assassiné d'une bombe sous son lit par « la Cagoule » en 1941. Un gisant dans l'allée qui mène à la gare lui rend hommage.

Mais la prospérité de la ville est de courte durée. La concurrence avec les minerais lorrains commence à se faire durement sentir. La métallurgie survit grâce à l'industrie d'armement, mais l'après-guerre sera fatal. Arrivent ensuite *Dunlop* et la *SAGEM* pour sauver une situation encore bien délicate. Cependant, l'espoir renaît et plusieurs PME-PMI ont récemment choisi Montluçon pour s'installer.

Adresses utiles

Office de tourisme de la vallée de Montluçon (plan couleur B2) **:** *67 ter, bd de Courtais. ☎ 04-70-05-11-44. • contact@montlucontourisme.com • Du 1er juin aux Journées du patrimoine, lun-sam 9h30-12h30, 13h30-19h (plus dim et j. fériés en juil-août 9h30-13h) ; le reste de l'année, lun-sam 10h-12h, 14h-18h.* Propose un bon livret pour découvrir le cœur de ville. Topoguides de rando sur Montluçon, sa vallée et les alentours. Petite expo à l'étage. Organise des visites de la ville en été.

Gare routière (hors plan couleur par A2) **:** *☎ 04-70-05-39-97.* Liaisons avec Moulins, Vichy, Évaux-les-Bains, Néris...

Taxi Radio Montluçonnais : *☎ 04-70-05-40-40.*

Où dormir ?

De prix moyens à chic

Hôtel de la Gare (hors plan couleur par A2, **10**) **:** *42, av. Marx-Dormoy. ☎ 04-70-05-44-22. • contacthotel.gare@wanadoo.fr • contact-hotel.fr • Congés : dernière sem de déc et 1re de janv. Double 54 €. Réduc de 10 % sur le prix de la chambre sur présentation de ce guide.* Petit hôtel traditionnel juste en face de la gare. Voilà un peu l'archétype de l'établissement familial où la chaleur de l'accueil est la devise. Chambres simples et bien tenues, comme la no 6, à l'arrière, calme et lumineuse, ou la no 5, familiale et parfaite pour son prix. Une bonne adresse où l'on se sent bien.

Bomotel (hors plan couleur par B1, **11**) **:** *2, route de Moulins. ☎ 04-70-05-76-22. • bomotel@wanadoo.fr • bomotel.fr • À 3 km en sortie de ville, direction Moulins/Vichy, juste après le magasin Gifi. Doubles 52-58 €.* Autant le dire tout de suite, l'intérieur n'a vraiment rien à voir avec l'extérieur (qui peut rebuter certains). Faites-nous confiance ! Eh oui, on y découvre de longs couloirs et une vingtaine de chambres rénovées, spacieuses. Surprenant, comme la no 110, donnant sur la campagne à l'arrière. Très bon confort pour un prix imbattable, vu la prestation. Bon accueil.

Le Grenier à Sel (plan couleur B2, **12**) **:** *10, rue Sainte-Anne et pl. des Toiles. ☎ 04-70-05-53-79. • legrenierasel.com • Doubles 115-135 € selon saison. Voir « Où manger ? ».*

Où manger ?

De bon marché à prix moyens

La Maison Bleue (hors plan couleur par A1, **24**) **:** *1, rue Frédéric-Mistral. ☎ 04-70-08-02-14. Ouv tlj sf lun et soir des dim et j. fériés. Formules déj en sem 9,50-12,30 € ; menu 28,50 €.* Oubliés les colombages (bleus évidemment) de l'ancienne maison, en plastique... Le chef s'est mis au vert, au nord de la ville, sur la route de Paris, ce qui change tout. Une adresse comme on les aime, où est servie, avec une sympathie naturelle, une bonne petite cuisine traditionnelle à prix tout doux. La clientèle est plutôt jeune, et il y a une grande terrasse pour les beaux jours, à la fois devant et derrière le resto, pour plaire à tout le monde.

Le Plaisir des Marais (hors plan couleur par A1, **21**) **:** *152, av. Albert-Thomas. ☎ 04-70-03-49-74. À 2 km sur la droite en sortie de ville par la route de Châteauroux. Fermé lun, mar soir, mer soir et dim soir. Congés : 2 sem en août. Formule déj 21 € ; menus 19-28 €.* Cette adresse excentrée vaut son petit détour. Aux fourneaux, un ancien second de *La Table de Reugny,* réputée dans toute la région, travaille une cuisine où la tradition le dispute à l'originalité, à base de produits frais. Petite salle d'esprit campagnard, accueil amical et prix gentils.

L'Eau à la Bouche (plan couleur B2, **22**) **:** *26, rue Grande. ☎ 04-70-03-82-92. • eau.bouche@wanadoo.fr • Fermé dim-lun. Résa conseillée. Formule 9,90 € ; menus 19,90-28,90 €. Digestif maison offert sur présentation de ce guide.* Fondue auvergnate, raclette, tartiflette et pierrade paysanne ou bourbonnaise sont au programme. Des plats simples et copieux dans une petite salle conviviale (avec quand même, comme en boîte de nuit, un carré VIP !). La même équipe organise par ailleurs des dîners-spectacles au *Royal Avenue* (voir plus loin).

La Vie en Rose *(plan couleur B2, **20**) : 7, rue de la Fontaine. ☎ 04-70-03-88-79. À côté de l'église Notre-Dame. Ouv tlj. Formule déj en sem 10,10 € ; menu 19,40 € ; carte 20-25 €. Kir maison offert sur présentation de ce guide.* Niché dans le vieux Montluçon, décoré de photos anciennes de la ville et de « réclames » des années 1930, ce restaurant à l'ambiance décontractée permet de passer un agréable moment à la découverte d'une cuisine résolument bourbonnaise (en qualité comme en quantité !).

Chic

Le Safran d'Or *(plan couleur B2, **23**) : 12, rue des Toiles. ☎ 04-70-05-09-18. Fermé dim soir, lun et mar soir. Congés : 1er-15 mai, 2-16 sept. Formules en sem 16,90-18-60 € ; menus 23-29,50 €. Café offert sur présentation de ce guide.* Derrière sa façade jaune en faux marbre peint, *Le Safran d'Or* a des allures de resto assez chic. Cuisine en rapport, de marché, plutôt enlevée et à base de jolis produits. Salle plutôt contemporaine ou cave voûtée du XIIIe s. Une patronne qui fait tout pour être agréable, et un service précis et rapide.

Le Grenier à Sel *(plan couleur B2, **12**) : 10, rue Sainte-Anne et pl. des Toiles. ☎ 04-70-05-53-79. • info@legrenierasel.com • (au resto). Resto fermé lun midi tte l'année, plus lun soir, sam midi et dim soir hors saison. Menus 23 € (sf j. fériés)-59 €. Apéritif maison offert sur présentation de ce guide.* Cet hôtel particulier du vieux Montluçon cache une belle adresse. On traverse un petit jardin pour pénétrer dans ce havre de paix et de gastronomie. Le chef, ancien de chez *Guérard,* travaille une cuisine dans l'esprit d'aujourd'hui. Il utilise de bons produits, notamment viandes et volailles, qu'il associe de manière étonnante. Pain maison à la farine de Combraille et superbes desserts. À l'étage, quelques jolies chambres, spacieuses et douces à vivre.

Où dormir ? Où manger dans les environs ?

Les Gîtes de Bord *: hameau de Bord, 03170 **Doyet.** ☎ 04-70-07-74-83. 06-84-01-21-15. • gitesdebord@orange.fr • gitesdebord.com • À 17 km à l'est de Montluçon, direction Moulins ; fléché sur la D 371 entre Montmarault et Montluçon. Ouv tte l'année. Doubles 60-70 € ; également des gîtes 4-6 pers.* Bel ensemble architectural au cœur d'un grand parc : ce sont les communs du château de Doyet qui ont été transformés. 4 chambres ont été joliment aménagées dans l'ancienne grange. On prend le petit déj dans la chapelle. Ça a de l'allure !

Chambres d'hôtes Les Malvaux *: Les Malvaux, 03380 **Huriel** (près de La Chapelaude). ☎ 04-70-06-44-09. • malvaux@gmail.com • lesmalvaux.fr • De Montluçon, prendre la D 943 direction Châteauroux ; à 6 km env après la sortie Montluçon-Domérat, prendre la direction Huriel-La Chapelaude puis, à 250 m, à gauche direction Les Malvaux. Double 53 € ; familiales 69-85 €. Possibilité de repas (sur résa) 20 €.* Dans une grande ferme indépendante, 3 chambres spacieuses et gaies, auxquelles on accède par un bel escalier de pierre. Belle grande salle commune. Calme, propre et accueil sympa, que demander de plus ?

À voir. À faire

Le musée des Musiques populaires, château des ducs de Bourbon *(plan couleur A-B2) : ☎ 04-70-08-73-51 ou 52.* Voici le seul château des ducs de Bour-

bon construit à la fin du XIVe s encore debout, et qui connut jusqu'à 41 tours pour former sa muraille de défense. Des vielles et cornemuses du XIXe s aux guitares électriques, c'est toute l'histoire des musiques populaires qui est ici racontée sur 150 ans. Le processus de rénovation en cours aboutira en 2013 à l'ouverture d'un nouveau musée consacré aux musiques populaires.
De l'*esplanade,* on domine la ville et ses alentours.

L'église Saint-Pierre *(plan couleur A1-2)* **:** construite au XIIe s, elle comprend une nef unique terminée par un transept saillant. Modifiée au XVe s, on y trouve des influences gothiques, et pas seulement dans les vitraux.

➢ ***Petite balade médiévale :*** à partir de l'église Saint-Pierre, prendre la *rue des Serruriers (plan couleur A2),* où se cachent quelques belles maisons à pans de bois du XVe s (aux nos 2 et 2 bis). Belle vue sur le château en prime ! Continuer dans la *rue Grande (plan couleur B2)* et ses jolies maisons des XVe et XVIIIe s, dont certains pignons sont faits à partir de galets du Cher. En continuant vers la *rue Notre-Dame,* arrêtez-vous dans le *jardin des remparts,* un des plus beaux parmi les nombreux que l'on trouve en ville. Juste à côté, la *rue de la Fontaine (plan couleur B1-2),* dans laquelle on trouve... une fontaine ! Au Moyen Âge, la ville était alimentée en eau par deux fontaines, dont celle-ci. La vasque du XVIe s, richement ornée, est surmontée d'une Vierge à l'Enfant.

L'église Notre-Dame *(plan couleur B2)* **:** reconstruite par Louis II de Bourbon à la fin du XVe s à la place d'une église romane dont il subsiste le mur latéral nord. À l'intérieur, suite de panneaux de bois peints sur la vie de la Vierge. Dans la première chapelle de la nef, une jolie pietà. De beaux vitraux du XVIe s et un tableau du XVIIe s représentant l'Adoration des Mages.

Le parc du château de la Louvière *(hors plan couleur par B1)* **:** *av. du Cimetière-de-l'Est. Château fermé pour travaux de rénovation ; parc accessible.* Le château fut édifié par François-Joseph Troubat, industriel farouchement pacifiste (il aurait dû avoir le Nobel de la Paix en 1940 !), qui s'inspira du Petit Trianon de Versailles pour sa construction. Visites guidées organisées en saison estivale (contacter l'office de tourisme). On peut se balader dans le jardin maniériste plein de copies de statues antiques.

Le Royal Avenue : *3, av. Marx-Dormoy. ☎ 04-70-05-26-40. Programme sur • leroyalavenue.com • Du jeu soir au dim midi, sur résa.* Allez, on a gardé le meilleur pour la fin, pour vous rendre la banane, au cas où la vie de thermes qui s'annonce dans les pages suivantes deviendrait un peu terne à vos yeux. Voilà le plus célèbre music-hall du centre de la France, qui a ouvert ses portes dans l'ancienne Banque de France, ça ne s'invente pas. Ici, votre argent sera bien placé. Formules « Strass », « Plumes » et « Paillettes », pour des repas-spectacles hauts en couleur et en saveurs. Transformistes, danseuses à plumes (non, pas à poil !), attractions à l'ancienne, variétés, un programme concocté par le patron de *L'Eau à la Bouche* (voir « Où manger ? »), qui ne manque pas d'humour ni d'idées.

➢ ***Randonnée pédestre vers Néris-les-Bains :*** *compter 2h30 aller-retour.* Pour vous rendre à Néris (à 7 km), plutôt que de prendre une voiture, empruntez la très agréable voie piétonne, joliment réaménagée, qui suit l'ancienne voie ferrée. À 2 mn du centre-ville en voiture (direction Néris), on rejoint l'accès de départ (indiqué sur la gauche sur l'avenue John-Kennedy). Ce chemin surplombe le golf de la ville et franchit quatre viaducs offrant de beaux points de vue. Possibilité de retour en car (arrêt près de l'office de tourisme).

NÉRIS-LES-BAINS (03310) 2 820 hab. *Carte Allier, A3*

Avec Vichy et Bourbon-l'Archambault, Néris est la troisième station thermale du département sur la route des villes d'eaux du Massif central. Moins fréquentée que la première mais bénéficiant de la proximité de Montluçon, Néris fait figure de petite station thermale familiale devant tout à ses eaux qui jaillissent à une température de 53 °C depuis des lustres. Les Romains l'avaient déjà repérée pour ses vertus sédatives, décongestionnantes et cicatrisantes. Forts, ces Romains ! Ils avaient toutefois été devancés puisque, 2 000 ans avant notre ère, *Neriomagos* était déjà un pôle commercial gaulois réputé pour ses eaux divines. Les Romains ne firent que développer la cité pour en faire un centre thermal important : deux thermes, un amphithéâtre, des temples, cinq nécropoles, un forum... Malheureusement, toute cette splendeur fut anéantie par les Wisigoths au Ve s. Fous, ces Wisigoths ! Et, jusqu'au XVIe s, Néris n'est plus qu'une petite ville de passage sur une ancienne voie romaine. Le nouvel âge d'or de Néris débute au XIXe s quand le 15 juin 1826 est posée la première pierre de l'établissement thermal actuel par, s'il vous plaît, la Dauphine, duchesse d'Angoulême. Comme souvent, quelques « people » viennent prendre les eaux à Néris : l'impératrice Eugénie, Lamartine, Chateaubriand, Musset, Massenet... Prosper Mérimée lui-même sera séduit par le site.

Aujourd'hui, la petite ville thermale vit gentiment et tranquillement, et reste fidèle à sa devise : *Dona undis pulcherrima* (« Les dons grâce aux eaux »).

Adresses utiles

Maison du tourisme : *bd des Arènes. ☎ 04-70-03-11-03. • ot.neris@wanadoo.fr • ville-neris-les-bains.fr • Ouv tte l'année : avr-oct, lun-sam 9h-12h, 14h-18h30 (plus dim 10h-12h, 16h-18h juil-août) ; nov-mars, tlj sf sam ap-m et dim. Organise des visites de la ville (avr-oct, mar à 15h et mer à 10h).* Également location de vélos.

■ **Le casino de Néris :** *parc du Casino. ☎ 04-70-03-15-09. Tlj 10h-3h (4h sam).* Un petit casino adorable, grand comme un mouchoir de poche par rapport aux monstres habituels. On a l'impression de perdre en famille ! Soirée dansante le jeudi soir et thé dansant le dimanche après-midi. Et youpi !

■ **Les thermes :** *6, pl. des Thermes. ☎ 04-70-03-10-39. • thermes-neris.com • Ouv avr-début nov.* On y soigne les rhumatismes, les affections psychosomatiques, voire neurologiques. Également des thermes de remise en forme.

Où dormir ?
Où manger ?

Camping

Camping municipal du Lac : *av. Marx-Dormoy. ☎ 04-70-03-24-70. • campingdulac-neris@orange.fr • ville-neris-les-bains.fr • ♿ Ouv fin mars-oct. Compter 14 € pour 2 pers ; loc de logis et de sympathiques petits chalets, dont certains proches du lac, 225-550 €/sem.* « Lac » est peut-être un bien grand mot pour l'étang situé en contrebas de ce petit camping sans histoires, mais bien équipé.

De bon marché à prix moyens

Le Garden : *12, av. Marx-Dormoy. ☎ 04-70-03-21-16. • hotel.le.garden@wanadoo.fr • monsite.wanadoo.fr/hotellegarden • Resto fermé dim soir et lun nov-mars. Doubles 56,30-69,70 € selon taille et* *saison. Menus 16 € (en sem)-55,50 €.* La façade de cette maison fleurie de géraniums est plutôt avenante, et la bonne impression se confirme dès que l'on franchit la porte. Bel escalier en bois qui craque juste ce qu'il faut pour donner du charme. Chambres simples mais bien tenues et largement ouvertes sur la verdure du parc. Cuisine classique pour amateurs de bons poissons, de fruits de mer, de foie gras aussi, d'ailleurs. Il faut une cure pour faire passer tout ça !

Hôtel Le Centre et Proxima : *10, rue du Capitaine-Migat. ☎ 04-70-03-10-74. • proxima.hotel@orange.fr • hotel-proxima.com • Ouv avr-oct. Double 55 € ; familiale 63 €. Formule déj 17 € ; menus 23-29 €. Café offert sur présentation de ce guide.* Dans une tranquille rue semi-piétonne. Le p'tit hôtel de ville de cure comme on (enfin, nous) se l'imagine. Mais l'accueil des jeunes patrons nous a bien plu, comme le jardin (attention, les chambres de l'annexe n'ont, elles, pas de jardin...). VTT à disposition.

Relais du Vieux Moulin : *rue des Moulins, Moulin Rety. ☎ 04-70-09-06-74. À proximité du viaduc de Pérassier. Ouv de mi-mars à fin oct, tlj. Carte 15-18 €. Apéritif maison offert sur présentation de ce guide.* Point de cuisine régionale ici, c'est d'abord une crêperie-saladerie-glacier. Mais ce qui a retenu notre attention, c'est la côte de bœuf tendre, goûteuse et persillée à souhait. Un vrai bonheur dans cette région de production de charolais. Elle est vendue au poids, pour 2 ou 3 personnes, selon les appétits.

À voir

L'église Saint-Georges : rebâtie au XIe s à l'emplacement d'édifices plus anciens, les ruines romaines et l'église primitive du VIe s. À l'extérieur, le mur nord, avec ses chaînages, est romain. À l'intérieur, intéressante statuaire : Vierge à l'Enfant, saint Georges terrassant le dragon et sainte Agathe, protectrice des bergers. Sur la place de l'Église, on peut voir 65 sarcophages de pierre (sculptés dans les pierres de l'ancienne cité romaine) restés sur les lieux de leur découverte en 1966.

La Maison du patrimoine : *4, rue Monthyon (derrière l'église). ☎ 04-70-03-42-11. Avr-oct, mer-sam 14h30-18h (visite guidée à 16h30), et 3e dim de chaque mois (ts les dim juin-sept). Compter 1h de visite. Entrée : env 3,50 € ; réduc.* Installé dans une maison noble du XVe s, le musée rassemble le résultat des fouilles effectuées au XIXe s dans la cité. Quelques belles statuettes de pierre représentant des divinités gallo-romaines, importante collection de céramique commune et sigillée.

L'amphithéâtre : nous ne sommes ni à Rome ni à Nîmes, Orange ou Arles. Dans le parc des Arènes, on distingue simplement un vaste hémicycle au milieu des marronniers, avec quelques pans de mur plutôt bien conservés.

Les thermes romains : dans le parc des Chaudes, on trouve trois piscines romaines qui étaient revêtues aux Ier et IIe s de marbre. Bien conservées.

Le pavillon du Lac : *en sortie de ville par la route de Villebret.* Comme son nom ne l'indique pas, il s'agit d'une gare, mais où peu de trains se sont arrêtés. La guerre de 1914 ralentit la construction du bâtiment, les trains prévus pour le début du XXe s n'arrivent qu'après-guerre, et le trafic insuffisant impose la suppression de la ligne en 1939... Reste cet imposant bâtiment, tout récemment transformé en centre culturel, au style architectural inhabituel, en granit rose et au toit en briques colorées.

La chapelle Saint-Joseph-de-Néris : *direction Villebret ; à 1 km, indiqué sur la gauche ; entrer dans le bois, c'est au bout. Avr-fin sept, mer-jeu et w-e 15h-18h.* Jolie petite chapelle du XIXe s sur son promontoire avec, à son sommet, une statue de son saint, haute de 4 m et lourde de 1 400 kg, avec l'Enfant Jésus dans ses bras. C'est aujourd'hui un lieu de promenade pour les curistes et les touristes.

DANS LES ENVIRONS DE NÉRIS-LES-BAINS

LA COMBRAILLE

Un bout de Bourbonnais bien paisible ! Hauts plateaux aux horizons émoussés, vallées sauvages, et même une mine d'or abandonnée ! Ainsi planté, ce décor a tout l'air de celui d'un western... sauf qu'ici tout y est verdoyant ! Frontière sud avec l'Auvergne, la Combraille est hérissée de châteaux qui devaient contrôler les voies de communication.
Poussez, si vous avez le temps, jusqu'au paisible village de ***Marcillat,*** pour jeter un œil sur le *donjon* XVe s, bien conservé, et l'*église Notre-Dame* (chœur et absides XIIe s), où a été reconstituée la grotte de Lourdes.

Adresse utile

Maison du tourisme : *pl. du Donjon, 03420* ***Marcillat-en-Combraille*** *(à côté de l'église). ☎ 04-70-51-10-45. Juin-sept, tlj 10h-12h30, 15h-17h30.*

Où manger à Marcillat ?

Restaurant du Commerce : *6, rue Saint-Joseph. ☎ 04-70-51-60-24. Près du rond-point, direction Pionsat. Ouv tlj ; service le soir jusqu'à 20h30. Formule 12,50 € ; menus 15-20 €. Apéritif maison offert sur présentation de ce guide.* Belle salle rustique dominée par la moustache du patron, qui sait ce que manger veut dire. Cuisine traditionnelle du coin et, soyez-en sûr, vous ne mourrez pas de faim ! 30 ans qu'on vient ici se régaler de tête de veau sauce gribiche et de charolais au bleu d'Auvergne !

LE VIGNOBLE DU SAINT-POURÇAIN ET LE VAL DE SIOULE

Une microrégion un peu à part dans le département. Pour la rejoindre depuis Montluçon, vous pouvez même vous offrir un bout d'autoroute, le seul tronçon qui traverse en fait ce département enclavé.
C'est d'abord la zone de transition entre les cultures d'oïl et d'oc, et sur les maisons, les toits se partagent tuiles rondes ou plates. Le val de Sioule accueille ensuite sur ses coteaux calcaires le seul vignoble de l'Allier. Ces vignes que l'on trouve du côté de Saint-Pourçain livrent un vin trop longtemps décrié mais qui régale nos sénateurs plus souvent qu'à l'habitude...

SAINT-POURÇAIN-SUR-SIOULE

(03500) 5 480 hab. *Carte Allier, C3*

Saint-Pourçain se situe au centre de l'Allier et doit son nom à l'un des abbés du monastère installé ici dès le Ve s et qui subsistera jusqu'en 1790. On y a longtemps battu monnaie ; c'était même, au Moyen Âge, l'un des 10 ateliers monétaires les plus productifs du royaume. C'est aujourd'hui dans le domaine de la bagagerie de luxe qu'excelle Saint-Pourçain, puisque le plus gros employeur de la commune s'appelle Louis Vuitton. Mais il faut reconnaître que Saint-Pourçain évoque surtout un vin au visiteur. On trouvera

une carte du vignoble à l'office de tourisme pour sillonner les alentours à la recherche d'un caveau, pas forcément familial, d'ailleurs.

UN DES PLUS ANCIENS VIGNOBLES DE FRANCE

Les premières vignes auraient été apportées et plantées par les Phéniciens. Et, depuis, la culture n'a pratiquement jamais cessé. Servi sur les tables de Saint Louis ou d'Henri IV, ce vin honorait aussi les sacres royaux à Reims. Le vignoble fut ravagé, comme beaucoup d'autres, à la fin du XIXe s par le phylloxéra.
Aujourd'hui, le vignoble ne dépasse pas 600 ha, tout en se déployant sur 19 communes, de Moulins à Chantelle. La vigne est plantée sur une bande de 5 à 7 km de large, sur des coteaux pierreux et parfois argilo-calcaires. Les blancs se fabriquent à base de tressallier (un cépage local obtenu à partir du sacy) agrémenté de chardonnay, de sauvignon et d'aligoté. Les rouges sont à dominante de gamay et d'un soupçon de pinot noir.
Le saint-pourçain a obtenu en 2009 le label AOC, devenant le premier vin auvergnat à en bénéficier. Après 27 ans d'attente, cette appellation est une reconnaissance de qualité pour ces vins blancs fruités et secs, qui se boivent jeunes, ces rouges légers, qui se conservent plus longtemps et s'accommodent parfaitement d'une viande rôtie ou d'un fromage. Comme chez le voisin du Beaujolais, le vin nouveau, un rouge, sort en grande pompe le 1er samedi de décembre, avec la *Ficelle*, une bouteille graduée dont la décoration est, chaque année, confiée à un illustrateur différent.

Adresse utile

Office de tourisme : *29, rue Marcellin-Berthelot (au bord de la Sioule). ☎ 04-70-45-32-73. • payssaintpourcinois.fr • Juil-août, lun-ven 9h-19h et sam 10h-12h30 ; le reste de l'année, 10h-18h et sam mat.* Bonne documentation sur la ville, notamment un petit itinéraire de flânerie historique. Organise des visites de la ville et de l'église sur demande ainsi que des randonnées pédestres. Également une antenne touristique au musée de la Vigne (voir plus bas).

Où dormir ? Où manger ?

Camping

Camping de l'île de la Ronde : *quai de la Ronde. ☎ 04-70-45-45-43. • campingdelaronde@hotmail.fr • campingiledelaronde.fr • Ouv avr-oct. Compter env 9 € pour 2 pers.* Petit camping verdoyant, sur une presqu'île, donc pas loin de la rivière... Accueil très gentil.

Prix moyens

Les Arcades : *67, bd Ledru-Rollin. ☎ 04-70-45-35-93. Hors saison, ouv midi slt. Fermé dim-lun et le soir hors saison. Congés : 15 j. en avr, 15 j. fin août et 1 sem à Noël. Menus 13,50 € (le midi)-19 € ; carte 20 €.* Resto style brasserie où s'affiche une cuisine de terroir simple et copieuse, uniquement à base de produits régionaux (les patrons tiennent à leurs spécialités du Cantal voisin !). Grand choix de desserts maison. Clientèle d'habitués et accueil amical.

Où dormir ? Où manger dans les environs ?

Prix moyens

Chambres d'hôtes Les Caissons : *route de Marcenat, 03500* **Paray-sous-Briailles.** *☎ 04-70-45-03-00. • maussan.michele@wanadoo.fr • ♿ (1 chambre). À 9 km au sud-est. Congés : 1er-15 oct. Double 59 €. Formule grande assiette 18 € ; menu traditionnel, végétarien ou végétalien 22 €.*

Apéritif offert et 10 % de réduc sur la chambre (nov-fév) sur présentation de ce guide. En pleine campagne, dans une ferme où l'on élève du charolais « à l'ancienne ». Chambres plaisantes, accueil qui fait chaud au cœur et bonne cuisine familiale à la table d'hôtes. Location de vélos. Propose une formule « escapade terroir et tradition » avec le château de *Tout y Fault* (voir plus loin).

Chambres d'hôtes chez Josette et Christian Dubois-Ayrault : *5, rue du Courtiau, 03500* ***Louchy-Montfand.*** *☎ 04-70-45-91-03. • ayrault.christian@orange.fr • À 4 km à l'ouest. Ouv de mi-avr à fin sept. Double 54 €.* Dans une ancienne maison de vigneron à flanc de coteau, des chambres qui donnent l'impression de s'installer chez une lointaine cousine. Simples mais plaisantes, comme l'accueil.

Abbaye Saint-Gilbert : *6, rue de l'Abbaye, 03110* ***Saint-Didier-la-Forêt.*** *☎ 04-70-45-45-72. • abbayestgilbert@wanadoo.fr • abbaye-saint-gilbert.com • À 7 km direction Vichy (indiqué). Ouv 15 avr-déc. Doubles 66-72 € ; 18 €/pers supplémentaire. Réduc de 5 % sur le prix de la chambre sur présentation de ce guide.* 5 chambres d'hôtes, dont une pour 3 personnes, rustiquement installées dans l'hôpital d'une ancienne abbaye de prémontrés (XIIe s). Grande salle, grande cheminée, poutres et vieilles pierres. Visite conseillée de l'abbaye, tout à côté.

Les Quatre Saisons : *6, rue du Tilleul, 03500* ***Saulcet.*** *☎ 04-70-45-32-69. À 3,5 km au nord-ouest. Fermé mer, plus le soir dim-jeu hors saison. Congés : 1re sem de juil. Menus 14,90-18,20 € (en sem), puis 25,20-34,90 €. Kir offert sur présentation de ce guide.* La petite adresse de campagne où l'on travaille vite et bien, en famille. Cuisine de tradition joliment troussée, salle bien mise et patronne aux petits soins.

Chic

Chambres d'hôtes de Tout y Fault : *lieu-dit Tout-y-Fault, 03500* ***Loriges.*** *☎ 04-70-34-73-38. • afoury@wanadoo.fr • chateau-toutyfault.fr • À 10 km au sud-est, direction Vichy. À la sortie du village, en direction de Marcenat, petite route forestière sur la gauche. Congés : 25-31 déc. Double 120 €, avec un petit déj d'anthologie. Chiens refusés. Apéritif offert et 10 % de réduc sur la chambre à partir de la 3e nuit, sur présentation de ce guide.* Idéal pour qui rêve d'une vie de château à la mode d'aujourd'hui. Des chevaux, des prés, des bois, et à l'intérieur, 5 chambres vastes, lumineuses, originales, dans un style contemporain qui fera le bonheur de tous ceux qui recherchent le calme autant que le bien-être total, côté salle de bains et literie. Bel accueil de Chantal Foury, qui vous expliquera ce qui manquait à ce lieu-dit pour qu'un précédent châtelain ait eu l'idée de l'appeler ainsi.

Où boire un verre ? Où écouter de la musique ?

La Sangria : *14, fg National. ☎ 04-70-45-42-26. • lasangria.net • Fermé lun-mer. Congés : août et fêtes de fin d'année. Concerts (gratuits !) ven-sam sept-juin.* Le plus ancien café-concert d'Auvergne (s'il vous plaît), les murs de la salle constellés d'affiches en témoignent. La scène reçoit des groupes parfois d'envergure nationale, le patron est tout aussi cool que sa clientèle.

Où acheter de bons produits du terroir ?

Au Roi de l'Andouillette : *6-8, pl. Georges-Clemenceau. ☎ 04-70-45-54-55. Fermé dim-lun et mer ap-m.* Cette andouillette est considérée, à juste titre, comme l'une des meilleures de France. Il faut dire que ce charcutier n'utilise que de bons boyaux et qu'il a trouvé l'assaisonnement idéal. Du coup, cette andouillette fond dans la bouche dans une profusion de saveurs corsées...

Vin

■ ***Syndicat des viticulteurs du Saint-Pourçain :*** *29, rue Marcellin-Berthelot.* ☎ *04-70-47-79-25.* L'organisme de référence pour tout renseignement sur les vins et producteurs.

Union des vignerons de Saint-Pourçain : *3, rue de la Ronde.* ☎ *04-70-45-42-82. Tlj sf dim oct-avr, 8h30-12h30, 13h30-18h ; tlj juil-août, 8h30 (9h30 dim)-12h30, 13h30-19h (18h dim) ; tlj mai-juin et sept, 8h30 (9h30 dim)-12h30, 13h30-18h30 (17h dim). Dégustation gratuite.* Cette coopérative vend en direct la production de 130 vignerons adhérents. On apprendra, en lisant les quelques panneaux explicatifs sur le vignoble, que c'est le blanc qui est à l'origine du vignoble, ainsi que « l'histoire de la ficelle » (mise en place par un tavernier de la ville pour mesurer la consommation exacte de sa clientèle).

À voir

L'église Sainte-Croix : *visites commentées possibles via l'office de tourisme (sur rdv).* D'après la légende, c'est ici qu'un certain Porcianus, ancien esclave fait moine, sauva toute l'Auvergne des exactions du fils de Clovis au début du VIe s. L'église est une construction du Xe s, remaniée au XIIIe s. Dès le portail franchi – remarquez le Christ en gloire sur le linteau –, on se rend compte de la complexité du lieu. L'agencement est plutôt irrégulier, avec un chœur désaxé par rapport à la nef, gothique et coiffée d'une charpente en carène de vaisseau. Superbe néanmoins, ce chœur avec son déambulatoire. À voir, un exceptionnel *Ecce homo,* Christ aux liens en pierre polychrome du XVIe s, et les stalles du XVe s également.

Le musée de la Vigne et du Terroir : *cour des Bénédictins.* ☎ *04-70-45-32-73 (office de tourisme). Juil-août, tlj sf lun 10h30-12h, 14h30-18h ; le reste de l'année, rens auprès de l'office de tourisme. Entrée : 4 € ; réduc ; gratuit moins de 12 ans.* Le musée est installé dans la maison du Bailli, datant du XVIe s, juste sous le beffroi dans lequel on découvre un superbe escalier en colimaçon. Une belle évocation de l'histoire du vignoble de Saint-Pourçain à travers une dizaine de salles passant par l'outillage de la vigne, du vin (dont un gigantesque pressoir à perroquet du XVIIe s, un pressoir à cabestan du XIXe s), des costumes de vignerons et quelques coiffes locales. Également une salle consacrée à l'histoire de la ville avec des maquettes, des plans et des lithographies.

Manifestations

– ***Foire aux vins :*** *le dernier sam de fév. Rens :* ☎ *04-70-45-32-73.* Concours des meilleurs vins de Saint-Pourçain.
– ***Photosynthèse :*** *mi-juil. Programme sur le site • festival-photosynthese.net •* Festival européen de la photo nature, tous les 2 ans (années impaires).
– ***Festival viticole et gourmand :*** *fin août. Infos auprès de l'office de tourisme.* De multiples animations pour cette fête des vins avec, au programme, visite des vignes en calèche, concerts, buffet campagnard, fête foraine, menu festival chez les restaurateurs et bien d'autres choses.

DANS LES ENVIRONS DE SAINT-POURÇAIN-SUR-SIOULE

VERNEUIL-EN-BOURBONNAIS (03500 ; 283 hab.)

À 4,5 km au nord de Saint-Pourçain par la D 415. Joli petit village au caractère médiéval encore marqué mais pas touristique pour un sou. Quelques ruelles pour lesquelles on n'a pas trouvé qualificatif plus éloquent que « pittoresques » à parcourir à pied pour découvrir la chapelle Notre-Dame-sur-l'Eau (Xe-XIe s), la collégiale Saint-Pierre (XIIe), quelques maisons à pans de bois et... une foule d'épouvantails bricolés par les habitants (fin juin-début septembre).

Où dormir dans les environs ?

Château du Max : *03240 Le Theil. ☎ 04-70-42-35-23. • chateaudumax@club-internet.fr • chateaudumax.com • À env 13 km à l'ouest. Du Theil, direction Voussac, puis c'est indiqué sur la droite à 2 km. Doubles 80-105 € ; familiale 110 €. Table d'hôtes sur résa 28 €. CB acceptées. Apéritif maison offert sur présentation de ce guide.* Superbe château Renaissance des XIIIe et XVe s : pierre de taille, grandes chambres, lits à baldaquin et toiles de Jouy. Ancienne décoratrice de théâtre, sa propriétaire actuelle en a fait un écrin délicieux. Reste à choisir sa chambre : dans la tour, dans le donjon, dans la grange ancienne... On prend le petit déj dans la grande salle ornée d'une imposante cheminée, avant d'aller se balader dans le parc qui domine la campagne alentour.

À voir à Verneuil et dans les environs

Le musée du Lavage et du Repassage : *à Verneuil. ☎ 04-70-45-91-53. • museelr.chez.com • Mai-oct, tlj sf lun 10h-12h, 14h-18h ; le reste de l'année, sur rdv. Entrée : 2,50 € ; gratuit moins de 12 ans.* Ce musée est l'œuvre d'une passion, d'une vie, et on se laisse vite prendre au jeu. Bienvenue au paradis des... pressophiles (collectionneurs d'instruments de repassage). Saviez-vous que dès la préhistoire nos ancêtres utilisaient des lissoirs pour adoucir les peaux, et que l'Égypte serait le berceau du blanchissage ? Les fers à repasser que l'on chauffait à même le feu virent le jour à la fin du XVe s. Et ce n'est qu'au XVIIIe s que l'on met le feu dans le fer et non plus le fer dans le feu. On apprend aussi que le fer électrique vit le jour en 1917 grâce à un inventeur français, Léo Trouilhet, sous la marque... Calor !

Marionnettes-Expo : *à **Monétay-sur-Allier** (03500). ☎ 04-70-42-09-25. • marionnettes-expo.com • À 6,5 km au nord-est. Tlj sf dim 10h-12h, 14h-17h30. Compter 45 mn de visite commentée. Entrée : 4 € ; réduc.* Dans une fermette bourbonnaise sont exposées avec autant d'humour que d'amour quelque 600 marionnettes en provenance d'une soixantaine de pays. Pensez à téléphoner pour vérifier si quelqu'un peut vous faire visiter, les jours et heures de visite pouvant varier au fil des saisons.

Le château de Fontariol : *au **Theil** (03242). ☎ 04-70-42-33-72. • chateau-fontariol.planet-allier.com • À env 10 km au sud-ouest. Ouv 14h-18h : juil-août, tlj, plus visite aux chandelles mer soir ; juin-sept, slt w-e. Entrée : 5 € ; réduc ; visite aux chandelles : 7,50 €.* Ce château meublé du XVe s a tout d'un décor de film, sauf qu'il est bel et bien réel. Il domine le Bourbonnais jusqu'à Moulins, que l'on aperçoit au loin. On le visite de la cave au grenier pour découvrir armures, collection de cuivre, salle d'armes, et se faire expliquer, avec passion, les us et coutumes de la table des nobles au Moyen Âge, jusqu'à l'histoire de la fourchette (et c'est loin d'être inintéressant !). Beau jardin potager en saison.

CHANTELLE (03140 ; 1 050 hab.)

À 14 km au sud-ouest de Saint-Pourçain par la D 987. Longtemps résidence des ducs de Bourbon, Chantelle, baignée par la Bouble, fut souvent fréquentée par

PLANS ET CARTES EN COULEURS

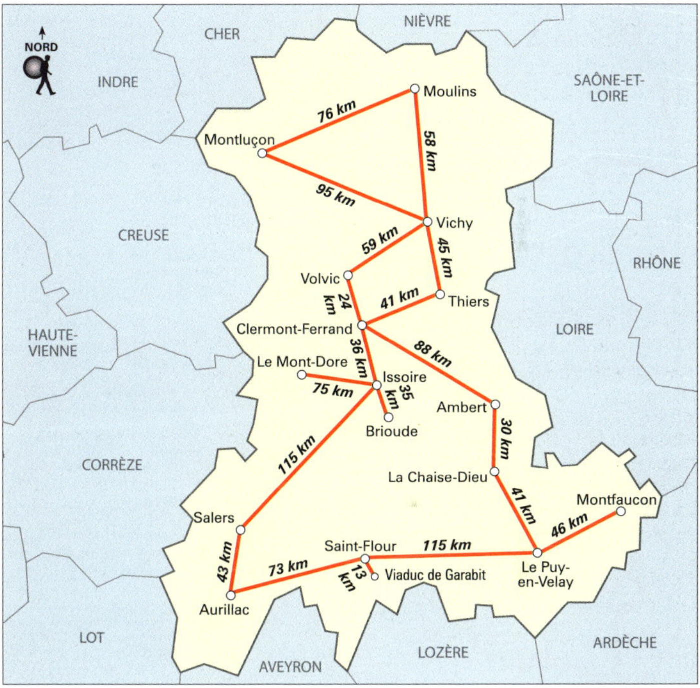

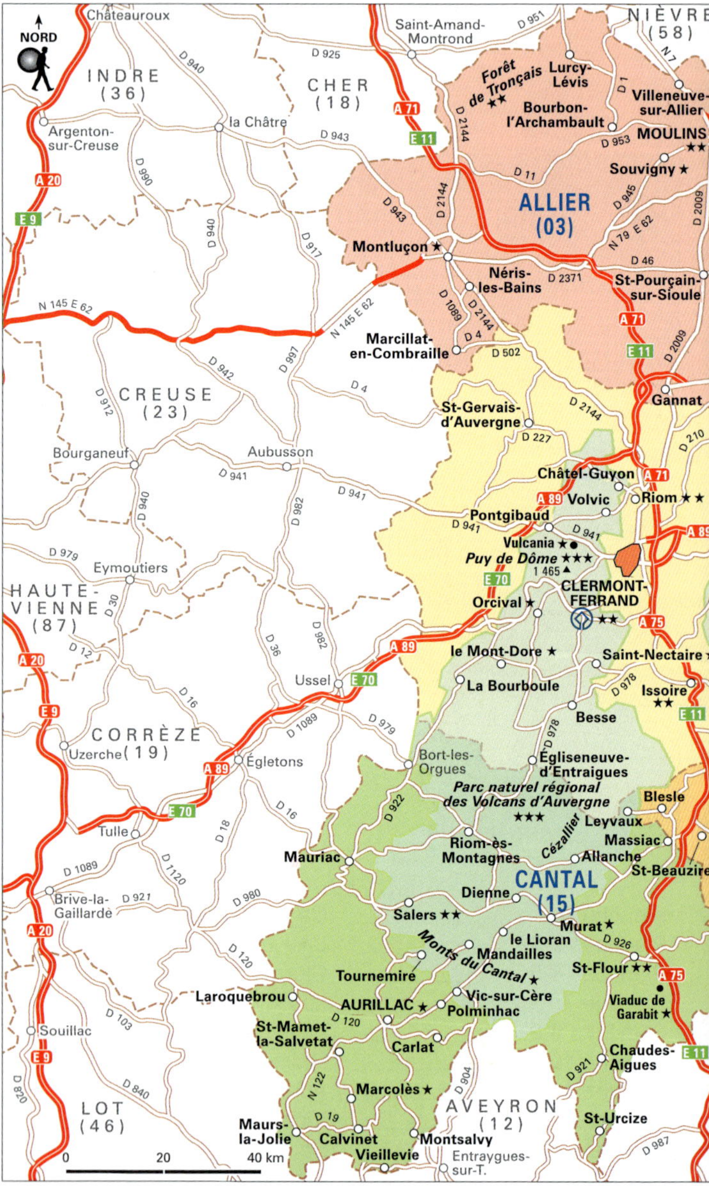
NORD
INDRE (36)
CHER (18)
NIÈVRE (58)
ALLIER (03)
CREUSE (23)
HAUTE-VIENNE (87)
CORRÈZE (19)
CANTAL (15)
LOT (46)
AVEYRON (12)
Châteauroux
Saint-Amand-Montrond
Argenton-sur-Creuse
la Châtre
Forêt de Tronçais ★★
Lurcy-Lévis
Bourbon-l'Archambault
Villeneuve-sur-Allier
MOULINS ★★
Souvigny ★
Montluçon ★
Néris-les-Bains
St-Pourçain-sur-Sioule
Marcillat-en-Combraille
Gannat
St-Gervais-d'Auvergne
Bourganeuf
Aubusson
Châtel-Guyon
Volvic
Riom ★★
Pontgibaud
Vulcania ★
Puy de Dôme ★★★
1 465
CLERMONT-FERRAND ★★
Orcival ★
Eymoutiers
le Mont-Dore ★
Saint-Nectaire ★
La Bourboule
Issoire ★★
Ussel
Besse
Uzerche
Égletons
Bort-les-Orgues
Égliseneuve-d'Entraigues
Parc naturel régional des Volcans d'Auvergne ★★★
Blesle
Leyvaux
Cézallier
Massiac
Tulle
Mauriac
Riom-ès-Montagnes
Allanche
St-Beauzire
Brive-la-Gaillarde
Dienne
Salers ★★
Murat ★
le Lioran
Mandailles
Monts du Cantal ★
St-Flour ★★
Tournemire
Viaduc de Garabit ★
Laroquebrou
AURILLAC ★
Vic-sur-Cère
Polminhac
Souillac
St-Mamet-la-Salvetat
Carlat
Chaudes-Aigues
Marcolès ★
St-Urcize
Maurs-la-Jolie
Calvinet
Montsalvy
Vieillevie
Entraygues-sur-T.
0 20 40 km
A 20
A 71
A 75
A 89
E 9
E 11
E 70
N 145 E 62
N 79 E 62
N 7
N 122
D 951
D 925
D 940
D 943
D 2144
D 1
D 953
D 11
D 945
D 2009
D 990
D 46
D 2371
D 917
D 1089
D 4
D 502
D 942
D 997
D 912
D 227
D 210
D 941
D 982
D 979
D 30
D 12
D 36
D 16
D 978
D 922
D 18
D 1120
D 921
D 980
D 926
D 120
D 103
D 904
D 840
D 820
D 19
D 987

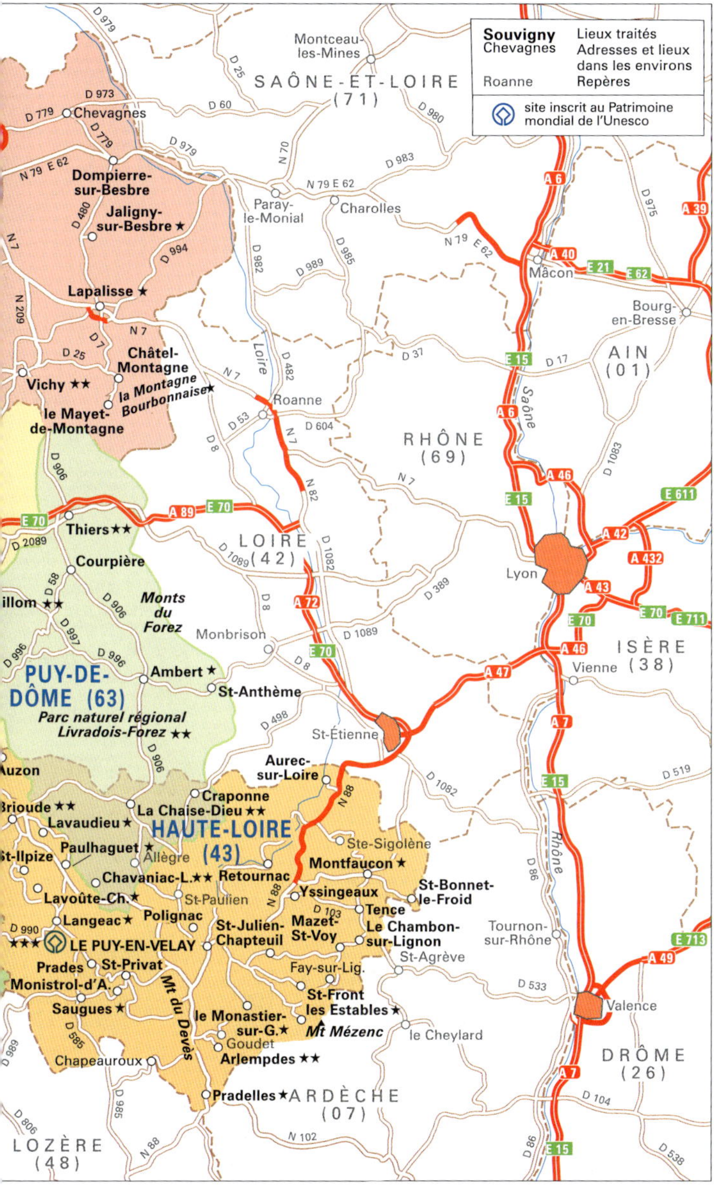
Souvigny Lieux traités
Chevagnes Adresses et lieux dans les environs
Roanne Repères
site inscrit au Patrimoine mondial de l'Unesco
SAÔNE-ET-LOIRE (71)
Montceau-les-Mines
Chevagnes
Dompierre-sur-Besbre
Jaligny-sur-Besbre ★
Paray-le-Monial
Charolles
Mâcon
Bourg-en-Bresse
AIN (01)
Lapalisse ★
Châtel-Montagne
la Montagne Bourbonnaise★
Vichy ★★
le Mayet-de-Montagne
Roanne
RHÔNE (69)
Loire
Saône
Thiers★★
Courpière
LOIRE (42)
Lyon
Monts du Forez
Monbrison
ISÈRE (38)
Vienne
PUY-DE-DÔME (63)
Ambert ★
St-Anthème
Parc naturel régional Livradois-Forez ★★
St-Étienne
Aurec-sur-Loire
Craponne
La Chaise-Dieu ★★
Brioude ★★
Lavaudieu ★
HAUTE-LOIRE (43)
Ste-Sigolène
Paulhaguet ★
Allègre
Montfaucon ★
Chavaniac-L.★★
Retournac
St-Bonnet-le-Froid
Lavoûte-Ch.★
St-Paulien
Yssingeaux
Tence
Langeac★
Polignac
St-Julien-Chapteuil
Mazet-St-Voy
Le Chambon-sur-Lignon
Tournon-sur-Rhône
★★★ LE PUY-EN-VELAY
St-Agrève
Prades
St-Privat
Fay-sur-Lig.
Monistrol-d'A.
Mt du Devès
St-Front
les Estables ★
Valence
Saugues ★
le Monastier-sur-G.★
Mt Mézenc
Goudet
le Cheylard
Arlempdes ★★
Chapeauroux
DRÔME (26)
Rhône
Pradelles ★
ARDÈCHE (07)
LOZÈRE (48)
Auzon
St-Ilpize
illom ★★

L'AUVERGNE

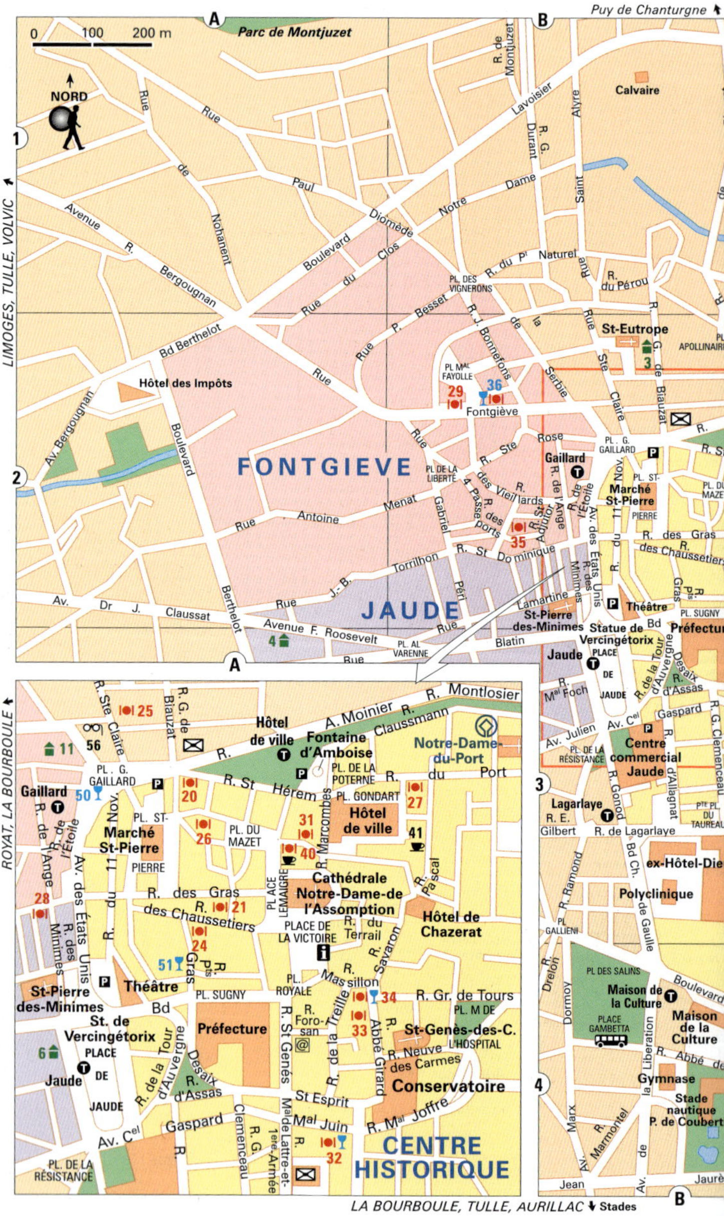

Puy de Chanturgne
0
100
200 m
NORD
Parc de Montjuzet
A
B
1
2
3
4
LIMOGES, TULLE, VOLVIC
ROYAT, LA BOURBOULE
LA BOURBOULE, TULLE, AURILLAC
Stades
FONTGIEVE
JAUDE
CENTRE HISTORIQUE
Calvaire
Hôtel des Impôts
St-Eutrope
Fontgiève
Gaillard
Marché St-Pierre
Théâtre
Préfecture
St-Pierre des-Minimes
Statue de Vercingétorix
Jaude
Lagarlaye
Centre commercial Jaude
ex-Hôtel-Dieu
Polyclinique
Maison de la Culture
Gymnase
Stade nautique P. de Coubertin
Hôtel de ville
Fontaine d'Amboise
Notre-Dame-du-Port
Cathédrale Notre-Dame-de l'Assomption
Hôtel de Chazerat
St-Genès-des-C.
Conservatoire
Rue de Nohanent
Rue Paul Diomède
Boulevard Lavoisier
R. de Montjuzet
R. G. Durant
Alyre
Saint
Rue Notre Dame
Avenue
R. Bergougnan
Bd Berthelot
Boulevard Berthelot
Av. Bergougnan
Rue du Clos
Rue P. Besset
R. du Pt Naturel
R. du Pérou
PL. DES VIGNERONS
R. J. Bonnefons
Rue de la Serbie
Rue Ste Claire
R. G. de Biauzat
PL. APOLLINAIRE
PL. Mal FAYOLLE
Rue
Rose
R. Ste
PL. DE LA LIBERTÉ
des Vieillards
R. des Passeports
Rue Gabriel Péri
Rue Antoine Menat
R. St Adjutor
R. de l'Ange
R. de l'Étoile
Av. des États Unis
R. du 11 Nov.
R. des Minimes
R. St Dominique
Torrilhon
Rue J.-B.
Av. Dr J. Claussat
Rue Lamartine
Avenue F. Roosevelt
PL. AL VARENNE
Rue Blatin
PL. G. GAILLARD
PL. ST-PIERRE
R. des Gras
R. des Chaussetiers
R. Pts Gras
PL. SUGNY
Bd
PLACE DE JAUDE
R. de la Tour d'Auvergne
R. Desaix
R. d'Assas
R. Mal Foch
Av. Julien
PL. DE LA RÉSISTANCE
Av. Cel Gaspard
R. G. Clemenceau
R. Gonod
R. d'Allagnat
PTE PL. DU TAUREAU
R. E. Gilbert
R. de Lagarlaye
R. Ramond
Bd Ch. de Gaulle
PL. GALLIENI
R. Drelon
Dormoy
PL. DES SALINS
PLACE GAMBETTA
Boulevard
la Libération
R. Abbé de
Av. Marx
R. Marmontel
Av. de
Jean
Jaurès
R. Montlosier
R. A. Moinier
R. Claussmann
R. du Port
R. St Hérem
PL. DE LA POTERNE
PL. GONDART
R. Marcombes
PL. DU MAZET
PLACE LEMAIGRE
R. Pascal
PLACE DE LA VICTOIRE
R. du Terrail
R. Savaron
R. Massillon
PL. ROYALE
R. Gr. de Tours
PL. M DE L'HOSPITAL
R. Foro-san
R. St Genès
R. de la Treille
R. Abbé Girard
R. Neuve des Carmes
St Esprit
Mal Juin
R. Mal Joffre
R. Mal de Lattre-de-Tassigny 1ère Armée
R. G. Clemenceau
3
4
6
11
20
21
24
25
26
27
28
29
31
32
33
34
35
36
40
41
50
51
56

CLERMONT-FERRAND

■ **Adresses utiles**

- Maison du tourisme *(zoom)*
- @ Espace Info Jeunes *(zoom)*

Où dormir ?

1 Hôtel des 2 Avenues
2 Hôtel Ravel
3 Corum Saint-Jean
4 Hôtel de Bordeaux
5 Hôtel Albert-Élisabeth
6 Hôtel de Lyon *(zoom)*
7 Hôtel Cartier
8 Hôtel Saint-Joseph
9 Hôtel Beaulieu
11 Volcanhôtel *(zoom)*
12 Suite Novotel Clermont-Ferrand Polydôme

Où manger ?

20 Café Bui *(zoom)*
21 Impreza *(zoom)*
24 Les Jardins d'Ispahan *(zoom)*
25 L'Alambic *(zoom)*
26 Que du Bonheur ! et Aux Petits Oignons *(zoom)*
27 Le Kalash *(zoom)*
28 Le Pile Poêle *(zoom)*
29 L'Amphitryon Capucine
31 Le Caveau *(zoom)*
32 Le Café Ballainvilliers *(zoom)*
33 Fleur de Sel *(zoom)*
34 Le Si Si Si *(zoom)*
35 Goûts et Couleurs
40 Temps-Thé *(zoom)*

Où prendre le thé ?

40 Temps-Thé
41 Les Goûters de Justine

Où boire un verre ?
Où grignoter un morceau ?

32 Le Café Ballainvilliers *(zoom)*
34 Le Si Si Si *(zoom)*
36 Un Singe en Hiver
50 Les Berthom *(zoom)*

Où sortir ? Où danser ?

51 L'Arrozoir *(zoom)*
55 Le B-Box

Lieux culturels

54 La Coopérative de Mai
56 Le Petit Vélo

À voir

60 L'Aventure Michelin

CLERMONT-FERRAND – REPORTS DES PLANS

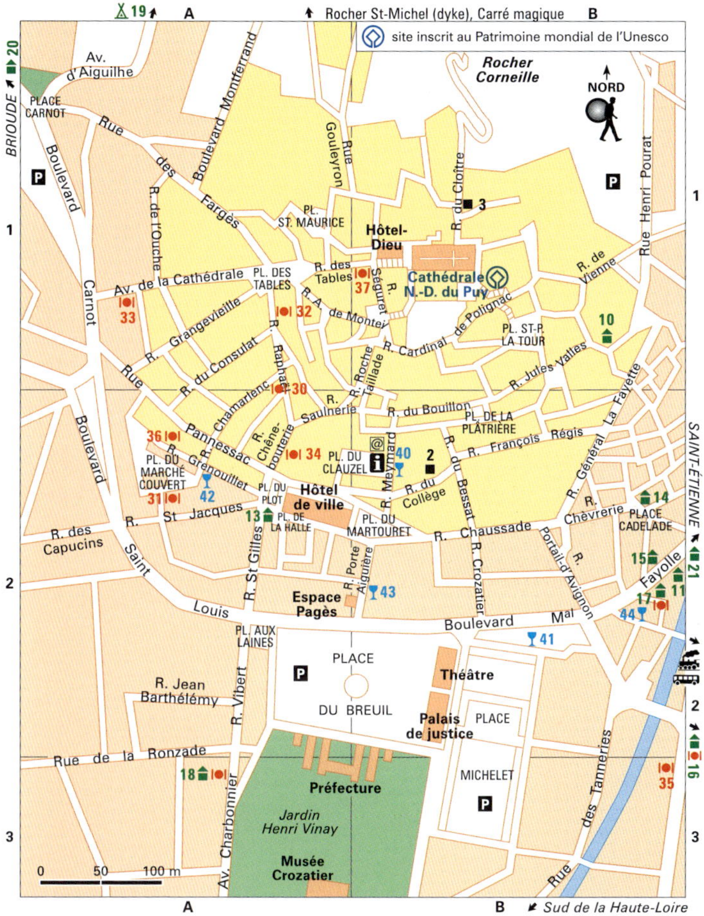

LE PUY-EN-VELAY

Adresses utiles

- Office de tourisme
- 2 Maison de la randonnée « La Croisée des Chemins »
- 3 Service des pèlerinages

Où dormir ?

- 10 Auberge de jeunesse
- 11 Hôtel Le Régional
- 13 Chambres d'hôtes Agapi – La Voie du Thé
- 14 Hôtel Saint-Jacques
- 15 Dyke Hôtel
- 16 Hôtel Le Bristol
- 17 Hôtel Le Régina
- 18 Hôtel du Parc
- 19 Camping de Bouthezard
- 20 Hôtel L'Ermitage
- 21 Chambres d'hôtes La Maison des Chartreux

Où manger ?

- 18 Restaurant François Gagnaire
- 30 Le Chamarlenc
- 31 Brasserie Les Archers
- 32 Marco Polo
- 33 La Parenthèse
- 34 Restaurant Tournayre et Le 14
- 35 Le Parisien
- 36 Entrez les Artistes ! ! !
- 37 Restaurant Comme à la Maison

Où boire un verre ?

- 40 Tam Tam Café
- 41 Brasserie Le Majestic
- 42 Le Médicis
- 43 La Distillerie
- 44 Buddy Mulligan

Adresses utiles

Office de tourisme
5 Service du Patrimoine

Où dormir ?

1 Auberge de jeunesse Le Tremplin
2 Chambres d'hôtes La Maison de Gisèle
3 Le Parc
4 Hôtel de Paris

Où manger ?

3 Le Parc
10 Au Goût du Jour
12 Le Grand Café – Le Bistrot du Boucher
13 Restaurant des Cours
14 9/7 – Olivier Mazuelle
15 Le Clos de Bourgogne

Où déguster des palets d'or ?

20 Chocolatier Les Palets d'Or – J.-C. Ménard

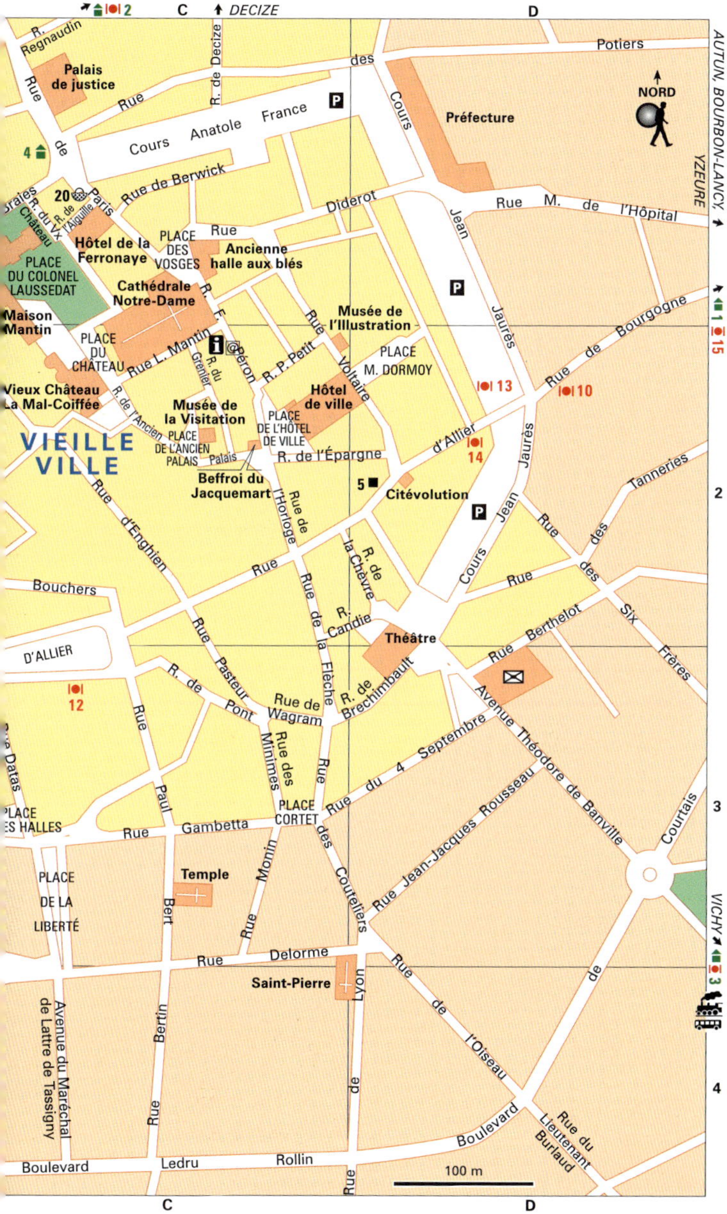

C
DECIZE
D
NORD
AUTUN, BOURBON-LANCY, YZEURE
VICHY
1
2
3
4
5
10
12
13
14
15
20
VIEILLE VILLE
Palais de justice
Préfecture
Hôtel de la Ferronaye
Ancienne halle aux blés
PLACE DES VOSGES
PLACE DU COLONEL LAUSSEDAT
Cathédrale Notre-Dame
Maison Mantin
PLACE DU CHÂTEAU
Vieux Château La Mal-Coiffée
Musée de l'Illustration
PLACE M. DORMOY
Hôtel de ville
Musée de la Visitation
PLACE DE L'HÔTEL DE VILLE
PLACE DE L'ANCIEN PALAIS
Beffroi du Jacquemart
Citévolution
Théâtre
Temple
Saint-Pierre
PLACE CORTET
PLACE DES HALLES
PLACE DE LA LIBERTÉ
R. Regnaudin
Rue de Paris
R. de Decize
Cours Anatole France
Rue des Potiers
Cours Jean Jaurès
Rue de Berwick
Rue Diderot
Rue M. de l'Hôpital
R. du Vx Château
R. de l'Aiguille
Rue F. Péron
R. du Grenier
Rue L. Mantin
R. P. Petit
Rue Voltaire
Rue de Bourgogne
R. de l'Ancien Palais
R. de l'Épargne
Rue d'Allier
Rue de l'Horloge
Rue d'Enghien
Rue des Bouchers
R. de la Chèvre
R. Candie
Rue de la Flèche
R. de Brechimbault
Rue des Tanneries
Rue des Six Frères
Rue Berthelot
Avenue Théodore de Banville
Rue Paul
R. de Pont
Rue Pasteur
Rue de Wagram
Rue des Minimes
Rue du 4 Septembre
Rue Jean-Jacques Rousseau
Rue des Datas
Rue Gambetta
Rue Monin
Rue des Couteliers
Rue Bert
Rue Delorme
Rue de Lyon
Rue de l'Oiseau
Rue de Courtais
Avenue du Maréchal de Lattre de Tassigny
Rue Bertin
Boulevard Ledru Rollin
Rue du Lieutenant Burlaud
100 m

MOULINS

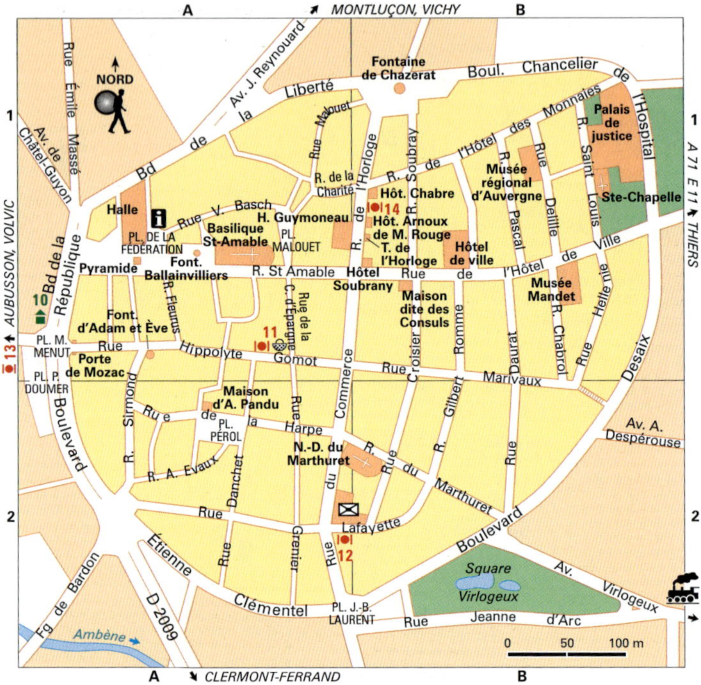

RIOM

■ **Adresse utile**

- Office de tourisme Riom-Limagne

Où dormir ?

- **10** Hôtel La Caravelle

Où manger ?

- **11** Restaurant L'Âne Gris
- **12** Le Caveau des Tontons
- **13** Le Magnolia
- **14** Restaurant Le Flamboyant

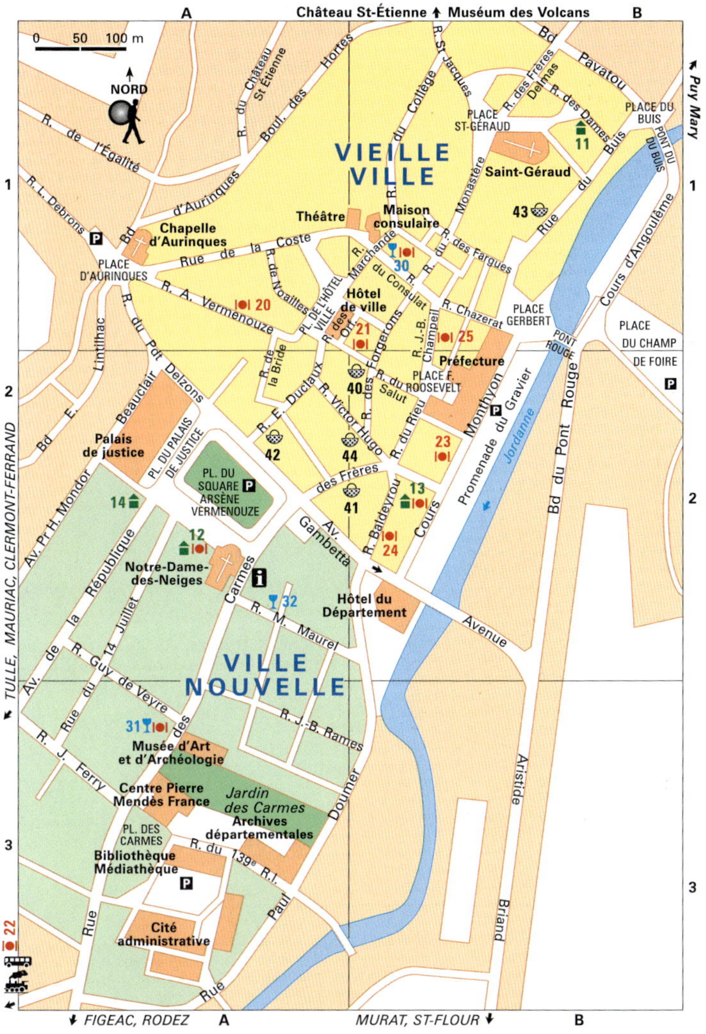

AURILLAC

■ **Adresse utile**

- Office de tourisme

Où dormir ?

11 L'Ermitage
12 Hôtel Le Square et Hôtel Le Renaissance
13 Grand Hôtel Saint-Pierre
14 Grand Hôtel de Bordeaux

Où manger ?

20 L'Arsène sur Cour
21 La Table des Matières
22 L'Épicurien
23 Le Patio
24 Le Champ des Vignes
25 Les 4 Saisons

Où boire un verre ?

30 Kerry Pub
31 La Mascotte
32 Le Pacha

Achats

40 Parapluies Piganiol
41 Coutellerie Destannes
42 Crémerie Leroux
43 Marché aux Fromages
44 Distillerie Louis Couderc

■ **Adresse utile**

Office de tourisme

Où dormir ?

1 Camping de la Croix-Saint-Martin
2 Camping Beau Rivage
3 Hôtel de Naples
4 Hôtel Arverna
5 Hôtel Trianon
6 Hôtel Chambord
7 Midland Hôtel
8 Le Pavillon d'Enghien
9 La Demeure d'Hortense
10 Aletti Palace Hôtel – Restaurant La Véranda
25 La Colombière

Où manger ?

6 L'Escargot qui Tette
20 Brasserie du Casino
21 L'Alchimiste
22 La Table d'Antoine
23 Restaurant Jacques Decoret
25 La Colombière
26 Le Piquenchagne

Où boire un verre ?

41 Café Larbaud

Où acheter de bons produits ?

30 Aux Marocains
31 Confiserie Prunelle
32 Le Grand Marché

ST-POURÇAIN, MOULINS
B
C
1
2
3
4
MOULINS, LAPALISSE, ROANNE
THIERS, LE PUY
1, 25, 26
Boulevard du Sichon
PL. P. V. LÉGER
Marché
32
PLACE J. EPINAT
R. du 11 Novembre
Boulevard du 4 Septembre
Rue d'Alsace
Av. de Lyon
Av. de Lyon
Pétillat
Jaurès
Rue du Victoria
PL. DU 8 MAI
R. Bintôt
Rue
Gambetta
Thermale
Chapelle et musée des Arts d'Afrique et d'Asie
Avenue
Jean
Desbrest
R. Beauparlant
PL. DE LA GARE
5
4
21
Paris
7
41
Rue
6
Rue
de
Doumer
9
Rue Lucas
Casino Vichy les 4 chemins
Rue
3
Hall des Sources
31
30
R. Neuve
Musée surréaliste François Boucheix
Président
Rue
R. Sorrin
Clemenceau
R. de l'Hôtel des Postes
PLACE CHARLES DE GAULLE
R. Butot
Célestins
Parc des Sources
Pres.
22
PL DE L'HÔTEL DE VILLE
Hôtel de ville
R. Voltaire
du
Rue
Bd de l'Hôtel de ville
R. G.
St-Louis
Wilson
Avenue
VIEUX VICHY
Carnot
Boulevard
Salignat
Joffre
Casino Vichy Grand Café
Palais des Congrès et Opéra
PL. V. HUGO
Casino
du
Rue
Av. Mal Foch
des
Maréchal
R. Source de l'Hôpital
Musée de l'Opéra
20
R. de Banville
Musée municipal Centre culturel Valery-Larbaud
du
Rue
Rue
Russie
Source de l'Hôpital
Maison Albert-Londres
R. Bardiaux
Briand
R. d'Allier
R. Porte St Julien
PL. DE LA VICTOIRE
Bibliothèque municipale
Givois
St-Blaise
PL. D'ALLIER
Rue
R. de la Tour
du
Maréchal
Lyautey
A.
R. de la Laure
Mal Galliéni
Parc des Célestins
Lardy
Avenue
Pavillon Sévigné
R. Verrier
Boulevard
Chastel-Franc
Avenue E. Gilbert
Boul. de la Salle
Président
Source des Célestins
Rue
Bains Lardy
Parc Kennedy
J.-F. Kennedy
Avenue J.-B. Bulot
Parc
Avenue de France
d'Allier
Plage
Parc du Soleil
0
100
200 m

VICHY

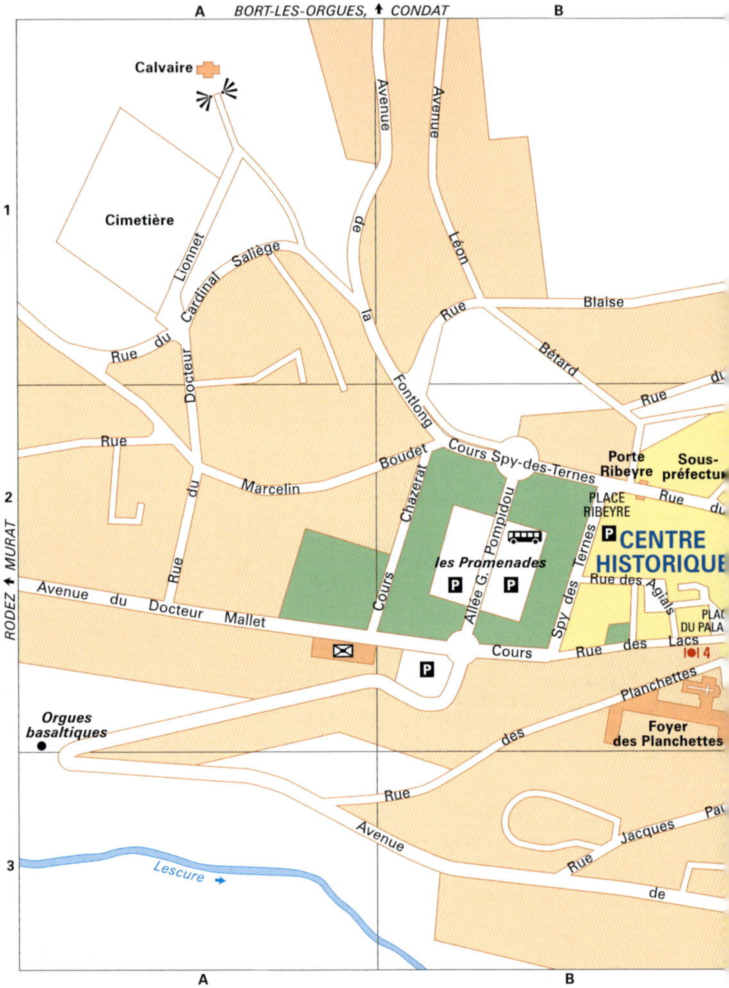

■ **Adresse utile**

Office de tourisme de pays de Saint-Flour

Où dormir ? Où manger ?

3 Hôtel-resto l'Ander
4 Restaurant Chez Geneviève
5 Auberge de la Providence

C
D
NORD
1
3
Rue de Vendèze
Ander
CLERMONT-FERRAND, ISSOIRE, BRIOUDE, A 75 E 11
LE PUY, MILLAU A 75 E 11
Pascal
Cardinal Bernet
Rue des Verdures
Av. du Cdt Delorme
3
Rue de Belloy
Hôtel des Jacobins
Hôtel de Lastic
Rue
Maison d'Art et d'Histoire (Musée Alfred-Douët)
Saint-Vincent
Sorel
Collège
PLACE DES METS
R. du Breuil
PLACE D'ARMES
PLACE J. DE BRISSON
Collégiale Notre-Dame
R. de la Collégiale
Terrasse des Roches
Montée des Roches
PL. J. DE BRISSON
Cathédrale Saint-Pierre
PLACE DE LA HALLE AU BLÉ
R. Marchande
Hôtel de Brisson
Porte des Roches
Maison du Gouverneur
R. Rollandie
Hôtel de ville (Musée de la Haute-Auvergne)
R. de la Rollandie
R. de la Frauze
Porte du Thuile
Montée de la Main de Saint Flour
Montée Saint Roch
Montée Notre Dame Trouvée
Rue du Thuile Haut
Rue du Thuile Bas
Migne
Avenue du 11 Novembre
Verdun
R. du Château d'Alleuze
5
100 m

SAINT-FLOUR

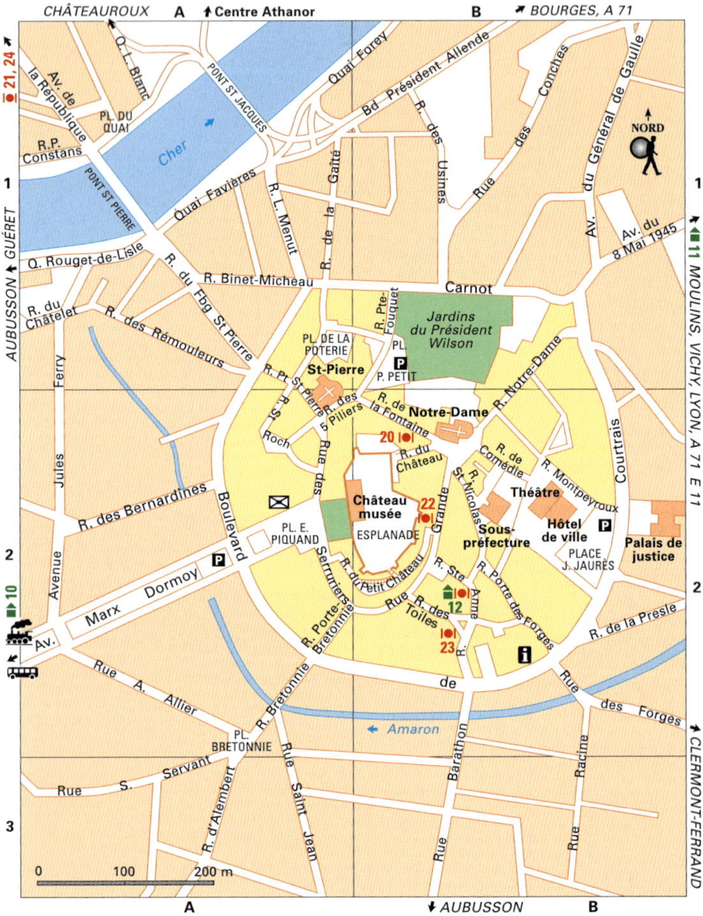

MONTLUÇON

■	**Adresse utile**	|●|	**Où manger ?**
	Office de tourisme de la vallée de Montluçon		12 Le Grenier à Sel
			20 La Vie en Rose
	Où dormir ?		21 Le Plaisir des Marais
	10 Hôtel de la Gare		22 L'Eau à la Bouche
	11 Bomotel		23 Le Safran d'Or
	12 Le Grenier à Sel		24 La Maison Bleue

Anne de Beaujeu, qui contribua à l'embellissement du château et du bourg. Le château a été détruit sur ordre de Richelieu. Il ne reste que quelques tours et les murs des remparts, vestiges aujourd'hui incorporés dans un ensemble monastique. De cette abbaye, dans laquelle des religieuses bénédictines préparent et vendent des produits de beauté depuis 1853, seule la nef de l'église romane se visite. Une courte balade s'impose vers les rives verdoyantes des gorges de la Bouble (descriptif dans le topoguide *Le Val de Sioule à pied*).

Adresse utile

Antenne de l'office de tourisme de Saint-Pourçain : *20, Grande-Rue. ☎ 04-70-56-62-37. ● tourisme-valdesioule.fr ● Ouv en saison, mar-dim (se renseigner sur les horaires).* Propose des visites accompagnées ainsi que de nombreuses idées de circuits à faire dans les environs.

À voir à Chantelle et dans les environs

L'église conventuelle de l'abbaye Saint-Vincent : *à Chantelle. ☎ 04-70-56-62-55.* Bel édifice roman auvergnat, composé d'une nef de trois travées et d'un chœur en demi-cercle, entouré d'un déambulatoire à trois chapelles rayonnantes. À l'intérieur, quelques beaux chapiteaux historiés et un bénitier sculpté.

Le château de Chareil : *à* ***Chareil-Cintrat.*** *☎ 04-70-56-94-28. ● monuments-nationaux.fr ● À 7 km au nord-est. 15 juin-15 sept, tlj sf lun 10h-12h, 14h-18h ; le reste de l'année, sur rdv pour les groupes. Fermé 1er janv, 1er mai, 1er et 11 nov, 25 déc. Entrée : env 3 €, visite commentée incluse (env 50 mn) ou visite libre avec documentation ; gratuit moins de 18 ans accompagnés d'un adulte et 18-25 ans.* Édifié au XVIe s, ce château retient l'attention principalement pour son intérieur d'un exquis raffinement. Décor sculpté de la Renaissance qui reprend les grands ordres classiques (dorique, ionique et corinthien, pour ceux qui ont séché ce cours d'histoire là !) et surtout exceptionnel ensemble de peintures murales, lui aussi inspiré du monde antique : grotesques, thèmes mythologiques et astrologiques.

L'église Saint-Georges : *à* ***Étroussat.*** *À 7 km au sud-est.* Une église récente à visiter pour ses intéressants vitraux contemporains, réalisés entre 1969 et 1973 par un maître verrier du nom de Frédérique Duran. Petite notice explicative à l'entrée.

BELLENAVES *(03330 ; 1 030 hab.)*

Un bourg où restent présents quelques témoignages architecturaux du Moyen Âge, mais aussi des XVIe et XVIIIe s. Belle église romane dotée d'un fort joli tympan au pied d'un château du XVIIe s.

Où dormir ? Où manger à Bellenaves et dans les environs ?

Hostellerie du Château : *1, rue des Fossés, à Bellenaves. ☎ 04-70-58-37-19. Resto fermé dim soir, mer soir et jeu (sf juil-août). Congés : janv. Double 45 €. Menus 13 € (déj en sem), puis 25-35 €. Chiens non admis.* Grandes chambres fraîches et claires (la rose, sous les combles, est notre préférée), avec vue sur le beau clocher pour certaines. Terrasse et jardin au calme pour cette auberge entièrement rénovée où l'on dégustera une agréable et copieuse cuisine de terroir.

Chambres d'hôtes du Château de l'Ormet : *D 183, 03330* ***Valignat.*** *☎ 04-70-58-57-23. ● lormet@wanadoo.fr ● chateaudelormet.com ●*

De Bellenaves, prendre la D 47 direction Vicq ; c'est fléché sur la droite. Ouv d'avr à mi-nov. Résa conseillée. Doubles 79-95 €. Possibilité de panier pique-nique pour les randonneurs et les cyclistes sur résa. Apéritif ou café offert sur présentation de ce guide. Petit château du XVIIIe s, couvert de vigne vierge, au fond d'une allée ombragée, devenu un lieu idyllique pour amoureux de nature, de la vie et... des trains, car vous êtes chez un passionné, journaliste à ses heures. Le grand jardin abrite 3 réseaux de trains miniatures mis en marche chaque soir pour la plus grande joie des hôtes. Piscine (eau salée) au pied d'un vieux pigeonnier.

À voir dans les environs

Le Musée automobile de Bellenaves : *à* ***Saint-Bonnet-de-Tizon.*** *☎ 04-70-58-39-73. • musee-auto03.fr • À 2 km en direction d'Ébreuil (fléché). Avr-oct, tlj sf lun (tlj juil-août) 14h30-18h30 ; oct, dim 14h30-17h30. Entrée : 4 € ; réduc ; gratuit moins de 14 ans.* Petit musée associatif installé dans un long hangar où la place fait défaut pour tout exposer. Alors, on fait tourner, et vous ne verrez pas les mêmes voitures d'une visite à l'autre. La collection comporte 45 véhicules, des années 1920 à la fin des années 1980 : 403 Cabriolet, SM de 1971 avec un moteur de Maserati, ou encore cette Morse de 1914 à moteur électrique. Miniatures, affiches, plaques émaillées à admirer au passage. Livrets-jeux et énigmes pour les enfants.

La forêt domaniale des Colettes : couvrant près de 2 000 ha de collines entre la Bouble et la Sioule. Si la forêt de Tronçais est la plus belle chênaie d'Europe, celle des Colettes revendique le titre de plus belle hêtraie ! On y trouve également des chênes, quelques résineux et des fanas de champignons dès que l'automne arrive. Avis aux amateurs de cèpes.

L'église Sainte-Croix de Veauce : *à 7 km au sud-ouest. Attention, église parfois fermée (voir avec les offices de tourisme du secteur).* Très intéressant édifice du XIe s, considéré comme l'un des joyaux de l'art roman auvergnat. Clocher carré à fenêtres géminées. Dans la nef, voûte à arêtes tournantes dans le style auvergnat. Si vous ne savez pas ce qu'est une arête tournante, il va falloir venir à Veauce. Même remarque pour les modillons à copeaux qui soutiennent les corniches de l'édifice.

LA VALLÉE ET LES GORGES DE LA SIOULE

Carte Allier, C3

Après cette halte œnologique au pays du saint-pourçain et une balade entre Bouble et Sioule (plus facile à faire qu'à dire, on vous l'accorde !), on remontera la vallée creusée par la Sioule pour se rapprocher des fameuses gorges qui dévoilent à peine leurs magnifiques lacets du côté de Chouvigny.

CHARROUX (03140 ; 330 hab.)

Juché sur son plateau, ce village, qui compta jusqu'à 5 000 habitants au Moyen Âge, est le seul du département classé parmi les Plus Beaux Villages de France. Il a gardé son caractère médiéval avec son beffroi, ses rues pavées, ses fortifications, ses nombreux puits profonds (près de 100 !) et ses maisons du Moyen Âge. Une étape s'impose ; prévoir une bonne heure et demie de visite pour profiter de tout le charme de ce village et de ses artisans... qui se livre à vous complètement une fois les touristes partis, si vous avez la bonne idée de rester dîner ou dormir sur place. Noter le beau point de vue sur la région et la chaîne des volcans depuis la table d'orientation côté sud-ouest de la cité. C'est aussi ici qu'est produite la moutarde à l'ancienne de... Charroux !

Adresse utile

Antenne touristique : *5, rue de la Poulaillerie. ☎ 04-70-56-87-71. • charroux.com • À côté du musée, mêmes horaires.* Propose un descriptif et plan complet du village (gratuit), et des visites de la ville avec audioguide.

Où dormir ? Où manger ? Où boire un thé ?

Prix moyens

Chambres d'hôtes Le Relais de l'Orient : *Grande-Rue. ☎ 04-70-56-89-93. • relais-orient@wanadoo.fr • relais-orient.charroux.com • Congés : de mi-nov à mi-fév. Doubles 57-68 €, 18 €/pers supplémentaire. Repas 29 €. Apéritif offert sur présentation de ce guide.* Jolie maison ancienne (mais elles le sont toutes ou presque ici...). Accueil aussi zen que le bouddha que l'on croise dans la maison. Plaisantes chambres à thème, dont une nichée dans un ancien pigeonnier. On y dort, on y mange, et qui plus est, plutôt bien.

Salon Rose Thé : *12, rue de la Corderie. ☎ 04-70-56-83-26. • salondethe.rose-the@orange.fr • À 50 m à l'extérieur de la porte de l'Occident. Tlj sf jeu midi 11h-19h, si possible sur résa. Congés : 10 j. fin janv et 1 sem fin sept. Carte 15-18 €. Une boisson offerte sur présentation de ce guide.* Un salon de thé mignon tout plein, qui a pour atout majeur l'accueil de Rose. Elle conseille et fait sentir ses thés en provenance du monde entier. Délicieux bonbons de fabrication maison, pâtisseries et glaces artisanales... Côté salé, la « Charloise », tarte aux légumes du jardin. Le tout servi dans sa toute petite salle *so British* ou en terrasse dans le jardin à l'arrière (résa conseillée en été).

De prix moyens à plus chic

Chambres d'hôtes La Grange du Belvédère : *9, bd du Nord. ☎ 04-70-56-80-02. • lagrangedubelvedere@wanadoo.fr • lagrangedubelvedere.com • Doubles 90 €. La Maison du Prince* étant vendue, voici une nouveauté de charme, pour ne pas vous laisser dormir dans la rue. Une grange, telle que des Anglais tombés amoureux de la région ont pu la rêver, et bien sûr la meubler. 3 chambres toutes mignonnes, un jardin en terrasses, et une terrasse pour goûter à la douceur de vivre. Joli petit déj, bon et copieux. Waouh, Charroux, tu nous rends fous !

La Ferme Saint-Sébastien : *chemin de Bourion. ☎ 04-70-56-88-83. • contact@fermesaintsebastien.fr • Fermé lun, plus mar et le soir des dim et j. fériés sur résa hors saison. Résa conseillée. Formule déj 18 € (sf w-e et j. fériés) ; menus 28-47 €.* Retour à la vie, après un incendie qui a ravagé les lieux, de cette adresse gourmande classée parmi les meilleures et les plus réjouissantes de ce coin de France. Dans cet ancien bâtiment de ferme joliment rénové, avec ses nouvelles salles offrant une vue superbe sur la campagne, ses terrasses pour prendre l'air du temps, venez goûter tranquillement la cuisine fraîche et créative de Valérie Saignie. Beaux produits, des légumes aux fromages en passant par les viandes du pays, utilisation intelligente du foie gras et riche carte des vins (plus de 200 références).

Achats

L'huilerie-moutarderie de Charroux : *rue de la Poulaillerie. ☎ 04-70-56-87-61. • huiles-et-moutardes.com • Tlj 15h-18h.* La fabrication de la moutarde de Charroux remonte au

Moyen Âge, et la recette s'est transmise au fil du temps. Un producteur du village a su la remettre au goût du jour et à la mode chez les restaurateurs. Parfumée et goûteuse avec une viande, servie dans un pot en grès, elle se décline en moutarde à l'ancienne. Essayez aussi la moutarde Pourpre, presque une confiture ! Également des conserves de « roupettes de coq », le « caviar de volaille » (ce qu'on enlève au poulet pour le chaponner). Propose des ateliers de fabrication d'huile de noix, de noisette et de moutarde de Charroux : pour les curieux !

Safran de Charroux : *2, rue de la Boucherie. ☎ 04-70-59-67-49. • safran.charroux@orange.fr • Ouv mai-déc.* Stigmates de safran, vinaigre de cidre au safran, miel au safran, etc. Évidemment, si vous n'aimez pas le safran...

Boulangerie-pâtisserie-épicerie : *chez Patrick Lorgeoux, 10, rue Mornat. ☎ 04-70-56-80-46.* Spécialités : pain à la moutarde, aux noix, croquants charlois...

Cave des Dames : *cour des Dames. ☎ 04-70-58-59-90. Ouv avr-oct.* Dégustations et vente de vins de Saint-Pourçain bien sélectionnés.

Confiturerie de Charroux : *chez Julien Sechaud, 19, rue de l'Horloge. ☎ 04-70-58-59-81. • confiture-charroux.com • Ouv tte l'année.* Confitures et gelées aussi originales que savoureuses.

À voir. À faire

L'église Saint-Jean-Baptiste : cette église offre une bonne illustration du passage du roman au gothique avec ses voûtes en berceau brisé et ses chapiteaux gothiques. Toujours est-il que son clocher octogonal, tronqué sous la Révolution (étonnant !), fait partie du paysage et qu'on ne connaît pas l'exacte raison de sa forme...

Le musée de Charroux : *5, rue de la Poulaillerie. ☎ 04-70-56-87-71 (office de tourisme). • musée-charroux.fr • Avr-sept, mar-sam 9h30-12h30, 14h-18h ; dim et j. fériés 14h30-18h30. Oct-mars, mar-sam 14h-17h. Fermé 2de quinzaine de déc. Entrée + audioguide : 2,50 € ; forfait visite village + musée avec audioguide : 4 € ; réduc ; gratuit moins de 12 ans.* Le musée retrace toute la riche histoire de Charroux au travers de son passé religieux, civil et révolutionnaire, et d'une évocation de la vie rurale au XVIIIe s.

La Maison des horloges : *22, rue de l'Horloge. ☎ 04-70-56-87-39. Pâques-Toussaint, tlj 11h-19h (oct, w-e slt). Entrée libre.* Sur trois étages, l'intéressante collection d'horloges, de clocher comme de salle à manger, d'un particulier. Les plus anciennes remontent (c'est le cas de l'écrire !) au XVe s, les comtoises sont en nombre, on découvre quelques curiosités comme des régulateurs de chemin de fer. Et toutes ces horloges tique-taquent gentiment !

➢ ***Promenades en calèche :*** *tlj en juil-août, le w-e hors saison, sur résa (question de météo !). 📱 06-78-01-87-77.* Jean-Paul Loubat propose aussi des randonnées avec Marius et Jeannette, deux ânes bâtés très sociables.

JENZAT (03800 ; 450 hab.)

Jenzat est la capitale européenne de la vielle à roue, cet instrument millénaire à cordes frottées mises en vibration par un archet sans fin. Le musicien joue sur un clavier la mélodie alors que, comme pour la cornemuse, une note continue et la mélodie viennent en contrepoint, ce qui donne un côté envoûtant (ou franchement énervant si on n'aime pas). Né au Xe s, ce fut l'instrument des trouvères, des jongleurs et des mendiants. Et ce n'est qu'au début du XIXe s que la vielle acquit sa place d'instrument de terroir dans le centre de la France. Dès cette époque, le village devient le plus gros fabricant de vielles. Aujourd'hui encore, un des meilleurs luthiers (de vielle) au monde y travaille. Bien sûr, on y trouve un musée.

À voir

La Maison du luthier : *8, rue des Luthiers. ☎ 04-70-56-81-78. • maison-du-luthier-jenzat.pagesperso-orange.fr • Juin-sept, sam-dim 14h30-18h30 (plus lun-mer juil-août). Entrée : env 4 € ; réduc ; gratuit moins de 8 ans.* Dans la maison d'un ancien luthier, on découvre à la fois son atelier et son univers au travers de plus de 1 000 objets et d'une petite centaine d'instruments de musique.

À voir aussi dans le village, le ***château*** et son jardin à la française, et l'***église*** aux belles peintures murales du XVe s.

GANNAT (03800 ; 6 100 hab)

Cette petite ville à vocation essentiellement industrielle et agricole aurait pu se contenter d'une notoriété assise sur son caractère ici ou là encore médiéval, son musée installé dans le château des Bourbons ou son église romane, ou son rhinocéros âgé de 23 millions d'années (belle bête !), mais c'était sans compter sur l'ouverture prochaine du parc paléontologique et sur un groupe de doux allumés qui rêvaient d'un destin mondial pour Gannat. Du coup, ces derniers ont inventé le festival Les Cultures du monde en 1973, et depuis, le succès est immense !

Adresse utile

Office de tourisme : *11, pl. Hennequin. ☎ 04-70-90-17-78. • bassin-gannat.com • Avr-sept, tlj sf dim 9h-12h, 14h-18h (17h sam et 9h-18h30 juil-août) ; oct-mars, tlj sf sam ap-m, dim et lun mat.*

Où dormir ? Où manger ?

Camping

Le Mont Libre : *10, route de la Bâtisse. ☎ 04-70-90-12-16. 06-73-86-04-95. • camping.gannat@wanadoo.fr • camping-gannat.fr • Sur les hauteurs de la ville (fléché). Ouv avr-oct. Compter env 11 € pour 2 pers ; loc de chalets 4-6 pers 222-400 €/sem.* Sympathique camping, bien ombragé et grand juste ce qu'il faut pour avoir ses aises autour de sa canadienne. Piscine.

De bon marché à prix moyens

Association nationale Cultures et Traditions : *92, rue des Moulins. ☎ 04-70-90-12-67. • cultures-traditions@wanadoo.fr • Du centre, suivre le fléchage « Maison du folklore ». Fermé sam, dim et j. fériés sf sur résa en juil-août. Congés : dernière sem de déc. Nuitée (draps compris) 16,80 €, avec le petit déj. CB refusées. payant (2 €). Réduc de 10 % sur présentation de ce guide.* Dans une ancienne malterie, 12 chambres pour 4 ou 6 personnes, avec lits superposés et lavabo (douche et w-c sur le palier). Musique traditionnelle une fois par mois. Possibilité de se restaurer sur place.

Auberge du Château : *4, pl. Rantian. ☎ 04-70-90-00-88. • hotel-du-chateau-gannat@wanadoo.fr • hotel-du-chateau.fr • Resto fermé sam et dim soir déc-avr. Doubles 45-55 €. Formules et menus 10,50-13,50 € (déj en sem), puis 17-25 €.* Un jeune couple sympathique tient cette auberge devenue une table prisée de la région. Le chef concocte de bons plats de pays à base de produits du terroir. Une dizaine de chambres très simples mais gentiment confortables, un peu sombres mais bien tenues...

Chambres d'hôtes Domaine de Rouzat : *route de Saint-Priest-d'Andelot. ☎ 04-70-90-20-04. 06-74-58-23-54. • mathinier.christian@wanadoo.fr • chambre-hote-gannat.com • Du centre, suivre le fléchage « Maison du folklore » puis « Chambres d'hôtes ». Ouv tte l'année. Doubles 52-58 €. Table d'hôtes le soir sur résa 19 € tt compris.*

À une poignée de minutes de la ville et pourtant, au débouché de ce chemin de pierre bordé de tilleuls, l'impression d'être au bout du monde. Accueil très sympa. Bons produits fermiers maison à la table d'hôtes.

À voir

Le musée municipal Yves-Machelon : *1, pl. Rantian. ☎ 04-70-90-23-78. • musee@villle-gannat.fr • bassin-gannat.com • Juil-août, tlj sf lun et dim mat 10h30-12h, 14h-19h ; hors saison, tlj sf lun 14h-18h. Fermé de mi-oct à mi-avr. Entrée : env 4,80 € ; réduc ; gratuit moins de 8 ans.* Un château qui, comme beaucoup d'autres, a connu quelques désagréments au cours de l'Histoire : transformé en prison à la fin du XVIe s, en manufacture de couture en 1926, en musée enfin. Pas moins de 20 salles ! Archéologie locale. Collection de véhicules hippomobiles du XIXe s et de sellerie provenant du château de Veauce. Quelques vieilles voitures aussi. Petite section consacrée à la Résistance, qui a eu son importance par ici, d'autant que le gouvernement de Vichy avait fait renouer ce château avec son passé de prison... Belle collection de peintres hollandais et français, et instruments de musique provenant de la donation Delarue. Mais le musée vaut surtout la visite pour la *collection d'art religieux* comprenant un évangéliaire carolingien du IXe s avec une reliure en chêne recouvert d'argent doré, tellement exceptionnel qu'il a désormais droit à une salle spéciale. Expositions temporaires.

Paléopolis, la colline aux dinosaures : *Chazoux, route de Bègues. ☎ 04-70-90-16-00. • paleopolis-parc.com • Ouverture printemps 2013. Se renseigner pour les horaires et périodes d'ouverture.* Depuis la découverte à Gannat en 1993 des restes d'un *Diaceratherium Lemanense* (comprendre rhinocéros sans corne de la Limagne) vieux de 23 millions d'années, une équipe de paléontologues s'est mobilisée pour faire découvrir l'histoire de la vie sur Terre à travers la paléontologie. Paléopolis prend donc la relève de *Rhinopolis,* dont l'espace muséographique était devenu trop exigu pour présenter les nombreuses découvertes réalisées dans le sous-sol bourbonnais. Si vous n'avez jamais vu de trilobites (on vous plaint !), de dunkleosteus et autres animaux marins des temps anciens, si vous rêvez d'aller à la rencontre de salamandres et de libellules géantes, sans bouder pour autant ces bons vieux dinosaures, vous pourrez découvrir les nouveaux espaces d'exposition en famille, qu'ils soient permanents ou non, des expositions temporaires spectaculaires étant annoncées.

L'église Sainte-Croix : elle comprend d'importants vestiges romans, dont les murs extérieurs du déambulatoire et deux des chapelles rayonnantes. À l'extérieur, une des colonnes-contreforts épaulant l'abside est couronnée d'un chapiteau représentant la Nativité avec l'Enfant Jésus dans un berceau entre le bœuf et l'âne gris. Sujet rarement traité dans la région.

Festival

– ***Festival Les Cultures du monde :*** *10 j. fin juil. ☎ 04-70-90-12-67. • gannat.com •* Chants, danses, musiques, artisanats et gastronomies en provenance du monde entier. Durant 10 jours – nuit et jour –, musique, danses, contes, mais également artisanat et cuisine servent de terreau à des échanges de cultures dans un esprit de fête et de convivialité. Situé à la limite des langues d'oc et d'oïl, Gannat était bien placé pour organiser ce brassage annuel de cultures.

ÉBREUIL (03450 ; 1 230 hab.)

À 10 km à l'ouest de Gannat par la D 998. Un bourg aujourd'hui tranquille qui fut pourtant une cité impériale puisque Charlemagne y avait fait construire

l'une de ses quatre résidences. L'ensemble a disparu sous les bâtiments conventuels et l'église abbatiale.
La route entre Gannat et Ébreuil longe la voie ferrée où il ne faut pas manquer les viaducs d'Eiffel et leurs escaliers de secours en spirale superbes – on dirait des brins d'ADN ! Les alentours sont l'occasion de belles balades en canoë le long de la Sioule.

Adresse utile

Office de tourisme des vallées de Sioule, Colettes et Bouble : *2, rue de la Porte-Charrat (à côté de la mairie). ☎ 04-70-90-77-55. • valdesioule.com • Juil-août, lun-sam 9h30-12h30, 13h30-18h30, et mat des dim et j. fériés ; le reste de l'année, ouverture restreinte en sem, fermé sam ap-m et dim.*

À voir. À faire

L'église Saint-Léger : en 898, les moines de Saint-Maixent, fuyant devant les Barbares, arrivent à Ébreuil chargés des reliques des saints Maixent, Léger et Guérin. Du coup, ils construisent une église qui devait rester l'un des plus beaux exemples d'architecture romane auvergnate. Beau clocher-porche du XIIe s, qui rappelle celui de Saint-Benoît-sur-Loire. Non moins superbes ferronneries sur le portail, recouvert de cuir teinté. À l'intérieur, la châsse de saint Léger, du XVe s mais vide (les révolutionnaires ont fait le ménage), des fresques du XIIe s avec deux évêques orants (en prière, si vous préférez !). Également trois épisodes du martyre de saint Valère. Sur les piliers de la nef, d'autres fresques, du XVe s cette fois. La plus remarquable représente saint Georges terrassant le dragon.

– **La base de loisirs Canoë Nature Sioule et Bouble :** *au plan d'eau, 39, rue de la Guillotière. ☎ 04-70-90-77-64.* Voici un site et un organisme sérieux pour profiter pleinement d'activités en plein air le long des gorges de la Sioule : VTT (en location), canoë, tir à l'arc, accrobranche, escalade, raids... tout est possible ! Équipe jeune et sympa.

CHOUVIGNY *(03450 ; 240 hab.)*

Porte d'entrée des gorges de la Sioule, écrin de verdure, c'est le paradis de la pêche et de la descente en canoë. Les verts se déclinent à l'infini entre celui de l'eau, ceux des arbres, des pâturages... Vert tendre au printemps, plus profond l'été. À l'automne, le soleil joue avec les camaïeux d'ocre, de rouge et de jaune, quand la terre sent l'humus et les champignons. Pur moment de poésie dès que l'on sait s'enfoncer le long des berges de cette rivière un peu magique.
Un château du XIIIe s aux airs écossais surplombe le village *(visites guidées juil-août, tlj 14h-18h ; entrée : env 5 €, réduc, gratuit moins de 6 ans).* Ancienne propriété de la famille La Fayette et du duc de Morny.

Où dormir ?

Camping Le Bel : *en bord de rivière. ☎ 04-70-90-90-48 ou 04-70-90-41-17. • mairie.chouvigny@wanadoo.fr • chouvigny-pays-allier.com • Ouv de Pâques à mi-sept. Compter env 10 € pour 2 pers.* Tout simple, d'une vraie tranquillité et très nature, joliment posé tout au bord de la Sioule à l'ombre de grands arbres.

À faire

– **Canoë-kayak :** *avec* **Cano-Yak,** *Pont-Saint-Gal. ☎ 04-70-90-99-90. En saison, tlj 9h-18h.* Pour s'offrir une descente des gorges de la Sioule. Location de VTT également.

ÉCHASSIÈRES *(03330)*

Tranquille petit village, au bout de la forêt des Colettes.

Où dormir ? Où manger dans les environs ?

La Croix des Bois : *D 987, 03450* ***Lalizolle.*** *☎ 04-70-90-41-55. • info@lacroixdesbois.fr • lacroixdesbois.fr • À 2 km de Wolframines direction Bellenaves. Resto fermé mer. Congés : 27 août-4 sept. Forfait camping env 20 € pour 2. Double 53 €. Menus 13,50 € (déj en sem), puis 21-28 € ; carte 25 €. Apéritif régional offert sur présentation de ce guide.* Chambres colorées et bien entretenues, ambiance conviviale, terrasse avec une gentille vue sur la vallée de la Sioule et, quand le soleil s'invite, la chaîne des Puys. Dans l'assiette, quelques spécialités de la région servies dans une salle classique. Tout est fait maison. Accès à la forêt... en traversant la rue ! 6 emplacements de camping avec vue également.

À voir

Wolframines : *carrefour de la Bosse. ☎ 04-70-90-44-99. • museewolframines.free.fr • Pâques-Toussaint, tlj sf lun 14h-18h (10h-18h30 juil-août). Entrée : env 3,80 €.* Dans un chalet de bois, au cœur de la forêt, un joli petit musée géologique où l'on apprend pourquoi cette partie du département abrite de nombreux gisements de minerais rares, comme l'étain, le kaolin (pour la porcelaine) ou le wolfram (minerai de tungstène), grâce à une scénovision intéressante. Dans les vitrines, très didactiques, collection de minéraux. De quoi éveiller quelques vocations.

VICHY ET LA MONTAGNE BOURBONNAISE

Vichy est indissociable des montagnes qui l'entourent. Ses eaux en viennent et ont fait sa réputation. Ses sources sont l'aboutissement d'un long processus de filtrations, de dérivations et de creusements dans les roches de l'arrière-pays. Le contraste est pourtant étonnant entre le « bas », la ville où les très chic villas d'un autre siècle se succèdent, et le « haut », ces montagnes où les fermes isolées vont se nicher jusque dans la forêt.

VICHY (03200) 26 900 hab. *Carte Allier, C4*

Pour le plan de Vichy, se reporter au cahier couleur.

Quand on dit Vichy, on pense... histoire de France, pastilles, eaux et thermes, cosmétiques, carottes pour la ligne, ou encore tissu à carreaux. Des images d'hier qui reviennent à la mode, mine de rien, au point qu'on attend la création d'un espace qui oserait enfin raconter, avec une muséographie contemporaine, cette période grise, sinon noire, de notre histoire, en lui donnant des couleurs actuelles. Évidemment, avec Hortefeux qui lorgne sur la mairie, chacun peut interpréter un tel projet à sa façon... Pour le reste aussi les cho-

ses bougent, qu'on parle déco, bien-être ou gastronomie. Car chez Decoret, à Vichy, vous garderez la ligne en dégustant une des meilleures cuisines du monde actuel.

Dès l'Antiquité romaine, *Vici Aqua Calidis* (« village des eaux chaudes ») fonde sa notoriété sur ses eaux aux vertus curatives. Au XVIe s, après le rattachement du Bourbonnais à la couronne de France, ces eaux acquièrent une réputation quasi miraculeuse, et de nombreuses personnalités viennent s'y refaire une santé. Puis Napoléon III décide la création d'une station thermale moderne, non pas par altruisme mais pour ses propres besoins (naturels, au sens large, pourrait-on dire !). Le chantier est imposant : digue sur l'Allier pour combler les marécages – construction du baron Haussmann –, création d'un opéra et d'un casino, tout concourt à rendre le séjour du prince agréable. Le colonialisme favorisant l'alcoolisme, Vichy se chargera ensuite de soigner le foie des colons imbibés d'absinthe. La ville thermale a vu passer beaucoup de beau monde au fil des décennies, et c'est aussi la notoriété de son opéra qui attira les plus grands musiciens de l'époque (Ravel, Strauss...). Coco Chanel passa même par Vichy pour essayer de faire décoller sa carrière de chanteuse, en vain... Les belles villas se multiplient dans une débauche de formes : chalets normands, délires gothiques ou mauresques, puis villas Art nouveau ou Art déco. La ville est à la mode et offre un vrai panorama architectural sur un siècle et demi. Mais si Vichy joue la bourgeoise, elle reste cependant plus accessible et naturelle qu'il y paraît. Avant la Première Guerre mondiale, la ville accueillait plus de 100 000 curistes (contre 15 000 aujourd'hui). Désormais, même si le tournant de la remise en forme est engagé aux dépens des cures thermales médicalisées, Vichy vit surtout de son tourisme. Bien qu'active et vivant intensément pendant les week-ends (quartiers piétons et commerçants ouverts le dimanche), elle se fait plus calme en semaine.

Pour info, en ville, les places de stationnement sont rares et payantes (un choix judicieux si l'on veut privilégier le calme et la sérénité, d'autant qu'il y a des parkings très pratiques, comme celui de la Poste !), et il vous faudra faire à pied ce voyage dans un temps pas si immobile que l'on pourrait imaginer à première vue.

NE DONNEZ PAS DE SUCRE AUX ANIMAUX !

Napoléon III avait une maîtresse, Marguerite Bellanger, qui ne se déplaçait jamais sans son épagneul. L'empereur la retrouvait souvent à Vichy, n'oubliant jamais d'apporter du sucre au toutou. Un jour, se promenant avec sa femme, le monarque fut aperçu par le chien qui lui fit une fête insensée. Eugénie de Montijo découvrit vite le pot aux roses...

LES ANNÉES NOIRES

Pour ceux qui ont la mémoire longue, plus de 70 ans après, l'image de Vichy reste ternie par un destin qui la conduisit, malgré elle, à devenir la capitale d'un État français déliquescent dès sa formation. Loin d'avoir voulu cette page d'histoire, il est peut-être encore bon de préciser que les Vichyssois ne sont pas les vichystes. L'arrivée du gouvernement fut le résultat de facteurs objectifs et pratiques, et du calcul d'un homme politique d'influence. Avec plus de 250 hôtels, la ville offrait une capacité d'accueil impressionnante, inégalée en zone non occupée. Célèbre et fréquentée par une clientèle étrangère importante, elle bénéficiait du central téléphonique le plus performant d'Europe, qui la reliait ainsi au monde entier. En outre, l'aérodrome, le casino et l'opéra permettaient de recréer des conditions de vie presque « parisiennes ».

Et puis il y eut Pierre Laval, figure perverse, pour ne pas dire abjecte, de ce gouvernement de collaboration. Personnage incontournable de la vie politique de l'époque, il fit preuve d'un opportunisme total dès les premiers jours de la guerre. Originaire de Châteldon (Puy-de-Dôme), propriétaire d'un journal auvergnat, il usera de son influence pour convaincre la classe politique de s'installer ici, espérant secrètement asseoir son pouvoir dans une région qu'il considérait comme son fief. De Bordeaux, le gouvernement s'installa donc à Vichy pour servir une France à genoux et pour aider un homme dans sa quête maladive de pouvoir. Plus de 60 hôtels seront ainsi occupés par les services administratifs et politiques. La vie précaire de ce gouvernement s'organisa dans un mouchoir de poche surpeuplé.
À la Libération, la ville essaya de se débarrasser d'une mauvaise réputation tracée en 4 ans à son corps défendant. Les Vichyssois n'en font jamais état, la discrétion reste de mise sur cette période. Chez les anciens du moins, car la génération actuelle aimerait bien au contraire voir cette page d'histoire entrer dans l'Histoire, pour que l'on puisse passer à autre chose. Mais il n'est pas facile de faire admettre que c'est le gouvernement français qui vint à Vichy et non Vichy qui se livra au gouvernement français... Et la différence n'est pas mince !

L'OR BLANC DE VICHY

Difficile de ne pas évoquer l'eau en parlant de Vichy, tant l'existence de la ville repose sur cette richesse venue du sol. 14 émergences fournissent à la Compagnie fermière, fondée en 1853, les quelque 900 000 l quotidiens utilisés dans les différents secteurs. Elles sont riches en bicarbonate de soude, en gaz carbonique, en lithium et permettent le traitement efficace des rhumatismes et des affections hépatiques. Six sont utilisées en cure de boisson et une seule est embouteillée (Vichy Célestins).
Suite à d'importantes campagnes publicitaires dans les années 1980, une autre eau est sortie de son anonymat. D'une saveur salée mais au goût puissant, moins âpre que la Célestins, la Saint-Yorre est embouteillée au village du même nom, à 8 km au sud de Vichy.

LES MAROCAINS DE VICHY

La ville de cure connut des périodes fastes, mais l'activité devint plus morose à la fin des années 1920. On alla alors séduire les têtes couronnées d'Afrique du Nord, et le roi Moulaï Hafid vint en cure à Vichy. Tombé sous le charme des actrices de l'opéra et des Vichyssoises, il apprécia la ville au point de distribuer des pièces d'or à son effigie aux passants... Sa venue attira ensuite de nombreux Marocains qui relancèrent l'activité déclinante. D'ailleurs, depuis, un caramel porte le nom de « marocain » en souvenir de ces nombreux visiteurs. Puis de riches Égyptiens leur emboîtèrent le pas, le roi Farouk en tête, les Égyptiens étant parfois si nombreux qu'on parlait de Vichy comme d'une ville baignée non plus par l'Allier, mais par le Nil !

Adresses utiles

Office de tourisme *(plan couleur A2)* **:** *19, rue du Parc. ☎ 04-70-98-71-94. • vichy-tourisme.com • Ouv tte l'année, lun-sam 9h30-12h, 13h30-18h (18h30 avr-juin et sept, plus dim 15h-18h ; juil-août, lun-sam 9h30-19h, dim 10h-12h, 14h30-19h).* Organise à 15h30, de juin à septembre, des visites thématiques de la ville (Second Empire, Vichy Art déco, Vichy de 1940-1944, l'Opéra, Histoire d'eau...) ; compter 2h et 6 €. Office dynamique et bonnes documentations (gratuites) : visite pas à pas pour découvrir la ville à pied avec carte touristique, informations pratiques sur les événements, les hébergements, etc.

Gare routière *(plan couleur C2)* **:** *pl. de la Gare. ☎ 04-70-98-41-33.* Liaisons avec Clermont-Ferrand, Thiers (bus SNCF), Lapalisse, Ambert, Roanne... Toutes les liaisons auprès de *Trans'Allier* (☎ 04-70-97-63-98 ; • transports.cg03.fr •).

■ ***Taxis Radio Vichyssois :*** ☎ 04-70-98-69-69 (24h/24). Station de la gare : ☎ 04-70-98-40-35.

■ ***Location de vélos et de VTT : Éric Cycles,*** 8, rue des Bartins ; ☎ 04-70-98-39-26. ***Cycles Gaillardin,*** 48, bd Gambetta ; ☎ 04-70-31-52-86. ***Stade nautique,*** rue Eugène-Desfonttes ; ☎ 04-70-32-27-20. Vélos enfants et adultes.

Où dormir ?

Campings

⛺ ***Camping de la Croix-Saint-Martin*** *(hors plan couleur par C4,* ***1****) :* *99, av. des Graviers, 03200* ***Abrest.*** *☎ 04-70-32-67-74. 📱 06-10-94-70-90. • camping-vichy@orange.fr • camping-vichy.com • ♿ À 2 km au sud de Vichy par la route de Thiers. Ouv avr-oct. Forfait 2 pers 19,30 € ; mobile homes 235-640 €/sem selon saison. Réduc de 10 % pour 5 nuits min en camping sur présentation de ce guide.* Grand camping aménagé dans une large prairie en bord d'Allier. Les emplacements, calmes et ombragés, sont séparés par de petites haies. Piscine chauffée, sports nautiques (canoë, pêche) pratiquables à 3 km.

⛺ ***Camping Beau Rivage*** *(plan couleur A4,* ***2****) : rue Claude-Decloître, 03700* ***Bellerive-sur-Allier.*** *☎ 04-70-32-26-85. • camping-beaurivage@wanadoo.fr • camping-beaurivage.com • ♿ À 1 km de Vichy, à gauche le long des berges une fois le pont de Bellerive traversé. Ouv d'avr à mi-oct. Forfait 2 pers 17,50 € ; loc de mobile homes 238-700 €/sem. 💻 📶 Réduc de 10 % (5 % juil-août) sur le prix de l'emplacement sur présentation de ce guide.* Camping de 80 emplacements ombragés et bordant la rivière. Vue sur les parcs de Vichy et accès direct au lac artificiel de Vichy. Nombreuses activités (canoë, embarcations à pédales, tennis...) et une grande piscine couverte chauffée avec toboggan. Location de vélos. Petit snack. Bien entretenu.

Bon marché

🏠 ***Hôtel de Naples*** *(plan couleur B2,* ***3****) : 22, rue de Paris. ☎ 04-70-97-91-33. • hoteldenaples@orange.fr • hoteldenaples.fr • Doubles 46-50 € ; familiale 57 €. 💻 📶 Réduc de 10 % sur présentation de ce guide.* Un hôtel gentiment rénové. Les chambres sont même plutôt coquettes, bien tenues et ont tout le nécessaire. Préférez celles donnant sur le jardin (les n°s 35 et 39), bien fleuri en été, où l'on prendra son petit déj. Accueil agréable.

De prix moyens à chic

🏠 ***Hôtel Arverna*** *(plan couleur B2,* ***4****) : 12, rue Desbrest. ☎ 04-70-31-31-19. • arverna@hotels-vichy.com • hotels-vichy.com • Doubles 55-83 € ; familiales 78-107 €. Garage clos payant à 150 m de l'hôtel.* 💻 📶 Installé dans une petite rue du centre, paisible et ombragée. Un hôtel de poche, aux chambres climatisées, joyeusement rénovées, pas immenses mais aussi agréables que tranquilles. On prend son petit déj en gardant un œil sur le patio fleuri. Accueil adorable.

🏠 ***Hôtel Trianon*** *(plan couleur B2,* ***5****) : 9, rue Desbrest. ☎ 04-70-97-95-96. • ct.hotel.trianon@wanadoo.fr • hoteltrianon03.com • Congés : 22 déc-3 janv. Résa conseillée. Doubles 48-58 €.* 📶 Agréable petit hôtel familial d'une vingtaine de chambres, en plein centre mais au calme, fort bien tenu et à l'accueil attentionné.

🏠 ***Hôtel Chambord*** *(plan couleur C2,* ***6****) : 82-84, rue de Paris. ☎ 04-70-30-16-30. • le.chambord@wanadoo.fr • hotel-chambord-vichy.com • Fermé dim soir et lun. Congés : 20 déc-1er fév. Doubles 60-75 € selon confort ; familiale 85 €.* 💻 📶 Cette adresse avant tout connue pour son restaurant (*L'Escargot qui Tette* ; voir « Où manger ? ») est aussi un hôtel agréable, non loin de la gare, aux chambres spacieuses et au service aimable. Préférez celles des 3e et 4e étages, avec vue sur les toits de la ville et donnant sur l'arrière.

Midland Hôtel *(plan couleur B2,* ***7****) : 4, rue de l'Intendance. ☎ 04-70-97-48-48. • hotelmidlandvichy@wanadoo.fr • hotel-midland.com • Resto fermé dim soir. Congés : 10 nov-15 mars. Doubles 65-90 € selon confort. Formules déj 18-21 € ; menus 15 € (en sem)-50 €. Parking privé payant. Café offert sur présentation de ce guide.* La façade 1900 a conservé une certaine allure, le vaste hall d'entrée aussi. Chambres décorées dans un style ancien ou plus actuel, avec, pour certaines, une baignoire hydromassante. Dans les 2 cas, calme et confort de rigueur. Restaurant qui fait honneur au terroir, si vous n'avez pas envie de sortir en ville.

Le Pavillon d'Enghien *(plan couleur A1,* ***8****) : 32-34, rue Callou. ☎ 04-70-98-33-30. • hotel.pavi@wanadoo.fr • pavillondenghien.com • Resto fermé dim soir et lun (plus ven soir en hiver). Doubles 68-120 € selon confort et saison ; ½ pens 70-85 €. Formule déj 16 € ; menus 20-35 €. Apéritif offert sur présentation de ce guide.* Cette adresse discrète est, dans sa catégorie, un bon rapport agrément-prix. Les chambres sont agréables, personnalisées et insonorisées, l'accueil est courtois et prévenant, et la cuisine fraîche est axée sur les produits de saison. Jolie piscine dès que les beaux jours arrivent.

De chic à très chic

La Demeure d'Hortense *(plan couleur C2,* ***9****) : 62, av. Président-Doumer. ☎ 04-70-96-73-66. • catherine@demeure-hortense.fr • demeure-hortense.fr • Chambres d'hôtes de charme (clim) 100-130 € ; suite 145 €. Table d'hôtes ven 25 € (vin et café compris). Apéritif offert sur présentation de ce guide.* Un *riad* à la mode vichyssoise, il fallait oser ! Catherine Gauthier l'a fait, et ce *Citybreak* estampillé par les Gîtes de France est devenu un des lieux les plus cosy pour une virée à Vichy hors du temps. À deux pas de la gare, coupée de l'animation de la rue par un jardin, la maison fera le bonheur des amateurs de déco contemporaine, d'art de vivre à la mode actuelle. Catherine a donné des thèmes à chaque chambre, a fait travailler les meilleurs ouvriers du pays, et l'ensemble est réussi, sans ostentation – ce n'est pas le genre de la maison. Il y a des roses trémières dans le jardin, des chardons bourbonnais dans le vitrail de la porte, le reste fait partie des surprises du voyage. Confort total, évidemment.

Aletti Palace Hôtel – Restaurant La Véranda *(plan couleur A3,* ***10****) : 3, pl. Joseph-Aletti. ☎ 04-70-30-20-20. • alettireception@aletti.fr • aletti.fr • Doubles à partir de 150 € selon confort et saison. Formule en sem 16 € ; menus 23-36 € ; carte.* Le dernier palace de la grande époque encore en activité. Dans le hall, le buste du fondateur Joseph Aletti vous regarde (il a aussi dirigé le *Claridge*, le *Negresco*...). Ambiance résolument chic, où l'on parle bas dans les couloirs pour ne pas déranger les rois et les stars dont la mémoire hante les lieux. Plafonds hauts, moquette épaisse, fleurs fraîches, lustres en cristal. Côté chambres, du grand classique dans le genre, impeccable et spacieux. Jolie cuisine sous la verrière Art déco du resto. Piscine et terrasse à l'arrière.

Où manger ?

Pas mal de restaurants, mais passé 21h (ou 13h30), pas facile d'être servi... alors, soyez ponctuel ! Le soir ou le week-end également, les menus abordables sont assez rares... et attention à certains prix qui s'envolent un peu en haute saison.

De bon marché à prix moyens

Brasserie du Casino *(plan couleur B3,* ***20****) : 4, rue du Casino. ☎ 04-70-98-23-06. • bdcvichy@wanadoo.fr • Ouv tlj sf mar-mer. Congés : vac scol de fév. Résa conseillée. Menus 17,50 € (déj lun-sam)-27,50 € ; carte 32-37 €.* Voilà, sans doute, le resto qui a le plus d'âme à Vichy. Cette brasserie 1920, aujourd'hui classée, a su garder le charme certain des grandes brasseries d'antan. Aux murs, nombreuses photos des stars passées par là... Faut dire que l'on fait face à l'opéra. Cuisine classique de brasserie, avec de belles pièces de viande et des pâtisseries maison.

|●| ***L'Alchimiste*** *(plan couleur C2, **21**) : 57, rue de Paris. ☎ 04-70-98-65-18. Fermé le soir mar-jeu. Congés : 1 sem à Noël. Formules 12 € (midi en sem)-15 € ; menus 17-27 €. Chèques refusés.* D'extérieur, cette petite adresse ne paie pas de mine, mais à l'intérieur, un sympathique cuistot se démène pour rassasier sa clientèle, jeune et familiale. À la carte, assiettes du monde gargantuesques (telle l'antillaise) dans un décor qui invite au voyage. Service rapide pour un bon rapport qualité-prix.

Chic

|●| ***L'Escargot qui Tette*** *(plan couleur C2, **6**) : même adresse et mêmes j. de fermeture que l'*hôtel Chambord *(voir « Où dormir ? »). Menus 28 € (en sem), puis 40-50 € ; carte. Café offert sur présentation de ce guide.* L'escargot a pointé ses cornes au début des années 1930, et depuis, il a fait son chemin. Ne vous laissez pas impressionner par les nappes bien mises et les serveurs attentionnés. On vous servira des escargots à l'ail (recette maison) ou des viandes charolaises flambées avec habileté. Bref, une adresse de gastronome, surtout si l'on n'est pas au régime !

|●| ***La Table d'Antoine*** *(plan couleur B2, **22**) : 8, rue Burnol. ☎ 04-70-98-99-71. Fermé dim soir, lun (sf j. fériés), plus jeu soir hors saison ; service jusqu'à 20h45 (21h l'été). Congés : vac scol de fév. Formule déj en sem 21,90 € ; menus 30,90-43,90 €. Livret des « recettes d'Antoine » offert sur présentation de ce guide.* Une agréable table du quartier piéton, depuis 20 ans. Inspirée par ses voyages et uniquement à base de produits frais, la cuisine d'Antoine Souillat est inventive « sans être délirante », précise-t-il. Modeste avec ça ! Salle aux couleurs d'aujourd'hui, ouverte aux peintres et verriers de la région, terrasse fleurie donnant sur une rue piétonne. Excellent accueil. Cave où les vins bio sont à l'honneur.

Très chic

|●| ***Restaurant Jacques Decoret*** *(plan couleur A2, **23**) : 15, rue du Parc. ☎ 04-70-97-65-06. • jacques.decoret@wanadoo.fr • Actualités sur • jacquesdecoret.com • Tlj sf mar-mer. Congés : 15 j. sur fév-mars et de mi-août à début sept. Formule déj en sem 40 € ; menus 68-115 € ; carte 100 €. Apéritif offert sur présentation de ce guide.* Le chef le plus étonnant de la ville et même de toute la région, à découvrir pour se faire plaisir à 2 ou entre amis, pour partager une vraie émotion, humer des senteurs méconnues ou oubliées, goûter à un art de vivre simple et raffiné à la fois. L'accueil est charmant, le cadre rassurant, avec sa « verrière » ouverte sur un monde d'hier et sa déco contemporaine, annonçant un Vichy sans nappe à carreaux. On est dans une galerie d'art contemporain dont les tableaux seraient ces assiettes, que l'œil enregistre avant que la bouche ne fasse un sort à la langoustine posée sur un Américano, clin d'œil involontaire aux danseuses en tutu d'hier, à cette truite bio sur fond de verts éclatants, image forte du pays bourbonnais, dont le chef est originaire. Les sensations sur la couleur verte continuent crescendo, du bar au fenouil en trois dimensions au rafraîchissement offert juste avant de finir, dans la pureté retrouvée, avec le lait travaillé en mousse, en craquant, en glacé, car le chef est un « fou de dessert » qui ne vous laissera pas partir sans un ultime tour de magie culinaire. Les vins du pays au verre, choisis par un sommelier qui tient du chapelier fou d'Alice, vous inciteront peut-être à dîner sur place. 6 chambres charmantes dans les étages, pour les hôtes d'un soir.

Où dormir ? Où manger dans les environs ?

Voir aussi nos bonnes adresses autour de Saint-Pourçain-sur-Sioule, mais aussi l'*Auberge du Pont* à Billy (voir plus loin « dans les environs de Lapalisse »), qui fait partie des meilleures tables de la région (à mi-chemin de Vichy et Saint-Pourçain).

De prix moyens à chic

La Colombière (hors plan couleur par C4, **25**) : *136, route de Thiers, 03200* ***Abrest.*** *☎ 04-70-98-69-15.* • *lacolombiere@wanadoo.fr* • *restaurantlacolombiere.fr* • *(pour le resto). À 6 km au sud de Vichy par la D 906, après Abrest (fléché). Resto fermé dim soir, lun et soir des j. fériés (plus mer soir hors saison). Congés : 24 juin-10 juil, 18-30 oct. Doubles 60-66 €. Menus 22 € (sf dim et j. fériés), puis 27-48 €.* Dans un ancien pigeonnier offrant une impressionnante vue sur l'Allier depuis la salle comme de certaines chambres (la jaune ou la verte). Voilà un bon resto qui fait découvrir autrement les produits du terroir. 3 chambres de charme, vastes et lumineuses. Terrasse et jardin fleuri. Une adresse bien agréable.

Le Piquenchagne (hors plan couleur par C4, **26**) : *Les Jarraux, 03270* ***Saint-Yorre.*** *☎ 04-70-59-23-77. À 10 km de Vichy, en sortie de Saint-Yorre, direction Thiers. Ouv tlj sf lun. Congés : 15 j. fin janv-début fév. Formule déj (sf j. fériés) 19 € ; menus 28-38 €. Apéritif offert sur présentation de ce guide.* Un restaurant hors de la ville qui fait le bonheur des gourmets citadins. En retrait de la nationale (la belle salle donne côté campagne), on profite du jardin et de la terrasse pour encore mieux apprécier une cuisine de terroir pleine de charme et de créativité, en fait. Qualité, simplicité. Beau plateau de fromages de région et desserts maison.

Où boire un verre ?

Café Larbaud (plan couleur B2, **41**) : *3, rue Larbaud.* Petit bistrot associatif qui organise régulièrement des expositions, lectures, débats autour du cinéma, du polar, etc.

Où acheter de bons produits ?

Aux Marocains (plan couleur B2, **30**) : *33, rue Georges-Clemenceau. ☎ 04-70-98-30-33. Mar-sam 9h15-12h30, 14h30-19h ; dim et lun 10h30-12h30, 15h-19h.* Confiserie depuis 1870, cette jolie boutique, quelque peu bourgeoise, propose toute la gamme de ce que l'on peut faire en sucreries à Vichy, mais on y trouve surtout les fameux marocains, du caramel fondant fourré... Hmm ! Rien que pour l'intérieur de la boutique, on apprécie le détour.

Confiserie Prunelle (plan couleur B2, **31**) : *36, rue Montaret. ☎ 04-70-98-20-02. Lun-sam 9h-12h, 14h-19h ; dim 10h-12h, 14h30-19h.* Une institution locale, ouverte depuis 1875 et ancienne propriété de la famille Larbaud (oui, celle de l'écrivain). Le décor a évolué, mais sucres d'orge, guimauves ou (inévitables...) pastilles Vichy distillent toujours une certaine nostalgie. Une autre façon de prendre soin de son corps, qu'ils disaient !

Le Grand Marché (plan couleur B1, **32**) : *pl. Pierre-Victor-Léger. ☎ 04-70-98-54-09. Tlj sf lun 7h-13h, plus 16h-19h mer et ven-sam.* Ce vaste marché propose des produits d'ailleurs et surtout d'ici : un stand de producteur de la Montagne bourbonnaise et, à l'étage, des petits producteurs locaux.

À voir

N.B. **:** le parcours patrimoine et ses deux circuits, « Or » et « Azur », vous permettent de découvrir les principaux monuments de Vichy, à travers 27 bornes très explicites. Sinon, visites guidées passionnantes mises en place chaque année sur des thèmes plus ou moins proches, qui vous feront revivre le Vichy Art déco ou la vie quotidienne de celle qui fut la capitale de l'État français de 1940 à 1944, à moins que vous ne préfériez aller faire un tour à l'opéra, côté coulisses... Une dizaine de visites différentes proposées du lundi au dimanche, à découvrir à l'office de tourisme.

Le quartier thermal *(circuit Azur, bornes 1 à 14)*

Pour ne pas jouer le visiteur borné, on vous donne nos propres coups de cœur dans ce qui reste le quartier le plus visité de la ville, à alterner avec les explications du circuit officiel.

✦✦ *Le parc des Sources* *(plan couleur A-B2-3)* **:** le cœur du quartier thermal, aménagé à la demande de Napoléon (le premier du prénom !). De vénérables platanes et marronniers, de jolis petits kiosques (à souvenirs aujourd'hui) et une élégante galerie couverte Art déco pour en fermer les côtés. Sur un des côtés justement, rue du parc, au n° 23, se trouve le tristement célèbre *hôtel du Parc*. Cet énorme bâtiment était la résidence de Pétain (3e étage) et celle de Laval (2e étage). Ils ne s'appréciaient guère et s'évitaient autant que possible. L'hôtel ne s'est jamais remis de cette contre-publicité et a été transformé en appartements dans les années 1950.
À deux pas, la *rue Alquié,* où l'on pourrait se croire subitement transporté dans quelque rue anglaise du cœur de Londres.

✦ Le Hall des Sources *(plan couleur B2)* **:** *avr-nov, tlj 6h (7h45 dim)-19h30. Entrée libre, mais sources (sf celle des Célestins) accessibles aux seuls curistes.* Bâtiment Art nouveau à l'origine (mais il a été modernisé). Deux sources (sur les six qui jaillissent à Vichy) sortent ici, la source de la Grande Grille et la source Chomel. Les autres y arrivent canalisées depuis leur lieu d'émergence naturel. Les eaux de ces deux sources sont chaudes (à une température qui avoisine les 40 °C), sulfurées (pas terrible au goût, donc), mais à priori bonnes pour la santé (mais attention à ne pas en abuser...).

✦ *Le Grand Établissement thermal – Centre thermal des Dômes* *(plan couleur A-B2)* **:** construit en 1902, il a été pour partie transformé en galerie marchande dans les années 1970. On peut faire quelque pas dans le vaste hall d'entrée avec sa fontaine, ses deux superbes fresques à l'étage (de 1903) réalisées par Alphonse Osbert, ses mosaïques.

✦✦ *Le parc Napoléon-III* *(plan couleur A2-3)* **:** 13 ha aménagés à partir de 1852 à la demande de Napoléon III après la construction d'une digue qui permettait de récupérer une portion du lit de la rivière. Jardin à l'anglaise planté d'essences rares et exotiques. Sur le boulevard des États-Unis, six superbes chalets de style anglo-colonial qui servaient de résidence à Napoléon III et à sa suite.

✦✦ *Le boulevard de Russie et la rue de Belgique* *(plan couleur A-B3)* **:** un quartier qui concentre quelques extravagantes réalisations architecturales typiques de la grande époque thermale où les architectes (et leurs riches commanditaires) s'autorisaient toutes les audaces. Au n° 15 du boulevard de Russie se dresse l'impressionnante façade (350 chambres et... 350 salles de bains à l'époque) de l'ancien *hôtel Ruhl*. Au n° 25, le médiéval (mais construit en 1910...) *Castel Gothique* précède des *Arcades* très Art déco (au n° 29) puis une villa style Louis XVI (au n° 39). Nos lecteurs qui ont envie d'user leurs baskets pousseront jusqu'au bout du boulevard de Russie pour rejoindre le boulevard du Président-J.-F.-Kennedy, où se cache derrière son petit parc le *pavillon Sévigné (plan couleur B4)* ; un édifice Louis XIII où Mme de Sévigné résidait quand elle était à Vichy pour soigner son arthrose du poignet. Pétain en fit sa résidence d'été. S'y tenait aussi le Conseil des ministres.
Joli festival de styles rue de Belgique où l'on est accueilli au n° 2 par une imposante villa typiquement flamande avec ses briques rouges ; changement d'époque, juste en face (au n° 1) avec un immeuble purement Art déco. Au n° 7, notre préférée, la *Villa Vénitienne,* largement inspirée de plusieurs palais de la cité des Doges. Presque en face (au n° 4), la maison d'Isaac Strauss, chef d'orchestre qui fit valser Vichy pendant 20 ans (il est mort en 1888, cela dit pour mieux vous le situer), paraît, en comparaison, bien sage...

L'opéra de Vichy (plan couleur B3) : *5, rue du Casino. ☎ 04-70-30-50-30 ou 56. • ville-vichy.fr/opera-vichy.htm • Dans le parc des Sources. Visite sur résa proposée par l'office de tourisme. La visite mise en place le sam à 15h30 (8 €) permet de combiner la visite de la salle et du musée, tandis que celle du jeu à 15h30 (6 €) vous fait découvrir l'envers du décor, comme seuls les artistes, les techniciens et les habitués le voient d'ordinaire.* Construit en 1865, ce superbe édifice fut transformé en 1900 pour créer une salle de 1 400 places dans un style Art nouveau. Une seconde salle de 300 places est réservée à la musique de chambre. Dans le salon Berlioz et sa coupole, il est facile d'imaginer les belles soirées qui en ont fait rêver plus d'un. Fait de l'histoire, c'est également dans cette salle qu'ont été votés les pleins pouvoirs au maréchal Pétain en 1940. Entièrement restauré en 1995, l'opéra a retrouvé son lustre d'antan quand Saint-Saëns, les stars de la Scala, Richard Strauss... venaient divertir les curistes. Aujourd'hui, on y joue toujours (musique et théâtre), et on vient de toute la région pour assister aux spectacles.

Le musée des Arts d'Afrique et d'Asie (plan couleur B1) : *16, av. Thermale. ☎ 04-70-97-76-40. • musee-aaa.com • ♿ Mai-oct, tlj sf lun 14h-18h. Entrée : 4 € ; réduc ; gratuit jusqu'à 18 ans (hors scolaires).* Installé dans un ancien établissement thermal où l'on contrôlait la qualité des eaux, ce musée joliment restauré propose d'intéressantes expositions temporaires à partir d'un fonds riche de plus de 4 000 pièces : porcelaines asiatiques ou poteries d'Afrique, monnaies, statues de Bouddha, mobilier et une belle collection d'instruments de musique. Ne pas oublier de saluer le « Protecteur du musée », ce gorille du Gabon de 1924, connu de tous les Vichyssois.

Le musée surréaliste François-Boucheix (plan couleur B2) : *7, rue Sornin. ☎ 04-70-31-49-92. • boucheix-musee.com • Avr-oct et vac scol, tlj sf lun 14h30-18h30. Entrée : 5 € ; réduc.* Sur plusieurs niveaux (et jusque dans les toilettes !), quelque 350 témoignages, des années 1950 à aujourd'hui, du travail du peintre autodidacte auvergnat François Boucheix. Dalí (dont il revendique clairement l'influence) peignait des montres molles, Boucheix a, lui, une prédilection pour les pendules, les chevaux, les violons ou les chaises. Le seul musée surréaliste d'un peintre vivant, en France.

Le vieux Vichy *(circuit Or, bornes 15 à 27)*

On persiste à l'appeler « le vieux Vichy ». Pourtant, ruiné par les guerres de Religion (le château des ducs de Bourbon sera rasé par Henri IV), grignoté par la ville thermale, il ne reste finalement pas grand-chose de ce quartier construit sur le rocher des Célestins à l'époque médiévale. Quelques murs à pans de bois, une ou deux vieilles maisons, dont celle dite des Trois Piliers, au n° 7 de la rue d'Allier. C'est ce quartier qui a vu naître, au n° 2 de la rue Besse, le célèbre Albert Londres. La maison, plutôt pittoresque avec ses deux tourelles en brique, a été affublée d'une bien maladroite fresque en trompe l'œil au rez-de-chaussée. Le premier grand reporter du XXe s méritait mieux ! Si vous suivez le circuit Or, sa maison est en 21, mais si vous continuez la promenade avec nous, rassurez-vous, la ville n'est pas assez grande pour que vous perdiez vos repères.

Le musée de l'Opéra (plan couleur B3) : *16, rue du Maréchal-Foch. ☎ 04-70-58-48-20. • operavichy-musee.com • ♿ De mi-avr à mi-déc, tlj sf lun et j. fériés 14h-18h. Entrée : 4 € ; 3 € sur présentation de ce guide ; gratuit moins de 12 ans. Env 45 mn de visite.* Un fort intéressant musée (même le grand Maurice Béjart a fait le déplacement) qui s'impose quand on connaît l'importance qu'a eue l'opéra de Vichy tout au long du XXe s, époque où tous les plus grands artistes du monde rêvaient de s'y produire. C'est d'ailleurs un idéal complément à la visite dudit opéra (lire plus haut). Le musée présente les archives de l'opéra-théâtre au travers d'épatantes expositions thématiques temporaires : affiches, programmes, objets de décors, costumes, photos anciennes, croquis, projets... Une vraie immersion dans l'atmosphère de l'époque. Également un lieu d'archives et de consultation.

Le Musée municipal *(plan couleur B3) :* *15, rue du Maréchal-Foch. ☎ 04-70-32-12-97. ♿ Tlj sf dim-lun 14h-18h (17h sam). Entrée et visite gratuites.* Un musée à l'ancienne installé dans une aile de l'ancien casino (1929), en attendant le « musée de Vichy » qui réconcilierait enfin la ville et son histoire. Outre la petite section d'archéologie, le musée possède un restreint mais intéressant fonds d'art moderne dû à trois donations : celle de Louis Neillot, proche des impressionnistes, né à Vichy en 1898, celle de Pierre et Marguerite Bourut, qui comprend une vingtaine d'œuvres de Richier, Picasso, Rodin, Zadkine, et celle du docteur Dany. On trouve également toute une partie consacrée à la philatélie. Des milliers de timbres sont exposés, avec quelques pièces liées au siège de Paris en 1870, des courriers expédiés par Napoléon III ou le gouvernement de Vichy et de nombreux objets autour de la poste : bottes de postillons, plaque de poste, cachets de facteurs, maquette de voiture postale anglaise. Hétéroclite et amusant.

L'église Saint-Blaise *(plan couleur B3) :* la vieille église (XIIe s), agrandie au XVIIe s, conserve une Vierge noire vénérée depuis longtemps, dite Notre-Dame-des-Malades (seule la tête – tranchée par les révolutionnaires ! – est du XIIe s). La nouvelle église fut la première du genre à être construite en béton armé, entre 1925 et 1937. Ne pas s'arrêter à son aspect extérieur massif, mais entrer pour découvrir un surprenant ensemble Art déco constitué de mosaïques, de peintures murales et de 15 verrières lumineuses.

La bibliothèque-musée Valery-Larbaud *(plan couleur B3) :* *106-110, rue du Maréchal-Lyautey. ☎ 04-70-58-42-50. ♿ Visites commentées gratuites début avr-oct, mer à 15h et sam à 11h.* Une bien classique médiathèque construite dans les années 1980 où il faut grimper au 2e étage pour découvrir la reconstitution du bureau et de la bibliothèque personnelle de Valery Larbaud. À Vichy, en 1881, le petit Valery voit le jour dans une famille plutôt aisée, son père est le découvreur de la source Saint-Yorre. Orphelin de père à 9 ans, il ne s'est jamais considéré comme un héritier, mais a toujours utilisé la fortune familiale pour satisfaire ses besoins de voyages et de lectures et assouvir sa vocation d'écrivain. Dès 1967, la Ville de Vichy a acquis ses manuscrits, ainsi que des livres rares et illustrés exposés ici.

La source des Célestins *(plan couleur B4) :* nichée dans un écrin de verdure, cette source est « cachée » dans le parc de l'ancien couvent des... célestins, dans un pavillon du XIXe s de style Louis XVI. Faites comme les habitués, apportez votre bouteille !

Les parcs d'Allier : de la source des Célestins, on peut s'offrir une balade au vert au long de la rivière dans les parcs qui succèdent, après le pont Bellerive, au parc Napoléon-III, le *parc Kennedy* (où l'on peut se baigner l'été ; voir plus loin), le *parc du Soleil,* et enfin le *parc des Bourrins,* où on se posera, aux beaux jours, sur la sympathique terrasse du *Tahiti Plage.*

Plus loin

L'observatoire des poissons migrateurs *(hors plan couleur par A1) :* *bd Franchet-d'Esperey. ☎ 04-70-59-80-84. • cnss.fr • Longer l'Allier, direction Charmeil, c'est sous le pont d'Europe. Avr-15 août, tlj sf jeu-ven 14h30-18h. Entrée : 3,50 € ; réduc.* Une belle idée que cette salle d'observation de poissons installée le long du système de franchissement du pont-barrage. Ici, ce sont les poissons qui sont en liberté et vous en cage ! Une longue salle vitrée composée de 22 bassins (unique en Europe) donne directement dans le cours de l'Allier et permet d'observer la faune aquatique remontant la dernière rivière sauvage. Bien sûr, on ne voit pas tous les jours les fameux saumons (interdits à la pêche dans l'Allier depuis 1994), mais il y a assez de poissons pour que ce gigantesque aquarium ne soit jamais vide. Les pics de passage se situent entre avril et juin. Vous pourrez parfois croiser des lamproies qui se fixent à la vitre, des silures de 1,50 m, et pensez à jeter un œil au panneau extérieur annonçant les poissons de passage. Nombreuses informations sur la migration, et encadrement pro et pédagogique. Saviez-vous que sur 1 000 jeunes poissons en partance pour l'océan, seuls quatre reviendront au pays (et deux se reproduiront) après être passés par là ? Beaucoup d'appelés, peu d'élus, c'est comme en politique.

À faire

Baignade

Plage des Célestins (plan couleur B4) **:** *parc Kennedy.* C'est Vichy-Plage ! Quelques mètres carrés de sable au bord de l'Allier et un petit panel d'activités sportives : beach-volley, basket, petite tyrolienne...

Centres de remise en forme

■ ***Centre thermal des Dômes*** *(plan couleur A2)* **:** *132, bd des États-Unis.* ☎ *04-70-97-39-59.* Nombreux soins et formules adaptées.

■ ***Vichy Spa Les Célestins*** *(plan couleur A2)* **:** *111, bd des États-Unis.* ☎ *04-70-30-82-00.* Divers soins de remise en forme tous publics. Forfaits week-end.

■ **Centre Hélios** (plan couleur A1) **:** *30, rue Callou.* ☎ *04-70-97-98-87. Ouv tlj.* Centre à l'architecture moderne et aux équipements récents.

Casinos

Pour les inconditionnels du jeu, Vichy, où fut ouvert le premier casino sur le territoire français, à l'opéra, est le terrain rêvé. Aujourd'hui, on en trouve deux pour gagner ou... perdre !

Manifestations

– ***Opéra de Vichy*** (plan couleur B3) **:** *5, rue du Casino.* ☎ *04-70-30-50-30 ou 56.* Historique dans la rubrique « À voir ». Si un spectacle est à l'affiche, ne pas manquer l'occasion d'aller découvrir l'intérieur de cette superbe salle.

– ***Les Dimanches de Vichy*** **:** les commerces de la rue de Paris et de la rue Georges-Clemenceau sont ouverts tous les dimanches. Embouteillages, cafés bondés, magasins grouillants de monde...

– ***Festival pyrotechnique*** **:** *en juil-août.* Quatre feux d'artifice tirés sur le plan d'eau.

– ***Les Jeudis de Vichy*** **:** *de mi-juil à mi-août, ts les ap-m et soirées. Infos auprès de l'office de tourisme.* Vichy et le parc des Sources se transforment en présentant des spectacles pour enfants, avec ateliers, jeux en bois, animations musicales et présentation de produits artisanaux. Tout est gratuit et régale les familles.

DANS LES ENVIRONS DE VICHY

Le château de Busset **:** *1, pl. du Château, 03270* ***Busset.*** ☎ *04-70-59-13-97.* • *busset.com* • *À 13 km au sud de Vichy par Saint-Yorre. Visite guidée : mai-juin et sept, w-e et j. fériés ttes les heures 14h30-17h30 ; juil-août, tlj ttes les heures 15h-18h. Visite à la chandelle sur résa, juil-août, ven à 21h30 (9 €). Visite*

libre tte l'année 14h-18h. Entrée : env 6 € ; réduc. Ce vaste (c'est le deuxième en taille du département) et très beau château, dont les origines remontent au XIIIe s, surplombe le village et la vallée de l'Allier. Édifié par Renaud de Vichy, grand maître des Templiers, il vit passer le roi Henri IV en 1589, dont on visite d'ailleurs la chambre avec un lit à baldaquin d'époque. Belles fresques du XVIe s, salons élégants, beaux escaliers et un parc de 8 ha avec ses jardins à la française et à l'italienne. Nombreux départs de rando depuis le château. Spectacles et concerts organisés en été.
Une dizaine de très belles chambres sur place, pour jouer au châtelain (80-200 €).

***Le musée et les souterrains de Cusset :** 03300 **Cusset.** À 3 km à l'est de Vichy. Ouv w-e de mai, et de mi-juin à fin sept tlj sf lun 14h-19h. Visite commentée ttes les heures 14h30-17h30 ; contacter l'office de tourisme de Cusset (☎ 04-70-31-39-41 ; • otcusset@wanadoo.fr •). Tarif : env 4,50 € ; réduc ; gratuit moins de 10 ans.* Que diriez-vous d'une promenade dans des souterrains du XVe s (pensez à la petite laine !) ? On visite ici les soubassements de fortifications élevées entre 1475 et 1483 à la fonction défensive et militaire. Un petit musée retrace l'histoire de la ville de Cusset : sculptures, peintures et objets évoquant principalement le passage du roi Louis XI.

LA MONTAGNE BOURBONNAISE

Carte Allier, D4

À l'extrême sud-est du département apparaissent des montagnes. Pas une barrière infranchissable, mais quelques sommets, dont le puy de Montoncel, point culminant du département avec ses 1 287 m. Ce n'est pourtant pas un massif d'opérette, et le changement de paysage est radical. Les routes serpentent à travers des forêts souvent brumeuses, parfois enneigées, et permettent de plonger dans une nature authentique aux villages accueillants, même si l'on sent que la vie doit parfois y être rude. Avec ses 400 km de chemins balisés (pédestres et VTT), il faut prendre le temps de se perdre dans cet espace de nature où l'on croise plus de chevreuils que de touristes.

Adresse utile

***Office de tourisme de la Montagne bourbonnaise :** rue Roger-Dégoulange, 03250 **Le Mayet-de-Montagne.** ☎ 04-70-59-38-40. • tourisme-montagne-bourbonnaise.com • Juil-août, lun-sam 9h-12h30, 14h30-18h ; dim 10h-12h30. Hors saison, l'ap-m en sem, plus lun et sam mat. Fermé j. fériés.* Accueil adorable. Nombreuses documentations et topoguides de rando. Idéal pour préparer votre séjour dans le secteur, en toutes saisons.

FERRIÈRES-SUR-SICHON (03250 ; 575 hab.)

Gros bourg typique, qui tirerait son nom d'ouvriers forgerons autrefois installés ici, qu'on gagne depuis Vichy, en suivant la bucolique vallée du Sichon par la D 995.

Adresse utile

***Maison de la vallée du Sichon :** 1, pl. de la Poste. ☎ 04-70-41-14-89. • ferrieres-sur-sichon.fr.fm • Avr-sept, mer-dim 10h-12h, 14h-18h30 ; le reste de l'année, jusqu'à 17h. Fermé 1er janv-31 mars, ainsi que 1er mai et 25 déc.* Accueil très aimable, plein de documentation et même quelques réalisations de producteurs locaux. Petite exposition sur le château de Montgilbert.

Où dormir ? Où manger ?

Camping

▲ ***Camping municipal Le Galizan :*** *☎ 04-70-41-10-10 (mairie). • mairie.ferrieres@wanadoo.fr • À peine à l'écart du village, par la route de La Guillermie. Ouv juin-sept. Compter 7,90 € pour 2 pers. CB refusées.* Une trentaine d'emplacements dans un cadre calme, le long du Sichon et près d'un joli moulin, du stade de la ville et de ses tennis. Pêche et baignade dans l'étang tout proche.

De bon marché à prix moyens

■ ***Chambres d'hôtes du Moulin de Galizan :*** *au moulin. ☎ 04-70-41-12-83. • moulin.galizan@free.fr • moulin.galizan.free.fr • À 1 km sur la droite, en contrebas, par la route de Lavoine. Double 52 € (tarif dégressif à partir de la 2e nuit).* Accueil très chaleureux des propriétaires, qui ont fort joliment transformé cet ancien moulin. Les chambres, soignées, colorées et fleuries, encouragent au repos. Dans la belle et grande salle qui surplombe la rivière, on discute des restos avoisinants en prenant un petit déj sucré ou salé. Une adresse de goût, de gentillesse et de bien-être.

■ |●| ***Auberge du Sichon :*** *pl. de la Poste. ☎ 04-70-41-10-06. Resto fermé dim soir (plus midi hors saison). Double env 42 €. Menus 12,50 € (déj en sem), puis 16-25 €. Apéritif offert sur présentation de ce guide.* Une authentique auberge de village. Accueil sympathique, cuisine campagnarde copieuse à base de spécialités locales, comme la truite ou le « finö » (spécialité au lard et à la pomme de terre)... Réservation indispensable le week-end, car l'adresse est très prisée. Quelques chambres, simplettes, pour l'étape.

À voir dans les environs

★ ***La grotte aux Fées :*** En prenant la route de Thiers (D 122), on arrive au hameau de ***Forest.*** La légende veut que des fées aient habité une grande grotte qui se trouve au bord de la rivière. Joli prétexte à une agréable balade de 1h, permettant de voir dans une première galerie longue d'une trentaine de mètres des stalactites et des cascatelles. On peut demander la clé et les lampes (en contrepartie d'une petite pièce pour les piles) à Mme Matichard, première maison à droite en venant de Ferrières.

★ ***Le château de Montgilbert :*** *accès par la route de Vichy ; indiqué à droite à 2 km. Accès libre tte l'année (sous votre responsabilité, soyez prudent).* Depuis 1973, les ruines de ce château des XIIIe et XVe s sont restaurées par des étudiants qui s'évertuent, au fil des ans, à relever les murailles écroulées un jour de 1750 parce que la châtelaine, désespérée que son fils préfère son château à sa maman, déchevilla la charpente, qui s'écroula au premier coup de vent !

★ ***Le musée de Glozel :*** *☎ 04-70-41-12-96. • museedeglozel.com • ♿ À 4 km à l'ouest de Ferrières par la route de Vichy. De mi-mars à oct, en principe mer, ven-dim et j. fériés 13h30-17h30, mais téléphoner pour vérifier. Entrée : env 4 €.* Émile Fradin avait 17 ans quand en 1924, travaillant à la métairie de son grand-père, il décèle, par hasard et grâce à sa vache Florence (!), une cavité souterraine sous une voûte de brique. Surprise par cette découverte, la famille fouille le site pensant y trouver un trésor. On remonte des poteries, on les brise, on cherche, on creuse – sans réelle rigueur scientifique – jusqu'à sortir de terre un nombre impressionnant de pièces. Ce musée en expose près de 3 000 : haches, poignards, pendeloques, gravures animales sur os et pierre, vases, urnes à visages, idoles bisexuées, ainsi que de curieuses tablettes d'argile couvertes de mystérieux signes alphabétiformes. Bien que les préhistoriens « officiels » soient toujours sceptiques, la collection a été classée... On ne sait jamais !

MYSTÉRIEUSES ÉCRITURES

En 1925, le Dr Morlet, médecin de Vichy féru d'archéologie, estimait que les signes alphabétiformes des tablettes exposées au musée de Glozel avaient été tracés quelque 5 000 ans av. J.-C. Alors qu'on venait de soutenir que l'alphabet avait été inventé par les Phéniciens (à peine 1 500 ans av. J.-C.), il n'en fallut pas plus pour déclencher une violente polémique scientifique. Dans les années 1970, une datation au carbone 14 fait remonter les tablettes à - 2500. Nouvelle polémique. Reste qu'aujourd'hui personne n'a pu décrypter le mystérieux alphabet de Glozel...

LAVOINE

(03250 ; 152 hab.)

On commence à se sentir à la montagne, avec ce village qui étale ses hameaux encore bien authentiques au flanc de la haute vallée du Sichon et au pied du puy de Montoncel. Si le tourisme s'y développe gentiment, on vit encore et toujours ici du travail du bois : une poignée de scieries sont encore installées sur le territoire de la commune. Par la D 995, on peut grimper au ***col du Beaulouis,*** d'où l'on aperçoit l'ancienne mine d'uranium de Laprugne, qui anima toute la région à partir de 1956.

Où manger ?

Auberge de la Source : *Le Fau. ☎ 04-70-59-37-49. Sur la route du foyer de ski de fond. Ouv tlj sf lun, slt le midi, sur résa. Menus 15-26 €. CB refusées.* Un genre d'institution locale (sur ces hauteurs, on continue à appeler l'endroit « chez Lilou ») dont, intelligemment, les nouveaux propriétaires ont conservé les bonnes habitudes : simplicité, convivialité, un menu qui change au gré des humeurs du chef et d'originaux plats de terroir comme le « finö ».

À voir

La Maison du bois et de la forêt : *au centre du village. ☎ 04-70-59-35-69 ou 37-45 (mairie). Mai-oct, tlj sf lun 14h30-18h. Entrée : 3 € ; réduc.* Un musée pédagogique intéressant pour mieux comprendre le rôle et l'utilisation du bois dans la région. L'entrée comprend également la visite d'une scierie voisine.

– En sortant, ne manquez pas l'*horloge à eau et à billes.* Curieuse réalisation qui vous donne l'heure (quand elle marche !) en comptant les billes de bois exotique ! On ne trouve que deux autres exemplaires dans le monde... à San Francisco et à Munich !

Sports et loisirs

➢ ***Randonnées :*** pour une petite balade familiale, le *sentier d'interprétation des Bois Noirs* tracé par l'ONF (3 km ; brochure disponible à la Maison du bois et de la forêt – voir plus haut). Les plus vaillants poursuivront par le GR 3, qui rejoint le sommet de l'Allier, le puy de Montoncel (compter 3h30).

– ***VTT :*** quatre circuits (de 3,5 à 33,5 km) au départ du foyer de Montoncel. Location sur place.

Ski et neige

Ski de fond : *domaine de Montoncel (960-1 287 m). Rens : ☎ 04-70-59-37-87. • montoncel-lavoine.com •* 47 km de pistes tous niveaux (verte à noire) souvent en sous-bois. Liaison avec le domaine nordique de la Charme (63).

– **Raquettes :** 9,5 km d'itinéraires balisés (avec panneaux explicatifs).

LA LOGE-DES-GARDES (03250)

La station de ski la mieux équipée de l'Allier (forcément, il n'y en a qu'une en ski alpin !). Bon, avec ses deux, trois chalets et pas beaucoup plus de remontées mécaniques, on est loin du gigantisme des stations alpines, ou de Superbesse pour rester en Auvergne. Mais il y a moyen de s'amuser hiver comme été !

Adresse utile

Point Info Tourisme : *☎ 04-70-56-44-44. 06-62-23-03-00. • logedesgardes.com • Ouv pdt vac scol d'été, tlj tte la journée ; pdt les petites vac scol, tlj l'ap-m ; en demi-saison, slt l'ap-m des mer, w-e et ponts.*

Sports et loisirs

Ski alpin : domaine (1 050-1 160 m). Quatre remontées mécaniques. Cinq pistes : verte, bleue et rouge.

Ski de fond : 21 km de pistes à travers les bois.

– **Raquettes :** 5 km d'itinéraires balisés.

En été, le site devient un gros spot de la glisse sur herbe. On dévale les pentes sur d'étranges engins *(mountain board, arapaho, carvsleigh...)*. Également du tennis, un sentier de découverte, des pistes de VTT balisées, la possibilité de louer des vélos, une piste de *bob-luge* de 350 m au milieu de la forêt et du *tubbing*.

SAINT-NICOLAS-DES-BIEFS (03250)

Tranquille village posé, en balcon, à 930 m d'altitude, au cœur de la Montagne bourbonnaise. Des verriers, chassés de Lorraine par la guerre de Trente Ans, ont longtemps fait vivre le village de leur activité traditionnelle.

Où dormir ?
Où manger ?

Camping-auberge Les Myrtilles : *☎ 04-70-56-40-03. • myrtille03@aol.com • auxmyrtilles.com • En pleine nature, au-dessus du village (c'est fléché). Ouv tte l'année. Compter env 10 € pour 2 pers ; chalets 5-7 pers env 70 € la nuitée. Casse-croûte 11,50 € ; menus 16-22 €. Réduc de 10 % sur le prix du chalet et apéritif maison offert sur présentation de ce guide.* Le camping le plus haut du département (1 000 m tout rond). Ce petit morceau de forêt accueille aussi un patron irremplaçable (même s'il pense à la retraite), des petits chalets de bois, une piscine pour les enfants, toute une ménagerie (chiens, oies, âne, cheval...) et une bonne petite table familiale et régionale.

À voir. À faire

Le musée du Verrier : *☎ 04-70-56-49-15. • museeduverrier.free.fr • Ouv 14h30-18h30 : jeu-dim juil-août, w-e slt en sept ; hors saison, sur rdv. Entrée : env 3 € ; gratuit moins de 10 ans.* Un petit musée à la scénographie moderne pour conserver intact le souvenir des verriers qui travaillaient à Saint-Nicolas aux XVIIe et XVIIIe s.

L'allée des Géants : *à la sortie du village sur la route de la Chabanne.* Un petit bout de chemin bordé de hêtres vieux d'au moins quatre siècles auxquels les tailles successives (on s'en servait comme bois de chauffage) ont donné des formes fantasmagoriques.

➢ ***Le sentier de la tourbière :*** *après Saint-Nicolas-des-Biefs par la D 47 direction Renaison, puis la D 478 (c'est fléché). Ouv tte l'année. Compter 1h. Accès gratuit.* À la frontière entre l'Allier et la Loire, sur le plateau de la Verrerie, une promenade sur un sentier sur pilotis permet de traverser la tourbière (site marécageux qu'on ne pourrait découvrir autrement). Une signalétique valorise ce milieu naturel de toute beauté, surtout au printemps, évidemment.

– ***VTT :*** six jolis circuits balisés (soit 130 km). Tous renseignements au camping *Les Myrtilles*.

Ski et neige

Ski de fond : domaine du plateau de la Verrerie (960-1 100 m). 20 km de pistes reliées au domaine de La Loge des Gardes.

– ***Raquettes :*** deux itinéraires balisés.

SAINT-CLÉMENT (03250)

Un village qu'affectionnait, paraît-il, beaucoup Jean-Jacques Rousseau, qui y séjournait chez son ami Joseph d'Évry. Sympathique plan d'eau artificiel pour barboter ou se livrer à toute autre activité nautique.

Où dormir ?

Camping Les Plans : *Les Plans. ☎ 04-70-56-42-22. • vacances-lesplans.com • Ouv tlj juil-août ; sur résa le reste de l'année. Compter env 15 € pour 2 pers ; bungalows 52-60 € la nuitée, 345-405 €/sem selon taille.* Simplement installé en bordure de 2 rivières, la Besbre et le Coindre. Une vingtaine d'emplacements ombragés pour camper. Location de bungalows très années 1950 pour 1 à 5 personnes.

Chambres d'hôtes La Maison des Sources : *Carton. ☎ 04-70-56-47-04. • mieke.bontekoe@maisondessources.fr • maisondessources.fr • Sur la D 120 (c'est fléché sur la gauche) entre Saint-Clément et Saint-Nicolas. Congés : nov-déc. Double 60 €. Repas 25 € tt compris. Réduc de 10 % sur le prix de la chambre à partir de la 2e nuit (hors vac scol) sur présentation de ce guide.* D'accord, les chambres font vraiment chambres d'amis et se partagent la salle de bains. Mais cette petite maison isolée est adorable. Et l'accueil du couple hollandais qui l'habite vraiment décontracté. À la table d'hôtes, produits du jardin ou des agriculteurs locaux. Stages de peinture et de dessin par le mari, qui est artiste-peintre et professeur diplômé.

VICHY ET LA MONTAGNE BOURBONNAISE

LE MAYET-DE-MONTAGNE (03250 ; 1 600 hab.)

La « ville » de la Montagne bourbonnaise ! Quelques élégantes maisons rappellent l'époque où il était plutôt chic pour les curistes de Vichy de venir respirer le bon air de la montagne.

Adresses utiles

Office de tourisme de la Montagne bourbonnaise : *chalet cantonal, rue Roger-Dégoulange (près de la pl. aux Foires, route de Vichy). ☎ 04-70-59-38-40. • tourisme-montagne-bourbonnaise.com • Juil-août, lun-sam 9h-12h30, 14h30-18h ; dim 10h-12h30. Le reste de l'année, fermé mat mar-ven et dim. Fermé j. fériés.* Accueil adorable. Nombreuses documentations et topoguides de rando.

La Maison de la Montagne bourbonnaise : *rue de l'Église. ☎ et fax : 04-70-59-75-24. Ouv tte l'année, tlj (sf 25 déc et 1er janv) 10h-12h, 14h-18h (19h juil-août).* Cette maison promeut depuis plus de 30 ans la Montagne bourbonnaise au travers de l'artisanat et des produits régionaux. Une petite centaine d'artisans et de producteurs exposent leur savoir-faire... et organisent la Foire à la paperasse et celle aux paniers chaque année (voir « Manifestations »).

Où dormir ? Où manger ?

Camping

Camping municipal : *chemin de Fumouse. ☎ 04-70-59-70-52 (mairie). 06-62-52-89-32. • camping.mayet@orange.fr • lemayetdemontagne.planet-allier.com • Juste à l'extérieur de la ville. Ouv de mi-mars à fin oct. Compter env 6 € pour 2 pers ; bungalows 4 pers 135-285 €/sem selon période. CB refusées.* Camping sans fioritures, en surplomb au-dessus du lac des Moines (préférer les emplacements 34 à 43 pour la vue sur le lac). Un accueil sympathique et de l'ombre en quantité suffisante. Piscine à proximité. Le GR 3 est accessible pour la rando.

Prix moyens

La Magnette : *Toit-Benon. ☎ 04-70-59-75-24 (Maison de la Montagne). Congés : 2e et 3e sem de fév. Double 47 €, petit déj compris. Réduc de 10 % sur le prix de la chambre sur présentation de ce guide.* Tout petit hôtel (une poignée de chambres) installé dans une maison isolée. Chambres claires, sympas et bien entretenues, dont une (la n° 2) un peu plus grande et avec une petite terrasse.

Chambres d'hôtes Le Couturon : *La Cartonnée. ☎ 04-70-56-45-14. 06-64-85-06-29. • mireille.monat@wanadoo.fr • le-couturon.com • Du Mayet, prendre la route de Laprugne ; à 200 m, prendre sur la gauche la petite route en épingle qui mène jusqu'à la ferme à 2 km (indiqué). Congés : vac Noël. Chambre 52 € (réduc à partir de 2 nuits consécutives). Repas (sf dim soir) 20 €. Digestif offert sur présentation de ce guide.* Des enfants du pays ont transformé cette vieille ferme en pleine nature en un petit paradis douillet. Accueil charmant, repos garanti. 5 chambres toutes différentes, toutes fraîches et confortables. Également un gîte pour 2 personnes. En saison, on ne compte plus les fleurs qui embellissent les parterres et les légumes du jardin qui accompagnent le repas. Une terrasse surplombe le lac de Saint-Clément, qu'on pourra rejoindre le temps d'une promenade.

Chambres d'hôtes Chez Breuil : *Breuil. ☎ 04-70-59-75-03. • noelle.moussiere@laposte.net • chezbreuil.fr • Du Mayet, prendre la D 62 direction Vichy, puis petite route à gauche direction Arronnes (fléchage « chambres d'hôtes »). Congés : dernière sem d'août. Double 50 € ; familiale 65 € ; prix dégressif selon nombre* *de nuits. Repas 17 € tt compris. Apéritif et café offerts sur présentation de ce guide.* « Familial et authentique », annonce la carte de visite. On ne saurait pas si bien dire ! Accueil franc et direct, petites chambres simplement confortables, bonne cuisine de ménage à la table d'hôtes, où l'on apprend très vite tout de cette sympathique petite famille d'agriculteurs.

La Vieille Auberge : *6, rue de l'Église. ☎ 04-70-59-34-01. • jmfradin@orange.fr • Fermé mer, plus lun soir et mar soir hors saison. Congés : 25 déc-16 janv et 17 sept-3 oct. Menu campagnard 11 € (sf midi dim et j. fériés) avec charcuterie, salade et omelette aux pommes de terre ; autres menus 12-22 €. Café offert sur présentation de ce guide.* Face à l'église, cette ancienne et agréable auberge a décidé de ne plus vieillir. Décor fait de pierre, de bois et de publicités d'autrefois. La cuisine est traditionnelle, la carte à base de produits fermiers, et les desserts maison régalent. Une vraie table rustique dans le sens noble du terme. Parfait en famille ou entre amis avant une petite rando ou la visite du musée voisin.

À voir

L'Osarium – musée de la Vannerie : *pl. de l'Église. ☎ 04-70-59-75-24. De l'autre côté de l'église par rapport à la Maison de la Montagne bourbonnaise. W-e de Pâques-1er nov, tlj 14h-18h (10h-12h, 14h-19h juil-août). Compter 40 mn de visite. Entrée : env 4 € ; réduc.* La vannerie fut beaucoup pratiquée dans la région. La passion d'un collectionneur a permis de recréer le quotidien d'une famille de vanniers au travers de deux diaporamas, et surtout de présenter près de 800 pièces de vannerie et outils, comme la malle de pique-nique de l'amiral Nelson, un coffret entièrement fait en pépins de pomme, ou un minipanier réalisé dans une coque de noix ! À l'arrière, le « Salicetum », jardin des Osiers, mérite un coup d'œil. 16 espèces sont cultivées et des constructions « vivantes » (haies, tunnel, cabanes) sont présentées. Profitez-en pour vous reposer, vous devez commencer à être vannés !

Le musée des Miniatures et du Monde du cirque : *Sennepin, route de Laprugne, à 3 km du Mayet. ☎ 04-70-59-74-60. Pdt vac scol, lun-sam 14h-18h ; le mat, sur demande. Compter 45 mn de visite. Entrée libre, à l'appréciation des visiteurs.* Étonnant petit musée réalisé par Joël Fradin, taxidermiste de son état, mais aussi champion de France des maquettistes en 1986 et passionné par les véhicules de pompiers et les cirques. La plupart des véhicules (près d'un millier) ont été réalisés par ses soins avec des bouts de carton et des cotons-tiges. Voyez la première jeep de pompier, chère à son cœur, offerte par sa femme et à l'origine de sa collection. L'autre salle présente des répliques des cirques existants ou ayant existé, ainsi que le cirque parfait (qui porte son nom) qui lui a demandé plus de 8 000 heures de travail.

Manifestations

– **Foire à la paperasse :** *le dim de la fête des Mères. Entrée : 1 € ; gratuit moins de 16 ans.* Organisée par l'association Les Amis de la montagne, qui expose au complexe Fernand-Fayet au Mayet-de-Montagne : cartes anciennes, livres, B.D., etc.
– **Grands Jeux intercommunaux :** *le 1er dim d'août* (et depuis près d'un demi-siècle) avec tir à la corde, jeu de quilles, jeux de bûcherons, etc.
– **Foire aux paniers :** *le 3e dim d'août. Infos : ☎ 04-70-59-75-24. Entrée : 3 € ; gratuit moins de 12 ans.* Depuis plus de 30 ans, une cinquantaine de vanniers viennent travailler et exposer leur travail. Marché fermier et spectacle de rue.

CHÂTEL-MONTAGNE (03250 ; 380 hab.)

Petit village un peu perché (avec un nom comme ça...), Châtel est célèbre pour son église, véritable bijou dans un écrin de verdure sauvage. Ses rues anciennes, qui toutes portent le nom de résistants, rappellent l'importance qu'ont eue les maquis en Montagne bourbonnaise (à quelques kilomètres de Vichy...). Depuis quelque temps, le village est aussi devenu un haut lieu de l'artisanat. On y trouve une dizaine d'artisans de savoir-faire différents : verrier, tourneur sur bois, vannier, perlier d'art... Certains ateliers se visitent sur rendez-vous (coordonnées à la Maison du patrimoine ; voir plus bas). Les badauds se bousculent aux beaux jours, réveillant sérieusement un village très placide hors saison.

Où dormir ? Où manger à Châtel-Montagne et dans les environs ?

Le 16 Arts : *rue Julien-Charpentier, à Châtel-Montagne. ☎ 04-70-59-30-69. • resto.le16arts@orange.fr • Fermé mar soir et mer hors saison. Congés : 3 sem en janv, 1 sem en juin, 1 sem en sept. Résa conseillée. Formule déj 15 € ; menus 19-34 €. Café offert sur présentation de ce guide.* Malgré quelques petits efforts sur la déco, l'endroit ressemble un peu à une salle polyvalente. Mais on y mange simple et bon dans une ambiance qui donne l'impression d'être à la maison.

Chambres d'hôtes Le Panneau Blanc : *Le Pavillon. ☎ 04-70-59-36-70. • panneaublanc355@orange.fr • panneaublanc.fr • Direction Roanne sur 5 km ; au carrefour de la D 25 et de la D 420, prendre à gauche. Ouv Pâques-11 nov. Double 42 €. Gîte 20 pers 650-900 €/sem selon saison. Repas complet 16 €.* À 750 m d'altitude, cette belle maison tout en pierre possède des chambres dans une partie annexe. Confort simple et douillet, et beaucoup de gentillesse. À la table d'hôtes, repas familial selon l'humeur de Monique, et surtout selon la saison... Bon rapport qualité-prix-convivialité. Salle de jeux avec billard. À 100 m, 4 gîtes dont un pouvant recevoir jusqu'à 20 personnes dans un chalet de montagne en rondins.

À voir

L'église Notre-Dame : *en principe, tlj 8h-20h, mais il vaut mieux se renseigner auprès de la Maison du patrimoine (voir ci-dessous).* Au XIe s, le seigneur de Châtel légua tous ses biens aux moines de Cluny. Ceux-ci décidèrent de construire une église sur les ruines de celle du VIIIe s. Ils en ont fait l'une des merveilles de l'art roman, largement sous influence auvergnate (par son déambulatoire) et bourguignonne (car la nef a été surélevée pour lui donner de la lumière). Au-dessus d'un porche austère sur la façade occidentale s'élève un mur-pignon qui a perdu son clocher pendant la Révolution. À l'intérieur, nef à quatre travées flanquée de bas-côtés, transept sans saillie et chœur en hémicycle avec un déambulatoire à quatre chapelles rayonnantes. Également de beaux chapiteaux, véritable B.D. en granit. Peu de scènes religieuses, mais des représentations surprenantes, comme cette sirène, un âne rétif et deux bustes d'homme sonnant de l'olifant.

La Maison du patrimoine : *pl. Alphonse-Corre. ☎ 04-70-59-37-89. • vitrine.chatel-montagne@orange.fr • Tlj 10h-12h, 14h-18h (17h déc-mars, 19h juin-sept).* Assure la promotion des produits du terroir et du travail des artistes et artisans du bourg et des environs. Nombreuses expos temporaires d'artistes régionaux, tout au long de l'année. À l'étage, très contemporaine (et très réussie) exposition permanente sur l'église.

À voir. À faire dans les environs

Le musée de l'École : *03120* **Châtelus.** *☎ 04-70-55-01-79 (mairie). • chatelus.planet-allier.com • À 18 km au nord par la D 207 jusqu'à Arfeuilles, puis la D 26 (vers Lapalisse) et la D 171 à droite (indiqué). Mai-oct, tlj 14h30-18h30 ; le reste de l'année, sur rdv. Entrée : env 3,50 € ; réduc (notamment sur présentation de ce guide).* L'école du village a fermé ses portes en 1992. Plutôt que d'abandonner définitivement ce lieu de mémoire qui a vu se succéder des générations d'écoliers depuis 1881, deux anciens instituteurs ont décidé d'en faire un musée. Ces deux passionnés ont réuni, à force de fouiller les greniers, un fonds unique : livres scolaires de 1830, tables de 1850, buvards publicitaires de La Vache qui rit ou de la Chicorée Leroux, poêle et, évidemment, tableau noir. La salle de classe a gardé son armoire à expériences... C'est un grand plongeon dans un passé pas si lointain. D'ailleurs, ça sent encore l'encre violette, et on peut s'essayer à l'écriture avec une vraie plume.

➢ **La cascade de la Pisserotte :** *à 15 km au nord de Châtel-Montagne par la D 207, puis depuis Arfeuille par la D 26 direction la Croix-du-Sud. Indiqué sur la droite.* Petite balade d'environ 1h aller-retour. Du parking, traverser le hameau et suivre le balisage vert dans un agréable sous-bois. Puis emprunter la passerelle qui enjambe le Barbenan qu'on longe pour rejoindre la cascade que l'on peut surplomber par un petit sentier. On pourra continuer la balade jusqu'à une autre cascade typique du coin, le Gour Noir.

La Maison de la Niète et du Barger : **Les Roziers.** *☎ 04-70-55-53-46. 📱 06-23-93-69-05. • chevrduch@free.fr • À env 15 km au nord de Châtel-Montagne par la D 207, puis depuis Arfeuille par la D 26 direction la Croix-du-Sud, puis sur la gauche par un chemin en terre. Résa obligatoire. Au programme, tlj sf lun 16h-17h : la Jeanne vous raconte l'histoire, et vous initie à la reconnaissance des herbes et à la fabrication des tisanes, env 3 €, réduc ; la Niète 17h-19h : à la lueur d'une bougie, devant une assiette de fromage, la Niète vous raconte des histoires juste avt l'heure de la traite manuelle (19h), 5 €, réduc ; 20h30 : veillée avec le potherbe (soupe aux herbes sauvages), suivi de salade, fromages et fruits : 9-15 € le repas ; on peut prolonger la soirée en y passant la nuit (13 €, petit déj inclus) ; nombreuses autres activités et découvertes.* Durant ces visites, elle reçoit en costume bourbonnais et raconte, moitié en français et moitié en patois, des histoires qui fascinent les enfants. Elle explique comment on vivait dans ces fermes au XIXe s, ouvre l'armoire des secrets, fait rencontrer les biquettes, passe à la traite (vers 19h) et sort le plateau de ses fromages (c'est une « inventeuse de fromages », avec plus de 60 créations à son actif, aux noms pittoresques et aux recettes ancestrales). Les enfants adorent... tout comme les parents d'ailleurs ! Vente de fromages sur place, bien sûr. Un petit moment rare et hors du temps !

LE VAL DE BESBRE

Au pied de la Montagne bourbonnaise, la campagne se fait plus plane, les horizons s'éloignent, les perspectives s'allongent dans ce pays de bas plateaux où règnent les bruyères, les étangs et les bois. Autrefois, cette terre n'était effectivement que landes et marais. Des moines, installés à l'abbaye de Sept-Fons (ordre de Cîteaux, fondée en 1132), assainirent les terres alentour pour les rendre plus fertiles. Un homme également, Victor de Tracy, transforma ce paysage de désolation en y plantant des arbres, asséchant les eaux stagnantes et développant les cultures céréalières. Le paysage – particulièrement entre Dompierre et Jaligny – est aujourd'hui jalonné de beaux châteaux (privés).

La Besbre, en quittant la montagne pour aller se jeter dans la Loire, dessine une large vallée ondoyante qu'on suit d'abord vers Lapalisse, à l'imposant château, puis vers Jaligny, où l'écrivain René Fallet situa *La Soupe aux choux* et quelques-uns de ses plus fameux romans. Plus au nord, la Besbre forme une région de terres alluviales appelée Sologne bourbonnaise (qui n'a rien à voir avec celle de la région Centre).

LAPALISSE

(03120) 3 510 hab. *Carte Allier, D3*

Une petite ville à l'ombre de son château qui a retrouvé une vraie tranquillité depuis que la mythique nationale 7 passe un peu plus au large. Une gloire locale, évidemment Jacques de Chabannes, seigneur de La Palice, Pacy, Montaigu-le-Blin, Chavroches, Châtelperron, Chatelle et Dompierre-en-Bourbonnais, qui tel Louis Lépine et son concours ou Émile Coué et sa méthode a laissé son nom à la postérité. Du moins tant qu'on s'intéressera à ces lapalissades qui fleurent bon la France d'hier, celle qui s'endormait heureuse de connaître enfin la vérité sur tout. Aujourd'hui, même la « véritable » histoire des vérités serait remise en question, et surtout ne ferait plus rire personne, à l'heure de la mondialisation... Les lapalissades ou « vérités de La Palice », sont devenues un bonbon feuilleté aux fruits dans lequel est glissée une « vérité ». Et cette vérité-là, on ne nous l'enlèvera pas de la bouche !

Dans un autre genre, la ville est connue de tous les parachutistes grâce à son centre européen de chute libre où s'entraînent les plus grands champions ou corps d'élite.

LA VÉRITABLE HISTOIRE DES VÉRITÉS

En 1524, le seigneur de La Palice accompagne son roi, François Ier, en Italie pour livrer bataille du côté de Pavie. Il meurt durant le siège. Ne pouvant pas le laisser en terre ennemie, on organise le voyage de retour de sa dépouille. Pendant le trajet, les soldats, pour se donner du courage, chantonnent quelques vers de leur invention : « Hélas, La Palice est mort ! Il est mort devant Pavie. Hélas, s'il n'était pas mort, il ferait encore envie... » Mais à cette époque où le magnétophone n'existait pas, la dernière partie de la phrase fut déformée avec le temps pour devenir « Il serait encore en vie... » et en faire une vérité... de La Palice.

Adresse utile

Office de tourisme du pays de Lapalisse : *26, rue Winston-Churchill. ☎ 04-70-99-08-39. • cc-paysdelapalisse.fr • Juil-août, tlj sf dim ap-m 9h30-12h30, 13h30-18h30 ; le reste de l'année, tlj sf dim et les lun-mar mat, en horaires restreints en sem.* Propose des fiches de balade à faire en ville et une carte IGN avec une quarantaine de circuits de rando dans les alentours.

Où dormir ?
Où manger ?

Camping

Camping de la Route Bleue : *rue de Roanne (à côté du jardin public). ☎ 04-70-99-26-31. • camping@cc-paysdelapalisse.fr • cc-paysdelapalisse.fr • ♿ À 5 mn à pied du centre-ville. Ouv avr-sept. Compter 8 € pour*

2 pers ; mobile homes et chalets 5 pers 150-370 €/sem. CB refusées. Sous les peupliers, ce petit camping offre une soixantaine d'emplacements sur les bords de la Besbre, avec également des mobile homes et des chalets (résa par l'office de tourisme). Calme et agréable, il n'est qu'à 5 mn à pied de la ville.

De prix moyens à chic

Hôtel-restaurant Galland : *20, pl. de la République. ☎ 04-70-99-07-21. • contact@hotelgalland.fr • hotelgalland.fr • Route direction Le Breuil. Resto fermé lun juil-août, plus dim soir le reste du temps. Doubles 56-70 € ; ½ pens souhaitée juil-août 50-69 €/pers. Formule 16 € (déj en sem) ; menus 26 € (sf j. fériés)-57 € ; carte env 45 €. Parking clos gratuit. Café offert sur présentation de ce guide.* Coup de jeune pour cette institution locale ouverte depuis 1884. La salle a des airs bourgeois avec sa belle vaisselle et ses teintes blanc cassé. Ambiance cosy. La cuisine joue un registre plutôt traditionnel. 7 chambres spacieuses et contemporaines.

Chambres d'hôtes Le Puy des Vérités : *7, av. Pasteur. ☎ 04-70-96-22-05. • hotes@lepuydesverites.net • lepuydesverites.net • Derrière l'église. Doubles 90-100 € ; familiales 130-140 €. Parking clos gratuit. Pot d'accueil sur présentation de ce guide.* Réjouissante villa du XIXe s de style anglo-normand, comme on en rencontre dans les rues de Vichy. Chambres véritablement charmantes, évidemment toutes différentes, grand jardin qu'on peut appeler « parc », belle piscine, salon-bibliothèque, billard sous les toits. Et des hôtes qui vous font, en cinq secondes, partager leur enthousiasme pour leur région d'adoption. Le genre d'adresse qu'on quitte à regret...

Le Moulin Marin : *route de Varennes-sur-Têche. ☎ 04-70-99-08-53. • lemoulinmarin@wanadoo.fr • Près du château, prendre la direction de Varennes-sur-Têche ; c'est à 2 km, au bord de l'eau. Tlj sf dim soir, lun, mer midi et soir des j. fériés. Congés : 2-10 janv, 1er-9 sept. Doubles 68-120 € ; familiales 120-130 €. Menus 13 € (déj en sem), puis 27-37 €. Café offert sur présentation de ce guide.* Cet ancien et imposant moulin converti propose une quinzaine de chambres, dont 2 suites idéales pour une famille, et surtout une bonne table, le tout dans un cadre bucolique. Madame au service est souriante et pro, et dans l'assiette, c'est une agréable cuisine de pays aux produits de saison... Impressionnantes poutres en sapin et jolies faïences accrochées aux murs. En terrasse, on déjeune bercé par le clapotis de la Besbre...

LE VAL DE BESBRE

À voir. À faire

Le château : *☎ 04-70-99-37-58. 06-07-58-82-63. Pâques-Toussaint, accès libre au parc ; visite guidée tlj 9h-12h, 14h-18h. Compter 1h de visite. Entrée : 6 € ; réduc.* Ce château, fondé au XIIe s et largement modifié au XVe s, est toujours la propriété de la famille de Chabannes, qui le possède depuis que Charles de Bourbon le donna à Jacques Ier en 1430. Il est donc entièrement meublé, et c'est Jacques de Chabannes, 24e du nom, ou son guide, qui dirige une visite absolument passionnante. Outre la chapelle gothique, dans laquelle on trouve des gisants de la famille, le château renferme un nombre considérable de bibelots, de tableaux... qui racontent l'histoire de cette grande famille de France. Mais la pièce maîtresse, c'est le salon doré avec son plafond à caissons losangés, dorés et peints. On peut y voir des tapisseries flamandes du XVe s. Ces *tapisseries des Neuf Preux* furent perdues à la Révolution ; six furent retrouvées en 1880, mais quatre d'entre elles ont été volées un siècle plus tard. Beau mobilier Louis XVI, *Le Retour de l'émigré* de David, une collection de décorations militaires du XIXe s et de 1914-1918... Jeu d'énigmes à destination des enfants. Promenade dans le parc de 6 ha, jusqu'aux étangs.

Le musée de l'Art en marche : *9, av. du 8-Mai-1945. ☎ 04-70-99-21-78. • art-en-marche.fr • ♿ En sortie de ville, route de Moulins. Avr-oct, tlj 10h-12h, 14h-18h (dim et j. fériés 14h-18h slt) ; nov-mars, sur rdv. Compter env 1h30 de visite. Entrée : env 5 € ; réduc.* Expositions et ateliers de découverte. Un espace unique en France. Tous ceux que les musées institutionnels n'ont jamais reconnus, les mauvais élèves de l'art, les recalés de la gloire, les trublions du bon goût ont trouvé refuge dans cette ancienne usine de maroquinerie. Enfin, presque tous... Des centaines d'œuvres farfelues, drôles, étranges, angoissantes... Proches de l'art brut ou définitivement inclassables, les artistes viennent du monde entier. Il n'y a pas de collection statique, et toujours quelque chose de nouveau. Toutes les œuvres exposées sont en vente, les artistes fonctionnent en coopérative et les vendent directement au public.

– **Le Centre européen de chute libre – Cavok Sarl :** *aérodrome, 03120 Lapalisse-Périgny. ☎ 04-70-99-18-03. • lapalisse-aero.com • À 4 km de Lapalisse par la route de Moulins. Calendrier et prix en ligne.* Ce centre, l'un des plus importants de France, accueille à partir de 15 ans tous ceux qui sont prêts à sauter dans le vide pour découvrir les sensations de la chute libre ou du vol sous voile. Les corps d'armée d'Europe entière viennent s'entraîner ici pour la qualité du site. Équipe jeune et sérieuse. Sur place, cafétéria, piscine, espace Internet, chambres de 3 ou 4 lits pour les stages et un carré de pelouse où l'on peut même planter sa tente.

DANS LES ENVIRONS DE LAPALISSE

MONTAIGU-LE-BLIN *(03150 ; 368 hab.)*

Beau village à 12 km au nord-ouest de Lapalisse, qui prend ses aises au pied des vestiges d'un château médiéval. C'était jadis un marché important. Il y avait 11 auberges et tous les bourgeois du coin y possédaient une maison de campagne (même Cambacérès habitait là). Les maisons sont restées, ainsi que la superbe place, plantée depuis 1801 de 143 arbres majestueux et classée Site remarquable.

Où manger ?

Auberge des Tureaux : *sur la place du village. ☎ 04-70-43-74-66. ♿ Tlj sf lun et le soir des mar, dim et j. fériés. Congés : vac de fév. Menu du jour 12,50 € (servi dans la salle du bar, déj en sem) ; autres menus 18,50-45 €.* Après avoir appris le métier de maître d'hôtel, le chef est revenu apprendre la cuisine avec sa mère. Heureuse initiative à en croire la mine réjouie des convives qui quittent cette auberge et son agréable terrasse face à la place ! En dégustant la succulente mousse de brochet (plat traditionnel aujourd'hui oublié), ayez une pensée pour maman Neboud. Idem pour les ris de veau, à la cuisson précise, ou les escargots grésillant dans leur cassolette. Pour faire court, c'est frais, c'est copieux, c'est bon.

SAINT-GÉRAND-LE-PUY *(03150 ; 1 030 hab.)*

Bourg tranquille où l'on partira sur les traces de James Joyce. Le célèbre écrivain irlandais y séjourna un an pile, de décembre 1939 à décembre 1940. Ce sera la dernière résidence française de ce géant de la littérature, qui disparaîtra en Suisse en 1941, un mois après avoir quitté l'Allier. Joyce logea d'abord à l'*Hôtel de la Paix*, où l'on ne se fera pas prier pour vous ouvrir sa chambre, restée presque en l'état, et celle où dormaient sa femme et son fils. Au n° 24 de la rue du Maréchal-Foch, une plaque indique la modeste maison que loua ensuite « l'Irlandais », comme on le surnommait. Les fans absolus de l'auteur d'*Ulysse* et de *Finnegan's Wake* pourront pousser le pèlerinage jusqu'au petit jardin où il écrivait, voire jusqu'au salon de coiffure qu'il fréquentait (au n° 9 de la Grande-Rue). On rappelle que c'est Valery Larbaud, voisin de Vichy, qui fut l'un des premiers à traduire James Joyce en français.

BILLY *(03260 ; 930 hab.)*

Joli village posé au bord de l'Allier et blotti autour de son château, auquel vous avez peut-être jeté un œil en vous promenant autour de Saint-Pourçain. On se retrouve en plein Moyen Âge en remontant sa grande rue, jalonnée de maisons du XVe s.
À quelques kilomètres au sud, à ***Saint-Germain-des-Fossés,*** on aura une pensée pour l'un des comiques français les plus populaires, Fernand Raynaud, qui repose au cimetière du bourg.

Où manger ?

Auberge du Pont : *1, route de Marcenat, à* ***Billy*** *; et à partir de juil au château du Bost à* ***Bellerive-sur-Allier à côté de Vichy****. ☎ 04-70-43-50-09. • aubergedupontbilly@orange.fr • Ouv tlj sf dim-lun (j. fériés fermé le soir). Résa conseillée. Formule déj en sem 18 € ; menus 28-60 €.* On ne vous fera pas le coup du charme bucolique ni de l'environnement charmant sinon vous risquez de passer le pont sans voir le resto. Mais si vous n'avez pas réservé, tant pis pour vous, car vous aurez manqué une des meilleures adresses actuelles du département. Intérieur épuré contemporain et chaleureux, pour découvrir une cuisine qui a du caractère, à l'image des 2 chefs associés. Une cuisine au plus près du produit, qui ne triche pas. Belle carte des vins présentée par un sommelier nouvelle génération.

À voir

Le château : *rue du Château. ☎ 04-70-43-51-51 (office de tourisme). Visites journalières à heures fixes organisées par l'office de tourisme : juil-août, tlj 10h-12h, 14h-18h ; mai-juin et sept, tlj sf lun 10h-12h, 14h-17h (17h30 w-e et j. fériés) ; avr et oct, les w-e et j. fériés 10h-17h. Fermé nov-mars. Visite : 4,50 € ; réduc ; gratuit moins de 8 ans.* Une vraie forteresse médiévale, édifiée au XIIe s, et entrée dans le patrimoine des Bourbons au début du XIIIe s ; centre d'une châtellenie qui compta jusqu'à 62 paroisses. Le rattachement du Bourbonnais à la couronne de France, puis l'attaque par les protestants en 1576 précipitent le déclin du château, qui sert un temps de prison royale avant d'être abandonné, pillé et enfin « squatté » par les villageois de Billy au XIXe s. Le chemin des remparts offre une vue magnifique jusqu'aux volcans d'Auvergne et permet d'embrasser d'un coup d'œil ce charmant village et les vestiges des trois enceintes qui protégeaient le château.

LE BREUIL *(03120 ; 570 hab.)*

À 6 km au sud de Lapalisse (direction Le Mayet-de-Montagne), ce bourg garde le souvenir de Mandrin, qui venait y abreuver ses chevaux avant d'aller attaquer les diligences (d'accord, on condense !). Une fontaine porte d'ailleurs le nom du bandit mythique.

À voir

Les jardins du domaine de la Chaize : *☎ 04-70-99-06-03. • domainedelachaize.com • Tlj sf lun 9h-12h, 14h-19h (18h hors saison). Fermé 15 j. en janv et oct. Accès gratuit.* Au-delà de l'aspect commercial (la boutique vend les fleurs séchées du domaine), il y a ici une vraie initiation à l'écologie. En vrac : on visite les pépinières qui produisent 80 variétés de fleurs, le séchoir, un *bambousarium,* un herbier mural, une rizière pour comprendre le cycle du riz, et les granges avec leurs expos consacrées aux arbres et aux céréales (on découvre plus de 70 espèces différentes de blé, dont le premier blé, cultivé au Néolithique). Après quoi, le sentier botanique (fléché) permet une découverte sympa de la campagne bourbonnaise et de ses espèces d'oiseaux. Également une collection de roses anciennes et de 20 variétés de myrtilles arbustives (attention aux taches !), ainsi qu'une serre aux agrumes. L'été, fête de la myrtille, marché à la ferme ou encore escapade dans les jardins.

Le moulin de Montcian – musée de la Meunerie : *☎ 04-70-55-01-68 ou 09. À 7 km au sud-est de Lapalisse, par la D 26, direction Arfeuilles. Juil-début sept, ven-dim 15h-19h ; le reste du temps, sur rdv. Compter 1h de visite. Entrée : env 3,50 € ; réduc. Possibilité de pique-niquer.* Cet imposant moulin, construit en 1825, abrite l'unique musée de l'Allier consacré à la meunerie. La machinerie, installée sur trois étages, est en parfait état de marche, puisqu'elle fonctionnait encore jusqu'en 1987. Tout ça est expliqué par la meunière et sa fille. Les meules, les cylindres de convertissage, les trieuses, tout, jusqu'à la chambre du meunier, semble n'avoir été abandonné qu'un instant. Et, en effet, les deux roues jumelées du musée fonctionnent lors des visites. Une belle plongée dans un passé pas si lointain puisque, en 1939, l'Allier comptait 190 moulins en fonctionnement.

Fête locale

– **Fête de la Citrouille :** *le 3ᵉ w-e d'oct. Infos : ☎ 04-70-99-76-29.* Tout le monde se retrouve pour fêter les citrouilles, et surtout pour élire la plus grosse et la plus belle d'entre elles ! On croit rêver...

DROITURIER *(03120 ; 390 hab.)*

Tranquille petit village, à 6 km à l'est de Lapalisse, isolé au milieu des collines qui annoncent la Montagne bourbonnaise voisine.

À voir

L'église : *tlj 8h30-18h (16h30 en hiver).* Romane (XIᵉ-XIIᵉ s), comme elles le sont toutes ou presque dans le département. À l'intérieur, sur le mur d'entrée, un chapiteau orné du thème typiquement auvergnat du « singe cordé ». Étonnamment, chez ce singe, ce n'est vraiment pas la corde qu'on remarque d'abord ! Dans la chapelle de la Vierge, on trouve aussi de plus sages peintures murales en trompe l'œil du milieu du XVIIIᵉ s.

Le musée de Figurines historiques d'art : *lieu-dit La Garde. ☎ 04-70-99-03-99. À 4,5 km au nord de Lapalisse par la route de Digoin ; dans une maison isolée sur la gauche (indiqué). Tlj sf ven 15h-19h, sur rdv. Compter 1h de visite. Entrée : env 5 € ; gratuit moins de 10 ans.* Mary et Hervé Maneval sont des passionnés et connaissent leur sujet... sur le bout des doigts. Chez eux, ils ont installé sur trois salles leur collection unique de « figurines historiques d'art » en plomb (rien à voir avec les soldats de plomb !), allant des Gaulois à la guerre 1914-1918, soit plus de 600 pièces réalisées à la main et demandant chacune entre 10h et un mois de concentration. Un travail minutieux qu'Hervé raconte avec amour aux grands comme aux petits.

JALIGNY-SUR-BESBRE

(03220) 770 hab. *Carte Allier, C2-3*

Notre balade dans l'Allier insolite va bientôt se terminer, et c'est avec le sourire qu'on va l'achever, au fil de la Besbre et en compagnie de drôles d'oiseaux et d'animaux plus ou moins familiers, puisqu'on va passer des oies blanches aux éléphants roses ou gris, selon que l'on choisit l'univers de Carmet et Fallet ou les attractions du PAL, tout proche.
Ainsi, Jaligny fait figure de village isolé au milieu d'une campagne agréable, en plein cœur de la vallée de la Besbre. Et pourtant, il connaît une renommée internationale. C'est la capitale incontestée de la dinde, la vraie, et la reine de la Foire aux dindes, le deuxième mercredi de décembre (le marché du mercredi offre aussi son contingent de volatiles).
La figure emblématique de Jaligny s'appelle René Fallet, écrivain populaire génial, à la bibliographie qui compte 28 romans, dont huit adaptés au cinéma, comme la célèbre *Soupe aux choux* avec Louis de Funès et Jean Carmet. Un minimusée (☎ 04-70-34-69-91), présentant quelques objets et ses écrits, nous rappelle cet écrivain, ainsi que l'époque où les copains Brassens, Audiard, Carmet... passaient par là !
Aujourd'hui, il reste un village de 770 âmes. Une petite balade dans ses rues permet de découvrir une tour de guet, quelques maisons à pans de bois et une église romane du XIIe s, largement remaniée.

Où dormir ? Où manger à Jaligny et dans les environs ?

Hôtel de Paris : *3, Grande-Rue, à Jaligny. ☎ 04-70-34-82-63. • hotelparis@wanadoo.fr • hotelrestaurantdeparis.net • Au cœur du bourg. Hôtel et resto fermés (sf résa) dim soir. Double 62 € ; familiale 92 €. Menus 13 € (déj en sem, côté brasserie), puis 19,50-40 €. Apéritif maison offert sur présentation de ce guide.* Une poignée de chambres, joliment rénovées et tout confort (il a même la clim dans 2 d'entre elles). Une cuisine franche et sérieuse, où la dinde et le charolais sont forcément à l'honneur. La bonne adresse de campagne, à 15 mn du PAL, le parc qui est l'attraction no 1 du pays !

Chambres d'hôtes chez Lilianne et Philippe Levasseur : *L'Étang, 03220* ***Cindré.*** *☎ 04-70-57-70-52. • levasseur.liliane.philippe@orange.fr • obouduchemin.com • À 8 km au sud de Jaligny. Dans le village de Cindré, tourner à droite à l'église et prendre le 1er chemin à gauche. Ouv avr-1er nov. Double 50 € ; également un gîte rural pour 4 pers 265-330 €/sem selon saison. Réduc de 10 % sur le prix de la chambre (sf juil-août) sur présentation de ce guide.* Ancienne ferme restaurée, avec de beaux massifs fleuris, dans laquelle Lilianne et Philippe ont aménagé, il y a 25 ans déjà, 2 chambres toutes simples mais agréables dans un bâtiment indépendant bien équipé.

À voir. À faire à Jaligny et dans les environs

La base nautique de Jaligny : *☎ 04-70-34-75-97. Juil-août, ouv tlj ; mai-juin et sept, slt mer et w-e 14h-18h.* Une base nautique aménagée, équipée et surveillée, où l'on peut profiter du soleil, louer des canoës ou kayaks (à l'heure ou à l'après-midi), faire du VTT ou encore du beach-volley. Parcours balisés de randos au départ de la base.

Le Préhistorama : *La Gare, 03220* **Châtelperron.** *☎ 04-70-34-84-51. • prehistorama.chatelperron@wanadoo.fr • À 4 km au nord-est de Jaligny, au pied du village. Avr-sept, tlj sf dim mat et mar 10h-12h, 14h-18h ; oct-mars, tlj sf lun-mar 14h-17h. Fermé janv. Entrée : env 4 € ; réduc. Visite audioguidée de 45 mn.* Dans la grotte, on a trouvé des silex, des pointes de flèches taillées par un de nos ancêtres, quelque part entre Néandertal et Cro-Magnon voici 33 000 ans. Bonne raison pour reconstituer aujourd'hui un habitat préhistorique et installer quelques diaporamas et vidéos évoquant la vie des hommes des cavernes. La muséographie est originale, pédagogique, et les textes sont d'Yves Coppens, le « papa » de la fameuse Lucy ! Quelques reproductions, des pierres, des peaux de bêtes, des crânes, des défenses de mammouths et toutes les explications pour apprendre à tailler un silex.
– Et si vous avez le temps, montez jusqu'au joli village, avec son solide **château** (privé) adossé à l'église.

Le puy Saint-Ambroise : *à 10 km de Jaligny. Suivre la direction Châtelperron, puis Saint-Léon ; indiqué à la sortie du bourg sur la route de Liernolles, à 2 km sur la gauche. Table d'orientation, aire de pique-nique et petite restauration possible d'avr à mi-déc.* Au bout de la route, à 442 m d'altitude, on tombe sur une vue embrassant sept départements.

Chavroches *(03220) : à 4 km au sud par la D 205.* Joli village perché, évidemment doté d'un château du XVe s (privé...) et d'une église romane à l'origine.

DOMPIERRE-SUR-BESBRE

(03290) 3 580 hab. *Carte Allier, D2*

La Besbre se jette dans la Loire à quelques kilomètres en amont de cette grosse bourgade où subsistent quelques maisons à colombages et les restes d'un château transformé en hôtel de ville. Sa situation, au confluent des deux cours d'eau, a permis le développement d'un petit tourisme fluvial sur le canal latéral de la Loire.

Adresses utiles

Office de tourisme du Val-de-Besbre : *145, Grande-Rue. ☎ 04-70-34-61-31. • ot-valdebesbre.com • Juil-août, lun-sam 9h-12h30, 14h-18h ; mars-juin et sept, lun-ven et sam mat ; hors saison, ouverture restreinte.* Vente de billets pour le parc du PAL. Balades en calèche d'une journée chaque jeudi de mi-juillet à fin août.

Locaboat Plaisance : *au port. ☎ 04-70-48-27-27. • locaboat.com • Ouv fin mars-début nov, sur résa.* Location de pénichettes sans permis pour le week-end ou la semaine. Initiation à la navigation. Compter 20 km aller-retour dans une journée. En saison, sur résa, location de pénichettes à la demi-journée ou à la journée.

Où dormir ? Où manger ?

⛺ ***Camping municipal Les Bords de Besbre :*** *parc des Sports, La Madeleine ; sur les bords de la Besbre. ☎ 04-70-34-55-57. • camping@mairie-dob.fr • ♿ Ouv de mi-mai à mi-sept. Compter env 10 € pour 2 pers.* Un camping standard qui a l'avantage d'être au bord de la rivière, dans un site ombragé et calme (quand il n'y a pas de compétition sportive à côté...). Location de VTT, piscine chauffée et étang à 300 m où pêcher, etc. Commerces à proximité.

🏠 🍽 ***Auberge de l'Olive :*** *129, av. de la Gare. ☎ 04-70-34-51-87. • contact@auberge-olive.fr • auberge-olive.fr • ♿ Resto fermé ven sf juil-août. Congés : 3e et 4e sem de sept. Résa conseillée. Double 61 €. Menus 19,50 € (sf w-e)-49 €. 📶 Café offert sur présentation de ce guide.* Une maison de bord de route qui tourne aussi rond que le fruit de son enseigne (difficile de la manquer, sa couleur ne passant pas inaperçue !). Elle abrite des chambres de grand confort, spacieuses (comme la n° 11) et calmes (comme la n° 10 à l'arrière), ainsi qu'une des bonnes tables de la région. Cuisine privilégiant les produits du pays, beaucoup de choix sur la carte, présentation élégante et service parfait. Déco « paysanne » avec de beaux objets ruraux accrochés aux murs.

Où dormir ? Où manger dans les environs ?

Camping

⛺ ***Camping du Vernay :*** *route de Saligny-Sur-Roudon, 03470 **Pierrefitte-sur-Loire.** ☎ 04-70-47-02-49 ou 01-50 (mairie). • mairie-de-pierrefite-sur-loire@pays-allier.com • ♿ À 12 km à l'est de Dompierre par la D 779 ; bien fléché depuis le village. Ouv 31 mars-14 oct. Compter env 11 € pour 2 pers.* Camping récent (les arbres ont encore quelques années devant eux pour donner vraiment de l'ombre), bien équipé et doté de vastes emplacements au-dessus d'un petit plan d'eau où l'on peut se baigner.

De bon marché à prix moyens

⛺ 🏠 🍽 ***Chambres d'hôtes Domaine du Bourg :*** *4, chemin des Terriens, 03230 **Gannay-sur-Loire.** ☎ 04-70-43-49-01. • info@domainedubourg.com • domainedubourg.com • ♿ À 26 km au nord de Dompierre par la D 15 ; prendre direction Beaulon et tt droit jusqu'à Gannay ; indiqué sur la droite à l'entrée du bourg, face à une pépinière. Ouv tte l'année ; oct-avr, sur résa. Espace camping 16 € env ; double 50 € ; 3 gîtes 5-9 pers 135-660 €/sem selon saison (loc de draps et serviettes possible).* 📶 Ce charmant couple de Hollandais a eu le coup de foudre pour notre pays et cette vieille maison bourgeoise du XVIIIe s, qu'ils ont su retaper avec goût. Ils y ont créé un vrai petit complexe touristique avec des chambres d'hôtes, toutes simples mais spacieuses, des gîtes ruraux, une aire naturelle de camping dans le grand jardin qui accueille aussi une piscine et des jeux pour les enfants. Terrasse ombragée pour les repas.

🏠 🍽 ***Chambres d'hôtes Les Rodillons :*** *03290 **Diou.** ☎ 04-70-34-67-73. • fpresles@hotmail.fr • lafermedesrodillons.com • De Dompierre, direction Diou ; à 2 km, indiqué sur la droite. Double 45 € ; gîte 7 pers 350-550 €/sem. Dîner 18 €. Réduc de 10 % sur le prix de la chambre à partir de 3 nuits consécutives sur présentation de ce guide.* 2 chambres dans la maison principale et 1 gîte dans une ancienne grange à colombages indépendante. La cuisine est préparée par Françoise. À disposition, VTT et un poney pour les enfants. Piscine. Nombreux chemins de rando à proximité.

🏠 🍽 ***Chambres d'hôtes Le Cloître :*** *89, Grande-Rue, 03290 **Diou.** ☎ 04-70-34-60-89. • fonteniaud@lecloitre.fr • lecloitre.fr • De Dompierre, direction Diou ; c'est dans la rue principale du bourg. Doubles 62-69 €. Repas sur résa 25 €.* 📶 Dans un village joliment resserré entre la Loire et le canal. Et dans une bien vieille maison, qui, avec sa galerie à arcades, pourrait effectivement évoquer un cloître. 5 adorables chambres, d'humeur romantique, sous les toits ; la « Coquelicots » et la « Sainte Famille » sont aussi grandes qu'une église (on exagère à peine...). Grand jardin et petite piscine.

Le Goût des Choses : *12, route Nationale (N 79), 03230* ***Chevagnes.*** *☎ 04-70-43-11-12. ♿ À 16 km au nord-ouest de Dompierre, dans le bourg, sur la nationale en direction de Moulins. Fermé lun, mar soir et dim soir. Congés : 1 sem à la Toussaint. Résa conseillée. Menus 17 € (déj en sem), puis 25-60 €. Café offert sur présentation de ce guide.* Une belle et bonne table, à l'accueil souriant. Dans l'assiette, des produits locaux goûteux et noblement cuisinés. Décor clair et moderne, avec un jardinet tranquille à l'arrière. La meilleure table du secteur, pour qui recherche l'authenticité et la sincérité avant tout.

Manifestation

– ***Rencontres Cinéma-Nature :*** *en mars (la date change chaque année). Infos : ☎ 04-70-34-62-81. ● rencontres-cinema-nature.eu ●* Depuis plus de 15 ans sont organisés des projections de films et débats autour d'un thème lié à la nature et à l'environnement.

DANS LES ENVIRONS DE DOMPIERRE-SUR-BESBRE

Le PAL, parc d'attractions et parc animalier : *à* ***Saint-Pourçain-sur-Besbre,*** *03290 Dompierre-sur-Besbre. ☎ 04-70-42-68-10. ● lepal.com ● Prendre la route de Moulins et suivre les indications. Ouv avr-sept : de mi-juin à fin août, tlj 10h-18h (19h juil-août) ; pour les autres périodes, consulter le calendrier sur le site internet. Entrée : 22 € ; 19 € moins de 10 ans ; gratuit pour les enfants de moins de 1 m ! Forfait 2 j. : 33 € ; 29 € moins de 10 ans. Pour gagner du temps, achetez vos billets en ligne. Chiens non acceptés ; attention aux consignes liées à l'approche des animaux.*

Sur plus de 35 ha en pleine nature, toute une famille a développé ce parc animalier où quelque 500 animaux vivent en semi-liberté, et où l'on ne compte plus les différents visiteurs venant de fort loin pour s'offrir le PAL, nom incroyablement dur devenu symbole d'aventure à grand spectacle, ce qui doit bien faire rire Iznogoud, qui menaçait volontiers ses ennemis du... pal. En revanche, difficile de faire mieux niveau dépaysement grandeur nature !

On y croise des girafes, des ours, des lions, des hippopotames, des tigres et des éléphants d'Asie... On assiste à des spectacles animaliers : théâtre des perroquets, ballet d'otaries, rapaces en vol. Puis sont venues se greffer une vingtaine d'attractions de qualité : train de la terreur malmené par King Kong, rafting, grand huit, bateau pirate sur une mer démontée, train de la mine en folie, à moins que ce ne soit le film 3D ou les pentes du Twist, une des dernières attractions, qui vous flanquent le grand frisson... Des attractions qui font la joie des familles venues passer une journée de détente (bien qu'une journée ne suffise plus). On rend hommage à cette belle réalisation en pleine terre bourbonnaise, qui arrive à se renouveler en créant de nouvelles activités chaque année. Restauration sur place (pique-nique, cafétéria, resto). Un site familial par excellence.

Le château de Thoury : *☎ 04-70-42-00-41. Le château est indiqué à l'entrée de Saint-Pourçain-sur-Besbre. Visite extérieure. Avr-nov, tlj 10h-12h, 14h-18h. Accès gratuit au parc, où l'on peut venir pique-niquer.* Avec ses hautes tours et ses murs épais, ce château du XIIe s a joué un rôle important durant la guerre de Cent

Ans. Les guerres de Religion vinrent aussi frapper aux portes de Thoury. Entouré d'un parc, avec de hautes courtines reliant les deux corps de logis et la porte d'entrée, l'ensemble possède un réel charme, surtout en remontant l'allée qui mène à la bâtisse. On y pénètre par un pont jeté sur les douves en passant sous une porte surmontée de mâchicoulis et de tourelles à poivrière. Accueil charmant des propriétaires.

Les jardins du château de Beauvoir : *prendre la direction Lapalisse depuis Dompierre ; à 7 km au sud, une petite route sur la droite indique le château, qu'on aperçoit également de la route en levant les yeux. Visite libre du parc tlj 9h-19h (env 30 mn).* Ce château au beau toit à lanternon date des XIIIe-XVe s. Promenade très agréable dans les jardins à la française parfaitement entretenus et qui offrent une superbe vue sur la vallée.

Le Musée rural de la Sologne bourbonnaise : *03230* ***Beaulon.*** *À 10,5 km au nord par la D 55 puis la D 15. De juin à mi-sept, dim et j. fériés 14h30-18h30. Entrée : 3 € ; réduc ; gratuit moins de 12 ans.* Un musée d'art et traditions populaires consacré à cette région bien particulière du Bourbonnais.

Chevagnes *(03230)* **:** *à 15 km au nord-ouest de Dompierre.* La capitale de la Sologne bourbonnaise possède quelques belles maisons, dont certaines à pans de bois du XVe s, et une église romane (mais remaniée) peinte d'un massif « liberté, égalité, fraternité »...
– Pendant que vous êtes là, si vous êtes fan de Maigret, terminez le séjour en allant faire un tour au village voisin de ***Paray-le-Frésil,*** qui cultive le souvenir de *L'Affaire Saint-Fiacre,* mais ne comptez pas trop y retrouver l'atmosphère décrite par Simenon, qui fut le secrétaire du châtelain. À moins que vous n'arriviez à l'époque de la chasse, période de grande activité dans ce bout d'Auvergne perdu aux portes de la Bourgogne du Sud. Une région que vous allez pouvoir découvrir maintenant, en suivant le canal et une Loire qui sert de frontière avec cet Allier au nom chantant qu'elle n'a jamais su contrôler au fond. Fantasque Allier, on espère qu'il vous aura surpris, et même enchanté !

les ROUTARDS sur la FRANCE 2013-2014

(dates de parution sur • ***routard.com*** •)

DÉCOUPAGE de la FRANCE par le *ROUTARD*

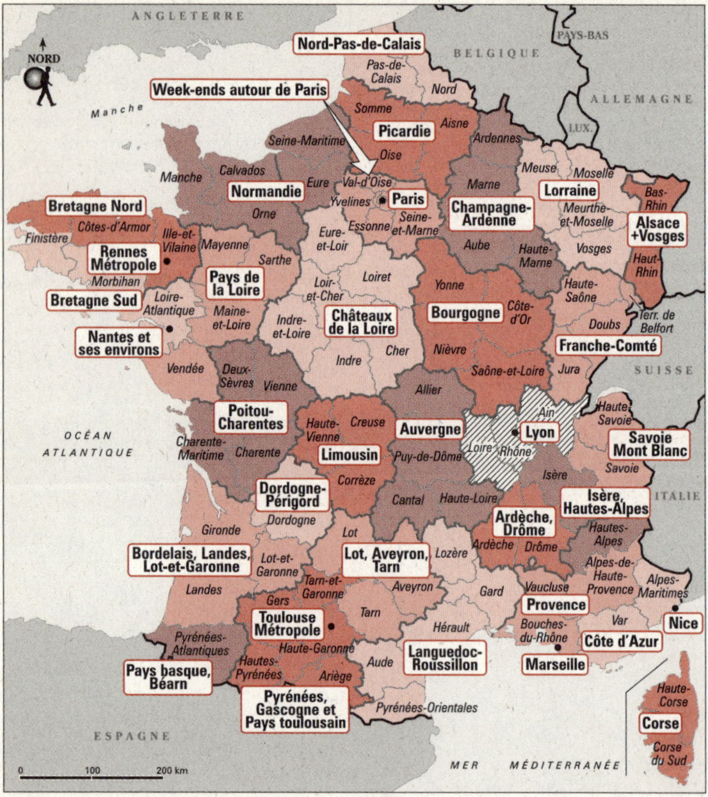

Autres guides nationaux

- Les grands chefs du routard
- Nos meilleures chambres d'hôtes en France
- Nos meilleurs campings en France
- Nos meilleurs hôtels et restos en France
- **Nos meilleurs sites pour observer les oiseaux en France (octobre 2012)**
- Tourisme responsable

Autres guides sur Paris

- Paris
- Paris à vélo
- Paris balades
- Restos et bistrots de Paris
- Le Routard des amoureux à Paris
- Week-ends autour de Paris

les ROUTARDS sur l'ÉTRANGER 2013-2014

(dates de parution sur • *routard.com* •)

Europe

Pays européens

- Allemagne
- Andalousie
- Angleterre, Pays de Galles
- Autriche
- Baléares
- Belgique
- Budapest, Hongrie
- Catalogne (+ Valence et Andorre)
- Crète
- Croatie
- Danemark, Suède
- Écosse
- Espagne du Nord-Ouest (Galice, Asturies, Cantabrie)
- Finlande
- Grèce continentale
- Îles grecques et Athènes
- Irlande
- Islande
- Italie du Nord
- Italie du Sud
- Lacs italiens
- Madrid, Castille (Aragon et Estrémadure)
- Malte
- Norvège
- Pologne
- Portugal
- République tchèque, Slovaquie
- Roumanie, Bulgarie
- Sardaigne
- Sicile
- Suisse
- Toscane, Ombrie

Villes européennes

- Amsterdam et ses environs
- Barcelone
- Berlin
- Bruxelles
- Copenhague (mai 2013)
- Dublin (novembre 2012)
- Florence
- Lisbonne
- Londres
- Milan (décembre 2012)
- Moscou (avril 2013)
- Prague
- Rome
- Saint-Pétersbourg (avril 2013)
- Stockholm (mai 2013)
- Venise
- Vienne (mars 2013)

Amériques

- Argentine
- Brésil
- Californie
- Canada Ouest
- Chili et île de Pâques
- Équateur et les îles Galápagos
- États-Unis Nord-Est
- Floride
- Guatemala, Yucatán et Chiapas
- Louisiane et les villes du Sud
- Mexique
- Miami (octobre 2012)
- Montréal (mars 2013)
- New York
- Parcs nationaux de l'Ouest américain et Las Vegas
- Pérou, Bolivie
- Québec, Ontario et Provinces maritimes

Asie

- Bali, Lombok
- Bangkok (octobre 2012)
- Birmanie (Myanmar)
- Cambodge, Laos
- Chine
- Inde du Nord
- Inde du Sud
- Israël, Palestine
- Istanbul
- Jordanie
- Malaisie, Singapour
- Népal, Tibet
- Shanghai (avril 2013)
- Sri Lanka (Ceylan)
- Thaïlande
- Tokyo, Kyoto et environs
- Turquie
- Vietnam

Afrique

- Afrique de l'Ouest
- Afrique du Sud
- Égypte
- Kenya, Tanzanie et Zanzibar
- Maroc
- Marrakech
- Sénégal, Gambie
- Tunisie

Îles Caraïbes et océan Indien

- Cuba
- Guadeloupe, Saint-Martin, Saint-Barth
- Île Maurice, Rodrigues
- Madagascar
- Martinique
- République dominicaine (Saint-Domingue)
- Réunion

Guides de conversation

- Allemand
- Anglais
- Arabe du Maghreb
- Arabe du Proche-Orient
- Chinois
- Croate
- Espagnol
- Grec
- Italien
- Japonais
- Portugais
- Russe
- G'palémo (conversation par l'image)

"Qui sauve
un enfant,
sauve le
monde"
Espace offert par le Guide du Routard

SPÉCIAL DÉFENSE DU CONSOMMATEUR

Un routard informé en vaut dix ! Pour éviter les arnaques en tout genre, il est bon de les connaître. Voici un petit vade-mecum destiné à parer aux coûts et aux coups les plus redoutables.

Affichage des prix : les hôtels et les restos sont tenus d'informer les clients de leurs prix, à l'aide d'une affichette, d'un panneau extérieur ou de tout autre moyen. Vous ne pouvez donc contester des prix exorbitants que s'ils ne sont pas clairement affichés.

HÔTELS

1 - Arrhes ou acompte ? : au moment de réserver votre chambre par téléphone – par précaution, toujours confirmer par écrit – ou directement par écrit, il n'est pas rare que l'hôtelier vous demande de verser à l'avance une certaine somme, celle-ci faisant office de garantie. Il est d'usage de parler d'arrhes et non d'acompte (en fait, la loi dispose que « sauf stipulation contraire du contrat, les sommes versées d'avance sont des arrhes »). Légalement, aucune règle n'en précise le montant. Toutefois, ne versez que des arrhes raisonnables : 25 à 30 % du prix total, sachant qu'il s'agit d'un engagement définitif sur la réservation de la chambre. Cette somme ne pourra donc être remboursée en cas d'annulation de la réservation, sauf cas de force majeure (maladie ou accident) ou en accord avec l'hôtelier si l'annulation est faite dans des délais raisonnables. Si, au contraire, l'annulation est le fait de l'hôtelier, il doit vous rembourser le double des arrhes versées. À l'inverse, l'acompte engage définitivement client et hôtelier.

2 - Subordination de vente : comme les restaurateurs, les hôteliers ont interdiction de pratiquer la subordination de vente. C'est-à-dire qu'ils ne peuvent pas vous obliger à réserver plusieurs nuits d'hôtel si vous n'en souhaitez qu'une. Dans le même ordre d'idée, on ne peut vous obliger à prendre votre petit déjeuner ou vos repas dans l'hôtel ; ce principe, illégal, est néanmoins répandu dans la profession, toléré en pratique... Bien se renseigner avant de prendre la chambre dans les hôtels-restaurants. Si vous dormez en compagnie de votre enfant, il peut vous être demandé un supplément.

3 - Responsabilité en cas de vol : un hôtelier ne peut en aucun cas dégager sa responsabilité pour des objets qui auraient été volés dans la chambre d'un de ses clients, même si ces objets n'ont pas été mis au coffre. En d'autres termes, les éventuels panonceaux dégageant la responsabilité de l'hôtelier n'ont aucun fondement juridique.

RESTOS

1 - Menus : très souvent, les premiers menus (les moins chers) ne sont servis qu'en semaine et avant certaines heures (12h30 et 20h30 généralement). Cela doit être clairement indiqué sur le panneau extérieur : à vous de vérifier.

2 - Commande insuffisante : il arrive que certains restos refusent de servir une commande jugée insuffisante. Sachez, toutefois, qu'il est illégal de pousser le client à la consommation.

3 - Eau : une banale carafe d'eau du robinet est gratuite – à condition qu'elle accompagne un repas – sauf si son prix est affiché. La bouteille d'eau minérale quant à elle doit, comme le vin, être ouverte devant vous.

4 - Vins : les cartes des vins ne sont pas toujours très claires. Exemple : vous commandez un bourgogne à 16 € la bouteille. On vous la facture 32 €. En vérifiant sur la carte, vous découvrez que 16 € correspondent au prix d'une demi-bouteille. Mais c'était écrit en petits caractères illisibles.

Par ailleurs, la bouteille doit être obligatoirement débouchée devant le client.

5 - Couvert enfant : le restaurateur peut tout à tait compter un couvert par enfant, même s'il ne consomme pas, à condition que ce soit spécifié sur la carte.

6 - Repas pour une personne seule : le restaurateur ne peut vous refuser l'accès à son établissement, même si celui-ci est bondé ; vous devrez en revanche vous satisfaire de la table qui vous est proposée.

7 - Sous-marin : après le coup de bambou et le coup de fusil, celui du sous-marin. Le procédé consiste à rendre la monnaie en plaçant dans la soucoupe (de bas en haut) : les pièces, l'addition puis les billets. Si l'on est pressé, on récupère les billets en oubliant les pièces cachées sous l'addition.

INDEX GÉNÉRAL

A

B

C

D-E

F-G

H-I-J

L

M

N

O-P

Q-R

S

T

U-V

Y-Z

OÙ TROUVER LES CARTES ET LES PLANS ?

NOUVEAU ET IMPORTANT : DERNIÈRE MINUTE

Sauf exception, le *Routard* bénéficie d'une parution annuelle à date fixe. Entre deux dates, des événements fortuits (formalités, taux de change, catastrophes naturelles, conditions d'accès aux sites, fermetures inopinées...) peuvent modifier vos projets de voyage. Pour éviter les déconvenues, nous vous recommandons de consulter la rubrique « Guide » par pays de notre site • *routard.com* • et plus particulièrement les dernières *Actus voyageurs*.

Les **Routards** *parlent aux* **Routards**

Faites-nous part de vos expériences, de vos découvertes, de vos tuyaux. Indiquez-nous les renseignements périmés. Aidez-nous à remettre l'ouvrage à jour. Faites profiter les autres de vos adresses nouvelles, combines géniales... On adresse un exemplaire gratuit de la prochaine édition à ceux qui nous envoient les lettres les meilleures, pour la qualité et la pertinence des informations. Quelques conseils cependant :

– Envoyez-nous votre courrier le plus tôt possible afin que l'on puisse insérer vos tuyaux sur la prochaine édition.
– N'oubliez pas de préciser l'ouvrage que vous désirez recevoir.
– Vérifiez que vos remarques concernent l'édition en cours et notez les pages du guide concernées par vos observations.
– Quand vous indiquez des hôtels ou des restaurants, pensez à signaler leur adresse précise et, pour les grandes villes, les moyens de transport pour y aller. Si vous le pouvez, joignez la carte de visite de l'hôtel ou du resto décrit.
– N'écrivez si possible que d'un côté de la lettre (et non recto verso).
– Bien sûr, on s'arrache moins les yeux sur les lettres dactylographiées ou correctement écrites !

En tout état de cause, merci pour vos nombreuses lettres.

Les Routards parlent aux Routards :
122, rue du Moulin-des-Prés, 75013 Paris

e-mail : • *guide@routard.com* •
Internet : • *routard.com* •

Le Trophée du voyage humanitaire ROUTARD.COM s'associe à VOYAGES-SNCF.COM

Ils ont aidé à la création d'un poste de santé autonome au Sénégal, à la reconstruction d'un orphelinat à Madagascar... Et vous ?
Envie de soutenir un projet qui favorise la solidarité entre les hommes ? Le Trophée du Voyage Humanitaire Routard.com est là pour vous ! Que votre projet concerne le domaine culturel, artisanal, écologique, pédagogique, en France ou à l'étranger, le *Routard* et Voyages-sncf.com soutiennent vos initiatives et vous aident à les réaliser ! Si vous aussi vous voulez faire avancer le monde, inscrivez-vous sur • *routard.com/trophee* • ou sur • *tropheesdutourismeresponsable.com* •

Routard Assurance *2013*

Routard Assurance et Routard Assurance Famille, c'est l'Assurance Voyage Intégrale. Dépenses de santé et frais d'hôpital pris en charge directement sans franchise jusqu'à 300 000 € + caution + défense pénale + responsabilité civile + tous risques bagages et photos. Assurance personnelle accidents : 75 000 €. Très complet ! Tarif à la semaine pour plus de souplesse. Tableau des garanties et bulletin d'inscription à la fin de chaque *Routard* étranger. Pour les départs en famille (4 à 7 personnes), demandez le bulletin d'inscription famille. Pour les longs séjours, contrat Plan Marco Polo « spécial famille » à partir de 4 personnes. Pour un voyage éclair de 3 à 8 jours dans une ville de l'Union européenne, bulletin d'inscription adapté dans les guides villes avec des garanties allégées et un tarif « light ». Également un nouveau contrat Seniors pour les courts et longs séjours. Si votre départ est très proche, vous pouvez vous assurer via Internet • *avi-international.com* • ou par fax : 01-42-80-41-57, en indiquant le numéro de votre carte de paiement. Pour en savoir plus : ☎ 01-44-63-51-00.

Édité par Hachette Livre (43, quai de Grenelle, 75905 Paris Cedex 15, France)
Photocomposé par Jouve (45770 Saran, France)
Imprimé par Rotolito Lombarda (via Sondrio, 3, 20096 Seggiano di Pioltello, Italie)
Achevé d'imprimer le 10 octobre 2012
Collection n° 13 - Édition n° 01
24/5590/5
I.S.B.N. 978-2-01-245590-0
Dépôt légal : octobre 2012

PAPIER À BASE DE FIBRES CERTIFIÉES

hachette s'engage pour l'environnement en réduisant l'empreinte carbone de ses livres. Celle de cet exemplaire est de :
450 g éq. CO_2
Rendez-vous sur www.hachette-durable.fr